Die Chronik-Bibliothek des 20. Jahrhunderts

Die Chronik-Bibliothek des 20. Jahrhunderts
wird herausgegeben von Bodo Harenberg

Antonia Meiners / Jost Heino Stegner

Chronik 1963

Tag für Tag in Wort und Bild

Chronik Verlag

Abbildungen auf dem Schutzumschlag
(oben links beginnend)
Der US-amerikanische Präsident John F. Kennedy besucht am 26. Juni Berlin
In Dallas wird John F. Kennedy am 22. November das Opfer eines Attentats
Konrad Adenauer und der französische Staatspräsident Charles de Gaulle schließen
am 22. Januar das deutsch-französische Abkommen
Papst Johannes XXIII. stirbt am 3. Juni
Alfred Hitchcock dreht »Die Vögel«
Marika Kilius und Hans-Jürgen Bäumler werden 1963 Weltmeister im Eiskunstlaufen
Aufgrund des Skandals um das britische Fotomodell Christine Keeler
muß der britische Heeresminister John Dennis Profumo zurücktreten

4., überarbeitete Auflage 1993

© Chronik Verlag
in der Harenberg Kommunikation Verlags- und Mediengesellschaft mbH & Co. KG
Dortmund 1987

Redaktion: Ingrid Reuter (Text), Christine Wolf (Bild)
Anhang: Ludwig Hertel, Bernhard Pollmann, Karl Adolf Scherer
Herstellung: Barbara Reppold-Hinz, Annette Retinski
Gesamtherstellung: Mohndruck Graphische Betriebe GmbH, Gütersloh

Leihgeber für Zeitungen und Zeitschriften: Institut für Zeitungsforschung, Dortmund

ISBN 3-611-00008-6

Inhalt

Der vorliegende Band aus der »Chronik-Bibliothek des 20. Jahrhunderts« führt Sie zuverlässig durch das Jahr 1963 und gibt Ihnen – aus der Sicht des Zeitzeugen, aber vor dem Hintergrund des Wissens von heute – einen vollständigen Überblick über die weltweit wichtigsten Ereignisse in Politik und Wirtschaft, Kultur und Sport, Alltag und Gesellschaft. Sie können das Jahr in chronologischer Folge an sich vorüberziehen lassen, die »Chronik 1963« aber auch als Nachschlagewerk oder als Lesebuch benutzen. Das Chronik-System verbindet eine schier unübersehbare Fülle von Artikeln, Kalendereinträgen, Fotos, Grafiken und Übersichten nach einheitlichen Kriterien und macht damit die Daten dieses Bandes mit jedem anderen Band vergleichbar. Wer die »Chronik-Bibliothek« sammelt, erhält ein Dokumentationssystem, wie es in dieser Dichte und Genauigkeit nirgends sonst zu haben ist.

Hauptteil (ab Seite 8)

Jeder Monat beginnt mit einem Kalendarium, in dem die wichtigsten Ereignisse chronologisch geordnet und in knappen Texten dargestellt sind. Sonn- und Feiertage sind durch farbigen Druck hervorgehoben. Pfeile verweisen auf ergänzende Bild- und Textbeiträge auf den folgenden Seiten. Faksimiles von Zeitungen und Zeitschriften, die im jeweiligen Monat des Jahres 1963 erschienen sind, spiegeln Zeitgeist und herausragende Ereignisse.
Wichtige Ereignisse des Jahres 1963 werden – zusätzlich zu den Eintragungen im Kalendarium – in Wort und Bild beschrieben. Jeder der 422 Einzelartikel bietet eine in sich abgeschlossene Information. Die Pfeile des Verweissystems machen auf Artikel aufmerksam, die an anderer Stelle dieses Bandes ergänzende Informationen zu dem jeweiligen Thema vermitteln.
522 zumeist farbige Abbildungen und grafische Darstellungen illustrieren die Ereignisse und Entwicklungen des Jahres 1963 und werden damit zu einem historischen Kaleidoskop besonderer Art.
Hinter dem Hauptteil (auf S. 208) geben originalgetreue Abbildungen einen Überblick über alle Postwertzeichen, die 1963 in der Bundesrepublik Deutschland neu an die Postschalter gekommen sind.

Übersichtsartikel (ab Seite 24)

19 Übersichtsartikel, am blauen Untergrund zu erkennen, stellen Entwicklungen des Jahres 1963 zusammenfassend dar.
Alle Übersichtsartikel aus den verschiedenen Jahrgangsbänden ergeben – zusammengenommen – eine sehr spezielle Chronik zu den jeweiligen Themenbereichen (z. B. Film von 1900 bis 2000).

Anhang (ab Seite 209)

Der Anhang zeigt das Jahr 1963 in Statistiken und anderen Übersichten. Ausgehend von den offiziellen Daten für die Bundesrepublik, für Österreich und die Schweiz, regen die Zahlen und Fakten zu einem Vergleich mit vorausgegangenen und nachfolgenden Jahren an.
Für alle wichtigen Länder der Erde sind die Staats- und Regierungschefs im Jahr 1963 aufgeführt und werden wichtige Veränderungen aufgezeigt.
Die Zusammenstellungen herausragender Neuerscheinungen auf dem Buchmarkt sowie der Premieren auf Bühne und Leinwand werden zu einem Führer durch das kulturelle Leben des Jahres.
Das Kapitel »Sportereignisse und -rekorde« spiegelt die Höhepunkte des Sportjahres 1963.
Internationale und Deutsche Meisterschaften, die Entwicklung der Leichtathletik- und Schwimmrekorde sowie alle Ergebnisse der großen internationalen Wettbewerbe im Automobilsport, Eiskunstlauf, Fußball, Gewichtheben, Pferde-, Rad- und Wintersport sowie im Tennis sind wie die Boxweltmeister im Schwergewicht nachgewiesen.
Der Nekrolog enthält Kurzbiographien von Persönlichkeiten, die 1963 verstorben sind.

Register (ab Seite 233)

Das *Personenregister* nennt – in Verbindung mit der jeweiligen Seitenzahl – alle Personen, deren Namen in diesem Band verzeichnet sind.
Werden Personen abgebildet, so sind die Seitenzahlen kursiv gesetzt.
Herrscher und Angehörige regierender Häuser mit selben Namen sind alphabetisch nach den Ländern ihrer Herkunft geordnet.
Wer ein bestimmtes Ereignis des Jahres 1963 nachschlagen möchte, das genaue Datum oder die Namen der beteiligten Personen aber nicht präsent hat, findet über das *Sachregister* Zugang zu den gesuchten Informationen.
Oberbegriffe und Ländernamen erleichtern das Suchen und machen zugleich deutlich, welche weiteren Artikel und Informationen zu diesem Themenfeld im vorliegenden Band zu finden sind. Querverweise helfen bei der Erschließung der immensen Informationsvielfalt.

Das Jahr 1963

Als am 22. November 1963 die Nachricht von der Ermordung des US-Präsidenten John F. Kennedy um die Welt ging, waren nicht nur die meisten Amerikaner, sondern viele Menschen in Ost und West erschüttert. Mit Kennedys Tod sahen sie die Hoffnung auf eine erst begonnene weltweite Entspannung, die eng mit Kennedy und dem sowjetischen Partei- und Regierungschef Nikita S. Chruschtschow verbunden war, schon wieder gefährdet.

In der Bundesrepublik war Kennedys Besuch im Juni des Jahres zu einem triumphalen Erfolg geworden. In seiner Rede vor der Freien Universität in Berlin (West), wo er sich am 26. Juni für sieben Stunden aufhielt, sprach er sich für eine Abkehr von der sogenannten Politik der Stärke aus.

Die Bemühungen um eine Beendigung des Kalten Krieges fanden ihren Höhepunkt in dem Atomteststoppvertrag, der am 5. August in Moskau von den drei Initiatoren USA, UdSSR und Großbritannien unterschrieben wurde und den im Laufe der nächsten Monate zahlreiche Staaten, darunter auch die Bundesrepublik und die DDR, unterzeichneten. Die Weltöffentlichkeit sah dieses Abkommen als einen Schritt auf dem Weg zu der von dem sowjetischen Regierungschef Chruschtschow propagierten friedlichen Koexistenz zwischen dem kapitalistischen und dem sozialistischen Lager.

Diese Entspannungsbemühungen der Großmächte stießen international allerdings auch auf Skepsis. So erklärten die Volksrepublik China und Frankreich demonstrativ ihre Ablehnung des Vertrages. Sie befürchteten – wenn auch aus unterschiedlicher Sicht – die uneingeschränkte Vormachtstellung der Großmächte auf dem Gebiet der atomaren Bewaffnung.

Zwischen Peking und Moskau verschärften sich die ideologischen Auseinandersetzungen – faktisch kam es zu einem Bruch zwischen den beiden kommunistischen Parteien. Frankreich hingegen beschleunigte den Ausbau der eigenen Atomstreitmacht. Der französische Staatspräsident Charles de Gaulle verfolgte mit seiner Politik das große Ziel eines geeinten Europas unter der Führung Frankreichs und damit die Schaffung einer dritten Weltmacht neben den USA und der Sowjetunion.

Mit dem am 22. Januar geschlossenen deutsch-französischen Vertrag sollte hierfür eine Basis geschaffen werden. De Gaulle erhoffte sich davon die nötige Stärke, um die Hegemonie Großbritanniens und auch der USA einzuschränken. Deshalb wandte er sich gegen die Aufnahme Großbritanniens in die Europäische Wirtschaftsgemeinschaft (EWG), so daß die Beitrittsverhandlungen am 29. Januar in Brüssel scheitern mußten – ein Ergebnis, das unter den übrigen europäischen Staaten massiven Protest auslöste.

In der Innenpolitik der Bundesrepublik kam es gleich zu Beginn des Jahres zu Auseinandersetzungen über die positive Haltung der Bonner Regierung gegenüber der antibritischen Politik de Gaulles. Weite Kreise lehnten eine Unterzeichnung des deutsch-französischen Vertrages ab, da sie ihn als einen Affront gegenüber den übrigen Verbündeten in Europa empfanden.

Diese unterschiedlichen Ansichten waren u. a. Grund für eine Kontroverse zwischen Bundeskanzler Konrad Adenauer und Wirtschaftsminister Ludwig Erhard. Adenauer, der sich nach langem Zögern 1963 zu seinem Rücktritt entschloß, wollte – allerdings erfolglos – die Kanzlerschaft des von der CDU-Fraktion gewählten Nachfolgers Erhard verhindern.

Adenauers Demission am 15. Oktober setzte eine Zäsur in der Nachkriegsgeschichte der Bundesrepublik. Eine Ära, geprägt von seinen außen- und innenpolitischen Vorstellungen, ging zu Ende. Mit Vehemenz hatte Adenauer seit seinem Amtsantritt 1949 den Anschluß Deutschlands an das westliche Bündnis betrieben, verbunden mit einer konsequenten Abgrenzung vom Machtbereich der Sowjetunion. Entgegen dieser Politik, die zu einer Vertiefung der Spaltung Deutschlands führte, wies der SPD-Politiker Egon Bahr am 15. Juli in seiner Rede »Wandel durch Annäherung«« erstmals auf die Notwendigkeit von Gesprächen mit Vertretern aus der DDR hin.

Das Passierscheinabkommen für Westberliner Bürger im Dezember war ein erstes Ergebnis einer sich abzeichnenden realistischeren Haltung der Bundesregierung gegenüber dem Status quo in Deutschland.

Die wirtschaftliche Situation der Bundesrepublik war 1963 durch ein anhaltendes Wirtschaftswachstum gekennzeichnet, das Ludwig Erhard durch eine maßvolle Ausgabenpolitik der öffentlichen Hand erhalten wollte. Für die Arbeitnehmer brachte die Konjunktur Arbeitszeitverkürzungen und Lohnerhöhungen bei gleichbleibender Vollbeschäftigung.

Im kulturellen Bereich kamen neue Impulse vor allem von den Bühnen. »Der Stellvertreter« von Rolf Hochhuth, der sich kritisch mit der Rolle der katholischen Kirche während der Zeit des Nationalsozialismus auseinandersetzt, löste heftige Diskussionen und Proteste aus. Auch der Film »Das Schweigen« des schwedischen Regisseurs Ingmar Bergman rührte an Tabus und wurde wegen seiner freizügigen Szenen attackiert.

Sportliche Höhepunkte des Jahres 1963 waren u. a. der Gewinn des Weltmeistertitels im Eiskunstlaufen durch das deutsche Paar Marika Kilius/Hans-Jürgen Bäumler und die Verbesserung des Weltrekords im Gewichtheben durch den Sowjetrussen Juri Wlassow. Für die Fußballfreunde war die Einführung der Bundesliga im August ein Ereignis.

Großbritannien sorgte im Jahr 1963 gleich zweimal für Schlagzeilen: Die Affäre mit dem Fotomodell Christine Keeler zwang den Heeresminister John Dennis Profumo zum Rücktritt; und im August gewannen die Posträuber, die bei einem unblutigen Überfall umgerechnet 30 Millionen DM erbeuteten, weltweites Interesse.

◁ *Am 22. November wird der US-amerikanische Präsident John F. Kennedy Opfer eines Attentats in Dallas; das Foto zeigt die Witwe des Präsidenten, Jacqueline Kennedy, mit ihren Kindern auf dem Soldatenfriedhof in Arlington; neben ihr die Kennedy-Brüder Edward und Robert F. Kennedy (r.)*

Januar 1963

Mo	Di	Mi	Do	Fr	Sa	So
	1	2	3	4	5	6
7	8	9	10	11	12	13
14	15	16	17	18	19	20
21	22	23	24	25	26	27
28	29	30	31			

1. Januar, Neujahr

Auf West-Neuguinea wird die niederländische Flagge eingeholt und durch die indonesische ersetzt. Die ehemalige niederländische Kolonie steht bis zum 1. Mai 1963, dem Tag der Übertragung der Souveränitätsrechte an Indonesien, noch unter der Verwaltung der Vereinten Nationen (→19. 5./S. 80).

Für die französische Währung tritt wieder die alte Bezeichnung Franc für den sogenannten Neuen Franc in Kraft, der durch die 1958 durchgeführte Währungsreform geschaffen worden war.

In Italien tritt das am 28. November 1962 vom Abgeordnetenhaus verabschiedete Gesetz über die Verstaatlichung der Energiequellen in Kraft. →S. 20

Auf dem Frillensee bei Inzell in Österreich gewinnt die Mannschaft aus der Bundesrepublik den Sechsländerkampf im Eisschnellauf mit 155 Punkten.

2. Januar, Mittwoch

Rund 33 000 Wehrpflichtige der Geburtsjahrgänge 1942/43 treten in den Bundeswehrkasernen ihren 18monatigen Grundwehrdienst an. Damit erreicht die deutsche Bundeswehr einen Personalstand von 398 000 Mann.

Der US-amerikanische General Lyman Louis Lemnitzer tritt sein Amt als Oberbefehlshaber der Streitkräfte des Nordatlantikpaktes (NATO) in Europa an.

Für die Verwaltung von Usbekistan, Kirgisien, Tadschikistan, Turkmenien und Südkasachstan richtet die Kommunistische Partei in der Sowjetunion (KPdSU) ein neues Parteibüro ein, um Autonomiebestrebungen vorzubeugen.

Starker Frost, eisiger Wind und heftige Schneefälle haben ganz Mitteleuropa in eine sibirische Landschaft verwandelt (→23. 2./S. 36).

3. Januar, Donnerstag

Der französische Präsident Charles de Gaulle antwortet in einem Schreiben auf das Angebot von US-Präsident John F. Kennedy, Frankreich im Rahmen des Nordatlantikpaktes Polaris-Raketen zur Verfügung zu stellen. De Gaulle nimmt weder an, noch lehnt er ab, betont aber die Notwendigkeit einer eigenen nationalen atomaren Streitmacht.

In dem südvietnamesischen Dorf Ap Bac, etwa 50 km von Saigon entfernt, kommt es zu heftigen Kämpfen zwischen Vietcong-Soldaten, die gegen das antidemokratische Regime in Saigon antreten, und Regierungstruppen. Unter den toten Soldaten der Regierungstruppen befinden sich auch US-Amerikaner. →S. 17

4. Januar, Freitag

In Bonn empfängt Bundeskanzler Konrad Adenauer (CDU) den Generalsekretär des Nordatlantikpaktes (NATO), Dirk Uipko Stikker, zu einer Aussprache über die Konzeption der westlichen Verteidigung. Beide stimmen in der Forderung nach einer multilateralen NATO-Atommacht überein.

Die Bundesregierung lehnt ein Kreditansuchen der DDR ab und macht die Ausweitung des Interzonenhandels vom freien Passierscheinverkehr zwischen Berlin (West) und dem Ostteil Berlins abhängig. →S. 13

5. Januar, Sonnabend

In Paris stimmen die Abgeordneten der französischen Nationalversammlung dem Gesetz über die Bildung eines Gerichtshofes für Staatssicherheit zu. Er soll an die Stelle der bisherigen Sondergerichte zur Bekämpfung der rechtsradikalen Untergrundbewegung OAS, die sich gegen die Unabhängigkeit des algerischen Staates wendet, treten.

Bundeskanzler Konrad Adenauer (CDU) feiert im Palais Schaumburg in Bonn seinen 87. Geburtstag.

6. Januar, Sonntag

Der bisherige Delegationschef der sowjetischen Delegation bei den Vereinten Nationen (UN) in New York, Valerian A. Sorin, wird von dem 50jährigen Nikolai Fedorenko abgelöst.

Sirimavo Bandaranaike, die ceylonesische Ministerpräsidentin, beendet ihre Vermittlungsgespräche zum indisch-chinesischen Grenzkonflikt im Himalaja-Gebirge, die sie im Auftrag der Colombo-Konferenz geführt hatte. →S. 16

Mit einem norwegischen Triumph endet in Bischofshofen die elfte deutsch-österreichische Vierschanzentournee. Thorbjörn Yggeseth und Thorgeir Brandtzäg belegen die beiden ersten Plätze.

7. Januar, Montag

Die Abgeordneten im Landtag von Schleswig-Holstein wählen den bisherigen Kieler Innenminister, den 55jährigen Rechtsanwalt Helmut Lemke (CDU), zum neuen Ministerpräsidenten des nördlichen Bundeslandes.

Der farbige US-amerikanische Student James Meredith, dessen Zulassung zur Universität in Mississippi im vergangenen Herbst mit Gewalt durch die US-amerikanische Regierung durchgesetzt worden war, verzichtet auf eine Immatrikulation für das Frühjahrssemester. →S. 20

In Hamburg trifft der sowjetische Dichter Jewgeni A. Jewtuschenko ein. Auf Einladung des Verlegers Gerd Bucerius wird er für mehrere Wochen durch die Bundesrepublik reisen. →S. 23

In London lehnt das britische Außenministerium das Gesuch des Impresarios Peter Daubeny ab, Mitglieder des Theaters Berliner Ensemble aus Berlin (Ost) zu einem Gastspiel einreisen zu lassen.

In Wien wird eines der schönsten Hotels der Stadt, das Parkhotel »Schönbrunn«, durch einen Großbrand in weiten Teilen zerstört.

8. Januar, Dienstag

Bundesaußenminister Gerhard Schröder (CDU) trifft in Chequers, dem Landsitz des britischen Premierministers, mit Lordsiegelbewahrer Edward Heath und Außenminister Alexander Frederick Douglas-Home zu Gesprächen über den Beitritt Großbritanniens zur Europäischen Wirtschaftsgemeinschaft (EWG) zusammen (→29. 1./S. 16).

In einem gemeinsamen Schreiben an den Generalsekretär der Vereinten Nationen (UN), Sithu U Thant, ziehen die Regierungen der USA und der UdSSR einen Schlußstrich unter die Kuba-Krise von 1962. Eine weitere Behandlung des Problems im Sicherheitsrat sei angesichts des erreichten Ausmaßes an Verständigung nicht mehr nötig. →S. 16

Der Wissenschaftler Eugen Sänger unterzeichnet an der Technischen Universität Berlin einen Vertrag, der ihn vom Sommer 1963 ab als Inhaber des ersten deutschen Lehrstuhls für Elemente der Raumfahrttechnik nach Berlin (West) verpflichtet (→9. 1./S. 19).

9. Januar, Mittwoch

Kai Uwe von Hassel (CDU) übernimmt in Bonn seine Amtsgeschäfte als Bundesverteidigungsminister als Nachfolger von Franz Josef Strauß (CSU). →S. 18

In Berlin (West) erhalten Wernher von Braun und Hermann Oberth die Ehrendoktorwürde der Technischen Universität Berlin verliehen. →S. 19

10. Januar, Donnerstag

In Bonn beschließt das Kabinett eine Verlängerung der Heizölsteuer um fünf Jahre (bis April 1968). Die Steuereinkünfte sollen für Rationalisierungsmaßnahmen im Bergbau verwandt werden.

In London wird das 100jährige Bestehen der U-Bahn gefeiert. Am 10. Januar 1863 war die erste sechs Kilometer lange Strecke eröffnet worden. →S. 21

11. Januar, Freitag

In Frankfurt am Main feiern die Farbwerke Hoechst AG ihr 100jähriges Bestehen. →S. 18

Zwischen der Tschechoslowakei, Großbritannien, der Schweiz und der Bundesrepublik wird der direkte Fernschreibverkehr eröffnet.

In Belgien wird die Führerscheinpflicht für Autofahrer eingeführt.

12. Januar, Sonnabend

Kuba und die DDR geben bekannt, daß sie ihre seit 1961 in Havanna und Berlin (Ost) bestehenden Missionen in Botschaften umwandeln.

Mit dem sowjetischen Passagierschiff »Baltika« haben in der vergangenen Woche etwa 700 sowjetische Soldaten die Insel Kuba verlassen. Seit der Kuba-Krise im vergangenen Oktober sind schon mehrere tausend Angehörige der sowjetischen Armee abgezogen.

13. Januar, Sonntag

Der Vorsitzende der Staatlichen Plankommission und stellvertretende Ministerpräsident der DDR, Karl Mewis, wird überraschend und ohne offizielle Angabe von Gründen von dem Wirtschaftsfunktionär Erich Apel abgelöst.

In Lomé, der Hauptstadt der westafrikanischen Republik Togo, wird der Präsident Sylvanus Olympio ermordet aufgefunden. Radio Lomé gibt zugleich die Bildung einer provisorischen Militärregierung bekannt. →S. 17

14. Januar, Montag

Die Bundesrepublik Deutschland bricht die diplomatischen Beziehungen zu Kuba ab, da diese gegen den Grundsatz der Hallstein-Doktrin verstoßen, wonach Bonn mit keinem Land diplomatische Beziehungen unterhalten will, das solche auch zur DDR aufnimmt.

Die Beitrittsverhandlungen zwischen der Europäischen Wirtschaftsgemeinschaft (EWG) und Großbritannien werden in Belgiens Hauptstadt Brüssel wieder aufgenommen (→29. 1./S. 16).

Vor beiden Häusern des Kongresses in Washington unterbreitet US-Präsident John F. Kennedy seine jährliche Botschaft über die Lage der Nation (→S. 13).

Der Vorsitzende der kommunistischen Partei der Sowjetunion, Nikita S. Chruschtschow, trifft anläßlich des am nächsten Tag beginnenden Parteitages der SED in Berlin (Ost) ein (→17. 1./S. 12).

15. Januar, Dienstag

Nach dreitägigen Verhandlungen in Damaskus einigen sich die Vertreter der Bundesrepublik und Syriens über das gemeinsame Projekt des Euphrat-Staudammes. →S. 20

Der schwedische Filmregisseur Ingmar Bergman wird zum Leiter des Königlichen Schauspielhauses in Stockholm gewählt und tritt dieses Amt offiziell am 1. Juli 1963 an.

16. Januar, Mittwoch

In Bonn verabschiedet der Bundestag das dritte Besoldungserhöhungsgesetz für die Beamten. Sie erhalten ab 1. Januar 1963 eine sechsprozentige Erhöhung ihrer Grundgehälter.

In weiten Teilen der Bundesrepublik wird die Versorgung von Haushalten und Industrie mit Brennstoffen durch den anhaltenden Frost immer schwieriger (→23. 2./S. 36).

Der Revolutionsausschuß in dem westafrikanischen Staat Togo ernennt den Schwager und politischen Gegner des ermordeten Präsidenten Sylvanus Olympio, Nicolas Grunitzky, zum neuen Präsidenten (→13. 1./S. 17).

Die Unterzeichnung des deutsch-französischen Vertrages ist der Aufmacher der Tageszeitung »Frankfurter Allgemeine« vom 23. Januar

Frankfurter Allgemeine

ZEITUNG FÜR DEUTSCHLAND

S-Ausgabe / Mittwoch, 23. Januar 1963 — Herausgegeben von Hans Baumgarten, Jürgen Eick, Karl Korn, Benno Reifenberg, Jürgen Tern, Erich Welter — Preis 30 Pfennig / Nr. 19 / D 2955 A

Der Vertrag deutsch-französischer Zusammenarbeit unterzeichnet

Gemeinsame Erklärung de Gaulles und Adenauers in Paris / Gespräch im Elysee-Palast über die Brüsseler Krise

Bericht unseres Pariser Korrespondenten

haw. PARIS, 22. Januar. In feierlicher Form haben in Paris Staatspräsident de Gaulle und Bundeskanzler Dr. Adenauer am Dienstagnachmittag die Unterschriften unter eine „Gemeinsame Erklärung" und einen Vertrag über die deutsch-französische Zusammenarbeit gesetzt. Die Vereinbarungen sind ein Ergebnis der Wiederversöhnung zwischen beiden Völkern und stellen nach den Worten der Schlußerklärung ein geschichtliches Ereignis dar, das das Verhältnis der beiden Völker von Grund auf neu gestaltet. Die Jugend Frankreichs und Deutschlands wird in den Dokumenten besonders zur Zusammenarbeit aufgerufen, die Schaffung des vereinten Europas wird als Ziel beider Nationen genannt. Beide Regierungsdelegationen sind zu der Schlußfolgerung gelangt, daß die Zusammenarbeit in allen Lebensbereichen verstärkt und vordringlich konkrete Maßnahmen auf den Gebieten der auswärtigen Angelegenheiten, der Verteidigung, der Erziehung, der Jugendfürsorge und der Entwicklungshilfe getroffen werden sollen.

Strauß Vorsitzender der CSU-Landesgruppe in Bonn

Mit 36 von 45 Stimmen gewählt / Noch kein fünfter Stellvertreter der Unionsfraktion

Bericht unserer Bonner Redaktion

R. BONN, 22. Januar. Am Dienstag hat die Landesgruppe der CSU im Bundestag den früheren Bundesverteidigungsminister Strauß, den Vorsitzenden der Christlich-Sozialen Union, zum Vorsitzenden gewählt. Der bisherige Vorsitzende Dollinger war aus diesem Amt mit einer Verfügung zum Bundesschatzminister ausgeschieden. Strauß erhielt sechsunddreißig von fünfundvierzig Stimmen.

Das Sozialpaket heute vor dem Bundestag

Krankenversicherung, Lohnfortzahlung und Kindergeld in erster Lesung / Bedenken der Arbeitgeberverbände

Bericht unserer Bonner Redaktion

R. BONN, 22. Januar. Bundesarbeitsminister Blank wird am Mittwochvormittag im Bundestag die zum sogenannten „Sozialpaket" vereinten Gesetzentwürfe über die Neuregelung der Lohnfortzahlung im Krankheitsfall und das Bundeskindergeld vorlegen.

Lübke heute schon in Berlin

BERLIN, 22. Januar. AP. Bundespräsident Lübke wird am heutigen Mittwochnachmittag in Berlin eintreffen, wo er am Freitag die „Internationale Grüne Woche" eröffnen wird. Wie der Senat mitteilte, wird Lübke voraussichtlich bis zum 4. Februar in Berlin bleiben.

Auch DAG verschiebt Tarifkündigung

Eigener Bericht

no. HAMBURG, 22. Januar. Der Vorsitzende der Deutschen Angestellten-Gewerkschaft, Dr. Schneider, hat den stellvertretenden Vorsitzenden des Gesamtverbandes der metallindustriellen Arbeitgeberverbände, Dr. Schwennicke, mitgeteilt, daß die DAG werde die Tarifverträge gegenwärtig nicht kündigen. Die Gewerkschaft trage damit der angespannten Lage bei einzelnen Zweigen der Metallindustrie, insbesondere bei den Werften, Rechnung.

FDP findet das Sozialklima besser

Eigener Bericht

D. C. BONN, 22. Januar. Eine Reinigung des Klimas „im sozialpolitischen Raum" glaubt die FDP gegenwärtig festzustellen zu können.

Unterrichtung gefordert

Eigener Bericht

R. BONN, 22. Januar. Die sozialdemokratische Fraktion hat am Dienstag gefordert, daß der Bundeskanzler unmittelbar nach seiner Rückkehr aus Paris den Auswärtigen Ausschuß des Bundestages über seine Gespräche mit General de Gaulle berichtet.

Generalbundesanwalt am 1. März

Eigener Bericht

scho. BONN, 22. Januar. Im Bundesjustizministerium werden gegenwärtig von vier Juristen Personalakten überprüft, von denen einer zum Generalbundesanwalt des Bundes vorgeschlagen werden soll.

Vor dem Streik in New York

NEW YORK, 22. Januar. AP. Die New Yorker Schiffahrtsgesellschaften haben am Dienstag die Vermittlungsvorschläge der Regierung zur Beilegung des langen, Hafenarbeiterstreiks abgelehnt.

Licht und Schatten in Paris

N.B. Der Brüsseler Schatten hat sich von den Pariser Gesprächen, die zum Abschluß der wohlvorbereiteten deutsch-französischen Abkommen führten, nicht wegwischen lassen. Die Unterzeichnung, die am Dienstag vollzogen worden ist, ist ein neuer Markstein auf dem Wege der Freundschaft der beiden Länder.

Parteitag der Ernüchterung

Von Hansjakob Stehle

War es die Heerschau kommender Revolution in ganz Deutschland, oder war es der Beginn eines Vergleichsverfahrens vor dem Bankrott, was in Ost-Berlin als VI. Parteitag der Sozialistischen Einheitspartei über die Bühne ging?

17. Januar, Donnerstag

Der Regierende Bürgermeister von Berlin (West), Willy Brandt (SPD), sagt ein in Erwägung gezogenes Treffen mit dem sowjetischen Regierungschef Nikita S. Chruschtschow in Berlin (Ost) überraschend ab. →S. 13

An drei niedersächsischen Gymnasien in Hannover, Braunschweig und Oldenburg wird von Ostern dieses Jahres an für die Schüler der siebenten Klasse Russisch als Pflichtfach eingeführt.

Die berühmte Brüsseler Brunnenfigur Manneken Pis ist in der Nacht vom Sockel gestohlen worden. →S. 22

Nach häufigen Verschiebungen wegen Unstimmigkeiten in der sowjetischen Führung wird im Moskauer Puschkin-Museum eine Ausstellung mit Bildern des französischen Malers Fernand Léger eröffnet (bis 10. 2.). →S. 23

18. Januar, Freitag

Die in Brüssel seit Montag stattfindenden Beitrittsverhandlungen Großbritanniens mit der Europäischen Wirtschaftsgemeinschaft (EWG) werden für zehn Tage unterbrochen (→29. 1./S. 16).

Der tunesische Präsident Habib Burgiba bricht die diplomatischen Beziehungen zu Algerien ab. Burgiba beschuldigt den algerischen Regierungschef Mohammed Ahmed Ben Bella, ein Attentatsversuch auf ihn unterstützt zu haben. →S. 16

19. Januar, Sonnabend

Großbritannien und Saudi-Arabien beschließen, ihre während der Suezkrise im Jahr 1956 abgebrochenen diplomatischen Beziehungen noch in diesem Jahr wieder aufzunehmen.

Nach 15jähriger Forschungs- und Entwicklungsarbeit legt die US-amerikanische Firma Polaroid Corporation in Frankfurt am Main ihr sensationelles neuestes Produkt, den »Polarcolor-Film« vor. →S. 22

20. Januar, Sonntag

Nach elfwöchiger Haft wird Hans Schmelz, Redakteur des Hamburger Nachrichtenmagazins »Der Spiegel«, ohne Angaben von Gründen entlassen. Er war im Zusammenhang mit der »Spiegel«-Affäre im Oktober 1962 mit anderen Redakteuren festgesetzt worden. Von ihnen ist nur noch Herausgeber Rudolf Augstein im Untersuchungsgefängnis (→7. 2./S. 30).

Bei den Nicoldi-Wettkämpfen auf der Dolomiten-Piste Madonna di Campiglio in Südtirol erreicht der Deutsche Meister im Eisschnellauf Günter Traub (Schweinfurt) 184,490 Punkte. Das bedeutet einen neuen Vierkampf-Weltrekord, den ersten deutschen Weltrekord im Eisschnellauf. →S. 25

21. Januar, Montag

Auf dem letzten Tag des am 15. Januar begonnenen VI. Parteitages der SED in Berlin (Ost) wird erwartungsgemäß Wal-

ter Ulbricht zum Ersten Sekretär der Partei wiedergewählt. →S. 13

Die Bergwerksstadt Kolwezi, letzter Stützpunkt von Katanga-Präsident Moise Tschombé, wird kampflos an die UN-Truppen übergeben. Damit ist die Sezession Katangas im zentralafrikanischen Kongo (Zaïre) beendet. →S. 17

22. Januar, Dienstag

Während eines Festaktes im Pariser Elysée-Palast unterschreiben der französische Staatspräsident Charles de Gaulle und Bundeskanzler Konrad Adenauer (CDU) den Vertrag über die deutsch-französische Zusammenarbeit. →S. 14

Der Bremer Senat beschließt, ein Gelände von einer Million m² zum Bau für die zu gründende Bremer Universität aufzukaufen.

Die Lübecker Kaufmannschaft übergibt der Öffentlichkeit ein Thomas-Mann-Zimmer im Schabbelhaus, das in der Nähe des im Krieg zerstörten Patrizierhauses der Familie Mann gelegen ist.

23. Januar, Mittwoch

Der Bundestag in Bonn behandelt in erster Lesung eine Reihe sozialpolitischer Gesetze, das sog. Sozialpaket. →S. 18

Bereits nach fünf Minuten wird in Hamburg der erste deutsche Prozeß im Zusammenhang mit dem Medikament Contergan wegen fehlenden Beweismaterials vertagt. →S. 19

Nach der Wiedereinführung des Präsidialregimes in Brasilien am 7. Januar bildet Präsident João Belchior Marques Goulart eine neue Regierung.

In Kuwait finden erstmals allgemeine Wahlen zur Nationalversammlung statt. Bei der ersten Tagung des Parlaments tritt eine neue Verfassung in Kraft. Sie mildert in wesentlichen Punkten das bisherige absolute Regime.

Mit der Geburt des 100 000. Einwohners ist die alte Römerstadt Neuss am Rhein nun die jüngste und die 55. Großstadt der Bundesrepublik. →S. 19

Der griechische und der dänische Königshof geben die Verlobung von Kronprinz Konstantin von Griechenland mit der dänischen Prinzessin Anne Marie in Kopenhagen bekannt. →S. 22

24. Januar, Donnerstag

Der Bundestag in Bonn befaßt sich in erster Lesung mit den Entwürfen der Bundesregierung für die Notstandsgesetzgebung. Anschließend beraten die Ausschüsse darüber.

Der belgische Senat fordert in einer Resolution den britischen Beitritt zur Europäischen Wirtschaftsgemeinschaft (EWG) und wendet sich gegen den deutsch-französischen Block (→23. 1./S. 15).

25. Januar, Freitag

Der seit 34 Tagen andauernde Streik der US-amerikanischen Hafenarbeiter an der

Atlantik- und Golf-Küste ist beendet. Arbeitgeber und -nehmer einigten sich auf eine Lohnerhöhung von 37 Cents (1,48 DM) pro Stunde. Gefordert waren ursprünglich 50 Cents (2,00 DM). →S. 20

Im 17. Kampf seiner Profi-Laufbahn bleibt der US-amerikanische Schwergewichtsboxer Cassius Clay wiederum unbesiegt. Er schlägt in Pittsburgh seinen sieben Pfund schwereren Gegner Charlie Powell in der dritten Runde K. o. →S. 25

Zum zweiten Mal gewinnt der Schwede Erik Carlsson, mit Gunnar Palm auf Saab, die am 20. Januar gestartete Rallye Monte Carlo. →S. 25

26. Januar, Sonnabend

Die sowjetische Zeitung »Iswestija« berichtet von der Übungsfahrt eines sowjetischen Atom-U-Bootes zum Nordpol und gibt gleichzeitig Pläne für den umfangreichen Aufbau einer sowjetischen Atom-U-Boot-Flotte bekannt.

27. Januar, Sonntag

Bei einer Volksabstimmung im Iran, an der auch erstmals Frauen teilnehmen, entscheidet sich die große Mehrheit der Abstimmungsberechtigten für das Sechs-Punkte-Reformprogramm der Regierung, das u. a. die Aufteilung des Großgrundbesitzes vorsieht. →S. 16

Auf der Insel Borneo sind alle britischen Truppen in Alarmbereitschaft versetzt worden, außerdem werden 2000 Mann von Großbritannien eingeflogen. Anlaß ist der Aufmarsch von 60 000 indonesischen Freiwilligen an den Grenzen der britischen Besitzungen.

28. Januar, Montag

Der dänische Ministerpräsident Jens Otto Krag kehrt von einem zweitägigen Aufenthalt in Paris nach Kopenhagen zurück. Seine in der französischen Hauptstadt geführten Gespräche über einen Beitritt Dänemarks in die Europäische Wirtschaftsgemeinschaft (EWG) sind Anlaß einer »kühlen Atmosphäre« der übrigen Staaten der Kleinen Freihandelszone (EFTA) gegenüber Dänemark.

Die bisher höchste Seilbahn des Vorarlgebirges eröffnet der österreichische Bundeskanzler Alfons Gorbach. Die Bahn führt vom 1722 m hoch gelegenen Wintersportort Zürs am Arlberg auf den 2433 m hohen Trittkopf.

29. Januar, Dienstag

In Bayern, Nordrhein-Westfalen und Hamburg sind die Wohnungen von insgesamt acht Kameraleuten und Reportern des DDR-Fernsehens und der DEFA-Wochenschau untersucht worden. Die Bundesanwaltschaft lehnt jedwede Erklärung ab.

Die im Oktober 1961 in Brüssel aufgenommenen Verhandlungen zwischen dem Ministerrat der Europäischen Wirtschaftsgemeinschaft (EWG) und Großbritannien über dessen Beitritt scheitern endgültig an der ablehnenden Haltung Frankreichs →S. 16

30. Januar, Mittwoch

Die Regierung der DDR teilt der regionalen Kirchenleitung der Evangelischen Kirche von Berlin-Brandenburg mit, daß die Ausweisung des Ratsvorsitzenden der EKD, Präses Kurt Scharf, aus Berlin (Ost) endgültig sei.

Im Anschluß an eine Debatte stimmen die Mitglieder des britischen Unterhauses in London dem Abkommen von Nassau zwischen den USA und Großbritannien zu, worin die Nuklearbewaffnung der britischen Armee modifiziert wird.

31. Januar, Donnerstag

Die Bundesregierung gibt den Abschlußbericht über die »Spiegel«-Affäre vom Oktober 1962 frei (→7. 2./S. 30).

Bei dem Besuch des dänischen Ministerpräsidenten Jens Otto Krag in London bekräftigen die Vertreter beider Regierungen, daß die Länder der kleinen Freihandelszone (EFTA) nach dem Scheitern der Brüsseler Verhandlungen noch intensiver zusammenarbeiten werden.

Aus einem Bericht des Bundesforschungsministeriums in Bonn geht hervor, daß die Radioaktivität der Niederschläge deutlich angestiegen ist. →S. 19

Gestorben:

3. Morges: René Morax (*11. 5. 1873, Morges), schweizerischer Dramatiker.

5. München: Adolf Weber (*29. 12. 1876, Mechernich), deutscher Nationalökonom und Autor.

12. Buenos Aires: Ramon Gómez de la Serna (*5. 7. 1891, Madrid), spanischer Schriftsteller.

13. Lomé: Sylvanus Olympio (*6. 9. 1902, Lomé), Staatspräsident von Togo. →S. 17

14. Wien: Josef Nadler (*23. 5. 1884, Neudörfl bei Varnsdorf), österreichischer Literaturhistoriker.

18. London: Hugh Todd Gaitskell (*9. 4. 1906, London), britischer Politiker.

21. Stuttgart: Franz Jung (*26. 11. 1888, Neisse), deutscher Schriftsteller.

28. Minneapolis (USA): Jean Piccard (*28. 1. 1884, Lutry), schweizerisch-US-amerikanischer Physiker.

29. Boston (USA): Robert Lee Frost (*26. 3. 1874, San Francisco), US-amerikanischer Lyriker und Dramatiker.

30. Paris: Francis Poulenc (*7. 1. 1899, Paris), französischer Musiker.

Das Wetter im Monat Januar

Station	Mittlere Lufttemperatur (°C)	Niederschlag (mm)	Sonnenscheindauer (Std.)
Aachen	− (1,8)	240 (72)	− (51)
Berlin	−7,6 (−0,4)	91 (43)	− (56)
Bremen	− (0,6)	125 (57)	− (47)
München	− (−2,1)	155 (55)	− (56)
Wien	−6,0 (−0,9)	40 (40)	61 (−)
Zürich	−6,2 (1,0)	33 (68)	74 (46)

( ) Durchschnittswert November–Februar
− Wert nicht ermittelt

Gerhard Schröder auf der Titelseite der Nr. 1/63 der Hamburger Illustrierten »Stern«; in seinem Amt als Außenminister wird sich Schröder im kommenden Jahr u. a. mit dem Beitritt Großbritanniens in die Europäische Wirtschaftsgemeinschaft auseinandersetzen müssen

Heft Nr. 1 · 16. Jahr · Hamburg, 6. Januar 1963 · 60 Pfennig

C 8041 C

stern

Der Mann des Jahres
Gerhard Schröder

Chruschtschow – Gruß über die Mauer

17. Januar. Der sowjetische Partei- und Regierungschef Nikita S. Chruschtschow besichtigt zum ersten Mal die Mauer an der Grenze von Berlin (Ost) zu Berlin (West). Gemeinsam mit dem DDR-Staatsratsvorsitzenden Walter Ulbricht fährt er während einer Pause des VI. Parteitages der SED an den Ausländerübergang Checkpoint Charly in der Friedrichstraße, wo auf der westlichen Seite Journalisten warten.
Ein Korrespondent berichtet: »Chruschtschow trug eine schwarze Pelzmütze modischer Art und schien trotz der Kälte in bester Stimmung. Ein wenig verfroren stand Walter Ulbricht neben ihm. Zahlreiche Ost-Berliner Bildreporter umringten die Gruppe. Auf West-Berliner Gebiet – wo ein verstärktes Aufgebot von Polizei und alliiertem Militärpersonal bereitstand – hatten sich auch etliche Passanten versammelt. Sie schienen es dem mächtigen Mann aus Moskau angetan zu ha-

Ulbricht (r.) begrüßt Chruschtschow (l.), der während seines Aufenthalts in Berlin (Ost) auch die Mauer besichtigt (Abb. r., M.)

ben. Nachdem er eine Weile lang mit breitem Lächeln zum Checkpoint Charly hinübergestrahlt hatte, begann er plötzlich zu winken, indes Ulbrichts Gesicht ins Säuerliche gefror. Etliche Arme erhoben sich, um Chruschtschows west-östlichen Gruß zu erwidern. Dann gab es für den gedrungenen vitalen Mann aus dem Kreml kein Halten mehr. Er

setzte sich in Richtung Westen in Bewegung, dorthin, wo Offiziere der sowjetzonalen Grenzpolizei ihre Postenkette bilden. Notgedrungen mußten ihm Ulbricht und die anderen folgen. Als der Troß unmittelbar an der ›Grenze‹ angekommen war, gab es ein buntes Menschengewimmel von Volkspolizisten und Parteigewaltigen, aus alliierten Soldaten,

Sicherheitsbeamten, Journalisten und Bildreportern jenseits und dieseits der Berliner Mauer.
Während Chruschtschow über den Auflauf erheitert war, schienen die Ost-Berliner Gastgeber am Ende ihrer Nerven. Nach wenigen Minuten gelang es ihnen dann auch, den hohen Zaungast wieder von seiner Extratour abzubringen.«

Staatsoberhäupter aus Ost und West hoffen auf Entspannung

Der Präsident der Bundesrepublik Deutschland, Heinrich Lübke, zieht in seiner Neujahrsansprache zunächst eine Bilanz des vergangenen Jahres.

Der Bundespräsident stellt mit Bedauern fest, daß durch das Tauziehen der beiden Kabinettsbildungen das Ansehen der Demokratie Schaden genommen habe.
Stellung nimmt er auch zu der Affäre um das Nachrichtenmagazin »Der Spiegel« und wendet sich gegen den Vorwurf, daß durch das Vorgehen gegen diese Zeitschrift Grundrechte verletzt worden seien, denn Verdacht auf Landesverrat zwinge den Staat, seine Machtmittel zur Abwendung drohender Gefahr einzusetzen. Ebenso gehöre es zum Funktionieren eines demokratischen Rechtsstaates, daß ein wirksamer Ehrenschutz die Politiker vor verleumderischen Beleidigungen und Diffamierungen bewahre. Ein

Volk, das dulde, daß Menschen verunglimpft werden, die in ihrer täglichen Arbeit dem Gemeinwohl zu dienen versuchen, bringe sein eigenes Ansehen in Gefahr.
Wohin eine in diesem Bereich unempfindliche und schleppende Rechtsprechung führe, habe die Weimarer Zeit mit erschütternder Deutlichkeit gezeigt: »Schon einmal in unserer Geschichte haben wir durch Leichtfertigkeit den Bestand unseres freiheitlichen Staates verspielt. Auch heute steht unser Volk vor der Entscheidung, ob es bewahren oder gefährden will, was es sich mit Ausdauer, Fleiß und Tüchtigkeit erarbeitet hat.«
Weiterhin meint Lübke, die parlamentarische Demokratie habe auch deshalb ihr Ansehen geschädigt, weil manche Politiker gemeint hätten, sie könnten durch sogenannte Wahlgeschenke den Einfluß ihrer Parteien stärken. Viele Bürger gewönnen deshalb den Eindruck, ihr Verhältnis zum Staat bestünde allein noch in den Ansprüchen auf eine gute Versorgung oder andere materielle Vorteile. Sie sollen vielmehr Ersparnisse sammeln.

Walter Ulbricht, Staatsratsvorsitzender der DDR und Erster Sekretär der SED, wendet sich in seiner Neujahrsansprache auch an die »Bürger Westdeutschlands und Westberlins«.

Ulbricht bittet darum, gemeinsam damit zu beginnen, »den Graben, der durch Deutschland gezogen wurde, zuzuschütten … Sollten wir nicht im neuen Jahr gemeinsam dahin wirken, möglichst alle Konfliktherde in Deutschland auszuräumen, aus Westberlin eine friedliche neutrale Stadt zu machen und zwischen den beiden Staaten wenigstens ein Minimum an korrekten und sachlichen Beziehungen herzustellen?« Die Bürger von Berlin (West) fordert er zur Vernunft und Verständnisbereitschaft auf, damit es leichter möglich sei, »manche Dinge, die Ihr und unser Leben erschweren, sachlich zu klären. Dazu gehört es, politische Realitäten endlich anzuerkennen.«

Frankreichs Staatspräsident Charles de Gaulle bezeichnet in seiner Silvesteransprache die Bildung einer Union Westeuropas als eines der wichtigsten politischen Ziele 1963:

»Zuerst kommt die Union eines Westeuropas auf den Gebieten der Wirtschaft, Politik, Verteidigung und Kultur. Das würde ein Gleichgewicht zu den Vereinigten Staaten darstellen und das Bündnis der freien Welt stärken.« Dieses Europa sei auch bereit, Großbritannien herzlich willkommen zu heißen, wenn es sich ihm ohne Vorbehalte und unwiderruflich anschließen wolle. Das vereinte westliche Europa könne auch das Ziel anstreben, mit den Ländern des Ostens, wenn sie sich eines Tages zur großen Entspannung bereit finden sollten, den Frieden und das Leben des ganzen europäischen Kontinents zu organisieren, als ein Gleichgewicht zu den Vereinigten Staaten.

Abgesagt: Treffen mit Chruschtschow

17. Januar. Willy Brandt (SPD), der Regierende Bürgermeister von Berlin (West), sagt mit Rücksicht auf den Koalitionspartner CDU ein in Berlin (Ost) vorgesehenes Treffen mit dem sowjetischen Parteichef Nikita S. Chruschtschow ab.
Chruschtschow, der sich anläßlich des VI. Parteitages der SED in der DDR aufhält, hatte die Zusammenkunft zwei Tage zuvor angeregt. Nach Rücksprachen mit den westlichen Alliierten in der Stadt und der Bundesregierung in Bonn stimmte Brandt einem Treffen zu. Nachdem schon Termin und Formalien der Unterredung festgelegt waren – Brandt bestand u.a. darauf, daß keine Vertreter der DDR zugegen sind –, kommt es zu einer Abstimmung mit der West-Berliner CDU. Ihre Vertreter weisen den Bürgermeister darauf hin, daß dieser Besuch das Ende der Koalition von CDU und SPD bedeute, weshalb Brandt seine Zusage zurücknimmt.

Bonn lehnt Kredit für DDR ab

4. Januar. Die Verhandlungen über einen Kredit und eine Erweiterung des Interzonenhandels mit der DDR werden von der Bundesregierung in Bonn ergebnislos abgebrochen.
Begonnen hatten die Unterredungen zwischen Vertretern beider Regierungen bereits im März 1962. Man einigte sich zunächst auf eine Erhöhung des Swing (vereinbarte Kreditlinie) der Warenmenge.
Langfristig soll die Bundesrepublik Investitionsgüter, d. h. hochwertige Maschinen, in einer Höhe von 400 Millionen DM liefern. Sie werden von der DDR-Wirtschaft dringend benötigt, denn für die notwendige Automatisierung der Produktion fehlen moderne Maschinen.
Die Bundesregierung koppelt die Verhandlungen an die politische Forderung nach Entspannung in Berlin und das Zustandekommen eines Passierscheinabkommens für Besuche von Einwohnern aus Berlin (West) in Berlin (Ost).
Die DDR wiederum möchte eine

Motormontage für den Export im VEB Schwermaschinenbau in Magdeburg

Anerkennung des Sonderstatus von Berlin (West) als eigenständige politische Einheit erzwingen. Keine der beiden Seiten ist jedoch zu Kompromissen bereit.

SED verabschiedet erstes Programm

21. Januar. Mit der Wahl der neuen Mitglieder des Zentralkomitees (ZK) endet in Berlin (Ost) der am 15. Januar begonnene VI. Parteitag der Sozialistischen Einheitspartei Deutschlands (SED).
Am Parteitag der inzwischen 1,7 Millionen Mitglieder zählenden SED nahmen Abordnungen von 70 kommunistischen Parteien teil, darunter das erste Mal seit 1948 auch eine Delegation aus Jugoslawien. Prominentester Gast war der Chef der KPdSU, Nikita S. Chruschtschow. Er kritisierte die DDR wegen der mangelnden Arbeitsproduktivität im Vergleich zur Bundesrepublik.
Höhepunkt des Parteitages war die Annahme eines Programms der SED, das erste, das sich die Partei nach den »Grundsätzen und Zielen« von 1946 gibt. Es beruft sich auf den Marxismus/Leninismus und konkretisiert u. a. die Periode des »umfassenden Aufbaus des Sozialismus« in der DDR.

In einer Serie von Interviews, Grußbotschaften, Trinksprüchen und Erklärungen äußert sich der sowjetische Ministerpräsident Nikita S. Chruschtschow über das kommende Jahr.

Chruschtschow betont seinen Wunsch nach einer friedlichen Koexistenz zwischen Ost und West. Gleichzeitig aber warnt er vor der Entfesselung eines »kapitalistischen Krieges«. Er würde mit Sicherheit zur völligen Zerstörung der westlichen Welt innerhalb weniger Stunden führen. In einem Telegramm an Bundespräsident Heinrich Lübke heißt es: »Die Ergebnisse des letzten Jahres haben mit besonderer Deutlichkeit die Dringlichkeit der Beilegung ungelöster internationaler Probleme gezeigt, unter denen der Abschluß eines deutschen Friedensvertrages und die Normalisierung der Lage Berlins... einen wichtigen Platz einnehmen.« Die »Beseitigung der Überreste des Zweiten Weltkrieges« werde auch die Beziehungen zwischen Bonn und Moskau verbessern.

Der US-amerikanische Präsident John F. Kennedy unterbreitet den beiden Häusern des Kongresses seine jährliche Botschaft zur Lage der Nation.

Kennedy entwickelt u. a. sein außenpolitisches Programm für das dritte Jahr seiner Amtszeit und äußert sich zur Rüstung und Bereitschaft zur Abrüstung: »Was können wir tun, um aus der gegenwärtigen Atempause heraus zu einem dauerhaften Frieden zu gelangen? Ich möchte wiederum zur Vorsicht mahnen. Ich sehe keine augenfällige Änderung der Methoden und Ziele der Kommunisten voraus. Wenn aber alle Tendenzen und Entwicklungen die Sowjetunion dazu bewegen können, den Pfad des Friedens zu wandeln, dann wollen wir ihr zu verstehen geben, daß alle freien Völker sie begleiten werden. Bis sie sich aber zu dieser Wahl entschließt und bis die Welt ein verläßliches System der internationalen Sicherheit hervorbringen kann, haben die freien Völker keine andere Wahl,

als ihre Waffen griffbereit zu halten. Unser Land wird deshalb auch weiterhin die beste Verteidigung der Welt nötig haben – eine Verteidigung, die den 60er Jahren gemäß ist. Dies erfordert bedauerlicherweise einen steigenden Verteidigungshaushalt, denn es gibt keinen Ersatz für eine ausreichende Verteidigung, und zu Schleuderpreisen ist sie nicht zu haben. Dies erfordert in diesem Jahr die Aufwendung von über 15 Milliarden US-Dollar [60 Milliarden DM] allein für unsere Kernwaffenrüstung, eine Summe, die etwa ebenso groß ist wie die Verteidigungshaushalte unserer europäischen Alliierten zusammen. Aber es bedeutet auch eine verbesserte Luft- und Raketenverteidigung ... jedoch verpflichtet es nicht, den Ausbau ins Unendliche fortzusetzen ... Wir tun die Abrüstung nicht als einen schönen Traum ab. Denn wir sind davon überzeugt, daß dies letztlich der einzige Weg ist, die Sicherheit aller ohne Gefährdung der Interessen des einzelnen zu gewährleisten. Auch verwechseln wir ehrenhafte Verhandlungen nicht mit Beschwichtigung. So wie wir in der Verteidigung niemals müde werden, so wenig werden wir jemals das Streben nach Frieden aufgeben.«

In seiner Ansprache an die Schweizer in Bern geht der Schweizer Bundespräsident Willy Spühler vor allem auf mehrere innenpolitische Probleme ein:

»... und doch beschleichen uns Zweifel über die Echtheit und unbedingte Güte des gleißenden Bildes der Hochkonjunktur und der rastlosen Steigerung der wirtschaftlichen Tätigkeit. Wer möchte bestreiten, daß die Hochkonjunktur trotz der erfreulichen Besserung der materiellen Lebensbedingungen großer Schichten der Bevölkerung selber wiederum neue Ungerechtigkeiten erzeugt und Leistung und Verdienst, Leistung und Gewinn immer häufiger und auffälliger in ein Mißverhältnis zueinander bringt. Wenn ich auf diese Erscheinungen hinweise, so deswegen, weil sie noch selten so augenfällig wie jetzt geworden sind und weil sie im Ausblick auf das neue Jahr Anlaß zur persönlichen Gewissensprüfung geben sollten.« Staatspolitische Probleme gilt es anzupacken.

Elysée-Vertrag: Franzosen und Deutsche versöhnen sich

22. Januar. Im Elysée-Palast in Paris unterzeichnen der französische Staatspräsident Charles de Gaulle und Bundeskanzler Konrad Adenauer eine gemeinsame Erklärung zum Vertrag über die deutsch-französische Zusammenarbeit, der das Verhältnis zwischen beiden Ländern enger gestaltet.

Eine intensive Kooperation hinsichtlich ihrer Sicherheit als auch ihrer wirtschaftlichen und kulturellen Entwicklung soll Deutsche und Franzosen in Zukunft verbinden.

Die Staatsoberhäupter betonen in der gemeinsamen Erklärung die historische Bedeutung dieses Ereignisses, da die Versöhnung der beiden Völker das Ende einer jahrhundertealten Rivalität beweise.

General de Gaulle (M.) begrüßt Bundeskanzler Adenauer auf den Stufen des Elysée-Palastes in Frankreichs Hauptstadt

Vorgeschichte des Elysée-Vertrages

März 1950: Konrad Adenauer schlägt eine vollständige Union zwischen Frankreich und Deutschland vor. Der damalige französische Außenminister Robert Schuman hält dies für verfrüht, Charles de Gaulle dagegen schenkt dem Gedanken, »der einem Rückgriff auf das Werk Karls des Großen gleichkomme«, stärkste Beachtung.

Mai 1950: Robert Schuman erklärt, daß die europäische Einigung in erster Linie von der Beseitigung des jahrhundertelangen Gegensatzes zwischen Frankreich und Deutschland abhängig sei.

Juni 1961: Bundespräsident Heinrich Lübke weilt zu einem Staatsbesuch in Paris.

Juli 1962: Auch Bundeskanzler Adenauer hält sich offiziell in der französischen Hauptstadt Paris auf.

September 1962: De Gaulle erwidert den Staatsbesuch in der Bundesrepublik.

September und November 1962: Arbeitsdokumente mit Vorschlägen für die deutsch-französische Zusammenarbeit werden ausgetauscht.

Nach der Unterzeichnung des deutsch-französischen Vertrages in Paris beglückwünschen sich Charles de Gaulle und Bundeskanzler Konrad Adenauer

Um den dauerhaften Charakter des Vertrages zu verdeutlichen und zu gewährleisten, daß auch nach der Regierungszeit der beiden Initiatoren die Zusammenarbeit der beiden Nachbarstaaten fortgeführt wird, enthält das Dokument keine Kündigungsformel.

Es tritt in Kraft, sobald in beiden Staaten die internen Voraussetzungen für die Erfüllung geschaffen worden sind. In der Bundesrepublik muß der Bundestag in Bonn das Vertragswerk ratifizieren, und auch in Frankreich wird eine Parlamentsdebatte mit nachfolgender Abstimmung stattfinden.

Nach dem Willen de Gaulles und Adenauers ist der französisch-deutsche Zweibund mehr als eine herkömmliche Allianz, er soll sich einem Staatenbund, einer Föderation annähern. Zwar betonen beide Regierungschefs immer wieder, daß dies eine Voraussetzung für die Bildung eines gemeinsamen Europas sei, jedoch stoßen sie damit auf große Skepsis sowohl in ihren eigenen Ländern als auch bei den übrigen westeuropäischen Staaten. Die Vertragsunterzeichnung fällt zeitlich zusammen mit dem massiven Widerstand des französischen Staatspräsidenten gegen einen Beitritt Großbritanniens in die Europäische Wirtschaftsgemeinschaft (→ 29. 1./S. 16), und so erweckt die »Achse Bonn–Paris« den Anschein, als ob de Gaulle mit Hilfe des Elysée-Vertrages seine Vormachtstellung innerhalb Europas ausbauen möchte. Deshalb fürchten nicht nur die Opposition in Bonn, sondern auch Vertreter der Regierungsparteien, daß man mit der Ratifizierung dieses Vertrages die Türen für ein geeintes Europa zuschlagen könne.

Nach der Rückkehr des Bundeskanzlers nach Bonn am 23. Januar wird Kritik am deutsch-französischen Bündnis laut. Der stellvertretende SPD-Vorsitzende Herbert Wehner erklärt, dieser neue deutsch-französische Vertrag sei weder die anzustrebende politische Union noch ein Ersatz für Europa. Die deutsch-französische Aussöhnung dürfe nicht auf Kosten von Europa durch Sonderbündeleien angestrebt werden.

Der Kommentar in der »Frankfurter Allgemeinen Zeitung« weist auf mögliche Folgen für das Bündnis mit den Vereinigten Staaten hin: »Es müssen konkrete und genaue Überlegungen angestellt werden, ob der Vertrag die Arbeit der bestehenden europäischen Einrichtungen und die Struktur der NATO beeinträchtigt. Die Sicherheit der Bundesrepublik hängt zuerst und vor allem von der amerikanischen Politik ab. Nichts darf geschehen, was Bonn in ernsthaften Gegensatz zu Washington brächte« (→ 23. 1./S. 15).

Die Grundsätze künftiger Zusammenarbeit

Der am 22. Januar in Paris geschlossene Vertrag über die deutsch-französische Zusammenarbeit gliedert sich in drei Teile: I. Organisation, II. Programm, III. Schlußbestimmungen. Folgende im Wortlaut abgedruckte Passagen gehören zu Punkt II:

»A. Auswärtige Angelegenheiten:
1. Die beiden Regierungen konsultieren sich vor jeder Entscheidung in allen wichtigen Fragen der Außenpolitik und in erster Linie in den Fragen von gemeinsamem Interesse, um so weit wie möglich zu einer gleichgerichteten Haltung zu gelangen. Diese Konsultation betrifft unter anderem folgende Gegenstände: – Fragen der europäischen Gemeinschaften und der europäischen politischen Zusammenarbeit; – Ost-West-Beziehungen sowohl im politischen als auch im wirtschaftlichen Bereich; – Angelegenheiten, die in der Nordatlantikvertragsorganisation und in den verschiedenen internationalen Organisationen behandelt werden und an denen die beiden Regierungen interessiert sind, insbesondere im Europarat, in der Westeuropäischen Union, in der Organisation für wirtschaftliche Zusammenarbeit und Entwicklung, in den Vereinten Nationen und ihren Sonderorganisationen.
2. Die auf dem Gebiet des Informationswesens bereits bestehende Zusammenarbeit wird zwischen den beteiligten Dienststellen in Paris und Bonn und zwischen den Vertretungen in Drittstaaten fortgeführt und ausgebaut.
3. Hinsichtlich der Entwicklungshilfe stellen die beiden Regierungen ihre Programme einander systematisch gegenüber, um dauernd eine enge Koordinierung durchzuführen. Sie prüfen die Möglichkeit, Vorhaben gemeinsam in Angriff zu nehmen ...
4. Die beiden Regierungen prüfen gemeinsam die Mittel und Wege dazu, ihre Zusammenarbeit im Rahmen des Gemeinsamen Marktes, in anderen wichtigen Bereichen der Wirtschaftspolitik, zum Beispiel der Land- und Forstwirtschaftspolitik, der Energiepolitik, der Verkehrs- und Transportfragen, der industriellen Entwicklung ebenso wie der Ausfuhrkreditpolitik, zu verstärken.

B. Verteidigung:
1. Auf dem Gebiet der Strategie und der Taktik bemühen sich die zuständigen Stellen beider Länder, ihre Auffassungen einander anzunähern, um zu gemeinsamen Konzeptionen zu gelangen. Es werden französisch-deutsche Institute für operative Forschung errichtet.
2. Der Personalaustausch zwischen den Streitkräften wird verstärkt, er betrifft insbesondere die Lehrkräfte und Schüler der Generalstabsschulen ...
3. Auf dem Gebiet der Rüstung bemühen sich die beiden Regierungen, eine Gemeinschaftsarbeit vom Stadium der Ausarbeitung geeigneter Rüstungsvorhaben und der Vorbereitung der Finanzierungspläne an zu organisieren.

C. Erziehungs- und Jugendfragen:
1. Auf dem Gebiet des Erziehungswesens richten sich die Bemühungen hauptsächlich auf folgende Punkte:
a) Sprachunterricht: Die beiden Regierungen erkennen die wesentliche Bedeutung an, die der Kenntnis der Sprache des anderen in jedem der beiden Länder für die französisch-deutsche Zusammenarbeit zukommt. Zu diesem Zweck werden sie sich bemühen, konkrete Maßnahmen zu ergreifen, um die Zahl der französischen Schüler, die Deutsch lernen, und die der deutschen Schüler, die Französisch lernen, zu erhöhen ... Maßnahmen [zur Erreichung dieses Ziels] werden geprüft ...
b) Diplome: Die zuständigen Behörden beider Staaten sollen gebeten werden, beschleunigte Bestimmungen über die Gleichwertigkeit der Schulzeiten, der Prüfungen, der Hochschultitel und -diplome zu erlassen ...
c) Forschung: Die Forschungsstellen und wissenschaftlichen Institute bauen ihre Verbindungen untereinander aus, wobei sie mit einer gründlicheren gegenseitigen Unterrichtung beginnen; vereinbarte Forschungsprogramme werden in den Disziplinen aufgestellt, in denen sich dies als möglich erweist.
2. Der französischen und deutschen Jugend sollen alle Möglichkeiten geboten werden, um die Bande, die zwischen ihnen bestehen, enger zu gestalten, und ihr Verständnis füreinander zu vertiefen. Insbesondere wird der Gruppenaustausch weiter ausgebaut. Es wird ein Austausch- und Förderungswerk der beiden Länder errichtet, an dessen Spitze ein unabhängiges Kuratorium steht. Diesem Werk wird ein französisch-deutscher Gemeinschaftsfonds zur Verfügung gestellt, der der Begegnung und dem Austausch von Schülern, Studenten, jungen Handwerkern und jungen Arbeitern zwischen den beiden Ländern dient.«

Eingang zum Elysée-Palast, dem französischen Regierungssitz in Paris; hier unterzeichnen am 22. Januar Staatspräsident Charles de Gaulle und Bundeskanzler Konrad Adenauer den Vertrag über deutsch-französische Zusammenarbeit, womit die Versöhnung beider Völker bekräftigt und die Grundlage für ein vereintes Europa geschaffen werden

Kritische Reaktion auf den Rheinbund

23. Januar. Die Reaktionen in der nationalen und internationalen Presse auf das in Paris geschlossene deutsch-französische Bündnis zeigen ein allgemeines Mißtrauen wegen möglicher Folgen für Europa.
Sorge um westliche Zusammenarbeit in den USA. Trotz Bejahung einer nun endlich vergangenen Gegnerschaft zwischen Frankreich und der Bundesrepublik sähen die Vereinigten Staaten ein wirtschaftlich und militärisch von Charles de Gaulles Autarkievorstellungen beherrschtes Kontinentaleuropa als schweren Schlag gegen ihre weitergehende Vorstellung von europäischer Einheit an, befürchtet die »Frankfurter Allgemeine Zeitung«.
Ein neues München. Als einen Schritt zu einem »neuen München« bezeichnet die sowjetische Nachrichtenagentur TASS die Unterzeichnung. Die vereinbarte militärische Zusammenarbeit gebe dem »westdeutschen Militarismus« noch größere Freiheit als bisher.
Fortbestand der europäischen Zusammenarbeit bedroht. Der Vizepräsident der Europäischen Wirtschaftsgemeinschaft, Sicco Mansholt, erklärt, der Weg zu einer umfassenden Einigung Europas würde unterbrochen, wenn sie durch eine Zusammenarbeit von zwei Partnern ersetzt würde.
Gefährliche egozentrische Politik Frankreichs. Im Hamburger Nachrichtenmagazin »Der Spiegel« äußert sich Herausgeber Rudolf Augstein zum Thema: »Die Tränen der Rührung, die von Hamburg bis München bei hoch und niedrig vergossen wurden, als der raffinierte große Schauspieler aus Paris die Bundesrepublik an sein Herz drückte, galten keiner dauerhaften Sache. Unter dem Schwanenritter-Mantel der deutsch-französischen Verbrüderung wurde die Spaltung des frei gebliebenen Teils Europas vorbereitet, wurde die weitere Spaltung der kleineuropäischen Sechs [EWG] Tatsache, wurde ein mottenzerfressenes Prestige und Arc-de-Triomphe-Denken eingesegnet und eine Politik begonnen, die, würde man ihr nicht in den Arm fallen, zur Preisgabe Westberlins und zu Schlimmerem führen könnte. Frankreich unter de Gaulle treibt eine egozentrische, eine für den Westen schädliche Politik.«

Der EWG-Beitritt der Briten wird abgelehnt

29. Januar. In Brüssel scheitern die Verhandlungen des Ministerrates der Europäischen Wirtschaftsgemeinschaft (EWG) über den Beitritt Großbritanniens am Widerstand Frankreichs.

Großbritannien hatte im August 1961 um Aufnahme in die Gemeinschaft der sechs Länder – Frankreich, Italien, Belgien, Niederlande, Luxemburg und Bundesrepublik Deutschland – gebeten, woraufhin dann am 10. Oktober des gleichen Jahres die Beitrittsgespräche begannen. Obwohl sich die Mehrheit im EWG-Ministerrat für die Eingliederung Großbritanniens ausspricht, und dies auch als eine Voraussetzung für ein geeintes Europas ansieht, weigert sich die französische Vertretung nun endgültig, unter den gegenwärtigen Bedingungen dem zuzustimmen. Auf einer Pressekonferenz am 14. Januar hatte Staatspräsident Charles de Gaulle diesen Standpunkt schon deutlich gemacht. Er wirft Großbritannien vor, daß es sich der Agrarpolitik der EWG nicht unterwerfen wolle, und sieht die Ursache dafür in den engen Beziehungen des europäischen Inselstaates zu den überseeischen Commonwealth-Staaten. Sie hätten einen ökonomischen Charakter, der nicht in die EWG passe.

Trotz intensiver Vermittlungsbemühungen der übrigen Vertreter in Brüssel, insbesondere von Bundesaußenminister Gerhard Schröder, bleibt der französische Außenminister Maurice Couve de Murville bei seiner Ablehnung des britischen Beitritts (→ 5. 2./S. 31).

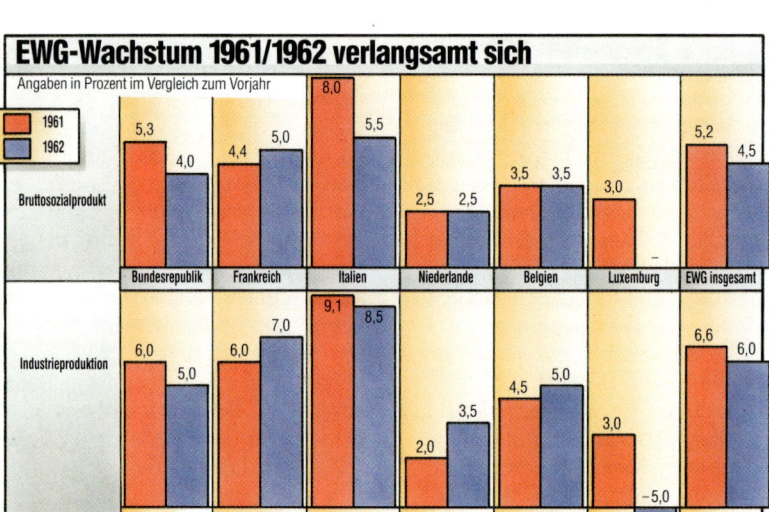

EWG-Wachstum 1961/1962 verlangsamt sich

Angaben in Prozent im Vergleich zum Vorjahr

■ 1961 ■ 1962

Bruttosozialprodukt

	Bundesrepublik	Frankreich	Italien	Niederlande	Belgien	Luxemburg	EWG insgesamt
1961	5,3	4,4	8,0	2,5	3,5	3,0	5,2
1962	4,0	5,0	5,5	2,5	3,5	–	4,5

Industrieproduktion

	Bundesrepublik	Frankreich	Italien	Niederlande	Belgien	Luxemburg	EWG insgesamt
1961	6,0	6,0	9,1	2,0	4,5	3,0	6,6
1962	5,0	7,0	8,5	3,5	5,0	–5,0	6,0

© Harenberg

Die Großmächte teilen Sithu U Thant (Foto) das Ende der Kuba-Krise mit

Kuba-Krise ist nun offiziell beendet

8. Januar. Mit einem offiziellen Schreiben an den Generalsekretär der Vereinten Nationen, Sithu U Thant, beenden die Vereinigten Staaten von Amerika und die Sowjetunion nun auch formell die Kuba-Krise vom Oktober 1962, bei der es zu Konflikten über die Stationierung sowjetischer Raketen auf der Karibikinsel kam.

In der gemeinsamen Note heißt es, ». . . die Regierungen der USA und der UdSSR . . . sind der Ansicht, daß es im Hinblick auf den Grad der zwischen ihnen erzielten Übereinstimmung bezüglich einer Beilegung der Krise . . . nicht mehr notwendig ist, daß der Weltsicherheitsrat dieser Frage im gegenwärtigen Zeitpunkt seine Aufmerksamkeit schenkt.«

Chronik der Kuba-Krise von 1962
15. 10. 1962: Bei US-amerikanischen Erkundungsflügen wird eine sowjetische Mittelstreckenraketenbasis auf der Insel Kuba entdeckt.
23. 10. 1962: US-Präsident John F. Kennedy droht mit Vergeltungsmaßnahmen gegen die Sowjetunion.
24. 10. 1962: US-amerikanische Quarantäne gegen sowjetische Raketen-Frachter tritt in Kraft.
25. 10. 1962: Sowjetische Frachter vor Kuba drehen ab.
28. 10. 1962: Der Ministerpräsident der UdSSR, Nikita S. Chruschtschow, ist zum Abzug der Mittelstreckenraketen aus Kuba bereit.

Konflikt zwischen Algier und Tunis

18. Januar. Der Präsident von Tunesien, Habib Burgiba, ruft seinen Botschafter aus der algerischen Hauptstadt zurück. Anlaß für diese Maßnahme ist der am Tag zuvor in Tunis beendete Prozeß gegen 26 Tunesier, die des Attentats gegen ihren Präsidenten vom 20. Dezember 1962 beschuldigt wurden. Zehn von ihnen erhielten die Todesstrafe.

Burgiba ist überzeugt, der algerische Ministerpräsident Ahmed Ben Bella habe die gegen sein Leben gerichtete Verschwörung ermutigt, obwohl Burgiba seiner-

Habib Burgiba

zeit das algerische Volk im Kampf um seine Unabhängigkeit von Frankreich unterstützte. Das Verhalten Ben Bellas stimme auch nicht mit der Meinung der Algerier überein und deshalb sei Tunesien zu einer Wiederaufnahme der diplomatischen Beziehungen erst bei geänderten Verhältnissen in dem Nachbarland bereit (→ 11. 2./S. 33).

Iraner stimmen für die Bodenreform

27. Januar. Die große Mehrheit der Iraner spricht sich in einer Volksabstimmung für ein Reformprogramm der Regierung unter Schah Mohammad Resa Pahlawi aus.

Mit der Abstimmung, an der das erste Mal auch die iranischen Frauen teilnehmen durften, wurde über sechs Punkte mit folgendem Inhalt entschieden: 1. Abschaffung des Feudalsystems und die Durchführung einer Bodenreform, 2. Verstaatlichung des gesamten Forstbesitzes, 3. Verkauf des Aktienkapitals der Staatsfabriken; von dessen Erlös soll die Bodenreform finanziert werden, 4. Beteiligung der Arbeiter am Gewinn der Betriebe in Höhe von 20% des Reingewinns, 5. Verbesserung des Wahlgesetzes zur Verhinderung von Wahlfälschungen, 6. Bildung eines Erziehungskorps, um den Analphabetismus (rund 80% der Bevölkerung) so schnell wie möglich zu beseitigen (→ 5. 6./S. 97).

M. Resa Pahlawi

Vermittlungen im Himalaja-Konflikt

6. Januar. Die Ministerpräsidentin von Ceylon (Sri Lanka), Sirimavo Rattwate Bandaranaike, beendet ihren am 1. Januar begonnenen Besuch in der chinesischen Hauptstadt Peking, wo sie sich um eine Vermittlung im indisch-chinesischen Grenzkonflikt bemühte.

Die Politikerin überbrachte der Regierung in der Volksrepublik China Kompromißvorschläge der sechs neutralen Länder der Colombo-Konferenz. Eine öffentliche Diskussion darüber findet allerdings nicht statt. Frau Bandaranaike möchte zuerst nach Delhi reisen, um dort ebenfalls über die Vorschläge zu sprechen.

S. Bandaranaike

Im Oktober 1962 war es im Himalaja-Gebiet zu längeren Kämpfen um die Grenzen zwischen China und Indien gekommen. Die Verhandlungen nach dem am 21. November 1962 geschlossenen Waffenstillstand verliefen erfolglos.

USA greifen stärker in Südvietnam ein

3. Januar. In Ap Bac, etwa 50 km von der südvietnamesischen Hauptstadt Saigon entfernt, kommt es zu heftigen Kämpfen zwischen Regierungstruppen und dem Vietcong, wobei auch drei US-amerikanische Soldaten getötet werden.

Der Bürgerkrieg innerhalb Südvietnams richtet sich gegen die undemokratische Machtausübung der Regierung unter Ngô Đinh Diêm und wird im wesentlichen von der Nationalen Front der Befreiung des Südens (FNL) und der kommunistischen Partisanenbewegung des Vietcong geführt. Da die US-amerikanische Regierung dadurch eine Vereinnahmung von Südvietnam durch den nordvietnamesischen Staat unter dem Kommunisten Ho Chi Minh befürchtet, schickt sie seit längerem Militärberater nach Saigon. Ihre Zahl beträgt zur Zeit 12 000. Bei den Kämpfen unterstützen sie die Regierungstruppen Südvietnams.

Während des vergangenen Jahres starben bei den militärischen Auseinandersetzungen etwa 10 000 Angehörige der Regierungstruppen, 30 000 Vietcong und »mehrere« US-Amerikaner (→ 21. 8./S. 126).

In Südvietnam verschärfen sich der Dschungelkrieg zwischen Regierungstruppen und der kommunistischen Partisanenbewegung des Vietcong

Togos Präsident Olympio ermordet

13. Januar. In Lomé, der Hauptstadt des westafrikanischen Landes Togo, wird Präsident Sylvanus Olympio von Aufständischen ermordet vor der US-amerikanischen Botschaft gefunden. Man nimmt an, daß er sich dort vor seinen politischen Gegnern in Sicherheit bringen wollte.

S. Olympio

Die übrigen Regierungsmitglieder werden von den Aufständischen verhaftet. Die Initiatoren des Staatsstreiches werfen Olympio eine autokratische Herrschaft vor, wodurch die Opposition praktisch zur Gewalt gezwungen worden sei. Olympio habe sich von der Masse des Volkes immer mehr entfernt und die bedeutsame intellektuelle Elite seines Landes ausgeschaltet. Zum neuen Staatspräsidenten wird am 16. Januar der frühere Regierungschef Nicolas Grunitzky bestimmt. Er beabsichtigt eine enge Zusammenarbeit mit Frankreich.

Sezession Katangas im Kongo durch UN-Truppen beendet

21. Januar. Mit der friedlichen Besetzung der katangesischen Bergbaustadt Kolwezi durch die Truppen der Vereinten Nationen (UN) gilt die Sezession Katangas von Kongo (Zaïre) nun offiziell als beendet. Nachdem Katanga-Präsident Moise Tschombé erneut seine Absicht bekräftigte, den Plan der nationalen Wiedervereinigung mit dem Kongo zu verwirklichen, marschieren um 13.00 Uhr die UN-Truppen ohne Widerstand in Kolwezi, dem Hauptquartier Tschombés, ein. Dort begrüßt Tschombé den indischen Brigadegeneral Reginald Noronha mit den Worten »Wie Sie sehen, hat niemand auf Sie geschossen« – das bedeutet Kapitulation.

Die reiche, wirtschaftlich hoch entwickelte Provinz Katanga hatte sich unter Tschombé bereits wenige Tage nach der Unabhängigkeit 1960 aus der ehemaligen belgischen Kolonie Kongo gelöst. Ein Zusammenschluß mit der Zentralregierung in Léopoldville (Kinshasa) sollte nur auf der Grundlage eines Staatenbundes erfolgen. Eine Föderation empfahl ebenfalls der UN-Schlichtungsausschuß, doch das Generalsekretariat beschloß, eine Einheit des Kongo auch mit Gewalt durchzusetzen. 1961 begannen die UN-Aktionen in Katanga. Die Kämpfe erreichten Ende 1962 ihren Höhepunkt, zugleich rief Generalsekretär Sithu U Thant zum Wirtschaftsboykott Katangas auf. So hatte Tschombé schon bald kaum noch Möglichkeiten des Widerstandes und vereinbarte deshalb mit UN-Vertretern die friedliche Übergabe.

Moise Tschombé (l.), mit Anhängern in der Stadt Kolwezi, kapituliert und beendet so die Sezession Katangas

Soldaten in Katanga; UN-Truppen zwingen Präsident Tschombé zur Aufgabe seiner Separationsbestrebungen

Hassel statt Strauß Verteidigungsminister

9. Januar. Bundespräsident Heinrich Lübke überreicht in Bonn dem neuen Bundesverteidigungsminister Kai Uwe von Hassel (CDU) als Nachfolger des 1962 im Zusammenhang mit der »Spiegel«-Affäre zurückgetretenen Franz Josef Strauß (CSU) seine Ernennungsurkunde.
Noch am selben Tag übernimmt von Hassel sein Amt und damit den Oberbefehl über die Bundeswehr. Am Nachmittag stellt der ausscheidende Minister, Franz Josef Strauß, seinem Nachfolger die Inspekteure und Abteilungsleiter des Ministeriums vor. Bei der Übergabe der Amtsgeschäfte betonen sowohl Strauß als auch von Hassel, daß die Richtung der Verteidigungspolitik sich nicht ändern werde.
Strauß übt das Ministeramt seit der im Dezember 1962 erfolgten Regierungsneubildung infolge der »Spiegel«-Affäre nur noch kommissarisch aus. Von Hassel war zu dieser Zeit noch Ministerpräsident von Schleswig-Holstein.
Kai Uwe von Hassel, der 1913 in der damaligen Kolonie Deutsch-Ost-

Der ehemalige Bundesverteidigungsminister Franz Josef Strauß (l.) und sein Nachfolger Kai Uwe von Hassel (r.) in der Bonner Ermekeil-Kaserne

afrika (Tansania) geboren wurde, begann seine politische Karriere nach dem Zweiten Weltkrieg, als er im Landratsamt des Kreises Flensburg zu arbeiten begann. Er trat in die CDU ein und wurde 1946 Vorsit-

zender des Ortsverbandes seiner Partei in Glücksburg. Schon 1950 wurde er stellvertretender Landesvorsitzender der CDU und 1954, mit 41 Jahren, Ministerpräsident des nördlichsten Bundeslandes in Kiel.

23. Januar. Bundesarbeitsminister Theodor Blank (CDU) legt dem Bonner Abgeordnetenhaus drei zu einem »Sozialpaket« vereinte Gesetzentwürfe vor.
Die nach der ersten Lesung zur Debatte stehenden Gesetze betreffen die Neuregelung der Krankenversicherung, die einen zweiprozentigen Individualbeitrag vorsieht, die Lohnfortzahlung im Krankheitsfall, womit eine Gleichstellung der Arbeiter mit den Angestellten erreicht würde, und das Kindergeld, das vom 1. Juli an durch den Bund finanziert werden soll bei gleichzeitiger Erhöhung für dritte und weitere Kinder von 40 auf 50 DM.
In der anschließenden Debatte kündigt die sozialdemokratische Opposition scharfen Protest gegen die Kostenbeteiligung in der Krankenversicherung sowie die gemeinsame Verhandlung aller drei Gesetze in einem Paket an. Zunächst werden die Entwürfe jedoch an die einzelnen Ausschüsse verwiesen, bevor sie vom Bundestag verabschiedet werden.

Farbwerke Hoechst feiern 100jähriges Bestehen der Firma

11. Januar. Mit einem Festakt wird das 100jährige Bestehen der Farbwerke Hoechst begangen.
1863 errichteten in Höchst (Frankfurt am Main) Eugen Lucius und

Wilhelm Meister ein »Etablissement zur Herstellung von Anilinfarben«. Sie verfügten über ein Kapital von 100 000 Mark und beschäftigten fünf Arbeiter, die mit

der Produktion von Farbstoffen wie Fuchsin und Aldehydgrün den Betrieb aufnahmen.
1867 wurde die Fabrik auf das heutige Werksgelände verlegt und

auch der Firmenname mit der Aufnahme des Chemikers Adolf Brüning in »Meister, Lucius & Brüning« geändert.
Die Verbreiterung der Produktionsbasis führte 1880 zur Umwandlung in die Aktiengesellschaft Farbwerke. Das Aktienkapital von 8,5 Millionen Mark verteilte sich auf 28 Anteilseigner.
U. a. stellte Hoechst 1884 als erste Chemiefirma synthetische Arzneimittel her und zehn Jahre später biochemische Heilmittel. 1897 erfand der Hoechster Chemiker Friedrich Stolz das Pyramidon.
1925 erfolgte die Eingliederung der Farbwerke Hoechst in die I. G. Farbenindustrie A.G.
Nach deren Auflösung durch die alliierten Siegermächte am Ende des Zweiten Weltkrieges gründeten sich die Farbwerke Hoechst im Jahre 1951 neu.
1962 arbeiteten allein im Höchster Werk 22 165 Menschen. Die Gesamtzahl der Beschäftigten liegt bei 53 500, einschließlich der inländischen Konzerngesellschaften.

Die Hoechster Chemiewerke, die mit der Produktion von Farbstoffen begannen, in ihren Anfangsjahren (nach einem Gemälde von Jakob Becker)

Zum 100jährigen Bestehen eingeweiht: Hoechster Jahrhunderthalle

Contergan-Prozeß vorläufig vertagt

23. Januar. In Hamburg wird der erste Prozeß wegen des Medikaments Contergan von dem Gericht nach fünf Minuten auf unbestimmte Zeit vertagt. Das Gericht fordert von dem Kläger, dem Vater eines 16 Monate alten mißgebildeten Kindes, die Vorlage von Beweismaterial für seinen Schadenersatzanspruch in Höhe von 30 000 DM.

Nach Ansicht der Interessengemeinschaft für Contergangeschädigte in Frankfurt am Main ist dies allerdings erst dann möglich, wenn dem Arzneihersteller, der Firma Chemie Grünenthal, eindeutig nachgewiesen werden kann, daß die Mißbildung auf die Einnahme des thalidomidhaltigen Medikamentes Contergan zurückzuführen ist.

Dieser Nachweis ist Gegenstand der Ermittlungen bei der zuständigen Staatsanwaltschaft in Aachen. Untersuchungsleiter Josef Havertz erklärt dazu, daß ein Ergebnis noch 1963 zu erwarten sei. Ob es aber zu einem Prozeß gegen Chemie Grünenthal kommen werde, stehe noch nicht fest. Allerdings räumen entgegen bisheriger Praxis Vertreter des Werkes ein, daß für die in den letzten Jahren gehäuft aufgetretenen Mißbildungen an Säuglingen Contergan zwischen 50% und 60% als Teilfaktor anzusehen ist.

Havertz nimmt auch zu Berichten über Vermögensverschiebungen bei Grünenthal Stellung.

Neuss wird die 55. Großstadt

23. Januar. Mit der Geburt der 100 000. Bürgerin, Christina Britta, rückt Neuss als 55. Stadt in die Gruppe der bundesdeutschen Großstädte auf. In der links des Rheins gelegenen Kreisstadt befindet sich hauptsächlich metallverarbeitende und Nahrungsmittelindustrie.

Schon während der römischen Besiedlung existierte die Kreisstadt unter dem Namen Novaesium, seit 1074 gehörte sie zu Kurköln. Von den historischen Bauwerken überstanden den Zweiten Weltkrieg allerdings nur das Quirinus-Münster und das doppeltürmige Obertor aus dem 13. sowie das Zeughaus aus dem 17. Jahrhundert.

Großstadt Neuss; Blick auf das Quirinus-Münster mit dem Wochenmarkt

Die 55 Großstädte der Bundesrepublik Deutschland (Stand 31. 12. 1963)

Berlin	2 186 193	Münster	190 676
Hamburg	1 854 637	Aachen	176 028
München	1 166 160	Bielefeld	173 140
Köln	835 832	Solingen	173 061
Essen	730 970	Ludwigshafen	172 600
Düsseldorf	704 776	Mönchengladbach	154 500
Frankfurt am Main	691 257	Freiburg im Breisgau	151 383
Dortmund	651 138	Bremerhaven	144 127
Stuttgart	635 208	Bonn	142 577
Bremen	580 956	Osnabrück	142 383
Hannover	568 766	Mainz	141 201
Duisburg	496 354	Darmstadt	139 931
Nürnberg	468 196	Saarbrücken	132 580
Wuppertal	423 453	Oldenburg	131 983
Gelsenkirchen	379 427	Recklinghausen	131 530
Bochum	367 552	Remscheid	128 744
Mannheim	321 882	Heidelberg	126 486
Kiel	270 646	Regensburg	125 180
Oberhausen	260 570	Würzburg	121 160
Wiesbaden	258 675	Offenbach	118 140
Karlsruhe	250 741	Salzgitter	114 572
Braunschweig	242 103	Bottrop	112 533
Lübeck	237 856	Herne	119 219
Krefeld	217 255	Wanne-Eickel	109 408
Kassel	212 202	Neuss	103 313
Augsburg	209 928	Koblenz	102 040
Hagen	199 294	Wilhelmshaven	100 538
Mülheim/Ruhr	191 112		

Radioaktiver Regen über Deutschland

31. Januar. Das Bundesforschungsministerium in Bonn veröffentlicht einen Bericht über die Registrierung von deutlich zunehmenden radioaktiven Niederschlägen.

Daraus geht hervor, daß nach den letzten für das Bundesgebiet repräsentativen Messungen der Wetterstation Schleswig die Radioaktivität der Niederschläge ungewöhnlich hoch angestiegen ist. Der Mittelwert für den Zeitraum vom 21. Dezember 1962 bis 19. Januar 1963 beträgt 2976 Picocurie pro Liter. Bei einer Meßreihe für den Zeitabschnitt 7. Dezember bis 5. Januar war ein Mittelwert von etwa 1000 Picocurie errechnet worden.

Obwohl man der Meinung ist, daß die Radioaktivität für Menschen erst dann gefährlich wird, wenn die durchschnittliche monatliche Belastung 5700 bis 7800 Picocurie pro Liter beträgt, beunruhigt diese Entwicklung nicht nur die Wissenschaftler. Seit Medizin und Forschung Kenntnis haben von der verheerenden Wirkung der Radioaktivität auf alles Leben, bemühen sich engagierte Politiker um ein internationales Abkommen über die Beendigung der Kernwaffenversuche (→ 5. 8./S. 124).

Insbesondere die überirdischen Atomtests – etwa 400 waren es in den vergangenen Jahren – sind die Ursache für den erheblichen Anstieg der Radioaktivität.

Oberth, von Braun, Sänger in Berlin

9. Januar. Anläßlich der Verleihung der Ehrendoktorwürde durch die Technische Universität (TU) treffen in Berlin (West) zwei der berühmtesten Raketenforscher zusammen, der Deutsche Hermann Oberth (68) und sein ehemaliger Schüler, Wernher von Braun (50).

Noch während der Feierlichkeiten fachsimpeln Oberth, »Vater der Raumfahrt«, und der jetzt in den USA am »Apollo«-Raketen-Projekt tätige Wernher von Braun mit ihrem Stuttgarter Kollegen Eugen Sänger. Er wird ab dem Sommersemester 1963 den ersten deutschen Lehrstuhl für Raumfahrttechnik an der TU Berlin übernehmen (Abb. v. l.: Braun, Oberth, Willy Brandt und Sänger).

Hafenarbeiterstreik beendet

25. Januar. In den Vereinigten Staaten von Amerika endet der seit fünf Wochen andauernde Streik der US-amerikanischen Hafenarbeiter mit einem Kompromiß.

Nach der Verhärtung der Fronten zwischen den Tarifparteien bemühte sich US-Präsident John F. Kennedy Mitte Januar um eine Vermittlung in dem in der Geschichte der USA längsten Streik dieser Branche. Nachdem die Gewerkschaften eine Erhöhung von 50 Cents (2,00 DM) pro Stunde gefordert hatten, die Arbeitgeber sich jedoch nur auf 22 Cents (0,88 DM) einlassen wollten, unterbreitete Senator Wayne Morse den Kompromißvorschlag von 37 Cents (1,48 DM). Letztendlich stimmten beide Parteien dem zu. An dem Streik hatten insgesamt 100 000 Beschäftigte in den Häfen der Golf- und Atlantikküste teilgenommen. Mehr als 500 Schiffe lagen in den Häfen fest. Dies kostete die US-amerikanische Wirtschaft täglich etwa 1 Million US-Dollar (4 Millionen DM).

Auch die bundesdeutsche Industrie leidet unter den Folgen des US-amerikanischen Streiks. In den Volkswagen-Werken muß z. B. Zwangsurlaub angemeldet werden, da die für den Export in die USA bestimmten Autos nicht transportiert werden können. In den Häfen der US-amerikanischen Ostküste lagen allein 20 Schiffe mit 16 000 VW beladen fest.

Farringdon Street Station – Endbahnhof der ersten am 10. Januar 1863 in Betrieb genommenen U-Bahnlinie; sie führte von hier nach Paddington

Farbiger Student in Oxford gibt auf

7. Januar. Der an der Universität Oxford im US-Bundesstaat Mississippi eingeschriebene farbige Student James Meredith gibt die Aufgabe seines Studiums an der dortigen Hochschule bekannt.

Im Oktober 1962 hatte er mit Hilfe der Regierung in Washington als erster Farbiger seine Immatrikulation an einer Universität in Mississippi durchgesetzt. Dieses Signal im Kampf gegen die Rassendiskriminierung findet nun ein für die US-amerikanische Demokratie beschämendes Ende. Meredith studiert wegen ständiger Anfeindungen an einer Universität für Schwarze weiter.

Energie in Italien wird verstaatlicht

1. Januar. In Italien tritt das am 28. November 1962 vom Abgeordnetenhaus in Rom verabschiedete Gesetz über die Verstaatlichung der Energiequellen in Kraft.

Verbunden mit diesem Gesetz ist die Gründung eines Nationalen Instituts für Elektrische Energie (ENEL), dem vorbehalten ist, auf dem gesamten italienischen Territorium Produktion, Ein- und Ausfuhr, Transport, Transformation, Verteilung und Verkauf des elektrischen Stromes durchzuführen.

Die Entschädigungen an die bisherigen Besitzer werden in 20 Halbjahresraten ab Januar 1964 gezahlt.

Am Eröffnungstag der ersten U-Bahn der Welt drängten sich etwa 30 000 Londoner in die Tunnel (Darstellung aus der »Illustrated London News«)

Finanzhilfe für Staudamm

15. Januar. In der syrischen Hauptstadt Damaskus kommen eine Delegation unter Führung des Bundesministers für wirtschaftliche Zusammenarbeit, Walter Scheel (FDP), und die dortige Regierung überein, den Bau eines Euphrat-Staudammes gemeinsam durchzuführen.

Die Zusammenarbeit erstreckt sich auf die Finanzierung der ersten Baustufe des Euphrat-Projektes mit folgenden Zielen: Errichtung eines Dammes mit einer Stauhöhe von 300 m und eines Kraftwerkes mit einer Anfangsleistung von 200 000 kW, Bau einer Verbund-Hochspannungsleitung und eines Kanalsystems für die Bewässerung von zunächst 200 000 ha Steppenböden sowie deren Urbarmachung. Die Höhe des bundesdeutschen Kredits wird etwa 350 Millionen DM betragen.

In Damaskus (Abb.) einigen sich die Bundesrepublik und Syrien über die Errichtung des Euphrat-Staudamms

Abbildung einer Inspektionsfahrt vor der offiziellen Einweihung der U-Bahnstrecke; die ersten Züge fuhren auf englischer Breitspur (2135 mm)

Die Londoner Untergrundbahn, die älteste der Welt, wird 100

10. Januar. Die Londoner Untergrundbahn, die erste der Welt, feiert ihr 100jähriges Bestehen.

Am 10. Januar 1863 eröffnete die damalige »Metropolitan Railway Company« die 6,43 km lange Unterpflasterlinie Paddington–Farringdon Street. Mehr als 30 000 Passagiere drängten zu den ersten Fahrten durch von Qualm durchzogene Tunnel, die sich nur wenige Meter unter den Straßendecken erstreckten. Die geringe Tiefe hatte den Vorteil, daß der Rauch von den mit Dampf angetriebenen Lokomotiven relativ problemlos abziehen konnte.

Bedeutende U-Bahnen (Auswahl)

1863 London, dampfgetrieben
    (1. Untergrundbahn)
1890 London, elektrisch betrieben
1892 Chikago
1896 Budapest
1897 Boston
1900 Paris
1902 Berlin
1903 Liverpool
1904 New York
1912 Hamburg
1912 Buenos Aires
1927 Tokio
1935 Moskau
1953 Leningrad

Die Hauptstraßen der rund zweieinhalb Millionen Einwohner zählenden britischen Metropole waren durch die vielen Pferdewagen häufig so verstopft, daß man nach neuen Transportlösungen suchte. Eine Möglichkeit war der Bau von Untergrundbahnen, und so gab es bald mehrere private U-Bahngesellschaften, die miteinander in Konkurrenz traten. Einige Unternehmen begannen, tiefer gelegene Strecken anzulegen. Die erste Londoner Tiefbahnlinie, die »Tower Subway«, 408,7 m lang und 61 m tief, wurde am 2. August 1870 eröffnet. Sie unterquert die Themse. Da der elektrische Betrieb noch unbekannt und Dampfantrieb in dieser Tiefe nicht mehr möglich war, erfolgte die Fortbewegung per Zugseil. Die erste elektrisch betriebene »Tube«, wie die Tiefbahnen genannt werden, fuhr am 18. Dezember 1890. 15 Jahre später wurde auch mit der Umrüstung der Unter-

Darstellung von den Stationsbahnhöfen der Untergrundlinie aus »Illustrated London News« vom 27. Dezember 1862

pflasterlinien auf Elektroantrieb begonnen.

Als nach dem Ersten Weltkrieg die Erweiterung des Liniennetzes durch die privaten Verkehrsgesellschaften stagnierte, beschloß das britische Parlament die Bildung des Londoner Passagierverkehrsamtes (LPTB). Nach 1932 schlossen sich darin sämtliche U-Bahn-, Straßenbahn- und Busgesellschaften der britischen Hauptstadt zusammen. Mit der Nationalisierung des britischen Verkehrssystems im Januar 1948 wurde die LPTB dann ein Teil der British Transport Commission mit der neuen Bezeichnung London Transport.

Inzwischen gibt es 271 Stationen der »London Underground«, und ihre Strecke ist auf 436,4 km angewachsen – davon entfallen 177,8 km auf die Unterpflasterlinien und 258,6 km auf die Tube-Line. Obwohl Londons U-Bahn damit die New Yorker Untergrundbahn um sechs km und die Pariser sogar um fast 200 km übertrifft, genügt ihr Liniennetz den gegenwärtigen Anforderungen nicht mehr.

Im Londoner Verkehrsgebiet leben z. Z. etwa zehn Millionen Menschen, und seit 1952 stieg die An-

zahl der täglichen Verkehrspendler um 12%. Im Jahre 1962 war der Passagierandrang auf den Untergrundbahnlinien während der Morgenspitzenzeiten 3% dichter als 1961 und 18% intensiver als zehn Jahre zuvor. Man schätzt, daß täglich im Durchschnitt etwa zwei Millionen Passagiere mit der U-Bahn befördert werden. Während der Verkehrsspitzenzeit, 15 Minuten

nach Büroschluß, strömen z. B. allein in die Station Oxford Circus mehr als 6000 Personen.

Der Ausbau des Liniennetzes ist geplant, 1962 wurde bereits mit dem Bau der Victoria Line begonnen. Sie wird vom Nordosten nach dem Südwesten unter Zentral-London hindurchführen und 16,9 km lang sein. Ihre Betriebseröffnung ist für 1968 vorgesehen.

Blick auf die Londoner U-Bahn im Jahr 1963; mit ihren 271 Stationen und einer Strecke von 436,4 km ist sie noch immer die bedeutendste der Welt

Nur 60 Sekunden für eine Farbfotografie

19. Januar. In mehreren Städten Europas und Nordamerikas präsentiert die US-amerikanische Polaroid-Corporation ihr neuestes Produkt, den »Polarcolor-Film«. Er liefert innerhalb einer Minute nach der Belichtung das farbige Bild, farbstabil, ohne jede Nachbehandlung.

15 Jahre Entwicklungsarbeit waren erforderlich, ehe die Idee des Sofort-Farbfotos verwirklicht werden konnte. Die Polaroid-Corporation, die schon 1950 mit der Schwarz-Weiß-Sofortbildkamera auf den Markt gekommen war, investierte für die Entwicklung 15 Millionen US-Dollar (60 Millionen DM). Fotografieren als Hobby verbreitet sich in den letzten Jahren auch in der Bundesrepublik, und so bemüht sich die Industrie um die Herstellung leicht zu bedienender Kameras. Auf der »photokina«, der alljährlich im März stattfindenden Fotomesse in Köln, gibt es dann auch gleich noch zwei andere, als »Meilensteine der Fotografie« bezeichnete Neuheiten zu sehen. Die japanische Firma Canon präsentiert eine »Wunder-Kamera«, die sich selbst auf die Empfindlichkeit des eingelegten Films und bei der Aufnahme automatisch auf Schärfe, Blende und Belichtungszeit einstellt. Die Firma Kodak hingegen vereinfacht das Fotografieren mit ihrer neuen Kassette, die das lästige Einfädeln des Films in den Apparat erspart. Die Kameras stellen sich automatisch auf die verwendete Filmsorte ein.

Speziell entwickelte Maschinen in dem Polaroid-Werk Waltham (US-Bundesstaat Massachusetts) für die Farbfilme der neuen Color-Sofortbildkameras

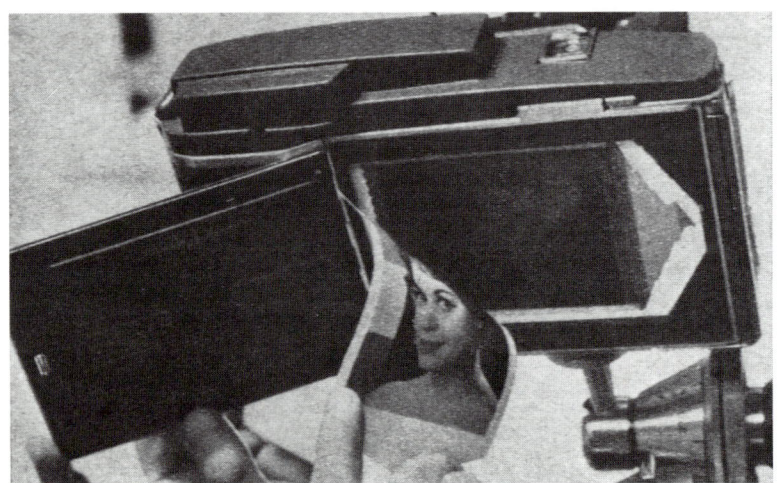

In der Kamera entsteht nach einer knappen Minute ein fertiges Farbfoto; die für die Entwicklung notwendigen Chemikalien befinden sich schon im Film

Daten zur Historie des Fotografierens

1826: Joseph Nicéphore Niepce macht die erste Fotografie: Er hält den Innenhof seines Gutes mit der Kamera auf einer asphaltbeschichteten Zinnplatte fest (Niepcotopie).

1837: Louis Jacques Mandé Daguerre gelingt die erste Daguerreotypie, eine Jodsilberplatte, die in Quecksilberdämpfen entwickelt und in einer Kochsalzlösung fixiert wird.

1851: Frederick Scott Archer gibt seine Erfindung, das nasse Kollodiumverfahren, bekannt. Es löst die Daguerreotypie ab.

1870: John und Isaiha Hyatt finden das Zelluloid als Ersatzstoff für Glas.

1887: Hannibal Goodwin meldet den Rollfilm zum Patent an.

1891: George Eastman leitet mit der »Kodak«-Box die Amateurfotografie ein.

1914: Eastman Kodak stellt den »Kodachrome«-Prozeß zur Entwicklung eines Zweischichtenfarbfilms vor.

1932: Der »Agfacolor«-Kornrasterfilm und der Agfa-Linienrasterfilm kommen zum ersten Mal auf den Markt.

1938: Kodak führt die »Super-620« ein, die erste Kamera mit Blendenautomatik.

1942: »Kodacolor«-Negativ-Positiv-Prozeß und »Ektachrome«-Diafilme sind eingeführt.

»Manneken Pis« vom Sockel entführt

17. Januar. Die weltbekannte Brüsseler Brunnenfigur, das »Manneken Pis«, ist in der Nacht verschwunden. Antwerpener Studenten sollen sich einen Ulk erlaubt haben und die Figur gestohlen haben. Schon häufiger hatte man versucht, die Statue zu stehlen, weshalb man sie mit einer Alarmanlage gesichert hatte, die jedoch versagte.

»Manneken Pis« wird von den Einwohnern der belgischen Hauptstadt liebevoll als ältester Bürger der Stadt bezeichnet. Schließlich steht diese Figur aus Bronze, ein Symbol der deftigen Lebensfreude des Volkes von Flandern und Brabant, schon seit dem frühen 17. Jahrhundert auf seinem Platz.

Dame der Alten Welt betört Amerikaner

8. Januar. In der Nationalgalerie von Washington wird die »Mona Lisa«-Ausstellung in Anwesenheit von US-Präsident John F. Kennedy und dem französischen Kultusminister André Malraux eröffnet.

2000 geladene Gäste sehen zum ersten Mal auf dem amerikanischen Kontinent eines der berühmtesten Gemälde der Welt, die geheimnisvoll lächelnde »Mona Lisa«. Das rund 460 Jahre alte Bild des italienischen Malers Leonardo da Vinci war unter allen erdenklichen Sicherheitsmaßnahmen aus dem Pariser Louvre nach den USA transportiert worden. Drapiert auf 67 m² dunkelrotem Samt erwartet »Mona Lisa« hier nun US-amerikanische Kunstfreunde.

Die dänische Prinzessin Anne Marie und Kronprinz Konstantin aus Athen

Dänischer Königshof feiert Verlobung

23. Januar. Der griechische und der dänische Königshof geben die Verlobung von Kronprinz Konstantin von Griechenland mit der dänischen Prinzessin Anne Marie bekannt. Die Verlobungsfeierlichkeiten finden in Kopenhagen statt, wo das Brautpaar von den Dänen jubelnd begrüßt wird, als es sich auf dem Balkon des Schlosses Amalienborg zeigt. In Griechenland verkündet ein Kanonensalut auf dem Berg Lykabettos den Athenern die Neuigkeit.

Kennengelernt hatten sich der 22jährige Konstantin und die 16jährige Anne Marie im Sommer 1962 auf der Hochzeit des Spaniers Don Juan Carlos und der griechischen Prinzessin Sophia in Athen.

Auf einer sowjetischen Bühne: Jewgeni Jewtuschenko, gegenwärtig einer der populärsten Dichter seines Landes

Begeisterung für den sowjetischen Dichter auch in der Bundesrepublik; hier vor etwa 4000 Zuhörern in Tübingen

Begeisterung für sowjetischen Dichter

7. Januar. In Hamburg trifft der 29jährige sowjetische Lyriker Jewgeni A. Jewtuschenko in Begleitung seiner Frau zu einem Aufenthalt in der Bundesrepublik ein.

Gemeinsam reist er mit dem »Zeit«-Verleger Gerd Bucerius, auf dessen Einladung Jewtuschenko gekommen ist, mehrere Wochen durch die Bundesrepublik. Überall wo er auftritt und seine Gedichte vorträgt, löst er unter dem deutschen Publikum Begeisterung aus. Obwohl er sich in der Lyrik vor allem kritisch mit den Parteidogmen und der Emanzipation des Individuums in der Sowjetunion auseinandersetzt, sprechen Elemente seiner Kunst auch westeuropäische Probleme an.

Gespräch

Man sagte mir:
»Mein Lieber, du hast Mut!«
Das ist nicht wahr.
Mut hat mir nie gelegen.
Nur:
Wettzueifern mit der Feigheit der Kollegen,
hielt ich mich oft für zu gut.
Ich hab
unsere Maximen nicht mißachtet.
Gelacht? Ja! über Bluff und Idiotie.
Ich schrieb.
Denunziationen schrieb ich nie.
Und gab mir Müh
zu sagen, was ich dachte.
Nun,
ich verteidigte begabte Leute, gut,
trat Stümpern auf die Zehen.
Das nennt ihr Mut?
Das, mein ich, sollte sich von selbst
verstehn.
Oh, welche Scham
muß einst
die nach uns kommen
befallen, wenn sie bei der Schuld-
bilanz
der Zeit gedenken,
der verrenkten,
wo man ganz
gemeinen Anstand schon für Mut
genommen! (Jewtuschenko)

Nach seiner mehrwöchigen Reise durch die Bundesrepublik fährt Jewtuschenko nach Frankreich, wo er zunächst vor Pressevertretern in Paris spricht

Léger-Ausstellung in der Sowjetunion

17. Januar. Im Moskauer Puschkin-Museum wird in Anwesenheit der Witwe des Künstlers eine Ausstellung mit Werken des französischen Malers Fernand Léger (1881–1955) eröffnet (bis 10. 2.).

Um die Präsentation der etwa 700 Bilder des französischen Malers in der sowjetischen Hauptstadt hatte es lange Diskussionen unter der dortigen Kulturführung gegeben. Mehrmals wurde die Eröffnung verschoben, da man sich nicht einig war, ob diese Art von Kunst dem in der UdSSR propagierten sozialistischen Realismus schade. Léger, der »Maler der Maschinenwelt«, behandelt in seinen Bildern Menschen wie Konstruktionselemente, eine für sowjetische Kulturfunktionäre falsche Sichtweise. Daß die Ausstellung dann doch zustande kommt, ist wesentlich dem Initiator, dem Schriftsteller Ilja Ehrenburg, zu verdanken. Er und andere sowjetische Künstler bemühen sich um eine Auflockerung des sogenannten Kulturwinters in der UdSSR und die Befürwortung einer »Koexistenz aller Kunstrichtungen«.

München erwirbt Wedekind-Nachlaß

5. Januar. Die Münchener Stadtbibliothek erwirbt den literarischen Nachlaß des Dramatikers und Lyrikers Frank Wedekind.

Wedekind, geboren 1864 in Hannover, lebte in den letzten zwei Jahrzehnten seines Lebens hauptsächlich in München, wo er auch 1918 starb. Hier arbeitete er neben seiner schriftstellerischen Tätigkeit u. a. als Schauspieler, Dramaturg, Regisseur, trat im Kabarett »Die elf Scharfrichter« auf und schrieb für die Satirezeitschrift »Simplicissimus«.

Der Nachlaß enthält wertvolle Handschriften, Tagebücher mit Dramenentwürfen, Autographen, handschriftliche Liedertexte und Noten, Fotografien, Bühnenbilder, Buchausgaben und Regiebücher, außerdem eine Sammlung von Pressestimmen und den Briefwechsel mit seiner Frau Tilly.

Neben der Kantonsbibliothek in Aarau mit den Dokumenten aus der Schweizer Jugendzeit ist München jetzt die wichtigste Forschungsstätte für das Werk Wedekinds.

Opernstars 1963: V. l. Evelyn Lear als Cherubino, Gundula Janowitz im »Sommernachtstraum«, Grace Bumbry als Eboli sowie Mirella Freni als Susanna

Musik 1963:

Traditionsreiche Werke beherrschen das Bühnenrepertoire

Auf den Spielplänen der Opernhäuser dominieren in diesem Jahr die traditionsreichen Werke. Auffällig ist die geringe Anzahl von Uraufführungen. Unter ihnen werden Giselher Klebes »Figaro läßt sich scheiden«, Igor Strawinskis »Die Sintflut« und Werner Egks »Die Verlobung von San Domingo« die größten Repertoirechancen eingeräumt.

Als einen Grund für die Dominanz der älteren Opern über zeitgenössische Werke nennen zahlreiche Intendanten, unter ihnen vor allem Rolf Liebermann von der Hamburgischen Staatsoper sowie Oscar Fritz Schuh von der Städtischen Oper Köln, die gegenwärtige Organisationsstruktur des Opernbetriebs. So müssen im zeitgenössischen Operntheater alle Parts in langwierigen Proben, gemäß dem Konzept des Gesamtkunstwerks, wie in einem Schauspiel einstudiert werden, wohingegen es bei älteren Werken durchaus möglich ist, daß ein Solist ohne längere Vorbereitung – auch als »Einspringer« bei einer Gastbühne – den jeweiligen Gesangspart übernehmen kann.

Die durch Schallplatten- und Rundfunkaufnahmen gestiegenen Ansprüche des Publikums verlangen immer mehr nach bekannten Solistennamen auf der Bühne. Dies führt jedoch dazu, daß die Stars, die mehreren Ensembles zugleich angehören, innerhalb einer Saison in verschiedenen Opernhäusern gastieren. Den Intendanten ist so die Gestaltung eines Programms »en suite«, also einer Reihe gleicher Aufführungen mit unveränderter Besetzung, kaum noch möglich. In der »Süddeutschen Zeitung« findet sich eine treffende Charakterisierung der Situation an den bundesdeutschen Opernhäusern: »Berlin holt sich eine Zerbinetta aus München, München seinen Falstaff aus Berlin, einen Siegfried oder eine Brünhilde teilt sich bereits ein halbes Dutzend Bühnen.«

Der häufige Wechsel der vielerorts verpflichteten Gesangs-Solisten erzeugt erhebliche Qualitätsschwankungen der Ensembles, da oft schon nach der Premiere die Starsänger aufgrund ihrer zahlreichen anderweitigen Verpflichtungen ersetzt werden müssen.

Eine kontinuierliche Ensemblearbeit erweist sich aber innerhalb des immer deutlicheren Trends der Opern-Regie zum Musik-Theater als dringendes Erfordernis. In diesem Umwandlungsprozeß, der im Verhältnis zur musikalischen die dramatische Dimension erheblich stärker als bisher betont, gelingt einer ganzen Reihe von Opernsängern und -sängerinnen der große Durchbruch, so zum Beispiel Evelyn Lear als Cherubino in »Die Hochzeit des Figaro« (Wolfgang Amadeus Mozart). In der gleichen Oper begeistert Mirella Freni als Susanna und als Mimi in »La Bohème« (Giacomo Puccini). Grace Bumbry kann als Eboli in »Don Carlos« (Giuseppe Verdi) ihren Platz in der Elite der Gesangsstars sichern, und Gundula Janowitz erntet Ovationen ihres Publikums als Pamina in der »Zauberflöte« von Wolfgang Amadeus Mozart und als junger Hirt in der Oper »Tannhäuser« von Richard Wagner.

Szenenfoto von der Uraufführung der neuen Oper I. Strawinskis, »Die Sintflut«, in der Hamburgischen Staatsoper

Evelyn Lear und Fritz Wunderlich in der Uraufführung von Werner Egks Oper »Die Verlobung in San Domingo«

Wieland Wagner (l.), E. Wohlfahrt

Wichtige Premieren des Jahres
Uraufführungen
24. April, Deutsche Oper, Berlin (West), »Orestie« (Musikalische Opern-Trilogie nach Aischylos von Darius Milhaud). Musikalische Leitung: Heinrich Hollreiser, Regie: Gustav Rudolph Sellner.
30. April, Hamburgische Staatsoper, »Die Sintflut« (»The Flood«, Musikalisches Spiel von Igor Strawinski). Musikalische Leitung: Robert Kraft, Inszenierung: Günther Rennert.
28. Juni, Hamburgische Staatsoper, »Figaro läßt sich scheiden« (Oper nach Ödön von Horvath von Giselher Klebe). Musikalische Leitung: Leopold Ludwig, Regie: Egon Monk.
27. November, Bayerische Staatsoper, »Die Verlobung von San Domingo« (Oper in einem Akt nach Heinrich von Kleist von Werner Egk). Musikalische Leitung: Werner Egk, Regie: Günther Rennert.
Weitere wichtige Aufführungen:
27. Januar, Landestheater Hannover, »Erwartung«, »Die glückliche Hand«, »Von heute auf morgen« (Drei Einakter von Arnold Schönberg zu einem Opern-Tryptichon). Musikalische Leitung: Günter Wich, Regie: Reinhard Lehmann.
26. Juli, Festspielhaus Bayreuth, »Die Meistersinger von Nürnberg« (Oper von Richard Wagner in einer neuen, spektakulären Inszenierung von Wieland Wagner) (→ 23. 7./S. 116).

Clay besiegt Powell: »Ich bin der Größte«

25. Januar. In der US-amerikanischen Stadt Pittsburgh besiegt der 21jährige Schwergewichtsboxer Cassius Clay seinen um sieben Pfund schwereren Gegner Charlie Powell durch K. o. in der dritten Runde.

Den Sieg im 17. Kampf seiner im Oktober 1960 begonnenen Profi-Laufbahn hatte Clay, wie bisher immer, richtig vorausgesagt.

Schon früh war er ein ausgesprochenes Boxtalent. Mit zwölf hatte Cassius Marcellus Clay in seinem Heimatort, der Whiskystadt Louisville (US-Bundesstaat Kentucky), beschlossen, sein Geld später im Ring zu verdienen. Mit 18 war er Sieger in vier großen Amateurturnieren, und im gleichen Jahr, 1960, errang er bei den Olympischen Spielen in Rom die Goldmedaille im Halbschwergewicht. Damit beendete er seine Amateurlaufbahn. Seither ist Clay von dem Vorhaben besessen, Millionär und der jüngste Weltmeister im Schwergewicht zu werden. »Ich bin der großartigste, kühnste, schnellste und schönste Berufsboxer der Welt«, verkündet er bei jeder Gelegenheit. Sein »I'm the greatest!« (Ich bin der Größte) ist inzwischen zum geflügelten Wort geworden.

Seit seinem zehnten Fight sagt Clay regelmäßig den Ausgang der Kämpfe voraus, erklärt zuvor mit großer Geste, in welcher Runde sein Gegner zu Boden gehen wird. Bisher traten die Voraussagen des 92 Kilogramm schweren, 1,90 Meter großen und dennoch schnellfüßigen Champions immer ein. Denn Cassius Clay ist zwar ein »Großmaul«, aber auch ein exzellenter Boxer.

Der US-amerikanische Boxer Charlie Powell, von Cassius Clay geschlagen

Cassius Clay (Muhammad Ali) siegt im 17. Kampf seiner Profi-Laufbahn

Rallye-Pokal für Schweden

25. Januar. An der Riviera geht die 32. Rallye Monte Carlo mit einem Sieg des schon im Vorjahr erfolgreichen Schweden Erik Carlsson zu Ende.

Der 34jährige Versuchsingenieur der schwedischen Saab-Werke war zusammen mit seinem Landsmann Gunnar Palm auf dem kleinen 841-cm³-Saab in Stockholm gestartet. Er ist der zweite Fahrer, der in der Geschichte der Rallye Monte Carlo zweimal hintereinander gewinnen konnte.

Die Entscheidung zugunsten von Carlsson fiel in der abschließenden Geschwindigkeitsprüfung auf dem 3,14 km langen Grand-Prix-Kurs, bei dem er seinen Vorsprung von zehn Sekunden vor dem finnischen Team ausbauen konnte.

Evy Rosquist und Ursula Wirth sorgen für einen doppelten schwedischen Triumph, als sie sich den Damenpokal erobern. Von 13 gestarteten Damenteams erreichten nur drei Mannschaften das kleine Fürstentum am Mittelmeer.

Die diesjährige 32. Rallye zählen die Veranstalter zu einer der bisher schwersten. Von den 296 am 20. Januar in acht europäischen Städten an den Start gegangenen Fahrzeugen kommen nur 101 am Zielort an. Schnee und Eis machten den Fahrermannschaften schwer zu schaffen. Die meisten Ausfälle gab es auf den unwegsamen Straßen der Seealpen.

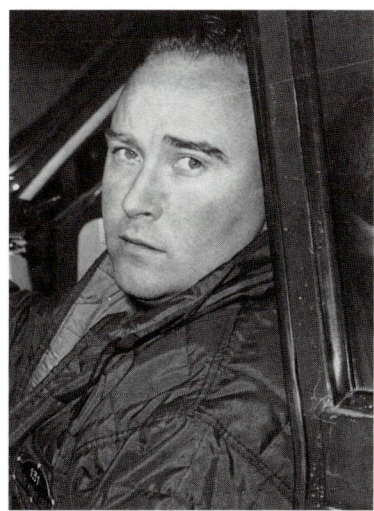

Der 34jährige schwedische Versuchsingenieur Erik Carlsson gewinnt zum zweiten Mal die Rallye Monte Carlo

Traub-Weltrekord im Eisschnellauf

20. Januar. Bei den Eisschnellaufwettkämpfen in Madonna di Campiglio erreicht Günter Traub aus Schweinfurt 184,490 Punkte und damit Weltrekord. Es ist der erste von einem Deutschen errungene Weltrekord in dieser Disziplin.

Der bisherige Rekord im großen Vierkampf der Eisschnelläufer, zu dem die Läufe über 500 m, 1500 m, 5000 m und 10 000 m zählen, bestand schon acht Jahre lang. Dmitri Sakunenko aus der Sowjetunion hielt ihn mit 184,638 Punkten.

Der hier bei den Nicolodi-Wettkämpfen auf der Dolomiten-Piste in Südtirol errungenen Bestzeit des 23jährigen Traub ist jedoch nur eine geringe Dauer vergönnt. In Hamar läuft am gleichen Tag, aber drei Stunden später, der 29jährige norwegische Meister Knut Johannes ebenfalls die vier Strecken auf dem Eis und erreicht 183,035 Punkte. Insgesamt wird der Vierkampfweltrekord 1963 sechs Mal verbessert. Am 24. Februar erreicht der Schwede Jonny Nilsson mit 178,447 Punkten die Bestmarke für 1963.

Februar 1963

Mo	Di	Mi	Do	Fr	Sa	So
				1	2	3
4	5	6	7	8	9	10
11	12	13	14	15	16	17
18	19	20	21	22	23	24
25	26	27	28			

1. Februar, Freitag

Über Ankara ereignet sich ein folgenschweres Flugzeugunglück. Zwei Flugzeuge stoßen über der Stadt zusammen und stürzen brennend in eine belebte Geschäftsstraße. Es sterben 80 Menschen.

Im Studio der Akademie der Künste in Berlin (West) wird die Deutsche Kinemathek e. V. eröffnet. Die Bestände umfassen Filme, Plakate, Werbe- und Standfotos, Drehbücher und andere Unterlagen, in denen sich die künstlerische Entwicklung des Kinofilms spiegelt.

In einem Stichkampf gegen Hermann Schridde auf Franca gewinnt Alwin Schockemöhle auf Freiherr den Preis von Deutschland im Springen in der Westberliner Deutschlandhalle.

2. Februar, Sonnabend

Das Landesschiedsgericht der CSU erteilt dem CSU-Bundestagsabgeordneten Karl Theodor Freiherr von und zu Guttenberg eine Rüge, da er angeblich ohne Absprache Koalitionsgespräche mit den Sozialdemokraten geführt hat.

Die USA, Großbritannien, Kanada und Australien erklären sich offiziell bereit, Indien gegen jeden eventuellen Luftangriff aus China zu verteidigen.

3. Februar, Sonntag

Mit getrennten Gottesdiensten in Berlin (West) und Berlin (Ost) beginnt die erste Tagung der Provinzialsynode von Berlin/Brandenburg (bis 5. 2.).

Der britische Premierminister Harold Macmillan beendet einen zweitägigen Besuch in Rom, wo er mit dem italienischen Ministerpräsidenten Amintore Fanfani konferierte (→5. 2./S. 31).

Bei den Präsidentschaftswahlen in Nicaragua siegt der Kandidat der Liberalen Partei, René Schick Gutierrez, der am 1. Mai die Präsidentschaft übernimmt.

Bundeswirtschaftsminister Ludwig Erhard (CDU) entschließt sich in Bonn, ein Allgemeines Deutsches Warentest-Institut als rechtskräftige Stiftung ins Leben zu rufen. →S. 35

Als erster Stabhochspringer der Welt überspringt der Finne Pentti Nikula die 5-m-Grenze. Seine 5,10 m werden jedoch nicht als offizieller Rekord gewertet, da der Wettkampf in der Halle stattfindet.

4. Februar, Montag

In Bonn wird der interministerielle Bericht über die sogenannten Randerscheinungen der Aktion gegen das Nachrichtenmagazin »Der Spiegel« im Oktober 1962 veröffentlicht (→7. 2./S. 30).

Die nordrhein-westfälische Landesregierung berät in Düsseldorf über kurzfristige Maßnahmen, die künftig bei Smog-Gefahr ergriffen werden können; u.a. sind größere Betriebseinschränkungen vorgesehen. →S. 38

Im Genfer Völkerbundspalast beginnt die Weltkonferenz für Entwicklungshilfe. Sie dauert bis 20. Februar. →S. 32

5. Februar, Dienstag

In Straßburg tritt die Beratende Versammlung des Europarats zusammen, um über das Scheitern der EWG-Beitrittsverhandlungen mit Großbritannien zu beraten. →S. 31

In einem Interview in der »Süddeutschen Zeitung« äußert sich Bundeswirtschaftsminister Ludwig Erhard (CDU) ablehnend gegenüber der französischen Europapolitik und hofft durch Gespräche mit den USA, die »bürokratische Verkrustung Europas« wieder aufzubrechen.

Das Bundeshaus in Bonn bestätigt, daß Akten, die im Fibag-Untersuchungsausschuß 1962 eine Rolle gespielt hatten, auf dem Postweg nach Nürnberg verlorengegangen sind. →S. 30

Bundespräsident Heinrich Lübke (CDU) eröffnet im Kölner Wallraf-Richartz-Museum die Ausstellung »Schätze aus Thailand«, eine erste geschlossene Schau thailändischer Kunst in Europa.

6. Februar, Mittwoch

In den Mittelpunkt seiner Regierungserklärung vor dem Bonner Bundestag setzt Bundeskanzler Konrad Adenauer (CDU) das Bekenntnis zur »engen Zusammenarbeit zwischen dem freien Europa und den Vereinigten Staaten von Amerika« (→5. 2./S. 31).

In Lausanne beschließen die Vertreter der Nationalen Olympischen Komitees aus der Bundesrepublik und der DDR, zu den Olympischen Spielen im Jahr 1964 eine gemeinsame, gesamtdeutsche Mannschaft aufzustellen. →S. 41

Durch ein Mißtrauensvotum wird die konservative Minderheitsregierung Kanadas unter John George Diefenbaker gestürzt. Anlaß ist die ablehnende Haltung Diefenbakers gegenüber einer Ausrüstung der kanadischen Luftwaffe mit Atomsprengköpfen. →S. 33

7. Februar, Donnerstag

Der Herausgeber des Nachrichtenmagazins »Der Spiegel«, Rudolf Augstein, wird aus der Untersuchungshaft entlassen, da z. Zt. keine Verdunklungsgefahr bestehe. Augstein war am 27. Oktober 1962 festgenommen worden. →S. 30

Staatssekretär Karl Carstens (CDU) vom Auswärtigen Amt in Bonn kehrt von einem zwei Tage währenden Besuch in Washington zurück. Dort berichtete er der US-amerikanischen Regierung über die Auswirkungen des deutsch-französischen Vertrages und versicherte, der Pakt hätte keinerlei negative Folgen für die deutsch-amerikanischen Beziehungen (→5. 2./S. 31).

In einer Pressekonferenz in Washington bezeichnet es US-Präsident John F. Kennedy als unheilvoll, wenn die USA und Westeuropa wegen der Nuklearfrage und dem Scheitern des Beitritts Großbritanniens in die Europäische Wirtschaftsgemeinschaft (EWG) getrennt würden (→27. 2./S. 32).

Bei einem Großfeuer in dem Großauheimer Zweigwerk einer Elektrofirma bei Hanau entsteht ein Sachschaden von etwa 20 Millionen DM. Das Feuer brach in der Werkshalle für Kühlschränke aus.

8. Februar, Freitag

Nach viereinhalbjähriger Herrschaft wird der irakische Präsident Abd Al Karim Kasim von jungen Offizieren gestürzt. Die Militärs vertreten eine proägyptische Politik. →S. 33

Das US-amerikanische Amt für Auslandshilfe suspendiert jede wirtschaftliche und technische Unterstützung für Ceylon (Sri Lanka). Die dortige Regierung weigert sich, für die Enteignung US-amerikanischer Ölfirmen eine entsprechende Entschädigung zu zahlen.

Auf Anraten von Premierminister Harold Macmillan sagt die britische Prinzessin Margaret einen am 9. März in Paris vorgesehenen Besuch wegen der Haltung von Charles de Gaulle gegenüber Großbritannien ab. Die Entscheidung wird von der britischen Presse heftig kritisiert. (→5. 2./S. 31)

In Bonn wird der Grüne Plan, der Investitionen für die Landwirtschaft vorsieht, veröffentlicht. Ernährungsminister Werner Schwarz (CDU) erläutert den Plan vor dem Parlament. →S. 35

Die Ehefrau eines 36jährigen Würzburger Nervenarztes wird verhaftet, da sie sich weigert, 231,– DM Gerichtskosten zu zahlen. Ihr Mann hatte in den letzten Monaten mehrere Anzeigen gegen führende Persönlichkeiten der Würzburger Justiz wegen ihrer politischen Vergangenheit erstattet. →S. 30

Bundespostminister Richard Stücklen (CSU) stellt den Pressevertretern in Bonn einen in zweijähriger Arbeit entwickelten neuen Fernsprechapparat vor. Für Hörer und Gehäuse wurde ein lichtgrauer Farbton gewählt (→2. 3./S. 48).

9. Februar, Sonnabend

Franz Josef Strauß (CSU) zieht die im Jahr 1962 gestellten Strafanträge wegen Beleidigung und übler Nachrede gegen den »Spiegel«-Herausgeber Rudolf Augstein sowie andere Zeugen der Fibag-Affäre zurück. (5. 2./S. 30).

Auf der Insel Mallorca sitzen deutsche Urlauber fest, da die spanische Regierung einer Luftchartergesellschaft aus der Bundesrepublik überraschend die Landeerlaubnis in Spanien entzog. Spanien möchte so die Einschaltung eigener Fluggesellschaften erzwingen.

In Las Vegas (USA) heiraten der 37jährige Hollywood-Star Tony Curtis und die 18jährige deutsche Schauspielerin Christine Kaufmann. →S. 39

10. Februar, Sonntag

In Moshi in Tanganjika (Tansania) geht die am 4. Februar begonnene vierte afro-asiatische Solidaritätskonferenz zu Ende, an der Delegationen aus insgesamt 60 Staaten teilnahmen.

Mit dem Sieg der Deutschen Meister im Paarlauf, Marika Kilius und Hans-Jürgen Bäumler, gehen die seit dem 5. Februar in der ungarischen Hauptstadt Budapest stattfindenden Europameisterschaften im Eiskunstlauf zu Ende (→28. 2./S. 41).

11. Februar, Montag

Die Bundesrepublik, Großbritannien und die USA sowie die Sowjetunion und die DDR erkennen die neue irakische Regierung an (→8. 2./S. 33).

Vor dem britischen Unterhaus in London erklärt Premierminister Harold Macmillan zum Abbruch der EWG-Beitrittsverhandlungen (→29. 1./S. 16), es gäbe keine bessere Alternative und Großbritannien werde deshalb weiterhin an der Schaffung eines vereinten Europa arbeiten (→5. 2./S. 31).

In Oslo erklärt die norwegische Regierung, daß ihr Aufnahmegesuch in die Europäische Wirtschaftsgemeinschaft (EWG) nach dem Scheitern der britischen Beitrittsverhandlungen hinfällig sei. Die Zusammenarbeit der Länder der Kleinen Freihandelszone (EFTA) müsse verstärkt werden (→5. 2./S. 31).

Auf einer Außenministerkonferenz in der marokkanischen Stadt Rabat (11.–13. Februar) beschließen Tunesien, Algerien und Marokko regelmäßige Zusammenkünfte, um Entwicklungs- und Handelspläne ihrer drei nordafrikanischen Länder zu koordinieren. →S. 33

12. Februar, Dienstag

Nach achtwöchiger Pause nehmen die Vertreter aus 18 Ländern die Abrüstungsverhandlungen in der schweizerischen Stadt Genf wieder auf. →S. 32

Der Berliner Senator für Inneres, Heinrich Albertz (SPD), protestiert gegen eine Mauer-Mode-Story in der Zeitschrift »Vogue«, die Mannequins vor der Mauer in Berlin zeigt. →S. 30

Rund 4000 Schweizer holen das Johannes-Bildnis aus der Kirche Hagnau am deutschen Ufer des Bodensees über den zugefrorenen See zurück nach Münsterlingen. Die Aktion geht auf einen 400 Jahre alten Brauch zurück. →S. 37

13. Februar, Mittwoch

Die Oberstaatsanwaltschaft in Karlsruhe bestätigt die Aufnahme eines Ermittlungsverfahrens gegen den ehemaligen Generalbundesanwalt Wolfgang Fränkel wegen seiner juristischen Tätigkeit während der NS-Zeit. →S. 30

Anläßlich des 80. Todestages von Richard Wagner legen in Bayreuth Delegationen aus der DDR und der Bundesrepublik getrennt am Grab des Komponisten im Park der Villa Wahnfried Kränze und Blumen nieder.

Aus Anlaß der Veröffentlichung des sog. »Spiegel-Berichts« der Bundesregierung druckt das Hamburger Nachrichtenmagazin in Nr. 7 vom 3. Februar 1963 die erste Seite des Schriftstücks als Faksimile ab

DER SPIEGEL

13. FEBRUAR 1963 · NR. 7
17. JAHRGANG · 1 DM
ERSCHEINT WÖCHENTLICH
IN HAMBURG · C 6380 C

Der Bundesminister der Justiz — Bonn,den 31.Januar 1963
- 4021 E - 6/18/63 VS-

An den
Bundeskanzler
der Bundesrepublik Deutschland
Herrn Dr.Konrad Adenauer

B o n n

Betr.: Bericht über das gegen Verleger, Redakteure und Informanten des Nachrichtenmagazins "Der Spiegel" eingeleitete Ermittlungsverfahren wegen Verdachts des Landesverrats und anderer Straftaten
Bezug: Auftrag vom 13.November 19
Anlage:1 Schriftstück

Der Bundeskanzler hat am 13.November 1962 die Bundesminister der Justiz, des Auswärtigen, des Innern und der Verteidi·ung beauftragt, Bericht über das gegen Redakteure und Informanten des Nachrichtenmagazins "Der Spiegel" eingeleitete Ermittlungsverfahren zu erstatten; der Bericht soll die Maßnahmen darstellen, die im Wege der Amtshilfe für den Generalbundesanwalt von den einzelnen Ministerien getroffen worden sind.

Der hiermit erstattete Bericht befaßt sich daher

A) mit den Maßnahmen vom Erscheinen des Artikels "Bedingt abwehrbereit" in Nr.41/1962 des Nachrichtenmagazins "Der Spiegel" bis zum Beginn der Durchsuchungen am 26./27.Oktober 1962;

-2-

DER SPIEGEL-BERICHT

14. Februar, Donnerstag

In Paris werden drei hohe Offiziere und eine Sprachlehrerin unter dem dringenden Verdacht verhaftet, ein Attentat auf den französischen Staatspräsidenten Charles de Gaulle geplant zu haben. Es ist das zehnte gescheiterte Attentat auf den Staatspräsidenten.

Zum Nachfolger des verstorbenen Führers der britischen Labour-Party, Hugh Gaitskell, wird in London der bisherige außenpolitische Sprecher der Opposition, Harold Wilson, gewählt. → S. 33

Vom US-amerikanischen Raketenstützpunkt Cape Canaveral wird ein neuartiger stationärer Nachrichtensatellit des Typs »Syncom« gestartet. → S. 38

15. Februar, Freitag

Aufgrund einer Urabstimmung aller Studenten an der Freien Universität in Berlin (West) wird der am 6. Februar vom Konvent gewählte neue Vorsitzende des Allgemeinen Studentenausschusses, Eberhard Diepgen, sein Amt nicht antreten. Diepgens Wahl stieß auf heftigen Protest, da er Mitglied einer schlagenden Verbindung ist. → S. 30

Der größte Teil der gegenwärtig in der bulgarischen Hauptstadt Sofia lebenden afrikanischen Studenten verläßt aus Protest gegen das Verbot einer afrikanischen Studentenvereinigung das Gastland.

Der Bürgermeister von Duschanbe, der Hauptstadt der sowjetischen Republik Tadschikistan, wird wegen passiver Bestechung zum Tode durch Erschießen verurteilt (→ 13. 3./S. 51).

Das Amtsgericht Tegernsee verurteilt den Schnapsfabrikanten Carl Underberg zu einer Geldstrafe von 10 000 DM. Er hatte am 17. Juni 1962 vier Spaziergänger von einem über seinen Besitz führenden Fußweg mit Waffendrohung vertrieben.

16. Februar, Sonnabend

In Rom trifft der seit 1945 in Sibirien inhaftierte Metropolit der Ukrainisch-Katholischen Kirche, Erzbischof Jozyf Slipy, ein. Slipy hatte sich 1945 gegen eine von der Regierung geforderte Trennung seiner Kirche von Rom gewehrt.

In der Nähe des Grenzüberganges Helmstedt/Marienborn finden drei junge Männer im Kugelhagel der DDR-Grenzpolizei den Tod, als sie in die Bundesrepublik flüchten wollen.

17. Februar, Sonntag

Bei den Wahlen zum Abgeordnetenhaus in Berlin (West) erhalten die Sozialdemokraten 61,9 % der abgegebenen Stimmen, die CDU 28,8 % und die FDP 7,9 % (→ 11. 3./S. 46).

In Frankfurt am Main findet bis zum 21. Februar die Internationale Frühjahrsmesse statt. → S. 35

18. Februar, Montag

Der italienische Staatspräsident Antonio Segni löst das italienische Parlament auf und legt das Datum der Neuwahlen auf den 28. April des Jahres 1963 fest.

In Oberhausen beginnen die IX. Westdeutschen Kurzfilmtage (bis 23.2.). Über 700 deutsche und 200 ausländische Regisseure, Produzenten, Filmverleiher und Journalisten haben sich angemeldet.

19. Februar, Dienstag

Trotz scharfer Proteste der Bundesregierung und des Berliner Senats teilen die drei westalliierten Botschaften mit, daß die drei Berlin (West) anfliegenden Fluggesellschaften ab 1. April die Flugpreise im Berlin-Verkehr erhöhen.

Nach zweitägigen Verhandlungen in Genf beschließt der Ministerrat der Länder der Kleinen Freihandelszone (EFTA) unter der Führung von Großbritannien die Ausarbeitung eines Aktionsprogrammes. Es hat das Ziel, bis Ende 1966 sämtliche Zollschranken zwischen den sieben Mitgliedstaaten der EFTA abzubauen (→ 5. 2./S. 31).

Im Bonner Auswärtigen Amt werden dem italienischen Botschafter fünf seit 1944 verschollene Gemälde übergeben. Die Bilder, die den Uffizien und dem Palazzo Pitti in Florenz gehören, haben einen Wert von acht Millionen DM. Die Münchener Kriminalpolizei fand sie in dem Schrank eines ehemaligen Soldaten der deutschen Wehrmacht.

20. Februar, Mittwoch

In der in Moskau erscheinenden Zeitschrift »Sowjetskaja Rossija« wird von fünf zum Tode verurteilten Wirtschaftsfunktionären berichtet (→ 13. 3./S. 51).

In der Freien Volksbühne am Kurfürstendamm in Berlin (West) wird das Theaterstück »Der Stellvertreter« von Rolf Hochhuth uraufgeführt. → S. 40

21. Februar, Donnerstag

Das Bundeskabinett in Bonn beschließt, den Bundesrichter Ludwig Martin zum neuen Generalbundesanwalt in Karlsruhe zu ernennen.

Auf der 100. Vollsitzung der Abrüstungskonferenz in Genf legt die sowjetische Delegation einen Entwurf eines Nichtangriffspaktes zwischen dem Nordatlantikpakt (NATO) und den Warschauer-Pakt-Staaten vor (→ 12. 2./S. 32).

Mit etwa 7000 Gästen wird der Opernball in Wien wieder zu einem glanzvollen gesellschaftlichen Ereignis in der Walzerstadt an der Donau. → S. 39

22. Februar, Freitag

Anläßlich der 20. Wiederkehr des Tages der Hinrichtung der Geschwister Sophie und Hans Scholl sowie ihres Freundes Christoph Probst findet an der Münchener Universität eine Gedächtnisveranstaltung statt.

Der griechische Reeder Aristoteles Onassis bietet dem Fürsten Rainier III. von Monaco die Aktienmehrheit des Spielkasinos von Monte Carlo an. → S. 39

23. Februar, Sonnabend

Die Militärregierung in Birma verstaatlicht alle in- und ausländischen Banken. Die Zinsgewinne sollen nun unmittelbar dem Volke zugute kommen.

In Anwesenheit des Bundespräsidenten Heinrich Lübke (CDU) und seiner Ehefrau Wilhelmine läuft in Hamburg das größte Schiff, das je auf einer deutschen Werft gebaut wurde, vom Stapel. → S. 39

Infolge des strengen Winters in Europa kommt es zu starken Verkehrsbehinderungen. → S. 36

Heinz Huth aus Hamburg kann mit seinem letzten Wettbewerbsflug bei der Segelflieger-Weltmeisterschaft in Argentinien den Meistertitel in der Standardklasse erfolgreich verteidigen. → S. 41

24. Februar, Sonntag

Die seit Monaten laufenden Verhandlungen zwischen der österreichischen Volkspartei (ÖVP) und der Sozialistischen Partei (SPÖ) über eine neue Koalitionsregierung sind gescheitert (→ 27. 0./S. 51).

25. Februar, Montag

In einem Pariser Sondergerichtsprozeß gegen die Attentäter von Petit-Clamart, die im August 1962 auf das Auto von Staatspräsident Charles de Gaulle geschossen hatten, beantragt der Anklagevertreter gegen sieben Beteiligte die Todesstrafe (→ 4. 3./S. 51).

Der kongolesische Ministerpräsident Cyrille Adoula trifft zu einem viertägigen Besuch in Brüssel ein. U.a. möchte er die belgische Regierung um die Entsendung weiterer technischer Sachverständiger für den Aufbau seines Landes bitten.

26. Februar, Dienstag

Gegen den Regierungskriminalrat Theo Sävecke, der die Exekutivmaßnahmen in der »Spiegel«-Affäre 1962 geleitet hatte, werden Vorwürfe von der Vereinigung italienischer Widerstandskämpfer erhoben. Sävecke soll vor 1945 bei Geiselerschießungen in Norditalien aktiv beteiligt gewesen sein.

In Paris wird ein ehemaliger Führer der rechtsradikalen Organisation OAS, Oberst Antoine Argoud, verhaftet. Aufgrund eines anonymen Telefonanrufs fand man ihn gefesselt in einem Lieferwagen in der Nähe des Polizeireviers und der Kathedrale Notre-Dame. → S. 33

Das Bundesgesundheitsamt in Berlin (West) teilt mit, daß sich seit dem Beginn der Schluckimpfung gegen Poliomyelitis 1962 rund 22 Millionen Menschen im Alter bis zu 40 Jahren freiwillig der Impfung unterzogen haben. Die Erkrankungen in der Bundesrepublik seien merklich zurückgegangen. → S. 38

27. Februar, Mittwoch

Bundesverteidigungsminister Kai Uwe von Hassel betont während eines Aufenthaltes in Washington die enge Zugehörigkeit der Bundesrepublik zum Nordatlantikpakt (NATO). → S. 32

Die Pekinger »Volkszeitung« veröffentlicht einen Artikel, in dem grundlegende Kritik an der Politik der Sowjetunion geübt wird. → S. 33

Der vor 60 Jahren errichtete »Kehrwiederturm« an der Kaiserspitze im Hamburger Freihafen wird gesprengt. An seiner Stelle soll ein neues Lagerhaus entstehen. → S. 39

28. Februar, Donnerstag

Der erste Prozeß gegen einen Münchener Polizisten im Zusammenhang mit den Schwabinger Krawallen vom Juni 1962 endet mit der Verurteilung eines 23jährigen Polizeiwachtmeisters. Er erhält sechs Wochen Gefängnis, da er einen Studenten mit einem Stoß zu Boden geschleudert und dabei erheblich verletzt hatte.

Entsprechend dem Vorschlag vom 21. November 1962 hat die Volksrepublik China den angekündigten Truppenrückzug an der indisch-chinesischen Grenze vollständig durchgeführt.

Der DDR-Schriftsteller Peter Hacks ist aus dem Amt des Chefdramaturgen am Deutschen Theater in Berlin (Ost) entlassen worden. Hacks war insbesondere wegen seines Stückes »Sorgen und die Macht« angegriffen worden.

Bei den Weltmeisterschaften im Eiskunstlauf in Cortina d'Ampezzo (18. 2.–2. 3.) holen sich Marika Kilius und Hans-Jürgen Bäumler aus der Bundesrepublik den Titel im Paarlauf. → S. 41

Gestorben:

6. Kairo: Abd El Krim (*1882, Agadir), marokkanischer Emir und Freiheitskämpfer.

8. Mainz: Ernst Gläser (*29. 7. 1902, Butzbach), deutscher Schriftsteller.

11. London: Sylvia Plath (*27. 10. 1932, Boston), US-amerikanische Schriftstellerin und Lyrikerin.

13. Wien: Oskar Helmer (*16. 11. 1887, Gattendorf/Burgenland), österreichischer Politiker.

16. Frankfurt am Main: Friedrich Dessauer (*19. 7. 1881, Aschaffenburg), deutscher Biophysiker und Philosoph.

20. Basel: Ferenc Fricsay (*9. 8. 1914, Budapest), ungarisch-österreichischer Dirigent und Generalmusikdirektor.

28. Sadaguat Ashram bei Patna: Rajendra Prasad (*3. 12. 1884, Zeeradai/Bihar), indischer Unabhängigkeitskämpfer und Staatspräsident.

Das Wetter im Monat Februar

Station	Mittlere Lufttemperatur (°C)	Niederschlag (mm)	Sonnenscheindauer (Std.)
Aachen	− (2,1)	240* (59)	− (74)
Berlin	−4,9 (0,4)	91* (40)	− (78)
Bremen	− (0,9)	125* (48)	− (68)
München	− (0,9)	155* (50)	− (72)
Wien	−4,5 (0,6)	22 (41)	79 (−)
Zürich	−4,2 (0,2)	51 (61)	93 (79)

( ) Langjähriger Mittelwert für diesen Monat
* Durchschnittswert November–Februar
− Wert nicht ermittelt

Auf ein Film-
ereignis des Jahres,
die Aufführung
des neuen Alfred-
Hitchcock-Strei-
fens »Die Vögel«,
weist das US-
amerikanische
Magazin »Life« in
seinem ersten
Februarheft hin;
weiteres Thema in
dieser Nummer ist
das Scheitern des
Beitritts Groß-
britanniens zur
Europäischen
Wirtschafts-
gemeinschaft

LIFE

THE NEW EUROPE AND ITS CRITICAL HOUR

OUR HORSE-HAPPY WRITER'S DELIRIOUS $61,908 DAY AT THE RACES

ALFRED HITCHCOCK: HIS HORROR FILM 'THE BIRDS'

FEBRUARY 1 · 1963 · 20¢

Rudolf Augstein aus der Haft entlassen

7. Februar. Mit der Begründung, daß zur Zeit keine Verdunklungsgefahr mehr bestehe, wird der Herausgeber des Hamburger Nachrichtenmagazins »Der Spiegel«, Rudolf Augstein, aus der Haft entlassen. Die gegen Augstein erhobene Anklage wegen Landesverrat bleibt jedoch auch weiterhin bestehen.

Damit befinden sich alle Mitarbeiter der Zeitschrift, die im Zusammenhang mit der »Spiegel«-Affäre im Oktober 1962 inhaftiert worden waren, wieder auf freiem Fuß.

Die Verhaftungen erfolgten am 27. Oktober 1962 auf Grund der Veröffentlichung der Titelgeschichte »Bedingt abwehrbereit« im Heft Nr. 41/1962 des »Spiegel«. In dem Artikel über das Herbstmanöver des Nordatlantikpaktes (NATO), Fallex 62, sind laut Bundesverteidigungsministerium Informationen enthalten, die dem verstärkten Geheimschutz unterliegen. Die daraufhin erfolgten Maßnahmen der Bundesanwaltschaft gegen Redaktion und Verlag, bei denen u. a. die Redaktionsräume besetzt und Archive beschlagnahmt worden waren, lösten bundesweit Proteste aus. Politiker und Journalisten beschuldigten den damaligen Bundesverteidigungsminister Franz Josef Strauß (CSU) als

Nach der Entlassung aus dem Untersuchungsgefängnis Karlsruhe fährt »Spiegel«-Herausgeber Rudolf Augstein (l.) mit Conrad Ahlers zurück nach Hamburg

Verursacher der Aktion und vermuteten einen persönlichen Racheakt, da Strauß und seine Politik in der Vergangenheit des öfteren vom »Spiegel« angegriffen worden waren. Als sich die Verdachtsmomente dafür verdichteten, mußte Strauß im November 1962 dann von seinem Ministeramt zurücktreten.

Zur selben Zeit forderte Bundeskanzler Konrad Adenauer (CDU)

von den an der Aktion gegen den »Spiegel« beteiligten Institutionen einen Bericht über die Vorgänge im Oktober an. Er wurde am 30. Januar 1963 auf den Druck der Opposition hin von der Bundesregierung zur Veröffentlichung freigegeben. Jedoch bleiben auch in diesem sogenannten »Spiegel-Bericht« noch etliche Details ungeklärt – vor allem die Beteiligung des Kanzlers selbst.

Verloren: Akten zur Fibag-Affäre

5. Februar. Das Bundeshaus in Bonn bestätigt, daß Akten, die eine Rolle im Fibag-Untersuchungsausschuß gespielt hatten, auf ungeklärte Weise verlorengegangen sind.

Die vom Landgericht Nürnberg im vergangenen Jahr durch den Fibag-Untersuchungsausschuß in Bonn angeforderten Unterlagen sollen im November 1962 von Bonn nach Nürnberg per Post zurückgeschickt worden sein. Dort aber kamen sie nie an. Daraufhin erstattete Bundestagspräsident Eugen Gerstenmaier (CDU) Anzeige gegen Unbekannt.

Es handelt sich um Akten des Verfahrens, das der ehemalige Verteidigungsminister Franz Josef Strauß (CSU) im Februar 1962 gegen den »Spiegel«-Herausgeber Rudolf Augstein angestrengt hatte. Er wirft dem »Spiegel« Verleumdung vor, da das Hamburger Nachrichtenmagazin seinerzeit in einem Artikel den Vorwurf der Korruption gegen Strauß erhoben hatte. Vom Bundestag wurde daraufhin ein Untersuchungsausschuß eingesetzt, der Strauß dann im Oktober 1962 entlastet hatte. Das Verfahren in Nürnberg ist jedoch noch nicht abgeschlossen, Strauß zieht seine Anzeige aber am 9. Februar zurück.

Diepgen wird nicht AStA-Vorsitzender

15. Februar. Bei einer studentischen Urabstimmung an der Freien Universität (FU) von Berlin (West) spricht sich die Mehrheit (64,5%) gegen die Übernahme des Amtes des Vorsitzenden des Allgemeinen Studentenausschusses (AStA) durch Eberhard Diepgen aus.

E. Diepgen

Der 14. Konvent, die Vertretung der Studenten an der FU, hatte den Jura-Studenten Diepgen auf seiner dritten Ordentlichen Sitzung am 29. Januar zum ersten AStA-Vorsitzenden gewählt. Der Widerspruch des Großteils der Studenten gegen die Wahl entzündete sich an der Mitgliedschaft Diepgens in der schlagenden Verbindung »Savaria«.

Justiz in Würzburg verurteilt Ankläger

8. Februar. In Würzburg wird die Frau des Arztes Elmar Herterich in das Landesgerichtsgefängnis eingeliefert, da sie sich weigert, Gerichtskosten in der Höhe von 231,– DM zu zahlen und auch nicht bereit ist, einen Offenbarungseid zu leisten. Herterich bezichtigt daraufhin die Justiz der Schikane, jedoch beruft diese sich auf ihre Funktion und versteht sich lediglich als »Vollstreckungsorgan«.

Gegen den Arzt und seine Frau laufen mehrere Beleidigungsklagen von führenden Persönlichkeiten der Stadtverwaltung und der Justiz in Würzburg. Der Mediziner erhob gegen sie Anzeigen wegen deren Tätigkeit während der Zeit des Nationalsozialismus in den NS-Organisationen Sicherheitsdienst (SD) oder GESTAPO (Geheime Staatspolizei). Seine Kenntnisse über die NS-Vergangenheit dieser Personen teilte er der Presse mit (→ 8. 9./S. 114).

Proteste gegen Mauer-Modenschau

12. Februar. In einer offiziellen Erklärung protestiert der Innensenator von Berlin (West), Heinrich Albertz (SPD), gegen eine Veröffentlichung in der Modezeitschrift »Vogue«.

Das in Paris, London und New York erscheinende

H. Albertz

Journal veröffentlichte im Februarheft einen Beitrag unter dem Titel »Mata-Hari – Version 1963«, worin Mannequins für den Fotografen Helmut Newton vor der Berliner Mauer posiert hatten. Die »langbeinige Eleganz vor den Wunden der Weltgeschichte« ruft unter vielen Berlinern Empörung hervor. Senator Albertz wirft der »Vogue«-Redaktion Geschmack- und Instinktlosigkeit vor.

Ermittlung gegen den Bundesanwalt

13. Februar. Die Oberstaatsanwaltschaft in Karlsruhe bestätigt, daß ein Ermittlungsverfahren gegen den ehemaligen Generalbundesanwalt Wolfgang Fränkel begann.

Bereits am 3. September 1962 hatte

W. Fränkel

ein Rechtsanwalt aus Berlin (Ost) im Auftrage von sechs Einwohnern der DDR Strafanzeige gegen Fränkel, u. a. wegen zweifachen Mordes, erstattet. Im Juli 1962 war der erst im März zuvor zum Generalbundesanwalt ernannte Fränkel wegen seiner Tätigkeit während der NS-Zeit in den einstweiligen Ruhestand versetzt worden. Über ein etwaiges Strafverfahren ist noch nicht entschieden worden.

In Rom treffen die Regierungen Großbritanniens und Italiens zusammen, v. l. Heath, Macmillan, Segni, Fanfani

Nach dem Scheitern der Brüsseler Verhandlungen über den EWG-Beitritt Großbritanniens kritisiert der Europarat in Straßburg (Abb.) die ablehnende Haltung der französischen Regierung in Paris

Europa wendet sich gegen die EWG-Politik von de Gaulle

5. Februar. In Straßburg eröffnet Walter Hallstein das Treffen der Beratenden Versammlung des Europarates. Diskussionsthema ist die Lage nach dem Scheitern der Brüsseler Verhandlungen über die Aufnahme

---

»Die Krise ist ernst, aber heilbar«

6. Februar. In seiner Regierungserklärung vor dem Bonner Bundestag nimmt Kanzler Konrad Adenauer (CDU) Stellung zum Scheitern der EWG-Beitrittsverhandlungen am → 29. Januar (S. 16):

»Das Brüsseler Geschehen ist außerordentlich bedauerlich. Die Krise ist ernst, aber sie ist heilbar. Alle Beteiligten, insbesondere auch wir, werden uns bemühen, die Verhandlungen wieder in ein normales Geleise zu bringen ... Auch die britische Regierung hat die Brüsseler Entscheidung nicht dramatisiert und den Weg in die Zukunft offengehalten. Auf die Zukunft möchte ich auch Ihr Augenmerk lenken ... Die Bundesregierung ist der Überzeugung, daß die jetzt eingetroffene Lage konstruktiv überwunden werden muß. Sie wird dahin wirken, daß bald die Einigkeit unter den EWG-Partnern wiederhergestellt und der Beitritt Großbritanniens ermöglicht wird.«

Großbritanniens in die Europäische Wirtschaftsgemeinschaft (EWG) am → 29. Januar (S. 16).

Hallstein, Präsident der EWG-Kommission im Europarat, kritisiert in seiner Rede die Rolle Frankreichs in der EWG, an dessen Veto der Beitritt Großbritanniens entgegen den Wünschen der übrigen fünf EWG-Mitglieder scheiterte: »Die Art und Weise, wie eine Mitgliedsregierung ihre Entscheidung, die Verhandlungen zu unterbrechen, getroffen und mitgeteilt hat, ist nicht im Einklang mit den Pflichten, die sich aus der Gemeinschaft ergeben. Die Folgen treffen die ganze Gemeinschaft, nicht einen einzelnen Mitgliedstaat allein.« Die »Kleineuropa«-Politik von Frankreichs Staatspräsident Charles de Gaulle wird von allen westeuropäischen Staaten, den USA und führenden Politikern der Bundesrepublik verurteilt. Die Vereinigten Staaten sehen in dem Bestreben de Gaulles, gemeinsam mit der Bundesrepublik eine »dritte Kraft« zwischen West und Ost zu bilden, ihren Einfluß in Europa gefährdet (→ 23. 1./S. 15). Sie forderten deshalb auch die Bonner Vertreter in Brüssel zu einer Vermittlung auf. Doch de Gaulle ging keinen Schritt von seiner Haltung ab, die er schon am 17. Januar verkündet hatte: »Die Engländer werden eines Tages dem Gemeinsamen Markt beitreten, aber ich werde dann zweifellos nicht mehr da sein.«

Das Scheitern der Brüsseler Verhandlungen zwingt sowohl die EWG-Mitglieder als auch die Staaten der Kleinen Freihandelszone (EFTA) zum Umdenken.

Der britische Premierminister Harold Macmillan traf nur zwei Tage nach dem Brüsseler Fiasko mit dem italienischen Ministerpräsident Amintore Fanfani in Rom zusammen, um die neue Situation zu erörtern. Beide Regierungschefs jedoch widersprechen Gerüchten über die Schaffung eines Bündnisses zwischen London und Rom als Kontrapunkt zur Achse Bonn–Paris.

Die Assoziierungsbestrebungen und Aufnahmeanträge der übrigen EFTA-Staaten in die Gemeinschaft werden zunächst einmal auf Eis gelegt. Man beschließt, näher zusammenzurücken, und richtet sich auf eine längere Übergangsperiode zum angestrebten gemeinsamen europäischen Markt ein.

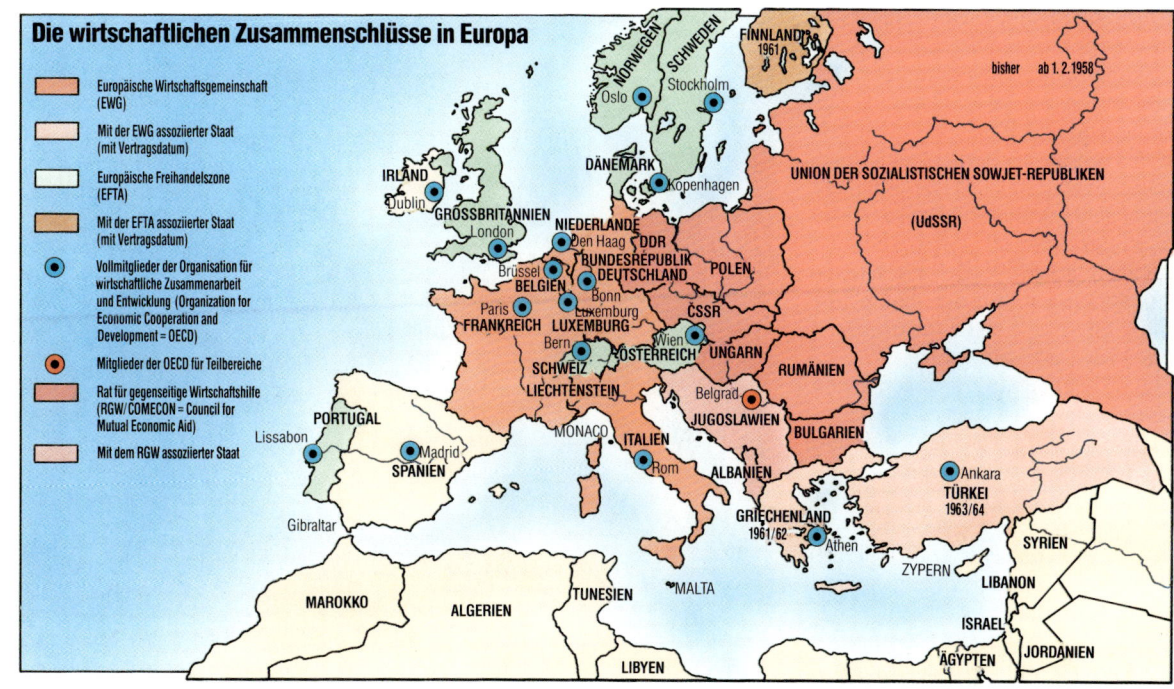

Bundesrepublik für NATO-Atomstreitmacht

27. Februar. Während seines dreitägigen Besuchs in Washington bekräftigt Verteidigungsminister Kai Uwe von Hassel (CDU) die enge Bindung der Bundesrepublik an den Nordatlantikpakt (NATO) und befürwortet den Ausbau einer NATO-Atomstreitmacht.

Bei den Gesprächen mit von Hassel erläutern US-Außenminister Dean Rusk, Verteidigungsminister Robert McNamara und Präsident John F.

Kennedy ihr Projekt einer multilateralen Atomstreitmacht.

Die USA planen den Aufbau einer Seestreitmacht von 20 bis 25 Schiffen, die mit insgesamt 200 Polaris-Raketen bestückt werden sollen.

In dieser multilateralen Seestreitmacht sollen die verschiedenen militärischen Einheiten Westeuropas unauflöslich integriert sein. Das bedeutet allerdings eine Einschränkung der Befehlsgewalt der einzel-

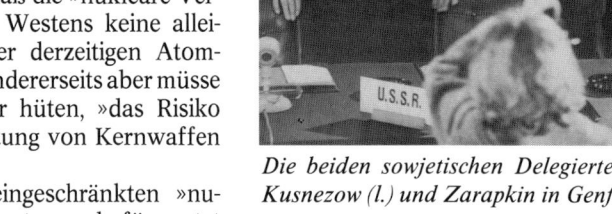

nen Länder über den NATO-Einsatz ihrer Truppen. Dem gegenüber steht das von dem britischen Premier Harold Macmillan bevorzugte Konzept einer multinationalen Atommacht, die sich aus Kontingenten der einzelnen Staaten zusammensetzt und notfalls aufgelöst werden kann. Diesen schwer zu vereinbarenden Gegensatz zwischen beiden Konzepten formuliert Kennedy so: Man müsse anerkennen, daß die »nukleare Verteidigung des Westens keine alleinige Sache der derzeitigen Atommächte« sei, andererseits aber müsse man sich sehr hüten, »das Risiko einer Ausbreitung von Kernwaffen zu erhöhen«.

Trotz einer eingeschränkten »nuklearen Kompetenz« befürwortet die Bonner Regierung die US-amerikanischen Vorschläge. Sie beinhalten die Mitwirkung Bonns am Formulieren eines Zielplanes der NATO-Atomgeschosse und die Bereitstellung von Mannschaften sowie Schiffen für Polaris-Raketen. Die Kostenhöhe ist noch unklar.

Die beiden sowjetischen Delegierten Kusnezow (l.) und Zarapkin in Genf

Abrüstungstagung in Genf fortgesetzt

12. Februar. Die Genfer Konferenz des Abrüstungsausschusses von 18 Ländern nimmt die Arbeit nach einer Unterbrechung von acht Wochen wieder auf (bis 3. 3.).

In seiner Eröffnungsbotschaft bekräftigt US-Präsident John F. Kennedy seine Hoffnung auf das Zustandekommen eines Vertrages über das Verbot von Kernwaffenversuchen (→ 5. 8./S. 124). Bisher scheiterte ein solches Abkommen an der Weigerung der UdSSR, auf ihrem Territorium internationale Kontrollinstanzen zuzulassen.

Sowjetische Abrüstungspläne
1. Auflösung aller ausländischen Stützpunkte, die mit Raketen bestückte und mit Atomenergie angetriebene U-Boote benutzen
2. Rückführung aller Flugzeugträger, die Atombomben an Bord haben, in die Heimatgewässer
3. Demontage und Abzug aller auf fremdem Boden stationierten Raketen mit nuklearen Sprengkörpern
4. Abzug aller auf fremdem Boden stationierten Flugzeuge, die nukleare Waffen zu tragen vermögen

Der sowjetische Chefdelegierte, Wassili V. Kusnezow, läßt keine Änderung dieser Haltung erkennen. Er schlägt einen Nichtangriffspakt zwischen den Warschauer-Pakt-Staaten und denen des Nordatlantikpaktes (NATO) vor.

Robert S. McNamara   *Harold Macmillan*   *Kai Uwe von Hassel*

Weltkonferenz über die Entwicklungshilfe

4. Februar. Im Genfer Völkerbundspalast beginnt eine internationale Konferenz über Entwicklungshilfe, die bis 20. Februar dauert.

Das von den Vereinten Nationen (UN) einberufene Treffen ist das erste internationale Forum, das über zweckmäßige Anpassungen und Koordinierungen von Entwicklungsprogrammen berät. Ein Hauptdiskussionspunkt während der Veranstaltung ist die Bestimmung der Rolle von moderner Wissenschaft und Technik bei der Entwicklungshilfe. Etwa 2000 Wissenschaftler und Fachleute aus 95 Ländern sowie Vertreter von elf Organisationen nehmen an 95 Voll- und Komissionssitzungen teil, auf denen fast 2000 im voraus erstellte Arbeitspapiere zur Diskussion stehen.

Hauptthemen der Einzelsitzungen sind:
▷ Erschließung von Bodenschätzen und Energiequellen in Entwicklungsländern
▷ Probleme der Wasserversorgung, Viehzucht, Pflanzenkultivierung, Bodenbearbeitung und des Fischfangs
▷ Aufbau und Verbesserung des Bildungs- und Gesundheitswe-

sens in Entwicklungsländern
▷ Nutzung der Verkehrs- und Nachrichtentechnik
▷ Probleme der industriellen Entwicklung und Planung.

Im Resümee der Abschlußreferate heißt es: »Die Entwicklung ist ein Ganzes und geht alle Nationen an; jedes Land hat seine Form und Art

der Entwicklung; Wissenschaft und Technik sind bei der Entwicklung eines Landes von ausschlaggebender Bedeutung, jedoch keine Wundermittel; als Empfänger der internationalen Hilfe sind nationale Institutionen notwendig; von den internationalen Organisationen muß Flexibilität erwartet werden.«

Bewohner Tanganjikas (Tansania) begrüßen vor der Gesundheitsstation ihres Dorfes eine Lehr- und Pflegekolonne, die von UNICEF entsandt worden ist

Ex-Oberst Argoud verhaftet

26. Februar. In Paris verhaftet die französische Polizei den Ex-Oberst Antoine Argoud, den Führer einer rechtsextremistischen Gruppe, die gegen die Unabhängigkeit Algeriens von Frankreich (seit 3. Juli 1962) kämpft.

Ein anonymer Anrufer teilte der Polizei den »Fundort« Argouds mit. Er lag verschnürt in einem blauen Lieferwagen, der vor der gotischen Kathedrale Notre-Dame abgestellt war.

Oberst Argoud

Agenten einer Spezialeinheit des französischen Geheimdienstes hatten tags zuvor Argoud, den ideologischen Kopf des CNR (Conseil National de la Resistance), aus seinem Münchner Hotel entführt. Zwei Männer hatten ihn am Betreten des Liftes gehindert und ihn abgeführt. Argoud, der an eine Festnahme durch die deutsche Polizei glaubte, folgte widerstandslos. Den Sachverhalt erkannte der Oberst erst, als man ihn vor dem Hotel in eine französische Limousine stieß, die sofort in Richtung Straßburg davonfuhr.

Amtliche französische Erklärungen, wonach Argoud von einer rivalisierenden Gruppe innerhalb der rechtsextremistischen Organisation OAS entführt worden sein soll, erscheinen wenig plausibel.

Seine herausragende Stellung als ideologischer Führer des CNR erlangte Argoud im April 1962 nach der Verhaftung des OAS-Führers Raoul Salan. Zuvor hatte Argoud erfolglos versucht, Salan zur Ausdehnung des Terrors von Algier auf das Mutterland Frankreich zu bewegen. Nach Salans Verhaftung präsentierte sich Argoud als der starke Mann der OAS-Nachfolgeorganisation CNR und realisierte nun seine Terrorpläne in Frankreich. Ziel ist die Zuspitzung eines nationalen Konflikts, der mit dem Staatsstreich enden soll (→ 30. 12./S. 200).

Wilson gewählt

14. Februar. *In London wird der 47jährige James Harold Wilson, bisheriger außenpolitische Sprecher der Labour-Party, zum Vorsitzenden gewählt (Abb.). Er tritt damit die Nachfolge des am 18. Januar verstorbenen Oppositionsführers Hugh Gaitskell an.*

Mißtrauen gegen Kanadas Regierung

6. Februar. Aufgrund von zwei durch die Oppositionsparteien eingebrachten Mißtrauensanträgen tritt in Ottawa die konservative Regierung unter Ministerpräsident John G. Diefenbaker zurück.

Anlaß für die Krise sind die Differenzen Diefenbakers mit der US-amerikanischen Regierung über die Bestückung der kanadischen Luftwaffe mit Atomsprengköpfen. Diefenbaker hatte eine atomare Ausrüstung verweigert. Er wünscht mehr Selbstbestimmung für die kanadische Streitmacht.

Wechsel im Irak nach Militärputsch

8. Februar. Im Irak wird Ministerpräsident Abd Al Karim Kasim, der 1958 ebenfalls durch einen Putsch an die Macht gekommen war, von Offizieren seiner Armee abgesetzt. Am frühen Morgen begannen Truppen mit der Bombardierung des Verteidigungsministeriums in Bagdad. Nach blutigen Kämpfen, wobei etwa 600 Anhänger Kasims den Tod fanden, wird der Diktator gefangengenommen und tags darauf erschossen. Mit den Worten »Wir haben den Tyrannen getötet« verkündet der »Nationalrat der Revolution« unter der Führung von Abd As Salam Muhammad Arif den Sieg. Die neuen Machthaber verfolgen eine panarabische Politik und streben ein enges Bündnis mit Ägypten an.

Hasan will Einheit im Maghreb-Gebiet

11. Februar. In der marokkanischen Hauptstadt Rabat treffen sich die Außenminister der drei Maghreb-Staaten Algerien, Tunesien und Marokko zu einer dreitägigen Konferenz, um über eine Verstärkung ihrer Zusammenarbeit zu beraten.

Hasan II., König von Marokko, hatte die Konferenz initiiert, um einen gemeinsamen Weg zur Beilegung der Streitigkeiten zwischen Tunesien und Algerien zu finden (→ 18. 1./S. 16).

Sowohl Tunesien als auch Algerien verpflichten sich zum Abschluß der Zusammenkunft, Aktionen gegen das jeweilige andere Land in ihrem Staat nicht mehr zuzulassen.

Mao Tse-tung verstärkt Angriffe auf Moskau

27. Februar. Die Zeitung der chinesischen kommunistischen Partei, »Jen Min Jih Pao« (»Volkszeitung«), veröffentlicht einen Artikel, worin der Sowjetunion Verletzungen der kommunistischen Solidarität vorgeworfen werden.

Die Partei Mao Tse-tungs, des Führers der Chinesen, verlangt von der Sowjetunion die Verurteilung des eigenständigen jugoslawischen kommunistischen Weges und eine klare Unterordnung nationaler Interessen unter die des internationalen Kommunismus.

Die Auseinandersetzungen zwischen Moskau und Peking werden seit drei Jahren vorrangig auf der ideologischen Ebene geführt. Die Chinesen wenden sich gegen das sowjetische Bestreben einer friedlichen Koexistenz der kommunistischen und imperialistischen Staaten. Die sowjetischen Kommunisten unter Nikita S. Chruschtschow streben das friedliche Nebeneinander beider Systeme an und begründen dies mit der Gefährlichkeit militärischer Auseinandersetzungen, die unweigerlich einen Atomkrieg nach sich ziehen würden. China hingegen bezeichnet die atomare Bedrohung durch die westlichen Länder als einen »Papiertiger« und meint: »Letzten Endes können weder Atomzähne noch andere Zähne den Imperialismus vor der Ausrottung bewahren« (→ 5. 7./S. 112).

Feiern in Peking demonstrieren ein starkes China

Waffen- und Munitionslager an der Grenze zu Indien

Arbeit und Soziales 1963:

Expandierender Personalmarkt bei stabiler Wirtschaftslage

Die gesamtwirtschaftliche Situation der Bundesrepublik ist u. a. gekennzeichnet von anhaltendem konjunkturellen Aufschwung und immer höherer Preisstabilität.

Ein bedeutsamer Faktor der ökonomischen Gesundung ist die grundsätzliche Bereitschaft der Sozialpartner, die Schere zwischen Lohnsteigerungen und Produktionsfortschritt weiter zu schließen. Daß dieser Konsens jedoch auch durchbrochen werden kann, zeigt der Streik der Metallarbeiter in Baden-Württemberg (→9. 5./S. 82), einer der größten in der bisherigen Geschichte der Bundesrepublik. Etwa 400 000 Metaller treten im April in den Ausstand, da die Tarifverhandlungen nicht zu den von den Gewerkschaften gewünschten Ergebnissen führen. Eine Verschärfung der Auseinandersetzungen ist erreicht, als Unternehmer auf Beschluß der Arbeitgeberverbände der Metallindustrie in Südwürttemberg die Aussperrung verhängen. Durch diese festgefahrene Situation geraten auch die abhängigen Wirtschaftszweige in Bedrängnis.

Die starke Position der Gewerkschaften in den tariflichen Auseinandersetzungen ist in erster Linie begründet im großen Bedarf an Arbeitskräften. Das Überangebot an Stellen hat solche Ausmaße, daß sich die bundesdeutschen Arbeitsämter z.B. an den bei der Anwerbung ausländischer Arbeitnehmer entstehenden Unkosten der Unternehmen beteiligen.

Die umfangreiche Ausnutzung der Produktionskapazitäten führt auch zu einer deutlichen Zunahme der Frauenbeschäftigung. Nach Mitteilung des Deutschen Industrieinstituts liegt der Anteil der Frauen an den insgesamt rund 27 Millionen Beschäftigten in der Mitte des Jahres bei rund 36%. Seit 1953 hat die Anzahl der weiblichen Beschäftigten somit um etwa 54% zugenommen, während die Zuwachsrate bei den Männern im gleichen Zeitraum nur 33,1% beträgt.

Die positive Arbeitsmarktentwicklung für Frauen korrespondiert mit einer für sie relativ günstigen Progression des Lohnniveaus. Seit 1962 stieg der durchschnittliche Bruttoverdienst für Frauen um 2,5%, bei den Männern um 1,1%. Trotz dieser Steigerung liegt der durchschnittliche Stundenlohn in der gesamten Wirtschaft für Frauen mit 2,51 DM allerdings noch immer um 1,15 DM unter dem der Männer. Am Monatsende wirkt sich diese Differenz recht kraß in der Lohntüte aus: Weibliche Angestellte z.B. erhalten im Schnitt 532 DM. Ihre männlichen Kollegen hingegen

verdienen monatlich 886 DM. Probleme für den Arbeitsmarkt bringt die Teilzeitarbeit, das sind zum großen Teil Halbtagsbeschäftigungen, mit sich. Nach Schätzung des Deutschen Gewerkschaftsbundes (DGB) stehen rund 5% aller Arbeitnehmer in der Bundesrepublik in einem solchen Arbeitsverhältnis. Aufgrund des Arbeitskräftemangels sind alle Betriebe stark an Teilzeitkräften interessiert. Das Problem hierbei besteht darin, daß keine eindeutigen Regelungen über die Melde- und Versicherungspflicht bei Teilzeitbeschäftigungen besteht. Auch bei der Definition der Bedarfs- und Saisonbeschäftigung im Unterschied zur sogenannten »geringfügigen« Beschäftigung gibt es Differenzen zwischen Arbeitgebern und Gewerkschaften. So will der DGB auch Arbeitsverhältnisse mit 18 Wochenstunden als tarifgebunden behandelt wissen.

Erstmals auf dem Personalmarkt tritt 1963 das Phänomen des Arbeitskräfte-Verleihs in Erscheinung. Bereits seit 1957 betreibt in der Schweiz das dort ansässige Unternehmen ADIA die Vermittlung von Arbeitskräften.

1963 versucht ADIA auf dem deutschen Arbeitsmarkt, in Hamburg und Freiburg, Fuß zu fassen. Um das Arbeitsvermittlungsmonopol der bundesdeutschen Arbeitsämter zu unterlaufen, streicht ADIA das Wort »Arbeitsvermittlung« aus seinen Inseraten und Verträgen und ersetzt es durch »Aushilfsdienst«. 4 DM bis 5,50 DM durchschnittlicher Stundenlohn, mindestens jedoch 3,50 DM garantiert ADIA seinen Leiharbeitskräften. Zum Kundenkreis von ADIA gehören nicht nur privatwirtschaftliche Unternehmen, sondern vereinzelt auch amtliche Behörden. An sozialer Sicherheit mangelt es den »verliehenen« Arbeitskräften jedoch erheblich, da für sie – im arbeitsrechtlichen Sinne als selbständig Gewerbetreibende – jegliche Sozialabgaben entfallen. Ebenso werden kein Krankengeld und Urlaubsgeld gezahlt. Darüber hinaus können die Aushilfskräfte jederzeit frist- und kommentarlos entlassen werden. Sie sind damit konjunkturellen Schwankungen schutzlos preisgegeben.

Beschäftigung in der Bundesrepublik, Arbeitslosigkeit und offene Stellen (Stand 30. 9.) © Harenberg

Land	Beschäftigte	Arbeitslose	offene Stellen
Schleswig-Holstein	843 884	6 248	17 157
Hamburg	852 459	4 075	22 751
Niedersachsen	2 445 409	12 926	55 561
Bremen	306 951	2 514	7 249
Nordrhein-Westfalen	6 949 580	33 797	178 937
Hessen	1 918 834	6 704	62 765
Rheinland-Pfalz u. Saarland	1 587 755	6 274	33 810
Baden-Württemberg	3 203 174	2 879	115 906
Bayern	3 593 084	20 599	105 690
Berlin (West)	894 031	8 491	24 712

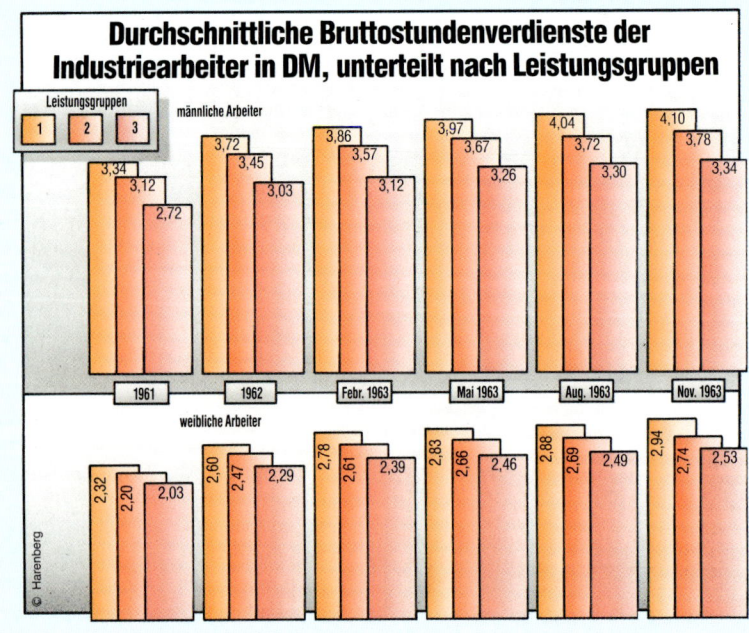

Durchschnittliche Bruttostundenverdienste der Industriearbeiter in DM, unterteilt nach Leistungsgruppen

Leistungsgruppen 1 2 3

männliche Arbeiter

	1961	1962	Febr. 1963	Mai 1963	Aug. 1963	Nov. 1963
1	3,34	3,72	3,86	3,97	4,04	4,10
2	3,12	3,45	3,57	3,67	3,72	3,78
3	2,72	3,03	3,12	3,26	3,30	3,34

weibliche Arbeiter

	1961	1962	Febr. 1963	Mai 1963	Aug. 1963	Nov. 1963
1	2,32	2,60	2,78	2,83	2,88	2,94
2	2,20	2,47	2,61	2,66	2,69	2,74
3	2,03	2,29	2,39	2,46	2,49	2,53

© Harenberg

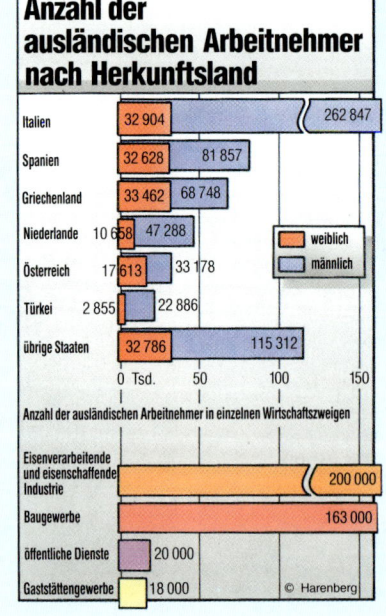

Anzahl der ausländischen Arbeitnehmer nach Herkunftsland

weiblich / männlich

	weiblich	männlich
Italien	32 904	262 847
Spanien	32 628	81 857
Griechenland	33 462	68 748
Niederlande	10 658	47 288
Österreich	17 613	33 178
Türkei	2 855	22 886
übrige Staaten	32 786	115 312

0 Tsd. 50 100 150

Anzahl der ausländischen Arbeitnehmer in einzelnen Wirtschaftszweigen

Eisenverarbeitende und eisenschaffende Industrie	200 000
Baugewerbe	163 000
öffentliche Dienste	20 000
Gaststättengewerbe	18 000

© Harenberg

Neuheit: Stiftung Warentest

3. Februar. In Bonn teilt Bundeswirtschaftsminister Ludwig Erhard (CDU) offiziell mit, daß noch in diesem Jahr ein Warenprüfungsinstitut in Gestalt einer Stiftung gegründet wird und seine Arbeit aufnimmt. Aufgabe dieses Instituts wird es sein, die Öffentlichkeit über den Gebrauchswert von überregional angebotenen Waren mit gleichbleibender Qualität zu unterrichten. Die Leitung des Allgemeinen Deutschen Warentest-Instituts wird eine hauptamtliche Geschäftsführung gemeinsam mit einem ehrenamtlichen Vorstand übernehmen, unterstützt von einem ständigen wissenschaftlichen Beirat von 15 bis 20 Fachleuten. Zu den einzelnen Tests werden dann noch Spezialisten hinzugezogen. Damit die Gewähr der Objektivität gegeben ist, beteiligen sich Wirtschafts- und Verbraucherverbände nicht am Institut. Aus diesem Grund soll die Finanzierung des Instituts zunächst nur aus öffentlichen Mitteln erfolgen. Im Haushaltsplan 1963 sind bereits 500 000 DM vorgesehen, den Jahresbedarf schätzt man jedoch, wenn das Institut voll arbeitet, auf fünf Millionen DM. In den Planungen gehen die Initiatoren von sechs Tests monatlich aus, die in einer Zeitschrift veröffentlicht werden sollen. Sitz des Instituts wird Berlin (West) sein.

Starkes Interesse für Kunsthandwerk

17. Februar. In Frankfurt am Main wird die bis zum 21. Februar dauernde Frühjahrsmesse eröffnet.
Auf der diesjährigen Ausstellung, der größten und umfangreichsten seit 1945, bieten insgesamt 2851 Firmen aus 28 Ländern auf einer Fläche von 133 500 m² in 14 Hallen ihre Waren an.
Die größte Ausstellergruppe dieser Konsumgütermesse bilden die Kunsthandwerker. Hier zeigt sich eine Verminderung des Interesses an Messingwaren, ähnliches gilt für Kupfer. Arbeiten aus Eisen, kombiniert mit verschiedenen Materialien, gewinnen dafür an Bedeutung.

Ludwig Erhard (l.) beim Eröffnungsrundgang am finnischen Messestand

Hilfe für die Landwirtschaft

8. Februar. Vor dem Bundestag in Bonn erläutert Ernährungsminister Werner Schwarz (CDU) den Grünen Plan für das Jahr 1963. Dabei teilt er den Beschluß der Regierung mit, die vorgesehene Förderung der Landwirtschaft im laufenden Haushaltsjahr von 2,17 Milliarden DM um nochmals mehr als 240 Millionen DM zu erhöhen.
Von dieser Summe werden etwa 150 Millionen DM für die Verbesserung der Leistungen der Altershilfe der Landwirte, ferner zur Förderung der Absatzeinrichtungen und zum Ausbau des Zinsverbilligungsprogramms verwendet.
Da die Bauernvertreter allerdings eine Erhöhung von insgesamt 400 Millionen DM erwartet hatten, erhoffen sie sich nun ein Hinausschieben der zum 1. Juli vorgesehenen Streichung der Düngemittelsubventionen. Minister Schwarz jedoch wendet sich entschieden gegen diese Maßnahme.
Die eingesparten Gelder sollen der Verbesserung der Agrarstruktur zugute kommen, denn die Tendenz der landwirtschaftlichen Konzentration sei nicht aufzuhalten. Zwangsläufig werde sich in Zukunft die Grenze eines wirtschaftlich lebensfähigen Betriebes nach oben verschieben. Notwendig seien deshalb Betriebsvereinfachungen sowie die Flurbereinigung. Außerdem soll das Geld den Aussiedlungshöfen und der Förderung benachteiligter Gebiete zugute kommen.

Die zwei Gesichter der Automation: Die Bewegungsabläufe und auszuführende Handgriffe haben sich vereinfacht, die Monotonie jedoch wird größer

Tätigkeiten, bei denen besonders viel feinmotorisches Geschick erforderlich ist, führen zu einer verstärkten Einstellung von weiblichen Arbeitskräften

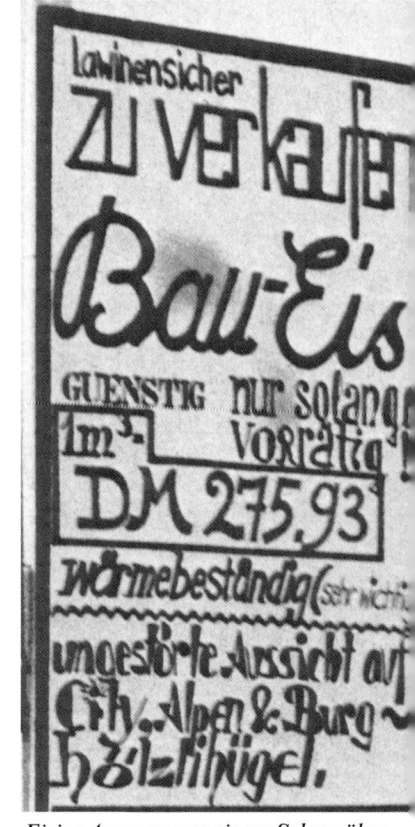

Die extreme Kälte über Europa hat die Gewässer zufrieren lassen – zur Freude aller Schlittschuhfans, sie genießen den Winter, wie hier auf dem Zürichsee

»Jahrhundertwinter« herrscht in Europa

23. Februar. Überall in der Bundesrepublik kommt es zu starken Verkehrsbehinderungen durch Schneeverwehungen, Schneeglätte und starken Frost.

In Bayern müssen steckengebliebene Züge freigeschaufelt werden, auf den Autobahnen, besonders an den Hängen, bilden sich lange Staus. Die Räum- und Schneefahrzeuge kommen nicht mehr nach. Für die Behebung der Frostschäden aus diesem Winter schätzt die Deutsche Straßenliga die Höhe der Kosten auf etwa 800 Millionen DM.

Auch der Verkehr der Bundesbahn wird durch den Frost beeinträchtigt, so daß die Höchstgeschwindigkeit auf einigen Strecken auf 70 km/h festgesetzt werden muß. In anderen Ländern, z.B. in der Schweiz, wird der Verkehr ebenfalls erheblich eingeschränkt, da zuwenig Energie vorhanden ist.

Seit Anfang Januar herrscht in ganz Europa, von Skandinavien bis hinunter nach Spanien, Portugal und Neapel, arktische Kälte. Obwohl die Meteorologen noch im Dezember einen milden Winter vorausgesagt hatten, schlägt der »Jahrhundertwinter« mit langanhaltenden Temperaturen um minus 20°C und darunter in den Monaten Januar und Februar alle Rekorde.

Die strengen Winter in Europa
Genaue Angaben über den Charakter der kalten Jahreszeit gibt es seit den regelmäßigen Temperaturmessungen Ende des 18. Jahrhunderts. Schwankungen in der Stärke der Winter hat es demnach immer gegeben. So herrschten von 1788 bis 1845 elf Mal strenge und sehr strenge Winter. 1829/1830 erstarrte ganz Europa im Frost des stärksten Winters der letzten 200 Jahre. Dieser Rekord wird jedoch vom »Jahrhundertwinter« 1963 gebrochen, da die Durchschnittstemperaturen 6°C unter dem Regelwert liegen.
Nach 1850 ging es acht Jahrzehnte mild zu, bis 1928/29 wieder sibirische Temperaturen einkehrten, ebenso 1939/40, 1940/41 und 1941/42 – drei strenge Winter hintereinander – das ist einzigartig in der Klimageschichte Europas. 1946/47 und 1955/56 registrierte man die letzten kalten Winter.

Transportprobleme auf Schienen, Straßen und zu Wasser, Energieknappheit, Wassermangel und nicht übersehbare landwirtschaftliche Schäden sind die Folge.

Nahezu vollständig zugefroren ist die Donau, der Rhein muß ab Wiesbaden bis zur deutsch-niederländischen Grenze für den Schiffsverkehr gesperrt werden, und die Ostsee ist auf einer Fläche von 350 000 km² vereist, das sind 80% ihrer Gesamtfläche. In der Kieler Förde, wo zum ersten Mal Eisblöcke von 0,75 m Dicke unterhalb der Wasseroberfläche festgestellt werden, bleiben selbst Schiffe mit Motorenstärken von 6000 PS im Packeis liegen.

An der Nordseeküste sieht es ähnlich aus. Zu den ostfriesischen Inseln unterhält die Bundeswehr eine »Kleine Luftbrücke« mit Hubschraubern, wodurch die durch das Eis isolierten Bewohner mit den lebensnotwendigen Dingen versorgt werden können.

So bitter die Kälte für Industrie und Landwirtschaft auch ist, so kommen doch die Anhänger der Winterfreuden voll auf ihre Kosten: Die Hotels in den Wintersportorten sind ausgebucht. Auf den zugefrorenen Flüssen und Seen haben die Anhänger der Schlittschuhgilde ihren Spaß, und Fans des in Mode kommenden Eissegelns flitzen über die spiegelglatten Flächen der Gewässer.

Eisige Anregung zu einem Scherz über heftig kritisierte Grundstückskäufe von Bundesbürgern in der Schweiz

Verwaist ist der mit Eisschollen bedeckte Canal Grande in Venedig, nur wenige Touristen wagen sich bei diesem Wetter in eine Gondel; überall in Italien herrschen ungewöhnlich niedrige Temperaturen, so daß die Bauern vom nördlichen Ligurien bis hinunter nach Sizilien im Süden um ihre Olivenbäume bangen

Seit sieben Jahren hat es das nicht mehr gegeben: Oberhalb von Hamburg, bei Geesthacht, kann man mit dem Auto über die Elbe fahren; an dieser Stelle verkehrt sonst eine kleine Fähre; die Fährmänner haben den Kurs über das Eis abgesteckt und verlangen für das Überfahren 50% des sonst geforderten Preises

In Rotterdam stehen die Einwohner nach Trinkwasser an; infolge des anhaltenden Frostes ist die gesamte Trinkwasserversorgung der niederländischen Hafenstadt zusammengebrochen, da durch den zugefrorenen Rhein zuviel Salzwasser in die Flußmündung fließt und das Trinkwasser dadurch ungenießbar wird

Am 12. Februar tragen etwa 4000 schweizerische Bürger aus Altnau das Johannes-Bildnis der Hagnauer Kirche am deutschen Ufer über den zugefrorenen Bodensee nach Münsterlingen in der Schweiz; die traditionelle »Eisprozession« nahm vor 133 Jahren den umgekehrten Weg

Dieses selbstgebaute »Segelschiff auf Kufen«, eine Neuheit des Wintersports, lockt auf dem seit 1929 erstmals wieder zugefrorenen Zürichsee neugieriges Publikum an

Maßnahmen gegen den Smog im Ruhrgebiet

4. Februar. In Düsseldorf beschließt die Landesregierung von Nordrhein-Westfalen, kurzfristige Maßnahmen gegen den quälenden Smog in den Industrieregionen zu ergreifen. Die Verantwortlichen wollen einen Warndienst einrichten und mit Hilfe eines »Mob-Planes« (Mobilisierungsplan) bei gefährlicher Luftverschmutzung Betriebseinschränkungen in der Industrie einleiten. Vor allem Dampfkesselanlagen, Zweige der chemischen Industrie und Erzsinteranlagen wären bei Smog von diesen Maßnahmen betroffen. Andere Gruppen von Unternehmen erhalten die Verpflichtung auferlegt, Vorräte von schwefelarmen Brennstoffen anzulegen. Bei Smog-Gefahr dürften nur diese verfeuert werden, damit sich der Anteil an Schwefeloxid in der Atmosphäre nicht vergrößert.

Hauptquelle der Luftverunreinigung ist die Industrie, gefolgt vom Kleingewerbe, den Haushaltungen sowie den Verkehrsmitteln. Im Laufe eines Jahres lassen allein die Thomasbirnen, Zechen, Kraftwerke, Hochöfen, Zementwerke und Ölraffinerien im Ruhrgebiet anderthalb Millionen t Staub, Asche und Ruß in die Luft ab und werfen Millionen t Schwefeldioxyd aus.

Als gesundheitsschädliche Bestandteile der Luft sind das ständig zunehmende Kohlenmonoxid, Kohlendioxid, Kohlenwasserstoff, Stickstoffoxid und vor allem Schwefeldioxid bekannt. Nach Beobachtungen von Experten vermutet man, daß die deutliche Zunahme der Fälle von Lungenkrebs und chronischer Bronchitis mit dem erhöhten Anteil von Schwefeldioxid in der Luft zusammenhängt. Die Ausschaltung dieses Schadstoffes ist jedoch mit großem Aufwand verbunden, da Schwefeldioxid bei den meisten Verbrennungsprozessen aus dem in Kohle oder Heizöl enthaltenen Schwefel und auch bei chemotechnischen Prozessen entsteht. Größere finanzielle Mittel wären nötig.

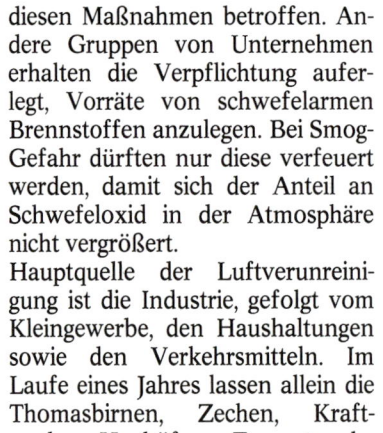

Industrialisierung fordert ihren Tribut: Im Ruhrgebiet, dem Ballungszentrum der Schwerindustrie, wird der Schadstoffausstoß zum ernsten Problem

Nachrichtensatellit »Syncom« gestartet

14. Februar. Vom US-amerikanischen Raketenversuchsgelände in Cape Canaveral an der Ostküste Floridas wird der künstliche Erdtrabant »Syncom« gestartet.

Der nach »Telstar« und »Relay« dritte US-amerikanische Nachrichtensatellit erreicht fünf Stunden nach dem Abschuß mit einer Thor-Delta-Rakete die vorgesehene Höhe von 35 880 km.

Von dort aus soll der 30 kg schwere Himmelskörper in eine synchron zur Erdumdrehung laufende Bewegung gebracht werden. Allerdings bricht zu diesem Zeitpunkt der Funkverkehr ab, der Satellit bleibt verschollen. Später stellt man fest, daß sich die Geschwindigkeit verändert hatte und er deshalb nicht in der vorausberechneten Umlaufbahn um die Erde flog.

»Syncom« ist der erste eines neuen Typs von Nachrichtensatelliten, der stets an der gleichen Stelle des Himmels stehen soll. Dieser anscheinend feste Standort ist möglich, wenn der Satellit wie die Erde 24 h für einen Umlauf benötigt. Aus dieser Synchronbewegung rührt auch die Bezeichnung »Syncom« her; sie ist zusammengezogen aus den Wörtern »Synchronos communications satellite« (Synchron-Fernmelde-Satellit). Durch den stationären Charakter und die große Höhe können Satelliten des Typs »Syncom« Nord- und Südamerika, Europa und Afrika erfassen. Damit liegen 90% aller Telefonanschlüsse in Reichweite.

Funktionen künstlicher Satelliten
Meßsatelliten tragen im Inneren Meßgeräte zur Erforschung der physikalischen Verhältnisse außerhalb der Lufthülle der Erde.
Beobachtungs- und Frühwarnsatelliten sollen rechtzeitig den Start feindlicher Raketen melden und dienen der Überwachung des gegnerischen Gebiets, vor allem der militärischen Anlagen.
Nachrichtensatelliten übertragen Funksendungen um die Erde.
Navigationssatelliten dienen als Orientierungshilfe, z. B. auf See.
Meteorologische Satelliten geben Auskunft über Wetterverhältnisse und liefern Daten für Prognosen.

Erfolgreiche Bilanz der Polio-Impfung

26. Februar. Das Bundesgesundheitsamt in Berlin (West) teilt mit, daß die im Jahr 1962 durchgeführte Schutzimpfung gegen Poliomyelitis (Kinderlähmung) erfolgreich war. Demnach haben bisher rund 22 Millionen Menschen im Alter bis zu 40 Jahren an der freiwilligen Aktion teilgenommen. Aus den vorliegenden Übersichten geht hervor, daß die Zahl der Krankheits- und Todesfälle an Polio daraufhin sehr stark zurückgegangen ist. Im Bundesgebiet und Berlin (West) erkrankten 1962 an spinaler Kinderlähmung 288 Menschen. 1961 waren noch 4594 Fälle bekanntgeworden, von denen etwa 6% tödlich ausgingen.

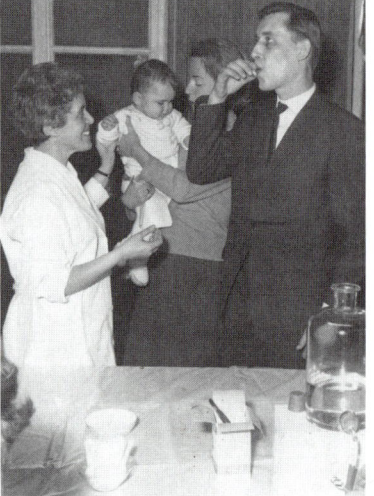

Vor einem Jahr begann in der Bundesrepublik die Polioschluckimpfung

Rettung 20 Minuten nach klinischem Tod

3. Februar Von Ärzten der Hamburger Universitätsklinik wird ein fünfjähriger Junge wieder zum Leben erweckt, nachdem er schon 20 min lang klinisch tot gewesen ist.

Wie der Chef des Krankenhauses, Ludwig Zukschwerdt, mitteilt, ist es bisher einmalig, daß ein Mensch nach einer derartig langen Zeit diesen Zustand ohne völligen Zerfall der Gehirntätigkeit überstanden hat. Die Ursache dafür sieht er in dem »glücklichen« Umstand, daß der Junge unterkühlt war. Beim Spielen auf der Alster war er im Eis eingebrochen, und erst nach langem Suchen gelang es Polizei und Feuerwehr, das Kind aus seiner lebensbedrohlichen Lage zu befreien.

Größter Tanker läuft vom Stapel

23. Februar. *In Hamburg läuft der größte jemals in Deutschland gebaute Tanker, die »Esso Deutschland« (Bild o.), vom Stapel.*

Mehr als 80 000 Schaulustige aus der Hansestadt sind trotz der großen Kälte gekommen, um den Koloß von 22 500 t Schiffsbaustahl ins Wasser gleiten zu sehen.

Die Frau des Bundespräsidenten, Wilhelmine Lübke (Bild l. u.), tauft ihn auf seinen Namen »Esso Deutschland«. Während sie die Flasche Sekt gegen den Bug schleudert, wünscht sie dem Schiff und seiner Besatzung »Gottes Segen und allzeit glückliche Fahrt«. Unter dem Geheul der Sirenen rauscht dann der Riese mit der 34-t-Schraube (Bild r.) in das Hafenbecken.

Bis zum Juni soll der 261 m lange Tanker mit einer Tragfähigkeit von 91 000 t fertiggestellt sein. Dann wird er zwischen den Ölhäfen des Nahen Ostens und der französischen Hafenstadt Marseille pendeln und mehr als 100 000 m³ Rohöl pro Fahrt transportieren.

Festlicher Glanz in der Donaustadt

21. Februar. Gäste aus aller Welt treffen sich zum alljährlich stattfindenden Opernball in Wien. Nachdem der österreichische Bundespräsident Adolf Schärf in der ehemaligen Kaiserloge Platz genommen hat, eröffnen 211 Debütantinnen mit ihren Partnern das gesellschaftliche Ereignis mit einer Fächerpromenade. Etwa 6000 Opernballbesucher zeigen sich begeistert.

»Kehrwiederturm« muß Lager weichen

27. Februar. An der Kaiserspitze im Hamburger Freihafen wird der »Kehrwiederturm« gesprengt. Das vor 60 Jahren errichtete fotogene Wahrzeichen muß dem geplanten Neubau eines Lagerhauses weichen. Etwa bis 1930 diente der Turm noch als Richtuhr: Auf der Turmspitze wurde ein in bestimmten Abständen gesenkter Zeitball von den Schiffern als Zeitmesser genutzt.

Curtis und Kaufmann heiraten in Vegas

9. Februar. Im US-amerikanischen Las Vegas heiraten der 37jährige Hollywood-Schauspieler Toni Curtis und seine deutsche Kollegin, die 18jährige Christine Kaufmann. Trauzeugen bei der kurzen Zeremonie im Riviera-Hotel sind Filmstar Kirk Douglas und seine Ehefrau Anna. Das Brautpaar hatte sich 1962 bei den Dreharbeiten zu dem Film »Taras Bulba« kennengelernt.

Angebot an Rainier: Spielbankaktien

22. Februar. Der griechische Reeder Aristoteles Onassis bietet dem Fürsten von Monaco, Rainier III., die Aktienmehrheit des Spielkasinos in dessen Residenzstadt Monte Carlo an. 540 000 Anteile zum Gesamtpreis von 54 Millionen DM sollen den Besitzer wechseln. Damit erhofft sich Onassis eine Stärkung des kleinen Fürstentums gegenüber seinem Nachbarn Frankreich.

Die Polonaise der jungen Paare auf dem traditionellen Wiener Opernball

Nach 60 Jahren gesprengt: Der Kehrwiederturm am Hamburger Hafen

Freuen sich auf die Flitterwochen: Christine Kaufmann und Tony Curtis

Finanzielle Stärkung verspricht man sich vom Spielcasino in Monte Carlo

Februar 1963

Proteste gegen »Stellvertreter«-Premiere

Karl-Heinz Kellermann (l.) spielt in Berlin (West) für den erkrankten Dieter Borsche den Papst im »Stellvertreter«; in der Rolle des Riccardo: Günter Tabor

20. Februar. Im Theater am Kurfürstendamm in Berlin (West), der Spielstätte der »Freien Volksbühne«, findet die Uraufführung des Schauspiels »Der Stellvertreter« von Rolf Hochhuth statt. Die Inszenierung, die vor allem in katholischen Kreisen heftige Kritik auslöst, besorgte Erwin Piscator.

Der 31jährige Rolf Hochhuth greift in seinem Drama die Haltung des Papstes Pius XII. während des Faschismus an. Da dieser es unterließ, gegen die Deportation europäischer Juden in die Vernichtungslager zu protestieren, hält Hochhuth den Heiligen Vater für mitschuldig an deren Tötung durch die Nazis.

Dieser Vorwurf ruft einen Sturm der Empörung bei den Katholiken hervor. Namhafte Kirchenpolitiker bezichtigen den Dramatiker der Verzerrung, Verleumdung und haßerfüllten Verunglimpfung des damaligen Papstes. In Berlin (West) und anderen Städten kommt es zu Bußmärschen von Katholiken, die mit Nachdruck eine Zurücknahme der »Schmähschrift« fordern.

Schnell gelangt das Stück zu einer überraschenden Popularität. Europäische Theater bemühen sich um die Aufführungsrechte, und das gleichzeitig beim Rowohlt-Verlag erschienene Buch steht bald auf Platz eins der »Spiegel«-Bestsellerliste.

Jazzmusiker 1963: Albert Mangelsdorff

22. Februar. Zur Fernsehsendung »Jazz – gehört und gesehen« treffen beim Südwestfunk in Baden-Baden die besten bundesdeutschen Jazzmusiker zusammen.

Zuvor hatte die Zeitschrift »Twen« unter dem Titel »Jazz Poll 1962/63« die Ergebnisse einer Umfrage nach den beliebtesten Musikern dieses Genres veröffentlicht. Die Auswer-

Populäre Sängerin: Inge Brandenburg

tung erfolgte getrennt nach deutschen und internationalen Künstlern und ist nach verschiedenen Instrumenten unterteilt.

Den deutschen Titel »Musiker des Jahres« erhält der 1928 in Frankfurt am Main geborene Albert Mangelsdorff. Er spielt Modern-Jazz, sein Instrument ist die Posaune. Seine Combo belegt unter den modernen Formationen hinter der von Michael Naura den zweiten Platz.

Musiker des Jahres nach Mangelsdorff sind der Saxophonist Hans Koller und Klarinettist Rolf Kühn; bei den Sängerinnen und Sängern führen Inge Brandenburg und Knut Kiesewetter.

Pro und contra in der Debatte um Hochhuth

In Briefen und öffentlichen Stellungnahmen äußern sich Gegner und Befürworter des neuen Stücks von Rolf Hochhuth »Der Stellvertreter«. Karl Fürst zu Löwenstein, Präsident des Zentralkomitees der deutschen Katholiken, gibt folgende Stellungnahme ab:

»Die deutschen Katholiken können nur traurig und beschämt davon Kenntnis nehmen, daß im freien Westberlin ein Theaterstück ›Der Stellvertreter‹ aufgeführt wird, in dem das Andenken Papst Pius XII., dessen wir in größter Liebe und Verehrung gedenken, auf das häßlichste verunglimpft wird. Unter dem Vorwand historischer Untersuchung darüber, ob der päpstliche Stuhl während des Krieges noch mehr gegen die deutschen Greueltaten am europäischen Judentum hätte unternehmen können, ohne erst recht die radikalsten Maßnahmen auszulösen, wird mit allen Mitteln der Bühnentechnik die Person und der Charakter dieses Papstes verzerrt und verleumdet, bis aus schwarz weiß wird! So soll einer der edelsten Männer, den unsere Generation hervorgebracht hat, zum Schuldigen gestempelt werden für das, was Deutsche getan ... Das ist keine Bewältigung der politischen Vergangenheit! Man wird dem Autor oder dem Intendanten nicht unterstellen wollen, sie hätten es darauf angelegt, einen Sündenbock zu erfinden ... Wenn aber wir als Deutsche uns so ein Theater gefallen lassen, ohne es erbittert abzulehnen, machen wir uns wieder einmal anstößig vor aller Welt.«

Der elsässische Theologe, Musiker, Arzt und Philosoph Albert Schweitzer sagt dagegen:

»Um in der Geschichte auf dem rechten Weg zu verbleiben, müssen wir uns der großen Verirrung von damals bewußt werden und bewußt bleiben, um uns nicht weiter in Humanitätslosigkeit hinzuschleppen. Es hat also eine Bedeutung, daß das Drama ›Der Stellvertreter‹ erschien. Es ist nicht nur die Verurteilung einer geschichtlichen Persönlichkeit, die die große Verantwortung des Verschweigens auf sich lud, sondern es ist auch eine ernste Mahnung an unsere Kultur, der Duldung der Humanitätslosigkeit, mit der wir es nicht ernst nehmen, entsagen zu wollen ... Hochhuths Drama ist nicht nur eine geschichtliche Verurteilung, sondern auch ein Wachruf in unserer Zeit, die in naiver Humanitätslosigkeit und immer größerer Gleichgültigkeit dahinlebt.«

Albert Mangelsdorff – der beliebteste bundesdeutsche Jazzmusiker 1963

Marika Kilius und Hans-Jürgen Bäumler (M.) werden 1963 Weltmeister vor Ludmila Belousowa und Oleg Protopopow (l.)

Erster Weltmeistertitel für Kilius/Bäumler

28. Februar. Bei den Eiskunstlaufweltmeisterschaften im norditalienischen Cortina d'Ampezzo gewinnt das deutsche Meisterpaar, Marika Kilius und Hans-Jürgen Bäumler, den Titel. Trotz der ungünstigen Startnummer, der drei, zeigen sie eine großartige Kür und erhalten 5,8 Punkte – das bedeutet den Sieg.

Deutsche Weltmeisterpaare
Hennie Hübler/Heinrich Burger
(1908, erste ausgetragene Weltmeisterschaft im Paarlauf; 1910);
Maxi Herber/Ernst Baier
(1936, 1937, 1938, 1939);
Ria Baran/Paul Falk
(1951, 1952).

Seit dem Gewinn der Fußballmeisterschaft 1954 in Bern ist kein deutscher Sporterfolg so enthusiastisch gefeiert worden wie dieser Titelgewinn. Die 4000 Schlachtenbummler aus der Bundesrepublik jubeln, werden sie doch für ihr langes Warten belohnt. Sie erleben einen spannenden Kampf zwischen Kilius/Bäumler und dem ebenfalls favorisierten Paar aus der UdSSR: Die 27jährige Ludmila Belousowa und der 30jährige Oleg Protopopow belegen wie schon bei den Weltmeisterschaften von 1962 in Prag den zweiten Platz. (→ 2. 3./S. 57).

Das neue deutsche Traumpaar auf dem Eis

Für die beiden Lieblinge des deutschen Publikums, Marika Kilius und Hans-Jürgen Bäumler (Bild), ist 1963 das bisher erfolgreichste Jahr ihrer Eiskunstlauf-Karriere. Vor dem Weltmeisterschaftssieg errangen sie in Budapest bereits zum fünften Mal die Europameisterschaft. Außerdem werden sie nach 1958 und 1959 zum dritten Mal Deutsche Meister.
Mit dem gemeinsamen Training hatten die zwei Stars im Oktober 1957 begonnen. Marika war zuvor schon sehr erfolgreich mit Franz Ningel gelaufen. Als sie ihrem Partner jedoch buchstäblich über den Kopf gewachsen war, mußte sich die 14jährige nach einem neuen Partner umsehen. Die Wahl fiel auf Hans-Jürgen Bäumler. Obwohl er sich nicht sofort von seiner Solo-Karriere trennen mochte, errangen Kilius/Bäumler schon sechs Wochen nach Trainingsbeginn, im Frühjahr 1958, die Deutsche Meisterschaft und legten so den Grundstein für ihre Karriere. Schon 1962 in Prag erhofften sie sich den Weltmeistertitel, doch beendete ein Sturz jäh ihren Traum.

Gemeinsam zu den Olympischen Spielen

6. Februar. Die Vertreter der beiden deutschen Nationalen Olympischen Komitees (NOK) einigen sich in Lausanne endgültig über die Modalitäten einer gemeinsamen deutschen Mannschaft bei den kommenden Olympischen Spielen.
Zur Eröffnung der Wettkämpfe 1964 in Innsbruck und Tokio treten die Sportler aus Ost und West wie schon 1960 gemeinsam hinter der schwarz-rot-goldenen Fahne mit den olympischen Ringen an. Allerdings werden es de facto zwei getrennte Mannschaften in gleicher Kleidung sein. Bei Siegerehrungen erklingt Ludwig van Beethovens »Ode an die Freude«.
Die Vorsitzenden beider Komitees, Willi Daume aus der Bundesrepublik und Heinz Schöbel (DDR), waren in der Vergangenheit mehrfach zusammengetroffen, um ihre jeweiligen politischen Forderungen durchzusetzen. Das Bestreben der DDR geht dahin, eine eigene Olympiamannschaft zu stellen, jedoch scheitert dies bisher noch an den Bestimmungen des Internationalen Olympischen Komitees (IOC), da das NOK der Bundesrepublik 1951 gleichberechtigt in das IOC aufgenommen worden war, das der DDR 1955 in Paris jedoch nur provisorisch. Mit der jetzigen Lösung möchte die DDR dem Ziel der Anerkennung näher kommen.

Hamburger Flieger siegt in Südamerika

23. Februar. Mit seiner KA 6 gewinnt der Hamburger Heinz Huth in Argentinien den Weltmeistertitel der Standardklasse im Segelfliegen.
Bei seinem letzten und siebenten Wertungsflug der neunten Segelflugmeisterschaften, einem Zielflug nach Venedo Tuerto mit Rückkehr zum Startplatz über insgesamt 256,6 km, hat Huth sein Flugzeug nur mit fliegerischen Raffinessen wieder sicher zur Landung auf dem Platz Laguna de Gomez bringen können. Damit ist er, was vor ihm noch niemand geschafft hatte, zum zweiten Male Spitzenreiter der Weltelite.
In der offenen Klasse sind die polnischen Teilnehmer sehr erfolgreich. Hier erringt Edward Makula den Titel durch seine hervorragende Leistung im Streckenflug.

März 1963

Mo	Di	Mi	Do	Fr	Sa	So
				1	2	3
4	5	6	7	8	9	10
11	12	13	14	15	16	17
18	19	20	21	22	23	24
25	26	27	28	29	30	31

1. März, Freitag

In Bonn verabschiedet der Bundesrat den Gesetzentwurf zur Ratifizierung des deutsch-französischen Vertrages vom → 22. Januar 1963 (→ S. 14).

Etwa 200 Angestellte des österreichischen Rundfunks treten in einen Warnstreik, so daß die Fernsehsendungen völlig ausfallen. Die Mitarbeiter protestieren damit gegen ihren geringen Einfluß auf die Personalpolitik. → S. 53

In der südafrikanischen Hauptstadt Pretoria verabschieden beide Häuser des Parlaments ein Gesetz, daß die Bantu-Sprache als offizielle Sprache in den afrikanischen Gebieten mit autonomen Rechten zuläßt.

Die Deutsche Bundespost erhöht die Gebühren im Postverkehr. U. a. fallen die ermäßigten Portokosten im innerörtlichen Postdienst weg. → S. 48

Der Monat März bringt noch immer nicht das ersehnte Tauwetter für Deutschland. Im Sauerland zählt man z. B. den 125. Frosttag dieses Winters, in Niedersachsen und anderen Bundesländern sinken die Temperaturen nachts auf − 20 °C.

Während der langanhaltenden Frostperiode dieses Winters flüchteten 49 DDR-Bewohner über das Eis der Ostsee von Mecklenburg nach Schleswig-Holstein.

2. März, Sonnabend

Die chinesische Volksrepublik und Pakistan schließen in Peking ein provisorisches Grenzabkommen ab, das auch neue Verhandlungen in der Kaschmirfrage vorsieht. → S. 50

Nach zweijähriger Entwicklungsarbeit stellt die US-amerikanische Firma Western Electric Company ein Knopftastentelefon vor, einen Telefonapparat ohne Wählscheibe. → S. 48

Bei den Eiskunstlaufweltmeisterschaften im italienischen Cortina d'Ampezzo (18. 2.–3. 3.) erreicht der Deutsche Manfred Schnelldorfer den dritten Platz. Er hatte als Favorit gegolten, stürzte jedoch in der Kür. Neuer Weltmeister ist Donald McPherson aus Kanada. → S. 57

In einem Interview in der DDR-Kultur-Zeitung »Sonntag« fordert der Drehbuchautor Hans-Oliver Hagen eine »sozialistische Bardot«. → S. 56

3. März, Sonntag

In dem westafrikanischen Staat Senegal wird die bisherige Verfassung durch eine Präsidialverfassung ersetzt. Sie legt die Übernahme der Befugnisse des Ministerpräsidenten durch den Staatspräsidenten gesetzlich fest.

Der US-amerikanische Nachrichtensatellit »Syncom«, der kurz nach dem Start am 14. Februar verschwunden war, ist wieder geortet worden. Durch zu schnellen Start geriet »Syncom« auf eine falsche Umlaufbahn (→ 14. 2./S. 38).

Die niederländische Eiskunstläuferin Sjoukje Dijkstra erringt bei den Weltmeisterschaften in Cortina d'Ampezzo (seit 18. 2.) erneut den Titel (→ 2. 3./S. 57).

4. März, Montag

Ein Streit um außenpolitische und Wirtschaftsfragen zwischen Bundeskanzler Konrad Adenauer (CDU) und Wirtschaftsminister Ludwig Erhard (CDU) wird vor der CDU-Fraktionssitzung mit einem demonstrativen Händeschütteln der beiden offiziell beigelegt. → S. 46

Nach zweijährigen Verhandlungen unterzeichnen in Wien Vertreter aus Österreich und der Sowjetunion ein Abkommen über die Errichtung eines Blasstahlwerkes für die sowjetische Gesellschaft STANKO in Lipezh.

Das Pariser Sondergericht verurteilt drei Beteiligte am Attentat auf Staatspräsident Charles de Gaulle von Petit-Clarmart im August 1962 zum Tode. → S. 51

5. März, Dienstag

In einem zwischen Barcelona und Palma de Mallorca verkehrenden Passagierflugzeug wird eine Bombe entdeckt. Vermutlich plante der illegale Iberische Befreiungsrat einen Terroranschlag gegen den immer mehr zunehmenden Tourismus in Portugal und Spanien.

Auf das sowjetische »Intourist-Reisebüro« in Berlin (West) verüben Unbekannte in der Nacht einen Sprengstoffanschlag. Personen werden nicht verletzt.

6. März, Mittwoch

Auf einer Pressekonferenz in Washington erläutert US-Präsident John F. Kennedy die Vorteile einer Atomstreitmacht des Nordatlantikpaktes (NATO) in Gestalt von Überwasser-Raketenschiffen (→ 27. 2./S. 32).

Wegen unrechtmäßiger Bereicherung durch den Handel mit Lumpen und Altpapier werden vier sowjetische Bürger von einem Gericht in Baku am Schwarzen Meer zum Tod durch Erschießen verurteilt (→ 13. 3./S. 51).

Die deutsche Schauspielerin Therese Giehse, die z. Zt. am Zürcher Schauspielhaus engagiert ist, vollendet in der Schweiz ihr 65. Lebensjahr.

7. März, Donnerstag

Zum Abschluß zwölf Wochen dauernder Verhandlungen unterzeichnen Polen und die Bundesrepublik in Warschau ein Handelsabkommen. → S. 47

Aufgrund eines Berichtes seines Ministeriums stellt Bundesinnenminister Hermann Höcherl (CSU) in Bonn fest, daß der Rechtsradikalismus den Bestand der freiheitlich-demokratischen Grundord-

nung der Bundesrepublik gegenwärtig nicht gefährde. → S. 47

Papst Johannes XXIII. gewährt dem Chefredakteur der sowjetischen Zeitung »Iswestija«, Alexei Adschubei, eine Privataudienz. → S. 50

Die Pekinger »Volkszeitung« stellt eine verschärfte Auseinandersetzung der Kommunistischen Partei Chinas mit den übrigen Kommunistischen Parteien fest. Insbesondere werden die Parteien Frankreichs und Italiens angegriffen. → S. 51

8. März, Freitag

Vom neuen Abgeordnetenhaus in Berlin (West) wird Willy Brandt (SPD) zum dritten Mal zum Regierenden Bürgermeister gewählt (→ 11. 3./S. 46).

Der Chefredakteur der in München erscheinenden Illustrierten »Revue«, Oscar Stammler, wird von seinem Verlag wegen seiner intensiven Kontakte zu der rechtsradikalen französischen Organisation (OAS) entlassen.

Unter der Devise »Einheit, Freiheit, Sozialismus« findet in Syrien ein Staatsstreich statt, der im wesentlichen unblutig verläuft. → S. 50

Auf einer Veranstaltung im Moskauer Kreml fordert der Parteichef Nikita S. Chruschtschow von der sowjetischen Kunst hohen Ideengehalt und keine Schwarzmalerei. Abstrakte Kunst lehnt er als unparteiisch und bourgeois ab.

9. März, Sonnabend

Die neue irakische Regierung stimmt dem Grundsatz der Dezentralisierung der Regierung für die kurdischen Gebiete im Nordirak zu (→ 8. 2./S. 33).

Die brasilianische Regierung beordert ihre zehn Kriegsschiffe, die wegen des »Langustenkrieges« mit Frankreich alarmiert worden waren, in die Heimathäfen zurück. → S. 52

Der italienische Filmregisseur Paolo Pasolini erhält wegen Beleidigung der katholischen Kirche in seinem neuesten Film »La Ricotta« (»Der Weichkäse«) eine Gefängnisstrafe von insgesamt vier Monaten. → S. 53

10. März, Sonntag

Die gesamtdeutsche Synode der Evangelischen Kirche Deutschlands tagt in Bethel bei Bielefeld zum ersten Mal nach dem Bau der Mauer 1961 mit die 41 Synodalen aus der DDR. Die Tagung dauert bis zum 13. März. → S. 47

11. März, Montag

Der nach den Wahlen am 17. Februar neu gebildete Senat in Berlin (West), eine Koalition aus SPD und FDP, nimmt seine Tätigkeit auf. → S. 46

12. März, Dienstag

Auf Veranlassung des Innenministeriums von Nordrhein-Westfalen löst die Landesregierung in Köln die rechtsextre-

mistische Exil-Organisation »Kroatische Kreuzer-Bruderschaft« auf.

DDR-Grenzsoldaten entdecken in Glienicke an der Grenze zu Berlin (West) einen etwa 50 m langen Fluchttunnel, durch den am Sonntag 13 DDR-Bürgern die Flucht gelungen war.

13. März, Mittwoch

Der Bundestag in Bonn suspendiert den Paragraphen 7 b des Einkommensteuergesetzes, der erhöhte Abschreibungen bei Wohnbauten vorsieht, vorläufig bis zum 31. März 1964.

In Bethel bei Bielefeld geht die Synode der Evangelischen Kirche Deutschlands (EKD) zu Ende. → S. 47

In Moskau wird der Oberste Wirtschaftsrat der UdSSR gebildet. Er hat die Aufgabe, die Wirtschaft der Sowjetunion anzuleiten und zu koordinieren. → S. 51

Aus Solidarität mit den seit zwölf Tagen streikenden französischen Bergarbeitern beschließt die sowjetische Regierung, ihre Kohlelieferungen an Frankreich bis auf weiteres einzustellen. → S. 50

14. März, Donnerstag

Bundesinnenminister Hermann Höcherl (CSU) appelliert an die Eishockey-Mannschaft der Bundesrepublik bei den Weltmeisterschaften in Stockholm, zum bevorstehenden Spiel gegen die Mannschaft der DDR nicht anzutreten. So könne die Mannschaft eine mögliche Ehrenbezeugung gegenüber der DDR-Nationalhymne vermeiden (→ 17. 3./S. 57).

In Washington verabschiedet das US-amerikanische Repräsentantenhaus ein Waffenbeschaffungsprogramm im Rekordumfang von 15,8 Milliarden US-Dollar (63,2 Milliarden DM).

Der DDR-Schriftsteller Stephan Hermlin wird von seiner Funktion als Sekretär der Sektion Dichtkunst und Sprachpflege der Akademie der Künste in Berlin (Ost) abberufen. Zu seinem Nachfolger wird das Mitglied des Zentralkomitees der SED Alfred Kurella bestimmt.

15. März, Freitag

Der gesamte französische Schienenverkehr ist wegen eines 24stündigen Streiks der Beschäftigten lahmgelegt. Der Arbeitskampf richtet sich gegen die Absicht der Regierung, die Lohnsituation in der staatlichen und privaten Wirtschaft angleichen zu wollen.

In London erregt der Prozeß gegen den Farbigen John Edgecombe großes Aufsehen. Er hatte im Dezember Schüsse auf seine ehemalige Freundin, das spätere Call-Girl Christine Keeler, abgegeben. Die 21jährige, als Zeugin geladen, ist jedoch verschwunden (→ 6. 12./S. 203).

Prinzessin Soraya, die frühere iranische Kaiserin, schließt in Rom einen Filmvertrag mit dem italienischen Filmproduzenten Dino De Laurentiis ab. Ihre erste Filmgage soll 200 000 US-Dollar (800 000 DM) betragen.

Die ablehnende Haltung von Bundeswirtschaftsminister Ludwig Erhard gegenüber der Europapolitik von Charles de Gaulle und ihrer faktischen Unterstützung durch Bundeskanzler Konrad Adenauer ist Thema in Nr. 12 der satirischen Münchner Zeitschrift »Simplicissimus«

B 6307 C

Jahrgang 1963   Nummer 12 — München, den 23. März 1963

Preis 75 Pfg.

SIMPLICISSIMUS

Kleiner Grenzverkehr

Zeichnung: Manfred Oesterle

BN ⊛ KA 10

„Dat is noch so einer, der dauernd jejen dich arbeitet!"

16. März, Sonnabend

Der guatemaltekische Staatspräsident Miguel Ydigoras Fuentes erklärt den am 11. Dezember 1942 erklärten Kriegszustand mit Deutschland für beendet.

Im Iran wird Ismail Riahi zum neuen Landwirtschaftsminister an Stelle des zurückgetretenen Hassan Arsandjani ernannt. Arsandjani, der sich für eine Bodenreform eingesetzt hatte, lehnt es ab, mit der neu gebildeten Regierung zusammenzuarbeiten (→27. 1./S. 16).

17. März, Sonntag

Der für erloschen gehaltene Vulkan Gunung Agung im Nordostteil der Insel Bali bricht aus und fordert etwa 1900 Tote und 2500 Verletzte. →S. 52

Bei einer Typhus-Epidemie in dem Schweizer Winterkurort Zermatt sind bisher mehr als 100 Menschen erkrankt (→24. 3./S. 53).

Mit einem 4:2 über Kanada gewinnt die sowjetische Eishockey-Mannschaft in Stockholm den Weltmeistertitel. →S. 57

Der Franzose Jacques Anquetil gewinnt die Radrennfahrt Paris–Nizza. →S. 57

18. März, Montag

Die von FDP und SPD angestrebte Aufhebung des Embargos für die Lieferung von Großstahlröhren in die Sowjetunion scheitert an der Haltung der CDU/CSU im Bonner Bundestag. →S. 47

In Reggane in der Sahara findet unterirdisch der fünfte französische Atomwaffenversuch statt. →S. 50

Infolge der mangelnden Versorgung nach dem indisch-chinesischen Grenzkonflikt im Himalaja wird Tibet gegenwärtig von Epidemien und Hungersnöten heimgesucht.

Das Deutsche Theater aus Berlin (Ost) gastiert auf Einladung der Stadt Marl in Nordrhein-Westfalen als erstes Theater der DDR nach 1961 in der Bundesrepublik Deutschland.

Georg Thoma aus der Bundesrepublik siegt bei dem traditionellen Holmenkollen-Wettkampf bei Oslo in der Nordischen Kombination. →S. 57

19. März, Dienstag

Bewaffnete Exilkubaner greifen zum ersten Mal auf der Insel Kuba stationierte sowjetische Soldaten direkt an. Von Schnellbooten aus schießen sie in der Nähe des Hafens Sagna la Granda auf einen Militärstützpunkt.

In den Vereinigten Staaten gelingt die erste Übertragung eines farbigen Fernsehprogramms über einen Satelliten. →S. 52

20. März, Mittwoch

Vor dem Ständigen Rat des Nordatlantikpaktes (NATO) in Paris erläutert der britische Außenminister Alexander Frederick Douglas Home die Notwendigkeit der Schaffung einer Nuklearstreitmacht der NATO nach den Grundvorstellungen des Abkommens von Nassau vom Dezember 1962.

Gegen den geschäftsführenden CDU-Vorsitzenden Hermann Dufhues klagt der Schriftsteller Hans Werner Richter bei der 16. Zivilkammer in Berlin (West). Dufhues soll seine negativen Äußerungen gegenüber der Schriftstellervereinigung Gruppe 47 zurücknehmen. →S. 56

Im Zürcher Schauspielhaus findet die Uraufführung der Komödie »Herkules und der Stall des Augias« von Friedrich Dürrenmatt unter der Regie von Leonhard Steckel statt. →S. 56

Zum Abschluß ihrer seit dem 11. März stattfindenden Gespräche in Rom vereinbaren sowjetische und US-amerikanische Wissenschaftler die Schaffung einer Funkbrücke mit Wettersatelliten.

Die Reinkarnation eines buddhistischen Lama, der 39jährige Kronprinz von Sikkim, Palden Thondup Namgyal, heiratet in Gangtok die 22jährige US-Amerikanerin Hope Cooke. →S. 53

21. März, Donnerstag

Aufgrund eines am 18. März erfolgten französischen Kernwaffenversuchs in der Wüste Sahara fordert die algerische Regierung eine Änderung der Militärklauseln des Vertrages von Evian vom März 1962. Frankreich soll künftig kein Recht auf Atomwaffenversuche in den vereinbarten Militärstützpunkten in Algerien erhalten (→18. 3./S. 50).

In der Hauptstadt von Tanganjika (Tansania), Daressalam, schließen die afrikanischen Staaten Tanganjika, Ruanda, Burundi und Kongo (Zaïre) ein Abkommen über die gemeinsame Verwaltung und Nutzung der Häfen Daressalam und Kigoma in Tanganjika ab.

Der mexikanische Präsident Adolfo Lopez Mateos fordert die Regierungen von Bolivien, Brasilien, Chile und Ecuador auf, Lateinamerika zu einer atomwaffenfreien Zone zu erklären.

Die Stadtverordnetenversammlung von Frankfurt am Main beschließt einstimmig den Beginn des U-Bahn-Baus. Sie billigt die Pläne für den ersten Tunnelabschnitt über 400 m.

22. März, Freitag

Die israelische Regierung erwartet von der Bonner Regierung, daß sie Techniker aus der Bundesrepublik aus Kairo zurückbeordert. Die Techniker sollen in Ägypten an der Entwicklung von Angriffswaffen beteiligt sein. →S. 47

In Moskau unterschreiben Vertreter aus der DDR und der UdSSR ein Abkommen über einen Warenaustausch in der Höhe von 10 Milliarden DDR-Mark. Die DDR ist damit wichtigster Außenhandelspartner der Sowjetunion.

In Abwesenheit der beiden Hauptangeklagten wird in Rom das Hauptverfahren gegen den italienischen Filmproduzenten Carlo Ponti und die Filmschauspielerin Sophia Loren wegen Bigamie eröffnet.

23. März, Sonnabend

Nach längeren Verhandlungen einigen sich in Wien die österreichischen Parteien SPÖ und ÖVP über eine Regierungskoalition (→27. 3./S. 51).

In einem Interview mit der Pariser Tageszeitung »Le Monde« äußert sich der kubanische Ministerpräsident Fidel Castro kritisch über die Handlungsweise des sowjetischen Regierungschefs Nikita S. Chruschtschow während der Kuba-Krise im Oktober 1962. →S. 50

In einem Artikel der in Berlin (Ost) erscheinenden Studentenzeitschrift »Forum« wird der Hochschullehrer und Physiker Robert Havemann wegen eines Vortrags über marxistische Philosophie heftig angegriffen.

24. März, Sonntag

Der am 8. Dezember 1962 begonnene Streik der New Yorker Drucker wird mit dem Abschluß eines neuen Tarifvertrages beendet. →S. 52

Wegen der sich immer weiter ausbreitenden Typhus-Epidemie in dem Schweizer Wintersportort Zermatt werden alle Hotels geschlossen. →S. 53

Bei der Internationalen Skiflugwoche in Planica (Jugoslawien) erringen die Skispringer aus der DDR alle ersten vier Plätze. →S. 57

25. März, Montag

Die Finanzminister der sechs Mitgliedsländer der Europäischen Wirtschaftsgemeinschaft (EWG) kommen in Baden-Baden zu ihrer 14. Konferenz seit 1958 zusammen. Frankreich tritt dort für eine Kontrolle der Kapitalinvestitionen aus Drittländern, insbesondere den USA, ein.

Im Rahmen der Bauarbeiten an dem bisher größten Kraftwerk der Welt im sowjetischen Krasnojarsk wird der viertgrößte Fluß der Welt, der Jenissei, in der Enge von Schumicha abgeriegelt.

26. März, Dienstag

Mit einem Gespräch zwischen dem US-amerikanischen Außenminiser Dean Rusk und dem sowjetischen Botschafter Anatoli F. Dobrynin wird in Washington eine neue Phase der Berlin-Sondierungsgespräche eingeleitet.

27. März, Mittwoch

Der österreichische Bundespräsident Adolf Schärf vereidigt das neue Kabinett unter Alfons Gorbach. →S. 51

Der stellvertretende US-amerikanische Außenminister George Wildman Ball trifft in London mit Lordsiegelbewahrer Edward Heath zusammen. Thema der Gespräche ist das Röhrenembargo gegen die Sowjetunion, zu dem sich Großbritannien bisher nicht bereit erklärte.

28. März, Donnerstag

Dem Bonner Bundestag legt Justizminister Ewald Bucher (FDP) den Entwurf eines neuen Strafgesetzbuches vor. →S. 47

23. März, Sonnabend wird durch eine weitere Spalte ergänzt:

Elisabeth II., Königin von Großbritannien, und ihr Mann Prinz Philip kehren von ihrer achtwöchigen Reise nach Neuseeland und Australien in die britische Hauptstadt zurück.

29. März, Freitag

Die Zeitung des Vatikan, der »Osservatore Romano« äußert sich über das Bühnenstück »Der Stellvertreter« von Rolf Hochhuth. U. a. wirft der Vatikan Hochhuth polemische Verfälschung der Geschichte vor. Hochhuth kritisiert in seinem Drama die indifferente Haltung des Vatikans zur Judenverfolgung während der Zeit des Nationalsozialismus in Deutschland und Europa (→20. 2./S. 40).

Im Theater des Westens in Berlin (West) findet die 500. Aufführung des Musicals »My fair Lady« statt. Seit der Premiere am 25. Oktober 1961 sahen fast eine Million Besucher das Stück. →S. 56

30. März, Sonnabend

Nach einem Militärputsch in Guatemala übernimmt der Verteidigungsminister Enrique Peralta Azurdía die Macht. Dem bisherigen Präsidenten Miguel Ydigoras Fuentes wird vorgeworfen, nicht entschieden genug gegen castrofreundliche Organisationen vorgegangen zu sein.

In Algier gibt die algerische Regierung bekannt, daß das von französischen Siedlern verlassene Eigentum in der ehemaligen nordafrikanischen Kolonie Frankreichs kollektiviert werden soll.

31. März, Sonntag

Bei den Landtagswahlen in Rheinland-Pfalz verliert die CDU ihre absolute Mehrheit; sie erhält 44,4% der abgegebenen Stimmen. Die SPD kann 40,7% auf sich vereinigen. →S. 46

Während ihres Besuches in Washington erklärt eine norwegische Regierungsdelegation, daß ihr Land eine multilaterale oder auch nationale Atomstreitmacht für überflüssig halte.

Gestorben:

1. Turin: Felice Casorati (*4. 12. 1886, Novara), italienischer Maler.

4. New York: William Carlos Williams (*17. 9. 1883, Rutherford/New York), US-amerikanischer Schriftsteller.

16. Oxford: William Henry Baron Beveridge (*5. 3. 1879, Rangpur/Bangladesch), britischer Politiker.

27. München: Harry Piel (*12. 7. 1892, Düsseldorf), deutscher Filmschauspieler.

Das Wetter im Monat März

Station	Mittlere Lufttemperatur (°C)	Niederschlag (mm)	Sonnenscheindauer (Std.)
Achen	− (5,5)	93* (49)	124 (125)
Berlin	2,7 (3,9)	81* (31)	134 (151)
Bremen	− (4,0)	73* (42)	81 (117)
München	− (3,3)	110* (46)	128 (142)
Wien	3,1 (4,9)	47 (42)	123 (−)
Zürich	3,2 (4,2)	133 (69)	151 (149)

( ) Langjähriger Mittelwert für diesen Monat
* Durchschnittswert März–April
− Wert nicht ermittelt

Im März 1963 erscheint zum ersten Mal die illustrierte Kulturzeitschrift »Epoca« auf dem Markt; Herausgeber sind der Süddeutsche Verlag in München sowie Arnoldo Mondadori in Mailand

B 4078

EPOCA

Die neue deutsche Zeitschrift

Süddeutscher Verlag GmbH,
München; Arnoldo Mondadori
Editore S. p. A., Mailand;
Nr. 1 | Jahrgang 1, März 1963;
DM 2,— ; Österreich S 15,— ;
Schweiz sfrs 2,30; Italien L. 300

MEHR ALS NUR VERRÜCKTE MÄDCHEN
Die Frauen und die Literatur

DAS MEISTERWERK CARPACCIOS
Die Legende vom Leben und Tod der heiligen Ursula
Der Kunstbericht in Farbe

1813 VORABEND EUROPAS
Schicksalstage des Kontinents

GIBT ES NOCH IDEALISTEN?
Aus dem Tagebuch eines Landarztes unserer Zeit

SEINE MAJESTÄT, DER LORD
Skurrile Vorrechte des Adels

So einig wie in dieser Szene sind sich Konrad Adenauer (r.) und Ludwig Erhard in außenpolitischen Fragen recht selten

Burgfrieden zwischen Adenauer und Erhard

4. März. In der Sitzung des Fraktionsvorstandes der CDU/CSU in Bonn wird der Streit zwischen Bundeskanzler Konrad Adenauer (CDU) und Wirtschaftsminister Ludwig Erhard (CDU) verhandelt, den beide Kontrahenten mit einem symbolischen Händedruck vorläufig beilegen.

Anlaß für die offizielle Auseinandersetzung ist ein Briefwechsel zwischen Adenauer und Erhard vom 26./27. Februar, worin der Kanzler seinem Minister eigenmächtige Verhandlungen über die weitere Entwicklung der Europäischen Wirtschaftsgemeinschaft (EWG) vorgeworfen hatte. Erhards politische Auffassungen widersprechen in einigen Punkten denen des Kanzlers. Er wandte sich z. B. gegen den Abschluß des deutsch-französischen Vertrages vom → 22. Januar (S. 14), da er dadurch das Ziel einer Europäischen Gemeinschaft mit Großbritannien gefährdet sieht. Solche Divergenzen führen zu einem Mißtrauen Adenauers gegenüber seinem Vizekanzler und sind auch Ursache des jüngsten Zwistes, der sich untrennbar mit der Frage der Nachfolge Konrad Adenauers verbindet (→ 23. 4./S. 63).

Berliner CDU geht in die Opposition

11. März. Das Abgeordnetenhaus von Berlin (West) wählt einen neuen Senat, dem acht SPD- und drei FDP-Mitglieder angehören.

Die Bildung der neuen Regierung beruht auf den Senatswahlen vom 17. Februar, bei denen die SPD 61,9% der Stimmen für sich verbuchen konnte. Die bisher an der Regierung beteiligte CDU erhielt nur 28,9% und geht nun in die Opposition.

Willy Brandt

Bei der Auswahl der neuen Senatoren stieß der am 8. März wiedergewählte Willy Brandt (SPD) zunächst auf heftigen Widerstand. Seine Absicht, den bisherigen Innensenator Heinrich Albertz (SPD) zu seinem Stellvertreter zu machen und ihn damit mit wesentlich mehr Befugnissen auszustatten, fand in der eigenen Fraktion keine Gegenliebe. Man befürchtet einen zu starken Einfluß auf die Politik Willy Brandts.

Stimmenverluste im Rheinland für CDU

31. März. Die CDU muß bei den Landtagswahlen in Rheinland-Pfalz erhebliche Stimmenverluste hinnehmen. Das Wahlergebnis von 44,4% liegt um 4% niedriger als 1959. Dagegen aber steigert sich die SPD um 5,8% auf 40,7%, und auch die FDP kann sich leicht verbessern, von 9,7% auf 10,1%. All die anderen Parteien, darunter auch die 1959 erfolgreiche rechtsgerichtete

Peter Altmeier

Deutsche Reichspartei (DRP), scheitern an der Fünf-Prozent-Klausel. Ihre absolute Mehrheit im Landtag von bisher 52 Sitzen verliert die CDU hiermit; sie erhält nunmehr 46 Sitze, die SPD 43 und die FDP 11. Peter Altmeier wird jedoch weiterhin Ministerpräsident bleiben. Die Ursachen für das Wahlergebnis sieht die CDU im schlechten Wetter.

Briefwechsel zwischen Konrad Adenauer und seinem designierten Nachfolger Ludwig Erhard vom 26./27. Februar

»Sehr geehrter Herr Erhard! Die Besprechungen, die Sie in diesen Tagen in Brüssel über die EWG, die Zukunft der EWG und den Eintritt Großbritanniens in die EWG gehabt haben, sollen auf die Bemühungen zur Wiederherstellung der Einigkeit nicht günstig gewirkt haben. Das Auswärtige Amt erklärt, daß ihm vorher nichts davon bekannt gewesen sei.

Das Bundeswirtschaftsministerium soll in EWG-Sachen die wirtschaftliche Seite vertreten, nicht aber die politische. Die politische Seite ist vom Auswärtigen Amt zu vertreten. Wenn der Wirtschaftsminister es für notwendig erhält, irgendwie politisch tätig zu werden, muß er sich vorher mit dem Auswärtigen Amt verständigen, eventuell muß meine

Entscheidung eingeholt werden, da ich die Richtlinien der Politik bestimme. Vielleicht nehmen Sie auch Notiz davon, daß die britische Regierung jetzt schon zweimal erklärt hat, daß sie nicht beabsichtige, vor ihren Parlamentswahlen die Frage des Eintritts in die EWG zu behandeln . . .
Mit besten Grüßen
Ihr gez. Adenauer«

»Sehr verehrter Herr Bundeskanzler! Die Besprechungen, die ich . . . in Brüssel geführt habe, bewegten sich im Rahmen meiner Zuständigkeiten. Es trifft auch nicht zu, daß diese Bemühungen zur Wiederherstellung der Einigung nicht günstig gewirkt haben. Ich möchte vielmehr im Gegenteil darauf hinweisen, daß das in-

ternationale Vertrauen, das ich mir in fünfzehnjähriger Tätigkeit . . . erworben habe, ein positives Element der deutschen Politik ist und daß ich deshalb die von Ihnen geübte Kritik zurückweisen muß . . . Wenn wir uns um Lösungen mit Großbritannien bemühen, so entspricht dies dem erklärten Wunsch der britischen Regierung . . . Darf ich Sie, Herr Bundeskanzler, daran erinnern, daß nicht Großbritannien den Beitritt zum gemeinsamen Markt aufgekündigt hat, sondern daß umgekehrt Äußerungen französischer Staatsmänner es der britischen Regierung fast unmöglich machen, in Gesprächen mit den Partnerstaaten der EWG zu bleiben.
Mit besten Grüßen
Ihr gez. Erhard«

Handelsvertrag mit Polen geschlossen

7. März. In Warschau unterzeichnen Regierungsvertreter aus Polen und der Bundesrepublik ein Handelsabkommen. Es ist das erste seit dem Ende des Zweiten Weltkrieges, das zwischen beiden Ländern auf dieser Ebene abgeschlossen wird. Außerdem vereinbaren die Delegationen die Errichtung einer ständigen Handelsvertretung der Bundesrepublik in der polnischen Hauptstadt.

Das Abkommen sieht jährliche Importe aus Polen in Höhe von 468 Millionen DM und deutsche Exporte in Höhe von 390 Millionen DM vor. Einführen wird die Bundesrepublik u. a. Holz, chemische Waren und Rohstoffe, außerdem Agrarerzeugnisse. Zur Ausfuhr gelangen insbesondere Maschinen, chemische und pharmazeutische Produkte sowie optische Geräte.

Rechtsradikalismus ohne Bedeutung?

7. März. Das Bundesinnenministerium in Bonn veröffentlicht einen Bericht über die Situation des Rechtsradikalismus und Antisemitismus in der Bundesrepublik.

Darin heißt es u. a.: »Die Beobachtungen lassen den Schluß zu, daß sich der Rechtsradikalismus in der Bundesrepublik nach wie vor in einem Zustand fortschreitender Zersplitterung und Vereinsamung befindet.« Die Mitgliederzahlen der rechtsextremistischen Gruppen seien weiterhin stark zurückgegangen. Die rechtsradikale Publizistik habe sich demgegenüber verstärkt.

Die Staatsschutz- und Strafverfolgungsbehörden stellten fest, daß antisemitische Tendenzen nur noch selten unverhüllt zutage treten. Auch sei ein Rückgang antisemitischer Aktionen zu verzeichnen.

Notgesetze für die Synode in Bethel

13. März. Am letzten Tag der am 10. März in Bethel begonnenen Synode der Evangelischen Kirche Deutschlands (EKD) verabschieden die Teilnehmer zwei Notgesetze. Mit ihnen soll die Fortführung der synodalen Arbeit gewährleistet werden.

Die neuen Gesetze treten erst auf besonderen Beschluß des Rates der EKD in Kraft. Sie setzen fest, daß für die Beschlußfähigkeit der Synode statt der bisher erforderlichen Zweidrittelmehrheit die einfache Mehrheit genügt.

Da die Synodalen aus der DDR nicht nach Bethel ausreisen durften, mußte die Synode ständig am Rande der Beschlußunfähigkeit herummanövrieren. Nach den neuen Bestimmungen sind nun auch getrennte Tagungen der Synodalen in Ost und West erlaubt.

Konfliktursache: Ägyptische Rakete, von deutschen Technikern entwickelt

Affäre um deutsche Techniker in Kairo

22. März. Im Auftrag der Regierung in Bonn nimmt ihr Sprecher offiziell Stellung zu der israelischen Beschwerde über die Arbeit deutscher Techniker in Kairo.

Deutsche Wissenschaftler und Ingenieure sollen an der Entwicklung von ägyptischen Raketen und Massenvernichtungswaffen beteiligt sein. Damit sieht das israelische Parlament die Sicherheit Israels gefährdet und fordert deshalb die Bundesrepblik auf, ihre Bürger aus Kairo zurückzuberordern. Da diese jedoch nicht im Auftrage offizieller Stellen dort tätig sind, sieht sich die Bonner Regierung dazu nicht in der Lage.

CDU verhindert Entscheidung über Embargo

18. März. Im Bundestag in Bonn scheitert der von SPD und FDP geforderte Einspruch des Parlaments gegen das von der Regierung ausgesprochene Verbot der Lieferung von Großröhren an die Sowjetunion.

Obwohl mit den Stimmen der SPD-Opposition und des Koalitionspartners FDP die Mehrheit für den Einspruch gesichert schien, gelingt die Aufhebung des Verbotes nicht. Die CDU/CSU-Fraktion nimmt an der Abstimmung nicht teil und macht so das Abgeordnetenhaus beschlußunfähig. Das Röhrenembargo bleibt damit weiterhin in Kraft.

---

200 000 t sollten geliefert werden

Die Betriebe Mannesmann AG, Phoenix-Rheinrohr und Hoesch hatten im Oktober 1962 die Lieferung von insgesamt 200 000 t Großrohre in die UdSSR für 1963 vereinbart. Das entspräche einer Leitung von 800 km – etwa die Entfernung von München nach Hamburg. Die geplante Rohrleitung der UdSSR soll insgesamt über eine Strecke von 2880 km verlaufen.

Am 18. Dezember 1962 erließ die Bundesregierung eine Verordnung, durch die der Export von Stahlrohren mit einem Durchschnitt von über 48 cm verboten wurde. Anlaß

Schweißarbeiten an einer Teilstrecke der sowjetischen Erdgas-Pipeline; weitere Lieferungen von Großröhren aus der Bundesrepublik verhindert die CDU

dafür war die Empfehlung des Rates des Nordatlantikpaktes (NATO) an seine Mitgliedstaaten, die Lieferung von Großröhren in die Sowjetunion zu verhindern.

Betroffen sind von diesem Embargo auch Verträge, die deutsche Firmen bereits zwei Monate zuvor abgeschlossen hatten. Deshalb versucht die Stahlindustrie, diesen Beschluß mit Hilfe des Parlaments rückgängig zu machen, denn laut § 27 des Außenwirtschaftsgesetzes kann eine solche Verordnung aufgehoben

werden, wenn der Bundestag binnen drei Monaten dies verlangt.

Über den Mißerfolg von SPD und FDP im Bundestag herrscht in der Stahlindustrie Verstimmung. Immerhin haben die noch ausstehenden Lieferungen einen Umfang von 163 000 t geschweißtem Spiralrohr, das entspricht einem Grobblechverbrauch von 180 000 t und damit einer Rohstahlproduktion von etwa 250 000 t. Sie hätte den beteiligten Unternehmen ein halbes Jahr Produktionsauslastung garantiert.

Neues Strafgesetz vor dem Bundestag

28. März. In Bonn legt Justizminister Ewald Bucher (FDP) dem Bundestag den in sechs Jahren erarbeiteten Entwurf eines neuen Strafgesetzbuches vor.

Die Notwendigkeit für eine Große Strafrechtsreform sieht der Minister u. a. in der Tatsache, daß das geltende Recht inzwischen durch 63 Novellen ergänzt worden ist und nur 135 von ursprünglich 370 Paragraphen unverändert geblieben sind. Das jetzige Strafgesetzbuch hätte keine klare Grundkonzeption mehr, was zur Unsicherheit in der Strafzumessung führe.

Ein Rechtsausschuß des Bundestages befaßt sich nun mit der Reform.

Die Post erhöht die Gebühren

1. März. Aufgrund eines Beschlusses des Postverwaltungsrates gelten ab sofort neue Gebühren im Postverkehr in der Bundesrepublik. Wichtig sind vor allem die Änderungen im Ortsdienst, im Postkarten- und Drucksachenversand sowie im Päckchen und Paketverkehr.

Die besonderen Gebühren im Ortsdienst werden beseitigt – mit Ausnahme von Berlin (West). Es gelten beim Postversand innerhalb eines Ortes die gleichen Gebühren wie bei einer Beförderung innerhalb des gesamten Bundesgebietes.

Postkarten kosten nun generell 15 Pfennig, auch wenn sie nur fünf Worte und weniger enthalten. Bisher brauchte für die Beförderung von Glückwunschkarten nur ein Porto von 7 Pfennig bezahlt werden. Neu ist die Unterscheidung von Druck- und Briefdrucksachen. Erstere dürfen fortan keine hand- oder maschinenschriftlichen Nachtragungen mehr enthalten. Letztere dürfen Nachtragungen bis zu zehn Wörter oder Buchstaben sowie Zahlen in beliebiger Menge enthalten und kosten 15 Pfennig. Sie werden genauso schnell befördert wie normale Briefe.

Beträchtlich erhöht wurden z. T. die Paketgebühren; dafür haftet künftig die Post im Inlandsdienst ohne Aufgeld bis zu 500 DM.

Abgeschafft wurden die Kosten für Zahlkarten, Paketkarten u. ä. Formblätter. Auch für den Umtausch verdorbener Briefmarken ist von nun an nichts zu zahlen. Unverändert bleibt dagegen die Einschreibegebühr von 50 Pfennig.

Alte und neue Gebühren (Auswahl)
(in Pfennigen)

Briefe	bis 28. 2.	ab 1. 3.
bis 20 g	20	20
20 bis 250 g	40	40
250 bis 500 g	60	70
500 bis 1000 g	80	90
Postkarten	10	15
Drucksachen		
bis 20 g	7	10
20 bis 50 g	40	40
50 bis 100 g	15	20
Päckchen	70	80
Eilzustellung		
Briefe	60	80
Pakete	90	90

Neue Telefongeräte werden vorgestellt

2. März. In den USA stellt die Western Electric Company das Knopftastentelefon der Öffentlichkeit vor. Dieser neuartige, in mehr als zwei Jahren entwickelte Apparat besitzt keine Wählscheibe mehr. Die Zahlen eins bis neun sind ähnlich wie bei einer Rechenmaschine in drei Reihen angeordnet, die Null befindet sich darunter. Wenn die Knöpfe heruntergedrückt werden, entstehen jeweils aus zwei Tönen bestehende unterschiedliche akustische Impulse. Der Vorteil des neuen Gerätes liegt hauptsächlich in seiner einfachen und damit gleichzeitig schnelleren Bedienung.*
Ein modernes Telefon stellt auch die Deutsche Bundespost vor. Der neue Apparat mit dem lichtgrauen Gehäuse, zu dem der Elfenbeinton von Hör- und Sprechmuschel im angenehmen Kontrast stehen, löst das bisher übliche schwarze Telefon ab. Wie Minister Richard Stücklen (CSU) versichert, ist das künftige Standardmodell (s. Abbildung) weit weniger störanfällig als die bisher bei den Kunden der Bundespost aufgestellten Telefone.

Werbeidee des Volkswagenwerkes, die auch noch Jahre später Wirkung zeigt

1927 – der erste Brief fliegt über den Atlantik

MIT DEUTSCHER LUFTPOST
EUROPA–SÜDAMERIKA
VIA FLUGSTÜTZPUNKT
DAMPFER „WESTFALEN"

MIT LUFTPOST
PAR AVION

Syndicato Condor Ltda.
Caixa Postal 190,
Rio de Janeiro
Brasilien

Die Deutsche Lufthansa zieht mit Information die Aufmerksamkeit auf sich

Coty wirbt für die neuen Lippenstifte   *Die »rote Revolution« auf dem umkämpften Kosmetikmarkt*   *Kleopatras Verführungskunst als Werbeidee*

Werbung 1963:

Verkaufsstrategen setzen verstärkt auf die visuellen Reize

Die Werbestrategen verzichten zunehmend darauf, den Konsumenten mit nüchternen Zahlen, Fakten oder bloßer Aufzählung der Eigenschaften des Produkts von dessen Unentbehrlichkeit überzeugen zu wollen. Die Werbefachleute versuchen vielmehr, den Verkaufsartikel unter optischen Gesichtspunkten zu präsentieren oder ihn in einen für den Betrachter angenehmen Kontext einzubetten. Neben Assoziationen zu den angenehmen Seiten des Lebens wird ein Trend zur künstlerisch ambitionierten Form sichtbar, vor allem in Illustriertenannoncen und auf Plakaten. Mit künstlerischen Zeichnungen, stilisierten Grafiken, die kühn mit Licht und Schatteneffekten experimentieren, und mit anspruchsvoller Fotokunst versucht man, das Käuferinteresse vermehrt zu wecken.

Auch die Verpackung selbst, das »Mannequin der Ware«, wie sie bisweilen in Werbekreisen bezeichnet wird, ist ein Werbeträger, der das Konsumverhalten entscheidend prägt. Tests führten hier zu eindrucksvollen Ergebnissen: An Hausfrauen wurden Kaffeepäckchen mit gleichem Inhalt, jedoch unterschiedlichem Verpackungsdesign zu Untersuchungszwecken ver-

schenkt. 86% der Teilnehmerinnen attestierten dem Kaffee in der am wirkungsvollsten gestalteten Verpackung zugleich die beste Geschmacksqualität.

Daß die durch Werbung angesprochenen Adressaten sich nicht als lediglich »Verführte« oder gar Manipulationsobjekte fühlen, ergab eine repräsentative Umfrage, wonach 53% der Bevölkerung über 16 Jahre der Werbung gegenüber eine positive Einstellung bekunden. 25% bezogen eine negative Haltung und

10% äußerten sich unentschieden. Der Werbung im Spiegel der öffentlichen Meinung und dem generellen Sinn von Werbung ist eine vielbeachtete Ausstellung in Bad Godesberg unter dem Motto »Der umworbene Mensch« gewidmet.

Auto Union wirbt mit dem großen Kofferraum des DKW F12   *»Peter Stuyvesant«: Die Sehnsucht nach der weiten Welt*

Französischer Atomversuch in der Sahara

18. März. In Reggane, im algerischen Teil der Wüste Sahara, lösen die Franzosen eine unterirdische Atomexplosion unbekannter Stärke aus. Algerien und Marokko legen daraufhin bei der Regierung in Paris scharfen Protest ein. Der algerische Ministerpräsident Ahmed Ben Bella fordert eine Veränderung der Militärklauseln des Vertrages von Evian. In dieser Abmachung aus dem Jahr 1962 war den Franzosen die Verfügung über drei Militärstützpunkte in dem nordafrikanischen Staat zuerkannt worden.

Dieser, nach offiziellen Angaben fünfte, französische Kernwaffenversuch kommt allerdings nicht sehr überraschend.

Staatspräsident Charles de Gaulle möchte möglichst rasch eine eigene Atomstreitmacht aufstellen, denn er sieht in ihr einen notwendigen Bestandteil der nationalen Verteidigung. Zwar erklärt er sich nach wie vor bereit, im Nordatlantikpakt (NATO) mitzuarbeiten, jedoch sieht er in dieser Allianz keine Garantie für den Schutz seines Landes – eine Skepsis, die er folgendermaßen erklärt: Solange die USA allein über Nuklearwaffen verfügten, habe sich die Frage einer Invasion für Frankreich nicht gestellt, da ein Angriff unwahrscheinlich gewesen sei. Seit die Sowjets auch eine Nuklearwaffe haben und diese mächtige Waffe auch das Leben Amerikas selbst in Frage stelle, sei eine neue Situation entstanden. Seitdem die US-Amerikaner vor die Möglichkeit einer direkten Zerstörung gestellt seien und natürlicherweise vor allem ihre eigene Verteidigung organisierten, sei die sofortige Verteidigung Europas und der militärische Beistand der US-Amerikaner mehr in den Hintergrund getreten.

Charles de Gaulle (M.), hier bei einer Besichtigung des Atomforschungszentrums Pierrelatte, bemüht sich um den Ausbau der französischen Atomstreitmacht

Adschubei in Rom

7. März. Zu einer Privataudienz empfängt Papst Johannes XXIII. den Chefredakteur der sowjetischen Zeitung »Iswestija«, Alexei Adschubei (Abb.) und dessen Frau Rada, Tochter des sowjetischen Regierungschefs Nikita S. Chruschtschow.

China und Pakistan legen Grenzen fest

2. März. In Peking unterzeichnen Vertreter Chinas und Pakistans ein provisorisches Abkommen, das die Grenzen zwischen Sinkiang und dem von Pakistan besetzten Teil Kaschmirs festlegt.

Eine endgültige Regelung soll nach einer Lösung des Kaschmir-Problems erfolgen. Das Gebiet des ehemals selbständigen Staates im Himalaja-Gebiet ist Ursache eines seit 1947 schwelenden Konfliktes zwischen Indien und Pakistan.

J. Nehru

Die indische Regierung unter Ministerpräsident Jawaharlal Nehru protestiert auch sofort gegen das »illegale« Abkommen.

Auf das überwiegend von Moslems bewohnte Kaschmir erhebt Indien Anspruch und wendet sich gegen die 1949 von den Vereinten Nationen (UNO) empfohlene Maßnahme, die Bevölkerung selbst über ihre Zugehörigkeit entscheiden zu lassen.

Kubanische Kritik an Chruschtschow

23. März. Die französische Zeitung »Le Monde« veröffentlicht einen Bericht über ein Gespräch mit dem kubanischen Ministerpräsidenten Fidel Castro, worin dieser sich kritisch zur Kuba-Krise im Oktober 1962 äußert (→ 8. 1./S. 16).

Zu der Tatsache, daß der sowjetische Regierungschef Nikita S. Chruschtschow die Raketen aufgrund US-amerikanischer Forderung abtransportieren ließ, sagt Castro, Chruschtschow hätte diese Raketen nicht zurückziehen dürfen, ohne Kuba zu konsultieren, das kein Bauer auf dem Schachbrett der Welt sein wolle. Zwar habe es sich um sowjetische Raketen gehandelt, die der direkten Kontrolle durch Kuba nicht unterstanden hätten, aber sie befanden sich auf kubanischem Territorium. Kuba aber sei kein Satellit. Er sei der Ansicht, daß Kennedy zurückgewichen wäre.

Fidel Castro

Offiziere stürzen Regierung in Syrien

8. März. In der syrischen Hauptstadt Damaskus stürzen Offiziere die Regierung und übernehmen als Nationalrat des revolutionären Militärkommandos die Macht.

Die gleich darauf veröffentlichte Proklamation des der proägyptischen Bath-Partei nahestehenden Nationalrates (seit 24. 3. unter Vorsitz von Luai Al Atasi) steht unter der Losung »Einheit, Freiheit, Sozialismus«. In einem Programm verkündet er die Leitsätze seiner geplanten künftigen Politik.

Luai Al Atasi

Demnach soll u. a. die Armee wieder auf arabischen Kurs und auf die Erfüllung der arabischen Einheit eingeschworen werden. Den internationalen Verpflichtungen will man weiterhin nachkommen.

Von dem im wesentlichen unblutig verlaufenen Staatsstreich berichten als erste ausländische Sender Radio Bagdad und Radio Kairo.

Bergarbeitermarsch vor Invalidendom

13. März. 2000 Bergarbeiter aus 56 lothringischen Eisenerzgruben veranstalten einen »Marsch auf Paris«. Mit dieser Demonstration wollen die seit dem 28. Februar streikenden Kumpel auf ihre Forderungen aufmerksam machen. Eine Delegation unterbreitet sie dem Industrieminister Michel Maurice-Bokanowski, während die 2000 Teilnehmer der Kundgebung vor dem Invalidendom abwarten. Unter ihren Losungen wie »Wir wollen Bergarbeiter bleiben« oder »Wir wollen Arbeit« wenden sie sich gegen die Pläne der Regierung, unrentable Bergwerke stillzulegen. Außerdem fordern sie die 40-Stunden-Woche und vier Wochen bezahlten Urlaub. Der Ministerrat faßt am selben Tag noch einige Beschlüsse, die eine Untersuchung der Problematik vorsehen. Konkrete Ergebnisse für die Streikenden gibt es jedoch nicht.

M.-Bokanowski

Peking gegen europäische Kommunisten

7. März. Im Leitartikel des Organs der Kommunistischen Partei Chinas, »Rote Fahne«, wird die Haltung des Führers der Kommunisten in Italien, Palmiro Togliatti, mit scharfen Worten angegriffen. Es ist eine Reaktion auf die Rede Togliattis auf dem Parteitag der KPI im Dezember 1962. Darin bekannte er sich zur sowjetischen Vorstellung der friedlichen Koexistenz der sozialistischen und kapitalistischen Weltsysteme, die vor allem der Erste Sekretär der KPdSU, Nikita Chruschtschow, vertritt (→ 27. 2./S. 33), und wandte sich gegen gewaltsame Lösungen bei gesellschaftlichen Veränderungen in der Gegenwart.

Diese Haltung, die mehrere kommunistische Politiker in Westeuropa vertreten, unter ihnen auch der Generalsekretär der französischen Partei, Maurice Thorez, führt zu Spaltungen. Es bilden sich Gruppen und Splitterparteien, die auf einem an Peking orientierten Weg die Veränderung zugunsten einer klassenlosen Gesellschaft erreichen wollen.

Nikita Chruschtschow setzt auf Verständigung zwischen Ost und West

Chinas Parteichef Mao Tse-tung, ein Gegner der friedlichen Koexistenz

M. Thorez, Führer der KP Frankreichs

Vorsitzender der KPI, P. Togliatti

Moskauer Schritte gegen Mißwirtschaft

13. März. Als Oberste Staatsbehörde für die Leitung der Industrie und den Aufbau des Landes wird in Moskau ein Volkswirtschaftsrat gegründet. Sein Leiter ist der stellvertretende Ministerpräsident Dmitri F. Ustinov.

Mit der Errichtung dieser Behörde soll die Zentralisierung der Wirtschaftskontrolle in den Unionsrepubliken vervollständigt werden.

Die Überprüfung von Industrie und Agrarwirtschaft scheint in der UdSSR dringend nötig, da in den einzelnen Sowjetrepubliken Probleme mit der Planerfüllung an der Tagesordnung sind. Außerdem gelangen immer häufiger Berichte über Korruption und Schwarzhandel an die Öffentlichkeit, worin auch hohe Parteifunktionäre verwickelt sind.

Den Mißständen versucht man auf verschiedene Art Herr zu werden. Z. B. werden Wirtschaftsverbrecher vor Gericht gestellt und nicht selten erhalten die Angeklagten wegen solcher Vergehen die Todesstrafe.

Sechs Todesurteile für ein Attentat

4. März. In Vincennes spricht der französische Militärjustizgerichtshof die Urteile im Prozeß gegen 15 Teilnehmer eines Attentatsversuch auf Staatspräsident Charles de Gaulle vom 22. August 1962.

Zum Tode verurteilt das Tribunal den 35jährigen Oberstleutnant Jean Marie Bastien-Thiry, den 27jährigen Artillerieleutnant Alain de Bougrenet de la Tocnaye, den 31jährigen Jacques Prevost sowie drei weitere flüchtige Angeklagte.

Die Verurteilten hatten am 22. August mit zehn weiteren Komplizen versucht, den französischen Präsidenten während einer Autofahrt bei Petit-Clarmart durch Maschinengewehrfeuer zu töten. Insgesamt waren etwa 150 Schüsse abgegeben worden, wovon zwölf den Wagen de Gaulles trafen. Weder der Präsident noch andere Insassen wurden dabei verletzt.

Nach dem Richterspruch reichen die Verteidiger Gnadengesuche beim Staatspräsidenten ein. De Gaulle hebt zwei Todesurteile auf, Bastien-Thiry jedoch, der als Urheber des Anschlages gilt, wird am 11. März durch Erschießen exekutiert.

Neue Regierung in Österreich

27. März. In Wien vereidigt der österreichische Bundespräsident Adolf Schärf die neue Regierung unter Kanzler Alfons Gorbach von der Österreichischen Volkspartei (ÖVP). Das neue Kabinett wird wie schon zuvor von den Koalitionspartnern ÖVP und Sozialisten (SPÖ) gebildet. Aus den vorgezogenen National-ratswahlen am 18. November 1962 war die ÖVP eindeutig als stärkste Partei hervorgegangen, die SPÖ hingegen hatte zwei Mandate verloren. Trotzdem beschlossen beide Parteien, die schon seit 18 Jahren bestehende Große Koalition fortzusetzen. Allerdings gestalteten sich die seit dem 30. November laufenden Koalitionsverhandlungen äußerst schwierig, da die ÖVP, bedingt durch das gute Wahlergebnis, weitreichende Forderungen stellte. Strittigster Punkt war die Besetzung des Außenministeriums. Die ÖVP forderte mehr Kompetenzen in der Europapolitik und lehnte deshalb den bisherigen Außenminister Bruno Kreisky (SPÖ) für dieses Amt ab.

Erst als daraufhin am 18. September 1962 die SPÖ die Verhandlungen abbrach, zeigten sich die Vertreter der Volkspartei kompromißbereit. Dem zweiten Gorbach-Kabinett gehören nun jeweils sechs Mitglieder von SPÖ und ÖVP an, u.a. Vizekanzler Bruno Pittermann (SPÖ), Außenminister Bruno Kreisky (SPÖ), Innenminister Franz Olah (SPÖ) sowie Verkehrsminister Otto Probst (SPÖ) und Christian Broda (SPÖ) für die soziale Verwaltung.

Adolf Schärf (l.) vereidigt die neue Regierung unter Alfons Gorbach (r.)

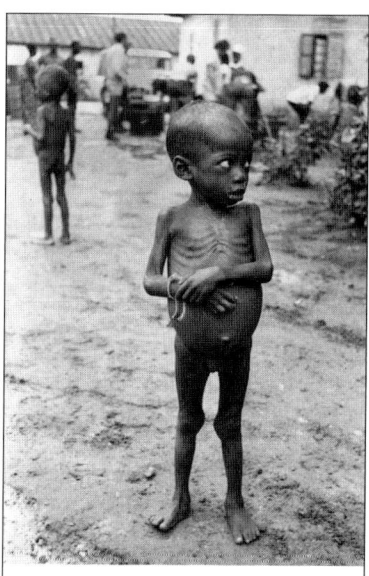

Mehr Bevölkerung

4. März. *Mit dem Problem der explosionsartig zunehmenden Bevölkerung in der Welt beschäftigt sich ein Ausschuß der Vereinten Nationen (UN). UN-Fachleute schätzen, daß die Erdbevölkerung Mitte der 60er Jahre auf drei Milliarden angewachsen sein wird. Dies übersteigt eine bereits hoch angesetzte UN-Voraussage von 1957 um 75 Millionen (Abb.: hungerndes Kind in Nigeria).*

Ein Vulkanausbruch des heiligen Berges der Hindu-Götter auf Bali fordert tausend Opfer

17. März. *Beim Ausbruch des Vulkans Gunung Agung im Nordosten der indonesischen Insel Bali kommen etwa 1900 Menschen ums Leben, 2500 werden verletzt, rund 180 000 Inselbewohner verlieren ihre Häuser und Wohnungen. Der Vulkan, der mehr als 100 Jahre erloschen war, war im Februar erstmals wieder ausgebrochen. Nun werden zum zweiten Mal mit donnerndem Getöse glühende Lavamassen, Steine und Asche aus dem Krater geschleudert. 110 Grad Celsius heiße Asche regnet auf die Menschen herab, und glühende Lava-*

ströme wälzen sich den Berg hinab und begraben Dörfer und Felder unter sich. Die obdachlos gewordenen Balinesen müssen von der Insel evakuiert und nach Sumatra oder Kalimantan (Indonesisch-Borneo) gebracht werden, da das übervölkerte Bali keinen Platz mehr für die vielen Menschen bietet. Der Berg Agung gilt auf Bali als Mittelpunkt der Erde, wohin sich 1478 die höchsten Hindu-Götter nach dem Verlust Javas an die Moslems zurückgezogen hatten. Das Bild zeigt den heiligen Berg kurz nach dem Vulkanausbruch.

New York: 106 Tage ohne Tageszeitung

24. März. Im seit dem 8. Dezember 1962 andauernden New Yorker Zeitungsstreik einigen sich die Tarifpartner nach zähen Verhandlungen auf eine Erhöhung des Wochenlohnes für Angestellte des Druckereigewerbes um 12,20 US-Dollar (48,80 DM). 18 US-Dollar (72 DM) waren die ursprüngliche Forderung der Beschäftigten. Nach dieser Kompromißlösung können die Tageszeitungen nun wieder erscheinen.

Daß acht Zeitungen, darunter »New York Times«, »New York Herald Tribune«, »Daily News« und »Mirror«, drei Monate nicht gedruckt wurden, führte nicht nur zu einem Mangel an Informationen, sondern schadete vor allem den Geschäftsleuten. Der Ausfall von Zeitungsanzeigen lähmte das Wirtschaftsleben der Stadt: So konnten Warenhäuser

Drucker des »Mirror« protestieren gegen Aussperrungen wegen des Streiks

und Einzelhandel nicht werben. Wohnungs- und Grundstücksmakler, deren Objekte meist in Zeitungen angeboten werden, klagen über Einbußen von 75%, und auch Kinos und Theater wurden immer leerer.

Erstmals farbiges Bild per Satellit

19. März. In den Vereinigten Staaten gelingt zum ersten Mal die Übertragung eines farbigen Fernsehprogrammes über Satellit.

Als Sender und Empfänger im Weltraum dient der am 13. Dezember 1962 gestartete US-amerikanische Nachrichtensatellit »Relay 1«. Er wiegt insgesamt 78 kg. Die weiteste Entfernung seiner Umlaufbahn von der Erde beträgt 7421 km, die größte Nähe 1318 km. Da er kein »stationärer« künstlicher Erdtrabant ist wie »Syncom« (→ 14. 2./S. 38), dauert die Ausstrahlung nur 15 min. Um längere Zeit senden zu können, müßte »Relay« die gleiche Umlaufzeit haben wie die Erde, nämlich fast genau 24 Stunden.

Mit dieser Farbsendung ist eine weitere Etappe in der Vervollkommnung der Fernsehtechnik erreicht.

Militäreinsatz im Streit um Langusten

9. März. Nach Verhandlungen mit der Regierung in Paris beordert Brasilien zehn Kriegsschiffe, die wegen des »Langustenkrieges« alarmiert worden waren, in die Häfen zurück.

Die militärische Aktion begann, als ein zum Schutz bretonischer Langustenfischer abgestelltes französisches Kriegsschiff in die Nähe der brasilianischen Gewässer vordrang. Die Fischer aus Europa hatten außerhalb der südamerikanischen Hoheitsgewässer, aber innerhalb einer 60-Meilen-Zone, Langusten gefangen. Ihrer Meinung nach bewegen diese sich frei im Wasser und sind keine vor Südamerikas Küste kriechenden, also seßhaften Lebewesen, wie Brasilien meint. Über solche Tiere hat nach der Genfer Konvention von 1959 der Anliegerstaat die Verfügungsgewalt.

Panik im Schweizer Kurort Zermatt

24. März. Der Hotelverein des Schweizer Kurortes Zermatt beschließt, daß alle Hotels und Pensionen wegen der bestehenden Typhus-Epidemie für mindestens einen Monat geschlossen werden.

Die Maßnahme ist vom kantonalen Amt für Hygiene gefordert worden, um weitere Infektionen zu verhindern und eine gründliche Desinfektion des ganzen Ortes vornehmen zu lassen. Der Touristenbetrieb soll erst dann wieder aufgenommen werden, wenn die Gefahr neuer Ansteckungen ausgeschlossen ist.

Die Epidemie forderte bisher schon einige Todesopfer, auch unter Feriengästen, die bereits in ihre Heimatorte zurückgekehrt waren. Um den Urlauberbetrieb nicht zu gefährden, hatten die Behörden in Zermatt die auftretenden Typhusfälle anfangs verharmlost und die Feriengäste nur mangelhaft aufgeklärt. So konnte sich die Krankheit recht schnell weiter verbreiten.

Erst jetzt, da sich Kantonsverwaltung und Ärzteorganisationen ein-

Einer Geisterstadt ähnelt Zermatt in der Hochsaison; das Bettzeug in den Fenstern zeugt von leeren Zimmern; zurückgeblieben sind nur die Angestellten

schalten, werden Konsequenzen ergriffen, sucht man nach den Ursachen der Seuche. Es besteht der begründete Verdacht, daß die Typhus-

Erreger aus den Abwässern des Kurortes durch schadhafte und unvorschriftsmäßig verlegte Leitungen in das Trinkwasser gelangen konnten.

Ein Tag Sendepause in Wiens TV-Studios

1. März. Wegen eines Streiks der Rundfunk- und Fernsehanstalten ist ganz Österreich für 27 Stunden ohne eigenes Programm.

Um 18.00 Uhr wurden die Sendungen plötzlich eingestellt, es folgten über die gesamte Zeit nur Pausenzeichen und wenige Nachrichten. Den Hörern teilte man lakonisch mit, daß die Angestellten zur »Wahrung ihrer Interessen« in einen unbefristeten Streik getreten seien, dafür bitte man um Verständnis.

Als Streikgrund werden u. a. die fristlose Entlassung des Leiters der Unterhaltungsabteilung beim Fernsehen, Karl Lackner, wegen einer Zeugenaussage vor Gericht angeführt, außerdem, daß die Orchestermitglieder schon seit geraumer Zeit auf eine Funktionszulage warteten und die langjährigen Angestellten noch immer keine »Jubiläumssonderzahlung« erhalten.

Schon kurz nach Beginn des Ausstands erklärt sich die Direktion von Fernsehen und Rundfunk zu einer Lösung des Konflikts bereit.

80-km-Fußmarsch in den USA

15. März. Ein Fußmarsch des US-amerikanischen Justizministers Robert F. Kennedy leitet in den Vereinigten Staaten eine neue Welle der körperlichen Ertüchtigung ein.

Einst wurde auf Anweisung von US-Präsident Theodore Roosevelt (1858–1919) an die Kompanie-Offi-

Hat mehr Kondition als seine Angestellten: Justizminister R. Kennedy

ziere des Marinekorps ein Tagesbefehl herausgegeben, der von den Soldaten die Bewältigung einer 80 km langen Strecke zu Fuß – und dies innerhalb kurzer Zeit, nämlich wenigen Stunden – verlangte.

US-Präsident John F. Kennedy fragte mit einer Randnotiz in einem vom Kommandanten der »Ledernacken« an ihn gerichteten Brief, ob eine solche Leistung heute noch möglich sei. Die an Leutnants und Hauptleute der Marine gerichtete Frage löst eine Bewegung unter den US-Amerikanern aus, die mit dem Twist- oder Hula-Hoop-Rausch durchaus vergleichbar ist.

Als Pionier der 80-km-Fußmärsche betätigt sich der Bruder des Präsidenten, Robert F. Kennedy. Zusammen mit vier Beamten seines Justizministeriums geht er an den Start und legt in 17 Stunden die 50 Meilen (80 km) zurück. Seine Mitstreiter allerdings geben unterwegs auf, so daß ihr Minister die letzten Kilometer allein laufen muß. Die Konsequenz daraus: Er verordnet seinen Untergebenen tägliche Gymnastik auf dem Dach des Justizministeriums in Washington.

Heirat in Sikkim

20. März. *In Gangtok, der Hauptstadt des kleinen Fürstentums Sikkim im Himalaja-Gebirge, heiratet der 39jährige Kronprinz des Staates, Palden Thondup Namgyal (Foto), die 22jährige New Yorkerin Hope Cooke. Die Amerikanerin und der Prinz, die Reinkarnation eines Lamas, werden nach dem buddhistischen Ritus getraut.*

Haftstrafe für den Regisseur Pasolini

9. März. Der italienische Filmregisseur Pier Paolo Pasolini wird wegen Beleidigung der katholischen Kirche zu vier Monaten Gefängnis mit Bewährung verurteilt, nachdem die Staatsanwaltschaft in Rom Klage wegen seines Films »La Ricotta« (»Der Weichkäse«) erhoben hatte.

In »La Ricotta«, einer von vier Episoden des Films »Rogopag«, spielt Orson Welles einen Regisseur, der vor den Toren der italienischen Hauptstadt die Szene der Kreuzabnahme aus dem barocken Gemälde des Iacopo da Pontormo in genauer Nachbildung filmisch darstellt. Pasolini verbindet mit ästhetischem Raffinement das Thema »Film im Film« mit seiner Vorliebe für die Darstellung des Gegensätzlichen von Ästhetizismus und vulgärem Naturalismus. Der Film zeigt unter anderem Maria Magdalena als Striptease-Tänzerin und die römischen Kriegsknechte beim modernen Twist.

Die Presse Italiens ist sich weitgehend darüber einig, daß Pasolini ein »François Villon unserer Tage« sei. Bei der Staatsanwaltschaft allerdings interessiert das nicht.

Peggy March freut sich über die »goldene Schallplatte« für Rita Pavone (r.)

Unterhaltung 1963:

Schlager – Träume im Alltag

Auf dem musikalischen Sektor der Unterhaltungsbranche kann sich eine Reihe von Schlagerstars über einen längeren Zeitraum der Publikumsgunst erfreuen. Die Beliebtheitsskala wird von Freddy Quinn angeführt, gefolgt von Conny Francis, Gitte, Rex Gildo, Manuela, Bernd Spier, Cliff Richard und Gus Backus. Singend und tanzend sichern sich auch die Kessler-Zwillinge einen Stammplatz in den Fernsehunterhaltungssendungen nicht nur in der Bundesrepublik.

Der sensationelle Erfolg Freddy Quinns (eigentl. Helmut Manfred Nidl-Petz) liegt u. a. darin begründet, daß seine einprägsamen, sehnsuchtsvoll gestimmten Lieder teilweise mit der eigenen Lebensgeschichte in Verbindung stehen und daher um so authentischer wirken. Die wehmütige Stimmung, von der seine Lieder durchsetzt sind, mag durchaus von Freddys Vergangenheit herrühren, als er sich als Musiker in einem Wanderzirkus oder als Schiffsjunge durchs Leben schlug. Vor diesem Hintergrund verwundert es auch nicht, daß ihm der Durchbruch mit dem Titel »Heimweh« gelang. Sein Lied »Junge, komm bald wieder«, von einer ähnlich sentimentalen Sehnsuchtsstim-

mung geprägt, hält wochenlang Platz eins in den Schlagerparaden der Bundesrepublik Deutschland.

Eine der erstaunlichsten Karrieren im Schlagergeschäft macht die Turiner Näherin Rita Pavone. Die ihrer kurzen, roten Haare wegen auch »Karottenkopf« genannte 1,49 m große Pavone erobert zunächst im Triumphzug die Provinzen Italiens, um schon kurze Zeit später auch die Konzertsäle außerhalb ihres Landes zu füllen. 1963 tritt sie zum ersten Mal im Deutschen Fernsehen auf, produziert ihre erste deutsche Schallplatte und schließt Verträge über eine Amerika-Tournee. Aus nahezu fast allen Musikboxen in der Bundesrepublik erklingt ihr Hit »Wenn ich ein Junge wär«.

Das »häßliche Entlein«, wie die Pavone auch liebevoll von ihren Fans genannt wird, erobert ihr Publikum durch die ihr eigene Mischung aus Melancholie, unkomplizierter Direktheit und scheinbar nahezu unbändiger Quirligkeit.

Zwölf Monate nach ihrem ersten Auftritt, für den sie umgerechnet 30 DM Gage erhielt, kann sie nun eine Abendgage von 10 000 DM verbuchen und über ein mittlerweile auf 2,4 Millionen DM angewachsenes Konto verfügen.

In der amerikanischen Hitliste vorn: Connie Francis

Erfolg hat Gus Backus mit rhythmischen Songs

Mit seinen Liedern begeistert Freddy Quinn

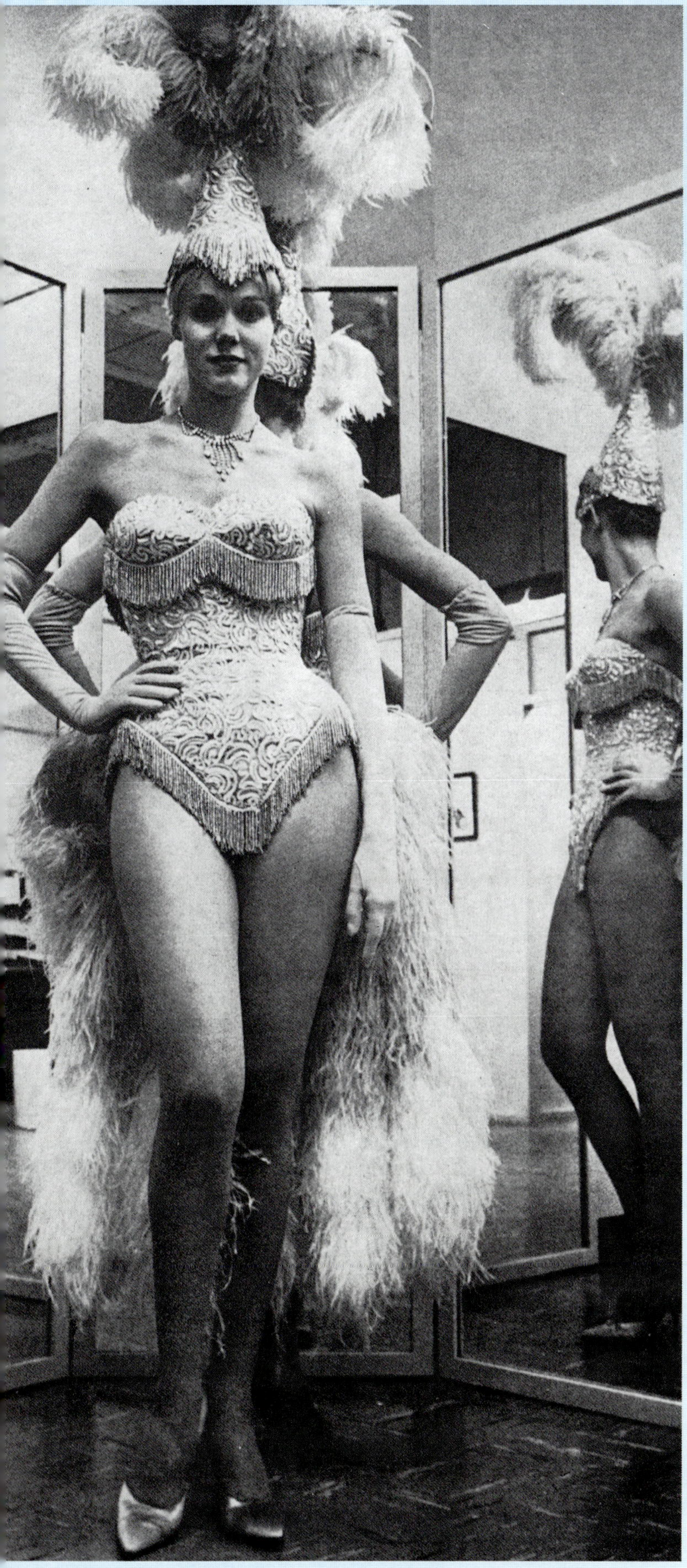

Keine Unsicherheiten vor der Kamera zeigen Ellen (vorn) und Alice Kessler

Manuela in ihrem Petticoat-Kleid lieben besonders die Teenager

Mit »Ich will 'nen Cowboy als Mann« gewinnt Gitte den Schlagerpreis

Wenn der schöne dunkelhaarige Sänger Rex Gildo auftritt, schwärmen vor allem die jungen Mädchen

Der 22jährige britische Rockstar Cliff Richard während einer seiner Auftritte im berühmten Pariser »Olympia«

Die Britin Petula Clark, 1932 geboren, hatte schon im Alter von neun Jahren ihren ersten Rundfunkauftritt

Mit dem Lied »Ich kauf mir lieber einen Tirolerhut« wird der Trompeter Billy Mo in ganz Deutschland populär

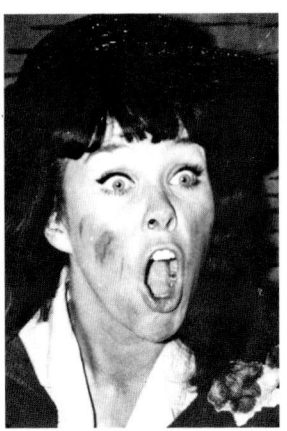

Darsteller in »My fair Lady«: Karin Hübner, Carola Ebeling, Sonja Ziemann, Wolfgang Lukschy und Irene Walter (v. l.)

»My fair Lady« – 500. Aufführung seit 1961

29. März. Das Musical »My fair Lady« von Komponist Frederic Loewe mit dem Text von Alan Jay Lerner erlebt im Theater des Westens in Berlin (West) die 500. Aufführung in diesem Haus.

Seit der Premiere am 25. Oktober 1961 nahmen nahezu eine Million begeisterte Zuschauer an der Verwandlung der Eliza Doolittle von einem Blumenmädchen in eine kapriziöse Dame von Welt teil.

Allein über 10 000 Musical-Fans aus der Bundesrepublik nahmen »My fair Lady« zum Anlaß für eine Stippvisite in die Spreemetropole.

Eine so lange Spielzeit war weder voraussehbar noch geplant, und so traten mit der Zeit Besetzungsschwierigkeiten auf; die Darsteller hatten noch andere Verpflichtungen. Das führte dazu, daß Paul Hubschmid in der Rolle des Higgins sechs Elizas zur Partnerin hatte: Karin Hübner, Carola Ebeling, Sonja Ziemann, Irene Walter, Ingrid Schröder und Liane Croon.

Dufhues im Streit mit der »Gruppe 47«

20. März. Hans Werner Richter, der Initiator der Literatenvereinigung »Gruppe 47«, erhebt vor der 16. Zivilkammer in Berlin (West) Klage gegen den geschäftsführenden Vorsitzenden der CDU, Josef Hermann Dufhues.

Dufhues hatte vor Journalisten in Hannover seine »geheime Sorge« über den Einfluß der »Gruppe 47« im kulturellen Bereich der Bundesrepublik geäußert. Seine Bedenken gipfeln in dem Vergleich der »Gruppe 47« mit der Reichsschrifttumkammer während des Nationalsozialismus.

Die Schriftstellervereinigung wird seit ihrer Konstituierung im Jahre 1947 wie keine andere Institution des Literaturbetriebs befehdet und beargwöhnt. Ziel der Gruppe ist die kritische Artikulation des politischen Anspruchs der Literatur, ebenso die ästhetisch-politische Selbstverständigung der Autoren untereinander.

Träumt die DDR-Jugend von »roter Bardot«?

2. März. Die in der DDR erscheinende Wochenzeitung »Sonntag« veröffentlicht ein Interview mit dem Film- und Fernsehautor Hans-Oliver Hagen, worin dieser sich kritisch mit der DDR-Filmproduktion auseinandersetzt.

Hagen bedauert das Fehlen eines attraktiven Stars und sagt u. a.: »Wenn wir eine Bardot hätten, die das sozialistische Lebensgefühl unserer Menschen widerspiegelte, und die ganze Jugend orientierte sich daran, wäre ich sehr zufrieden ... Wir haben doch viele hübsche junge Menschen. Mit Angelica Domröse, zum Beispiel, traute ich mir zu, innerhalb von zwei Jahren einen Star von der Anziehungskraft der Bardot zu machen ... Und die ganze Jugend des sozialistischen Lagers marschierte hinterher.«

Die mangelnde Popularität der sozialistischen Unterhaltungskunst bei der DDR-Bevölkerung bereitet den SED-Funktionären Sorgen. Die Beliebtheit westlicher Filme und Musik ist weit höher als die der eigenen Produktion.

Conferencier Heinz Quermann über die Schwierigkeiten in der Schlagerbranche:

Man unterstütze die »gesetzlichen Maßnahmen, den Einfluß der NATO-Sender einzudämmen«, jedoch stießen seine Kollegen in ihren Bestrebungen, das Verhältnis von 60 Titeln aus der DDR sowie dem sozialistischen Ausland und 40 Titeln aus dem kapitalistischen Ausland einzuhalten, beim Publikum häufig auf Schwierigkeiten. Andererseits gehe man bei der Übernahme von Schlagern aus dem Westen zu bürokratisch vor. »Ich bin der fröhlichste Räuber der Welt« sei z. B. nachträglich gesperrt worden, »weil es erstens bei uns keine Räuber gibt und weil sich zweitens im Sozialismus eine Frau keinen Kuß rauben läßt«.

Angelica Domröse, eine der beliebtesten Schauspielerinnen der DDR

Brigitte Bardot, so wie sie das Kinopublikum in aller Welt liebt

Dürrenmatts neue Komödie in Zürich

20. März. Im Zürcher Schauspielhaus wird das neue Stück von Friedrich Dürrenmatt »Herkules und der Stall des Augias« uraufgeführt.

Die Inszenierung besorgte Leonard Steckel, der bei den Regiearbeiten vom Autor selbst unterstützt wurde. Gustav Knuth ist in der Rolle des Herkules und Ernst Schröder in der des Augias zu sehen. Bühnenbildner Teo Otto brachte den »Mist der Welt« auf die Bühne.

F. Dürrenmatt

Seinem neuen Stück, nach einem schon gesendeten Hörspiel entstanden, gibt Dürrenmatt als erstes seiner Werke die Bezeichnung Komödie. Darin belustigt sich der Schweizer Autor über die Rolle eines Nationalhelden, des Herkules, und die Funktion bürokratischer Kommissionen im Land des Augias. Diese unkonventionelle Sicht auf eine der ältesten Demokratien stößt auf eine eher ablehnende Haltung beim Schweizer Publikum.

Schnelldorfer nur dritter bei der WM

2. März. Der Kanadier Donald McPherson wird in Cortina d'Ampezzo nach einer großartigen Kür mit 2219,9 Punkten neuer Weltmeister im Eiskunstlauf der Herren. Den zweiten Platz erreicht der Franzose Alain Calmat.

Auch der favorisierte Münchener Abiturient Manfred Schnelldorfer hatte sich den Weltmeistertitel erträumt. Die Presse und Experten sahen ihn schon auf Platz eins. Nach erfolgreichem Beginn seines Kürlaufs kurz nach Mitternacht macht er selbst jedoch alle Hoffnungen zunichte: Als er beim ersten Doppelaxel stürzt, läßt er den vorgesehenen zweiten aus. Er verzichtet auch auf den Doppellutz und stürzt wiederum beim einfachen Rückwärtsbogen. Von da an bietet er nur noch Improvisationen mit einfachen Axel-Sprüngen und Rittbergern. Die als Weltmeisterlauf gedachte Kür von fünf Minuten beendet er so zwei Minuten zu früh, die Leistung reicht gerade für den dritten Platz. Schnelldorfers Erklärung: »Es war mir alles egal, ich wußte nicht mehr, was um mich vorgeht, und ich hätte mich am liebsten auf das Eis gelegt und wäre nicht mehr aufgestanden«. Den Weltmeistertitel im Eiskunstlauf der Damen holt sich zum wiederholten Male Sjoukje Dijkstra aus den Niederlanden mit ihren phantastischen Sprüngen. Den zweiten und dritten Platz belegen Regine Heitzer aus Österreich und die Französin Nicole Hassler.

Das strahlende Lächeln Manfred Schnelldorfers täuscht; ein Sturz kurz nach Beginn der Kür macht die Hoffnung auf den Weltmeistertitel zunichte

Georg Thoma siegt in der Kombination

18. März. Am Holmenkollen in der Nähe der norwegischen Hauptstadt Oslo erkämpft sich der Deutsche Georg Thoma den Sieg in der nordischen Kombination. Nach seinem ersten Platz im Kombinationsspringen ist Thoma mit 52:33,9 min auch im 15-km-Langlauf der Beste. Damit erreicht er insgesamt 505,15 Punkte. Weit abgeschlagen belegt der Norweger Tormod Knutsen mit 470,07 Punkten den zweiten Platz, gefolgt von dem Finnen Erkki Luiro (451,69 Punkte). Der Schwarzwälder Thoma ist damit der erste siegreiche Mitteleuropäer in der Kombination bei dem traditionsreichen Wettkampf.

Großartiger Erfolg für DDR-Skiflieger

24. März. Mit einem überlegenen Triumph der Springerelite aus der DDR geht die internationale Skiflugwoche auf der Riesenschanze bei Planica in Jugoslawien zu Ende.

Dieter Bokeloh aus dem Thüringer Wald siegt mit der Gesamtnote 463,1 vor Dietmar Klemm (436,2), Veit Kürth (432,8) und dem fünfmaligen Gewinner der Flugwoche und Weltmeister Helmut Recknagel (423,5). Durch diese ersten vier Plätze behält die DDR-Mannschaft auch weiterhin den Stanko-Bloudek-Pokal, den sie seit 1960 ununterbrochen besitzt. Die größte Weite der gesamten Konkurrenz erreichte Bokeloh mit 121 m.

Streit um deutsche Flagge in Stockholm

17. März. Die am 9. März begonnenen Eishockey-Weltmeisterschaften in Schweden gehen mit dem Titelgewinn der UdSSR in Stockholm zu Ende.

Durch einen überlegenen 4:2-Sieg gegen Kanada im letzten Spiel des Turniers sichert sich die Sowjetunion zum dritten Mal die Weltmeisterschaft. Sie hatte das bessere Torverhältnis gegenüber Titelverteidiger Schweden, der zuvor seine Chancen durch eine überraschende 2:3-Niederlage gegen die Tschechoslowakei verspielt hatte.

Tags zuvor, am 16. März, trafen die beiden deutschen Mannschaften aufeinander – eine Begegnung, die von beiden Seiten gern vermieden

Eishockey-Weltmeisterschaft

	Tore	Punkte
1. UdSSR	50:9	12:2
2. Schweden	44:10	12:2
3. Tschechoslowakei	41:16	11:3
4. Kanada	46:23	9:5
5. Finnland	20:35	3:11
6. DDR	16:43	3:11
7. Bundesrepublik	18:56	3:11
8. USA	21:64	3:11

worden wäre, da sie unweigerlich politische Konsequenzen nach sich ziehen mußte. Die Teilnehmer aus der DDR und der Bundesrepublik waren jeweils unter eigener Flagge und mit eigener Nationalhymne angereist. Das Problem hierbei: Der Verlierer muß bei der Siegerehrung Fahne und Hymne des anderen Staates die Ehre erweisen.

72 Sekunden vor Schluß des Spiels gelang Ernst Trautwein der entscheidende Treffer, die Bundesrepublik gewann 4:3. Bei der Siegerehrung folgte dann der erwartete Eklat. Beim Erklingen des Deutschlandliedes drehten die DDR-Spieler der bundesrepublikanischen Flagge demonstrativ den Rücken zu. Daraufhin beschloß der Eishockey-Verband die Suspendierung der DDR-Mannschaft bis 16. Juni 1963. Am Endstand der Weltmeisterschaft ändert dies allerdings nichts.

Anquetil gewinnt Rennen in Nizza

17. März. In Nizza beendet der französische Radrennfahrer Jacques Anquetil die Acht-Etappen-Fahrt Paris–Nizza als Sieger.

Erst auf der vorletzten Etappe konnte der Tour-de-France-Sieger die Spitze im Gesamtklassement von seinem Mannschaftskameraden, dem Kölner Rudi Altig, übernehmen. Sieger der achten und letzten Teilstrecke (ein Rundstreckenrennen über 165 km mit Start und Ziel in Nizza) wird Belgiens ehemaliger Weltmeister Rik van Looy, der damit seinen dritten Etappensieg der Fahrt feiert. Altig bleibt in der Gesamtwertung auf Platz zwei. Hans Junkermann erreicht Platz acht.

April 1963

Mo	Di	Mi	Do	Fr	Sa	So
1	2	3	4	5	6	7
8	9	10	11	12	13	14
15	16	17	18	19	20	21
22	23	24	25	26	27	28
29	30					

1. April, Montag

In Mainz nimmt das Zweite Deutsche Fernsehen mit Ansprachen von Kurt Georg Kiesinger, dem Ministerpräsidenten von Baden-Württemberg, und Intendant Karl Holzamer um 19.30 Uhr den Sendebetrieb auf. →S. 70

Die Sowjetunion lehnt die Einladung der Bundesrepublik zu den Filmfestspielen von Berlin (West) im Juni mit der Begründung ab, Bonn besitze nicht die Befugnis, für Berlin zu sprechen.

Nachdem die Versuche, in der Bundesrepublik und Portugal politisches Asyl zu erhalten, gescheitert sind, reist Georges Bidault nach Brasilien. Dort aber erhält der ehemalige Ministerpräsident Frankreichs und spätere Gegner von Charles de Gaulle politisches Asyl. Er muß jedoch auf jede Agitation gegen Präsident de Gaulle verzichten. →S. 65

Der laotische Außenminister Quinim Pholsena wird in Laos von einem Mitglied seiner Leibwache ermordet. Er galt als bedeutendster Vertreter des linken Flügels der Neutralisten. →S. 66

In Südbayern und dem Alpengebiet setzen für diese Jahreszeit ungewöhnlich starke Schneefälle ein und verwandeln das Gebiet südlich der Donau in eine Winterlandschaft.

2. April, Dienstag

In Brüssel kommt der Ministerrat der Europäischen Wirtschaftsgemeinschaft (EWG) zu seiner 100. Sitzung zusammen. Bundesaußenminister Gerhard Schröder (CDU) will mit Hilfe eines Vier-Punkte-Planes die Beziehungen der Staaten intensiver gestalten.

Der 21jährige Finne Seppo Haltsonen und seine 16jährige Partnerin Tuula Kaija tanzen in Helsinki 60 Stunden ununterbrochen Twist und stellen damit einen neuen Weltrekord auf.

3. April, Mittwoch

Die Generalbundesanwaltschaft der DDR leitet ein Ermittlungsverfahren gegen den Staatssekretär im Bundeskanzleramt, Hans Globke, ein. Ihm wird die Beteiligung an der Verfolgung und Ausrottung von Juden, Slawen und anderen Völkergruppen angelastet. →S. 63

Die USA starten vom Raketenversuchsgelände in Cape Canaveral den Erdsatelliten »Explorer XVII«. Er wiegt 186 kg.

In Berlin (West) findet die deutsche Erstaufführung der Verfilmung von Franz Kafkas Roman „Der Prozeß" statt. Regie führt der US-Amerikaner Orson Welles, in den Hauptrollen sind die US-amerikanische Schauspieler Anthony Perkins und die junge Schauspielerin Romy Schneider aus Deutschland zu sehen.

Mit einem Floß fliehen zehn Menschen aus der DDR, darunter fünf Kinder, über die Elbe in die Bundesrepublik.

4. April, Donnerstag

Zwischen der Landespostdirektion Berlin (West) und der Bezirkspostdirektion Berlin (Ost) wird eine Übereinstimmung in sachlichen Fragen des Postverkehrs erzielt. Den von der DDR geforderten förmlichen Vertragsabschluß weist die westliche Seite jedoch zurück.

US-Präsident John F. Kennedy macht von seiner gesetzlich geregelten Eingriffsmöglichkeit Gebrauch und erwirkt einen 60tägigen Aufschub für den geplanten Streik von 200 000 Eisenbahnern.

Als erster europäischer Staat erläßt die Schweiz ein Rheuma-Gesetz zur Vorbeugung und Bekämpfung der Krankheit, das auch Aufklärung beinhaltet. →S. 68

5. April, Freitag

Auf der Genfer Abrüstungskonferenz stimmt die Sowjetunion dem US-amerikanischen Vorschlag zu, eine direkte Nachrichtenverbindung zwischen Moskau und Washington einzurichten. Durch den »direkten Draht« soll eine eventuelle versehentliche Auslösung eines Nuklearkrieges vermieden werden (→16. 8./S. 124).

Die Vereinigten Staaten von Amerika führen in der Wüste Nevada einen unterirdischen Kernwaffenversuch durch. Die angegebene Sprengkraft beträgt 20 000 t Trinitrotoluol (TNT).

Der Mann der britischen Königin, Prinz Philip, übergibt in Berkeley und Bradwell je ein Atomkraftwerk zur Inbetriebnahme. →S. 62

Die Deutsche Lufthansa nimmt die spanische Insel Mallorca in ihren regelmäßigen Linienverkehr auf.

6. April, Sonnabend

Eine Delegation führender Wirtschaftsfachleute der Volksrepublik China beendet ihren seit dem 25. Februar dauernden Besuch in der Bundesrepublik. Im Mittelpunkt des Aufenthaltes standen Besichtigungen von mehreren großen Industriebetrieben.

Die USA schließen mit Großbritannien ein Abkommen über den Verkauf von »Polaris«-Raketen an Großbritannien. Es soll in Kraft bleiben auch im Falle eines Scheiterns der Pläne für eine multilaterale Streitmacht des Nordatlantikpaktes (NATO) (→27. 2./S. 32).

Der am 2. April in Argentinien begonnene Putsch rechtsextremer Marineoffiziere wird von den Regierungstruppen niedergeschlagen. →S. 65

Nachdem ein Kompromiß in Lohnfragen erzielt werden konnte, beenden die seit dem 28. Februar im Streik stehenden französischen Bergarbeiter ihren Arbeitskampf (→13. 3./S. 50).

7. April, Sonntag

Die neu angenommene Verfassung Jugoslawiens bestimmt den bisherigen Staatschef Josip Broz Tito zum Staatspräsidenten auf Lebenszeit. →S. 65

Die erste Sonntagsausgabe der »New York Times« nach dem Druckerstreik erscheint mit einem Rekordumfang von 700 Seiten (→24. 3./S. 52).

Dem Architekten Ludwig Mies van der Rohe erkennt die US-amerikanische Gesellschaft für Kunst und Literatur in New York ihre Goldmedaille zu.

8. April, Montag

Die Sowjetunion protestiert in nahezu gleichlautenden Noten an die USA, Großbritannien und die Bundesrepublik Deutschland gegen den geplanten Aufbau einer Atomstreitmacht des Nordatlantikpaktes (→27. 2./S. 32).

Dänemark widerruft die seit 1959 vereinbarte Sonderregelung, die es britischen Fischern gestattet, in einer Zone zwischen sechs und zwölf Meilen vor der dänischen Küste zu fangen.

9. April, Dienstag

Vor dem Schwurgericht in Hannover beginnt ein Prozeß gegen drei ehemalige Angehörige der SS. Ihnen wird die Ermordung von KZ-Häftlingen im Jahr 1945 zur Last gelegt.

Der seit dem 8. April tagende Kongreß der Vorsitzenden der christlich-demokratischen Parteien der Staaten der Europäischen Wirtschaftsgemeinschaft (EWG) sowie Österreichs, Norwegens und der Schweiz in Rom fordert den Beitritt Großbritanniens zur Gemeinschaft.

Bei den 27. Tischtennisweltmeisterschaften in Prag geht der Titel bei den Damen an die japanische Mannschaft. Bei den Herren siegen die Chinesen. Die bundesdeutsche Mannschaft wird dritte. →S. 73

10. April, Mittwoch

Die Schweizer Polizei nimmt Erich Rajakovic in seinem Haus in Lugano fest. Er war während der NS-Zeit Mitarbeiter von Adolf Eichmann, dem Leiter des Judenreferates im Reichssicherheitshauptamt. Rajakovic wird beschuldigt, an der Verschleppung und Ermordung von 6000 Juden beteiligt gewesen zu sein.

Unter dem Vorsitz des französischen Außenministers Maurice Couve de Murville tagen vom 8. bis 10. April die Militärberater der SEATO (Südostasiatischer Sicherheitspakt) in Paris. →S. 62

Der frühere britische Premierminister, Sir Winston Churchill, wird zum ersten ausländischen Ehrenbürger der USA ernannt. In feierlicher Zeremonie unterzeichnet US-Präsident John F. Kennedy ein eigens zu diesem Zweck vom Kongreß verabschiedetes Gesetz. →S. 67

11. April, Donnerstag

Die Bundesregierung weist in einem Schreiben eine Sowjetnote vom 6. April zurück, worin das von der Bundesregierung am 28. März verhängte Stahlröhrenembargo als Völkerrechtsbruch bezeichnet wird (→18. 3./S. 47).

Das US-amerikanische Atom-U-Boot »Tresher« sinkt bei Tauchmanövern vor der US-amerikanischen Ostküste. 129 Mann Besatzung ertrinken. →S. 62

Bei einem Revolver-Attentat wird in Algier der algerische Außenminister Mohammed Khemisti lebensgefährlich verwundet. →S. 66

Die Enzyklika »Pacem in terris« wendet sich erstmals nicht an die Christen, sondern »an alle Menschen guten Willens«. Sie werden zur Schaffung einer umfassenden, menschenwürdigen Gemeinschaft aufgefordert. →S. 66

In einem Freundschaftsspiel im Hamburger Volksparkstadion schlägt Real Madrid die Fußballmannschaft des Hamburger SV 1:0.

12. April, Karfreitag

52 britische Atomwaffengegner, die an den Ostermärschen in der Bundesrepublik teilnehmen wollten, hindert die Polizei in Düsseldorf am Verlassen des Flugzeugs. Durch die Weigerung der Demonstranten, die Sicherheitsmaßnahmen im Flugzeug zu befolgen, ist dem Piloten der Maschine jedoch der Rückflug nicht möglich (→14. 4./S. 62).

Erich Honecker, Mitglied des Politbüros beim Zentralkomitee der SED in Berlin (Ost), fordert in einer Rede das Aufholen der Planrückstände in der DDR. Er beziffert den Produktionsausfall seit Januar 1963, verursacht durch den strengen Winter, mit 934 Millionen Mark (Ost).

Papst Johannes XXIII. korrigiert während des Karfreitagsgottesdienstes im Petersdom in Rom den Gebetsspruch, der in seinem Gebet die Formulierung »perfide Juden« gebrauchte. →S. 66

13. April, Sonnabend

In einem Dekret erklärt die Regierung Ägyptens die Verstaatlichung von 13 Baumwoll-Exportbetrieben.

In Kongo (Brazzaville) entscheidet sich die Nationalversammlung einstimmig für die Schaffung einer Einheitspartei.

Im Skagerrak kollidiert ein sowjetisches U-Boot mit dem finnischen Frachter »Finnklipper«. Beide Schiffe werden dabei erheblich beschädigt, können aber die Fahrt aus eigener Kraft fortsetzen.

Zwei US-Amerikanern gelingt die Überquerung des Ärmelkanals in einem Heißluftballon. Ihre Luftfahrt von Rye nach Calais dauert drei Stunden.

14. April, Ostersonntag

In Frankfurt am Main, Dortmund, Hannover, Hamburg und anderen Großstädten der Bundesrepublik finden Ostermärsche gegen die militärische Nutzung der Kernenergie statt. An der Abschlußkundgebung in Düsseldorf nehmen etwa 23 000 Menschen teil. →S. 62

*Ein vom Foto-
grafen Henry
Wolf grafisch
aktuell gestal-
tetes Titelblatt
der April-
Nummer des
in den USA er-
scheinenden
Kunstmaga-
zins »Show«
über die Fami-
lie Kennedy*

SHOW

INCORPORATING USA · 1

THE
MAGAZINE
OF
THE
ARTS

75 CENTS
APRIL 1963

TOO MANY KENNEDYS? by ALISTAIR COOKE

Auf dem Platz vor dem Petersdom in Rom versammeln sich mehr als 300 000 Christen, um den Segen »urbi et orbi« des Papstes zu empfangen. Der 81jährige Papst Johannes XXIII. übermittelt seine Osterwünsche in 27 Sprachen.

Berlin (West) erlebt den größten Besucherandrang seit Kriegsende. Insgesamt 154 000 Touristen verbringen den Ostersonntag in Berlin. → S. 67

Siegfried Linker aus Frankfurt am Main trifft nach einer 5600 km langen Fahrradtour, die am 8. März in New York begonnen hatte, in Seattle (USA) ein.

15. April, Ostermontag

Das libysche Repräsentantenhaus verabschiedet ein Gesetz über die Aufhebung der Föderalstruktur. Das nordafrikanische Land wird in Verwaltungseinheiten aufgeteilt, die der Zentralregierung direkt unterstehen.

Auf der Insel Isabella, der größten der Galapagos-Gruppe, kommt es zu einem Vulkanausbruch, durch den die Landschaft mit ungewöhnlich großen Lavamassen bedeckt wird.

16. April, Dienstag

Im Bundesverteidigungsministerium in Bonn beginnen die ersten Gespräche zwischen deutschen und US-amerikanischen Experten über die Aufstellung der geplanten gemeinsamen Atomstreitmacht. Im Mittelpunkt steht die Frage nach der Ausrüstung mit U-Booten oder Überwasserschiffen. → S. 62

Der britische Premierminister Harold Macmillan bricht seinen Osterurlaub ab, um Gegenmaßnahmen gegen die Aktion der Atomwaffengegner »Spionage für den Frieden« in London zu treffen.

17. April, Mittwoch

In Kairo unterzeichnen Ägypten, Syrien und der Irak ein Kommuniqué, das die Schaffung einer neuen Vereinigten Arabischen Republik zum Inhalt hat. Der Jemen erklärt gleichzeitig seine Absicht, dem Abkommen beizutreten. → S. 65

Großbritannien stellt sein erstes atomar angetriebenes U-Boot in Dienst.

18. April, Donnerstag

Wegen seiner Tätigkeit während des Spanischen Bürgerkriegs wird der Kommunist Julian Grimau García in Madrid zum Tode verurteilt und trotz heftiger Proteste, die aus aller Welt eingehen, am 20. April hingerichtet. → S. 66

Das Bundesministerium für wirtschaftliche Zusammenarbeit gibt die Gewährung eines Kredites für Indien in Höhe von 400 Millionen DM bekannt.

Die gewerkschaftlich organisierten Metallarbeiter in Württemberg und Nordbaden beschließen in einer Urabstimmung, ihre Forderung nach 8%iger Lohnerhöhung bei unveränderter Haltung der Arbeitgeberseite durch Streik durchzusetzen (→ 9. 5./S. 82).

Aufgrund einer staatsanwaltschaftlichen Verfügung werden in Schleswig-Holstein fünf Mitglieder der KPD-Landesleitung verhaftet. Die KPD ist seit 1956 vom Bundesverfassungsgericht verboten.

19. April, Freitag

In einer Rundfunk- und Fernsehansprache bezeichnet der französische Staatspräsident Charles de Gaulle eine unabhängige französische Atomstreitmacht als lebensnotwendig für Frankreich. Er erklärt sich jedoch zu einer Koordination mit der Nuklearmacht des Nordatlantikpaktes bereit (→ 18. 3./S. 56).

In München wird die Fusion des Filmkonzerns Bavaria mit der führenden US-amerikanischen Verleihgesellschaft in der Bundesrepublik zur Columbia-Bavaria-Filmgesellschaft mbH der Presse bekanntgegeben.

20. April, Sonnabend

Mehr als 1000 Bundesbürger reisen über die niederländische Grenze zu einem Konzert, das der 74jährige Pianist Arthur Rubinstein in Nimwegen gibt. In Bezugnahme auf den Nationalsozialismus hatte Rubinstein erklärt, nie mehr in Deutschland spielen zu wollen. → S. 67

21. April, Sonntag

Der Vorsitzende der SPD, Erich Ollenhauer, leitet mit seiner Eröffnungsansprache in Bochum eine Festwoche zum 100jährigen Bestehen seiner Partei ein. Ollenhauer bezeichnet Karl Marx und Friedrich Engels als die großen Theoretiker, auf die die Sozialdemokraten niemals verzichten könnten. → S. 64

Der Staatsratsvorsitzende der DDR, Walter Ulbricht, richtet einen dringenden Appell an die »Werktätigen der sozialistischen Landwirtschaft« und fordert zur Behebung der Versorgungsschwierigkeiten im Lebensmittelsektor auf. → S. 64

22. April, Montag

Die Vereinigten Staaten von Amerika, Großbritannien und Frankreich bezeichnen in einer gemeinsamen Konsultation mit der Bundesregierung in Bonn eine Sitzung des Bundestages in Berlin »aus politischen Gründen gegenwärtig für nicht angebracht«. → S. 63

Zum neuen kanadischen Ministerpräsidenten wird der liberale Politiker Lester Bowles Pearson gewählt.

21 US-Amerikaner in kubanischen Gefängnissen, die wegen konterrevolutionärer Tätigkeit verurteilt worden waren, wurden vorzeitig entlassen und treffen mit dem Flugzeug in den USA ein.

23. April, Dienstag

Die Bundesfraktion der CDU/CSU nominiert mit 159 zu 47 Stimmen bei 19 Enthaltungen Bundeswirtschaftsminister Ludwig Erhard (CDU) zum Kanzlerkandidaten als Nachfolger von Konrad Adenauer (CDU). → S. 63

In Portsmouth (USA) findet der Stapellauf eines neuen Angriffs-Atom-U-Bootes statt. Damit besitzen die Vereinigten Staaten 27 atomar angetriebene U-Boote, sieben mehr als die Sowjetunion.

24. April, Mittwoch

In Saint Dizier empfängt der französische Staatspräsident Charles de Gaulle den Regierenden Bürgermeister von Berlin (West), Willy Brandt (SPD), zu einem Gespräch über das Berlin-Problem.

An der Deutschen Oper in Berlin (West) gelangt die Operntrilogie »Die Orestie des Aischylos« von Darius Milhaud (Regie: Gustav Sellner) zur Uraufführung.

Die sowjetische Parteizeitung »Prawda« berichtet, daß es Wissenschaftlern der UdSSR erstmals gelungen ist, stabiles Plasma mit hohen Temperaturen und großer Dichte für gesteuerte thermonukleare Reaktionen zu gewinnen. → S. 68

Im Stadion von Madrid unterliegt der 1. FC Nürnberg im Europapokalspiel gegen Atletico Madrid 0:2.

25. April, Donnerstag

Der sowjetische Parteichef Nikita S. Chruschtschow empfängt in Moskau Staatssekretär William A. Harriman vom US-amerikanischen Außenministerium zu Gesprächen über die zugespitzte Lage in Laos (→ 1. 4./S. 66).

Schwere Überschwemmungen, ausgelöst durch ungewöhnlich lang anhaltende Regenfälle, fordern im Westteil Afghanistans über 107 Todesopfer.

26. April, Freitag

Bundestagspräsident Eugen Gerstenmaier erklärt, die Bundesregierung werde auch zukünftig an Tagungen des Bonner Bundestages in Berlin (West) festhalten (→ 22. 4./S. 63).

In Hamburg eröffnet Bundespräsident Heinrich Lübke die Internationale Gartenbauausstellung, die IGA 63, die bis zum 13. Oktober dauert. → S. 68

In Berlin (West) versammelt Priester Johannes Leppich mit seinen provokativen und unkonventionellen Predigtstil 5000 Zuhörer in der Kreuzberger St. Johannes-Basilika. → S. 67

Im Heysel-Stadion in Brüssel gelingt der belgischen Fußball-Nationalmannschaft ein sensationelles 5:1 gegen den amtierenden Weltmeister Brasilien.

27. April, Sonnabend

Auf dem siebenten Deutschen Studententag in Bochum fordern die Teilnehmer die Gründung von zehn neuen Hochschulen in der Bundesrepublik als notwendige Maßnahme zur Deckung des Bedarfs an Wissenschaftlern (→ S. 68).

Das Oberste chilenische Gericht lehnt den Antrag der Bundesrepublik auf Auslieferung des früheren SS-Standartenführers Walter Rauff ab.

In Walnut (USA) überspringt der US-Amerikaner Brian Sternberg mit dem Stab die Fünf-Meter-Marke und hält damit den Weltrekord.

28. April, Sonntag

Bundespräsident Heinrich Lübke (CDU) eröffnet die 17. Industriemesse in Hannover (bis 5. 5.), an der 5700 Aussteller aus 27 Ländern teilnehmen. → S. 64

Bei den Präsidentschaftswahlen in Österreich wird der Kandidat der Sozialistischen Partei Österreichs (SPÖ), Adolf Schärf, erneut zum Bundespräsidenten gewählt. → S. 66

29. April, Montag

Die fünf lateinamerikanischen Republiken Bolivien, Chile, Brasilien, Ecuador und Mexiko schließen einen Vertrag, in dem sie sich verpflichten, keine Kernwaffen und Kernwaffenträger herzustellen, zu beziehen, zu lagern und zu testen.

In Walnut (USA) erzielt Yang Chuan-Kwang (CHN) mit 9121 Punkten einen Weltrekord im Zehnkampf. → S. 73

30. April, Dienstag

Die Situation im Tarifstreik in Baden-Württemberg verschärft sich. Durch Streik und Aussperrungsmaßnahmen der Unternehmer sind nun insgesamt 1150 Betriebe stillgelegt (→ 9. 5./S. 82).

Die Wahlen zum vierten italienischen Nachkriegsparlament bringen für die Regierung der linken Mitte unter Amintore Fanfani erhebliche Verluste. Die Liberalen und Kommunisten sind die eigentlichen Gewinner. Letztere können erstmals die 25%-Grenze überschreiten.

An der Hamburger Staatsoper wird das Musikalische Spiel von Igor Strawinski »Die Sintflut« uraufgeführt. Die Regie führt Günther Rennert, die musikalische Leitung hat Robert Craft.

Die Fehmarnsundbrücke wird für den Verkehr freigegeben. Die 963,40 m lange Straßen- und Eisenbahnbrücke verbindet die Ostseeinsel Fehmarn mit dem holsteinischen Festland. → S. 67

Gestorben:

11. Wien: Franz Karl Ginzkey (*8. 9. 1871, Bola/Pula), österreichischer Schriftsteller und Lyriker.

23. Jerusalem: Isaac Ben Zwi (*6. 12. 1884, Poltawa/Ukraine), israelischer Politiker.

27. Berlin (Ost): Sella Hasse (*12. 1. 1878, Bitterfeld), deutsche Grafikerin.

Geboren:

13. Baku: Garri Kasparow, sowjetischer Schachspieler.

Das Wetter im Monat April

Station	Mittlere Lufttemperatur (°C)	Niederschlag (mm)	Sonnenscheindauer (Std.)
Aachen	— (8,8)	93*(63)	135 (178)
Berlin	8,9 (8,3)	81*(41)	150 (193)
Bremen	— (8,2)	73*(50)	143 (185)
München	— (8,0)	110*(59)	126 (173)
Wien	11,2 (9,6)	28 (54)	187 (—)
Zürich	9,2 (8,0)	98 (88)	118 (173)

( ) Langjähriger Mittelwert für diesen Monat
* Durchschnittswert März–April
– Wert nicht ermittelt

»Paris Match« berichtet am 13. April über die Enzyklika »Pacem in terris« von Papst Johannes XXIII.

PARIS MATCH

10. April 196

N° 731 / 13 AVRIL 1963 / PRIX SPÉCIAL 1,20 F

PAQUES. NUMÉRO EXCEPTIONNEL. 32 PAGES COULEURS

LE PAPE DE LA PAIX

Jean XXIII, ici photographié par Karsh, adresse au monde entier un plan pour mettre la guerre en échec. Les premiers mots de son encyclique : « Paix sur la terre... » (Voir à l'intérieur notre reportage en couleur.)

Start einer Polaris-Rakete von einem US-amerikanischen U-Boot; noch unklar ist, ob auch die NATO U-Boote erhält

U-Boot-Katastrophe fordert 129 Opfer

11. April. Bei Tauchmanövern vor der US-amerikanischen Ostküste sinkt das US-amerikanische Atom-U-Boot »Tresher«. Bei dem Unglück kommen alle 129 Mann Besatzung ums Leben.

Der letzte verstümmelte Funkspruch der »Tresher«, die in einer Tiefe von 120 m operieren sollte, löst noch keine Besorgnis aus. Erst als eine Stunde lang jeglicher Kontakt ausbleibt, alarmiert das Funkschiff »Skylark« einen Hochseeschlepper. Experten vermuten, daß »Tresher« aufgrund eines Steuerungsfehlers in zu große Tiefen geriet und vom Wasserdruck zerquetscht wurde.

SEATO-Tagung plant Militärmanöver

10. April. Die Mitglieder des Südostasienpaktes (SEATO) unterstreichen zum Abschluß ihrer dreitägigen Konferenz in Paris ihre Entschlossenheit, das »neutrale und unabhängige Laos unter einer Regierung der nationalen Einheit« weiterhin uneingeschränkt zu unterstützen (→ 1. 4./S. 66).

Als demonstrativen Beweis ihrer Haltung planen die acht Paktstaaten – USA, Großbritannien, Frankreich, Australien, Neuseeland, Pakistan, Thailand und die Philippinen – gemeinsame Manöver in Südostasien. An einen militärischen Eingriff in die Auseinandersetzungen der rivalisierenden Parteien im Königreich Laos denken die SEATO-Staaten laut Abschlußkommuniqué nicht.

Streit um Ausrüstung der NATO-Atomflotte

16. April. Militärexperten aus den USA und der Bundesrepublik treffen in Bonn zu ersten Gesprächen über die geplante multilaterale Atomstreitmacht des Nordatlantikpaktes (NATO) zusammen.

Dabei wird die unterschiedliche Haltung der Gesprächspartner, Claude Vernon Ricketts vom US-Marinestab und Karl Adolf Zenker von der Bundesmarine, deutlich. In der Frage, ob U-Boote oder Frachter mit Polaris-Raketen bestückt werden sollen, besteht noch keine Einigkeit. Infolge des Abkommens von Nassau im Dezember 1962 war zunächst eine mit Atom-Raketen vom Typ »Polaris« bestückte Unterseebootflotte für die NATO vorgesehen. Dem Konzept einer multilateralen Atomstreitmacht zufolge sollen die Mannschaften aus Soldaten verschiedener NATO-Länder bestehen. Das jedoch bewog den US-amerikanischen Kongreß dazu, seine Zustimmung zu verweigern. Man will die europäischen Verbündeten nicht zu genau in moderne US-amerikanische Waffentechnik einweihen.

Den Ausweg sehen die Militärstrategen Washingtons nun in einer Ausstattung der Marine mit Überwasserbooten, auf die »Polaris« Raketen montiert werden. Nach Ricketts Meinung ist dieser Weg erheblich kostengünstiger als eine U-Boot-Flotte, außerdem würden Überwasserschiffe feindliche Angriffe mit weniger Verlusten überstehen. Die Gefahr, leichter entdeckt zu werden, könnten die Frachter durch ständigen Positionswechsel ausgleichen. Zenker aber akzeptiert keines dieser Argumente. Er fordert die von den USA noch vor zwei Monaten als »einzig unverwundbare Vergeltungswaffe« gepriesenen Unterseeboote (→ 27. 2./S. 32).

Protestmärsche gegen Atomwaffen

14. April. An den diesjährigen Ostermärschen der Atomwaffengegner beteiligen sich in der Bundesrepublik etwa 14 000 Menschen.

Das Bundesinnenministerium erließ eigens für die Osterzeit ein Einreiseverbot für Demonstranten, da mit Protestaktionen ausländischer Kernwaffengegner gerechnet wird. Es kommt zu mehreren Zwischenfällen – so auch in Düsseldorf, wo die Polizei am 12. April eine 52 Mann starke Gruppe aus Großbritannien am Verlassen des Flugplatzes hinderte und den Rückflug der Passagiermaschine anordnete.

Das neu in Betrieb genommene Atomkraftwerk Berkeley (Großbritannien)

Inbetriebnahme von Atomkraftwerken

5. April. Prinz Philip, der Mann von Königin Elisabeth II. von Großbritannien, übergibt in Berkeley und Bradwell zwei neue Atomkraftwerke ihrer Bestimmung.

Die beiden jeweils im westlichen und östlichen Teil Großbritanniens gelegenen Betriebe wurden innerhalb von fünf Jahren errichtet und kosteten bis zu ihrer Fertigstellung umgerechnet 1,2 Millionen DM. Sie besitzen eine Leistungsfähigkeit von 275 000 bzw. 300 000 KW.

Mit diesen Anlagen hat sich in Großbritannien die nukleare Energiegewinnung durchgesetzt.

Erhard gegen Adenauers Votum nominiert

23. April. Die Bundestagsfraktion der CDU/CSU nominiert Bundeswirtschaftsminister Ludwig Erhard (CDU) zum Kanzlerkandidaten.

Erhard wird von der Bundestagsfraktion der CDU/CSU im Bonner Bundestag mit 159 gegen 47 Stimmen bei 19 Enthaltungen zu dem Nachfolger von Kanzler Konrad Adenauer (CDU) bestimmt.

Mit der Wahl Erhards geht ein langes und zähes Ringen um die Nachfolge von Bundeskanzler Konrad Adenauer (CDU) zu Ende. Adenauer, der aus Altersgründen im Herbst 1963 zurücktreten möchte (→ 15. 10./S. 160), war es selbst, der konsequent, jedoch mit immer geringer werdendem Durchsetzungsvermögen eine Kanzlerkandidatur Erhards verhindern wollte.

Adenauers Vorbehalte gegenüber dem Wirtschaftsminister richten sich vor allem gegen die angebliche außenpolitische Unfähigkeit Erhards. So gestaltete sich das Verfahren zur Nominierung eines Nachfolgers für Bundeskanzler Adenauer innerhalb der Fraktion äußerst schwierig. Adenauer versuchte, drei Konkurrenten ins Spiel zu bringen, um Erhards Inthronisierung zu erschweren. Darunter war auch CDU-Fraktionschef Heinrich von Brentano, dessen Aufgabe es jedoch aufgrund eigener Entscheidung als auch eindeutigen Fraktionsbeschlusses ist, nur einen Kanzleranwärter zu präsentieren. Brentano tritt ebenfalls für den Wirtschaftsminister ein. Der von der Fraktion gewählte Ludwig Erhard erhält schließlich auch Adenauers Plazet.

Die große Mehrheit der CDU/CSU-Fraktion wählt Wirtschaftsminister Ludwig Erhard, hier kurz nach der Abstimmung, zum Nachfolger des Bundeskanzlers

Prozeß gegen Hans Globke in der DDR

3. April. Die Staatsanwaltschaft der DDR leitet gegen den Bonner Staatssekretär im Bundeskanzleramt, Hans Globke, ein Ermittlungsverfahren ein.

Hans Globke

Darin soll geklärt werden, ob Globke in seiner ehemaligen juristischen Funktion als Kommentator der nationalsozialistischen Nürnberger Rassengesetze für die Verfolgung und Ausrottung von Millionen Juden mitverantwortlich ist. Außerdem wird ihm vorgeworfen, er habe zusammen mit dem damaligen Vorsitzenden des nationalsozialistischen Volksgerichtshofes, Roland Freisler, die »braune Diktatur juristisch legitimiert«.

Im Juli 1963 wird Globke in Abwesenheit durch das Oberste Gericht der DDR zu einer lebenslänglichen Zuchthausstrafe verurteilt.

Bundestagssitzung in Berlin abgesagt

22. April. Die Vertreter der Vereinigten Staaten von Amerika, Großbritanniens und Frankreich erheben gegenüber der Bundesregierung Einspruch gegen die geplanten Sitzungen des deutschen Bundestages in Berlin (West).

In einer vertraulichen Stellungnahme der drei Westmächte, die Bundestagspräsident Eugen Gerstenmaier (CDU) erhält, werden die beabsichtigten Sitzungen als »unnötige Herausforderung« bezeichnet. Diese Haltung löst in weiten Teilen der Bevölkerung von Berlin (West) Enttäuschung und Besorgnis aus, da Veranstaltungen des Parlaments in der Stadt als Zeichen der Verbundenheit Berlins mit der Bundesrepublik gegolten hatten.

Auch die Berliner Parteien bringen ihre Verärgerung zum Ausdruck. Bürgermeister Heinrich Albertz (SPD) gibt eine Erklärung des Senats ab, worin es heißt, der Senat nehme mit Bedauern Kenntnis davon, daß der Bundestag die Absicht, »eine Arbeitssitzung in der deutschen Hauptstadt« zu veranstalten, nicht verwirklichen könne.

Erhard im Spiegel der öffentlichen Meinung

Bundeskanzler Konrad Adenauer über seinen Nachfolger und Parteifreund Ludwig Erhard:

»Erhard ist ein hervorragender Wirtschaftler und ein Mann, der die besten Fähigkeiten hat; ob er aber auch ein hervorragender Politiker ist, muß er erst noch beweisen ... Zur gegenwärtigen Zeit muß man vorsichtig sein.«

»Was soll man von einem Mann halten, der zuerst ja und dann nein sagt? Der hat ja kein Standvermögen.«

»Ich kann es einfach nicht über mich bringen, den Herrn Erhard vorzuschlagen.«

»Den bringe ich noch auf Null.«

»Ich spreche es nicht gern aus, daß ich den Herrn Erhard für nicht geeignet halte.«

Kommentar der SPD:

»Auf Erhard lastet nicht nur das Urteil seines Parteichefs, er ist nicht fähig, der sichere Lotse des Staatsschiffs zu sein.«

»Figaro« (Frankreich):

»Erhard handelt als ein Mann, ... der Deutschland die größtmögliche Zahl von Märkten eröffnen möchte. Er ist daher sehr weit von den Ansichten des Generals de Gaulle entfernt und wird für den Präsidenten der Französischen Republik einer der schwierigsten Gesprächspartner sein, die es gibt.«

»Times« (Großbritannien):

»Man darf sich mit einigem Recht die Frage stellen, ob er [Erhard] genügend Charakter hat, um mit wirklich kritischen Entscheidungen fertig zu werden.«

»Il Popolo« (Italien):

»Erhard ist ein lauwarmer Befürworter des Vertrages mit Paris.«

Feiern zum 100jährigen Jubiläum der SPD

21. April. Mit einer Festwoche »Hundert Jahre demokratischer Sozialismus« werden in Bochum die Jubiläumsfeierlichkeiten der SPD anläßlich ihres 100jährigen Bestehens am 23. Mai eröffnet.

In der Festansprache betont der SPD-Vorsitzende Erich Ollenhauer, daß sich die Grundzüge seiner Partei seit dem 1863 gegründeten »Allgemeinen Deutschen Arbeiterverein« nicht verändert hätten. Mit ihren Bildungsforderungen und ihrem Ziel einer »Vermenschlichung der Gesellschaft« sei die Partei während der letzten 100 Jahre zu einem wesentlichen Faktor im Freiheitskampf des deutschen Volkes geworden.

Ihre Modernität und Anpassungsfähigkeit an die jeweiligen gesellschaftlichen Bedingungen sowie ihre Kraft zur Neuorientierung stelle die SPD mit dem Godesberger Programm vom 15. November 1959 unter Beweis.

Die Sozialdemokratische Partei Deutschlands (SPD) besteht erst seit 1890. Die SPD geht jedoch auf den Allgemeinen Deutschen Arbeiterverein (ADAV) zurück, der am 23. Mai 1863 von Ferdinand Lassalle in Leipzig gegründet wurde. Im selben Jahr entstand der demokratisch-liberale Vereinstag deutscher Arbeitervereine als Vorläufer der Sozialdemokratischen Arbeiterpartei (SDAP), die am 7. August 1869 von August Bebel und Wilhelm Liebknecht in Eisenach gegründet wurde. Am 27. Mai

Fahne der Breslauer Lassalleaner, Traditionsbanner der Sozialdemokraten, mit gesticktem Gründungsdatum des Allgemeinen Deutschen Arbeitervereins

1875 vereinigten sich »Lassalleaner« und »Eisenacher« mit dem Gothaer Programm zur Sozialistischen Arbeiterpartei (SAP), die sich 1890 in SPD umbenannte.

Trotz Wahlbehinderungen und der Sozialistengesetze von 1878 erhielt die Partei starken Zulauf und wurde 1912 stärkste Fraktion im Reichstag. Am 8. April 1917 spaltete sich die innerparteiliche Opposition unter dem Namen Unabhängige Sozialdemokratische Partei Deutschlands (USPD) von der Mehrheits-SPD ab. Der linke Flügel der USPD gründete am 30. Dezember 1918 die Kommunistische Partei Deutschlands (KPD).

Nach dem Verbot durch Adolf Hitler am 22. Juni 1933 und der Verfolgung während der Zeit des Nationalsozialismus wurde die SPD 1945 in den vier Besatzungszonen neugegründet. In der Ostzone wurde die SPD am 21. April 1946 mit der KPD zur Sozialistischen Einheitspartei Deutschlands (SED) vereinigt. Wenige Wochen später, am 9. Mai 1946 in Hannover, wurde auf dem ersten Nachkriegsparteitag der SPD in den Westzonen Kurt Schumacher zum Vorsitzenden gewählt. Mit ihrer Orientierung auf einen »demokratischen Sozialismus« wurde die SPD führende Arbeiterpartei.

Rosa Luxemburg als Rednerin auf einer Kundgebung der Sozialdemokraten vor dem Ersten Weltkrieg

DDR-Landwirtschaft von SED kritisiert

21. April. In einem offenen Brief an die Genossenschaftsbauern des Landes übt das Zentralkomitee der Sozialistischen Einheitspartei (SED) in Berlin (Ost) Kritik an der Landwirtschaft der DDR.

So wird es in dem in der Parteizeitung »Neues Deutschland« veröffentlichten Schreiben als die »natürlichste Sache der Welt« bezeichnet, daß alle Bevölkerungskreise, die landwirtschaftliche Erzeugnisse herstellen, ihre Kapazitäten voll auslasten müssen. Noch immer gäbe es z. B. 64 000 ha unbestellte Kartoffel-Anbaufläche. Hier koste jeder verlorene Tag das Futter für ungefähr 50 000 Schweine.

Der vom Parteivorsitzenden Walter Ulbricht unterzeichnete Brief wendet sich darüber hinaus an Traktoristen, Siedler, Kleingärtner und Kleintierzüchter mit der Aufforderung, mehr Produkte an die staatlichen Verkaufsstellen zu liefern.

Ulbricht weist darauf hin, daß die DDR nicht weiter im bisherigen Umfang importieren könne.

Stereo-Sendung auf der Hannovermesse

28. April. In Hannover eröffnet Bundespräsident Heinrich Lübke die 17. Industriemesse.

Bis zum 5. Mai können sich hier Interessenten aus dem In- und Ausland an den Ständen der 5700 Aussteller aus 27 Ländern über die neuesten technischen Produkte und Verfahren informieren.

Einen besonderen Zuwachs hat nach wie vor die Kunststoffbranche zu verzeichnen. Ihre Betriebe haben neue Anwendungsmöglichkeiten vor allem für die Bauwirtschaft erschlossen, die eingehend von den Fachleuten begutachtet werden.

Eine andere Neuheit zieht nicht nur Vertreter der Branche, sondern fast alle neugierigen Besucher an. Elektrogerätehersteller, vor allem die Firma Grundig, präsentieren ihre Spitzen-Rundfunkgeräte in einer Stereo-Version. Sollte sich die Hoffnung der Geräteindustrie erfüllen und ab dem kommenden Herbst ein Stereo-Rundfunkprogramm ausgestrahlt werden, können diese Apparate mit Hilfe eines Decoders auf Stereo-Empfang umgerüstet werden – für nicht viel mehr als 100 DM.

Tito, ehemaliger Führer der Partisa- nenbewegung und nun Präsident Ju- goslawiens auf Lebenszeit

Josip Broz Tito auf Lebenszeit gewählt

7. April. In Belgrad verabschiedet das Parlament eine neue Verfas- sung, in der die bisherige Föderale Volksrepublik in Bundesrepublik Jugoslawien umbenannt und Josip Broz Tito zum Präsidenten auf Le- benszeit ernannt wird.

Der eigene Weg der Jugoslawen
1948 vollzog sich der Bruch zwi- schen Tito und Josef W. Stalin, da die jugoslawischen Kommunisten auf ihrem eigenen Weg zum Sozialis- mus bestanden. Wichtigste Maß- nahmen Titos waren:
▷ Abbau des Zentralismus
▷ Arbeiterselbstverwaltung
▷ Durchsetzung marktwirtschaft- licher Tendenzen
▷ Außenpolitischer Übergang zur Blockfreiheit
Seit 1962 erfolgt eine Annäherung zwischen Moskau und Belgrad.

Der 1892 geborene Tito war 1920 Mitbegründer der Kommunisti- schen Partei Jugoslawiens. Als wäh- rend des Zweiten Weltkrieges seine Heimat von den faschistischen deut- schen und italienischen Truppen be- setzt worden war, organisierte er den Widerstand gegen die Eindring- linge. Mit ihm als Führer gelang es der Volksbefreiungsbewegung bis 1944, das Land unter die Kontrolle der Partisanenverbände zu bringen. 1945 wurde Tito Präsident.

Neue arabische Föderation

17. April. In Kairo unterzeichnen der ägyptische Staatspräsident Ga- mal Abd el Nasser, der syrische Staatspräsident Luai Al Atasi und der irakische Ministerpräsident Ah- med Hasan Al Bakr den Vertrag zur Bildung einer Vereinigten Arabi- schen Republik (VAR).
Das geplante Bundesgebiet, dessen Flagge nun über dem Präsidentenpa- last der Bundeshauptstadt Kairo weht, erstreckt sich über eine Fläche von 1,7 Millionen km^2 – von den Grenzen Libyens und des Sudan bis zur Türkei und zum Indischen Ozean. Nahezu 40 Millionen Men- schen leben in diesem Gebiet.
Das Ziel einer Vereinigung arabi- scher Länder verfolgt Nasser seit ei- nigen Jahren. Schon 1958 gründeten Ägypten und Syrien eine Vereinigte Arabische Republik, die jedoch nach einem Staatsstreich in Syrien 1961 wieder zerbrach. Ägypten behielt den Namen VAR und versucht nun erneut, die Idee des Panarabismus zu realisieren.
Der neugeschaffene Staat mit föde- rativem Charakter soll trotz starker Zentralregierung genügend Autono- mie auf regionaler Ebene gewähren. Allerdings treten bald Unstimmig- keiten auf, so daß der ägyptische Präsident schon am 22. Juli das Unionsabkommen wieder kündigt.

Nasser, Al Atasi und Al Bakr (v. l.) nach der Gründung der VAR in Kairo

Putschversuch der Marine gescheitert

6. April. In Argentinien wird von den Heerestruppen ein Putschver- such der Marine nunmehr endgültig niedergeschlagen.
Die von Marineeinheiten angeführ- ten antiperónistischen Rebellen hat- ten keine Chance einer Machtüber- nahme mehr, als der Marine-Luft- waffenstützpunkt in Puncto Indio am 3. April durch Infanterie- und Luftangriffe zerstört worden war. Präsident José Mario Guido hatte in den vergangenen Tagen wiederholt einen Waffenstillstand mit der Zusi- cherung angeboten, keine Rückkehr der Perónisten an die Macht zu dul- den. Dies bewegte die Rebellen je- doch nicht zur Beendigung ihrer Kampfhandlungen.
Während der unvermindert anhal- tenden militärischen Auseinander- setzungen glich Buenos Aires einer belagerten Stadt. Die Straßen waren bis auf patrouillierende Soldaten menschenleer, die Geschäfte ge- schlossen, die Verkehrsmittel stell- ten ihren Betrieb ein. Überall wur- den Barrikaden errichtet.

Ende der terroristischen Geheimarmee OAS

1. April. Unter der Bedingung, auf jegliche Agitation gegen den franzö- sischen Staatspräsidenten Charles de Gaulle zu verzichten, gewährt die brasilianische Regierung dem Fran- zosen Georges Bidault Asyl.
Der 64jährige Bidault, ehemaliger französischer Ministerpräsident, ist einer der erbittertsten Feinde der Al- gerienpolitik von de Gaulle.
Bidault war während des Zweiten Weltkrieges Kommandeur in der zentralen französischen Wider- standsorganisation »Conseil Natio- nal de la Resistance« (CNR) im Kampf gegen deutsche Okkupanten. Wieder unter dem Namen CNR gründete Bidault im April 1962 eine neue Widerstandsorganisation, diesmal jedoch mit dem Ziel, »Eu- ropa von de Gaulle und dem Kom- munismus zu befreien«.

In der CNR ging organisatorisch die rechtsradikale »Organisation de l'Armée Secrète« (OAS) auf, als ihre militärischen Bestrebungen in Alge- rien erfolglos blieben. Von da an rollte eine Terrorwelle über das fran- zösische Mutterland. Bombenatten- tate waren an der Tagesordnung.
Die CNR und die ihr assoziierte OAS nahmen sogar die Ermordung des Staatspräsidenten in Kauf für den Fall, daß seine geplante Entführung und der Prozeß vor einem CNR- Tribunal scheitern sollten.
Nachdem Bidaults Mitstreiter, An- toine Argoud, jedoch verhaftet wurde (→ 26. 2./S. 33), floh Bidault und bemühte sich um politisches Asyl im Ausland.
Das bayerische Innenministerium gewährte Bidault am 19. März Asyl und Aufenthaltsgenehmigung, revi- dierte aber am 28. März seine Ent- scheidung, nachdem Bidault in Zü- rich erklärt hatte, daß er die Auflage, sich nicht politisch zu betätigen, nicht erfüllen wolle.
Die Annahme der brasilianischen Asylbedingungen durch Bidault ist gleichbedeutend mit faktischer Auf- lösung von CNR und OAS.

Georges Bidault (l.) vor dem Haus der bayerischen Landpolizei in Herrsching am Ammersee, wo er schon im März um politisches Asyl nachgesucht hatte

Leibwächter tötet seinen Minister

1. April. Der laotische Außenminister Quinim Pholsena wird in Vientiane von einem Mitglied seiner Leibwache erschossen.

Pholsena kehrte gerade vom Empfang des Königs Savang Vatthana zurück, auf dem dieser die rivalisierenden Gruppen in Laos ermahnt hatte, im Interesse der nationalen Verständigung ihre Konflikte beizulegen.

König Vatthana

Der politisch links stehende Außenminister gehörte als Mitglied der neutralistischen Partei schon seit 1960 zu den Gruppierungen, die damals die antikommunistische Regierung unter Bun Um und Phumi Nosavan aus Vientiane vertrieben hatten. 1962 wurde er in der von Suvanna Phuma gebildeten neutralistischen Koalitionsregierung Außenminister.

Revolverattentat auf Außenminister

11. April. In der algerischen Hauptstadt Algier wird auf den Außenminister Mohammed Khemisti ein Attentat verübt.

Als der 33jährige Khemisti mit seiner Ehefrau Fatima die Nationalversammlung in Algier verläßt, gibt ein junger Mann mehrere Revolverschüsse auf ihn ab und verletzt ihn schwer. Nur kurz darauf kann der Attentäter überwältigt werden. Bei der

M. Khemisti

Festnahme begründet er seine Tat folgendermaßen: »Ich habe den Verräter der Revolution bestraft. Jetzt könnt ihr mich hängen.«

Ministerpräsident Mohammed Ahmed Ben Bella vermutet den Verursacher des Anschlags in ausländischen antirevolutionären Kreisen. Khemisti stirbt am 5. Mai an seinen Verletzungen.

Todesurteil für Grimau in Spanien

18. April. Der 52jährige spanische Kommunist Julian Grimau García wird in Madrid wegen »Rebellion« zum Tode verurteilt. Grimau ist Mitglied des Zentralkomitees der kommunistischen Exilpartei Spaniens und hatte während des Bürgerkrieges in seiner Heimat (1936–1939) eine führende Funktion in Barcelona inne. In ihrer Anklage bezieht sich die Staatsanwalt-

Julian Grimau

schaft auf Vorgänge aus dieser Zeit. Nach Bekanntwerden des Urteils kommt es in verschiedenen Ländern West- und Osteuropas zu Protesten, jedoch läßt sich der spanische Regierungschef Francisco Franco Bahamonde davon nicht beeindrucken. Er lehnt ein Gnadengesuch ab. Daraufhin wird Grimau in den Morgenstunden des 20. April hingerichtet.

Überzeugender Sieg für Adolf Schärf

28. April. Bei den Bundespräsidentenwahlen in Österreich erringt Adolf Schärf von der Sozialistischen Partei (SPÖ) einen klaren Sieg.

Für den seit 1957 amtierenden Bundespräsidenten Schärf stimmen 2,47 Millionen Wähler, das sind 55,4%. Sein Gegenkandidat von der Österreichischen Volkspartei (ÖVP), Julius Raab, erhält 1,81 Millionen Stimmen (40,6%).

Adolf Schärf

Der Erfolg für Schärf, der sich während seiner ersten sechsjährigen Amtsperiode als Präsident viele Sympathien erworben hat, kommt nicht unverwartet. Trotzdem überrascht der große Vorsprung von 660 000 Stimmen gegenüber Raab. Die Ursache dafür sieht man in der Unzufriedenheit im bürgerlichen Lager mit der ÖVP-Politik in der letzten Zeit.

»Frieden auf Erden« für die Menschheit

11. April. Der Vatikan veröffentlicht eine Enzyklika von Papst Johannes XXIII. mit dem Titel »Pacem in terris« (»Frieden auf Erden«). Das päpstliche Rundschreiben wendet sich erstmals nicht nur an die Bischöfe, den Klerus und die Gläubigen der katholischen Kirche, sondern an alle Menschen guten Willens in der ganzen Welt.

Den Anstoß zu dieser Friedensenzyklika soll Papst Johannes XXIII. während der Kuba-Krise im Oktober 1962 empfangen haben. Auch die vielfältigen Äußerungen seiner Vorgänger über den Frieden, besonders die von Papst Pius XII., drängten nach einer Gesamtdarstellung der katholischen Lehre über dieses Thema aus theologischer, philosophischer, rechtlicher, sozialer und wirtschaftlicher Sicht.

U. a. fordert der Papst in der Enzyklika den Aufbau einer überstaatlichen öffentlichen Weltgewalt, zu der die Vereinten Nationen (UN) einen Ansatzpunkt bilden. Weiterhin verlangt er das Verbot von Atomwaffen, das Ende des Wettrüstens mittels einer alles umfassenden kontrollierten Abrüstung, verurteilt er die rassische Diskriminierung, setzt sich für den Schutz der Minderheiten ein und macht sich zum Anwalt des Rechts politischer Flüchtlinge.

Die Enzyklika trägt einen optimistischen Grundzug, der mit Vorsicht zum Ausdruck gebracht wird: »Alle Zeichen der Zeit weisen darauf hin, daß in diesem geschichtlichen Augenblick auftauchende Kontroversen zwischen den Völkern nicht mehr mit Waffen, sondern nur noch durch Verhandlungen ausgetragen werden können.« Dies hoffe er, auch wenn zur Zeit zwischen den Völkern noch die Furcht regiere.

Papst Johannes XXIII. (M.) beim Unterzeichnen der päpstlichen Enzyklika »Pacem in terris«; die Zeremonie wird erstmals auch im Fernsehen übertragen

Papst korrigiert liturgischen Text

12. April. Aufgrund eines Hinweises von Papst Johannes XXIII. wird der Text des Karfreitagsgebetes grundsätzlich geändert.

Während des Karfreitagsgottesdienstes im Petersdom im Vatikan unterbricht Papst Johannes den Sprecher des Gebetes an folgender Textstelle: »Lasset uns beten für die ungläubigen Juden, damit unser Gott und Herr den Schleier von ihren Herzen nehmen möge« (»Oremus pro perfidis Judaeis . . .«). Er ersucht den Sprecher, neu zu beginnen, und zwar diesmal ohne Verwendung des Adjektivs »perfidis«.

Daraufhin erklingt das Gebet nochmals und lautet nun: »Lasset uns beten für die Juden, damit . . .«.

Auf Intervention des Heiligen Vaters wurden in den vergangenen vier Jahren schon mehrere liturgische Texte der katholischen Kirche revidiert. Papst Johannes XXIII. möchte damit antisemitischen Ansichten in seiner Kirche entgegentreten. Eine Anregung zu diesem Vorgehen war 1961 vom Vorsitzenden des Rats der Juden in Deutschland, Karl Marx, ausgegangen.

Trotz Regen auf Osterreisen

14. April. Ungeachtet des teilweise regnerischen und kalten Osterwetters kommt es auf deutschen und europäischen Straßen zu starkem Reiseverkehr an den Feiertagen.

Hotels und Restaurants sind überfüllt, Ausflugsziele überlaufen. Eine ungewöhlich hohe Besucherzahl kann Berlin (West) melden: Etwa 150 000 Gäste aus der Bundesrepublik, das ist absoluter Rekord seit dem Jahr 1945. Viele von ihnen treffen sich mit Verwandten und Bekannten aus der DDR. Wegen des Andrangs kommt es zu langen Wartezeiten an den Grenzübergängen.

Ein anderes begehrtes Reiseziel, hauptsächlich für Deutsche und Franzosen, ist die italienische Hauptstadt. Die meisten der 200 000 Touristen finden sich hier ein, um den päpstlichen Ostersegen zu empfangen.

Berlin im Regen (am Kurfürstendamm/Ecke Joachimstaler Straße); nur wenige Berlinbesucher trauen sich hinaus

»Heiliger Zorn« eines Paters

26. April. In der Kreuzberger St. Johannes-Basilika von Berlin (West) versammeln sich 5000 Zuhörer, um die Predigt des Priesters Pater Johannes Leppich zu verfolgen.

Gleich zu Beginn der Veranstaltung tituliert er die Versammelten als Spießer. Mit solcherart Provokationen sorgte Pater Leppich schon im gesamten Bundesgebiet für Aufsehen und rief kritische Reaktionen in weiten Teilen der katholischen Bevölkerung hervor.

Seine Predigten sind nach den Regeln der Massenpsychologie aufgebaut. Nicht zuletzt durch seine unkonventionellen Formulierungen übt Leppich große Faszination auf seine Zuhörer aus.

So beginnt Leppich z. B. mit den Worten: »Da kommen die ganzen religiösen Blindschleichen«, und er fährt fort: »Die Männer sind alle Schweine.« Auf die amüsierte Reaktion unter dem Publikum reagiert er prompt: »Sie brauchen nicht zu grinsen … die Mädchen wissen schon mit 16 Jahren, wie eng man einen Pullover binden muß, damit man einen Lehrer ins Gefängnis bringt.«

Doch der Pater selbst, der »angesichts des heutigen Limonadenchristentums« nicht an »christlicher Knochenerweichung« leidet, versteht seine Auftritte nicht als Show, sondern als eindringlichen Appell an tätige Nächstenliebe. So sollen die Gläubigen z. B. Patenschaften für sozial Schwache übernehmen.

Der Jesuitenpater J. Leppich bei einer seiner wortgewaltigen Predigten

Per Pkw zur Insel

30. April. *Die sich auf sieben weißen Betonpfeilern über die Ostsee schwingende Fehmarnsundbrücke wird dem Verkehr übergeben. Auf einer Länge von 963,40 m verbindet sie die Insel Fehmarn mit dem holsteinischen Festland. Den auf dem Sund kreuzenden Schiffen ermöglicht sie Durchfahrten auf einer Breite von 248,40 m. Die Brücke trägt einen Schienenweg, eine Straße, Mopedstreifen und einen Gehweg. Insgesamt kostete der Bau 41,7 Millionen DM.*

W. Churchill erhält Ehrenbürgerschaft

10. April. Im Weißen Haus in Washington ernennt der US-amerikanische Präsident John F. Kennedy den britischen Politiker Sir Winston Leonard Spencer Churchill zu einem Ehrenbürger der Vereinigten Staaten.

W. Churchill

Der einstige Premierminister aus London, Sohn einer US-Amerikanerin und eines konservativen britischen Parteiführers, ist der erste Ausländer, dem diese Ehre zuteil wird. Da der 88jährige selbst nicht nach Washington reisen kann, nehmen Sohn Randolph und Enkel Winston die Auszeichnung an.

Kennedy bezeichnet Churchill als »Sohn Amerikas und Untertan Englands«, dessen Leben beweise, daß kein Gegner freie Menschen von der Verteidigung ihres kostbarsten Gutes abhalten könne.

Großer Beifall für Rubinstein-Konzert

20. April. Der in Polen geborene US-amerikanische Pianist Arthur Rubinstein gibt in der niederländischen Stadt Nimwegen ein Konzert, zu dem vor allem Zuschauer aus der Bundesrepublik anreisen.

Für den größten Teil des deutschen Publikums bietet sich zum ersten Mal die Gelegenheit, den großartigen Musiker in einem Konzert zu erleben. Der 76 Jahre alte, aus einer jüdischen Familie stammende Rubinstein hatte vor

A. Rubinstein

drei Jahrzehnten den Entschluß gefaßt, nie mehr in dem Land zu spielen, dessen Volk seinen Angehörigen so unermeßlich viel Leid angetan hat.

Der Klavierabend, auf dem Rubinstein u. a. die »Appassionata« von Ludwig van Beethoven, Etüden von Frédéric Chopin sowie Werke von Johannes Brahms spielt, wird zu einem großen Erfolg.

Eine der Attraktionen auf der Hamburger Gartenbauausstellung ist der eckige große Parksee mit einer aus 200 Fontänen bestehenden Wasserlichtorgel

40 000 Blumen für die Gäste

26. April. Bundespräsident Heinrich Lübke eröffnet in der Ernst-Merck-Halle in Hamburg die Internationale Gartenbauausstellung 1963, die IGA 63.

An die Rede in dem mit 40 000 Maiblumen geschmückten Gebäude schließt sich ein kleiner Rundgang des Präsidenten in Begleitung einer Reihe weiterer Ehrengäste an.

Die bisher größte Gartenschau in der Bundesrepublik – auf einer Fläche von 78 ha stellen 33 Nationen aus – hält bis zum 13. Oktober ihre Pforten für das internationale Publikum geöffnet.

Ihre Vorgängerinnen hat sie mit ihren Kosten von 37 Millionen DM schon jetzt übertroffen: Die erste internationale Veranstaltung dieser Art in Deutschland, 1869 am Millerntor; die zweite von 20 Ländern beschickte IGA, 1897 auf dem Heiligengeistfeld; 1914 die in Altona und die Hamburger IGA 1953. Der Ausstellungspark Planten un Blomen hatte damals aus diesem Anlaß sein neues Gesicht erhalten.

In einer eigens errichteten Halle werden Sonderschauen gezeigt, deren Attraktion wohl im Juli die große Rosenschau sein wird.

Ein weiterer Publikumsmagnet ist die an einer neugeschaffenen Wallanlage angelegte Ausstellung »Wohnen im Garten«.

Schweizer Feldzug gegen Rheuma

4. April. In der Schweiz tritt das »Gesetz zur Bekämpfung rheumatischer Krankheiten« in Kraft.

Damit ist die Schweiz das erste europäische Land, das Maßnahmen gegen diese verbreitete Krankheit per Gesetz regelt. Sowohl Volksaufklärung als beste Vorbeugemaßnahme als auch die wissenschaftliche Erforschung sämtlicher Rheumaarten sollen dadurch energisch gefördert werden. Die Regierung stellt dafür beträchtliche Geldmittel zur Verfügung. Darüber hinaus sind Zuschüsse für den Ausbau und den Betrieb der schweizerischen Rheuma-Kurorte vorgesehen, deren bekannteste Bad Ragaz und Baden sind.

Erfolg der UdSSR in Plasmaforschung

24. April. Das Staatliche Komitee der UdSSR für Atomenergieausnutzung gibt in der Parteizeitung »Prawda« bekannt, daß sowjetischen Wissenschaftlern erstmals die Herstellung von stabilem Plasma gelungen ist.

Die Stabilität des Plasmas (hier der Fachbegriff für Gas aus Schwerem Wasser mit positiven Ionen) wurde erstmals für eine Dauer von einigen Hundertstelsekunden bei einer Temperatur von 40 Millionen °C erreicht. Seine Dichte betrug etwa zehn Milliarden Teilchen pro cm³. Die Herstellung des stabilen Plasmas hat Bedeutung für gesteuerte thermonukleare Reaktionen.

50 000 Studienplätze fehlen

Die bildungspolitischen Anstrengungen des Jahres 1963 gelten vor allem dem Ausbau der Hochschulen in der Bundesrepublik und der Beseitigung des akuten Mangels an Lehrern.

Um den Bedarf an wissenschaftlich-technischer Intelligenz in Wirtschaft und öffentlichem Dienst befriedigen zu können, stimmt der Haushaltsausschuß des deutschen Bundestages einer Beteiligung des Bundes am Ausbau der Hochschulen in Höhe von 220 Millionen DM für das Haushaltsjahr 1963 zu. Dieser Betrag liegt um 10% höher als im Vorjahr. Der Anteil der Kosten für den geplanten Ausbau der Universitäten beträgt insgesamt 328 Millionen DM. Mit 707 Millionen DM Gesamtkosten, eingerechnet 159 Millionen DM für Grunderwerb, haben sich die Aufwendungen für den Hochschulausbau gegenüber dem Rechnungsjahr 1959 mehr als verdoppelt.

Trotz dieser finanziellen Mehrleistungen ist es nicht möglich, die 50 000 fehlenden Studienplätze in Kürze bereitzustellen. So sieht die Westdeutsche Rektorenkonferenz auf einer ihrer Plenarsitzungen in Darmstadt in der Zulassungsbeschränkung zwar keine prinzipielle Problemlösung, empfiehlt jedoch den Numerus clausus als vorübergehende Notmaßnahme. Zur besseren Ausnutzung vorhandener Kapazitäten sollen – wie schon verbreitet im Fach Chemie – auch in den vorlesungsfreien Monaten belegfähige Praktika und Übungen eingerichtet werden. Zudem wird eine allgemeine Verkürzung der Studienzeiten angestrebt.

Bedingung hierfür ist nach übereinstimmender Meinung der Hochschullehrer eine Reform der Prüfungsordnungen, eine Effektivierung des Studiums durch die Einrichtung kleinerer Arbeitsgruppen in den Seminaren sowie ein weiterer Ausbau des sogenannten Mittelbaus an den Universitäten, der Assistenten und Assistenzprofessoren umfaßt.

Um besondere wissenschaftliche Leistungen zu fördern, soll nach der Vorstellung der Rektorenkonferenz neben dem bestehenden Honnefer Studienförderungsmodell die Möglichkeit geschaffen werden, mehr Studenten unabhängig von ihrer wirtschaftlichen Situation Stipendien zu gewähren.

Nur wenige Maßnahmen erfolgten bisher zur Behebung des Lehrermangels. Um dem Problem der 37 000 in der Bundesrepublik fehlenden Lehrer Herr zu werden, beauftragt die Ständige Konferenz der Kultusminister den schleswig-holsteinischen Kultusminister Edo Osterloh (CDU) mit dem Entwurf eines Maßnahmenkatalogs. Um dem »nationalen Notstand ersten Ranges«, wie das Defizit vom unabhängigen bildungspolitischen Gremium Ettlinger Kreis bezeichnet wird, abzuhelfen, will Osterloh als Sofortmaßnahme für Einrichtungen ohne das neunte Schuljahr einen »Kreis von pädagogisch vorgebildeten Personen erfassen« und sie als Lehrkräfte einsetzen – auch ohne Hochschulbildung – sowie das Pensionsalter für Lehrer auf freiwilliger Basis heraufsetzen.

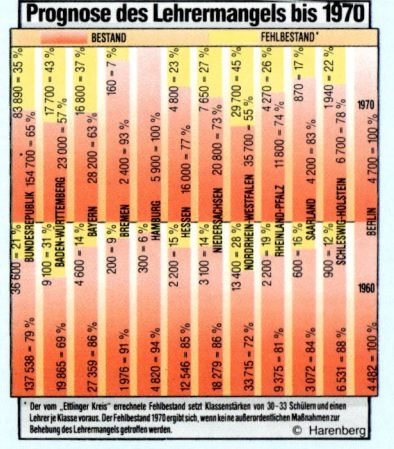

Hell und freundlich sollen die neuen Schulgebäude sein; hier ein gerade fertiggestelltes Gebäude der Realschule für Mädchen in der Stadt Bottrop

Die Mittelschulen stärker fördern

In der bildungspolitischen Debatte in der Bundesrepublik ist von einer »Neuorientierung der Pädagogik« die Rede. Die Kultusministerkonferenz stellt fest, daß sie mit ihrer Empfehlung, die Mittelschulen weiter auszubauen, einem dringenden Bedürfnis der Öffentlichkeit und Forderungen von Bildungsexperten entspreche. Die Mittelschule, verstanden als Ausbildungsstätte der theoretisch-praktischen Begabung, erfährt seit ihrer Anerkennung als eigenständige Schulform vor zehn Jahren eine wachsende Wertschätzung in der Wirtschaft. Sie wird derzeit von 9,9% aller Schüler besucht.

Überfüllte Hörsäle an den Universitäten führen trotz Mangel an qualifizierten Akademikern zu Zulassungsbeschränkungen an vielen Hochschulen

Werbeplakat bayerischer Pädagogenverbände für die Gesamtschule

Berliner TU-Studenten fordern eine Mensa

An vielen Hochschulen und Universitäten der Bundesrepublik gibt es viel zu wenige Plätze in der Mensa

Das Zweite Deutsche Fernsehen in Mainz geht auf Sendung

1. April. Die Fernsehzuschauer der Bundesrepublik können erstmals das Programm des Zweiten Deutschen Fernsehens aus Mainz (ZDF) auf dem Bildschirm empfangen.

Als Höhepunkt des Premierenabends bietet der Sender Mainz seinen Zuschauern die musikalische Unterhaltungsshow »Berlin-Melodie« mit Stars wie Hildegard Knef, Rudolf Schock, Brigitte Mira, Lex Barker, Berta Drews, O(tto) W(ilhelm) Fischer, Edith Hancke, Theo Lingen u. v. a.

Ob die neue Fernsehanstalt allerdings eine Konkurrenz zum schon bestehenden Fernsehen der Arbeitsgemeinschaft der Rundfunkanstalten (ARD) darstellt, darüber sind die Kritiker und auch die Macher selbst geteilter Meinung. ZDF-Programmdirektor Ulrich Grahlmann äußert sich gegenüber der Presse dann auch sehr realistisch, wenn er sagt: »Wir werden uns sehr anstrengen müssen, wollen wir den Anschluß an den Qualitätsdurchschnitt der ARD finden . . . vielleicht in zwei, drei oder erst vier Jahren.«

Die Gründung des ZDF, das auf den gleichen Frequenzen sendet, auf denen bisher das zweite Programm der ARD ausgestrahlt wurde, geht auf einen am 6. Juni 1961 geschlossenen Staatsvertrag zurück. Nach dem Scheitern der von Bundeskanzler Konrad Adenauer (CDU) geplanten

Karl Holzamer, der Intendant des ZDF, hofft auf Erfolg durch direkte Ansprache und Lebenshilfe für den Fernsehzuschauer

Peter von Zahn, Journalist, berichtet für die Zuschauer des Mainzer Senders über politische Entwicklungen aus dem Ausland

Wolf Dietrich, ehemals Mitarbeiter beim Süddeutschen Rundfunk, ist der erste ZDF-Chefredakteur in Mainz

Rudolf Radtke, als Hauptabteilungsleiter beim ZDF zuständig für die aktuelle Sendung »Heute« und das Tagesgeschehen

Ulrich Grahlmann war bisher beim Südwestfunk und übernimmt nun das Amt des Programmdirektors beim ZDF in Mainz

Karl Holzamer (4. v. l.) stellt die sechs Ansagerinnen des ZDF vor: V. l. M. Riehl, A. Hauptmann, V. Voncampe, E. Stösel, R. Oelschläger und D. Bastian

Deutschland-Fernsehen GmbH infolge des Urteils des Bundesverfassungsgerichtes, hatten die Bundesländer das Recht erhalten, ein weiteres Fernsehprogramm einzurichten. Den Beschluß dazu faßten sie in dem Staatsvertrag.

Am 12. März 1962 wählte der 66 Mitglieder zählende Mainzer Fernsehrat Karl Johannes Holzamer (CDU) zum Intendanten. Er stand vor einer enormen Aufgabe, mußte doch binnen weniger Monate ein funktionstüchtiger Sendebetrieb mit langfristiger Programmplanung aufgebaut werden. Das bedeutete z. B. die Erstellung von 468 Unterhaltungssendungen mit insgesamt 15 600 Sendeminuten in einem Jahr. Techniker, Sekretärinnen, Redakteure mußten eingestellt werden (die ARD-Sender verloren durch die neue Konkurrenz Hunderte von Mitarbeitern), man kaufte dutzendweise alte wie neue Kinofilme, nahm bunte Abende auf, gab Opernkompositionen in Auftrag, bestellte Dokumentarserien und Fernsehserien bei sogenannten freien Produzenten. Diese freien Produktionsanstalten werden etwa 80% des gesamten Mainzer Programms herstellen.

Unter dem Zwang, einen riesigen technischen Apparat aufzubauen, zugleich aber ein zugkräftiges Konkurrenzprogramm zur ARD zu offerieren, ist das ZDF schon vor der ersten Sendung in Geldnot geraten. Etwa 90 Millionen DM Fernsehgebühren kann Mainz erwarten, insgesamt aber werden 170 Millionen DM benötigt. Ob diese Summe durch Werbeeinnahmen gedeckt werden kann, bezweifeln selbst die Optimisten beim ZDF.

Karl Holzamer: »Fernsehen als Lebenshilfe«

Vor der ersten Sendung des Zweiten Deutschen Fernsehens äußert sich Intendant Karl Johannes Holzamer in einem Interview mit dem »Spiegel« zum Charakter der neuen Medieneinrichtung, der in den Programmstrukturen seinen Niederschlag finden soll (Auszüge):

»Holzamer: Wir wollen keine pathetische feierliche Eröffnung machen, sondern gleich in den Tag hineinspringen mit einem Unterhaltungsprogramm . . . Wir eröffnen es mit Goethes »Vorspiel auf dem Theater«, aber mit hineinbezogen in den ganzen Vorbereitungswirbel, den der Theaterdirektor alias Intendant . . . selbst hatte.

Spiegel: Kann man diese Mischung – Goethe am 1. April – vielleicht richtungsweisend für das ganze Zweite Programm sehen?

Holzamer: . . . der mit dem Auge die Welt beobachtende und die Welt in sich hineinziehende Goethe ist sicher jemand, der für ein Instrument wie das Fernsehen, das ja eine Augenweide bieten soll, sehr geeignet ist.

Spiegel: Wieviel Politik werden Sie bieten, wieviel Unterhaltung?

Holzamer: Wenn man jetzt einmal von den beiden Ressorts her betrachtet, dann sieht es augenblicklich so aus, daß 54 bis 55% des Programms aus den künstlerischen, unterhaltenden und bildenden Bereich kommen; etwa 45 bis 46% kommen aus dem aktuellen und politischen Bereich, Sport mit eingeschlossen.

Spiegel: Wie wollen Sie Ihr Programm attraktiv machen?

Holzamer: Wir sollen ein Programm machen, das gewissen Erwartungen entspricht und gewisse Dinge ausfüllt oder ergänzt, die man jetzt vermißt . . . z. B. eine persönliche Note . . .

Spiegel: Blicken Ihnen die Tagesschau-Sprecher zu kalt drein?

Holzamer: Ja, zum Teil. Da könnte unter Umständen eine etwas persönlichere Note hineinkommen . . . Dann hoffe ich auch, daß man in der Unterhaltung einen etwas frischeren Ton bringt . . .

Spiegel: Sie wollen das Fernsehen, wie Sie einmal gesagt haben, als »Lebenszurüstung« . . .

Holzamer: . . . als Lebenshilfe. Das bezieht sich vor allem auf den Bereich des Politisch-Aktuellen. Im Künstlerisch-Unterhaltendem sollte das Spezifische darin liegen, daß die Sendung das persönliche Flair behält . . .«

MO 1. APRIL

1. PROGRAMM

Kanäle siehe Sonntag

VORMITTAGSSENDUNGEN
.00 Nachr. – 10.05 Tagesschau (Wiederholung). –
.20 – Sportschau. – 10.50 ›Feria de Domingo‹,
peruanische Tanzbilder mit dem Ballett Peruano.
11.20 ›Er ist an allem schuld‹. Komödie von Leo
Tolstoi. – 12.00–13.00 Das aktuelle Magazin.

16.30 WIEDERHOLUNG der gestrigen 11-Uhr-Sendung

7.00 Neue Frisuren und auch
ein Hut dazu?
Mit Dieter Haak und Manfred Schreiter

7.35 Wir richten ein:
Vier Vorschläge für eine Einzimmer-wohnung. Mit Wilfried Köhnemann

8.10 Nachrichten
der Tagesschau
(Alle Sender außer Bayerischer
Rundfunk, bis 18.15)

WESTDEUTSCHER RUNDFUNK
18.30 Hier und Heute
19.20 Shannon klärt auf. Kriminalfilm
19.45 Datum von heute. ›April, April‹

SÜDWESTFUNK
18.15 Anwalt der Gerechtigkeit
18.45 Die Abendschau mit Sport
19.25 Jedermannstraße 11, Filmfolge

HESSISCHER RUNDFUNK
18.20 Abenteuer unter Wasser
18.50 Das Sandmännchen
19.00 Die Hessenschau mit Sport
19.25 Alles kommt wieder (1.)
19.55 Nachrichten aus Hessen

0.00 Tagesschau
Das Wetter morgen

0.15 Report
Filmberichte zu den Nachrichten
von gestern und morgen

1.00 Vorsicht, Kamera
Beobachtungen von und mit
Chris Howland

1.45 Kommt's nur aufs Geld
an?
Dieter Menninger und Gottfried Gülicher
berichten über das Betriebsklima

2.30 Tagesschau
Das Wetter morgen

2.45 Dark Pilgrimage
›Wanderung durch die
Dunkelheit‹
Eine neue Oper für das Fernsehen der
BBC von Phyllis Tate. Text von David
Franklin
Personen: ›King‹ Alder, ein Schausteller
(Gwyn Griffiths). Fred, sein Assistent
(Ronald Evans). Apollo, ein Zwerg (Billy
Circe). Mel, ›King‹ Alders Sohn (Nigel
Douglas). Euralie, Mels Frau (Margaret
Tynes). Snake, ein Klavierspieler (Yorke
de Souza). Emily, Euralies Garderobiere
(Gladys Parr). Pluto, Inhaber eines
Nachtclubs (Trevor Anthony). Drei Spaziergängerinnen (Sheila Clarke, June
Nathaniel, Pearl Brescod). Orchester des
Nachtclubs (Shake Keane, Trompete; Joe
Harriot, Saxofon; Coleridge Goode, Baß;
Thomas Jones, Schlagzeug; Mike McKenzIe, Klavier)
Es spielt das London Symphony Orchestra. Dirigent: Lawrence Leonard

NXLE: Holland 4–7 und 10 – Belgien (fläm.) 10 –
Luxemburg 7 – Frankreich 5, 6, 8 und 9
LLÄNDISCHES FERNSEHEN: 19.30 Bibel-stunde. –
chenilm. – NTs: 20.00 Tagesschau. – 20.20 Polit. Beitung. – 20.30 Film. – 22.45–22.50 Tagesschau.
MISCHES FERNSEHEN: 19.00 Für die Jugend. 19.30
stbesitz in Flandern: Hieronymus Bosch. 19.40 Im
be. – 20.00 Tagesschau. – 20.20 Alexander der
be. Film. – 22.30 Medium: Bühne und Literatur. –
KEMBURGER FERNSEHEN: 19.00 ›Zoo ohne Gitter‹. –
40 Sport. – 20.00 Tagesschau. – 20.25 ›Geheimbotschaft‹
(1.). – 20.45 Film. – 22.15 Tagesschau.
NZÖSISCHES FERNSEHEN: 12.30 Programmvorschau.
0 Tagesschau. – 13.30 Sport aus Straßburg. – 18.35 Sport.
45 Für die Jugend. – 19.20 Quiz. – 19.40 Film-Feuille
– 20.00 Tagesschau. 20.30 Variétés. – 22.00 ›1965
25‹. – 22.30–23.00 Tagesschau.

Berlin 1904: Die Familie Gross fährt mit der
Pferdebahn hinaus nach Rixdorf, in das heutige Neukölln. Im Wagen sitzen von links:
Berta Drews, Ruth Stephan und Walter Gross

In einem Vergnügungslokal verkauft Anita
Kupsch frische Brezeln. Besonders die reiferen Herren greifen da gern und schnell
zu – und zwar nicht nur nach den Brezeln!

20.15 **BERLIN-MELODIE**

Die Sendung beginnt mit der Aufstellung der ersten
Litfaßsäule 1855 in Berlin, und sie endet mit der
›Fair Lady‹ von heute. Dazwischen sehen wir die Berliner Operette, wie sie war, wir sehen Harfenjule und
Tulpenfrieda sowie einen Ball mit jenen Typen, die
Zille einst zeichnete, und wir werden an die ›Haller-Revue‹ und den Glanz des Wintergartens erinnern.

Oben: »Det is sein Milljö, det is sein Milljö!« Die Leierkastenmänner waren Vater Zille
ganz besonders ans Herz gewachsen. Rechts:
Die kleine Frieda sitzt dem großen Meister
Modell auf dem Nachttopf. »Vata Zille, jetz
muß ick aba wirklich mal, kann ick jehn?«

MO 1. APRIL

**ZWEITES
DEUTSCHES FERNSEHEN**

Es ist soweit! Wer heute abend das
zweite Programm einschaltet (auf demselben Kanal wie bisher), erlebt eine Premiere: Eine neue Anstalt stellt sich zum
erstenmal vor – mit einem neuen Senderkennzeichen und einem eigenen Programm.
Ihr Name: Zweites Deutsches Fernsehen
(ZDF). Ihr Sitz: Mainz. Ihr Intendant: Prof.
Dr. Karl Holzamer. Sie wird von jetzt an
das gesamte zweite Programm formen und
senden. Selbständig, unabhängig
und in Konkurrenz mit
dem ersten
Programm.
Millionen Fernseher erwarten davon neues Leben,
neuen Schwung,
neue Ideen. Neue
Sendezeiten, die
von den bisherigen abweichen, haben
wir schon: Sendebeginn werktags
18.40 Uhr. ZDF-Nachrichten HEUTE
täglich 19.30 Uhr.
Beginn des Abendprogramms 20 Uhr. Somit hat das Provisorium im zweiten Programm ein Ende. Die neun in der Arbeitsgemeinschaft der deutschen Rundfunkanstalten (ARD) zusammengeschlossenen
Funkhäuser, die das zweite Programm bisher mitgestalteten (oft mit der linken Hand),
können ihre gesamte Kraft jetzt dem ersten
Programm zuwenden. Wir sind fest davon
überzeugt, daß das schon bald spürbar wird.

Intendant in Mainz:
Prof. Dr. Karl Holzamer

KANXLE. Westdeutscher Rundfunk: Aachen 37 –
Bielefeld 33 – Bonn 26 – Dortmund 25 – Düsseldorf 29
– Minden 26 – Münster 21 – Wuppertal 22

19.30 Heute
Nachrichten und Informationen
vom Tage

20.00 Vorspiel auf dem Theater
Eine Viertelstunde ›Sag's mit Goethe!‹
Regie: Helmut Käutner

20.15 Berlin-Melodie
Vom Zille-Ball zum Jazzlokal
mit Sari Barabas, Lex Barker, Bully
Buhlan, Klaus Dahlen, Berta Drews,
O. W. Fischer, Walter Gross, K. H.
Haag, Erna Haffner, Edith Hancke,
Loni Heuser, Renate Holm, Curd
Jürgens, Helmut Ketels, Hildegard
Knef, Erika Köth, Ernst Krukowski,
Gisela Krauß, Rolf Kühn, Anita Kupsch,
Theo Lingen, Emmy Merz, Brigitte
Mira, Lilo Pulver, Werner Röse, Fredi
Rolf, Rudolf Schock, Ruth Stephan,
Achim Strietzel, Ilse Trautschold,
Clessia Wade, Helmut Weiss, dem
Mäcki-Trio und dem Rediske-Sextett
Choreografie: Dick Price. – Musikalische Leitung: Friedrich Schröder. –
Bauten: Helmut Nentwig und Paul
Markwitz
Regie: Paul Martin

21.45 Nachrichten

Zum Start des Zweiten Deutschen Fernsehens am 1. April in der Hamburger Programmzeitschrift »Hör zu«: Die ZDF-Unterhaltungsshow »Berlin-Melodie«

Zu einem Modehit avancieren in diesem Sommer Kleider, Blusen und Kasacks aus Stoffen des synthetischen Materials Perlon; durch die von den Herstellern angepriesenen Eigenschaften »leicht, luftdurchlässig, schnell zu waschen, rasch zu trocknen und bügelfrei« eignet sich Perlon insbesondere für die Ferienmode

Mode 1963:

Pariser Haute Couture hat keinen Mut zu einer neuen Linie

Den Pariser Frühjahrs- und Sommerkollektionen des Jahres 1963 ist anzumerken, wie unsicher die Haute Couture geworden ist. Kein Modeschöpfer hat den Mut, eine Linie zu zeigen, die eine Wandlung der Mode herbeiführen könnte. Es scheint, als seien die Couturiers davon überzeugt, daß die Frauen eine gewisse Konstanz in der Mode wünschen. So fehlt der zum Kauf verlockende Reiz des Neuen. Bequemlichkeit hat über ausgefallene modische Schöpfungen gesiegt.

Taillenlose Modelle sind in allen bedeutenden Kollektionen zu finden. Die von den beiden Konkurrenten Yves Saint Laurent und Marc Bohan (Dior) bereits in der vergangenen Saison in verschiedenen Schnitten gezeigten ein- und zweiteiligen Kleider im Pullover-Stil wurden von vielen Modeschöpfern der Welt aufgegriffen.

Da diese »Sackkleider« sehr streng wirken, doch andererseits der Wunsch nach einer gewissen Feminisierung der Mode spürbar ist, sind

Strandanzug mit Hose und Kasack

viele Accessoires zu sehen: Lässig umgeknotete weiße Organdy-Schals, angesteckte weiße Kamelien und Maiglöckchensträuße, weiße Stickereiblusen und leuchtendfarbige Zierclips.

Auffällig sind auch die komplizierten, häufig schräg verlaufenden Ziernähte, mit denen gerade fallende Kleider aufgelockert werden. Auch der Charakter der Stoffe wandelt sich nur langsam. Viel Glattes und Einfarbiges wird verarbeitet: Tuche, Gabardine, Woll- und Seiden-Crêpe, Flanell, Leinen. Daneben behaupten sich abstrakte Druckmuster mit überdimensionalen Dessins; bei den Blumenmustern bieten die einzeln auf schwarzem Fond angeordneten Motive neue Eindrücke.

Die neuen Farben der Saison sind Weiß, Babyrosa, Himbeereis, Mandelgrün. Daneben dominieren noch immer deutlich kräftige grüne Töne und Schwarz.

Wenig Änderungen gibt es auch bei den Jackenformen. Meist sind sie bolerokurz mit höchstens bis zum Handknöchel reichenden Ärmeln, vielfach mit hochangesetztem Schoßteil. Uneinheitlich sind die Mäntel. Häufig gibt es wieder weite, gerade Hänger mit schwierigen Nahtkombinationen und verschiedenen Kragenformen.

Farblich reizvolle Abendkleider aus bedruckter Baumwolle und Organdy-Seide

Cocktailkleid in aktuellem Orange

Zwei duftige Kleiderträume des Pariser Modehauses Christian Dior von Couturier Marc Bohan, besetzt mit Maiglöckchen, Rosen und Stickereivolants

»Telstar«: Eine neue Frisur   *In Paris beliebt: Klassische Bowler-Hüte*

Typisch für die neuen Bikinis sind Formstützen im Oberteil und Hosengürtel

Yang gewinnt Zehnkampf

29. April. In der kalifornischen Stadt Walnut (USA) erzielt der aus Formosa (Taiwan) stammende Chinese Yang Chuan-Kwang einen neuen Weltrekord im Zehnkampf.

Rekord um 438 Punkte verbessert
Vergleich der Leistungen des Zehnkampfweltmeisters Yang mit denen von Johnson aus dem Jahre 1960:

	Yang	Johnson
100 m	10,7 sec	10,6 sec
Weitsprung	7,17 m	7,55 m
Kugelstoßen	13,22 m	15,85 m
Hochsprung	1,91 m	1,78 m
400 m	47,7 sec	48,6 sec
110 m Hürden	14,0 sec	14,5 sec
Diskuswerfen	40,99 m	51,97 m
Stabhoch-sprung	4,84 m	3,97 m
Speerwerfen	71,74 m	71,10 m
1500 m	5:02,4 min	5:09,9 min

Yang Chuan-Kwang aus Formosa ist der neue Weltmeister im Zehnkampf

Als erster Leichtathlet schafft der 29jährige Yang mehr als 9000 Punkte in diesem Wettbewerb und übertrifft mit 9121 Punkten (8089 Punkte nach der 1964 geänderten Wertung) den bisherigen Rekord des US-Amerikaners Rafer Johnson aus dem Jahr 1960.
Der z. Zt. in Los Angeles studierende Chinese bestritt seinen ersten Zehnkampf bei den ostasiatischen Spielen 1954 in Manila und gewann ihn mit 5454 Punkten.

Überraschung auf Tischtennis-WM in Prag

9. April. *Durch einen klaren 5:1-Sieg über die japanische Mannschaft verteidigen die Tischtennisspieler aus der Volksrepublik China in Prag ihren Weltmeistertitel. Zwar siegte Kimura (im Bild links) gegen Einzelweltmeister Chuang Tse-tung aus China (r.) im ersten Spiel, doch bleibt das der einzige japanische Erfolg. Japans Frauen hingegen gewinnen den Titel mit einem klaren 3:0 über Rumänien.*
Für eine Überraschung in Prag sorgten die Tischtennisspieler aus der Bundesrepublik. Zwar verloren sie im Semifinale gegen die Männer aus China 5:1, doch sie leisteten unerwartet harten Widerstand.

Mai 1963

Mo	Di	Mi	Do	Fr	Sa	So
		1	2	3	4	5
6	7	8	9	10	11	12
13	14	15	16	17	18	19
20	21	22	23	24	25	26
27	28	29	30	31		

1. Mai Maifeiertag

Die Maikundgebungen in der Bundesrepublik werden vom aktuellen Arbeitskampf in der Metallindustrie von Baden-Württemberg beherrscht (→ 9. 5./S. 82). Die Hauptveranstaltung des Deutschen Gewerkschaftsbundes (DGB) findet vor dem historischen Reichstagsgebäude in Berlin (West) statt.

Der Herausgeber des Hamburger Nachrichtenmagazins »Der Spiegel«, Rudolf Augstein, reicht beim Bundesverfassungsgericht in Karlsruhe eine Verfassungsbeschwerde wegen des Vorgehens der Bundesanwaltschaft gegen den »Spiegel« im Oktober 1962 ein.

West-Neuguinea wird von den Vereinten Nationen an Indonesien übergeben. Die ehemalige niederländische Südseebesitzung heißt jetzt Westirian (→ 19. 5./S. 80).

In der indonesischen Hauptstadt Jakarta gründet sich die Organisation der Aufstrebenden Kräfte. Sie ist eine Konkurrenz zum Internationalen Olympischen Komitee (IOC) und beabsichtigt, eigene Spiele zu veranstalten.

Die Freie Volksbühne in Berlin (West) eröffnet ihr neues Haus mit der Aufführung des Stückes »Robespierre« von Romain Rolland. → S. 84

2. Mai, Donnerstag

Die erste in der Bundesrepublik entwickelte Dreistufenrakete startet erfolgreich auf dem Raketenübungsgelände bei Cuxhaven. Sie erreicht eine Höhe von mehr als 100 km.

Die US-amerikanische Fliegerin Jacqueline Codran holt sich mit einem Lockheed-Super-Starfighter vom Typ »F 104« den Titel der »schnellsten Frau der Welt«. Die 56jährige Pilotin erreicht auf ihrem Flug eine Durchschnittsgeschwindigkeit von 1926,3 km/h (→ 1. 8./S. 133).

3. Mai, Freitag

Nach einer Sitzung in Stuttgart teilt der Vorstand der IG Metall mit, daß der Streikbeschluß für die Metallarbeiter in Nordrhein-Westfalen auf Dienstag vertagt sei. Zuvor sollten Gespräche mit Bundeswirtschaftsminister Ludwig Erhard (CDU) über einen möglichen Kompromiß stattfinden (→ 9. 5./S. 82).

Der frühere britische Premierminister Sir Winston Churchill erklärt in London, Großbritannien müsse um jeden Preis eine selbständige Atommacht bleiben, damit es sich seine internationale Bedeutung und Stärke erhalte.

In Großbritannien gibt der Rennfahrer Stirling Moss bekannt, daß er vom offiziellen Rennbetrieb zurücktritt. → S. 86

4. Mai, Sonnabend

Der US-amerikanische Außenminister Dean Rusk trifft zu einem mehrtägigen Besuch in der jugoslawischen Hauptstadt Belgrad ein. Die Gespräche mit Staatspräsident Josip Broz Tito sollen der Verbesserung des Verhältnisses zwischen beiden Staaten dienen.

Haitis Staatspräsident François Duvalier verhängt das Standrecht über sein Land. Zuvor hatte es in der Hauptstadt Port-au-Prince Schießereien gegeben, bei denen 45 Milizsoldaten getötet wurden.

5. Mai, Sonntag

Bundeskanzler Konrad Adenauer (CDU) teilt in einem Brief dem US-Präsidenten John F. Kennedy seine grundsätzliche Zustimmung zu einer multilateralen Atomstreitmacht mit und sagt seine Unterstützung beim Aufbau einer »Polaris«-Flotte von Überwasser-Schiffen zu (→ 16. 4./S. 62).

Bei Demonstrationen gegen Rassenschranken im US-Bundesstaat Alabama verhaftet die Polizei insgesamt 1600 Personen (→ 13. 5./S. 78).

Im US-amerikanischen Bundesstaat Texas gelingen erstmals operative Eingriffe gegen zu hohen Blutdruck. → S. 82

Im Hamburger Volksparkstadion verliert die Nationalelf der Bundesrepublik gegen Weltmeister Brasilien 1:2. → S. 87

Sieger des internationalen Motorradrennens auf der Avus von Berlin (West) werden Friedrich Hellheimer und Rolf Herrmann. → S. 86

6. Mai, Montag

Im Bundeswirtschaftsministerium in Bonn finden Unterredungen zwischen Wirtschaftsminister Ludwig Erhard (CDU) und den Tarifpartnern aus der Metallindustrie statt. Erhard drängt auf eine schnelle Beendigung des Arbeitskampfes (→ 9. 5./S. 82).

Der ehemalige Bundesverteidigungsminister Franz Josef Strauß (CSU) erklärt, in ein Kabinett unter Ludwig Erhard (CDU) wolle er nicht eintreten.

7. Mai, Dienstag

Einen Tag nach den Gesprächen im Bundeswirtschaftsministerium beenden die Arbeitgeber in Nordbaden und Württemberg die Aussperrung der Metallarbeiter (→ 9. 5./S. 82).

Der Herausgeber des US-amerikanischen Nachrichtenmagazins »Time«, Henry Luce, erhält auf der Feier zum 40jährigen Bestehen des Magazins in New York vom deutschen Generalkonsulat das Bundesverdienstkreuz verliehen.

8. Mai, Mittwoch

Bundesaußenminister Gerhard Schröder (CDU) kritisiert vor dem Bundestag in Bonn die Haltung der britischen Regierung zum Röhrenembargo gegen die Sowjetunion. Großbritannien hält sich nicht an den Lieferstopp (→ 18. 3./S. 47).

Als Antwort auf den westlichen Einsatz von Großlautsprechern an der Berliner Mauer, mit denen die Sendungen des »Studio am Stacheldraht« ausgestrahlt werden, nimmt die DDR ihre Propagandasendungen an der Grenze wieder auf.

Der neue US-amerikanische Nachrichtensatellit »Telstar« sendet erstmals farbige Fernsehbilder nach Europa.

9. Mai, Donnerstag

In Baden-Württemberg nehmen 220 000 gewerkschaftlich organisierte Metallarbeiter an der Urabstimmung über die Annahme des am vorigen Dienstag erzielten Kompromisses im Tarifstreit teil. 73% sprechen sich für die Beendigung des Streiks aus. → S. 82

Papst Johannes XXIII. zeichnet den italienischen Staatspräsidenten Antonio Segni mit der höchsten vatikanischen Auszeichnung, dem Christus Orden, aus.

10. Mai, Freitag

Zum 30. Jahrestag der Bücherverbrennung durch die Nationalsozialisten finden in Berlin (West) Gedenkfeiern statt.

Der Intendant des Zweiten Deutschen Fernsehens, Karl Holzamer, kündigt ein Memorandum über Finanzhilfe an die Ministerpräsidenten der Länder an. Das Finanzdefizit des ZDF wird sich nach bisherigen Schätzungen bis zum Jahresende auf 70 Millionen DM belaufen. → S. 83

In Berlin (West) wird Joghurt erstmals in einer neuen Packung verkauft. Der schalenähnliche Becher aus Kunststoff kann nach Verzehr des Joghurts weggeworfen werden. → S. 82

Im Berliner Sportpalast boxt der Schwergewichtler Karl Mildenberger gegen den US-Amerikaner Von Clay. Vor 6000 begeisterten Zuschauern gelingt Mildenberger ein unerwarteter Punktsieg.

11. Mai, Sonnabend

Am zweiten Tag der bis zum 13. Mai dauernden sechsten Sitzung der Wirtschaftsvereinigung der Ostblockstaaten (COMECON) in Warschau fassen die Delegierten wichtige Beschlüsse für die Schaffung einer COMECON-Bank.

Im Tischtennis-Länderkampf gegen die Volksrepublik China unterliegt die Mannschaft der Bundesrepublik in München vor 3000 Zuschauern 2:5. Für eine Sensation sorgt jedoch Erich Arndt mit seinem Sieg über den amtierenden Weltmeister Chuang Tse-tung. → S. 86

12. Mai, Sonntag

In der Stadthalle in Hannover feiert die Sozialdemokratische Partei Deutschlands ihr 100jähriges Bestehen. Carlo Schmid bezeichnet in seiner Festansprache die SPD als »älteste Partei Deutschlands und die jugendkräftigste zugleich« und betont so die Wandlungsfähigkeit seiner Partei (→ 21. 4./S. 64).

Unter dem Kugelhagel von DDR-Grenztruppen scheitert ein Fluchtversuch von 15 Personen aus der DDR. Sie hatten vor, mit einem Bus die Berliner Mauer zu durchbrechen.

Der schwedische Reichstag in Stockholm faßt mit großer Mehrheit den Beschluß, ab dem Frühjahr 1967 zum in Kontinentaleuropa üblichen Rechtsverkehr auf den Straßen überzugehen.

13. Mai, Montag

Im alten Nürnberger Gerichtsgebäude beginnt der Prozeß gegen Joseph Paur, Wilhelm Wacker und Otto Köllner. Die drei Männer werden wegen gemeinschaftlicher Beihilfe zum Mord an 2400 Juden im Jahr 1942 angeklagt.

Im am 7. Mai in Moskau begonnenen Schauprozeß gegen westliche Agenten werden der Sowjetrusse Oleg Penkowski zum Tode und der Brite Grewill Wynne zu acht Jahren Gefängnis verurteilt.

US-Präsident John F. Kennedy entsendet Bundestruppen in den Bundesstaat Alabama, da die blutigen Rassenunruhen inzwischen bürgerkriegsähnliche Zustände angenommen haben. → S. 78

14. Mai, Dienstag

Friedrich IX., König von Dänemark, und Bundespräsident Heinrich Lübke (CDU) eröffnen an Bord des dänischen Fährschiffes »König Frederik« die sogenannte Vogelfluglinie. Es ist die kürzeste Verkehrsverbindung zwischen Mitteleuropa und Skandinavien.

Radio Prag gibt die Rehabilitierung ehemals politisch Verfolgter und die Amtsenthebung stalinistischer Funktionäre bekannt. U.a. wird der Erste Sekretär der tschechoslowakischen Kommunistischen Partei, Karol Bacilek, abgelöst.

15. Mai, Mittwoch

Mit der Schaffung der Arbeiter- und Bauerninspektion (ABI) in der DDR führen das Zentralkomitee der SED und der Ministerrat der DDR ein neues Kontrollsystem ein, welches die unbedingte Erfüllung der Partei- und Regierungsbeschlüsse sichern soll.

Auf dem Flugplatz Manching bei München wird das erste deutsche senkrecht startende Düsenflugzeug der Öffentlichkeit vorgeführt. → S. 83

Die wiederaufgebaute Zugspitz-Seilbahn hat ihre zweite Premiere. Bei der ersten Inbetriebnahme im Dezember 1962 war die Gondel durch ein beschädigtes Relais auf halber Höhe steckengeblieben.

Im ausverkauften Feijenoord Stadion von Rotterdam sehen 70 000 Zuschauer das Europacup-Endspiel der Pokalsieger. Pokalverteidiger Atletico Madrid hat gegen die britischen Tottenham Hotspurs keine Chance und verliert 1:5. → S. 87

16. Mai, Donnerstag

Der Bundestag in Bonn ratifiziert mit fünf Gegenstimmen den am 22. Januar in Paris abgeschlossenen deutsch-französischen Vertrag (→ 22. 1./S. 14).

Porträt des US-amerikanischen Schriftstellers James Baldwin auf der Titelseite des US-amerikanischen Nachrichtenmagazins »Time«, das in dem am 17. Mai erscheinenden Heft über die Rassenunruhen in Birmingham berichtet

MAY 17, 1963

ATLANTIC EDITION

BIRMINGHAM & BEYOND: The Negro's Push For Equality

TIME

THE WEEKLY NEWSMAGAZINE

AUTHOR
JAMES BALDWIN

VOL. LXXXI NO. 20

(REG. U.S. PAT. OFF.)

ALGERIA . Alg. Fr. 1.50	EAST AFRICA . . .2/25	GREECE . . . . .DR. 9	JORDAN . . . . 120 fils	NETHERLANDS. . . . f 1	SPAIN . . . . . .Pta. 17
AUSTRIA S.7	EGYPT . . . . . .Pi 17	ICELAND . . . . Kr. 13	KUWAIT . . . 120 fils	NIGERIA 2/3	SOUTH AFRICA 22½ cents
BELGIUM . . . . Fr. 14	ETHIOPIA 50.75	IRAN . . . . 25 rials	LEBANON P.100	NORWAY . . . . .Kr. 2	SUDAN . . . 10 Piastres
BRITISH ISLES . . 2/-	FINLAND . . .NMK 1.00	IRAQ . . . . 120 fils	LIBERIA . . .30 cents	POLAND ZL-10	SWEDEN . Kr. 1.65 inkl. oms
BRITISH POSS. . . 2/3	FRANCE & FRENCH	IRELAND . 2/- (Inc. Tax)	LIBYA . . . . Pts. 10	PORTUGAL & POSS. Esc.8	SWITZERLAND . Fr. 1.25
CONGO . . . C. Fr. 20	UNION. . . . 1.50 FF	ISRAEL . . . . .Ag. 90	MAURITIUS . . Rs. 1.50	RHODESIAS 2/3	SYRIA . . . . . .PI 120
CYPRUS . . . 115 mils	GERMANY . . . .DM 1.25	ITALY . . . . .L. 175	MOROCCO . . . Dh 1.50	SAUDI ARABIA . Sr 1.35	TURKEY . . . .Krs. 300
DENMARK . DKr. 2.00	GHANA 2/3				U.S. ARMED FORCES. 25¢

75

Die italienische Regierung unter Amintore Fanfani tritt zurück. →S. 80

Der Sender Freies Berlin nimmt seinen neuen Sendemast in Betrieb. Mit seinen 230 m ist er das höchste Bauwerk Berlins und überragt den Funkturm um 77 m.

Mit der Aufführung des Schauspiels »Kabale und Liebe« von Friedrich von Schiller beginnen in Recklinghausen die Ruhrfestspiele (bis 26. Mai). →S. 83

17. Mai, Freitag

Die Sowjetunion übermittelt den Botschaftern der Bundesrepublik und Frankreichs offizielle Noten, in denen sie gegen den deutsch-französischen Vertrag als »Mittel der indirekten Kernaufrüstung« der Bundesrepublik protestiert.

In Marokko finden erstmals freie Parlamentswahlen statt. Die Front für die Verteidigung der verfassungsmäßigen Rechte erhält die absolute Mehrheit.

Der US-amerikanische Astronaut Gordon Cooper landet mit seiner »Mercury«-Kapsel nahe der Midway-Insel im Pazifik. →S. 79

Der Deutsche Friedensrat der DDR verleiht dem britischen Mathematiker und Philosophen, Lord Bertrand Russell, in Würdigung seiner konsequenten pazifistischen Bemühungen die Carl-von-Ossietzky-Friedensmedaille.

18. Mai, Sonnabend

Der Gouverneur des US-Bundesstaates Alabama, George Wallace, reicht bei dem obersten amerikanischen Gerichtshof eine Verfassungsklage gegen US-Präsident John F. Kennedy ein. Die Entsendung von Bundestruppen zur Beilegung der Rassenunruhen sei verfassungswidrig (→13. 5./S. 78).

Der schwedische Außenminister Torsten Nilsson beendet seinen zwölftägigen Besuch in der Sowjetunion. In einem Abschlußkommuniqué wird auf die traditionelle Neutralitätspolitik Schwedens als Garant der Ruhe und Sicherheit in Nordeuropa hingewiesen.

Der in Stockholm lebende deutsche Schriftsteller Peter Weiss wird in Ouchy (Schweiz) mit dem Charles-Veillon-Preis für seinen autobiographischen Roman »Fluchtpunkt« ausgezeichnet.

19. Mai, Sonntag

Bei den Landtagswahlen in Niedersachsen kann die SPD die größten Stimmengewinne verbuchen. Von den abgegebenen Stimmen erhalten die SPD 44,9%, die CDU 37,7% und die FDP 8,8%. →S. 81

Die Beratende Vollversammlung in Indonesien bestimmt durch Verfassungsänderung Staats- und Regierungschef Achmed Sukarno zum Staatspräsidenten auf Lebenszeit. →S. 80

20. Mai, Montag

Die Bundesregierung übermittelt der Sowjetunion eine Note zu Fragen der Repatriierung deutscher Staatsangehöriger aus der UdSSR. Aus sowjetischer Sicht ist sie abgeschlossen, die Bundesregierung jedoch stellt fest, daß erst 60% aller betroffenen Personen in die Heimat zurückgekehrt seien. →S. 81

Im Moskauer Estradentheater besiegt der 33jährige Armenier Tigran W. Petrossjan im Titelkampf um die Schachweltmeisterschaft vor 1600 Zuschauern den 19 Jahre älteren mehrmaligen Meister Michail M. Botwinnik. →S. 87

21. Mai, Dienstag

Auf einem außerordentlichen Kongreß am 20./21. Mai in Düsseldorf legt der Bundesvorstand des Deutschen Gewerkschaftsbundes (DGB) den Entwurf eines neuen Grundsatzprogramms vor. Es soll an die Stelle des 1949 in München unter Hans Böckler verabschiedeten Programms treten. →S. 82

In Moskau unterzeichnen der Vorsitzende der US-amerikanischen Atomenergiekommission, Glenn Seaborg, und der Vorsitzende der Staatskommission des sowjetischen Ministerrats für die Nutzung der Atomenergie, Andronik Petrosyants, ein Memorandum über die Zusammenarbeit bei der friedlichen Nutzung der Atomenergie.

In der Türkei scheitert ein Militärputsch des ehemaligen Oberst Talat Aydemir, da sich ihm nur die Kadetten der Kriegsakademie und 50 Offiziere der unteren Ränge anschließen. Aydemir wird noch am gleichen Tag verhaftet.

In Genf endet die fünf Tage dauernde Sitzung der internationalen Zollkonferenz GATT. Thema ist eine Senkung der Zölle zwischen der Europäischen Wirtschaftsgemeinschaft (EWG) und den Vereinigten Staaten von Amerika. →S. 81

22. Mai, Mittwoch

Die DDR schließt mit Jugoslawien ein Abkommen, worin sie sich zur Begleichung ihres Anteils an den deutschen Vorkriegsschulden in Höhe von 100 Millionen DDR-Mark verpflichtet.

Auf der Gipfelkonferenz der unabhängigen Staaten Afrikas in der äthiopischen Hauptstadt Addis Abeba (bis 26. 5.) wird die Charta der Organisation der Afrikanischen Einheit (OAU) unterzeichnet.

Vor 50 000 Zuschauern besiegt die brasilianische Nationalmannschaft die zum Ärger der Besucher ohne Pelé antritt, im Berliner Olympia-Stadion eine West-Berliner Stadtmannschaft 3:0.

Der vorjährige italienische Fußballmeister AC Mailand wird im Londoner Wembley Stadion vor 50 000 Zuschauern durch ein 2:1 über den Titelverteidiger Benfica Lissabon nun der neue Europapokalsieger. →S. 87

23. Mai, Christi Himmelfahrt

Der britische Lordsiegelbewahrer und Europaminister Edward Heath erhält in Anwesenheit von 1000 Ehrengästen den 1949 gestifteten Internationalen Karlspreis der Stadt Aachen.

Der Ministerrat der DDR verabschiedet ein Gesetz, das den Staatsbürgern der DDR Kontakte zu ausländischen Botschaften oder zu Diplomaten ohne vorherige Genehmigung der zuständigen Behörde untersagt.

Im Moskauer Lenin-Stadion findet zu Ehren des kubanischen Partei- und Regierungschefs Fidel Castro eine Freundschaftskundgebung statt. Castro erhält als erster Ausländer die Auszeichnung »Held der Sowjetunion«. →S. 80

24. Mai, Freitag

Der Verwaltungsgerichtshof in Wien entscheidet, daß die Erklärung von Otto Habsburg-Lothringen, auf die Mitgliedschaft zum Hause Habsburg-Lothringen zu verzichten, ausreichend für eine Aufhebung des Landesverweises sei. →S. 80

In Cannes (Südfrankreich) gehen die am 8. Mai begonnenen 16. Internationalen Filmfestspiele zu Ende. Die »Goldene Palme« erhält der Film des italienischen Regisseurs Luchino Visconti »Der Leopard« nach dem gleichnamigen Roman von Giuseppe Tomasi di Lampedusa.

25. Mai, Sonnabend

Das größte Schulschiff der Bundesmarine wird in Rendsburg in Dienst gestellt. Die »Deutschland« mit einer Größe von 5000 BRT soll der Ausbildung von jeweils 250 Seeoffizieren dienen.

Der italienische Staatspräsident Antonio Segni beauftragt den Generalsekretär der Christlich-demokratischen Partei, Aldo Moro, mit der Bildung einer neuen Regierung (→16. 5./S. 80).

Die argentinische Regierung verbietet die kommunistische Partei des Landes und alle ihr angeschlossenen Organisationen.

26. Mai, Sonntag

Auf der deutsch-französischen Konferenz in Bad Godesberg würdigt Bundeswirtschaftsminister Ludwig Erhard (CDU) den deutsch-französischen Vertrag als eine »bewegende Kraft in Europa« (→22. 1./S. 14).

Die wahlberechtigten männlichen Schweizer Bürger plädieren in einer Volksabstimmung mehrheitlich dafür, Regierung und Parlament frei – also ohne Bindung an Volksentscheide – über eine Ausrüstung der Armee mit Atomwaffen entscheiden zu lassen. →S. 81

27. Mai, Montag

Der CSU-Vorsitzende Franz Josef Strauß trifft zu einem elf Tage dauernden Besuch Israels auf dem Zentralflughafen in Tel Aviv ein. Angesichts angekündigter Protestdemonstrationen stellt die Polizei ein ungewöhnlich starkes Aufgebot an Sicherheitskräften bereit. →S. 81

Der Oberste Gerichtshof der USA verwirft die Klage des Gouverneurs von Alabama, George Wallace, gegen den US-Präsidenten John F. Kennedy im Zusammenhang mit den Rassenunruhen in Birmingham (→13. 5./S. 78).

28. Mai, Dienstag

Gustav VI. Adolf, König von Schweden trifft zu einem mehrtägigen Staatsbesuch in Paris ein. Gegenstand seiner Gespräche ist der schwedische Wunsch nach einer Mitgliedschaft in der Europäischen Wirtschaftsgemeinschaft.

Das Bundesgesundheitsministerium in Bonn veranlaßt die Sicherstellung des Stärkungsmittels »Bioprotein« in der gesamten Bundesrepublik. Das aus Österreich importierte Medikament soll Gesundheitsschäden hervorrufen.

29. Mai, Mittwoch

Der US-amerikanische Außenminister Dean Rusk betont auf einer Pressekonferenz die Unverzichtbarkeit des US-amerikanischen Vetorechts bei allen Entscheidungen über Einsatzbefehle innerhalb der geplanten multinationalen Atomstreitmacht des Nordatlantikpaktes.

Wolkenbruchartige Regenfälle führen in München zu Straßenüberflutungen und Überschwemmungen zahlreicher Keller und Hausflure.

30. Mai, Donnerstag

Auf der Ministerratstagung der Europäischen Wirtschaftsgemeinschaft (EWG) in Brüssel (bis 31. 5.) wird über eine mögliche Assoziierung Österreichs mit der EWG diskutiert.

Nach dreijähriger Bauzeit ist die 785 m lange Europabrücke bei Innsbruck fertiggestellt. Sie ist das wichtigste Autobahn-Bindeglied zwischen der Bundesrepublik, Österreich und Italien und wird am →17. November (S. 189) eingeweiht.

31. Mai, Freitag

Bei dem in Solingen stattfindenden Knorr-Prozeß gegen ein Mitglied der Deutschen Friedens-Union (DFU) werden zwei Journalisten, der Chefredakteur der »Leipziger Volkszeitung« und der Chefredakteur des »Deutschlandsenders« aus der DDR verhaftet.

In Frankreich endet um 24.00 Uhr das seit dem Generalputsch am 22. April 1961 herrschende Notstandsregime, das dem Staatspräsidenten besondere Vollmachten gewährt hatte.

Gestorben:

11. New York: Herbert Spencer Gasser (*5. 7. 1888, Platteville/Wisconsin), US-amerikanischer Physiologe.

16. Rom: Luigi Bartolini (*8. 2. 1892, Cupramontana/Ancona), italienischer Schriftsteller.

Das Wetter im Monat Mai

Station	Mittlere Lufttemperatur (°C)	Niederschlag (mm)	Sonnenscheindauer (Std.)
Aachen	− (12,8)	81 (67)	153 (205)
Berlin	13,9 (13,7)	35 (46)	220 (239)
Bremen	− (12,8)	38 (56)	175 (231)
München	− (12,5)	116 (103)	165 (217)
Wien	14,8 (14,6)	70 (71)	250 (−)
Zürich	11,7 (12,5)	87 (107)	169 (207)

( ) Langjähriger Mittelwert für diesen Monat
− Wert nicht ermittelt

Charles Eames
gestaltete das
Titelblatt des
Mai-Heftes der in
Italien
erscheinenden
Kunst- und
Architekturzeit-
schrift »domus«

domus

architettura arredamento arte   402   maggio 1963

Offene Gewalt in Birmingham

13. Mai. Der US-amerikanische Präsident John F. Kennedy entsendet Luftlandetruppen nach Alabama, in dessen Industriezentrum Birmingham blutige Auseinandersetzungen zwischen weißen und farbigen Bürgern ausgebrochen sind.

Gleiche Rechte für die Schwarzen

Das Ziel der Nationalen Vereinigung zur Förderung farbiger Menschen (NAACP) ist, den Farbigen alle kulturellen und rechtlichen Mittel zu sichern, damit sie ihre Rolle als gleichberechtigte Bürger der USA ausfüllen können. Es schien 1954 erreicht, als der Oberste Gerichtshof der USA die Rassentrennung für verfassungswidrig erklärte. In einzelnen Bundesstaaten erlangte diese Entscheidung jedoch keine Rechtswirksamkeit. Von da an kämpften die Farbigen in zwei Lagern: Die Bewegung um Martin Luther King propagiert den gewaltlosen, passiven Widerstand, um die Bürgerrechte durchzusetzen; die militanten Black Muslims um Malcolm X predigen dagegen den schwarzen Nationalismus unter der Parole: »Alle Schwarzen hassen alle Weißen.«

Der Rassenkonflikt schwelt schon seit Wochen in der 70 000 Einwohner zählenden Stadt mit einem farbigen Bevölkerungsanteil von 45%. Durch friedliche Demonstrationen, verbunden mit Aufrufen des schwarzen Bürgerrechtlers Martin Luther King zum passiven Widerstand, sollen die staatlichen Behörden Alabamas zur Aufgabe ihrer Rassentrennungspolitik gezwungen werden. Die Polizei verhaftet insgesamt 2500 Farbige, darunter mehrere hundert Schulkinder. Der Stadtkommissar Teophilis Eugene Connor hält unbeirrt am Einsatz von scharfen Hunden, Wasserwerfern und Gummiknüppeln bei Demonstrationen fest. Gegen Connors harten Kurs wendet sich jedoch der in Rassenfragen tolerantere Bürgermeister, Albert Boutwell. Ihn unterstützen vor allem Industrie- und Handelskreise, da sie eine Verschlechterung der kommunalen Wirtschaftssituation durch eine Eskalation der Auseinandersetzungen fürchten.

Boutwell handelt mit den Führern der schwarzen Bürgerrechtsbewegung in einem »geheimen« Pakt folgende Vereinbarungen aus:

▷ Aufhebung der Rassenschranken in allen Restaurants und Lokalen der Stadt
▷ Beseitigung der alten Arbeitsmarktpolitik, die Schwarzen den Aufstieg zu Angestellten und Handelsvertretern verwehrt
▷ Gründung einer gemischten Kommission, die neue Grundlagen für das Verhältnis zwischen weißen und schwarzen Bürgern erarbeiten soll
▷ Entlassung der bei den Unruhen eingekerkerten Schwarzen

Eine Bombenexplosion im Motel »A. G. Gaston«, wo sich die Führer der Bürgerrechtsbewegung einquartierten, macht jedoch die Hoffnung auf eine schrittweise Konfliktlösung mit einem Schlag zunichte. Obwohl niemand verletzt wurde, brechen noch in der gleichen Nacht erneut blutige Krawalle aus, die den US-Präsidenten schließlich zu der Entsendung von Bundestruppen veranlassen (→ 7. 1./S. 20; 28. 8./S. 125).

Farbige Bürger in den Vereinigten Staaten fordern die Durchsetzung der ihnen aufgrund der Verfassung zustehenden Gleichberechtigung mit den Weißen

Überall in den USA, besonders in den Südstaaten, kommt es zu Auseinandersetzungen, da Farbige ihre Diskriminierung durch Weiße nicht mehr hinnehmen

Fantastische Fotos aus dem Weltraum

17. Mai. Mit der Landung der »Mercury«-Kapsel »Faith 7« (Glaube 7) nahe der Midway-Insel im Pazifik geht das bisher längste Raumfahrtunternehmen der USA erfolgreich zu Ende.

Am 15. Mai begann in Cape Canaveral der 965 000 km lange Flug des 36jährigen Astronauten Gordon Cooper, Luftwaffenmajor der US-Armee. Von einer »Atlas«-Rakete, deren Triebwerke 165 000 kg Schub erzeugten, wurde Cooper auf seine Umlaufbahn getragen. Innerhalb von fünf Minuten – bis zum Ausbrennen der letzten Raketenstufe – beschleunigten 35 t Kerosin und 75 t flüssiger Sauerstoff die Weltraumkapsel auf eine Geschwindigkeit von 28 228 km/h. Während seines 34 Stunden dauernden Fluges umrundete Cooper 22-

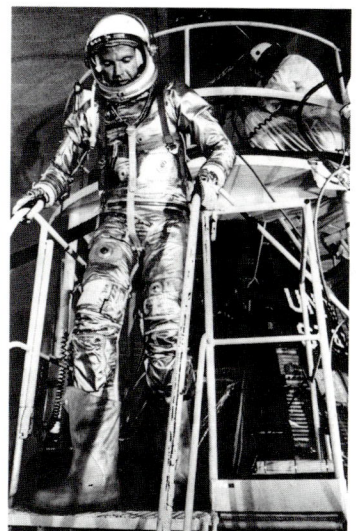

Cooper beim Ausstieg aus der Probekapsel nach simuliertem Start

mal die Erde in einer Höhe zwischen 170 und 265 km.

Coopers Programm bestand hauptsächlich in Experimenten, die der Vorbereitung der nächsten Weltraumprojekte dienen, wozu u. a. auch das Fotografieren gehörte. Bei geradezu idealen meteorologischen Verhältnissen nahm er durch das Fenster der Kapsel die Erde mit Gebirgen, Ozeanen, Wüsten und Wäldern auf.

◁ *Von G. Cooper während seines Fluges aufgenommen: Das Atlasgebirge an der Nordküste Afrikas*

Sukarnos Position hat sichere Basis

19. Mai. In Jakarta stimmt die Beratende Volksversammlung einer Verfassungsänderung zu, durch die Staatspräsident Achmed Sukarno zum Oberhaupt Indonesiens auf Lebenszeit bestimmt wird.

Sukarnos Ziel ist es, bei der Neuordnung Südostasiens eine führende Rolle zu spielen. Indonesien, zu dem seit dem 1. Mai auch Westneuguinea

Achmed Sukarno offiziell gehört, soll nach seinen Vorstellungen das Zentrum eines panmalaiischen Staates bilden.

In der Begründung der Verfassungsänderung heißt es u. a., Präsident Sukarno sei der Sammelpunkt der indonesischen Revolution, die er von Erfolg zu Erfolg geführt habe. Die »Große Revolution« sei aber bisher nicht vollendet und gelinge nur mit Sukarno als Führer.

Castro zu Besuch in der Sowjetunion

23. Mai. Im Moskauer Lenin-Stadion findet eine Freundschaftskundgebung zu Ehren des kubanischen Ministerpräsidenten Fidel Castro statt, der sich seit dem 24. April in der Sowjetunion aufhält. Der Besuch erfolgte auf Einladung des Vorsitzenden des Ministerrates der UdSSR, Nikita S. Chruschtschow.

In seiner Ansprache widmet Chruschtschow einen großen Teil den sowjetisch-kubanischen Beziehungen und würdigt dabei die kubanische Revolution: »Kuba hat die alte kapitalistische Welt wie einen Leichnam auf immer begraben... Revolutionen werden nicht in Laboratorien gemacht. Sie sind ein Werk von Massen.«

Im Anschluß an seine Rede, worin er Kuba der Unterstützung durch sein Land versichert, verleiht der sowjetische Regierungschef Fidel Castro als erstem Ausländer den Titel »Held der Sowjetunion«, außerdem den Lenin-Orden und die Medaille »Goldener Stern«.

Die 125 000 im Stadion anwesenden

Verbundenheit demonstrieren Castro (l.) und Chruschtschow im Kreml

Moskauer bereiten den beiden Staatsmännern minutenlange Ovationen und rufen immer wieder »Fidel–Chruschtschow!«. Drei Fesselballons schmücken den Himmel über dem Stadion. In seinen Abschiedsworten bedankt sich Castro in russischer Sprache für die »Lawine der Liebe«.

Rückschlag für die linke Mitte in Rom

16. Mai. Nach der ersten Sitzung des neugewählten Parlaments tritt in Rom die italienische Regierung unter Amintore Fanfani zurück.

Über die Zusammensetzung einer neuen Regierung konnte bisher noch keine Einigung erzielt werden, obwohl die Verhandlungen zwischen Staatspräsident Antonio Segni und Vertretern der Parteien seit den Wahlen am 28. und 29. April intensiv geführt wurden. Innerhalb der Parteien ist man sich uneins darüber, ob die Politik der linken Mitte fortgeführt werden soll. Ursache der Unstimmigkeiten ist das überraschend gute Abschneiden der Kommunisten bei den Senats- und Parlamentswahlen. In ganz Italien konnten sie beträchtliche Stimmengewinne erzielen, wohingegen die Christlich-Demokratische Partei Fanfanis Verluste in Kauf nehmen mußte. Die Ursachen für die Niederlage sehen viele Christdemokraten in der Öffnung ihrer Partei hin zu den Sozialdemokraten unter Pietro Nenni (→ 5. 12./S. 200).

Kontroverse um Rückkehr von Otto Habsburg nach Österreich

24. Mai. Der Österreichische Verwaltungsgerichtshof in Wien entscheidet die im Jahr 1961 eingereichte Säumnisbeschwerde von Otto Habsburg-Lothringen gegen die österreichische Regierung positiv für den Beschwerdeführenden.

Damit dürfte der Rückkehr des ältesten Sohnes des letzten österreichischen Kaisers in sein Geburtsland nichts mehr im Wege stehen. Otto Habsburg-Lothringen mußte, wie auch die übrigen Mitglieder des Herrscherhauses, Österreich aufgrund des Habsburgergesetzes vom 3. April 1919 verlassen, denn im § 2 heißt es dort u. a.: »Im Interesse der Sicherheit der Republik werden die ... Mitglieder des Hauses Habsburg-Lothringen, ... soweit sie nicht auf ihre Mitglied-

schaft zu diesem Hause und auf alles aus ihr gefolgerten Herrschaftsansprüche ausdrücklich verzichten ..., des Landes verwiesen ...«

Da Habsburg-Lothringen mit seiner Familie nach Österreich zurückkehren wollte, gab er im Juni 1961 die Loyalitätserklärung gegenüber der österreichischen Republik ab. Bundeskanzler Alfons Gorbach und die Vertreter seiner Volkspartei waren geneigt, das Bekenntnis zu akzeptieren, jedoch stimmten die sozialistischen Mini-

ster dagegen. Die Sozialisten bezeichneten die Erklärung als unglaubwürdig. Ihr Mißtrauen begründeten sie u. a. mit der Tatsache, daß der Antragsteller in seinem bayerischen Wohnort Pöcking den 1961 geborenen Sohn in das Taufbuch als »Erzherzog« und den Vater als »Seine Majestät Otto von Österreich-Ungarn« eintragen ließ. Eine endgültige Klärung des »Falls Habsburg« erfolgt erst 1966: Otto Habsburg-Lothringen erhält einen österreichischen Paß.

O. Habsburg-Lothringen, Nachkomme der österreichischen Herrscher

Kaiser Karl I., Vater von Otto Habsburg-Lothringen

Erzherzog Franz Ferdinand, Onkel von Karl I.

Kaiser Franz Joseph I., der Onkel von Franz Ferdinand

Elisabeth von Österreich, Frau Kaiser Franz Josephs

Kompromisse bei Zoll-Verhandlungen

21. Mai. In Genf geht die viertägige Ministerkonferenz des GATT (General Agreement in Tariffs and Trade) zu Ende.

Auf der Tagesordnung der Zusammenkunft der 700 Delegierten aus 75 Staaten standen drei Punkte:

▷ Erweiterung des Handels der Entwicklungsländer

▷ Vereinbarungen über die Minderung bzw. Beseitigung von Zöllen und Handelshemmnissen

▷ Maßnahmen über den Zugang zu den Märkten für landwirtschaftliche Erzeugnisse und andere Grundprodukte

Mit dem erzielten Kompromiß zeigt sich der Bundeswirtschaftsminister, Ludwig Erhard (CDU), durchaus zufrieden. U. a. vereinbarten die Konferenzteilnehmer, künftig Zölle nicht mehr von Erzeugnis zu Erzeugnis auszuhandeln, sondern eine »lineare substantielle« Zollsenkung vorzunehmen. Dies bedeutet eine einheitliche Regelung für den gesamten industriellen und gewerblichen Bereich.

FDP als umworbener Koalitionspartner

19. Mai. In Niedersachsen finden Landtagswahlen statt. Sieger ist die SPD, die mit 44,9% der Wählerstimmen ihre Stellung als stärkste Partei im niedersächsischen Landtag um 5,4% gegenüber den letzten Wahlen verbessern kann.

Die CDU erhält als zweitstärkste Partei 37,7% der Stimmen, kann aber mit 6,9% Stimmenzuwachs einen deutlichen Aufwärtstrend verzeichnen. Die FDP kommt auf 8,8% und verbessert sich damit ebenfalls, nämlich um 3,7%. Weitere sechs Parteien scheitern dagegen an der Fünf-Prozent-Hürde.

Der Landtag in Hannover setzt sich in der neuen Legislaturperiode folgendermaßen zusammen: 73 Mandate entfallen auf die SPD, 62 auf die CDU und 14 auf die FDP.

Nach Bekanntgabe der Ergebnisse erwägt die niedersächsische CDU Koalitionsverhandlungen mit der FDP, da eine Fortsetzung der bisherigen SPD/FDP-Koalition eine beachtliche Mehrheit gegenüber der CDU bedeuten würde. Am 12. Juni wird jedoch eine SPD/FDP-Regierung gebildet.

Franz Josef Strauß in Israel

27. Mai. Der CSU-Vorsitzende Franz Josef Strauß trifft zu einem Besuch Israels (bis 6. 6.) auf dem Zentralflughafen Lod ein.

Vor dem Flughafen haben sich Hunderte von Demonstranten versam-

Demonstration in Tel Aviv gegen die Israel-Reise von Franz Josef Strauß

melt, die auf mitgeführten Transparenten fordern »Strauß raus!« und »Denkt an Auschwitz«. Die dem linken politischen Spektrum zugerechneten Kundgebungsteilnehmer stehen jedoch mit ihren Vorbehalten gegenüber dem Besuch aus der Bundesrepublik nicht allein. Die liberale Zeitung »Haarez« bezichtigt Strauß sogar der »Plumpheit« und attestiert ihm »Ansätze zur Brutalität«, und das rechtsgerichtete Blatt »Herut« schreibt: »Die Gefühle der Verachtung für ihn und seine Gastgeber werden ihn während seines ganzen Aufenthalts in Israel begleiten.« Nachdem die drei Oppositionsparteien vergeblich eine Zurücknahme der Strauß-Einladung durch Staatspräsident David Ben Gurion gefordert hatten, wird Strauß zum bestbewachten Staatsgast, der Israel jemals besucht hat.

Strauß will in Gesprächen mit führenden Politikern u. a. über die Assoziierung Israels an den Gemeinsamen Europäischen Markt und die Aufnahme diplomatischer Beziehungen konferieren.

Zögernde Ausreise Deutscher

20. Mai. In Bonn übergibt Staatssekretär Karl Carstens (CDU) dem sowjetischen Botschafter Andrej A. Smirnow eine Note, worin die zügigere Rückführung von Deutschen aus der UdSSR gefordert wird.

In der Sowjetunion leben noch etwa 10 000 deutschstämmige Bürger, die

in ihre Heimat zurückkehren möchten. Seit dem Abschluß des Repatriierungsabkommens am 8. April 1958 sind etwa 14 800 Deutsche in die Bundesrepublik übergesiedelt; 1961 kamen 375, vergangenes Jahr 927, 1963 aber erst 54 Personen – nach Carstens' Ansicht zuwenig.

Der sowjetische Botschafter Andrej A. Smirnow äußert sich zunächst nicht zur von Carstens übergebenen Note

Im Auftrage der Bundesregierung übermittelt Karl Carstens das Schreiben an die Botschaft der UdSSR

Werbe-Plakat der schweizerischen Bewegung gegen atomare Aufrüstung

Entscheidung über die Atominitiative

26. Mai. In der Schweiz findet eine Volksabstimmung statt, bei der mit 450 488 gegen 273 355 Stimmen eine Initiative der Sozialdemokraten zur Atomfrage verworfen wird.

Bei der Abstimmung, an der 47% der wahlberechtigten Bevölkerung teilnahmen, wurde darüber geurteilt, ob die atomare Bewaffnung der Armee im Schweizer Parlament oder durch ein im Volksentscheid erstelltes Votum der Schweizer Bürger entschieden werden soll.

In einer Volksabstimmung 1962 hatten sich noch 53 bis 71% der Wahlberechtigten für ein Atomwaffenverbot ausgesprochen.

Amerika übernimmt die Postleitzahlen

14. Mai. Bundespostminister Richard Stücklen (CSU) empfängt in Bonn seinen Amtskollegen Edward Day aus den USA.

Der Besucher aus Übersee besichtigt in der Bundesrepublik die Einrichtungen für den automatischen Briefsortierdienst und informiert sich über das System der Postleitzahlen. Day, ein Bewunderer der guten Organisation bei der Bundespost, hat die Absicht, dieses System ab 1. Juli auch in den Vereinigten Staaten von Amerika einzuführen.

Von den 115 im Weltpostverein vertretenen Ländern wären die USA dann das zweite Mitglied mit einer solchen postalischen Einrichtung.

Metallarbeiterstreik in Baden-Württemberg

Entwurf für ein DGB-Grundsatzprogramm

9. Mai. In einer Urabstimmung entscheiden sich die 220 000 Mitglieder der Industriegewerkschaft (IG) Metall Baden-Württembergs für die Annahme der von der Tarifkommission akzeptierten Lohnerhöhung. Damit ist der seit dem 29. April andauernde Metallarbeiterstreik in Baden-Württemberg beendet.

Begonnen hatte der Ausstand nach der Urabstimmung in den Tarifgebieten Nordbaden/Nordwürttemberg und Südwürttemberg/Hohenzollern am 28. April, wobei die Forderung nach einer 8%igen Lohnerhöhung gestellt wurde.

Erstmalig seit 1928 beantworteten die Unternehmer die gewerkschaftliche Maßnahme mit einer geschlossenen Aussperrung im gesamten Tarifgebiet. So hoffte der Arbeitgeberverband, die Gewerkschaft in die Knie zwingen zu können, da ihre Streikkassen wöchentlich statt mit 8 Millionen DM nun mit 24 Millionen DM belastet würden.

Als die IG Metall trotz dieser »Kampfmaßnahme von oben« nicht nachgab, schaltete sich die Bundes-

Streikposten vor einem Mannheimer Werk der Metallindustrie; auf den Ausstand der IG Metall reagieren die Arbeitgeber zunehmend mit Aussperrung

regierung ein. Am 6. Mai empfing Bundeswirtschaftsminister Ludwig Erhard (CDU) die Delegationen der Tarifpartner unter der Leitung des Vorsitzenden des Verbandes der Arbeitgeber im Metallgewerbe, Herbert van Hüllen, und des Vorsitzen-

den der IG Metall, Otto Brenner. In der Nacht darauf kam man zu einer Einigung, wonach sich die Tariflöhne bis zum 31. März 1964 um 5% und am 1. April 1964 um weitere 2% erhöhen. Ferner soll die Wochenarbeitszeit verkürzt werden.

21. Mai. Der Bundesvorstand des Deutschen Gewerkschaftsbundes (DGB) veröffentlicht in Düsseldorf den Entwurf eines neuen Grundsatzprogramms, der von dem gleichen Gremium am 8. Mai verabschiedet wurde.

Im neuen Entwurf bilden die wirtschaftspolitischen Grundsätze den tragenden Teil. Darin wird die Gewährleistung einer ökonomischen Mitbestimmung der Arbeitnehmer als eines der Prinzipien der freiheitlichen und sozialen Gesellschaftsordnung gefordert. Nur so, heißt es darin, könne die gegenwärtige Ungerechtigkeit der Einkommens- und Vermögensverteilung und die Abhängigkeit vom Marktgeschehen und von privater Wirtschaftsmacht überwunden werden.

Auf einem außerordentlichen Gewerkschaftskongreß am 21./22. November in Düsseldorf sollen die Delegierten über dieses Programm abstimmen, welches das erste auf dem Gründungskongreß des DGB 1949 verabschiedete, ablöst.

Deutlicher Trend zur Plastikverpackung

Operationen gegen zu hohen Blutdruck

10. Mai. Joghurt, bisher nur in kleinen Glasfläschchen erhältlich, wird ab heute dem Kunden auch in einer neuartigen Kunststoffverpackung offeriert. Die Berliner Meierei-Zentrale bringt Joghurt in einem schalenähnlichen Becher aus Kunststoff in den Handel.

Seinem späteren Schicksal angemessen, lautet die Benennung dieses Einweg-Bechers: »Verlorene Packung«. Sie wird nach dem Ver-

zehr des Inhaltes einfach weggeworfen, wohingegen die früheren Glasbehälter als Pfandgut wiederverwendet wurden. Die Meierei-Zentrale wirbt mit noch anderen Vorzügen der neuartigen Verpackung. So weist sie darauf hin, daß die nach oben verbreiterte Öffnung das Löffeln des Joghurts erleichtere, daß geringere Verletzungsgefahr als bei Glas bestehe und daß das undurchsichtige Material

terial Lichteinwirkungen verhindere und so die Haltbarkeit des Inhalts günstig beeinflusse.

Der Siegeszug der Plastikverpackungen hängt in erster Linie mit den sich verändernden Verkaufsbedingungen zusammen. In den etwa 25 000 Selbstbedienungsläden werden die Waren nicht mehr vom Händler abgepackt, sondern liegen in luftdichten konservierenden Verpackungen im Regal.

5. Mai. In Houston (US-Bundesstaat Texas) berichtet Professor Michael DeBakey von erfolgreichen Operationen, die in seiner Klinik an Patienten mit Bluthochdruck (Hypertonie) vorgenommen wurden.

Die Verengung von Blutgefäßen ist als Ursache der Bluthochdruck-Krankheit bekannt. Weniger geläufig ist allerdings, wie man sie operativ beseitigen kann.

Die Berichte des Gefäßchirurgen DeBakey stoßen deshalb bei Fachleuten auf reges Interesse. Die Operationen waren an acht Patienten vorgenommen worden, bei denen eine sich abzeichnende Harnvergiftung den baldigen Tod anzukündigen schien. Weil sich die Ärzte nicht mit der üblichen Diagnose »Hypertonie« zufriedengaben, sondern als Ursache die verengte Nierenarterie entdeckten, konnten die Patienten operiert werden. Durch Einfügen von Ersatzgefäßen wurde die normale Weite der Arterie wiederhergestellt. DeBakey vermutet, daß etwa in 25% der Bluthochdruckfälle verstopfte Nierenarterien die eigentliche Ursache sind.

Kunststoffe, verwendet als neuartiges Material für Verpackungen in der Lebensmittel- und Chemie-Industrie

Intendant Holzamer für ZDF-Finanzhilfe

10. Mai. Im Anschluß an die Tagung des Fernsehrates des Zweiten Deutschen Fernsehen (ZDF) in Berlin (West) kündigt Karl Hölzamer einen Aufruf an die Bundesländer an. Darin will der Intendant der Fernsehanstalt die Länderregierungen um Finanzhilfe bitten.

Tags zuvor hatten die Mitglieder des Fernsehrates mit »großem Unbehagen« den Haushaltsplan für das Rechnungsjahr 1963 genehmigt. Das Budget schließt mit Einnahmen und Ausgaben von 180,6 Millionen DM ab. Alle Gremien sind sich jedoch darüber einig, daß die gegenwärtige finanzielle Grundlage nicht ausreicht, um neben dem laufenden Aufwand die notwendigen Investitionen zu finanzieren. Die Verschuldung des seit dem → 1. April (S. 70) sendenden ZDF wird Ende 1963 etwa 70 Millionen DM betragen und in den nächsten Jahren voraussichtlich wachsen. Um dem entgegenzuwirken, beabsichtigt Intendant Holzamer, die Hilfe der Bundesländer in Anspruch zu nehmen.

»Kabale und Liebe« in Recklinghausen

16. Mai. In Recklinghausen eröffnet der nordrhein-westfälische Kultusminister Paul Mikat die diesjährigen Ruhrfestspiele.

Während der Eröffnung gibt der stellvertretende Vorsitzende des Deutschen Gewerkschaftsbundes (DGB), Bernhard Tacke, die Stiftung für einen »Kulturpreis des Deutschen Gewerkschaftsbundes« bekannt. Er soll für kulturelle Leistungen zuerkannt werden, die »geistige und sittliche Kräfte der sozialen Bewegung durch Werke der Kunst oder der Wissenschaft oder durch praktische soziale, kulturelle oder kulturpolitische Tätigkeit stärken«. Für die Verleihung wird der DGB-Bundesvorstand ein Kuratorium berufen, dessen Ehrenpräsidium Theodor Heuss übernommen hat.

Im Anschluß an die offizielle Eröffnung sehen die Zuschauer der 17. Theaterfestspiele in Recklinghausen »Kabale und Liebe« von Friedrich von Schiller unter der Regie von Willy Schmidt. Die Inszenierung findet sowohl beim Fachpublikum als auch bei den Besuchern aus dem Ruhrgebiet großen Anklang.

Senkrechtstarter »VJ 101 × 1« ist zu teuer für Serienproduktion

15. Mai. In Manching bei Ingolstadt präsentiert sich erstmals der neu entwickelte deutsche Senkrechtstarter »VJ 101 × 1« der erwartungsvollen Öffentlichkeit.

Das Überschallflugzeug, das mit sechs Rolls-Royce-Triebwerken ausgerüstet ist, hebt unter gewaltigem Getöse vertikal vom Boden ab und verharrt in etwa 50 m Höhe in der Schwebe. Obwohl das Experimentierflugzeug alle technischen Proben besteht, wird es nicht in Serienproduktion gehen: Es ist zu kompliziert und zu teuer. Auf den Fotos: Der »VJ 101 × 1« in voller Aktion.

Erfolg mit Ex-Kaiserin Soraya

22. Mai. Die Nummer 21 der Münchener Illustrierten »Quick« erscheint mit der ersten Folge der Soraya-Memoiren.

Unter dem Titel »Jetzt spreche ich« erzählt die 31jährige Prinzessin Soraya, die ehemalige Frau des Schahs Mohammad Resa Pahlawi von Persien, insbesondere von ihrem Leben am kaiserlichen Hof.

Für ihre Geschichte bezahlt ihr die »Quick« 200 000 DM und damit das höchste Honorar, das bislang im deutschen Illustriertengeschäft für ein Manuskript ausgegeben worden ist. Aber die Investition zahlt sich aus: Mit dem Beginn des Abdrucks der Memoiren steigt die Auflage des Münchener Blattes um mehr als 200 000 Hefte. Das entspricht einer wöchentlichen Auflage von etwa 1 600 000 Exemplaren, womit die »Quick« an verkauften Heften dem Hamburger Konkurrenzunternehmen »Stern« schon bedrohlich nahe kommt und es fast einholt.

Die Ex-Kaiserin indes hat vor, an einem neuen Projekt zu arbeiten. Mit dem italienischen Filmproduzenten

Prinzessin Soraya auf der Titelseite der Illustrierten »Quick«, München

Dino De Laurentiis schloß sie schon im März einen Vertrag ab. Für welchen Film sie als Schauspielerin engagiert wurde, ist allerdings noch nicht bekannt – ihre erste Gage jedoch schon: Sie beträgt umgerechnet 800 000 DM.

Repräsentative Wohnräume mit der unentbehrlichen Polstergarnitur im Zentrum sind typisch in den am Stadtrand neu entstehenden Eigenheimen

Freie Volksbühne Berlin im eigenen Haus

1. Mai. Mit der Aufführung des Dramas »Robespierre« (Szenenfoto) von Romain Rolland unter der Regie von Erwin Piscator wird in Berlin (West) das neue Haus der Freien Volksbühne in der Schaperstraße eröffnet.

13 Jahre war das Ensemble zu Gast im Theater am Kurfürstendamm, da das alte Haus der Volksbühne im Ostteil der Stadt liegt. Der Zuschauerraum am Kurfürstendamm widerspricht jedoch dem Konzept der Volksbühne, die vielen Zuschauern für wenig Geld Kunstgenuß ermöglichen möchte. Ein Neubau wurde deshalb nötig. Durch Unterstützung offizieller Stellen sowie Selbsthilfe und Hilfe befreundeter Volksbühnenorganisationen konnte der Bau nach Entwürfen von Fritz Bornemann mit seinen 1047 Plätzen und einer Bühne von 21 m Breite und 20 m Tiefe realisiert werden.

Die Terrasse als ein erweiterter Bereich des Wohnens gewinnt immer mehr Bedeutung; passend dazu aus Kunststoff und Metall hergestellte Gartenmöbel

Wohnen und Design 1963:

Designer kontra Verbraucher?

»Vom Wohnen der Deutschen« ist der Titel eines 1963 im Westdeutschen Verlag erschienenen Buches des Soziologen Alphons Silbermann. Der Autor gibt Ergebnisse einer empirischen Repräsentativ-Untersuchung bekannt, die in Köln und dem 10 000 Einwohner zählenden Ort Bergneustadt durchgeführt wurde. Grundlage der Erforschung des bundesdeutschen Wohnlebens ist eine Umfrage, mit der u. a. über das begehrteste Mobiliar Erkundigungen eingezogen wurden. Dabei stellte sich heraus, daß die Couch in der Beliebtheitsskala bei den Deutschen ganz oben steht.

Für 42% der Interviewten ist das Sofa die wichtigste Wohnzimmereinrichtung. Mit 37% folgen Schrank, mit 36% Sessel und mit 32% bzw. 30% Gardinen sowie Teppiche. Tapeten sind nur für 18% erwähnenswert, Schreibtische nur für knapp 4% (die Fragebogen enthielten mehrere Rubriken, weshalb Werte über 100% herauskommen). Bei der Frage nach dem Möbelstück, das bei einer Neueinrichtung zuerst angeschafft würde, macht die Couch sogar mit 74% das Rennen und übertrifft bei weitem das nur von 32% gewählte Fernsehgerät.

Die Ergebnisse dieses Teils der Umfrage dürften für Möbelhersteller und -handel gleichermaßen von Bedeutung sein.

Ein anderer Fragenkomplex gibt ebenfalls interessante Aufschlüsse für Innenarchitekten und Möbelgestalter: Den Befragten wurden Testbilder von acht Wohnzimmereinrichtungen vorgelegt, wovon sie das ihnen liebste heraussuchen sollten. Spitzenreiter ist »Zimmer 4« mit »artiger Polstergarnitur, kleinem Tisch und großem Wandschrank mit Glasfenstern in der Mitte – das fraglos einfallsloseste, altmodischste im Angebot«.

Das ist kein sehr aufmunterndes Ergebnis für die Designer, denen daran liegt, moderne geschmackvolle Möbel in die deutschen Wohnungen zu bringen. In ihren Entwürfen für Einrichtungsgegenstände und Innenräume ist der Einfluß der skandinavischen Vorbilder mit klaren Linien, einfachen Formen und freundlich-warmen Holztönen erkennbar.

Neu sind auch leichte funktionale Sitzmöbel und Regale in allen Variationen, beliebt vor allem bei den Jüngeren. Mit Schrankteilen, Schreibplatten oder z. B. als Raumteiler finden die sogenannten Montageregale vielseitige Verwendung. Meist werden sie von leichten Metallkonstruktionen aus Rund- und Vierkantstützen, von Sprossen oder Konsolträgern gehalten.

Beim abendlichen TV-Genuß soll die Bequemlichkeit nicht zu kurz kommen: Der Fernsehsessel wird anscheinend unverzichtbar.

Die Schlafcouch ersetzt das herkömmliche Bett; tagsüber kommen Decken und Kissen in den Bettkasten, so daß der Raum zum Wohnen genutzt werden kann

Möbel für Kinderzimmer sollen mobil und robust sein; besonders praktisch für die zumeist kleinen Räume in den Neubauwohnungen sind Etagenbetten

Das Angebot der Keramikindustrie macht's möglich: Badezimmer mit Doppelwaschbecken in Rosa und Hellblau

Statt früher üblicher Eßzimmer schlagen Innenarchitekten wegen des doch oft recht begrenzten Raumes die Einrichtung von optisch abgetrennten Eßplätzen in Wohnräumen oder auch Dielen vor

Rennfahrer Stirling Moss während eines Rennens im Jahre 1960, damals befand er sich auf dem Höhepunkt seiner Karriere

Stirling Moss fährt seine letzte Runde

3. Mai. Der britische Rennfahrer Stirling Moss faßt nach einem Probenennen auf der Piste von Goodwood den Entschluß, sich vom aktiven Sport zurückzuziehen.

Moss wollte in Goodwood sein Comeback vorbereiten. Mit einem 2,5-l-Lotus-Sportwagen drehte er 45 Minuten lang Runde um Runde. Dann ließ er seinen Wagen an die Box rollen und meinte: »Es geht nicht mehr. Ich höre auf.«

Grund für diesen Entschluß ist der Unfall, den Moss am 23. April 1962 in Goodwood hatte. Bei einer Geschwindigkeit von 160 km/h war er damals gegen eine Böschung gerast.

Als Unfallursache vermutete man das Verklemmen eines Gaszuges. Erst nach einer halben Stunde gelang es den Rettungsmannschaften, Moss aus den Trümmern seines Lotus-Climax zu befreien. Er schien zunächst nur leicht verletzt, fiel dann aber auf dem Weg ins Krankenhaus überraschend in Ohnmacht. Mehrere Tage war er danach bewußtlos, erholte sich aber dann schnell, so daß er selbst wieder an neue Rennen glaubte. Doch ein Augenschaden und eine Verminderung der Reaktionsfähigkeit setzen seiner Karriere nunmehr ein Ende.

Der 33jährige Stirling Moss, obwohl einer der besten Fahrer der Welt, war nie Weltmeister – eine Tatsache, die ihn in der »ewigen Rangliste« hinter Jim Clark und Juan Manuel Fangio auf Platz drei stellt.

Seine beiden größten Rennen fuhr er 1961: Im Mai siegte Stirling Moss beim Grand Prix von Monaco und im August gewann er den Großen Preis von Deutschland auf dem Nürburgring. Beides waren Rennen, bei denen weniger die Motoren als das fahrerische Können entschieden: Obwohl Ferrari schon mit Sechszylinder-V-Motoren mit 190 PS fuhr, war Moss mit den britischen Vierzylinder-Wagen (155 PS) überlegen.

Erfolg für China beim Tischtennis

11. Mai. In München unterliegt die Tischtennis-Nationalmannschaft der Bundesrepublik im Länderkampf gegen China 2:5.

Bei diesem zweiten offiziellen Länderkampf gegen den Weltmeister aus Fernost sorgt Vize-Europameister Erich Arndt aus Mörfelden für eine Überraschung mit seinem 21:16, 21:19 über Weltmeister Chuang Tse-tung. Niemand hatte ihm den Sieg zugetraut, denn noch zu Beginn der Woche in Singen, während der ersten offiziellen Begegnung, hatte er gegen Chuang Tse-tung verloren. Dort stand es im ersten Satz nach kaum zwei Minuten Spielzeit 21:3 für den Chinesen.

Chuang Tse-tung, Tischtennis-Weltmeister aus China, von Arndt besiegt

Erich Arndt aus Mörfelden gewinnt überraschend gegen Chuang Tse-tung

Grand-Prix-Sieger mit nur 17 km/h

Die Geschichte des Automobilsports beginnt fast zeitgleich mit der des Autos überhaupt, denn seine Erfinder wollten die Vorteile ihrer neuen von der Pferdekraft unabhängigen Fahrzeuge demonstrieren. Schon 1887 fand das erste Rennen statt. Auf der 32 km langen Strecke von Paris nach Versailles gewann der Franzose Georges Buton mit einem Dampf-Vierrad. 1894, beim Rennen zwischen Paris und Rouen, betrug die Durchschnittsgeschwindigkeit des Siegers ganze 17 km/h.

Ein Jahr darauf veranstalteten die Franzosen das Rennen Paris–Bordeaux–Paris über 1178 km. Es wurde als der Große Preis von Frankreich ausgeschrieben und gilt damit als erstes Grand-Prix-Rennen.

1898 konstituierte sich in Luxemburg der Internationale Verband für Autotouristik, und 1900 erließ der US-Amerikaner Gordon Bennett die ersten technischen Rennvorschriften. 1904 wurden dann die Automobile nach Maßen und Gewichten in Klassen eingeteilt, 1911 das Hubraummaß eingeführt. Zwischen 1925 und 1939 erreichte der Automobilsport eine Blütezeit. Internationale Meisterschaften wurden eingeführt. Die erste Formel-1-Weltmeisterschaft gab es 1950.

24-Stunden-Rennen auf Berliner Avus

5. Mai. Das längste jemals veranstaltete Motorradrennen geht auf der Avus in Berlin (West) mit einem Gesamtsieg von Friedrich Hellheimer und Rolf Herrmann zu Ende.

Die beiden Westfalen schaffen in der Solo-Klasse über 500 cm³ auf einer BMW 168 Avus-Runden. Das sind 3360 km in einer Durchschnittsgeschwindigkeit von 140 km/h und entspricht der Entfernung von Berlin bis ans Mittelmeer.

In dem ersten internationalen 24-Stunden-Rennen des Allgemeinen Deutschen Automobilclubs (ADAC) starteten insgesamt 129 Fahrzeuge aller Roller-, Moped- und Seitenwagenklassen.

Neuer Meister des Schachs: Petrossjan

20. Mai. In Moskau endet die vor zwei Monaten begonnene Schachweltmeisterschaft zwischen den beiden sowjetischen Spielern Michail M. Botwinnik und Tigran W. Petrossjan mit 12,5:9,5 Punkten für den Herausforderer Petrossjan.
In der 22. Partie, der letzten dieser 25. Weltmeisterschaft, einigen sich der 52jährige viermalige Titelträger und sein 33jähriger Kontrahent schon beim elften Zug auf ein Remis. Der Wettkampf war allerdings schon nach der 19. Partie entschieden. Zu dem Zeitpunkt betrug der Vorsprung Petrossjans bereits kaum wettzumachende drei Punkte.

19. Partie der Weltmeisterschaft
Weiß: Petrossjan, Schwarz: Botwinnik

1. c2–c4, Sg8–f6; 2. Sb1–c3, e7–e6; 3. Sg1–f3, b7–b6; 4. g2–g3, Lc8–b7; 5. Lf1–g2, Lf8–e7; 6. 0–0, 0–0; 7. d2–d4, Sf6–e4; 8. Dd1–c2, Se4×c3; 9. Dc2×c3, f7–f5; 10. b2–b3, Le7–f6; 11. Lc1–b2, d7–d6; 12. Ta1–d1, Sb8–d7; 13. Sf3–e1, Lb7×g2; 14. Se1×g2, Lf6–g5; 15. Dc 3–c2, Lg5–h6; 16. e2–e4, f5–f4; 17. Sf3–e1, Dd8–e7; 18. e4–e5, d6×e5; 19. d4×e5, Ta8–d8; 20. Dc2–e2, De7–g5; 21. Kg1–g2, a7–a5; 22. Se1–f3, Dg5–h5; 23. Lb2–a3, Tf8–e8; 24. Td1–d4, Sd7–b8; 25. Tf1–d1, Td8×d4; 26. Td1×d4, f4×g3; 27. h2×g3, Dh5–f7; 28. De2–e4, g7–g6; 29. De4–b7, Lh6–g7; 30. c4–c5, b6×c5; 31. La3×c5, Sb8–d7; 32. Db7×c7, Sd7×e5; 33. Dc7×f7, Se5×f7; 34. Td4–a4, Lg7–c3; 35. Ta4–c4, Lc3–f6; 36. Lc5–b6, Te8–a8; 37. Tc4–a4, Lf6–c3; 38. Lb6–d4, Lc3–b4; 39. a2–a3, Lb4–d6; 40. b3–b4, Ld6–c7; 41. Ld4–c3, Kg8–f8; 42. b4–b5, Kf8–e8; 43. Ta4–c4, Ke8–d7; 44. a3–a4; Ta8–c8; 45. Sf3–d2, Sf7–d6; 46. Tc4–d4, Kd7–e7; 47. Td4–d3, Sd6–b7; 48. Sd2–e4, e6–e5; 49. Lc3–b2, Lc7–b6; 50. Lb2–a3+, Ke7–e6; 51. Se4–g5+, Ke6–f5; 52. Sg5×h7, e5–e4; 53. g3–g4+, Kf5–f4; 54. Td3–d7, Tc8–c7; 55. Td7×c7, Lb6×c7; 56. Sh7–f6, Lc7–d8; 57. Sf6–d7, Kf4×g4; 58. b5–b6, Ld8–g5; 59. Sd7–c5, Sb7×c5; 60. La3×c5, Lg5–f4; 61. b6–b7, Lf4–b8; 62. Lc5–e3, g6–g5; 63. Le3–d2, Kg4–f5; 64. Kg2–h3, Lb8–d6; 65. Ld2×a5, g5–g4; 66. Kh3–g2. Schwarz gibt auf.

Im Kampf um die Schachweltmeisterschaft besiegt Petrossjan (l.) Gegner Botwinnik, der den Anstrengungen des Turniers oft nicht mehr gewachsen schien

José Altafini (helles Trikot) schießt die zwei Tore für den AC Mailand im Endspiel um den Pokal der Landesmeister, wodurch Mailand Cupsieger wird

Spannendes Duell zwischen Uwe Seeler (l.) und Diaz aus der brasilianischen Mannschaft, die in Hamburg die bundesdeutsche Fußballauswahl besiegt

Tottenham Hotspurs entthront Atletico

15. Mai. Mit 5:1 über Atletico Madrid gewinnt die englische Mannschaft Tottenham Hotspurs im Rotterdamer Feijenoord-Stadion den Europapokal der Pokalsieger.
Rund 5000 Schlachtenbummler aus Großbritannien waren angereist, um im ausverkauften Stadionrund das Endspiel verfolgen zu können. Doch der Vorjahressieger aus Spanien ist eine Enttäuschung. Obwohl Tottenham ohne seinen derzeit besten Spieler, Dave Markey, antritt, hat der Vorjahressieger aus Spanien gegen die Briten kaum eine Chance. Dem schnellen Sturmspiel der Londoner zeigt er sich in keiner Weise gewachsen.

AC Mailand schlägt Titelverteidiger

22. Mai. Im Endspiel um den Europapokal der Landesmeister besiegt der AC Mailand im Londoner Wembley-Stadion Benfica Lissabon 2:1. Held des Tages ist der 23jährige Brasilianer José Altafini, der unter dem Namen »Mazola« 1958 noch in dem brasilianischen Weltmeisterteam spielte. Mit zwei Toren in der 59. und 66. Spielminute besiegelt er den Triumph über den Titelverteidiger. Im Anschluß an das Spiel ist die Begeisterung der italienischen Schlachtenbummler kaum zu bremsen, nachdem sie ihren Star allerdings vor der Halbzeit wegen vergebener Torchancen noch beschimpften.

Nationalmannschaft gegen Weltmeister

5. Mai. In dem Spiel gegen Fußballweltmeister Brasilien unterliegt die Nationalmannschaft der Bundesrepublik im Hamburger Volksparkstadion 1:2.
Den über 70 000 Zuschauern bietet die deutsche Elf ein durch einen schwachen Sturm charakterisiertes Spiel. Offensichtlich ist die Verunsicherung gegenüber dem überlegenen Weltmeister von 1958 und 1962 so groß, daß man nicht in der Lage ist, zahlreiche sich bietende Chancen zu nutzen. Denn wie auch bei den anderen Begegnungen auf ihrer Europatournee zeigt die Mannschaft aus Südamerika mit vielen neuen Spielern nur Mittelmaß.

Juni 1963

Mo	Di	Mi	Do	Fr	Sa	So
					1	2
3	4	5	6	7	8	9
10	11	12	13	14	15	16
17	18	19	20	21	22	23
24	25	26	27	28	29	30

1. Juni, Sonnabend

In Berlin (Ost) geht das VII. Parlament (seit 28. 5.) der Freien Deutschen Jugend (FDJ) zu Ende, 2000 Delegierte waren von der 1 336 903 Mitglieder zählenden Organisation aus allen Bezirken der DDR angereist.

In Laos brechen wieder schwere Kämpfe zwischen neutralistischen Truppen und prokommunistischen Pathet-Lao-Einheiten um die Vorherrschaft auf der Ebene der Tonkrüge aus. →S. 87

Das Außenamt der Evangelischen Kirche Deutschlands veröffentlicht Informationen über die Anzahl der Christen in der ganzen Welt. →S. 101

2. Juni, Pfingstsonntag

Über Radio Mekka gibt der Ministerrat von Saudi-Arabien den endgültigen Beschluß über die Aufhebung der Sklaverei bekannt.

In der norwegischen Hauptstadt Oslo wird das neu errichtete Museum mit Werken des norwegischen Künstlers Edvard Munch eröffnet. →S. 104

3. Juni, Pfingstmontag

Im fünften Jahr seines Pontifikats stirbt der 81 Jahre alte Papst Johannes XXIII. in Rom. →S. 98

Ungewöhnlich scharfe und langwierige Kontrollen an den Grenzübergängen nach Berlin (West) führen zu starken Behinderungen im Pfingstrückreiseverkehr über die Transitstrecken von und nach Berlin (→5. 6./S. 94).

In Berlin (Ost) wird bekanntgegeben, daß der Intendant des Deutschen Theaters, Wolfgang Langhoff, zurücktritt. →S. 95

Auf den bundesdeutschen Straßen forderte der Verkehr während der vergangenen Pfingstfeiertage 1000 Tote und mehr als 2500 Verletzte.

4. Juni, Dienstag

Vor dem britischen Unterhaus in London erklärt der britische Heeresminister John Dennis Profumo wegen der Affäre um das Fotomodell Christine Keeler seinen Rücktritt. →S. 101

Der Generalsekretär der Vereinten Nationen (UN), Sithu U Thant, eröffnet in Washington den Welternährungskongreß, der bis 18. Juni dauert. →S. 101

Ein Sprecher der US-amerikanischen Fluggesellschaft PAA teilt mit, daß neben seinem Unternehmen auch die französische Air France und die britische BOAC je sechs Überschallflugzeuge des Typs »Concorde« bestellt haben. →S. 100

5. Juni, Mittwoch

Auf der Konferenz von Nairobi einigen sich die drei Staatschefs Jomo Kenyatta, Milton Obote und Julius Nyerere, eine politische Föderation ihrer drei Länder Kenia, Uganda und Tanganjika (Tansania) zu schaffen.

Nach Religionsunruhen in der persischen Stadt Ghom wird der Schiitenführer Ruhollah Musavi Khomeini auf Anordnung der Regierung verhaftet. →S. 97

Der Regierende Bürgermeister von Berlin (West), Willy Brandt, kritisiert die schleppende Abfertigung im Reiseverkehr von und nach Berlin. →S. 94

Der am 3. Juni verstorbene Papst Johannes XXIII. wird in der Krypta des Petersdomes vorläufig beigesetzt. Seine endgültige Ruhestätte wird die Johanneskirche im Lateran, die Bischofskirche von Rom, sein (→3. 6./S. 98).

6. Juni, Donnerstag

Aus weißen und farbigen Einwohnern gebildeten Bürgerausschüssen in Nord-Carolina gelingt es, 76 Betriebe des Gaststätten- und Hotelgewerbes dazu zu bringen, daß sie künftig weiße und farbige Gäste sowie Angestellte bedienen bzw. einstellen werden.

In der Innenstadt von Frankfurt am Main wird das größte deutsche Hotel, das 21stöckige »Frankfurter Intercontinental« eröffnet.

7. Juni, Freitag

Nach einem elf Tage dauernden Besuch verläßt der CSU-Vorsitzende Franz Josef Strauß Israel Richtung Madrid. In der spanischen Hauptstadt soll er auf einer Tagung der konservativen europäischen Politiker sprechen (→27. 5./S. 81).

Auf dem Pariser Flugplatz Le Bourget eröffnet der französische Staatspräsident Charles de Gaulle die 25. Internationale Pariser Luft- und Raumfahrtausstellung. Sie dauert bis 16. Juni.

8. Juni, Sonnabend

Bundeskanzler Konrad Adenauer (CDU) empfängt in Bonn den als »Maschinengewehr Gottes« bekannt gewordenen US-amerikanischen Evangelisten Billy Graham. →S. 96

Die Stadtvertretung von Westerland auf der Insel Sylt wählt einstimmig ihren Bürgermeister Heinz Reinefarth ab. Der 58jährige soll an der Niederschlagung des Warschauer Aufstandes von 1944 beteiligt gewesen sein.

In der Hochebene von Konya (Türkei) finden Archäologen Reste einer über 6500 Jahre alten Stadt. →S. 101

9. Juni, Sonntag

Auf dem Heimattreffen der schlesischen Landsmannschaften in Köln wird der Chefreporter des Norddeutschen Rundfunks (NDR), Jürgen Neven DuMont, wegen seiner umstrittenen Fernsehsendung »Polen in Breslau« heftig beschimpft. →S. 96

10. Juni, Montag

Die anarchistische Untergrundorganisation Iberischer Freiheitsrat warnt in einem Schreiben an die Auslandskorrespondenten in Madrid vor einem Besuch ausländischer Touristen in Spanien und auch Portugal.

Der deutsche Schauspieler Theo Lingen feiert seinen 60. Geburtstag.

11. Juni, Dienstag

Das Deutsche Fernsehen strahlt den im vergangenen Jahr von NBC-Reportern gedrehten Dokumentarfilm über den Bau eines Fluchttunnels nach Berlin (West) aus. →S. 95

Der irakische Nationale Revolutionsrat beschließt die Wiederaufnahme des Kampfes gegen die von General Mulla Mustafa Al Barsani geführten Kurden.

Der griechische Ministerpräsident Konstandinos Karamanlis bittet König Paul von Griechenland um Annahme seines Rücktrittsgesuchs. →S. 97

In Berlin (West) wird zum zweiten Mal der Grundstein für die Großsiedlung Gropiusstadt gelegt, da die erste Grundstein-Kassette 1962 einen Tag nach der Zeremonie gestohlen wurde. →S. 100

Die österreichische Schauspielerin Romy Schneider wird von der französischen Filmakademie für ihre Rolle in dem Film »Der Prozeß« von Regisseur Orson Welles als die beste ausländische Schauspielerin des Jahres ausgezeichnet. →S. 104

Die Mannschaft der Bundesrepublik verliert den Schwimmländerkampf gegen Großbritannien in Frankfurt-Höchst knapp mit einem Punkt. →S. 105

12. Juni, Mittwoch

Der neugewählte Landtag von Niedersachsen spricht dem Koalitionskabinett aus SPD und FDP sein Vertrauen aus (→19. 5./S. 81).

Auf einer Pressekonferenz in Bonn berichtet Verteidigungsminister Kai Uwe von Hassel über die Militärhilfe für afrikanische Staaten. →S. 96

Nach dem Befehl von US-Präsident John F. Kennedy, mit Hilfe von Bundestruppen die Immatrikulation der farbigen Studenten Vivian Malone (20) und James Hood (27) in Alabama durchzusetzen, zieht der Gouverneur George Wallace die Soldaten der Nationalgarde zurück (→13. 5./S. 78).

Auf dem gegenwärtig in Landau stattfindenden Burschentag beschließen die etwa 2000 Aktiven und Alten Herren, an der häufig kritisierten Mensur festzuhalten. →S. 96

Die britischen Liberalen fordern Premierminister Harold Macmillan zum Rücktritt wegen des Skandals um den Heeresminister John Profumo auf (→4.6./S.101).

Der italienische Radrennfahrer Franco Balmamion gewinnt den diesjährigen Giro d'Italia. →S. 105

In Jackson, im US-Bundesstaat Mississippi, wird der Sekretär des Farbigen-Verbandes NAACP in Mississippi, der 37jährige Medgar Evers, ermordet.

In der rumänischen Hauptstadt Bukarest beschließen Delegationen aus Rumänien und Jugoslawien den Bau eines Donaukraftwerkes am Eisernen Tor von 1964 bis 1971. →S. 100

Im New Yorker Rivoli-Theater findet die Uraufführung des Films »Cleopatra« statt. Die Hauptdarstellerin, Liz Taylor, ist jedoch nicht anwesend. →S. 104

13. Juni, Donnerstag

In Paris ratifiziert die französische Nationalversammlung den deutsch-französischen Vertrag vom 22. Januar mit 325 gegen 107 Stimmen bei 42 Enthaltungen (→22. 1./S. 14).

Die Gesetzesvorlage der US-amerikanischen Regierung über Bundeshilfe für Gebiete mit hoher Arbeitslosigkeit wird vom US-amerikanischen Repräsentantenhaus mit den Stimmen demokratischer Abgeordneter aus den Südstaaten zu Fall gebracht.

Im Haus der Kunst in München ist bis 14. Juli eine sehr umfangreiche Sammlung zeitgenössischer amerikanischer Malerei zu sehen (→S. 117).

14. Juni, Freitag

Der ehemalige Bundesminister Ernst Lemmer (CDU) eröffnet unmittelbar am Ausländerübergang zwischen Berlin (West) und Berlin (Ost) in der Friedrichstraße eine Ausstellung der Arbeitsgemeinschaft 13. August.

Nach einem einwöchigen Besuch in Moskau hält sich der britische Oppositionsführer Harold Wilson für zwei Tage in der polnischen Hauptstadt Warschau auf. Wilson erklärt, die Labour Party teile im großen und ganzen die polnische Haltung zur Oder-Neiße-Grenze. →S. 97

Die Sowjetunion startet das Raumschiff »Wostok V« mit dem 28jährigen Luftwaffenoberleutnant Waleri Bykowski an Bord in den Weltraum. Es soll nach Möglichkeit mit dem zwei Tage darauf gestarteten »Wostok VI« zusammentreffen (→16. 6./S. 100).

Am Theater in Ulm wird der Einakter »Spiel« des irischen Dramatikers Samuel Beckett uraufgeführt.

15. Juni, Sonnabend

Die Behörden der DDR öffnen einen neuen Grenzübergang zu Berlin (West), der speziell für Benutzer des DDR-Flughafens Berlin-Schönefeld eingerichtet wurde. →S. 95

Die neue Regierung der westafrikanischen Republik Togo unter Nicolas Grunitzky ist von den Regierungen Nigerias und Guineas anerkannt worden. Nach der Ermordung des togolesischen Präsidenten Sylvanus Olympio im Januar hatten die meisten afrikanischen Staaten die Beziehungen zu Togo abgebrochen (→13. 1./S. 17).

Aus Anlaß des Besuchs von US-Präsident John F. Kennedy in der Bundesrepublik im Juni erscheint ein Sonderdruck der traditionsreichen »Berliner Illustrirten«

Berliner Illustrirte

Sonderdruck 1963   Präsident Kennedy in Deutschland

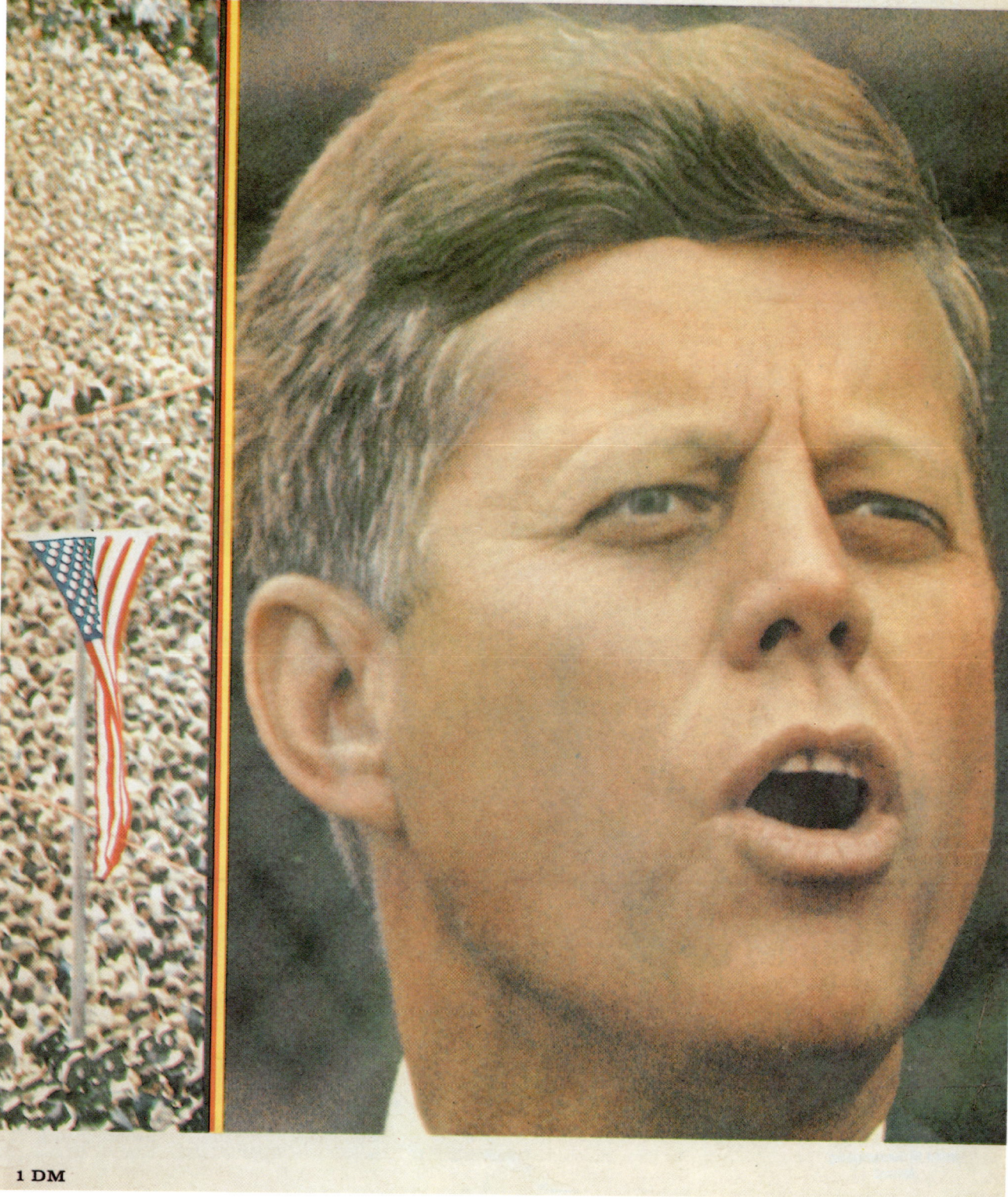

1 DM

16. Juni, Sonntag

Auseinandersetzungen in der Regierungspartei Mapai führen zum Rücktritt des israelischen Ministerpräsidenten David Ben Gurion. →S. 97

Die sowjetische Kosmonautin Walentina W. Tereschkowa startet als erste Frau mit dem Raumschiff »Wostok VI« in den Weltraum. →S. 100

Auf einem Schlagerfestival in Baden-Baden singt Marlene Dietrich zwei Chansons für eine Gage von 25 000 DM. Nach der Veranstaltung kommt es zu einer Schlägerei zwischen dem Sänger Gerhard Wendland und dem Betreuer der Dietrich wegen einer »ungehörigen« Bemerkung Wendlands zur Sängerin.

17. Juni, Tag der deutschen Einheit

Anläßlich des zehnten Jahrestages des Volksaufstandes in der DDR am 17. Juni 1953 findet in Berlin (West) eine Massenkundgebung vor dem Schöneberger Rathaus statt. →S. 95

Das Oberste Gericht der Vereinigten Staaten von Amerika entscheidet, daß in staatlichen Schulen das Beten des »Vater Unser« gegen die Verfassung verstößt.

Unbekannte verüben in Berlin (Ost) einen Sprengstoffanschlag auf das Gebäude des Ministeriums für Außen- und Innerdeutschen Handel.

In der Untersuchungshaftanstalt Frankfurt am Main stirbt der 51jährige frühere SS-Obersturmbannführer und letzte Kommandant des Konzentrationslagers Auschwitz, Richard Baer.

18. Juni, Dienstag

Nach achttägigen Verhandlungen vereinbaren in Peking Vertreter aus China und der DDR einen Austausch von Wissenschaftlern und Fachleuten sowie wissenschaftlich-technischen Unterlagen.

Der Parteiführer der italienischen Linkssozialisten, Pietro Nenni, tritt von seinem Amt zurück, da die Mehrheit der Parteimitglieder gegen die Unterstützung der Politik Aldo Moros von den Christdemokraten stimmt. Daraufhin gibt Moro an ihn übergebenen Auftrag der Regierungsbildung an den Staatspräsidenten zurück (→16. 5./S. 80; 5. 12./S. 200).

19. Juni, Mittwoch

Auf dem Messegelände von Frankfurt am Main werden der sechste Welterdölkongreß (bis 26. 6.) und die Ausstellung »inter-oil« eröffnet. →S. 100

Die UdSSR und die USA stellen die gegenseitigen Störungen von Rundfunksendungen ein.

US-Präsident John F. Kennedy legt dem Kongreß in Washington eine Serie von Gesetzentwürfen vor, die eine Gleichstellung der farbigen Bevölkerung im öffentlichen Leben erzwingen sollen.

20. Juni, Donnerstag

Das sowjetisch-US-amerikanische Abkommen über die Errichtung einer direkten Nachrichtenverbindung (»heißer Draht«) zwischen Washington und Moskau wird in Genf von den Botschaftern beider Staaten, Semjon K. Zarapkin und Charles C. Stelle unterzeichnet.

Stig Erik Constans Wennerström, Oberst der schwedischen Luftwaffe, wird wegen Spionage für die Sowjetunion in Stockholm verhaftet.

Die sowjetische Regierung droht mit der Einstellung ihrer Hilfe an den Irak, falls die militärischen Aktionen gegen die kurdische Bevölkerung nicht aufhören.

21. Juni, Freitag

Der Bundestag in Bonn verabschiedet den Bundeshaushalt 1963. →S. 96

Der Ministerrat der DDR erläßt eine »Verordnung über Maßnahmen zum Schutze der Staatsgrenze zwischen der DDR und Westberlin«. Darin wird die Einrichtung von Kontroll- und Schutzstreifen entlang der Berliner Mauer festgelegt. →S. 95

Die französische Regierung in Paris gibt ihren Entschluß bekannt, ihre Seestreitkräfte im Nordatlantik dem Oberbefehl des Nordatlantikpaktes (NATO) generell zu entziehen.

In Rom wird Kardinal Giovanni Battista Montini, Erzbischof von Mailand, vom Konklave der Kardinäle im fünften Wahlgang zum neuen Papst gewählt. Der 66jährige wird Papst Paul VI. →S. 98

Der Haftbefehl gegen den Chefredakteur des Deutschlandsenders (DDR), Georg Grasnick, wird von der Generalbundesanwaltschaft in Karlsruhe wieder aufgehoben. →S. 94

Das österreichische Außenministerium weist die Bedenken der Bundesregierung Deutschland zurück, daß die von Österreich eingeräumte Landegenehmigung für die Interflug (DDR) einer Aufwertung oder gar Anerkennung der DDR gleichkomme (→15. 6./S. 95).

Der Regierende Bürgermeister von Berlin (West), Willy Brandt (SPD), eröffnet in Berlin die Internationalen Filmfestspiele, die 13. Berlinale. Sie dauert bis zum 2. Juli.

22. Juni, Sonnabend

Gegen das Verteilen von Schriften zum ideologischen Konflikt zwischen der Sowjetunion und der Volksrepublik China protestiert das DDR-Außenministerium bei der Ostberliner chinesischen Botschaft (→27. 2./S. 33; 5. 7./S. 112).

Diplomatische Spannungen zwischen Großbritannien und Pakistan verursacht der Bericht des Call-Girls Christine Keeler über einen angeblich gemeinsamen Schwimmbadbesuch mit dem pakistanischen Präsidenten Mohammed Ayub Khan (→4. 6./S. 101).

23. Juni, Sonntag

Der US-amerikanische Präsident John F. Kennedy tritt eine Europareise an, die ihn in die Bundesrepublik (23.–26. 6.), nach Irland (27.–29. 6.), Großbritannien (29./30. 6.) und auch nach Italien (1./2. 7.) führen wird. →S. 93

24. Juni, Montag

In Anwesenheit von US-Präsident John F. Kennedy und Bundespräsident Heinrich Lübke (CDU) wird in Bonn die Gemeinnützige Gesellschaft des Deutschen Entwicklungsdienstes gegründet.

In Berlin (West) gedenkt man des 15. Jahrestages der Berliner Luftbrücke. Durch sie versorgten die US-Amerikaner 1948 die durch die Blockade der Sowjets abgeschlossenen West-Berliner.

25. Juni, Dienstag

Mit großer Mehrheit wird der Vorsitzende der IG Bau Steine Erden, Georg Leber, vom sechsten Ordentlichen Gewerkschaftskongreß der IG Bau in Berlin (bis 29. 6.) wiedergewählt.

Die bolivianische Regierung bricht die diplomatischen Beziehungen zu Südafrika wegen der dortigen Apartheidpolitik ab.

26. Juni, Mittwoch

Am dritten Tag seines Besuchs in der Bundesrepublik fliegt der US-amerikanische Präsident John F. Kennedy für sieben Stunden nach Berlin. →S. 92

In Athen bestätigt das griechische Parlament die neue Regierung unter Ministerpräsident Panajotis Pipinelis, den Nachfolger des zurückgetretenen Konstantinos Karamanlis (→11. 6./S. 97).

Das israelische Parlament, die Knesset, bestätigt in Tel Aviv die neue Regierung unter Levi Eschkol, dem Nachfolger von David Ben Gurion (→16. 6./S. 97).

27. Juni, Donnerstag

Der Bundestag in Bonn beschließt das Gesetz über den Abbau der Wohnungszwangswirtschaft, das die Mietpreisbindung aufhebt (→12. 7./S. 114).

Elisabeth II., Königin von Großbritannien, ernennt Joseph Godber zum Nachfolger des zurückgetretenen Heeresministers John D. Profumo (→4. 6./S. 101).

Die italienische Abgeordnetenkammer erteilt mit 245 gegen 168 Stimmen bei 57 Enthaltungen dem christdemokratischen Übergangskabinett unter dem Christdemokraten Giovanni Leone ihre Zustimmung (→16. 5./S. 80; 5. 12./S. 200).

28. Juni, Freitag

Anläßlich der bevorstehenden Feiern zum 70. Geburtstag des DDR-Staatsratsvorsitzenden Walter Ulbricht trifft der sowjetische Staats- und Parteichef Nikita S. Chruschtschow in Berlin (Ost) ein. Er wird bis zu dem 4. Juli in der DDR bleiben (→30. 6./S. 94).

Vor einem Londoner Gericht beginnt der Prozeß gegen den 50jährigen britischen Modearzt Stephen Ward, der im Zusammenhang mit der Affäre um Heeresminister John D. Profumo verhaftet worden war (→4. 6./S. 101).

29. Juni, Sonnabend

Die sowjetische Regierung weist fünf chinesische Staatsbürger, darunter zwei Diplomaten, aus. Sie sollen Schriften über den ideologischen Konflikt beider Länder in der Sowjetunion verteilt haben (→27. 2./S. 33; 5. 7./S. 112).

Im letzten Endspiel um die Deutsche Fußballmeisterschaft vor der Einführung der Bundesliga in der kommenden Saison siegt Borussia Dortmund in Stuttgart 3:1 über den 1. FC Köln. →S. 105

30. Juni, Sonntag

Der DDR-Staatsratsvorsitzende und SED-Chef Walter Ulbricht feiert in Berlin (Ost) seinen 70. Geburtstag. Aus diesem Anlaß weilen die Partei- und Regierungschefs fast aller Ostblockstaaten in der DDR. →S. 94

Auf dem Petersplatz in Rom wird in einer dreistündigen Zeremonie die Krönung des neuen, des 262. Oberhaupts der katholischen Kirche, Papst Paul VI. (vorher Giovanni Battista Montini), vollzogen (→3. 6./S. 98; 21. 6./S. 98).

Nach siebentägiger Dauer endet die diesjährige Kieler Woche. →S. 105

Gestorben:

3. Moskau: Nazim Hikmet (*20. 1. 1902, Saloniki), türkischer Lyriker, Dramatiker und Romancier.

3. Rom: Johannes XXIII., vorher Angelo Giuseppe Roncalli (*25. 11. 1881, Sotto il Monte bei Bergamo), Papst seit dem Jahre 1958. →S. 98

6. Reading/Pennsylvania: William Baziotes (*11. 6. 1912, Pittsburgh), US-amerikanischer Maler.

9. Puteaux bei Paris: Jacques Villon (eigentl. Gaston Duchamp, *31. 7. 1875, Damville/Eure), französischer Maler und Grafiker.

20. Duisburg: Hans Rehberg (*25. 12. 1901, Posen), deutscher Dramatiker und Hörspielautor.

23. Mönchengladbach: Gustav Gundlach (*3. 4. 1892, Geisenheim), deutscher Sozialwissenschaftler.

30. Heidelberg: Alexander Rüstow (*8. 4. 1885, Wiesbaden), deutscher Nationalökonom und Soziologe.

Geboren:

29. Rheinfelden: Anne-Sophie Mutter, deutsche Geigerin.

Das Wetter im Monat Juni

Station	Mittlere Lufttemperatur (°C)	Niederschlag (mm)	Sonnenscheindauer (Std.)
Aachen	— (15,9)	106 (77)	187 (200)
Berlin	17,6 (16,5)	35 (62)	240 (244)
Bremen	— (16,0)	59 (59)	220 (218)
München	— (15,8)	114 (121)	114 (201)
Wien	18,7 (17,6)	53 (68)	246 (—)
Zürich	15,7 (15,5)	118 (138)	172 (220)

( ) Langjähriger Mittelwert für diesen Monat — Wert nicht ermittelt

In einem ausführlichen Beitrag berichtet die Schweizer Kunstzeitschrift »du« in ihrem Juni-Heft über den spanischen Maler und Grafiker Joan Miró

Blick auf das Schöneberger Rathaus in Berlin (West) während der Ansprache des US-amerikanischen Präsidenten John F. Kennedy vor rund 400 000 Berlinern

Begeisterter Empfang für US-Präsident Kennedy in Berlin

26. Juni. Während seines viertägigen Aufenthalts in der Bundesrepublik (→23. 6./S. 93) besucht US-Präsident John F. Kennedy Berlin (West). Um 9.40 Uhr landet auf dem Flughafen Tegel in Berlin (West) die Sondermaschine des US-amerikanischen Präsidenten. 21 Salutschüsse hallen über den Platz, als Bundeskanzler Konrad Adenauer und Willy Brandt, der Regierende Bürgermeister von Berlin (West), den Präsidenten begrüßen.

Unter den Klängen des Liedes »Das ist die Berliner Luft . . .« setzt sich wenig später die über 500 m lange Kolonne mit dem Ehrengeleit von 130 Polizisten auf Motorrädern zur 52 km langen Fahrt durch die Stadt in Bewegung. In mehreren Reihen hintereinander säumen die Berliner die Straßenzüge, durch die der Konvoi fährt. Auf den Balkonen und an den Fenstern stehen die Menschen dichtgedrängt. Wenn der Präsident mit 20 km/h in seinem aus Washington mitgebrachten offenen »Lin-

coln« vorüberfährt, scheinen Begeisterung und Jubel keine Grenzen zu kennen. Konfetti schneit auf die Wagenkolonne, und es erschallen

die Rufe »Es lebe Kennedy!«. Erste Station seines nur sieben Stunden während Aufenthaltes in Berlin (West) ist der Kongreß der Indu-

USA demonstrieren die Verbundenheit

Am 19. August 1961, sechs Tage nach der Errichtung der Mauer, schickte John F. Kennedy seinen Vizepräsidenten Lyndon B. Johnson nach Berlin (West). Dieser erste Besuch eines US-Vizepräsidenten nach 1945 in der Stadt gab den Berlinern das Gefühl, in einer solch gespannten Situation von den Verbündeten nicht allein gelassen zu sein. Johnson überbrachte damals die Botschaft der US-Regierung, worin sich die Vereinigten Staaten verpflichteten, die Freiheit von Berlin (West) und den freien Zugang zur Stadt zu gewährleisten. Auch Johnson wurde auf seiner Fahrt durch die Stadt herzlich begrüßt (Foto).

striegewerkschaft Bau Steine Erden in der Kongreßhalle; anschließend fährt Kennedy zur Besichtigung der Mauer. Der Blick durch das Brandenburger Tor in den Ostteil der Stadt bleibt ihm allerdings verwehrt, da die dortigen Behörden das historische Gebäude mit Sichtblenden und riesigen DDR-Flaggen zugehängt haben.

Zum Höhepunkt wird die Kundgebung vor dem Schöneberger Rathaus. 400 000 Berliner sind hier versammelt, um die Rede des US-Präsidenten zu hören, die immer wieder von Beifall unterbrochen wird. Kennedy beschwört das Bild Berlins als eine Insel der Freiheit, und als er schließlich ausruft »Ich bin ein Berliner«, da wollen die Ovationen kein Ende nehmen.

Nach der Verleihung der Ehrenbürgerrechte in der Freien Universität kehrt Kennedy spätnachmittags zum Flughafen Tegel zurück. Um 17.45 Uhr fliegt er von dort weiter nach Irland.

John F. Kennedy: »Ich bin ein Berliner«

26. Juni. Vor dem Schöneberger Rathaus in Berlin (West) hält Präsident John F. Kennedy folgende Rede, die leicht gekürzt wiedergegeben ist:

»Ich bin stolz, heute in Ihre Stadt zu kommen, als Gast Ihres hervorragenden Regierenden Bürgermeisters, der in allen Teilen der Welt als Symbol für den Kampf und den Widerstandsgeist Westberlins gilt. . .

Vor 2000 Jahren war der stolzeste Satz, den ein Mensch sagen konnte, der: Ich ein Bürger Roms! Heute ist der stolzeste Satz, den jemand in der freien Welt sagen kann: ›Ich bin ein Berliner‹.

Wenn es in der Welt Menschen geben sollte, die nicht verstehen oder die nicht zu verstehen vorgeben, worum es heute in der Auseinandersetzung zwischen der freien Welt und dem Kommunismus geht, dann können wir ihnen nur sagen, sie sollen nach Berlin kommen. Es gibt Leute, die sagen, dem Kommunismus gehöre die Zukunft. Sie sollen nach Berlin kommen! Und es gibt wieder andere in Europa und in anderen Teilen der Welt, die behaupten, man könne mit den Kommunisten zusammenarbeiten. Auch sie sollen nach Berlin kommen! Und es gibt auch einige wenige, die sagen, es treffe zwar zu, daß der Kommunismus ein böses und ein schlechtes System sei, aber er gestatte es ihnen, wirtschaftlichen Fortschritt zu erreichen. Aber laßt sie auch nach Berlin kommen!

Ein Leben in der Freiheit ist nicht leicht, und die Demokratie ist nicht vollkommen. Aber wir hatten es nie nötig, eine Mauer aufzubauen, um unsere Leute bei uns zu halten und sie daran zu hindern, woanders hinzugehen.

Ich möchte Ihnen im Namen der Bevölkerung der Vereinigten Staaten. . . sagen, daß meine amerikanischen Mitbürger sehr stolz darauf sind, mit ihnen zusammen selbst aus der Entfernung die Geschichte der letzten 18 Jahre teilen zu können. Denn ich weiß nicht, daß jemals eine Stadt 18 Jahre lang belagert wurde und dennoch lebt mit ungebrochener Vitalität, mit unerschütterlicher Hoffnung, mit der gleichen Stärke und der gleichen Entschlossenheit wie heute Westberlin.

Die Mauer ist die abscheulichste

und die stärkste Demonstration für das Versagen des kommunistischen Systems. Die ganze Welt sieht dieses Eingeständnis des Versagens. Wir sind darüber keineswegs glücklich, denn, wie Ihr Regierender Bürgermeister gesagt hat, die Mauer schlägt nicht nur der Geschichte ins Gesicht, sie schlägt der Menschlichkeit ins Gesicht. Durch die Mauer werden Familien getrennt, der Mann von der Frau, der Bruder von der Schwester, Menschen werden mit Gewalt auseinandergehalten . . .

Was von Berlin gilt, gilt von Deutschland: Ein echter Friede in Europa kann nicht gewährleistet werden, solange jedem vierten Deutschen das Grundrecht einer freien Wahl vorenthalten wird. In 16 Jahren des Friedens und der erprobten Verläßlichkeit hat diese Generation der Deutschen sich das Recht verdient, frei zu sein, einschließlich des Rechtes, die Familien und die Nationen in dauerhaftem Frieden wieder vereint zu sehen im guten Willen gegen jedermann.

Sie leben auf einer verteidigten Insel der Freiheit. Aber Ihr Leben ist mit dem des Festlandes verbunden, und deswegen fordere ich Sie zum Schluß auf, den Blick über die Gefahren des Heute hinweg auf die Hoffnung des Morgen zu richten, über die Freiheit dieser Stadt Berlin, über die Freiheit Ihres Landes hinweg auf den Vormarsch der Freiheit überall auf der Welt, über die Mauer hinweg, auf den Tag des Friedens in Gerechtigkeit. Die Freiheit ist unteilbar, und wenn auch nur einer versklavt wird, dann sind nicht alle frei.

Aber wenn der Tag gekommen sein wird, an dem alle die Freiheit haben und Ihre Stadt und Ihr Land wieder vereint sind, wenn Europa geeint ist und Bestandteil eines friedvollen und zu höchsten Hoffnungen berechtigten Erdteils, dann können Sie mit Befriedigung von sich sagen, daß die Berliner 20 Jahre lang die Front gehalten haben.

Alle freien Menschen, wo immer sie leben mögen, sind die Bürger dieser Stadt Westberlin, und deshalb bin ich als freier Mann stolz darauf, sagen zu können: Ich bin ein Berliner!«

Zwei Tage besucht Kennedy Bonn, um dort politische Gespräche zu führen; am 24. Juni wendet er sich vor dem Bonner Rathaus an die Einwohner der Stadt

Kennedy für geeintes Europa

23. Juni. US-Präsident John F. Kennedy trifft zu einem viertägigen Besuch in der Bundesrepublik ein. Er und seine Begleiter, Außenminister Dean Rusk sowie Berlin-Berater Lucius D. Clay, werden von Bundeskanzler Konrad Adenauer (CDU) begrüßt. Er begleitet seine amerikanischen Gäste auf der Reise in die Städte Köln, Bonn, Frankfurt am Main und nach Berlin (West).

Auf all seinen Stationen bereitet die Bevölkerung dem Präsidenten einen überaus herzlichen Empfang. Viele Erwartungen verknüpfen sich mit der Person Kennedys, vor allem bei jüngeren Menschen. Man traut ihm die Beendigung der Phase des Kal-

ten Krieges zu und hofft auch auf seinen positiven Einfluß in der Europapolitik.

Eines der Gesprächsthemen mit den europäischen Politikern ist die Aufrechterhaltung des Kontaktes mit der sowjetischen Führung, um so nach Entspannungsmöglichkeiten zu suchen. Hierbei kommt der Erörterung eines Atomteststoppabkommens besondere Bedeutung zu.

Ein anderer wichtiger Anlaß der Europareise des US-Präsidenten ist es, die Grundlagen für eine dauerhafte US-amerikanisch-europäische Zusammenarbeit zu schaffen. Nach seinem Besuch in der Bundesrepublik wird er deshalb noch mit den Regierungen in Großbritannien, Irland und Italien zusammentreffen.

In seiner Rede in der Frankfurter Paulskirche am 25. Juni erläutert Kennedy seine Vorstellung von einer atlantischen Partnerschaft.

Dazu gehört die Stärkung des Nordatlantikpaktes (NATO), nach Möglichkeit durch eine gemeinsame atomare Abschreckungsmacht.

Auf ökonomischem Gebiet hält er die internationale Zusammenarbeit für notwendig, auch über den Atlantik hinweg. Das bedingt Zollsenkungen, die Ausweitung des Handels durch Liberalisierung sowie Förderung des Wachstumsprozesses. Weiter gehören dazu wirtschaftliche Hilfen für die Entwicklungsländer und Unterstützung ihrer Sozialreformen. Das bedeutet die Verminderung des Gefälles zwischen Industrie- und Entwicklungsländern.

Kennedy mit Adenauer (rechts neben ihm) bei der Abfahrt vom Kölner Dom

Gipfelkonferenz der Ostblockländer zu Ulbrichts 70. Geburtstag

30. Juni. *Der Staatsratsvorsitzende der DDR und SED-Parteichef, Walter Ulbricht, feiert in Berlin (Ost) seinen 70. Geburtstag. Anläßlich des offiziellen Festaktes in der Dynamo-Sporthalle ehrt der sowjetische Parteivorsitzende Nikita S. Chruschtschow den Jubilar mit der höchsten Auszeichnung der UdSSR und verleiht ihm den Titel »Held der Sowjetunion«, den Leninorden und den Goldenen Stern. Die DDR ernennt ihn zum »Held der Arbeit«.*

An den Feierlichkeiten nehmen alle Vorsitzenden der kommunistischen Parteien aus den Ländern des Ostblocks teil, ausgenommen der rumänische Repräsentant. Sie nutzen ihr Zusammentreffen zu Gesprächen über die internationale politische Lage, in deren Mittelpunkt die Abrüstung sowie die ideologischen Differenzen mit der Volksrepublik China stehen. Das Foto zeigt Ulbricht nach dem Empfang der Ehrenbürgerrechte von Berlin (Ost).

Kontrollen behindern den Berlin-Verkehr

5. Juni. Als »hochpolitisch« bezeichnet der Regierende Bürgermeister von Berlin (West), Willy Brandt, die schleppende Abfertigung an den Grenzkontrollpunkten zu Berlin (West) durch die DDR-Behörden.

Wegen peinlich genauer Fahrzeugkontrollen gibt es seit dem zweiten Pfingstfeiertag Wartezeiten bis zu drei Stunden. Bereits um 6.00 Uhr früh stehen 500 Autos vor dem Übergang Babelsberg und können

nur langsam die Grenzen passieren. Am Vormittag vergrößert sich der Stau, so daß sich schnell eine fünf km lange Schlange von Kraftfahrzeugen bildet.

Wie schon an den Vortagen müssen die Reisenden Fußmatten und Schonbezüge hochnehmen, Gepäckstücke öffnen und Handtaschen durchsehen lassen.

Ähnlich scharfe Kontrollen, von denen zunehmend auch Busse und vor allem Lastwagen betroffen sind, wiederholen sich in den kommenden Tagen und Wochen des öfteren. Durch die langen Wartezeiten bei dem warmen Sommerwetter müssen Verluste, vor allem bei den Gemüse-, Obst-, und Milchtransporten hingenommen werden.

Indes werden die Klagen darüber von der DDR-Presse mit Genugtuung registriert. Chefkommentator Gerhard Eisler erklärt, dieses Vorgehen sei eine Reaktion auf die Verhaftung von DDR-Journalisten in der Bundesrepublik (→ 21. 6./S. 94).

Wartende Autos am Übergang zur DDR bei Lauenburg; vor allem während der Pfingstfeiertage werden die Grenzkontrollen nur zögernd durchgeführt

In Haft genommener DDR-Journalist frei

21. Juni. Der am 30. Mai in Solingen festgenommene DDR-Journalist Georg Grasnick wird nach einem Haftprüfungsverfahren des Bundesgerichtshofes in Karlsruhe wieder auf freien Fuß gesetzt.

Wie der Haftrichter erklärt, sei der gegen den Chefredakteur des Deutschlandsenders erhobene Verdacht der Propaganda für die verbotene Kommunistische Partei (KPD) erhärtet worden. Grasnick habe zwar in staatsgefährdender Absicht Nachrichten gesammelt, jedoch könne nicht bewiesen werden, daß der Beschuldigte sich der strafrechtlichen Bedeutung einer gegen die verfassungsmäßige Ordnung der Bundesrepublik gerichteten Tätigkeit bewußt gewesen sei.

Die Festnahme des 36jährigen Grasnick war bei den im Bundestag vertretenen Parteien auf heftige Kritik gestoßen, da die Vorwürfe gegen den Journalisten ausschließlich auf dessen Tätigkeit als Chefredakteur in der DDR bezogen sind, und diese Maßnahme erneute Spannungen zwischen Berlin (Ost) und Bonn provoziert. Die DDR reagiert dann auch prompt mit Schikanen im Berlin-Verkehr (→ 5. 6./S. 94).

Der DDR-Journalist war Ende Mai nach Solingen gekommen, um über einen Prozeß gegen Lorenz Knorr, einen Funktionär der Deutschen Friedensunion (DFU), zu berichten. Gegen Knorr hatte Franz Josef Strauß (CSU) eine Beleidigungsklage angestrengt, weil dieser Bundeswehrgeneräle als Kriegsverbrecher bezeichnet.

DDR-Journalist Georg Grasnick als Zuhörer in dem Prozeß gegen Knorr

Sperrzonen an der Grenze in Berlin

21. Juni. Der Ministerrat der DDR erläßt eine »Verordnung über Maßnahmen zum Schutz der Staatsgrenze zwischen der DDR und Westberlin«.

Die Grenzanlagen werden demnach in folgendem Umfang erweitert:

▷ Entlang der Staatsgrenze gibt es künftig einen 10 m breiten Kontrollstreifen
▷ Daran schließt sich innerhalb von Berlin (Ost) ein 100 m breiter Schutzstreifen an
▷ Im Bezirk Potsdam (er umgibt Berlin [West]) wird ein 500 m breiter Schutzstreifen angelegt

Wer im Grenzgebiet wohnt, muß sich registrieren lassen. Wer dort arbeitet bzw. eine Schule besucht, bedarf eines Genehmigungsvermerks. Wer als Bürger der DDR aus beruflichen oder privaten Gründen das Gebiet vorübergehend betreten will, benötigt einen Passierschein. Im Grenzgebiet dürfen nur von den Grenztruppen festgelegte Wege benutzt werden. Gaststätten, Kinos, Pensionen, Erholungsheime und Gästehäuser im Grenzgebiet sind zu schließen. Wer in diesem Gebiet Personen ohne Aufenthaltsrecht antrifft, hat diese sofort anzuzeigen.

Rücktritt eines Theaterintendanten

3. Juni. Die in Berlin (Ost) erscheinende Zeitung »Neues Deutschland« gibt bekannt, daß der Intendant des Deutschen Theaters, Wolfgang Langhoff, aus Gesundheitsgründen zurücktritt.

Diese Nachricht bestätigt die seit Monaten kursierenden Gerüchte von einer Ablösung Langhoffs. Der Intendant des traditionsreichen Hauses in der Schumannstraße hatte in jüngerer Zeit des öfteren Probleme mit den Kulturfunktionären seiner Partei, der SED. Zu grundsätzlichen Auseinandersetzungen war es nach Langhoffs Inszenierung des Stückes »Sorgen und die Macht« gekommen, einem kritischen DDR-Gegenwartsdrama von Autor Peter Hacks.

Infolge schwerer Angriffe auf dem letzten SED-Parteitag im Januar übte Hacks auf einer Beratung mit Kulturfunktionären Selbstkritik. Wenige Wochen zuvor erlitt er einen Nervenzusammenbruch.

Fluchttunnelfilm im TV-Kanal

11. Juni. Das Erste Deutsche Fernsehen strahlt den von Matthias Walden und Georg Armin zusammengestellten und kommentierten Dokumentarfilm »Ein Tunnel« aus.

Das in den USA vom Sender Freies Berlin erworbene Material war im Jahr 1962 von Reportern der NBC (National Broadcasting Company) gedreht worden. Mit der Kamera hatten sie den Bau eines 136 m langen Tunnels und die anschließende Flucht von 29 Personen von Berlin (Ost) nach Berlin (West) verfolgt.

Um die US-amerikanische Fassung gab es seinerzeit erregte Diskussionen wegen der »Vermarktung menschlicher Schicksale«.

Szene aus dem Dokumentarfilm über den Bau eines Fluchttunnels an der Berliner Grenze im Jahre 1962; Reporter der NBC interviewen einen Fluchthelfer

Streit um Flug von Berlin nach Wien

15. Juni. Auf der Strecke zum Flughafen Schönefeld in Berlin (Ost) schaffen die DDR-Behörden einen neuen Grenzübergang. Gleichzeitig eröffnen sie eine internationale Fluglinie nach Wien.

Die DDR-Gesellschaft Interflug erhofft sich damit die Verstärkung des Reiseverkehrs durch Passagiere aus Berlin (West). Der Direktflug ist 500 km kürzer als der sonst nötige Umweg über Frankfurt am Main, die Flugzeit nach Wien verringert sich von über vier Stunden auf 85 min.

In Bonn allerdings befürchtet man, daß die Erteilung der Landeerlaubnis für die DDR-Fluggesellschaft Interflug durch Österreich politische Auswirkungen hat. Die Bundesregierung in Bonn will eine faktische Anerkennung des anderen deutschen Staates verhindern.

Die Bundesregierung teilt deshalb dem österreichischen Außenministerium ihre Bedenken mit, worauf man in Wien jedoch nur darauf verweist, daß das Abkommen mit der Interflug bis Ende Juli befristet sei.

Vor zehn Jahren: Volksaufstand in der DDR

17. Juni. Am Tag der Einheit, den Bundespräsident Heinrich Lübke (CDU) am 11. Juni zum nationalen Gedenktag des deutschen Volkes proklamierte, finden besonders in Berlin (West) Kundgebungen und Demonstrationen statt.

Rund 100 000 Berliner versammeln sich am Abend vor dem Schöneberger Rathaus, um die Opfer des Volksaufstandes in der DDR von 1953 zu ehren. Als Redner erneuern Vizekanzler Ludwig Erhard (CDU) und der Regierende Bürgermeister Willy Brandt (SPD) das Gelöbnis, mit allen Mitteln der friedlichen Politik für das unverzichtbare Recht auf Selbstbestimmung aller Deutschen einzutreten. Heinrich Lübke (CDU) spricht auf der zentralen Veranstaltung der Bundesregierung zum 10. Jahrestag in München.

Am 17. Juni 1953 brachen in 272 Orten der DDR Streiks, Demonstrationen und Unruhen aus, an denen sich etwa 300 000 Arbeiter beteiligten. Auslöser dafür war der Streik der Bauarbeiter in Berlin

17. 6. 1953: Aufstand in Berlin (Ost)

(Ost) am Tag zuvor. Stand anfangs noch die Forderung nach einer Verbesserung der ökonomischen Situation im Vordergrund, wurde sehr schnell das Verlangen nach politischer Veränderung laut. Das veranlaßte die Regierung der DDR und die sowjetischen Streitkräfte zu einem raschen Eingreifen mit militärischen Mitteln. Noch am Abend des 17. Juni war der Aufstand niedergeschlagen, die Grenzen in Berlin wurden abgeriegelt.

17. Juni 1963, Großkundgebung vor dem Schöneberger Rathaus in Berlin

Bonn verabschiedet Haushalt ungedeckt

21. Juni. Bundesrat und Bundestag verabschieden nach erhitzten Debatten den Haushalt für 1963.

Die Entscheidung über den Finanzausgleich für die Deckung der erforderlichen Summe von insgesamt 57,75 Milliarden DM wurde allerdings auf später verschoben. Zwar hatte ein Vermittlungsausschuß, der aus je elf Mitgliedern des Bundestages und -rates besteht, schon am 6. Juni einen Kompromißvorschlag unterbreitet, jedoch konnten sich Bund und Länder bisher noch nicht darüber einigen.

Die fehlenden Gelder sollen nach Vorstellung des Ausschusses durch die Erhöhung des Bundesanteils an der Einkommens- und Körperschaftssteuer von 35% auf 38% aufgebracht werden, außerdem wäre eine Ausgabenkürzung von 912 Millionen DM nötig. Der Bund hingegen fordert eine Erhöhung des Anteils auf 40,5% für das Jahr 1963 und 41,5% für das Jahr 1964.

Tumulte auf dem Schlesiertreffen

8. Juni. In Köln findet das diesjährige Deutschlandtreffen der Schlesier statt, an dem über 300 000 Menschen teilnehmen.

Während der Abschlußkundgebung auf dem Messegelände kommt es zu tumultartigen Szenen. Der Vorsitzende der schlesischen Landsmannschaften, Rüdiger Schellhaus, attackiert in seiner Ansprache den Chefredakteur des Norddeutschen Rundfunks (NDR), Jürgen Neven DuMont. Neven DuMont, der mit einem Kamerateam nahe der Rednertribüne postiert ist, hatte in der Sendung »Polen in Breslau« auch dem offiziellen polnischen Standpunkt zum Vertriebenen-Problem Geltung verschafft. Während Schellhaus Neven DuMonts Bericht als »eine Reihe tendenziös verbrämter Halbwahrheiten« bezeichnet, kommt es zu heftigen Zwischenrufen und Sprechchören. Als ein Teil der Zuhörer eine drohende Haltung gegen den Journalisten einnimmt und

Mitglieder der Bundesregierung auf der Kundgebung beim Schlesiertreff

schließlich Rufe wie »Polenhund«, »Kommunistenschwein« und »Totschlagen« ertönen, bringt die Polizei den Journalisten Jürgen Neven DuMont in Sicherheit.

Prediger Graham in der Bundesrepublik

8. Juni. Bundeskanzler Konrad Adenauer (CDU) empfängt in Bonn den US-amerikanischen Prediger Billy Graham. Der Evangelist Graham, auch »Maschinengewehr Gottes« genannt, führt in der Bundesrepublik eine seiner Predigtreisen durch, die ihn in der ganzen Welt bekannt gemacht haben.

Am 7. November 1918 wurde Graham als William Franklin in Charlotte (USA) geboren und erhielt schon im Alter von 21 Jahren die Ordination als Baptistenprediger.

Grahams Erfolgsrezept besteht nicht so sehr in leidenschaftlicher Sprache, sondern in der überaus effektvollen Inszenierung seiner Predigten. Inmitten der Scheinwerfer- und Lichteffekte, umgeben von Chören und Solisten will Graham in kurzen und einprägsamen Sätzen eine lau gewordene Christenheit zurückgewinnen. Dabei zitiert er Bibelstelle auf Bibelstelle und kommentiert: »So spricht Gott«.

Bonner Militärhilfe für Länder Afrikas

12. Juni. Verteidigungsminister Kai Uwe von Hassel (CDU) berichtet vor dem Bundeskabinett über militärische Ausbildungs- und Ausrüstungshilfe an afrikanische Staaten durch die Bundesrepublik.

Neben zwei ungenannten Ländern wird eine derartige Unterstützung Nigeria, dem Sudan, Guinea, Somalia und Madagaskar gewährt.

Zumeist umfaßt die Ausbildungshilfe Ausbildungsmaterial, Fahrzeuge und Funkgeräte. Zusätzliche Unterstützung beim Ausbau des Straßennetzes bekommen der Sudan und Guinea. Madagaskar erhält fünf Küstenwachboote, deren Besatzung bei der Bundesmarine ausgebildet wird. Nach Angaben des Verteidigungsministeriums befinden sich bundesdeutsche Ausbildungsoffiziere lediglich in Nigeria und Guinea, denn überwiegend kommen die Ausländer zur Ausbildung in die Bundesrepublik.

Der Bundeshaushalt 1963 sieht für derartige Zwecke 109 Millionen DM vor, wovon mehr als zwei Drittel als Militärhilfe für Länder des Nordatlantikpaktes (NATO) und 38,5 Millionen DM für andere Staaten festgelegt sind.

Das Absingen deutsch-nationaler Lieder, eine fragwürdige Tradition

»Schmisse« – Narben vom Schlagen der Mensuren auf eigens eingerichteten Paukböden – gelten bei den Korpsstudenten als besonders ehrenhaft

Burschenschaften halten an Mensuren fest

9. Juni. Auf dem in Landau stattfindenden Deutschen Burschenschaftstag beschließen die etwa 2000 Teilnehmer, die Tradition der Mensur beizubehalten.

Die Entscheidung wird damit begründet, daß der blutige Fechtkampf als »Baustein im Gebäude der studentischen Korporation« die Gemeinschaft festige und ein »gutes erzieherisches Mittel« sei.

Zu den Burschenschaften gehören 6500 von den 240 000 Studenten in der Bundesrepublik. Vor 150 Jahren noch die Vorhut im Kampf um ein freieres Deutschland, und ihrer liberalen Gesinnung wegen verfolgt, erstarrten die Burschenschaften im Laufe der Zeit immer mehr im Traditionalismus. Sie bescheiden sich mit dem Zelebrieren der alten Rituale wie »Salamanderreiben«, Absingen deutsch-nationaler Lieder und dem Schlagen

von Mensuren. Manche der studentischen Korps richten in ihren Häusern Paukböden ein, auf denen täglich zweimal 15 min Pflichtmensuren durchgeführt werden. Ziel der fechtenden Kontrahenten, die während des Kampfes breitbeinig und unbeweglich dastehen und nur mit dem Waffenarm Bewegungen ausführen, ist das gegenseitige Treffen des ungeschützten Teils des Gesichts.

Ben Gurion, der Gründer Israels, tritt zurück

16. Juni. Der israelische Ministerpräsident David Ben Gurion gibt seinen Rücktritt und die Niederlegung seines Parlamentsmandates bekannt. In der Öffentlichkeit Israels wird diese Entscheidung mit Erstaunen registriert, sogar die Parteifreunde Ben Gurions aus der 1928 von ihm mitbegründeten Arbeiterpartei Mapai sind überrascht. Zwar hatte es Gerüchte über einen Rücktritt Ben Gurions gegeben, doch nahm sie wohl kaum jemand ernst.

Kurzbiographie David Ben Gurions
16. 10. 1886: Geburt in Plonsk (Polen) als David Grün
1906–10: Landarbeiter in Palästina
1912–14: Jurastudium in Istanbul
1921–35: Generalsekretär der mitbegründeten Gewerkschaft Histadrut in Palästina
1930: Mitbegründer der Arbeiterpartei Mapei in Palästina
1933: Übernahme der Leitung der Exekutive der »Regierung auf dem Wege«
14. 5. 1948: Ben Gurion wird Ministerpräsident des neuen Staates Israel (mit Unterbrechung bis 1963)

Ben Gurion, der seit der Gründung des Staates Israel 1948 mit nur kurzer Unterbrechung das Amt des Ministerpräsidenten innehatte, erklärt sich nach Gesprächen mit Partei-

Ben Gurion (in der Mitte stehend) beim Verlesen der Unabhängigkeitsproklamation des Staates Israel am 14. Mai 1948 in dem Stadtmuseum von Tel Aviv

Ben Gurion, aufgenommen an seinem 75. Geburtstag am 16. Oktober 1961

freunden bereit, sein Abgeordnetenmandat in dem israelischen Parlament, der Knesset, beizubehalten. Ben Gurion selbst gibt als Grund für seine Demission eine gewisse Politik-Müdigkeit an. Staatspräsident Salman Schasar betraut den bisherigen Finanzminister Levi Eschkol mit der Neubildung des Kabinetts.
Der tatsächliche Grund für Ben Gurions Rücktritt wird später deutlich: Er wehrt sich gegen Bestrebungen einer Vereinigung mit der linken Arbeiterpartei Avoda. (1965 tritt er deshalb aus der Mapai aus und gründet eine neue Partei.)

Karamanlis stellt Amt zur Verfügung

11. Juni. König Paul von Griechenland nimmt das Rücktrittsangebot von Präsident Konstandinos Karamanlis an und beauftragt Panajotis Pipinelis mit der Bildung einer Sachwalterregierung.
Karamanlis hatte seine Demission angeboten, weil er sich mit seinen Bedenken gegen einen im Juli geplanten Besuch des Königspaares in Großbritannien nicht durchsetzen konnte. Der Präsident fürchtet antigriechische Demonstrationen wie schon im Mai anläßlich eines Privatbesuches der Königin in London. Ursache war die Haltung Griechenlands gegenüber politischen Gefangenen (→ 9. 7./S. 113).

Noch immer Kämpfe im Königreich Laos

1. Juni. Truppen der kommunistischen Pathet-Lao-Bewegung und der Neutralisten treffen trotz der 1962 gebildeten Koalitionsregierung von Laos erneut aufeinander. In der Ebene der Tonkrüge kommt es zu heftigen Artillerieduellen, als deren Ursache die Kommunisten den Versuch der neutralistischen und der konservativen Gruppierungen sehen, ihren Einflußbereich auszudehnen. Dem Genfer Laos-Abkommen zufolge sollten alle drei Parteien im Königreich gleichberechtigt sein.

Khomeini bei Unruhen in Ghom verhaftet

5. Juni. Während religiöser Unruhen im Iran wird der schiitische Geistliche, der Hohe Priester Ruhollah Musavi Khomeini, von den Truppen des Schah Mohammad Resa Pahlawi in Ghom verhaftet.
Khomeini, der dort an der islamischen Hochschule lehrt, hatte zehn Artikel verbreitet, in denen er die Opposition gegen die Reformen des Schahs theologisch begründet und politische Maßnahmen gegen das Regierungsprogramm fordert. Die teilweise von Stammesfürsten unterstützte schiitische Geistlichkeit möchte u.a. das Frauenwahlrecht, die Abschaffung der Verschleierung der Frauen sowie die Landreform rückgängig machen.
Die Festnahme Khomeinis hat die Ausbreitung der Unruhen in ganz Iran zur Folge, da die Mullahs sie als

Schah Resa Pahlawi und seine Frau Farah Diba besuchen ein Manöver

eine gotteslästerliche Tat bezeichnen. Vor allem in der iranischen Hauptstadt Teheran kommt es zu schweren Zwischenfällen.
Die erregte Menge versucht tags darauf, Rundfunkstationen, Polizei- und Telefonämter zu besetzen. Dabei wird deutlich, daß die Moslems von weiteren Anti-Schah-Kräften Unterstützung erhalten. Großgrundbesitzer, die um ihr Land fürchten, Intellektuelle, deren Ziel die Errichtung einer Republik ist, und Kommunisten nehmen an den Demonstrationen teil. Bei schweren Zusammenstößen mit den Militärs gibt es Tote und Verletzte.
Erst nachdem weitere 30 Mullahs verhaftet werden, beruhigt sich die Lage, so daß am 9. Juni die Truppen aus Teheran abziehen können (→ 27. 1./S. 16).

Labour-Führer Wilson in Moskau

14. Juni. Der britische Oppositionsführer Harold Wilson verläßt die sowjetische Hauptstadt Moskau, um weiter nach Warschau zu reisen.
Der Chef der Labour Party hielt sich seit dem 8. Juni in Moskau auf, wo er auch mit dem sowjetischen Regierungschef Nikita S. Chruschtschow zusammentraf. In dem dreistündigen Gespräch am 10. Juni hatten sich die beiden Politiker neben britischen Problemen auch über die Spannungen in Laos, das Stahlröhrenembargo des Nordatlantikpaktes (NATO) und die Kernwaffenfrage unterhalten.
Thema des Meinungsaustausches mit der polnischen Regierung ist u.a. die Haltung der Labour Party zur deutsch-polnischen Grenze, die im wesentlichen der Polens entspricht.

Große Trauer um reformfreudigen Papst Johannes XXIII.

3. Juni. Am Abend des Pfingstmontags verstirbt in Rom kurz vor 20.00 Uhr Papst Johannes XXIII. im Alter von 81 Jahren.

Die kurze Amtszeit von Papst Johannes XXIII. (seit 1958) bezeichnet Kardinal Julius Döpfner treffend als »Pontifikat des Aufbruchs«. Papst Johannes XXIII. setzte neue theologische, politische und soziale Maßstäbe. U. a. forderte er, doch mehr von der »Barmherzigkeit als von der

ten Formel »Vere Papa Johannes XXIII. mortuus est«.

Papst Johannes XXIII., eigentlich Angelo Giuseppe Roncalli, wurde am 26. November 1881 bei Bergamo in Italien als Bauernkind geboren. 1906 erhielt er die Priesterweihe, 1925 erhob Papst Pius XI. Roncalli im Alter von 43 Jahren zum Titularbischof, im Jahr 1958 wurde Roncalli, nach dem Tod von Pius XII., zum Papst gewählt.

Zuschauer auf dem Petersplatz; einen Tag nach seinem Tod wird Papst Johannes XXIII. in einer prunkvollen Prozession in die Peterskirche überführt

Blick von der Kuppel der Peterskirche in Rom hinunter auf den aufgebahrten Körper von Papst Johannes XXIII., die Totenwache halten vier Gardisten

Strenge Gebrauch« zu machen. 83 Stunden dauerte der Todeskampf des Papstes. Während die Ärzte stündlich mit dem Ableben des obersten kirchlichen Würdenträgers rechneten, beteten im Petersdom Gläubige in Bittgottesdiensten für die Genesung des Papstes.

Am Pfingstmontag, gegen 19.00 Uhr, versammeln sich Hunderttausende Römer auf dem Petersplatz, um in Gebeten die Erlösung des Heiligen Vaters von seinem Leiden zu erflehen. Auf die Nachricht vom Tode des Papstes hin wird das Bronzetor des Vatikans geschlossen und das Versiegen der Brunnen auf dem Platz veranlaßt.

Der Kardinalkämmerer erscheint an der Spitze der schwarzgekleideten Kardinäle im Sterbezimmer des Papstes und erfüllt seine Amtspflicht, die Recognition. Dabei ruft er den Papst dreimal beim Taufnamen Giuseppe an und pocht dabei jedesmal mit einem silbernen Hämmerchen gegen dessen Stirn. Danach bestätigt er den Tod mit der überliefer-

Am 30. Juni, neun Tage nach seiner Wahl, wird der Nachfolger von Johannes XXIII., Paul VI., in einer feierlichen Zeremonie zum neuen Papst gekrönt

Kardinäle wählen Paul VI. zum Papst

21. Juni. In Rom wählt das Konklave der Kardinäle den Erzbischof von Mailand und früheren Prostaatssekretär bei Papst Pius XII., den 66jährigen Giovanni Battista Montini als Paul VI. zum 262. Papst.

Den Gläubigen auf dem Petersplatz verkündet der aus dem Kamin der Sixtinischen Kapelle aufsteigende weiße Rauch die erfolgte Wahl des neuen Oberhauptes der katholischen Kirche.

Mit Montini steht an der Spitze der 560 Millionen Gläubige zählenden römisch-katholischen Kirche ein Mann, der als Kompromißkandidat zwischen den reformfreudigen und traditionellen Flügeln im Vatikan gilt. Ihm wird das Motto »Fortschritt mit Vorsicht« zugeschrieben.

Tausende von Gläubigen ziehen an dem in der Peterskirche aufgebahrten Leichnam des Papstes vorbei

Welterdölkongreß in Frankfurt eröffnet

19. Juni. Auf dem Messegelände in Frankfurt am Main beginnen die Tagungen des Welterdölkongresses. Gleichzeitig eröffnet die Ausstellung »inter-oil« ihre Pforten.

Die Geschichte dieses bis 26. Juni stattfindenden Kongresses reicht zurück bis zum First World Petroleum Congress 1936 in London.

Nach Paris, Den Haag, Rom, New York ist Frankfurt am Main nun der sechste Ort dieses sowohl wirtschaftlichen als auch wissenschaftlichen Ereignisses.

An den insgesamt 261 Vorträgen des Kongresses, die eine Zeit von 158 Stunden beanspruchen, nehmen 5300 Fachleute und Interessenten teil, die z.T. mit sensationellen Forschungsergebnissen konfrontiert werden.

So gelang es z. B. der Société Française de Petrole, ein Protein- und Vitamin-B-Konzentrat zu entwickeln, das durch Mikroorganismen aufgebaut wird, die sich von Ölrückständen ernähren. In der mikrobiologischen Entparaffinierung des Rohstoffs können außerdem Eiweiße gewonnen werden, deren Gehalt an lebenswichtigen Aminosäuren den der meisten Nahrungsmittel erheblich übersteigt.

Immer größer wird die Bedeutung des »schwarzen Goldes« für die Produktion von Kunststoffen. Autoreifen, Damenstrümpfe, Reinigungsmittel, Farben, Plastikverpackungen und Hunderte von weiteren Artikeln des alltäglichen Gebrauchs sind ohne den Rohstoff Erdöl nicht denkbar.

Nach Schätzung der Geologen reichen bei einem jährlichen Verbrauch von einer Milliarde Tonnen Öl auf der Erde die Gesamtvorräte für 240 Jahre und sichern also erst einmal die »Öl-Zukunft«.

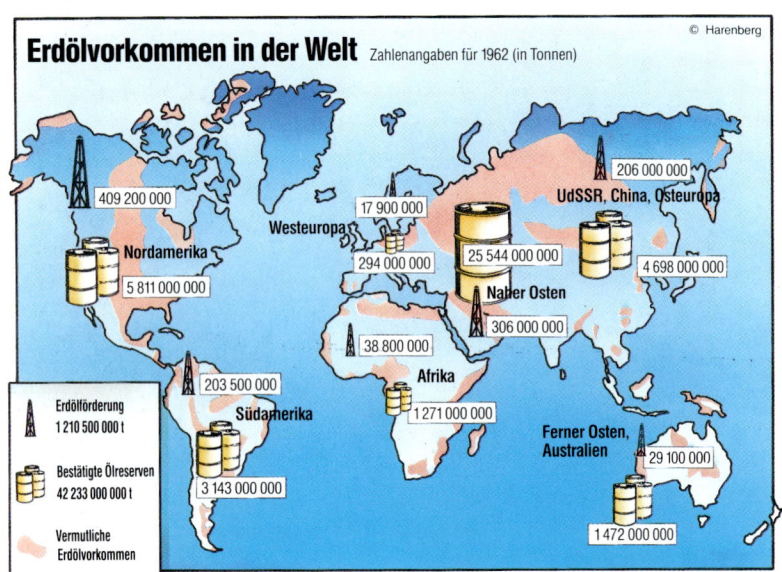

Erdölvorkommen in der Welt Zahlenangaben für 1962 (in Tonnen)

© Harenberg

Nordamerika 409 200 000
Erdölförderung 5 811 000 000
Westeuropa 17 900 000
294 000 000
UdSSR, China, Osteuropa 206 000 000
25 544 000 000
4 698 000 000
Naher Osten 306 000 000
38 800 000
Afrika 203 500 000
1 271 000 000
Südamerika
3 143 000 000
Ferner Osten, Australien 29 100 000
1 472 000 000

Erdölförderung 1 210 500 000 t
Bestätigte Ölreserven 42 233 000 000 t
Vermutliche Erdölvorkommen

Die erste Frau im Weltraum, Walentina Tereschkowa, bei einer Konferenz

Russin wird erste Frau im Weltraum

16. Juni. In der Sowjetunion wird Walentina W. Tereschkowa, Unterleutnant der Armee, mit dem Raumschiff »Wostok VI« auf eine Satellitenbahn um die Erde getragen. Damit ist die 26jährige Russin die erste Frau im Weltraum.

Die Umlaufbahn ihres Raumschiffs ist fast identisch mit der Ellipse, die das Raumschiff »Wostok V« beschreibt. In ihm umrundet Kosmonaut Waleri F. Bykowski die Erde. Die Kosmonauten haben Funkkontakt. Zu einer vermuteten Kopplung der Raumschiffe kommt es während des dreitägigen gemeinsamen Fluges allerdings nicht.

Grundsteinlegung wird wiederholt

11. Juni. In der Neubausiedlung Gropiusstadt im Südosten von Berlin (West) findet zum zweiten Mal die Grundsteinlegung statt.

Grund für diese ungewöhnliche Zeremonie ist das Fehlen der ersten Grundsteinkassette. Nach den offiziellen Feierlichkeiten zu Beginn des größten Bauvorhabens der Stadt seit Kriegsende, im November 1962, wurde das Behältnis mit den zum Teil wertvollen Zeitdokumenten gestohlen. U.a. enthielt es Urkunden mit den Namenszügen des Architekten Walter Gropius.

Die Gehag als Bauherr entschloß sich daraufhin, die Dokumente neu zu beschaffen und in einer zweiten Grundsteinlegung – diesmal allerdings nur im kleinen Kreis – wiederum einmauern zu lassen.

Die Gropiusstadt wird aus 14 500 Wohnungen bestehen. Für Ende des Jahres 1963 ist die Fertigstellung der ersten dreigeschossigen Wohnblocks mit insgesamt 300 bis 400, zumeist Eigentumswohnungen, geplant, 1970 sollen alle Bauarbeiten abgeschlossen sein.

Mit 2400 km/h bis New York

4. Juni. Die US-amerikanische Fluggesellschaft Pan American World Airways (PAA) bestellt sechs Überschall-Verkehrsflugzeuge des Typs »Concorde«. Die »Concorde« ist ein Projekt der Superlative, das derzeit in britisch-französischer Zusammenarbeit verwirklicht wird. Das erste Musterflugzeug der »Concorde« soll im Sommer 1967 zum Jungfernflug starten. Die Auslieferung der Maschinen an die Besteller wird zwei Jahre darauf und der Einsatz im zivilen Luftverkehr 1970 erfolgen.

Die technischen Daten der »Concorde«, die eine Woche vor Eröffnung des Pariser Luftfahrtsalons als Modell der Öffentlichkeit präsentiert wird, sind noch geheim. Bekannt ist die Länge des Rumpfes mit 51,8 m. Nach bisherigen Plänen bietet die Maschine etwa 100 Passagieren Platz. Die voraussichtlichen Kosten des Flugzeuges werden zwischen 10 und 15 Millionen US-Dollar (40 bis 60 Millionen DM) liegen. Die Gesamtkosten für die Entwicklung sind mit umgerechnet 1,6 Milliarden DM veranschlagt. Die hervorstehendste Eigenschaft der

»Concorde« wird ihre Schnelligkeit sein. Mit 2400 km/h, also mehr als doppelter Schallgeschwindigkeit, kann sie die Strecke Paris–New York in 2:50 h zurücklegen. Das US-amerikanische Flugzeug »Boeing 707« brauchte 1959 dafür 7 h.

Das französische Verkehrsflugzeug »Concorde« nach der Fertigstellung

1971 Kraftwerk am Eisernen Tor

12. Juni. In Bukarest schließen Vertreter aus Rumänien und Jugoslawien ein Abkommen, das den Bau eines Donaukraftwerkes am Eisernen Tor von 1964 bis 1971 vorsieht.

Die geplanten Anlagen sehen außer dem Kraftwerkskomplex Schiffsschleusen vor. Dadurch erhöht sich der durchschnittliche Mindestpegel der Donau vom Eisernen Tor bis Belgrad auf etwa 3,50 m, so daß sämtliche Stromschnellen überflutet werden und sich die Fahrtzeiten von 120 auf etwa 35 h verkürzen. Bei den Orten Gura Vali und Sip, wo die Donau eine Breite von fast 1000 m hat, soll ein Stausee von 150 km Länge entstehen.

UN-Kongreßthema: Kampf gegen Hunger

4. Juni. In Washington eröffnet der Generalsekretär der Vereinten Nationen (UN), Sithu U Thant, den Welternährungskongreß.

Die von der Ernährungs- und Landwirtschaftsorganisation der UN (FAO) organisierte Veranstaltung wird 15 Tage dauern. Während dieser Zeit wollen über 1000 Delegierte aus 100 Ländern nach Möglichkeiten suchen, wie der Hunger auf der Erde beseitigt werden kann.

Der US-amerikanische Präsident John F. Kennedy, Hauptredner der Eröffnungsveranstaltung, weist in seiner Ansprache darauf hin, daß die Hälfte der Menschheit noch immer unterernährt sei oder hungere.

30% der Menschen glauben an Christus

1. Juni. In den »Informationen aus der Orthodoxen Kirche« werden Schätzungen über die Anzahl der Gläubigen auf der ganzen Welt veröffentlicht.

Demnach sind von den über drei Milliarden Menschen der Erde nach den jüngsten Schätzungen 855 Millionen getaufte Christen, 366 Millionen Moslems, 316 Millionen Hindus, 300 Millionen Konfuzianer und 186 Millionen Buddhisten. Rund eine Milliarde Menschen gehört keiner der Weltreligionen an. Von den Moslems leben 30 Millionen in der Sowjetunion und zwei Millionen in Jugoslawien.

Frühe Stadtkultur bei Konya entdeckt

8. Juni. Bei der Auswertung von Funden einer 6500 Jahre alten Siedlung auf der Hochebene von Konya in Anatolien stellen die Wissenschaftler fest, daß dort schon damals eine Stadt existierte.

Auf dem 300 m langen und 30 m breiten Schutthügel von Çatal Hüyük in der Türkei fand man Teile einer Stadt aus Lehmhäusern, Bildwerke, Flechtkörbe und Keramikwaren.

Die von der Existenz einer Hochkultur zeugenden Gegenstände revolutionieren die Chronologie der Kulturentwicklung, da man bisher der Ansicht war, daß in jener Zeit noch keine Stadtkultur existierte.

Profumo-Skandal in Großbritannien

4. Juni. Der britische Heeresminister John Dennis Profumo tritt von seinem Amt zurück und gibt seinen Sitz im Unterhaus auf.

In einem Schreiben an den britischen Premierminister Harold Macmillan begründet Profumo diese Entscheidung damit, am 22. März vor dem Unterhaus unwahre Angaben über sein Verhältnis zu dem Fotomodell Christine Keeler gemacht zu haben.

Die Affäre war ins Rollen gekommen, als Mitglieder der oppositionellen Labour Party am 21. März den Verdacht äußerten, Profumo habe die Anwesenheit Christine Keelers als Zeugin in einer Gerichtsverhandlung gegen den farbigen Jazzmusiker John Edgecombe verhindert. Der Musiker hatte am 15. März aus Eifersucht einen Mordversuch an Christine Keeler unternommen. Zu diesem Zeitpunkt kannten sich die 21jährige rothaarige Keeler und der 48 Jahre alte Minister schon fast zwei Jahre, ohne daß die Öffentlichkeit davon Kenntnis gehabt hätte. Nun aber fordert die Opposition, das

Aufnahme von der langbeinigen Christine Keeler, die als Callgirl Karriere machte und dabei der Laufbahn eines britischen Ministers ein Ende setzte

Profumo mit seiner Frau, der Schauspielerin Valerie Hobson, nach seiner Erklärung im Unterhaus am 22. März

Ein »intimes Verhältnis« zu Christine Keeler (Foto) bestritt Minister Profumo zunächst vor dem Unterhaus

Verhältnis zwischen den beiden vor dem Unterhaus klären zu lassen, da die gleichzeitige Beziehung des Fotomodells zum sowjetischen stellvertretenden Militärattaché Jewgeni Iwanow Fragen nationaler Sicherheit berühre.

Zusammen mit Generalstaatsanwalt John Hobson entwarf Profumo eine persönliche Erklärung, die er am 22. März im Unterhaus, in Anwesenheit seiner Ehefrau Valerie verlas. Darin hieß es u.a.: »Es hat sich zwischen mir und Miss Keeler nichts Ungehöriges ereignet.« Danach schien der Fall trotz entgegenlautender Äußerungen Christine Keelers, die von einem »intimen Verhältnis« sprach, erledigt. Als sie allerdings vor ihrer Haustür zusammengeschlagen wurde, trat der Prominentenarzt,

Massage-Heilpraktiker Stephen Ward an die Öffentlichkeit. Er hatte die Keeler 1959 als 17jährige kennengelernt und 1961 mit dem Heeresminister zusammengebracht und bezichtigt Profumo im Zusammenhang mit dessen Erklärung vor dem Unterhaus der Lüge. Er selbst hätte 1961 die britische Abwehr über das Verhältnis unterrichtet (→ 6. 12./S. 203).

Urlaub und Freizeit 1963:

Sinkende Preise für Pauschalreisen an die Mittelmeerküste

Mit der Veränderung des Tourismus in jüngster Zeit beschäftigen sich seit etwa einem Jahrzehnt Universitäten und andere wissenschaftliche Einrichtungen. Dabei berücksichtigen sie in der Hauptsache ökonomische und soziologische Aspekte, die eine Strukturwandlung des Tourismus nach sich ziehen. Der Berner Fremdenverkehrswissenschaftler Kurt Krapf beschreibt die Veränderungen unter

Schlagworten wie: »Vom Grand-Hotel zum Zelt«, »vom Lord und Großfürsten zum Sozialtouristen« oder »der Motor als Widersacher des Wanderers«. Krapf stellt fest: Der »Übergang vom kontemplativen introvertierten zum aktiven extrovertierten Typus des Touristen hat sich vollzogen«.

In München gründete sich vor zwei Jahren der unabhängige Studienkreis für Tourismus. Er bemüht sich

in Zusammenarbeit mit den Reiseunternehmen um eine Forschung, die neben ökonomischen und soziologischen auch physiologische und psychologische Aspekte eines Urlaubs untersucht. Aufgrund ihrer Beobachtungen korrigieren die Mitglieder z. B. das Klischee des von Sehenswürdigkeit zu Sehenswürdigkeit rasenden Urlaubers aus den 50er Jahren und stellen fest, daß 70 % der Urlauber die Ferien an einem festen Zielort verbringen

meisten Devisen nach Italien. Die Ausgaben für Reisen in dieses Land betrugen im Sommerhalbjahr 1962 knapp 700 Millionen DM und lagen damit 62 % höher als noch im Jahr 1961. Jedoch werden die Werte von 1962 – für den Auslandstourismus ein absolutes Rekordjahr – 1963 nicht erreicht.

Eine Folge dieser Umstände ist nicht nur ein Rekord im billigeren Inlandsgeschäft, sondern auch ein erbitterter Preiskampf der einzelnen Reiseunternehmen.

Er konzentriert sich in der Hauptsache auf Flugreisen. Neben den immer beliebter werdenden Reisen im eigenen Pkw, oft kombiniert mit einem Campingurlaub, haben sie wie schon 1962 die höchste Zuwachsrate zu verzeichnen.

So senken die großen Tourismus-Unternehmen z. B. die Preise nach Mallorca um 15 %, nach Rhodos sogar um 20 % gegenüber dem Vorjahr. Die verbilligten Flüge in Charter- oder auch Linienmaschinen sind verbunden mit Übernachtung und Frühstück. Erst dieser Pauschaltourismus ermöglicht den Veranstaltern eine günstige Kalkulation, so daß z. B. Touropa 15-Tage-Reisen nach Mallorca für 378 DM und Quelle für 648 DM (»alles inbegriffen«) auf die griechische Insel Rhodos anbieten können.

Als Reiseziel steht für die nord- und mitteleuropäischen Urlauber Italien nach wie vor an der Spitze, jedoch rücken auch die Küsten der übrigen Mittelmeerländer auf der Skala der Beliebtheit weiter nach vorn. Die spanische Levante bis Valencia ist von Bundesrepublikanern so überlaufen, daß viele Hinweisschilder auch in Deutsch abgefaßt sind. Am sogenannten Haro-Beach, einem vier Kilometer langen Sandstrand an der Costa Brava, existierte noch 1954 nur ein einziges Hotel; im Jahr 1963 sind es bereits 67.

Im laufenden Urlaubsjahr besuchen etwa 21 Millionen Ausländer Italien, 10,5 Millionen Spanien und 1,2 Millionen die französische Riviera. Auch die Länder Griechenland und Tunesien bemühen sich um mehr internationales Publikum an ihren Stränden, da der Tourismus immer mehr zu einer wichtigen Einnahmequelle wird.

Ballungszentren des Tourismus am Mittelmeer

Zahl der Touristen in Europas bevorzugten Mittelmeerländern		
in Millionen	1952	1962
Insgesamt	10.941	37.745
ITALIEN	6.059	21.320
SPANIEN	1.485	8.669
FRANKREICH	3.200	5.975
JUGOSLAWIEN	0.129	1.240
GRIECHENLAND	0.068	0.541

Die auf der Karte eingezeichneten Mittelmeerstrände zeigen die beliebtesten Urlaubsziele im Süden Europas

möchten.

Erstaunlich ist die große Zahl von Teilnehmern zwischen 17 und 25 Jahren an organisierten Gesellschaftsreisen – ein auffallender Trend der Jugendlichen der Industriegesellschaft zum komfortablen, bequemen Tourismus.

Ganz allgemein sucht der Urlauber Erholung und Ausbruch aus dem eintönigen Allerlei des Alltags sowie Kontakte zu anderen Menschen. Das fremde Land, seine Eigenart, seine Kultur werden vielfach nur als Kulisse genommen, Entspannung, Sonne und Baden sind wichtiger als Museums- und Kathedralenbesichtigung.

Aufgrund dieser Bedürfnisse verwundert es nicht, daß die Reisen ans Mittelmeer in den vergangenen Jahren enorm zugenommen haben. Allein im Jahr 1962 gaben z. B. die Bundesbürger im Ausland 4,7 Milliarden DM aus, etwa ein Drittel mehr als 1961. Davon flossen die

13 000 Autos pro Tag passieren in der Urlaubszeit den St. Gotthard

Bildungsreisen, wie hier zu den ägyptischen Kulturstätten, werden oft mit einem erholsamen Badeurlaub verbunden

Mit der Zunahme der Zahl der Autos wird Camping bei den Bundesbürgern immer beliebter

Entfernungen schrumpfen: Flugtouristen in Marokko

So sieht das Ziel unzähliger Touristen aus dem kühleren Norden Europas aus: Faulenzen an den Gestaden des Mittelmeers unter bunten Sonnenschirmen

»Cleopatra« — Premiere des bisher längsten und teuersten Films ohne den Star Liz Taylor

12. Juni. *Der nach vierjähriger Drehzeit fertiggestellte US-amerikanische Spielfilm »Cleopatra« mit Liz Taylor hat in New York Premiere.*
Er ist ein Streifen der Superlative: Noch nie wurde an einem Film so lange gedreht, noch nie dauerte ein Film so lange – vier Stunden –, noch nie kostete ein Film so viel Geld – 40 Millionen US-Dollar (160 Millionen DM) – und noch nie erhielt ein Star eine derartig hohe Gage. 1 725 000 US-Dollar (6,9 Millionen DM) zahlte die Centfox bisher an Liz Taylor, hinzu kommen Anteile an den Einnahmen, etwa 7 175 000 US-Dollar (30 Millionen DM).

Zur Gala-Aufführung im Rivoli kommen 6623 Besucher, die für ihre Eintrittskarten insgesamt 600 000 DM bezahlt haben. Vor dem Kino drängeln sich 10 000 Schaulustige. Enttäuschung stellt sich allerdings ein, als Hauptdarstellerin Liz Taylor sowie ihr Film- und neuer Lebenspartner, Richard Burton, nicht erscheinen. Obige Fotos zeigen Szenen aus »Cleopatra« mit Liz Taylor: In dem von Regisseur Joseph L. Mankiewicz gedrehten Film sind Rex Harrison als Cäsar (Bild oben links, l. und Bild oben rechts, M.) sowie Richard Burton als Antonius (Bild oben rechts, l.), Partner von Liz Taylor (Cleopatra; Abb. M.).

Romy Schneider ist beste Darstellerin

11. Juni. Von der französischen Filmakademie erhält die Österreicherin Romy Schneider eine Auszeichnung als beste ausländische Schauspielerin des Jahres.
Den Preis bekommt die 25jährige für ihre Darstellung in dem US-amerikanischen Film »Der Prozeß«, den Orson Welles nach dem gleichnamigen Roman Franz Kafkas drehte.
Seitdem Romy Schneider vor drei Jahren die Bundesrepublik verließ, ist aus der ehemaligen »Sissi«-Darstellerin ein internationaler Star geworden. Die gebürtige Wienerin spielte sehr erfolgreich unter Regisseuren wie Carl Foreman, Otto Preminger und Luchino Visconti.

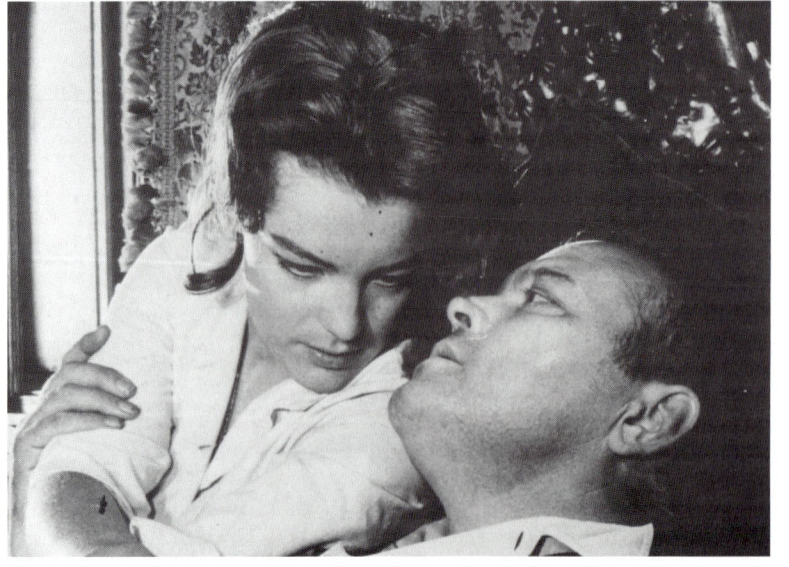
Romy Schneider in einer Szene des US-amerikanischen Films »Der Prozeß« nach dem Roman von Franz Kafka, ihr Partner ist hier Orson Welles

Munch-Museum in Oslo eröffnet

2. Juni. Ein ausschließlich für die Werke des norwegischen Künstlers Edvard Munch errichtetes Museum wird in Oslo eröffnet.
Das flache Gebäude mit einer Grundfläche von etwa 1500 m², finanziert aus den Erträgen der städtischen Filmtheater, kostete umgerechnet 4,5 Millionen DM. Munch, vor 100 Jahren bei Hamar geboren, hinterließ der Stadt Oslo nach seinem Tod 1944 den gesamten Nachlaß. Da der Maler sich mit 50 Jahren entschlossen hatte, seine Bilder nicht mehr zu verkaufen, ist die Hinterlassenschaft so umfangreich, daß im neuen Haus nicht alle Werke gezeigt werden können.

Dortmund Meister nach 3:1-Sieg über Köln

29. Juni. Im Endspiel um die Deutsche Fußballmeisterschaft besiegt Borussia Dortmund in Stuttgart den 1. FC Köln 3:1.
75 000 Zuschauer erleben das letzte Meisterschafts-Endspiel vor der Einführung der Fußball-Bundesliga in der kommenden Spielsaison (→ 24. 8./S. 136). Favorit dieser Begegnung ist der 1. FC Köln.
Zur allgemeinen Überraschung zeigen jedoch die Dortmunder ein Spiel, das alle Prognosen über den zukünftigen Deutschen Meister revidiert. Schon nach neun Minuten führt Borussia Dortmund 1:0 durch ein Tor von Dieter Unrat. In der 59. Spielminute baut Reinhold Wosab den Dortmunder Vorsprung auf 2:0 aus, und Alfred Schmidt besiegelt den Triumph seiner Mannschaft in der 69. Minute durch das 3:0.
Als Karl-Heinz Schnellinger in der 75. Spielminute das erste Gegentor für den 1. FC Köln erzielt, kann eine Wende im Spiel nicht mehr herbeigeführt werden. Die Sensation ist perfekt: Der Außenseiter Borussia Dortmund besiegt den hoch favori-

Endspiel um die Meisterschaft; an Borussen-Torhüter Bernhard Wessel vorbei schießt der Kölner Karl-Heinz Schnellinger das Ehrentor für den 1. FC Köln

sierten, amtierenden Deutschen Meister 3:1 und gewinnt damit nach 1956 und 1957 zum dritten Mal den Meistertitel.
Den Sieg ihrer Mannschaft verdanken die Borussen in erster Linie dem Trio Alfred Schmidt – Friedhelm Konietzka – Jürgen Schütz. Ihr harmonisches Zusammenspiel endet fast immer mit gezielten Pässen und wunderbaren Vorlagen, die dann auch zu den drei Toren führen.

Flaute beim letzten Wettkampf in Kiel

30. Juni. In Kiel gehen die Regatta-Wettkämpfe der Internationalen Kieler Woche zu Ende. In der Gesamtwertung finden sich zwei deutsche und drei ausländische Sieger.
Zur Eröffnung des traditionellen Segelwettkampfes auf der Ostsee waren am 23. Juni 10 000 Zuschauer gekommen, um der Präsentation von Teilnehmern aus 53 Ländern zuzuschauen.
Nach einer Woche spannenden Leistungsvergleichs bei gutem Wind bringt der Abschlußtag die gefürchtete Flaute.
Der Start des letzten Wettkampfes wird verschoben, die Strecke verändert. Auf Beschluß der Wettkampfleitung kann deshalb die Sonntagsregatta für die 5,5 m-Klasse und die Stare nicht auf die Gesamtwertung angerechnet werden. Leidtragender dieser Entscheidung ist der Münchener Josef Pankhofer, der mit seinem ersten Platz bei der Sonntagsregatta in der 5,5er Klasse Gesamtsieger geworden wäre.
Nun aber geht der Brite Robin Aisher als Gesamtsieger aus der Regatta in Kiel hervor.

Balmamion Sieger

9. Juni. *Nach einer Strecke von insgesamt 4063 km in 21 Etappen wird der Italiener Franco Balmamion (Foto) Sieger des Giro d'Italia. Mit einer Durchschnittsgeschwindigkeit von 34,774 km/h kann er sich vor seinem Landsmann Vittorio Adorni plazieren. Damit gewinnt Balmamion zum zweiten Mal den Giro. Dritter wird Giuseppe Zancanaro (ITA).*

Cassius Clay sagt seinen Sieg voraus

19. Juni. Der US-amerikanische Schwergewichts-Boxer Cassius Marcellus Clay (Muhammad Ali) besiegt im Londoner Wembley-Stadion vor 55 000 Zuschauern den britischen Empire-Meister Henry Cooper in der fünften Runde durch technischen K.o.
Mit diesem Sieg bleibt der 21jährige Clay in seiner Profi-Laufbahn nach 19 Kämpfen ungeschlagen.
Clay hatte vor dem Kampf das Ende der Begegnung in der fünften Runde angekündigt. Schon in der zweiten Runde fügt Clay dem Briten eine Rißwunde an der linken Augenbraue zu. Die Blutung können die Sekundanten während der Pause zur dritten Runde nur notdürftig stillen. Danach versucht Cooper, den Gegner mit seiner ausgezeichneten Linken auf Distanz zu halten. Er kann seinen Kontrahenten in dieser vierten Runde mit einem linken Haken zu Boden strecken. Clay ist schon mit vier Sekunden angezählt, als der Gong ertönt. In der fünften Runde beendet der Ringrichter den Kampf, da Henry Coopers Wunde zu stark blutet.

Briten gewinnen im Schwimmvergleich

11. Juni. Bei dem Schwimmländerkampf zwischen Großbritannien und der Bundesrepublik in Frankfurt-Höchst unterliegt die deutsche Mannschaft mit 133:134 Punkten.
Nach den Schwimmwettkämpfen zwischen den beiden Ländern in den Jahren 1958, 1959 und 1962 ist dies die vierte deutsche Niederlage gegen Großbritannien hintereinander. Obwohl sich die beiden Deutschen Heike Hustede und Werner Freitag in Bestform befinden, können auch sie nicht den Wettkampf zugunsten der Bundesrepublik entscheiden.
Sensation der Begegnung ist der Sieg der erst 15jährigen Britin Stella Mitchell gegen die favorisierte Wiltrud Urselmann. In einer Weltklassezeit von 2:49,7 min entscheidet sie das 200-m-Brustschwimmen der Damen für sich. Wiltrud Urselmann benötigt 2:51,0 min.
Auch Heike Hustede, die z. Z. stärkste deutsche Schwimmerin, muß eine Niederlage gegen die 18jährige Britin Judith Gagan hinnehmen. Diese braucht für die 100 m Schmetterling 1:09,5 min und erreicht damit einen britischen Rekord.

Juli 1963

Mo	Di	Mi	Do	Fr	Sa	So
1	2	3	4	5	6	7
8	9	10	11	12	13	14
15	16	17	18	19	20	21
22	23	24	25	26	27	28
29	30	31				

1. Juli, Montag

In München beginnt der bis zum 3. Juli dauernde Bundesparteitag der Freien Demokraten (FDP). Zum Vorsitzenden ihrer Partei wählen die Delegierten erneut Erich Mende.

In der südfranzösischen Stadt Avignon kommt es zu schweren Zusammenstößen zwischen etwa 3000 revoltierenden Bauern und der Polizei. Die Bauernverbände fordern von der Regierung in Paris, daß diese alle Obst- und Gemüseeinfuhren bis zum 15. Oktober untersagt (→ 22. 7./S. 111).

In den Vereinigten Staaten von Amerika wird das Postleitzahlensystem eingeführt (→ 14. 5./S. 81).

2. Juli, Dienstag

Im Anschluß an seine Audienz bei Papst Paul VI. in Rom besucht der US-amerikanische Präsident John F. Kennedy das Hauptquartier Europa-Süd des Nordatlantikpaktes und beendet damit seine Europareise. → S. 112

In einer Rede in Berlin (Ost) schlägt der sowjetische Staatschef Nikita S. Chruschtschow den Westmächten einen Nichtangriffspakt zwischen den Staaten des Nordatlantikbündnisses und des Warschauer Pakts vor. → S. 110

In Brüssel erklärt die belgische Regierung unter Ministerpräsident Theo Lefèvre ihren Rücktritt. Die Koalition aus Christlich-Sozialer und Sozialistischer Partei scheiterte an den Differenzen zwischen Flamen und Wallonen (→ 8. 7./S. 112).

Nach zwölf Tagen gehen die 13. Internationalen Filmfestspiele in Berlin (West) zu Ende. Den Goldenen Bären erhalten die beiden Filme »Schwur der Gehorsamkeit« (Japan) und »Amore in Stockholm« (Italien).

3. Juli, Mittwoch

In der DDR werden Grundsätze zur weiteren Systematisierung des polytechnischen Unterrichts in den Schulen beschlossen. → S. 111

Der belgische König Baudouin lehnt das Rücktrittsgesuch der Regierung ab und fordert eine Lösung für die Sprachengesetze (→ 8. 7./S. 112).

Der irakische Revolutionsrat in Damaskus gibt die Niederschlagung eines kommunistischen Aufstands bekannt.

4. Juli, Donnerstag

In Bonn trifft der französische Staatspräsident Charles de Gaulle zu einem zwei Tage dauernden Arbeitsbesuch ein.

Der österreichische Nationalrat nimmt den Antrag der beiden Parteien SPÖ und FPÖ an, der die Rückkehr von Otto Habsburg-Lothringen als unerwünscht erklärt (→ 24. 5./S. 80).

Der AFN, der Rundfunksender für die US-amerikanischen Soldaten in Europa, feiert sein 20jähriges Bestehen. → S. 115

In Melekess in der Sowjetunion wird das erste zerlegbare und transportable Atomkraftwerk in Betrieb genommen.

5. Juli, Freitag

Die Außenminister Frankreichs und der Bundesrepublik, Maurice Couve de Murville und Gerhard Schröder (CDU), unterzeichnen in Bonn ein Abkommen über die Errichtung des Deutsch-Französischen Jugendverbandes.

In Moskau beginnen die sowjetisch-chinesischen Gespräche über die ideologischen Differenzen zwischen den beiden kommunistischen Großmächten. → S. 112

Auf einer Veranstaltung in Coroubier kündigt der algerische Ministerpräsident Mohammed Ahmed Ben Bella die Abschaffung von Parteien und die Bildung einer Einheitsfront an (→ 11. 4./S. 66; 8. 9./S. 145).

Auf Betreiben der afrikanischen, arabischen und kommunistischen Delegationen wird Portugal wegen seiner Kolonialpolitik von der weiteren Teilnahme an der in Genf tagenden Internationalen Erziehungskonferenz ganz ausgeschlossen (→ 17. 7./S. 113).

Vor einem Gericht in Messina erhalten drei Kapuzinermönche wegen Unterstützung einer Mafia-Bande je 13 Jahre Freiheitsentzug. → S. 115

Im Tennisturnier von Wimbledon gewinnt der US-Amerikaner Chuck McKinley das Finale gegen den Australier Fred Stolle 9:7, 6:1, 6:4. → S. 119

6. Juli, Sonnabend

Auf ihrer Landesversammlung in München wählen die Delegierten der CSU Franz Josef Strauß zum Vorsitzenden.

Das Statistische Bundesamt in Wiesbaden teilt mit, daß sich die Zahl der Millionäre seit 1957 in der Bundesrepublik mehr als verdoppelt hat. → S. 114

Vor 30 000 Zuschauern gewinnt die Reiter-Equipe der Bundesrepublik den Preis der Nationen des diesjährigen 27. Aachener CHIO. → S. 118

7. Juli, Sonntag

In Laos kommt es zu erneuten Kämpfen zwischen kommunistischen Pathet-Lao-Verbänden und neutralistischen Truppen. Kurz zuvor lehnten die Kommunisten ein Waffenstillstandsangebot des Ministerpräsidenten Suvanna Phuma ab (→ 1. 6./S. 97).

Bei den Wahlen in Argentinien erleiden die Peronisten, die zu einem Wahlboykott durch Abgabe eines weißen Stimmzet-

tels aufgefordert hatten, eine Niederlage. Ihr Stimmenanteil aus dem Jahre 1960 sinkt um 10% auf 15% (→ 31. 7./S. 113).

In Peking unterzeichnen Delegationen aus Rumänien und der Volksrepublik China ein Kulturabkommen.

8. Juli, Montag

Aufgrund eines Beschlusses der Organisation der Amerikanischen Staaten (OAS) vom 3. Juli in New York ordnet das US-amerikanische Finanzministerium die Sperrung aller kubanischen Guthaben in den USA an.

In Brüssel einigen sich die Regierungsparteien auf eine Kompromißformel für die Lösung des Sprachenstreits zwischen Flamen und Wallonen. → S. 112

Das zweimillionste Auto der Firma Ford verläßt drei Wochen vor dem 100. Geburtstag von Henry Ford I. das Montageband in Köln. → S. 114

In dem wegen starker Regenfälle verschobenen Finale im Damen-Einzel von Wimbledon besiegt die Australierin Margaret Smith die US-Amerikanerin Billie Moffitt 6:3, 6:4 (→ 5. 7./S. 119).

9. Juli, Dienstag

Der Bundesverteidigungsrat in Bonn verabschiedet einen Gesetzentwurf, der den Aufbau eines geplanten Zivilschutzkorps zum Inhalt hat.

In London treffen König Paul von Griechenland und seine Frau, Königin Friederike, zu einem dreitägigen Staatsbesuch ein. → S. 113

Der z.Z. im selbstgewählten Exil in Paris lebende Katanga-Präsident Moise Tschombé wird vom kongolesischen Präsidenten Joseph Kasawubu aller Ämter und Würden entkleidet (→ 21. 1./S. 17).

In London wird das Abkommen über die Gründung einer Föderation Malaysia unterzeichnet. Ihr gehören die Malaiische Föderation, Singapur und die Protektorate Nordborneo sowie Sarawak an.

10. Juli, Mittwoch

Der österreichische Nationalrat verabschiedet in Wien einstimmig den Entwurf eines Volksbegehrensgesetzes.

Für den Fall neuer Angriffe chinesischer Truppen in dem indisch-chinesischen Grenzgebiet schließt Indien in Neu-Delhi mit den USA und Großbritannien ein Abkommen über Luftverteidigung.

11. Juli, Donnerstag

Das italienische Abgeordnetenhaus spricht in Rom dem neuen Minderheitenkabinett unter dem Christdemokraten Giovanni Leone mit 255 gegen 225 Stimmen bei 119 Enthaltungen das Vertrauen aus. Für Leone stimmen nur die Christdemokraten (→ 16. 5./S. 80; 5. 12./S. 200).

In Ecuador stürzt eine Militärjunta unter General Ramón Castro Jijón den Präsidenten Carlos Julio Arosemena Monroy.

Die Hauptjury des Arbeitskreises für Jugendschrifttum vergibt in Frankfurt am Main den Jugendbuchpreis für 1963 an Josef Lada für sein Buch »Kater Mikesch« und Scott O'Dell für »Insel der blauen Delphine«.

12. Juli, Freitag

Der Bundesrat gibt seine Zustimmung für das neue Mietrecht, so daß die Aufhebung der Mietpreisbindung in der Bundesrepublik am 1. August in Kraft treten kann. → S. 114

Ausländische Korrespondenten im Jemen berichten von Giftgaseinsätzen ägyptischer Truppen im Bürgerkrieg. → S. 113

13. Juli, Sonnabend

Als erstes afrikanisches Land des Commonwealth nimmt Nigeria diplomatische Beziehungen zur Europäischen Wirtschaftsgemeinschaft (EWG) auf.

Im Londoner White-Stadion verbessert der US-Amerikaner John Pennel den Weltrekord seines Landsmannes Brian Sternberg im Stabhochsprung von 5,08 m auf 5,10 m.

14. Juli, Sonntag

Die indische Regierung in Neu-Delhi verfügt die Schließung aller Häfen und Flugplätze für südafrikanische Schiffe und Flugzeuge aus Protest gegen die dortige Apartheidpolitik.

Im ausverkauften Pariser Prinzenparkstadion gewinnt der Franzose Jacques Anquetil zum vierten Mal die Tour de France. → S. 119

15. Juli, Montag

In einer Rede vor dem Politischen Klub der Evangelischen Akademie in Tutzing entwickelt Egon Bahr (SPD) sein ostpolitisches Konzept von einem »Wandel durch Annäherung«. → S. 110

Der Staatsrat der DDR bestätigt die im Juni vorgelegten Richtlinien für das neue ökonomische System der Planung und Leitung der Volkswirtschaft (NöSPL). → S. 111

Der südafrikanische Premierminister Hendrik Frensch Verwoerd gibt den Austritt Südafrikas aus der Wirtschaftskommission der Vereinten Nationen (UN) für Afrika bekannt. Als Grund nennt Verwoerd die feindselige Haltung der anderen afrikanischen Staaten gegenüber seiner Regierung (→ 22. 7./S. 113).

In einem Festakt im Städtischen Saalbau Essen eröffnet der Vorsitzende des Deutschen Sportbundes (DTB), Werner Bokkelmann, das 22. Deutsche Turnfest. Es wird bis zum 21. Juli dauern. → S. 118

16. Juli, Dienstag

Die Regierung des westafrikanischen Staates Senegal bricht die konsularischen Beziehungen zu Portugal und Südafrika ab und sperrt Häfen, Flugplätze, Gewässer und Luftraum für beide Länder (→ 17. 7./S. 113; 22. 7./S. 113).

Urlaubsthemen beherrschen die Ausgabe der »Bunten« Illustrierten vom 24. Juli; auf dem Titel Kaiserin Farah Diba von Iran, die ihre Ferien am Kaspischen Meer verbringt

NR. 30. OFFENBURG, 24. JULI 1963. 3 Z 2013 C. 60 PFENNIG

Österreich 4.50 ö. S. - Schweiz -.80 sfrs. - Italien 120 Lire - Frankreich 1.00 F - Schweden 1.- skr. inkl. oms.

BUNTE
Münch
Frankfu
ILLUSTRI

Kaiserin Farah macht Ferien am Kaspischen Meer

10 Seiten Farbbericht
Von Travemünde
bis Borkum

Urlaub an der See

Das Pekinger Parteiorgan »Volkszeitung« richtet scharfe Angriffe gegen die von der sowjetischen Regierung angebotene Militärhilfe für Indien. →S. 112

17. Juli, Mittwoch

In der südvietnamesischen Hauptstadt Saigon kommt es zu religiösen Unruhen, da die Buddhisten, die rund 75% der Bevölkerung ausmachen, sich von der katholischen Regierung diskriminiert fühlen (→3. 1./S. 17; 21. 8./S. 126).

In der portugiesischen Afrika-Kolonie Guinea bricht ein Aufstand der Schwarzen gegen das Kolonialregime aus. →S.113

Die Erdölfernleitung »Freundschaft« aus der Sowjetunion wird bis nach Schwedt an der Oder (DDR) fertiggestellt und noch im Juli an das Erdölverarbeitungskombinat angeschlossen. →S. 115

18. Juli, Donnerstag

Das Foreign-Office in London bestätigt Absprachen der drei Westmächte über eine Lockerung der Visa-Bestimmungen für DDR-Bewohner.

19. Juli, Freitag

Das Bundesamt für Zivilluftfahrt in Österreich beschließt, die der DDR-Fluggesellschaft Interflug bis 31. Juli eingeräumte Landeerlaubnis in Wien nicht zu verlängern (→15. 6./S. 95).

Die chinesische Parteiführung erklärt zu den Dreimächte-Verhandlungen in Moskau über ein Atomversuchsstopp-Abkommen, China werde sich an kein von den Atommächten geschlossenes Abkommen halten (→5. 8./S. 124).

Der US-amerikanische Pilot Joe Walker stellt mit dem Raketenflugzeug X 15 einen neuen Höhenrekord auf. Er steigt bis zu einer Höhe von 107 km auf.

20. Juli, Sonnabend

Anläßlich der 19. Wiederkehr des Tages, an dem der Attentatsversuch deutscher Offiziere gegen Adolf Hitler mißlang, werden zum ersten Mal die öffentlichen Gebäude in der Bundesrepublik beflaggt.

In Jaunde (Kamerun) wird das neue Assoziierungsabkommen der Europäischen Wirtschaftsgemeinschaft (EWG) mit 18 afrikanischen Staaten feierlich unterzeichnet. →S. 113

Die seit 5. Juli in Moskau stattfindenden Gespräche zwischen den Kommunistischen Parteien der Sowjetunion und Chinas zu den ideologischen Meinungsverschiedenheiten gehen ohne Ergebnis zu Ende (→5. 7./S. 112).

In Papeete, der Hauptstadt von Tahiti, treffen etwa 60 französische Ingenieure ein, um den Bau des geplanten französischen Atomversuchszentrums im Südpazifik vorzubereiten.

21. Juli, Sonntag

Am letzten Tag der dritten Moskauer Filmfestspiele erhält der italienische Regisseur Federico Fellini den Großen Preis von Moskau für »8½«. →S. 116

Ein Teil des Wortlauts einer antiken Komödie des griechischen Dichters Menander (342–291 v. Chr.) ist in der Umhüllung einer ägyptischen Mumie gefunden worden, die sich seit Anfang des Jahrhunderts in der Pariser Sorbonne befindet.

Beim Leichtathletik-Länderkampf zwischen der USA und der UdSSR in Moskau verbessert Waleri Brumel aus der Sowjetunion seinen Weltrekord im Hochsprung auf 2,28 m. →S. 119

22. Juli, Montag

Das Bundesernährungsministerium in Bonn verhängt gegenüber den übrigen Mitgliedsländern der Europäischen Wirtschaftsgemeinschaft (EWG) eine Einfuhrsperre für Gurken und grüne Bohnen. →S. 111

In New York debattiert der Sicherheitsrat der Vereinten Nationen über die Politik der Apartheid in Südafrika. →S. 113

Vor dem Kriminalgericht Old Bailey in der britischen Hauptstadt wird der Prozeß gegen den Londoner Modearzt Stephen Ward eröffnet. Ward ist eine der Schlüsselfiguren im Skandal um den ehemaligen Heeresminister John Profumo (→4. 6./S. 101; 6. 12./S. 203).

Nach einem festlichen Umzug nimmt die Gemeinde Kotzenroth bei Altenkirchen im Westerwald unter Böllerschüssen ihren neuen Namen Rosenheim an.

In Las Vegas (USA) verteidigt Sonny Liston seinen Titel als Boxweltmeister im Schwergewicht durch einen K.-o.-Sieg gegen Floyd Patterson in der ersten Runde. →S. 119

23. Juli, Dienstag

Der Bundesgerichtshof in Karlsruhe verhängt gegen den ehemaligen Mitarbeiter des Bundesnachrichtendienstes und sowjetischen Agenten Heinz Felfe eine Strafe von 14 Jahren Zuchthaus.

Wegen der Mittäterschaft an Kriegsverbrechen gegen die Menschlichkeit wird Hans Globke, Staatssekretär im Bundeskanzleramt, vom Obersten Gericht der DDR in Abwesenheit zu einer lebenslänglichen Zuchthausstrafe verurteilt (→3. 4./S. 63).

In Bayreuth werden die diesjährigen Festspiele eröffnet. Sie dauern bis zum 27. August. →S. 116

24. Juli, Mittwoch

Der für drei Tage (23. 7.–25. 7.) in Berlin weilende ehemalige US-Vizepräsident Richard Nixon besucht den Ostteil der Stadt. →S. 110

Auf dem Neuen Markt in Dortmund wird der elfte Deutsche Evangelische Kirchentag eröffnet (bis 28. 7.). Er steht unter der Losung »Mit Konflikten leben«. →S. 111

Mit einer Aufführung der Tragödie »Die Bacchen« von Euripides durch das griechische Nationaltheater werden in Athen die achten Internationalen Festspiele eröffnet. Auf dem Programm der bis 22. September dauernden Veranstaltung steht u. a. ein deutsches Gastspiel der Oper aus Frankfurt am Main.

25. Juli, Donnerstag

Nach den zehn Tage dauernden Verhandlungen in Moskau einigen sich die Vertreter der USA, Großbritanniens und der UdSSR über den Entwurf für das Abkommen gegen Kernwaffenversuche in der Atmosphäre, im Wasser und im Weltraum (→5. 8./S. 124).

Auf der vom 24. bis 26. Juli stattfindenden Tagung des Rates für gegenseitige Wirtschaftshilfe (COMECON) in Moskau lehnt Rumänien eine Änderung der Statuten ab, wodurch alle Entscheidungen des Rates für sämtliche Mitglieder bindend würden.

26. Juli, Freitag

Ein schweres Erdbeben in der makedonischen Hauptstadt Skopje richtet starke Verwüstungen an und fordert 1070 Todesopfer. →S. 115

Nach mehrmaligem Aufschub ist ein neuer US-amerikanischer Nachrichtensatellit, »Syncom II«, in Cape Canaveral gestartet worden. Der sogenannte stationäre Satellit soll über dem Atlantik zwischen Amerika und Afrika in 35 900 km Höhe ständig »parken« (→14. 2./S. 38).

Der österreichische Bundespräsident Adolf Schärf eröffnet in einem Festakt die bis 31. August dauernden diesjährigen Salzburger Festspiele. →S. 116

27. Juli, Sonnabend

Vertreter des Iran und der Sowjetunion unterzeichnen in Teheran ein Abkommen, das die Ausführung gemeinsamer Projekte, z. B. das eines Staudammbaues am Fluß Arax, zum Inhalt hat.

Der Chef des Generalstabes der indonesischen Marine, Konteradmiral Edala Martadinata, gibt bekannt, daß der Indische Ozean in amtlichen Publikationen und Karten des Landes künftig Indonesischer Ozean heißt.

28. Juli, Sonntag

Zur ersten Europareise nach dem Zweiten Weltkrieg verläßt ein japanischer Flottenverband Tokio. Die Schiffe werden auf ihrer Freundschaftsreise Häfen in Frankreich, der Bundesrepublik, Großbritannien und Italien anlaufen.

29. Juli, Montag

Das DDR-Presseamt dementiert Gerüchte über die Einführung eines Visumzwanges für den Interzonenverkehr und den Besuch von Berlin (Ost).

Auf einer Pressekonferenz in Paris lehnt der französische Staatspräsident Charles de Gaulle den Beitritt zu dem am 25. Juli in Moskau paraphierten Atomteststopp-Abkommen ab (→5. 8./S. 124).

Anläßlich ihres 100jährigen Bestehens am 1. August schenken die Farbenwerke Bayer AG 25 Hochschulen eine Mikrofilm-Bibliothek. →S. 115

Mit der Aufführung der Oper »Die Hochzeit des Figaro« von Wolfgang Amadeus Mozart wird das Festspielhaus in Salzburg eingeweiht (→26. 7./S. 116).

30. Juli, Dienstag

In Anwesenheit des italienischen Ministerpräsidenten Antonio Segni und des Bundespräsidenten Heinrich Lübke (CDU) wird in Dachau die Kapelle Regina Pacis eingeweiht. →S. 112

Auf der Ministerratstagung der Europäischen Wirtschaftsgemeinschaft (EWG) in Brüssel (seit 29. Juli) lehnen die Delegierten die von den USA geforderte Senkung der Abschöpfungsbeiträge für Geflügel ab (→6. 8./S. 127).

Die Regierungen von Dänemark, Finnland und Österreich geben die Absicht bekannt, dem Moskauer Teststoppabkommen beizutreten (→5. 8./S. 124).

Die niederländischen Gemüsebauern, die infolge des bundesdeutschen Einfuhrverbotes ihre Gurken nicht mehr absetzen können, beginnen mit der Vernichtung ihrer Gurkenernte. 300 000 Früchte landen bereits auf dem Komposthaufen (→22. 6./S. 111).

31. Juli, Mittwoch

Der Staatsratsvorsitzende der DDR, Walter Ulbricht, stellt in einer Rede vor der Volkskammer in Berlin (Ost) fest, daß in der Bundesrepublik lebende Flüchtlinge noch immer Bürger der DDR seien.

Arturo Umberto Illía wird zum neuen Staatspräsidenten Argentiniens gewählt. Er tritt am 12. Oktober sein Amt an. →S. 113

Der Sicherheitsrat der Vereinten Nationen (UN) in New York fordert Portugal auf, alle seine afrikanischen Kolonien in die Unabhängigkeit zu entlassen (→22. 7./S. 113).

Gestorben:

2. Lugano: Lisa Tetzner (*10. 11. 1894, Zittau), deutsche Jugendschriftstellerin.

2. Berlin (Ost): Bodo Uhse (*12. 3. 1904, Rastatt), deutscher Schriftsteller.

12. Berlin (Ost): Slatan Dudow (*30. 1. 1903, Zaribrod/Dimitrowgrad), deutscher Filmregisseur bulgarischer Herkunft.

23. Moskau: Alexandr M. Gerassimow (*12. 8. 1881, Koslow/Mitschurinsk), sowjetischer Maler.

Das Wetter im Monat Juli

Station	Mittlere Lufttemperatur (°C)	Niederschlag (mm)	Sonnenscheindauer (Std.)
Aachen	— (17,5)	50 (75)	237 (190)
Berlin	19,1 (18,3)	39 (70)	272 (242)
Bremen	— (17,4)	71 (92)	199 (207)
München	— (17,5)	123 (137)	275 (226)
Wien	21,4 (19,5)	11 (84)	300 (—)
Zürich	18,7 (17,2)	97 (139)	278 (238)

( ) Langjähriger Mittelwert für diesen Monat
— Wert nicht ermittelt

Das Tauchen in süd-lichen Meeren wird bei Urlaubern aus der Bundesrepublik immer beliebter – die Hambur-ger Illustrierte »Stern« berichtet am 28. Juli darüber

Heft Nr. **30** · 16. Jahr · Hamburg, 28. Juli 1963 · 60 Pfennig

stern

So macht man Urlaub unter Wasser

Bahr für ein neues Konzept in der Ostpolitik

15. Juli. Der Leiter des Presse- und Informationsamtes des Landes Berlin (West), Egon Bahr (SPD), hält in Tutzing eine Rede, worin er ein neues Konzept der Deutschlandpolitik erläutert.

Anläßlich des zehnjährigen Bestehens des Politischen Clubs der Evangelischen Akademie in Tutzing waren die beiden SPD-Politiker Willy Brandt und Egon Bahr aufgefordert worden, sich in Vorträgen zu aktuellen Fragen zu äußern. Dabei erregt der Beitrag von Egon Bahr großes Aufsehen, denn dieser setzt sich darin für eine völlig neue Form der Beziehung zur Sowjetunion und den Ländern des Ostblocks ein. In seinem Diskussionsbeitrag, der unter dem Motto »Wandel durch Annäherung« steht, fordert er zu mehr Kontakten mit der DDR und der Sowjetunion auf. Er verweist darauf, daß die reale Lage zur Einsicht zwinge, die Wiedervereinigung entgegen den üblichen Resolutionen als ein außenpolitisches Problem zu behandeln. Ohne ein gutes Verhältnis zur Moskauer Regierung sei keine Normalisierung der Beziehung zum Nachbarstaat DDR möglich.

Bahr schlägt außerdem die Schaffung einer »Behörde vor, die sich nicht nur mit den Fragen des Interzonenhandels beschäftigt, sondern mit allen Fragen, die zwischen den beiden Teilen Deutschlands vom praktischen Interesse sind«.

Aufgrund der Propagierung seines neuen Konzepts wird Bahr vor allem von CDU-Politikern heftig angegriffen. Sie unterstellen dem Senatssprecher u. a. eine geplante Anerkennung der DDR sowie die Zustimmung zu den von der DDR-Partei- und Staatsführung propagierten Konföderationsplänen.

Engagement für »Wandel durch Annäherung«

In seiner Tutzinger Rede äußert sich Egon Bahr zur Deutschlandpolitik. Folgende Textpassagen sind dem Vortrag entnommen:

»Die erste Folgerung, die sich aus einer Übertragung der Strategie des Friedens auf Deutschland ergibt, ist, daß die Politik des Alles oder Nichts ausscheidet. Entweder freie Wahlen oder gar nicht..., das ist nicht nur hoffnungslos antiquiert und unwirklich, sondern in einer Strategie des Friedens auch sinnlos. Heute ist klar, daß die Wiedervereinigung nicht ein einmaliger Akt ist, der durch eine historische Konferenz ins Werk gesetzt wird, sondern ein Prozeß mit vielen Schritten und vielen Stationen.

... Ich halte die Diskussion um die Anerkennung zuweilen insofern für zu eng und gefährlich, weil sie uns in eine Sackgasse führen und jegliche Politik verbauen kann. Die selbstverständliche und von niemandem in Frage gestellte Weigerung, die Zone als einen rechtmäßigen Staat anzuerkennen, darf uns nicht lähmen...

Wandel durch Annäherung. Ich bin fest davon überzeugt, daß wir Selbstbewußtsein genug haben können, um eine solche Politik ohne Illusion zu verfolgen..., denn sonst müßten wir auf Wunder warten, und das ist keine Politik.«

Bahrs Lebenslauf

Der 1922 in Treffurt geborene Journalist Egon Karl-Heinz Bahr (Foto) trat 1956 in die SPD ein. 1960 rief ihn sein Parteifreund, der Regierende Bürgermeister von Berlin (West), Willy Brandt, als Leiter des Presse- und Informationsamts ins Schöneberger Rathaus. Wegen der Neigung zur Geheimdiplomatie nennt man Bahr auch »Tricky-Egon«.

Nixon passiert unbemerkt Berliner Mauer

24. Juli. *Der ehemalige US-amerikanische Vizepräsident Richard Nixon besucht während seines Aufenthaltes in Berlin zweimal den Ostteil der Stadt. Bei seiner ersten, schon im voraus bekannten Visite jenseits der Mauer verhindert die große Zahl der ihn begleitenden DDR-Staatssicherheitsbeamten jeglichen Kontakt des US-Amerikaners mit der Bevölkerung. Unangemeldet, in einer schwarzen Limousine, durchfährt er deshalb am Abend noch einmal den Ausländerübergang Richtung Osten. Auf diese Überraschung reagieren die DDR-Behörden zu langsam, und so kommt Nixon doch noch mit Einwohnern ins Gespräch (Foto: Nixon blickt über die Mauer).*

Chruschtschow will Nichtangriffspakt

2. Juli. *In seiner Rede in der Ostberliner Werner-Seelenbinder-Halle schlägt der sowjetische Ministerpräsident Nikita S. Chruschtschow einen Nichtangriffsvertrag zwischen den Staaten des Warschauer Paktes und des Nordatlantikbündnisses (NATO) vor. Das Foto zeigt ihn während des Referats. Chruschtschow kam am 28. Juni, zwei Tage nach dem Besuch von US-Präsident John F. Kennedy, nach Berlin. Seinen Aufenthalt in der geteilten Stadt nutzt er zur Propagierung einer internationalen Entspannung. Dabei plädiert er auch für einen Friedensvertrag mit Deutschland, wodurch Berlin (West) den Status einer selbständigen politischen Einheit erhalten soll.*

Neues ökonomisches System in der DDR

15. Juli. In Berlin (Ost) bestätigt der Staatsrat der DDR die Richtlinien für das neue ökonomische System der Planung und Leitung der Volkswirtschaft (NöSPL).

Durch die Reformierung des Wirtschaftssystems verspricht man sich in der DDR eine Überwindung der ökonomischen Misere.

Im bisherigen, sich teilweise als Hemmschuh erweisenden System der zentralen Leitung der Volkswirtschaft soll künftig mehr Eigenverantwortung zum Tragen kommen. Das bedeutet zum einen mehr Mitspracherecht der VVB (Vereinigung Volkseigener Betriebe) sowie der einzelnen Betriebe bei der Planung als auch »Arbeitermitverantwortung«: »Sämtliche Leistungsreserven sollen mobilisiert und Initiativen geweckt werden.«

Kern des NöSPL ist das »System der ökonomischen Hebel«, dessen Mittelpunkt die »materielle Interessiertheit« bildet. Dieser »kapitalistische Anreiz Gewinn« soll die einzelnen Arbeiter, aber auch Industrie- und Landwirtschaftsbetriebe zu höheren Leistungen anspornen.

Schulunterricht in der DDR praxisnah

3. Juli. In einem gemeinsamen Beschluß des Politbüros der SED und des Ministerrates der DDR wird in Berlin (Ost) der Ausbau des polytechnischen Unterrichts an den Schulen in der DDR festgelegt.

Der schon 1958 allgemein in der DDR eingeführte polytechnische Unterricht erfährt aufgrund dieses Programms eine Umgestaltung:

▷ In den Klassen sieben bis zehn der Oberschule sollen die Schüler entweder einen »Grundlehrgang Industrie« oder einen »Grundlehrgang Landwirtschaft« besuchen

▷ In den neunten und zehnten Klassen verdoppelt sich die der produktiven Arbeit gewidmete Zeit, beträgt also zwei Tage pro Woche. Dafür erhalten die Schüler eine monatliche Entlohnung

▷ Der Unterricht wird besser an die örtliche Arbeitslage angepaßt

▷ Das unabhängige Fach »Einführung in die sozialistische Produktion« wird in den umgestalteten Grundlehrgang eingegliedert.

Mit nicht verkauftem Obst bedeckte Straße in einer französischen Stadt

Aus Protest gegen die niedrigen Aufkaufpreise schütteten Bauern aus der Bretagne ihre Kartoffelernte vor das Tor Saint Vincente von Saint Malo

Gemüseschwemme erregt Europas Bauern

22. Juli. Das Bundesernährungsministerium beschließt eine Einfuhrsperre für Salatgurken bis zum Ende der Erntezeit.

Anlaß für diesen Entschluß ist ein angekündigter Protestmarsch der pfälzischen Bauern nach Mannheim. Sie wollen damit ihrer Forderung nach einer allgemeinen Einfuhrsperre für Gemüse Nachdruck verleihen. Die pfälzischen Obst- und Gemüsebauern leiden unter einer Rekordernte, so wie auch ihre Kollegen in den Niederlanden, Frankreich und Belgien.

Bedingt durch den späten Pflanzbeginn als Folge des langen Winters

Importe wichtiger Gemüsearten

(in 1000 t)	Einfuhr		eigene Ernte	
	1961	1962	1961	1962
Salat	87,7	75,8	82,1	69,1
Blumenk.	125,9	115,9	70,1	67,2
Gr. Bohnen	20,0	19,0	67,2	68,8
Tomaten	228,3	223,3	39,3	39,0
Gurken	105,0	109,4	57,9	65,4
Zwiebeln	145,5	179,4	23,1	16,9

Die Importe kommen überwiegend während der Wintermonate in die Bundesrepublik Deutschland. Rund 80% der Gesamteinfuhr fielen 1962 auf Produkte aus den übrigen Ländern der Europäischen Wirtschaftsgemeinschaft (EWG), einschließlich Algerien.

wird nun das Gemüse fast überall zur gleichen Zeit reif, so daß der Verbrauchermarkt total übersättigt ist. Um wenigstens ihre eigene Ernte absetzen zu können, fordern die Landwirte in den Staaten der Europäischen Wirtschaftsgemeinschaft (EWG) das Verbot eines Gemüse- und Obstimportes. Einige Regierungen nehmen deshalb die im Abkommen des Gemeinsamen Agrarmarktes enthaltene Härteklausel in Anspruch. Vorübergehend stoppen sie die Einfuhr einiger Landwirtschaftserzeugnisse, da es auch in ihren Ländern zu Protestaktionen der Landwirte kommt.

Kirchentag im Zeichen des regen Dialogs

24. Juli. Mit einem Gottesdienst auf dem Neuen Markt in Dortmund wird der bis 28. Juli dauernde elfte Deutsche Evangelische Kirchentag eröffnet. Er steht unter dem Motto »Mit Konflikten leben«.

In seiner Eröffnungsansprache erklärt Kirchentagspräsident Reinhold von Thadden-Trieglaff, man habe den Kirchentag zum zweiten Mal in seiner 14jährigen Geschichte ins Ruhrgebiet einberufen, da dieses größte zusammenhängende Industrierevier der Welt als exemplarisch für die geistigen und geistlichen Nöte des heutigen Menschen gelten könne. Die Kirche wolle vor diesen Tatsachen keineswegs ihre Augen verschließen.

Die etwa 40 000 Teilnehmer des

Evangelische Christen aus der Bundesrepublik treffen sich in Dortmund

kirchlichen Treffens diskutieren an den drei Arbeitstagen über die Themen »Isoliert in der Welt«, »Organisiert in der Welt« und »Gehalten in der Welt«. In der Planung des Kirchentages ging man davon ab, wie bisher eine kleine Zahl riesiger Arbeitsgruppen zu bilden, die während des Verlaufs des Kirchentages beieinander bleiben, um ein Problem durchzudiskutieren. An Stelle dieser alten Praxis tritt das flexible »Programm nach Maß«: Die Veranstaltungen an den Vormittagen finden in etwa 95 Gemeinden Dortmunds in Gruppen von 100 bis 500 Personen statt. An den Nachmittagen treffen dann alle Teilnehmer auf dem Gelände der Dortmunder Westfalenhalle zusammen.

111

Gespräche Moskau–Peking ergebnislos

5. Juli. In Moskau beginnen zweiwöchige Beratungen zwischen Delegationen der Kommunistischen Partei Chinas (KPCh) und der Kommunistischen Partei der Sowjetunion (KPdSU). Anlaß der Konferenz sind die in den vergangenen Wochen immer größer gewordenen Spannungen zwischen den beiden Ländern. Die Pekinger »Volkszeitung« hatte am 17. Juni 1963 eine 25 Punkte umfassende Darlegung der chinesischen Auffassung von der Generallinie der Internationalen kommunistischen Bewegung (IKB) veröffentlicht. Damit kamen die grundsätzlichen Differenzen zur sowjetischen Position, besonders in den Fragen der friedlichen Koexistenz, des Krieges als Mittel der Politik und der innerstaatlichen Entwicklung nach den Prinzipien des Marxismus-Leninismus zum Ausdruck.
Die Spannungen verschärften sich, als die UdSSR zwei Tage vor Beginn der Konferenz fünf Chinesen des Landes verwies, weil sie das Schreiben des Zentralkomitees (ZK) ihrer KP in sowjetischen Institutionen verteilt hatten.
Beide Parteiführungen wollen auf der Moskauer Konferenz ihr Verhältnis im Sinne einer »weiteren Fe

V. l.: Chou En-Lai, Teng Hsiao-p'ing, Peng Chen, die drei führenden Ideologen der chinesischen Delegation, auf dem Weg zum Moskauer Verhandlungstisch

stigung der kommunistischen Weltbewegung« klären.
Den Spaltungsvorwurf von sich zu weisen, ist ein wichtiges Anliegen der Gesprächspartner. Die andere bedeutende Frage gilt dem Verhältnis der kommunistischen Parteien untereinander. Die Chinesen beharren in Hinterfragung des Moskauer Führungsanspruchs auf ihrem eige

nen Weg. Der chinesische Rundfunk erklärt zur Mission der chinesischen Delegation, sie hätte die Anweisung, »zu den sowjetischen Anklagen, Beschuldigungen und Verzerrungen die notwendigen Erläuterungen« zu geben.
Nach 15 Sitzungen beenden beide Delegationen das Treffen ohne jedes Ergebnis (→ 27. 2./S. 33).

(→ 27. 2./S. 33)

(→6. 1./S. 16)

Etappen im Prozeß der Distanzierung

1956: Die vom sowjetischen Parteichef Nikita S. Chruschtschow auf dem XX. Parteitag der KPdSU eingeleitete Entstalinisierung und seine Überzeugung von der Möglichkeit eines friedlichen Übergangs vom Kapitalismus zum Sozialismus begründet die ideologischen Kontroversen mit China.
1958: China verwirklicht eigene ökonomische Konzepte (Bildung von Volkskommunen). Der aus diesem »großen Sprung nach Vorwärts« abgeleitete chinesische Anspruch, die »kommunistische Ära« eingeläutet zu haben, stellt für Moskau eine Herausforderung dar.
1959: Der chinesische Verteidigungsminister Peng Teh-huai tritt zurück, nachdem bekannt wird, daß er mit Chruschtschow die Möglichkeiten eines Regimewechsels in Peking erörterte.
1960: Die UdSSR beordert mehrere 1000 ihrer Experten aus China zurück und verringert das Handelsvolumen.
1962: Peking schließt sowjetische Konsulate.

Sowjetische Waffen für Indische Union

16. Juli. Die chinesische Regierung protestiert in einem Artikel der Pekinger »Volkszeitung« gegen die militärische Unterstützung Indiens durch die Sowjetunion.
In Moskau verhandeln z. Z. Vertreter aus Neu-Delhi und der Sowjetunion über die Lieferung von Flugzeugstaffeln des Typs MIG 21 sowie Luftabwehrraketen an die Indische Union. Außerdem bietet die Sowjetunion weitere Transportmaschinen und Hubschrauber an, womit die Inder ihre Grenztruppen im Himalaja mit Nachschub versorgen können. Dort ist es an den Demarkationslinien zwischen Indien und China wiederholt zu militärischen Auseinandersetzungen gekommen, da China eine Veränderung der Grenzlinien fordert (→6. 1./S. 16). Indien fürchtet erneute Angriffe und bat deshalb die Westmächte und die Sowjetunion um Unterstützung, in deren Folge die eindeutige Parteinahme der UdSSR deutlich wird.

Kennedy im Vatikan

2. Juli. *Eine halbstündige Audienz bei Papst Paul VI. ist der Höhepunkt des letzten Tages der Europareise von US-Präsident John F. Kennedy. Die Begegnung trägt trotz des feierlichen Empfangs keinen offiziellen Charakter. Das Foto zeigt Kennedy (r.) am Ende seines Vatikan-Besuchs.*

Segni stiftet für Kapelle in Dachau

30. Juli. Auf dem Gelände des ehemaligen Konzentrationslagers Dachau in Bayern weiht der italienische Staatspräsident Antonio Segni eine Votivkapelle ein.
Segni entzündet vor der Gedächtniskapelle Regina pacis eine von ihm gestiftete Votivlampe. An den Einweihungsfeierlichkeiten nimmt neben hohen geistlichen Würdenträgern auch Bundespräsident Heinrich Lübke (CDU) teil.
Die Errichtung der Kapelle ist einem Komitee zu verdanken, das sich vor acht Jahren in Verona aus dem italienischen Nationalverband der Freiheitskämpfer bildete. Die dem Gedenken an alle italienischen Deportierten gewidmete Votivkapelle wurde auf einem vom bayerischen Staat gestifteten Grundstück aus italienischem Marmor erbaut. Das Komitee, dem zahlreiche führende Persönlichkeiten des öffentlichen Lebens aus Italien angehören, erhielt eine Fülle von Spenden.

Kompromiß im Sprachen-Konflikt

8. Juli. In Brüssel einigen sich nach zwölfstündigen Beratungen Mitglieder der belgischen Regierung und Vertreter der Parteien auf eine Lösung im Sprachenstreit.
Auseinandersetzungen um die sprachliche Zuordnung einzelner Gemeinden hatten im Juni zu einer Regierungskrise geführt, die nun abgewendet ist. Man kam überein, neue Sprachgrenzen festzulegen. Demnach wechseln insgesamt 23 Gemeinden mit 86 439 Einwohnern in eine wallonische (französischsprachige) und 22 Gemeinden mit 20 377 Einwohnern in eine flämische (niederländisch-sprachige) Provinz über. Diese Regelung tritt per Gesetz am 1. September in Kraft.
Der Gegensatz zwischen Flamen (etwa 60% der Bevölkerung) und Wallonen (etwa 39% der Bevölkerung) besteht schon seit der Gründung des belgischen Staates 1830 und führte seitdem immer wieder zu innenpolitischen Spannungen.

Zusammenarbeit mit der EWG in Afrika

20. Juli. Ein auf fünf Jahre befristetes Assoziierungsabkommen zwischen der Europäischen Wirtschaftsgemeinschaft (EWG) und 18 afrikanischen Staaten wird in der Hauptstadt Kameruns, Jaunde, feierlich unterzeichnet.

Den Vertrag mit den Ländern Kongo (Brazzaville), Kongo (Léopoldville), heute Zaïre, Madagaskar, Mali, Mauretanien, Niger, Obervolta (heute Burkina Faso), Burundi, Dahomey (heute Benin), Elfenbeinküste, Gabun, Kamerun,

Walter Hallstein

Ruanda, Senegal, Somalia, Togo, Tschad, Zentralafrikanische Republik unterschreibt im Namen der Europäer der Präsident der EWG-Kommission, Walter Hallstein.

Das Abkommen schafft durch den gegenseitigen Abbau von Zoll- und Handelsschranken die Voraussetzungen für engere Handelsbeziehungen und finanzielle Hilfen für die afrikanischen Länder.

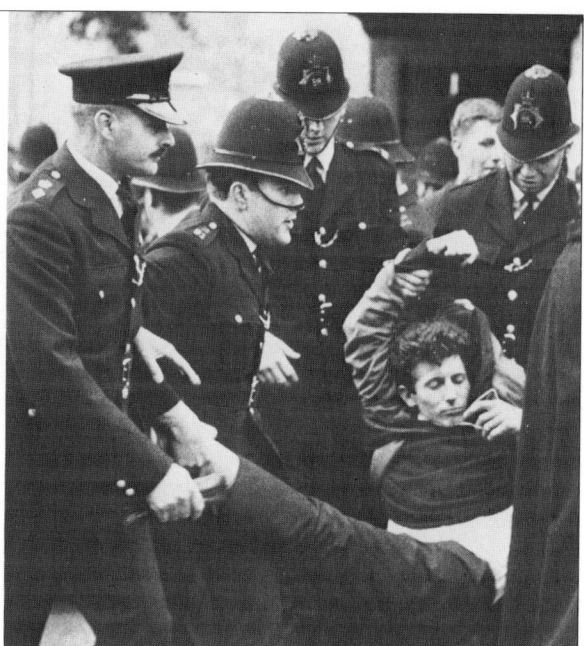

Demonstrationen gegen griechischen Königsbesuch in London

9. Juli. *König Paul von Griechenland (Abb. l.; 1. R. 3. v. l.) und seine Frau, Königin Friederike (Abb. l.; 1. R. 1. v. l.), treffen zu einem dreitägigen Staatsbesuch in London ein, wo sie auf dem Viktoria-Bahnhof von Königin Elisabeth II. von Großbritannien (Abb. l.; 1. R. 2. v. l.), Prinzessin Margaret (Abb. l.; 1. R. 4. v. l.) begrüßt werden.*

Im Laufe ihres Aufenthaltes in Großbritannien kommt es wiederholt zu Kundgebungen von oppositionellen Kräften, gegen die Polizei vorgeht (Foto rechts). Sie protestieren gegen die Inhaftierung von politischen Gefangenen in *Griechenland und fordern deren Freilassung. Am 11. Juli richten sich Mißfallensäußerungen das erste Mal in der jüngeren Geschichte auch gegen Elisabeth II., Königin von Großbritannien. Trotz ungewöhnlich scharfer Sicherheits- und Absperrmaßnahmen werden das britische Königspaar und seine griechischen Gäste nach einer Galavorstellung des »Sommernachtstraums« von William Shakespeare von der vor dem Eingang des Aldwych-Theaters in London wartenden aufgebrachten Menschenmenge mit Geheul, Pfiffen und Schimpfrufen überschüttet.*

Giftgas-Bomben auf jemenitische Dörfer

12. Juli. Über den Einsatz von chemischen Waffen im jemenitischen Bürgerkrieg berichten Korrespondenten im »Daily Telegraph«.

In dem Artikel wird behauptet und anhand von Fotografien auch bewiesen, daß ägyptische Bomber Giftgas auf mehrere Dörfer im Nordjemen abgeworfen haben.

Ägyptische Truppen unterstützen den Kampf des Präsidenten des Revolutionsrates, Abd Allah As Sallal. Er war 1962 durch einen Militärputsch an die Macht gekommen und hatte die Monarchie gestürzt. Noch im November schloß er einen Militärpakt mit der ägyptischen Regierung ab und bemühte sich um die Aufnahme in die Vereinigte Arabische Republik (→ 17. 4./S. 65).

Der Imam war in die nördlichen Teile seines Landes geflüchtet und führt nun von hier aus, unterstützt von königstreuen Stämmen und Großbritannien, den Kampf gegen die Revolutionäre.

Präsident gewählt

31. Juli. *In Buenos Aires wählen 23 Wahlkollegien den Kandidaten der Volksradikalen Partei, Arturo Umberto Illía (Foto), zum neuen argentinischen Staatspräsidenten. Der 1900 geborene Illía ist Anti-Perónist, er hat jedoch Verständnis für die soziale Komponente dieser Bewegung.*

UN-Sicherheitsrat gegen Apartheid

22. Juli. Der Sicherheitsrat der Vereinten Nationen (UN) berät in New York die Vorwürfe von 32 afrikanischen Staaten gegen die Rassenpolitik in Südafrika.

In der Klage der Länder wird die Apartheidspolitik der Regierung in Pretoria als eine »ernsthafte Bedrohung des internationalen Friedens und der Sicherheit« bezeichnet. Kaiser Haile Selassie von Äthiopien fordert in einem Telegramm an den Sicherheitsrat strikte Maßnahmen gegen Südafrika. Darunter verstehen die Vertreter von Schwarzafrika u. a. einen formellen Ausschluß aus der UNO oder auch einen wirtschaftlichen Boykott. Als Protest gegen die feindselige Haltung erwägt Ministerpräsident Hendrik Frensch Verwoerd in Pretoria seinerseits einen Austritt aus der UNO.

Unklar ist bisher, wie sich der Sicherheitsrat verhalten wird. Erst im August entscheidet er sich für ein Waffenembargo gegenüber Südafrika.

Aufstand in Guinea gegen Portugiesen

17. Juli. In der portugiesischen Afrika-Kolonie Guinea kommt es in mehreren Teilen des Landes zu Aufständen gegen die Kolonialherrschaft Portugals.

Nach Mitteilungen des portugiesischen Verteidigungsministeriums haben die Rebellen einen Großteil des Gebietes besetzt, so daß beschlossen wird, Truppenverstärkung von Lissabon aus zu den überseeischen Besitzungen zu schicken. Außerdem bewilligt die Regierung eine Million Escudos (etwa 128 Millionen DM) für Sonderausgaben der Streitkräfte. Portugiesisch-Guinea erhält eine Sonderzuweisung von zwei Millionen Escudos (etwa 256 Millionen DM) zum Ausbau des Flughafens des Verwaltungssitzes Bissao. Die dort stationierten Militärflugzeuge haben den Befehl erhalten, die aus dem Senegal und der Republik Guinea über die Grenze kommenden aufständischen Soldaten mit Bomben anzugreifen.

Ein Wagen dieses Typs, ein Taunus 12 M, verläßt am 8. Juli als zweimillionstes Auto der Ford-Werke das Montageband

Jubiläumsfahrzeug verläßt Ford-Werke

8. Juli. In den Kölner Ford-Werken verläßt das zweimillionste Auto das Montageband.

Das Jubiläumsfahrzeug, ein grellgrüner Ford Taunus 12 M, erhält die Stiftung Hilfswerk Berlin als Geschenk vom Hersteller. Im Bayerischen Wald soll die Limousine dann zum Einsatz kommen, im Feriendorf Grafenau des Berliner Hilfswerks.

Die Fertigstellung des zweimillionsten Autos gelang den Ford-Leuten genau drei Wochen vor dem 100. Geburtstag des Gründers der Ford-Werke, Henry Ford I. Er begann in Köln im Jahr 1930 mit der Produktion von Kraftfahrzeugen.

Ford wurde am 30. Juli 1863 in der Nähe von Detroit geboren. 1899 gründete er die Detroit-Motor-Company, die später zur Cadillac-Motor-Company wurde.

Nach Streitigkeiten mit seinen Partnern machte sich Ford 1903 selbständig. Er entwickelte das fast zur Legende gewordene Modell T und führte 1913 die Fließbandfertigung in seiner Fabrik ein. Am 7. April 1948 starb Ford im Alter von 83 Jahren als Inhaber einer der größten Autofirmen der Welt.

Doppelt so viele Millionäre

6. Juli. Das Statistische Bundesamt in Wiesbaden teilt mit, daß sich die Zahl der Millionäre seit dem Jahre 1957 mehr als verdoppelt hat. Insgesamt wurden am 1. Januar 1963 8855 Vermögensmillionäre mit einem Gesamtvermögen von 28,6 Milliarden DM registriert.

Vermögen werden in der Bundesrepublik Deutschland zum Zwecke der Steuerveranlagung nur alle drei Jahre gezählt.

1960 registrierte man insgesamt 8795 Vermögensmillionäre, unter ihnen auch 21 Bundestagsabgeordnete, von denen acht der CDU/CSU, sieben der FDP und sechs der SPD angehörten. 7586 Bundesbürger verfügten über ein Vermögen in Höhe von einer bis fünf Millionen DM, bei 620 beläuft sich der Reichtum auf eine Höhe zwischen zehn und 50 Millionen DM.

»Die Gegenüberstellung mit der Schichtung von 1957«, heißt es im statistischen Begleittext, »läßt deutlich erkennen, daß sich das Gewicht der mittleren und insbesondere der großen Vermögen, bedingt durch die überdurchschnittlich hohen Zuwachsraten in den Vermögensgruppen ab 250 000 DM, weiter beträchtlich verstärkt hat. So vereinigten die Steuerpflichtigen mit einem die Millionen-Grenze überschreitenden Vermögen nunmehr rund zwei Fünftel des steuerlichen Gesamtvermögens auf sich.«

Verteilung des Privatvermögens in der Bundesrepublik		
Vermögensklasse in DM	Anteil an der Gesamtzahl der Steuerpflichtigen in %	Anteil am gesamten Privatvermögen (87,5 Milliarden DM) in Millionen DM
1 Million und mehr	2,3	28 455
500 000–1 Million	3,3	8 435
250 000–500 000	7,2	9 446
100 000–250 000	22,2	12 894
70 000–100 000	15,3	4 840
50 000–70 000	19,0	4 263
40 000–50 000	13,7	2 345
30 000–40 000	7,2	945
unter 30 000	9,8	937

© Harenberg

Neues Mietrecht beschlossen

12. Juli. Der Bundesrat stimmt dem ersten Gesetz zur Änderung mietrechtlicher Vorschriften zu. Damit steht dem Abbau der bislang gültigen gesetzlichen Bestimmung für Wohnungsvermietung in der Bundesrepublik nichts mehr im Wege.

Aufhebung von Wohnraumbewirtschaftung und Mieterschutz sind die wesentlichsten und wohl auch folgenreichsten Bestandteile der vom Wohnungsbauministerium unter Paul Lücke (CDU) ausgearbeiteten neuen Bestimmungen.

In dem Zeitraum vom 1. August bis zum 1. November müssen die Bundesländer in 397 Kreisen die Zwangsbewirtschaftung von Altbauten aufheben. In diesen sogenannten weißen Kreisen, die nach offiziellen Angaben ein geringes Wohnungsdefizit

Paul Lücke

(unter 3%) haben, leben 51,6% aller Bürger der Bundesrepublik.

In diesen Gebieten dürfen die Mieten von Wohnungen, die bis 1918 fertiggestellt worden sind, um durchschnittlich 20%, Mieten von Wohnungen, die zwischen 1919 und 1948 fertiggestellt worden sind, um durchschnittlich 25% erhöht werden. Sogar bis etwa 35% mehr können die Hausbesitzer für besser ausgestattete Wohnungen verlangen. Nach einem Jahr gibt es für den Vermieter dann überhaupt keine obere Grenze bei der Mietfestsetzung mehr, er kann beliebig fordern.

Neben den »weißen Kreisen« existieren auch noch 168 »schwarze Kreise«. Dort beträgt das Wohnungsdefizit, das in der Bundesrepublik auf etwa 660 000 Wohneinheiten geschätzt wird, bis zu 25%. Wohnungsbauminister Lücke hofft, den Fehlbestand durch Neubauten schnell beheben zu können, so daß der freie Wohnungsmarkt am 31. Dezember 1965 auch in diesen Gebieten wirksam werden kann.

1070 Tote nach einem Erdbeben in der makedonischen Hauptstadt

26. Juli. *In Skopje, einer Stadt mit 200 000 Einwohnern im Süden Jugoslawiens, ereignet sich ein schweres Erdbeben. Etwa 1070 Menschen kommen dabei ums Leben, mehrere 1000 werden verletzt, über 20 000 verlieren ihr Obdach. Eine heftige Bebenwelle überrascht um 5.17 Uhr die ruhige Stadt. Im Abstand von sieben Minuten folgen drei weitere Wellen, und am Vormittag zwischen 9.00 und 11.00 Uhr wird Skopje noch einmal von schwächeren Be-* *ben heimgesucht. Schon während der ersten Erschütterungen fallen die Gebäude wie Kartenhäuser zusammen. Sofort nach Bekanntwerden der Katastrophe setzt eine weltweite Hilfsaktion ein. Auch in der Bundesrepublik ruft das Deutsche Rote Kreuz zu Spenden auf und schickt Ärzte und Krankenschwestern sowie Hilfsgüter nach Jugoslawien. Die Abbildung zeigt Hilfstruppen bei Aufräumungsarbeiten in der zerstörten Stadt Skopje.*

Drei Mafia-Mönche in Messina verurteilt

5. Juli. In einem der ungewöhnlichsten Prozesse der italienischen Nachkriegszeit werden in Messina drei Kapuzinermönche zu je 13 Jahren Freiheitsentzug verurteilt.

Ihnen wird vorgeworfen, 1956 eine Bande nach der Art der Mafia, der jahrhundertealten sizilianischen Geheimorganisation, gebildet oder eine solche Bande unterstützt zu haben. Vom Schwurgericht in Messina waren die Padres im vergangenen Jahr freigesprochen worden. Dieses Urteil ist jetzt in zweiter Instanz aufgehoben worden.

Die von den drei Kapuzinern unterstützte Bande hatte jahrelang die Bevölkerung im Gebiet von Mazzarino

mit Drohbriefen erpreßt und dabei etwa zehn Millionen Lire (64 000 DM) erbeutet. In einem Falle folgte der Drohung auch noch Mord.

Die verurteilten Kapuziner sind der 66 Jahre alte Pater Carmelo, der 40jährige Pater Agrippino und der 36 Jahre alte Pater Venanzio.

Wegen Erpressung angeklagt; (v.l.) die Pater Agrippino, Venanzio und Carmelo

Chemie-Bibliothek auf dem Mikrofilm

29. Juli. Aus Anlaß ihres 100jährigen Bestehens schenken die Farbenfabriken Bayer (→ 1. 8./S. 130) 25 Universitäten und Technischen Hochschulen in der Bundesrepublik eine Mikrofilm-Bibliothek. Sie enthält die wertvollsten Bestände der Kekulé-Bibliothek der Farbenfabriken Bayer, eine der bedeutendsten Fachbibliotheken der Welt mit über 240 000 Bänden, 50 000 Dissertationen und 4000 regelmäßig bezogenen Zeitschriften.

Für diese Schenkung wendete das Unternehmen mehr als zwei Millionen DM auf. In siebenjähriger Arbeit wurden die wichtigsten wissenschaftlichen Zeitschriften sowie die deutschen und US-amerikanischen Chemie-Patentschriften auf Mikrofilm vervielfältigt.

Erdöl aus Sibirien fließt an die Oder

17. Juli. Die Erdölfernleitung der Staaten des Ostblocks, des Rates für gegenseitige Wirtschaftshilfe (COMECON), ist jetzt bis Schwedt in der DDR fertiggestellt.

1959 ist mit dem Bau der Druschba-Trasse begonnen worden, woran die fünf Staaten UdSSR, Tschechoslowakei, Polen, Ungarn und die DDR beteiligt sind. Ihren Ausgangspunkt hat die Pipeline nahe Almetjewsk im Wolga-Ural-Revier. Von dort aus führen auf insgesamt 4500 km Länge Trassen in die fünf COMECON-Länder.

Soldatensender AFN existiert 20 Jahre

4. Juli. Am Unabhängigkeitstag der Vereinigten Staaten von Amerika feiert der Soldatensender American Forces Network (AFN) sein 20jähriges Bestehen.

AFN wurde 1943 ins Leben gerufen und sendete zuerst aus den Kellerräumen der British Broadcasting Corporation (BBC) in London. Jetzt betreibt der AFN in der Bundesrepublik außer seiner Zentrale in Frankfurt-Höchst Studios in Berlin (West), München, Kaiserslautern, Nürnberg, Bremerhaven und Stuttgart. Mit Hilfe von über 60 Relaisstationen erreicht das AFN-Programm etwa 50 Millionen Hörer.

Buh-Rufe für »Meistersinger« in Bayreuth

23. Juli. In Bayreuth werden mit der Aufführung der Oper »Parsifal« von Richard Wagner die diesjährigen Festspiele eröffnet (bis 27. 8.).
Des 150. Geburtstags von Richard Wagner gedachte man am vorangegangenen Abend in besonderer Weise. Als geschlossene Darbietung für die Wagner-Verbände erklang die Neunte Sinfonie von Ludwig van Beethoven unter dem Dirigenten Karl Böhm.
Als Höhepunkt im Jubiläumsjahr erwarten Publikum und Kritiker die Neuinszenierung der »Meistersinger von Nürnberg« durch den Enkel des Komponisten, Wieland Wagner, und den erst 33jährigen Dirigenten Thomas Schippers aus den USA. Was die Zuschauer zur Premiere am 26. Juli dann auf der Bühne zu sehen bekommen, führt zu einem handfesten Theaterskandal.
Wieland Wagner inszeniert die »Meistersinger«, Richard Wagners einzige »Komische Oper«, als Parodie ihrer selbst, als Satyrspiel und Handwerker-Burleske, oder, wie der »Spiegel« schreibt: »Was nahezu 100 Jahre lang als das Hohelied deutscher Handwerkskunst zelebriert worden war, sah eher aus wie der bunte Abend einer Handwerkskammer, das Spiel geriet zur Parodie auf vaterländisch gesonnene Kleinbürgerei – zum Rüpelspiel«.
Diese »Meistersinger«-Interpretation möchte allerdings der Großteil des Publikums nicht akzeptieren. Pfiffe und Buh-Rufe nehmen nach der Vorstellung kein Ende. Breit berichtet die Presse über den Skandal in Bayreuth. Leser teilen ihre Empörung mit, u.a. in einer Nürnberger Zeitung: »Was der Wagner-Enkel als Festwiese vorsetzt, ist eine Perversität, eine Maulschelle für jeden Nürnberger, der an den ›Meistersingern‹ hängt ... Wir ... Wagner-Verehrer verwahren uns gegen die Herabwürdigung zur Klamottenschau mit Wildwestprägung.«

Szene auf der Festwiese der »Meistersinger« mit Jess Thomas als Stolzing (M.)

»Frau mit Blumenhut« (Roy Lichtenstein nach Pablo Picasso, 1963)

»Die Zauberflöte« in Salzburg

26. Juli. Mit der Aufführung der Oper »Die Zauberflöte« von Wolfgang Amadeus Mozart beginnen die Salzburger Festspiele. Sie dauern bis 31. August.
Neben der Aufführung des Dramas »Faust, Der Tragödie II. Teil« von Johann Wolfgang von Goethe ist die Mozart-Oper die einzige Neuinszenierung zu den diesjährigen Festspielen. Die Regie führt Otto Schenk, István Kertesz dirigiert, das Bühnenbild schuf Jörg Zimmermann. Die Erwartungen des Publikums werden allerdings enttäuscht. Im Stoff enthaltene Problemkreise werden durch eine allzu leichte und oberflächliche Behandlung des Stückes verdeckt. Geboten wird ein »leicht ironisiertes Wiener Vorstadttheater«, wie die Kritik schreibt.
Drei Tage nach Beginn der Festspiele, am 29. Juli, erfolgt die Einweihung des Kleinen Festspielhauses mit Mozarts Oper »Figaros Hochzeit«. Das alte Festspielhaus war im Herbst 1962 zum Zwecke der Modernisierung geschlossen worden.
Man wollte vor allem bessere Sichtverhältnisse und eine günstigere Akustik erreichen, um das kleine Haus für die Kammeroper, für Schauspiel und Konzerte mit kleiner Besetzung nutzen zu können.

Thomas Holtzmann (vorn) als Faust vor dem Kaiser (Wolfgang Stender) in der Inszenierung von »Faust II«

Moskauer Filmpreis für Fellinis »8½«

21. Juli. Die am 7. Juli begonnenen dritten Moskauer Filmfestspiele gehen mit der feierlichen Preisverleihung in der sowjetischen Hauptstadt zu Ende.
Den Großen Preis erhält der italienische Regisseur Federico Fellini für den Film »8½«.
Die Jury entschied mit ihrer Preisvergabe gegen die Ansichten eines Großteils der Kritiker, sowohl aus den östlichen als auch aus den westlichen Ländern. Diese reagierten zunächst enttäuscht, da sie auf einen so autobiographisch ausgerichteten Streifen Fellinis, des Schöpfers von »La Strada« und auch »Das süße Leben« nicht vorbereitet waren.
Die Moskauer drängten zur Vorführung von »8½« wie zu keinem anderen Film. Hunderte von Zuschauern schmuggelten sich zusätzlich in die ausverkaufte, 6000 Plätze umfassende Kongreßhalle des Kremls, dem Aufführungsort. Besonders gelungene Szenen bedachten sie jedesmal mit Applaus.

Karel Appel, Umschlagentwurf für die Schweizer Zeitschrift »Du«

In der Tradition des Expressionismus, »Segeln« von Hann Trier

Malerei 1963:

Moderne Strömungen werden importiert

»Die Großen sind müde, die Jungen noch nicht da«, charakterisiert die Münchener »Abendzeitung« die Große Kunstausstellung München, die einen Überblick über den bundesdeutschen Kunstmarkt gibt.

In München versuchen in diesem Jahr 529 Künstler, für ihre 927 Exponate einen Käufer zu finden, so daß sich dem Betrachter ein Querschnitt des deutschen Kunstgeschehens bietet.

Was er zu sehen bekommt, bleibt jedoch ohne Höhepunkte. Keine starke Persönlichkeit tritt in den Vordergrund. Die Absicht, neue Zeichen und Symbole zu schaffen, ist nur bei wenigen zu erkennen. Man wird auf Altbewährtes hingewiesen, z.B. auf Bilder von Oskar Kokoschka (»Doppelbildnis«) oder Hans Purrmann (»Italienischer Garten mit Wäscherin«).

Das Neue in der Kunst kommt zumeist aus dem Ausland, vor allem aus den USA. Allerdings gibt es nur wenige Präsentationen in deutschen Galerien, da das Publikum sich desinteressiert zeigt. Werke von Künstlern, die jenseits des Atlantik Furore machen, wie Robert Rauschenberg und Jasper Johns, die Väter der Pop Art, von Willem de Kooning, Andy Warhol und Roy Lichtenstein, sind in der Bundesrepublik bislang nur selten zu sehen.

Einen Einblick in das Schaffen jüngerer Künstler unseres Kontinents geben die Ausstellungen »Europäische Avantgarde« in der Galerie im Frankfurter Römer und die Darbietungen der Neuen Realisten aus Frankreich in der Neuen Galerie im Künstlerhaus in München. Hier hängt z.B. Christo einen verpackten Kinderwagen an die Wand, Jean Tinguely zeigt »Baluba 4« aus Metallteilen und Elektromotor und Niki de Saint Phalle vollendet durch Schüsse mit Farbe auf ihr Objekt das Werk »Gambrinus«. Erklärtes Ziel dieser 1960 gegründeten Gruppe ist die Suche nach der Realität in den alltäglichen Dingen, nicht mehr die Übersetzung von Wirklichkeit in das Kunstwerk, sondern ihre Demonstration. Sie streben »zurück zur Natur, aber zur industriellen, zur urbanen, publizitären Natur, nicht zur romantischen . . .«.

»Bathtub Nr. 3«, Collage aus Objekten und Malerei von dem US-amerikanischen Pop-Art-Künstler Tom Wesselmann

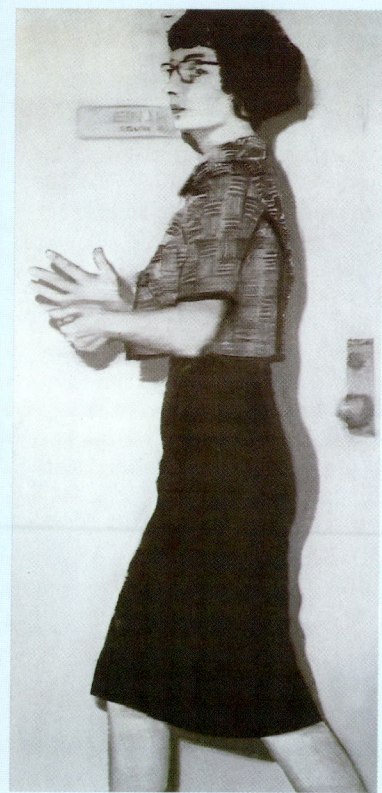

»Zwei Freunde in einer Sackgasse« von David Hockney (Öl auf Leinwand); der 26jährige Brite unterrichtet seit 1962 an US-amerikanischen Universitäten

Vom deutschen Künstler Gerhard Richter gemalt, »Sekretärin« (1963)

Gesundheit 1963:

Zu viele Medikamente und zu wenige Betten

In der Bundesrepublik Deutschland bestimmen zwei vieldiskutierte Faktoren entscheidend die Situation der medizinischen Versorgung und Therapie: Der enorme Mangel an Krankenschwestern und die bedenkliche Zunahme des allgemeinen Arzneimittelkonsums.

Auch in diesem Jahr wachsen die Verkaufszahlen von schmerzstillenden Präparaten. So ist der Verbrauch an Arzneimitteln seit 1953 um das Dreifache gestiegen. 1963 nehmen 33% der erwachsenen Bevölkerung häufig bis regelmäßig Mittel gegen Kopfschmerzen und geben monatlich einen Betrag in Höhe von insgesamt sechs Millionen DM dafür aus.

Anspannung, erhöhte Konzentration im Beruf, Gefühle des Unbehagens, Lebensangst, Unstimmigkeiten in der Ehe – all solche Belastungen des täglichen Lebens sind häufige Ursachen von Kopfschmerzen. Diese schließlich sollen durch entsprechende Präparate kuriert werden.

Professor Ferdinand Hoff, Direktor der Medizinischen Universitätsklinik Frankfurt am Main, warnt in einer Stellungnahme zum Problem des Tablettenmißbrauchs dringend vor den Gefahren. Die Dauereinnahme von Analgetika führt zu schweren psychischen und physischen Störungen, zur Abhängigkeit und letztendlich zur Leistungsminderung. Schon vier Tabletten täglich als regelmäßiges Quantum enthalten eine giftige Dosis Phenacetin.

Die Krankenhäuser der Bundesrepublik melden immer häufigere Zugänge an Patienten, die an den Folgen des Mißbrauchs von Schmerzmitteln erkrankt sind. Eine Studie ergab, daß bei 3442 Einlieferungen ins Kölner Krankenhaus 1350 Patienten die Schmerzmittel überdosiert hatten. Besonders die Anilin-Präparate, zu denen Phenacetin-Mischungen gehören, bergen tödliche Gefahren in sich. Außer einer chronischen Entzündung der Nierenstützgewebe als gefährlichste Variante der »Phenacetin-Krankheit« kann es zum Schwund der roten Blutkörperchen kommen.

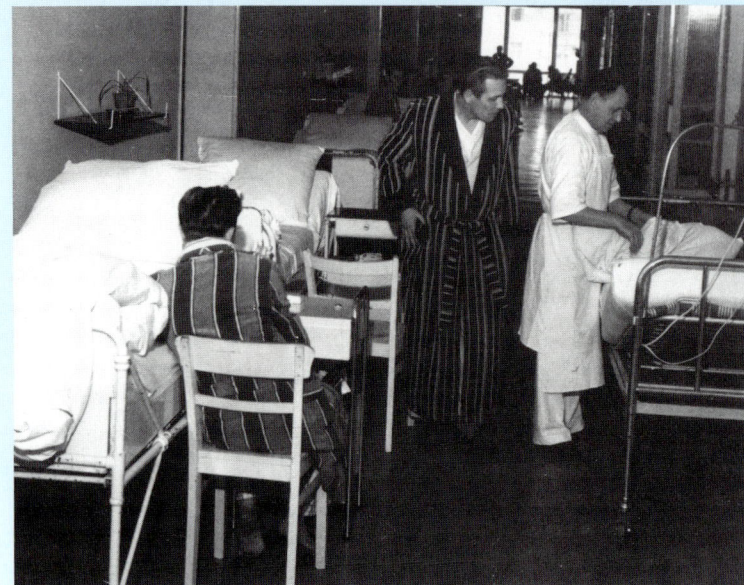

Vielfach sind Krankenhäuser in der Bundesrepublik überfüllt, so daß wie hier in München die Patienten in Betten auf den Fluren liegen müssen

Den Warnungen der Experten vor übermäßiger Tabletteneinnahme begegnet die chemisch-pharmazeutische Industrie mit einer Verdopplung der Werbekosten innerhalb der letzten sechs Jahre.

Ein weiteres gesundheitliches Problem, speziell auf dem Gebiet der medizinischen Versorgung, ist das immer geringer werdende Angebot an Krankenbetten bei steigendem Bedarf. Der Hauptgrund hierfür ist der enorme Mangel an ausgebildetem Pflegepersonal.

So müssen z. B. an der Würzburger Frauenklinik wegen Schwesternmangel drei Stationen mit 85 Betten schließen, d.h. allmonatlich werden 150 Patienten abgewiesen. Im Krankenhaus Düsseldorf-Benrath bleibt der neuerbaute 100-Betten-Flügel ungenutzt, ebenso wie die Innere Abteilung der für sechs Millionen DM errichteten Medizinischen Klinik des Kasseler Stadtkrankenhauses. Auch im Westend-Krankenhaus in Berlin (West) kann die mit 600 000 DM Kostenaufwand modernisierte urologische Frauenstation wegen fehlender Krankenschwestern nicht eröffnet werden.

Ursache für diesen Zustand, für die Flucht von 9000 Krankenschwestern aus ihrem Beruf, sind niedrige Entlohnung und Überbelastung im Dienst. So kann eine Schwester nach 22 Dienstjahren nur ein Monatsgehalt von 719 DM bis 755 DM erwarten. Die Arbeitszeiten betragen meist über 48 Wochenstunden. Während im benachbarten Frankreich eine Schwester für drei Krankenbetten zuständig ist, kommt hierzulande eine Pflegekraft auf zehn Betten. Auch durch die Heranziehung von »Stationshelferinnen«, »Pflegehilfen« oder Angehörigen des Malteser-Hilfsdienstes, die in Einführungskursen notdürftig ausgebildet werden, kann der Personalmangel nicht ausgeglichen werden.

Anzahl der von einer Krankenschwester zu betreuenden Betten

- USA: 1
- Großbritannien: 1,15
- Skandinavien: 1,35
- Frankreich: 3
- Bundesrepublik: 10

© Harenberg

Erfolg für Reiter der Bundesrepublik

6. Juli. Beim CHIO in Aachen, dem bedeutendsten Reitturnier in der Bundesrepublik, erweisen sich die deutschen Springreiter als die erfolgreichste Equipe.

Wie zuvor in Rom, gewinnen sie zum zweiten Mal vor Italien den Preis der Nationen. Dabei bauen die Deutschen ihren Vorsprung mit 8:23½ Fehlerpunkten erheblich aus. Die Entscheidung fällt bereits im ersten Umlauf, da von den insgesamt vier fehlerfreien Ritten bei 27 Teilnehmern allein drei auf die Bundesrepublik entfallen: Kurt Jarasinski auf Godewind, Hermann Schridde auf Ilona und Hans-Günter Winkler auf Romanus.

Beliebt beim Publikum: Massendarbietung beim Turnfest in Essen

250 Sieger beim Turnfest in Essen

15. Juli. Der Vorsitzende des Deutschen Sportbundes (DTB), Werner Bockelmann, eröffnet in Essen das bis 21. Juli dauernde 22. Deutsche Turnfest.

Den Managern dieser Veranstaltung kommt es bei den hier stattfindenden sportlichen Wettkämpfen weniger auf das Erreichen möglichst hoher Leistungen, sondern auf das Zusammentreffen von alten und jungen Sportlern aus dem gesamten Bundesgebiet an. Und so ist man bestrebt, nicht nur den 250 Siegern in den 31 Wettkämpfen ein Gefühl des Erfolgs zu vermitteln, sondern allen 20 000 Teilnehmern.

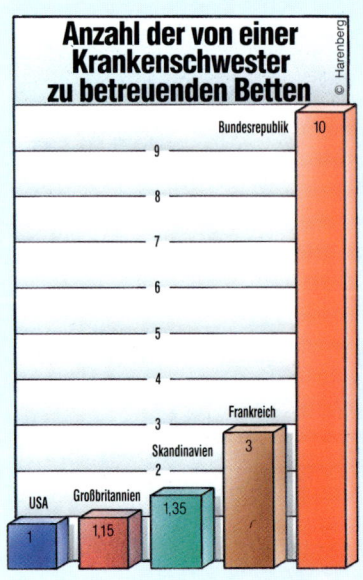

K.o. für Patterson nach zwei Minuten

22. Juli. Der farbige US-amerikanische Schwergewichtsboxer Sonny Liston verteidigt in Las Vegas seinen Titel als Boxweltmeister aller Klassen gegen seinen Herausforderer, den ebenfalls farbigen Landsmann Floyd Patterson. Er siegt durch ein K. o. in der ersten Runde nach einer Zeit von 2:10 min.

Damit war der Kampf nur um vier Sekunden länger als der vom 25. September 1962 in Chikago, als Patterson den Titel verlor.

Der Begegnung wohnen 8000 Zuschauer bei, die 100 US-Dollar (400 DM) für den Platz bezahlten. Beide Boxer erhalten für den Kampf je 275 000 US-Dollar (1 100 000 DM).

Keine Chance gegen Liston, Herausforderer Floyd Patterson am Boden

Brumel springt mit 2,28 m Weltrekord

21. Juli. Im Moskauer Zentralstadion überspringt Waleri Brumel aus der Sowjetunion 2,28 m und erreicht damit Weltrekord.

Diese großartige Leistung gelingt Brumel vor 70 000 Zuschauern während eines zweitägigen Leichtathletik-Länderkampfes der UdSSR gegen die USA. Dabei gewinnen die US-amerikanischen Männer mit fünf Punkten Vorsprung 119:114. Die US-amerikanischen Frauen hingegen verlieren mit 28:75 Punkten. Das bedeutet in der Gesamtwertung einen für die USA doch enttäuschenden Rekordsieg der sowjetischen Gastgeber von 189:147 Punkten.

Mit dem Fünfsatz-Sieg über den favorisierten Australier Roy Emerson sorgt der deutsche Meister Wilhelm Bungert (Foto) für eine Überraschung in Wimbledon

Stolle verliert im Wimbledon-Finale

5. Juli. Sieger im Herren-Einzel der internationalen All-England-Tennismeisterschaften in Wimbledon wird der 22jährige US-Amerikaner Chuck McKinley. Er gewinnt das Endspiel gegen den Australier Fred Stolle 9:7, 6:1, 6:4.

Die folgenden Endkämpfe müssen wegen des starken Regens verschoben werden, so daß die seit zwei Wochen bei ungewöhnlich kaltem Wetter stattfindenden 77. Titelkämpfe erst am 8. Juli enden.

Für Überraschung sorgte während dieser Zeit Wilhelm Bungert aus der Bundesrepublik. Er drang als erster Deutscher seit 1939 in Wimbledon bis ins Halbfinale vor. Der Traum vom Endspiel endete allerdings schon nach 69 Minuten, in denen er gegen McKinley verlor.

Triumph von Anquetil auf der Jubiläums-Tour

14. Juli. Einen triumphalen Empfang bereiten 45 000 Franzosen im Pariser Prinzenpark-Stadion dem Sieger der diesjährigen Tour de France, Jacques Anquetil.

Auf der am 23. Juni gestarteten und über 4080 km langen Tour konnte er vier von 21 Etappen gewinnen. Das brachte ihm Zeitgutschriften, so daß er gegenüber seinem Verfolger, dem Spanier Federico Bahamontes, 3:35 min Vorsprung hat. Das Grüne Trikot für den besten in der täglichen Etappenplazierung erhält der Belgier Rik van Looy noch vor Anquetil. Mit seinem Sieg ist der 29jährige Anquetil zum vierten Mal Gewinner und erfolgreichster Fahrer in der Geschichte der Tour.

Vor 60 Jahren, am 1. Juli 1903, starteten in einem Pariser Vorort 60 Velocipedisten zur ersten Tour, deren Siegerpreis in Höhe von 20 000 Goldfranc der Franzose Maurice Garin gewann. Sein Vorsprung nach sechs Mammutetappen mit Nachtfahrten und bis zu drei Ruhetagen betrug mehr als drei Stunden. Aus dieser Veranstaltung entwickelte sich das bedeutendste Radrennen der Welt, das in diesem Jahr außer seiner Gründung vor 60 Jahren seine 50. Auflage feiern kann. Mit einer bis zur Perfektion betriebenen Organisation rollt die ›große Schleife‹ alljährlich durch Frankreich, begleitet von Reklame-Karawanen und Schlagerstars, bejubelt von Tausenden Begeisterten am Straßenrand. Noch 1950 allerdings schütteten fanatische Fans kiloweise Nägel auf die Straßen, um Verfolger ihrer Stars am Weiterfahren zu hindern.

Kurz vor einem Etappenstart der alljährlich stattfindenden Tour de France, dem schwersten und berühmtesten Radstraßenrennen der Welt

Anquetil (M.), Sieger der Tour, mit Bahamontes (l.) und Perez-Frances

August 1963

Mo	Di	Mi	Do	Fr	Sa	So
			1	2	3	4
5	6	7	8	9	10	11
12	13	14	15	16	17	18
19	20	21	22	23	24	25
26	27	28	29	30	31	

1. August, Donnerstag

Der US-amerikanische Präsident John F. Kennedy versichert auf einer Pressekonferenz in Washington, daß ein Beitritt der DDR zum Teststoppabkommen auf keinen Fall zur völkerrechtlichen Anerkennung der DDR durch die Vereinigten Staaten führen werde.

Die Volksrepublik China lehnt das internationale Moskauer Atomteststoppabkommen ab. →S. 124

Die Farbenfabriken Bayer A.G. in Leverkusen feiern ihr 100jähriges Bestehen. →S. 130

Von einem deutsch-französischen Ferienlager an der Côte d'Azur berichtet in Bonn die Gesellschaft für praktisches Auslandswissen. →S. 134

In einer einmotorigen Maschine vom Typ »Cessna« überfliegt die 30jährige Norwegerin Ingrid Pedersen als erste Frau den Nordpol. →S. 133

2. August, Freitag

Tunesien und Madagaskar geben den Abbruch diplomatischer Beziehungen mit Portugal wegen dessen Kolonialpolitik bekannt (→17. 7./S. 113).

Der US-amerikanische Botschafter bei den Vereinten Nationen (UNO), Adlai Stevenson, gibt vor dem Sicherheitsrat in New York die Einstellung aller Waffenlieferungen an Südafrika zum Jahresende bekannt (→22. 7./S. 113).

Die chinesische Regierung in Peking unternimmt erste vorbereitende Schritte für das Zustandekommen einer Konferenz aller Staaten über ein allgemeines Kernwaffenverbot (→1. 8./S. 124).

3. August, Sonnabend

Von dem schweizerischen Alpinisten Michael Darbellay wird die berüchtigte Eiger-Nordwand im Berner Oberland erstmals seit ihrer Besteigung im Alleingang bewältigt. Die reine Kletterzeit von Darbellay beträgt 19 Stunden.

Ganz Deutschland leidet unter einer Hitzewelle. Überall mißt man Rekordtemperaturen. In Berlin steigt das Thermometer auf 35,6°C (→8. 8./S. 133).

4. August, Sonntag

In der Hauptstadt des Sudan, Khartum, unterzeichnen 22 unabhängige Staaten ein Abkommen über die Errichtung einer afrikanischen Entwicklungsbank mit einem Kapital von 250 Millionen US-Dollar (rund eine Milliarde DM).

Mit einem Sieg des Straßenfahrers Rudi Altig aus der Bundesrepublik endet die 476 km lange Radfernfahrt Paris–Reims–Luxemburg. →S. 137

5. August, Montag

Bundesverteidigungsminister Kai Uwe von Hassel (CDU) gibt die Grundzüge für den Aufbau der territorialen Reserve der deutschen Bundeswehr bekannt.

Im Moskauer Kremlpalast unterzeichnen die Außenminister aus den Vereinigten Staaten von Amerika, Großbritannien und der Sowjetunion, Dean Rusk, Alexander Frederick Douglas-Home und Andrei A. Gromyko, das am 25. Juli paraphierte Abkommen über ein Verbot der Kernwaffenversuche in der Atmosphäre, dem Weltraum und im Wasser. →S. 124

Eine Gruppe von einigen hundert in der Dominikanischen Republik lebenden Exil-Haitianern dringt nach Haiti ein, um das Regime unter François Duvalier zu stürzen. →S. 127

Mit 3:2 Punkten gewinnt Großbritannien in Wimbledon gegen Schweden vor 30 000 Zuschauern im Turnier um den Davis-Pokal. →S. 137

Der US-Amerikaner Craig Breedlove erreicht mit 653,709 km/h bei Bonneville einen Geschwindigkeitsrekord für Automobile. →S. 137

6. August, Dienstag

Die US-amerikanische Regierung beschließt als Antwort auf die handelspolitischen Maßnahmen der Europäischen Wirtschaftsgemeinschaft (EWG) im sogenannten Hähnchenkrieg nun ihrerseits die Zölle für eine Reihe von EWG-Importen zu erhöhen. →S. 127

Papst Paul VI. beglückwünscht in einem Telegramm die Regierungen der USA, Großbritanniens und der UdSSR zur Unterzeichnung des Teststoppabkommens für Kernwaffen (→5. 8./S. 124).

An der spanisch-französischen Grenze wird der spanische Anarchistenführer Ramon Vila bei einem Zusammenstoß mit der Zivilgarde bei Torella erschossen. Vila war führendes Mitglied der Iberischen Anarchistischen Föderation (FAJ).

7. August, Mittwoch

In Wuppertal werden vier ehemalige SS-Führer des Einsatzkommandos C6 wegen Beihilfe zum Mord zu hohen Zuchthausstrafen verurteilt.

In Moskau treffen die Außenminister der USA, Großbritanniens und der UdSSR zu Beratungen über den Konflikt in Laos zusammen (→3. 6./S. 97).

Zum Abschluß einer einwöchigen Debatte über die Rassenpolitik Südafrikas fordert der Weltsicherheitsrat in New York alle Länder auf, ihre Waffenlieferungen nach Südafrika einzustellen (→22. 7./S. 113).

8. August, Donnerstag

Nach elfstündigen Verhandlungen teilen der nordrhein-westfälische Arbeitgeberverband und die Industriegewerkschaft Metall das Ergebnis in der Tarifauseinandersetzung im Metallbereich mit. Die Löhne und Gehälter werden rückwirkend zum 1. August um 3% und mit Wirkung vom 1. Mai 1964 dann um weitere 4% erhöht.

Das Justizministerium von Nordrhein-Westfalen gibt Zahlen über fehlende Juristen bekannt. →S. 131

Der Ministerrat der DDR erläßt Richtlinien zur Steigerung des Wirtschaftswachstums. Danach werden Investitionen vor allem auf führende Wirtschaftszweige konzentriert (→15. 7./S. 111).

Die ägyptische Regierung gibt ihren Beschluß zur vollständigen Umorganisation der Handelsgeschäfte in Genossenschaften bekannt. Im Zuge der Umstrukturierung sollen 240 Industriefirmen verstaatlicht werden.

In den Hauptstädten der ursprünglichen Signatarmächte USA, Großbritannien und Sowjetunion unterzeichnen insgesamt 34 Staaten das Atomteststoppabkommen (→5. 8./S. 124).

15 Gangster verüben den spektakulärsten Raubüberfall in der britischen Kriminalgeschichte. Aus dem Nachtpostzug Glasgow–London erbeuten sie umgerechnet etwa 30 Millionen DM. →S. 132

In allen Teilen des Bundesgebietes bringen Temperaturstürze von über 10°C die ersehnte Abkühlung. Heftige Regenfälle setzen ganze Straßenzüge unter Wasser, auf der Zugspitze fällt Schnee. →S. 133

9. August, Freitag

Im Kreiskrankenhaus von Nagold stirbt ein Bundeswehrsoldat an den Folgen der unmenschlichen Strapazen während der Ausbildung. →S. 131

Die in der finnischen Hauptstadt Helsinki tagende Vollversammlung des Lutherischen Weltbundes wählt den Präsidenten der Lutherischen Kirche in USA, Frederik Schiotz, zu ihrem neuen Präsidenten. →S. 127

10. August, Sonnabend

Bundeskanzler Konrad Adenauer (CDU) empfängt den US-amerikanischen Außenminister Dean Rusk in Bonn zu einem mehrstündigen Gespräch über den Moskauer Atomteststoppvertrag.

Die Hauptquartiere der US-Streitkräfte in der Bundesrepublik, Berlin und Heidelberg geben die Umgruppierung der Garnison in Berlin bekannt.

11. August, Sonntag

In Köln gedenken die Sozialdemokraten in einem Festakt des 50. Todestages von August Bebel. SPD-Vorsitzender Erich Ollenhauer bezeichnet in seiner Rede das Wirken Bebels als Teil des Freiheitskampfes des deutschen Volkes.

12. August, Montag

In einer dreistündigen Sondersitzung beschließt das Bundeskabinett in Bonn den Beitritt der Bundesrepublik Deutschland zum Moskauer Atomteststoppabkommen (→5. 8./S. 124).

In einem Bericht über das Jahr 1962 legt die Fritz-Thyssen-Stiftung Rechenschaft ab über die Ausgabe von elf Millionen DM für Forschungszwecke. →S. 131

Baufachleute aus ganz Jugoslawien beginnen in Skopje mit dem Bau von insgesamt 10 500 geplanten Fertighäusern. Die USA sagen für den Wiederaufbau der vom Erdbeben zerstörten Stadt eine Hilfe von 50 Millionen US-Dollar (zwei Milliarden DM) zu (→26. 7./S. 115).

Die USA unternehmen in der Wüste von Nevada ihren ersten unterirdischen Atombombenversuch nach Unterzeichnung des Moskauer Vertrages zum Kernwaffenteststopp.

13. August, Dienstag.

Zum zweiten Jahrestag des Berliner Mauerbaus kommt es an der Grenze zu Berlin (Ost) zu schweren Auseinandersetzungen zwischen Westberliner Demonstranten und der Polizei von Berlin (West).

Der Verteidigungsminister der USA, Robert McNamara, versichert vor dem Auswärtigen Ausschuß des US-amerikanischen Senats in Washington, daß der Vertrag über die partielle Einstellung der Atomwaffenversuche die atomare Überlegenheit der USA gegenüber der UdSSR nicht beeinträchtigen werde.

14. August, Mittwoch

Bonner Regierungskreise nehmen konsterniert die Ablehnung einer Einladung des CSU-Vorsitzenden Franz Josef Strauß in die Bundeshauptstadt Bonn zur Kenntnis. Ursache dafür ist die kategorische Ablehnung des Moskauer Vertrages durch Strauß (→5. 8./S. 124).

In Hannover beginnt der bis 21. August währende 17. Welt-Tierärzte-Kongreß. →S. 131

Die in 13 Bänden erschienenen Werke von Josef W. Stalin werden in der DDR eingestampft und somit nicht mehr in der vom SED-eigenen Dietz-Verlag Berlin (Ost) herausgegebenen Reihe »Klassiker des Marxismus-Leninismus« publiziert.

Im Endspiel um den Vereinspokal des Deutschen Fußballbundes besiegt der Hamburger SV den Deutschen Meister Borussia Dortmund 3:0. Alleiniger Torschütze ist Uwe Seeler.

15. August, Donnerstag

Der Präsident des Nationalen Olympischen Komitees (NOK) der Bundesrepublik, Willi Daume, teilt dem NOK der DDR mit, daß die Bundesrepublik auf das Recht zur Austragung gesamtdeutscher Ausscheidungskämpfe für die Olympiamannschaft in Berlin (West) nicht verzichten wird. →S. 137

Die chinesische Regierung in Peking wirft der sowjetischen Regierung vor, sie habe mit der Verweigerung einer Modell-Atombombe und technischer Daten gegenüber China das 1957 geschlossene Militärhilfe-Abkommen verletzt.

In seiner Titelgeschichte der Nummer vom 23. August beschäftigt sich das US-amerikanische Nachrichtenmagazin »Time« mit dem am 5. August unterzeichneten Vertrag über den Atomteststopp

16. August, Freitag

Bei der Abrüstungskonferenz in Genf stimmen die Vereinigten Staaten von Amerika dem sowjetischen Vorschlag zu, internationale Kontrollposten zur Verhinderung eines Überraschungsangriffs einzurichten. →S. 124

Der kanadische Ministerpräsident Lester B. Pearson gibt in Ottawa die Vereinbarung mit den USA über die Lieferung US-amerikanischer Atomsprengköpfe für kanadische Raketen bekannt.

17. August, Sonnabend

Bundesverkehrsminister Hans-Christoph Seebohm (CDU) übergibt bei Neuenburg in Südbaden die neue Rheinbrücke dem Verkehr. Die 220 m lange Brücke ist der südlichste Rheinübergang zwischen Frankreich und der Bundesrepublik Deutschland.

In Spanien werden die beiden Gegner des Regimes von Diktator Francisco Franco Bahamonde, Francisco Granados Gata und Joaquin Delgado Martinez wegen ihrer am 13. August verübten Bombenanschläge auf das Madrider Polizeipräsidium mit dem Würgeeisen (Garotte) hingerichtet.

18. August, Sonntag

Bundesverteidigungsminister Kai Uwe von Hassel (CDU) fordert in einem Interview eine härtere Ausbildung und eine Umorganisierung der Führungsspitze bei der Bundeswehr. In ihrer derzeitigen Verfassung sei diese für eine Verteidigung der Bundesrepublik nicht geeignet.

Die südvietnamesischen Buddhisten ersuchen den US-Präsidenten John F. Kennedy und den Generalsekretär der Vereinten Nationen (UN), Sithu U Thant, um Intervention bei der religiösen Verfolgung der Buddhisten durch die christliche Regierung (→21. 8./S. 126).

Bei den Europameisterschaften im Rudern auf dem Bagvaerdsee bei der dänischen Hauptstadt Kopenhagen ist die bundesdeutsche Mannschaft die erfolgreichste Rudernation. →S. 137

19. August, Montag

Die Bundesrepublik Deutschland unterzeichnet durch ihre bevollmächtigten Vertreter in London, Washington und Moskau das Moskauer Abkommen über das partielle Verbot von Kernwaffenversuchen als der 68. Unterzeichnerstaat (→5. 8./S. 124).

Nach der Regierung in Bonn wünscht nun auch Paris die Probleme bei der Errichtung gegenseitiger Bodenkontrollposten auf den Seiten des Nordatlantikpaktes (NATO) und des Warschauer Paktes vor dem NATO-Rat zu erörtern.

20. August, Dienstag

Der Landesvorstand der Berliner CDU fordert die CDU-Fraktion im Abgeordnetenhaus auf, gegen den Bürgermeister Heinrich Albertz (SPD) einen Mißtrauensantrag einzubringen; Albertz hatte dem Kabinett in Bonn die zaudernde Haltung bei der Zustimmung zum

Moskauer Atomteststoppvertrag vorgeworfen (→5. 9./S. 143).

21. August, Mittwoch

An der israelisch-syrischen Grenze, südwestlich des Tiberias-Sees, kommt es zu heftigen Feuergefechten und Luftkämpfen. →S. 126

Die Moskauer Regierung lehnt eine von der Bundesregierung abgefaßte Zusatzerklärung für die Unterzeichnung des Moskauer Vertrages ab. In der Erklärung wird darauf verwiesen, daß eine Unterzeichnung des Vertrages nicht die Anerkennung der ebenfalls zu den Unterzeichnern gehörenden DDR bedeute.

Als Reaktion auf die Zuspitzung des Religionsstreits in Südvietnam verhängt der katholische Staatspräsident Ngô Đinh Diêm das Kriegsrecht über ganz Südvietnam. →S. 126

22. August, Donnerstag

Die Staatsanwaltschaft in Hannover erhebt Anklage gegen den 62jährigen Otto Bradfisch wegen der Ermordung von 85000 Juden während der Zeit des Nationalsozialismus.

Vertreter der Bundesrepublik und Syriens unterzeichnen ein Rahmenabkommen über wirtschaftliche und technische Zusammenarbeit. Hierin wird auch die Mitwirkung der Bundesrepublik am Bau des vorgesehenen Euphrat-Staudammes geregelt (→15. 1./S. 20).

23. August, Freitag

Die sowjetische Regierung protestiert bei den Regierungen in Washington und London gegen die Nichtanerkennung der Unterschrift »DDR« unter den Moskauer Vertrag durch die Vereinigten Staaten und Großbritannien.

Gegen den Widerstand des US-Präsidenten John F. Kennedy kürzt das Repräsentantenhaus die Auslandshilfe im Finanzjahr 1963/64 um etwa eine Milliarde US-Dollar (vier Milliarden DM).

Aus Protest gegen die Unterdrückung der Buddhisten in seinem Land tritt in Saigon der südvietnamesische buddhistische Außenminister Vu Van Mau von seinem Amt zurück (→21. 8./S. 126).

Die sozialistische Regierung Norwegens unter Ministerpräsident Einar Gerhardsen wird vom Parlament in Oslo durch ein von der Opposition eingebrachtes Mißtrauensvotum gestürzt. →S. 127

24. August, Sonnabend

Israel und Syrien beschuldigen sich vor dem Weltsicherheitsrat in New York gegenseitig der Aggression und fordern jeweils die Verurteilung des anderen wegen Grenzverletzung (→21. 8./S. 126).

In einem Artikel der sowjetischen Parteizeitung »Prawda« werden die chinesischen Volkskommunen als ein mißglücktes Experiment bezeichnet. Damit erreicht die ideologische Auseinandersetzung zwischen Moskau und Peking einen neuen Höhepunkt (→5. 7./S. 112).

In Venedig werden die 24. Internationalen Filmfestspiele von dem diesjährigen Direktor Luigi Chiarini eröffnet. Sie dauern bis 7. September. →S. 134

In Caracas (Venezuela) entführen regierungsfeindliche Mitglieder der Nationalen Befreiungsfront (FALN) den Stürmerstar der Fußballmannschaft von Real Madrid, Alfredo di Stefano. →S. 133

Zum 45. Deutschen Weinbauernkongreß (bis 1. 9.) und der gleichzeitig stattfindenden Ausstellung kommen 150 000 Besucher nach Mainz. →S. 131

In acht bundesdeutschen Städten beginnen um 17.00 Uhr die ersten Spiele der neuen Fußball-Bundesliga. →S. 136

25. August, Sonntag

Der Militärgouverneur der südvietnamesischen Hauptstadt Saigon, General Ton That Dinh, erläßt an Armee und Polizei einen strikten Schießbefehl gegen Demonstranten (→21. 8./S. 126).

Durch seinen Botschafter in Italien, Pierre Henry, läßt der französische Staatspräsident Charles de Gaulle Papst Paul VI. einen elfenbeinernen Flügelaltar aus dem 15. Jahrhundert als persönliches Geschenk überreichen.

Die Niederländerin Nina Boesmann überquert als erste Frau in einem Freiballon die Alpen (→1. 8./S. 133).

26. August, Montag

Bundespräsident Heinrich Lübke (CDU) verleiht dem Münchener Erzbischof Kardinal Julius Döpfner das Großkreuz mit Stern und Schulterband des Verdienstordens der Bundesrepublik Deutschland. Anlaß der Auszeichnung ist der 50. Geburtstag des Kardinals.

Nach drei Tagen geht in Köln die Internationale Herrenmodewoche zu Ende. 514 Herrenkonfektionäre aus 16 Ländern waren an der Ausstellung beteiligt.

27. August, Dienstag

In Washington findet ein Marsch für Arbeit und Frieden statt, an dem über 200000 schwarze und weiße US-amerikanische Bürger teilnehmen. Es ist die bislang größte Demonstration in der US-Hauptstadt. →S. 125

28. August, Mittwoch

Das Bundesinnenministerium dementiert die nennenswerte Beschäftigung von früheren Angehörigen der SS, der SA und der Gestapo beim Bundesamt für Verfassungsschutz. Die Zahl früherer SS-Angehöriger betrage weniger als 2%.

Auf der Jahresversammlung der amerikanischen Herzgesellschaft in Los Angeles berichten Mediziner vom Einsatz eines künstlichen Herzens. →S. 127

29. August, Donnerstag

Die Jugendorganisation der CDU, die Junge Union, protestiert gegen die Einladung des britischen Oppositionsführers

Harold Wilson zum Deutschlandtag der Sozialdemokraten.

Der bisherige Oberbefehlshaber der Landstreitkräfte des Nordatlantikpaktes (NATO) in Mitteleuropa, General Hans Speidel, nimmt seinen Abschied, Nachfolger wird Generalleutnant Johann Adolf Graf von Kielmannsegg. →S. 124

Pakistan und die Volksrepublik China schließen ein Luftfahrtabkommen ab, das Pakistan Landerechte auf chinesischem Boden einräumt.

Das Landgericht von Trient spricht zehn Offiziere der italienischen Staatspolizei frei, die der Folterung von Gefängnisinsassen beschuldigt wurden. →S. 126

30. August, Freitag

In Berlin (West) eröffnet Bundespostminister Richard Stücklen (CSU) die 23. Große Deutsche Funkausstellung, die bis 8. September dauern wird. →S. 127

Zur Milderung der Parkplatzprobleme importiert Kairo 200 Parkuhren aus der Bundesrepublik.

31. August, Sonnabend

Der Führer der britischen Labour Party, Harold Wilson, spricht sich auf der Abschlußkundgebung des Deutschlandtreffens der SPD für eine militärisch verdünnte Zone in Europa aus.

Das Zentralkomitee des Weltkirchenrates verabschiedet eine Erklärung, worin Rassendiskriminierung als Verrat an der christlichen Sache bezeichnet wird.

Der »heiße Draht«, die direkte Nachrichtenverbindung zwischen Moskau und Washington, wird in Betrieb genommen.

Südtiroler Extremisten verüben nördlich von Meran mehrere Bombenanschläge auf Hochspannungsmasten als Reaktion auf den gerichtlichen Freispruch der zehn Caribinieris am →29. August (S. 126).

Gestorben:

15. Moskau: Wsewolod W. Iwanow (*24. 2. 1895, Lebjaschje), sowjetischer Schriftsteller.

15. Los Angeles: Clifford Odets (*18. 7. 1906, Philadelphia), US-amerikanischer Dramatiker.

27. Degerndorf/Bad Tölz: Adolf Grimme (*31. 12. 1889, Goslar), deutscher Pädagoge und SPD-Politiker.

31. Paris: Georges Braque (*13. 5. 1882, Argenteuil), französischer Maler.

Das Wetter im Monat August

Station	Mittlere Lufttemperatur(°C)	Niederschlag(mm)	Sonnenscheindauer(Std.)
Aachen	− (17,2)	76(82)	115(188)
Berlin	17,3(17,2)	76(68)	172(212)
Bremen	− (17,1)	154(79)	124(182)
München	− (16,6)	131(96)	179(211)
Wien	19,6(18,6)	85(68)	231(−)
Zürich	15,9(16,6)	133(132)	169(219)

( ) Langjähriger Mittelwert für diesen Monat
− Wert nicht ermittelt

Der Start der Fußball-Bundesliga im Monat August ist Thema der Titelgeschichte im Hamburger Nachrichtenmagazin »Der Spiegel« vom 28. August

DER SPIEGEL

28. AUGUST 1963 · NR. 35
17. JAHRGANG · 1 DM
ERSCHEINT WÖCHENTLICH
IN HAMBURG · C 6380 C

Bundesliga:
Bezahlter Fußball in Deutschland

Vertrag über Atomteststopp unterzeichnet

5. August. Im Katharinensaal des Moskauer Kremls unterzeichnen die Außenminister der Vereinigten Staaten, Großbritanniens und der UdSSR das Abkommen über die Einstellung aller Kernwaffenversuche in der Atmosphäre, im Weltraum und unter Wasser.

An der Unterzeichnungszeremonie des bereits am 25. Juli in Moskau von den drei Verhandlungsdelegationen der drei Atommächte paraphierten Vertrages nehmen neben den Ministern Dean Rusk, Alexander Frederick Douglas-Home und Andrei A. Gromyko auch der Generalsekretär der Vereinten Nationen (UN), Sithu U Thant, sowie der sowjetische Regierungschef Nikita S. Chruschtschow teil. Im Anschluß an den gemeinsamen Toast auf »Freundschaft und Frieden« geben die Beteiligten in einem Kommuniqué bekannt, daß der Vertrag vom 8. August an in den drei Hauptstädten Washington, London und Moskau von allen Staaten der Erde mitunterzeichnet werden kann.

Das Zustandekommen der Moskauer Vereinbarungen – nach langwierigen Verhandlungen bei den Genfer Abrüstungsgesprächen und direkten Treffen zwischen den Vertretern der Atommächte – findet breite internationale Zustimmung. Ein Großteil der Länder tritt dem Abkommen bei, das am 12. Oktober in Kraft treten wird.

△ *Unterzeichnung des Vertrags über die Einstellung der Kernwaffenversuche durch die drei Außenminister Lord Home, Gromyko und Rusk (v.l.) in Moskau. Anwesend sind u. a. U Thant (hinter Gromyko) und Chruschtschow.*
◁ *Er und Rusk beglückwünschen sich zu dem Abkommen (Bild l.)*

Entspannung als ein Vertrags-Ziel

In der Präambel des Moskauer Atomteststoppabkommens vom →5. August (S. 124) formulieren die drei Hauptunterzeichner USA, Großbritannien und die Sowjetunion das eigentliche Ziel ihrer Entspannungspolitik: »Schnellstmöglich ein Abkommen über eine vollständige und allgemeine Abrüstung unter strikter internationaler Kontrolle zu erreichen, das dem Wettrüsten ein Ende machen und den Anreiz zur Produktion und Erprobung aller Arten von Waffen, einschließlich Kernwaffen beseitigen würde.«

In einem Beitrag zur Ratifizierungsdebatte des Abkommens vor dem Senat in Washington begründet US-Außenminister Dean Rusk diese Zielsetzung: »Niemand kann realistisch an einen ›Sieg‹ für den Fall eines Atomkrieges in voller Stärke denken. Während der Kuba-Krise im vergangenen Oktober standen Menschen vor Entscheidungen, die zu einem Atomkrieg hätten führen können. Diese Erfahrung war für alle ernüchternd. Wo vielleicht Entscheidungen in Minuten erforderlich werden, müssen wir vor Zufällen oder Fehleinschätzungen auf der Hut sein.«

Ablehnende Haltung in Paris und Peking

1. August. Nachdem die französische Regierung einen Beitritt zum Moskauer Atomteststoppabkommen verweigerte, geben nun auch Kuba, Albanien und die Volksrepublik China ihre ablehnende Haltung gegenüber dem Vertrag bekannt.

In einer in Peking veröffentlichten Erklärung wird das Moskauer Abkommen als »schmutziger Betrug« bezeichnet und statt dessen eine Weltgipfelkonferenz vorgeschlagen. Deren Thema soll das Verbot aller Kernwaffen und die Vernichtung der bestehenden Atomwaffenvorräte sein. In einem Drei-Punkte-Programm fordern die Chinesen u.a. das Verbot und die Abschaffung von Kernwaffen und deren Trägern sowie das Verbot der Herstellung und Erprobung.

Einigung über Kontrollposten

US-Delegierter Charles A. Stelle bei den Genfer Abrüstungsverhandlungen

16. August. Auf den am 12. August wieder aufgenommenen Beratungen der Internationalen Abrüstungskonferenz in Genf einigen sich Vertreter aus den USA und der UdSSR über Beobachtungsposten zum Schutz vor eventuellen Überraschungsangriffen.

Der US-Delegierte Charles A. Stelle erklärt gegenüber seinem sowjetischen Kollegen Semjon K. Zarapkin, daß die Vereinigten Staaten ein auf die Bodenbeobachtung beschränktes Kontrollsystem nunmehr akzeptieren. Bisher forderten sie außerdem Luftbeobachtung. Mit dieser Maßnahme und auch der Einrichtung einer direkten Telefonverbindung zwischen Moskau und Washington ab 31. August versprechen sich beide Regierungen Schutz vor ungewollten militärischen Aktionen.

Kielmannsegg wird NATO-Befehlshaber

29. August. In Paris nimmt der bisherige Kommandeur der Landstreitkräfte Europa-Mitte des Nordatlantikpaktes (NATO), Hans Speidel, seinen Abschied. Sein vorzeitiger Rücktritt soll auf Wunsch des französischen Staatspräsidenten Charles de Gaulle erfolgt sein.

Kielmannsegg

Der Nachfolger Hans Speidels, künftiger Sonderberater bei der Bundesregierung in Fragen der atlantischen Verteidigung, wird ab 1. September Generalleutnant Johann Adolf Graf von Kielmannsegg.

Gleichberechtigung aller Rassen und Durchsetzung der Bürgerrechte für alle Menschen in den USA fordern Tausende auf ihrem Marsch nach Washington

Protestmarsch gegen Trennung der Rassen

27. August. In Washington, der Hauptstadt der USA, findet ein Marsch gegen die Rassendiskriminierung und für die Durchsetzung des Bürgerrechtsprogramms des US-Präsidenten John F. Kennedy statt (→13. 5./S. 78; 5. 9./S. 146). An dem Marsch auf Washington, der ohne Zwischenfälle verläuft, nehmen 200 000 Menschen aller Hautfarben und vieler Religionen teil. Zu den Organisatoren gehören u. a. religiöse Gruppierungen, wie die Nationale Katholische Konferenz für interrassistische Gerechtigkeit und der Nationalrat der Kirchen, Bürgerrechtsorganisationen, Gewerkschaften sowie auch Gruppen für bürgerliche Freiheiten, wie z. B. die Amerikanische Union für zivile Freiheit.

Der Demonstrationszug führt vom Washington-Obelisken zum Denkmal Abraham Lincolns, des US-amerikanischen Präsidenten, der 1862 den Sklaven die Freiheit verlieh. Präsident Kennedy, der im Weißen Haus eine Delegation der Marschteilnehmer empfängt, erklärt zur Lage der farbigen Bevölkerung in den USA: »Obwohl wir in diesem Sommer bemerkenswerte Fortschritte bei der Verwirklichung der Grundsätze der Bürgerrechte gemacht haben, müssen wir noch einen sehr langen Weg zurücklegen«.

In Washington dabei: Joan Baez

Vor dem Denkmal des US-Präsidenten Abraham Lincoln, der 1862 in den Vereinigten Staaten die Sklaverei aufhob, endet die machtvolle Demonstration

Unter den zehn Forderungen der veranstaltenden Organisationen stehen an erster Stelle:
▷ Umfassende und wirksame Bürgerrechtsgesetzgebung durch den derzeitigen Kongreß
▷ Verweigerung von Bundesmitteln für Programme, die rassendiskriminierende Elemente beinhalten
▷ Aufhebung der Rassentrennung in allen Schuldistrikten noch im Jahr 1963.

Kennedy plädiert für Bürgerrechte

In einer am 11. Juni gehaltenen Fernsehrede appelliert US-Präsident John F. Kennedy an die Nation, sich für die Verwirklichung der Bürgerrechte der Schwarzen einzusetzen, u. a. erklärt er:

»Das farbige Kind, das heute in Amerika geboren wird, hat, gleichgültig in welchem Teil unseres Landes es zur Welt kommt, nur etwa die Hälfte der Chancen, eine höhere Schulbildung abzuschließen, wie ein weißes Kind, das am gleichen Ort, am gleichen Tag geboren wird – nur ein Drittel der Chancen, einen freien Beruf zu ergreifen, die doppelte Chance arbeitslos zu werden, nur etwa ein Siebtel der Chance, 10 000 US-Dollar [40 000 DM] im Jahr zu verdienen. Seine Lebenserwartung ist um sieben Jahre geringer und seine Verdienstaussichten sind nur halb so gut. Es ist dies nicht eine Angelegenheit, die lediglich einige Teile unseres Landes betrifft ... Wir stehen daher vor einer moralischen Krise. Ihr kann nicht durch Polizeimaßnahmen begegnet werden. Es ist an der Zeit, im Kongreß, in Ihren kommunalen Parlamenten zu handeln, und vor allem im täglichen Leben eines jeden einzelnen ...«

Trienter Freispruch für die Carabinieri

29. August. Der am 20. August vor dem Landgericht in Trient begonnene Prozeß gegen Mitglieder der italienischen Staatspolizei (Carabinieri) endet mit dem Freispruch für zehn und einer Amnestie für elf weitere Angeklagte.

Den Carabinieri war die Folterung von Südtiroler Häftlingen vorgeworfen worden. Staatsanwalt Catullo Zanfei und die Richter jedoch halten diese Straftaten für nicht erwiesen bzw. für zu geringfügig. Tatsächlich vorgekommene Mißhandlungen hätten in Wahrheit nur aus Prügeln bestanden.

In Südtirol und Österreich löst der Trienter Freispruch Empörung aus. Die Tiroler Landesregierung in Innsbruck erklärt, sie sei tief bestürzt, daß ein italienisches Gericht die gegen Südtiroler Häftlinge angewandten Foltermethoden decke. Wegen dieser offiziellen Erklärung, einer »unannehmbaren Einmischung in die inneren Angelegenheiten Italiens« protestiert das italienische Außenministerium bei der österreichischen Regierung in Wien.

Selbstverbrennung eines buddhistischen Mönches in Saigon – ein Protest gegen die Politik der Diêm-Regierung

Grenzzwischenfälle am Tiberias-See

21. August. An der israelisch-syrischen Grenze südwestlich des Tiberias-Sees kommt es zu heftigen Feuergefechten und Luftkämpfen.

Nach israelischer Darstellung erschossen syrische Soldaten des Nachts zwei Israelis bei einem Feuerüberfall aus dem Hinterhalt auf israelischem Gebiet. Daraus entwickelten sich dann weitere Kämpfe, wobei auf beiden Seiten auch Artillerie und Panzer sowie Flugzeuge eingesetzt werden.

Syrien, dem vom Irak, Ägypten und Jordanien militärische Unterstützung angeboten wird, behauptet seinerseits, daß Israel den Waffenstillstand durch Eindringen auf syrisches Territorium verletzt habe.

Israel und Syrien wenden sich »wegen Gefährdung des internationalen Friedens« an den Sicherheitsrat der Vereinten Nationen (UN) und geben in ihren Erklärungen bekannt, die jeweils andere Seite habe sich in den letzten Wochen einer Reihe von Aggressionen schuldig gemacht, über die sie nun sehr detailliert Beschwerde führen.

Verfolgung von Buddhisten in Südvietnam

21. August. Spezialeinheiten der südvietnamesischen Armee führen in der Hauptstadt Saigon und allen anderen Städten des Landes Aktionen gegen Buddhisten durch.

Die Truppen stürmen 2000 Pagoden, zerstören und brennen sie nieder. Dabei töten sie etwa 200 Priester und Mönche und verletzen 500 schwer. 3000 Festgenommene werden in sogenannte Erziehungslager verbracht, in denen nunmehr 25 000 politische Häftlinge dahinvegetieren. Zur selben Zeit gibt Präsident Ngô Đinh Diêm den Belagerungszustand für Südvietnam bekannt.

Diese Aktion ist ein Höhepunkt der schon seit Monaten andauernden Verfolgung der Buddhisten durch die katholische Regierung in Saigon. Bereits im Mai war es zu Ausschreitungen gegen buddhistische Mönche in der alten Kaiserstadt Hué gekommen, wobei sechs Menschen getötet wurden. Demonstrationen und Proteste waren die Folge. Man forderte von der Regierung u. a.:

▷ Grundsätzliche Genehmigung des Zeigens der religiösen Fahnen aller Glaubensrichtungen

▷ Gleiche Behandlung der Buddhisten und Katholiken
▷ Freiheit für die Verbreitung des buddhistischen Glaubens in Südvietnam
▷ Einstellung der Verfolgung buddhistischer Priester

Präsident Diêm, der ein verstärktes Vorgehen gegen die oppositionellen Buddhisten in Südvietnam veranlaßt.

▷ Bestrafung der Schuldigen des Massakers in Hué

Als die Regierung Diêm sich weigerte, darauf einzugehen, begannen buddhistische Priester ihren Protest gegen das Regime durch Selbstverbrennungen zu demonstrieren. Fünf Priester und eine Priesterin wählten seitdem den Flammentod in der Öffentlichkeit.

Außerdem wandten sich buddhistische Vertreter an die US-amerikanische Regierung um Unterstützung. Die USA wollen auf jeden Fall weitere innenpolitische Auseinandersetzungen in Südvietnam verhindern, da sie in deren Folge den verstärkten kommunistischen Einfluß aus Nordvietnam fürchten. Sie fordern deshalb Diêm zur Änderung seiner Politik und zur Entmachtung seiner Schwägerin auf. Die Frau des politischen Beraters von Diêm, Ngô Đinh Nhu, wird als die Initiatorin der Buddhistenverfolgung gesehen. Ihr Ziel ist es, aus Südvietnam, wo 80% der Einwohner buddhistischen Glaubens sind, ein katholisches Land zu machen (→3. 1./S. 17; 2. 11./S. 186).

Mißtrauensvotum im Parlament von Oslo

23. August. Im Storting, dem norwegischen Parlament, wird die sozialdemokratische Regierung unter Einar Gerhardsen durch einen Mißtrauensantrag mit 76 gegen 74 Stimmen gestürzt.

John Lyng

Anlaß für den von der vereinigten bürgerlichen Opposition eingebrachten Mißtrauensantrag ist der Vorwurf unzureichender Sicherheitsmaßnahmen und der Mißwirtschaft in den staatlichen Kohlegruben auf Spitzbergen. In den Bergwerken hat es seit 1948 vier Grubenunglücke geben, bei denen 76 Menschen ums Leben kamen.

Der Sturz Gerhardsens beendet die 28jährige Regierungszeit der Sozialdemokraten in Norwegen. Die von dem Konservativen John Lyng neu gebildete Regierung aus einer Koalition bürgerlicher Parteien wird am 28. August vereidigt.

Haitianer kämpfen gegen Präsidenten

5. August. Eine Gruppe von einigen 100 bewaffneten Exilhaitianern landet auf der karibischen Insel Haiti. Die Rebellen stehen unter dem Kommando des ehemaligen Stabschefs der haitianischen Armee Leon Cantave, der seit kurzem in der benachbarten Dominikanischen Republik im Exil lebt.

Ziel der Aufständischen ist der Sturz des Präsidenten François Duvalier. Er steht seit 1957 an der Spitze der Regierung und festigt das diktatorische Regime mit Hilfe seiner Privatmiliz, den Tonton Macoute, sowie der 10 000 Mann starken Geheimpolizei. Sie herrschen auf der Insel mit Terrormethoden. Zu innenpolitischen Auseinandersetzungen, die zu Spannungen mit der Dominikanischen Republik führten, war es bereits im Frühjahr gekommen. Nun wirft Duvalier der Nachbarrepublik vor, sie hätte den Aufstand initiiert.

Nach heftigen Kämpfen zwischen Rebellen und Regierungstruppen, etwa 40 km von Fort Liberté entfernt, wird der Aufstand brutal niedergeschlagen.

Konflikt um Geflügelimporte

6. August. Die US-amerikanische Botschaft in Bonn teilt mit, daß ihre Regierung Vergeltungszölle gegenüber der Europäischen Wirtschaftsgemeinschaft (EWG) beschlossen hat. Sie sollen in Kraft treten, falls die EWG nicht bereit ist, von ihren protektionistischen Maßnahmen bei Importen von US-amerikanischem Schlachtgeflügel abzurücken.

Der in der Presse auch als »Hähnchenkrieg« bezeichnete Konflikt begann schon im vergangenen Jahr. Im November 1962 nahmen französische und bundesdeutsche Agrarverbände einen von Salmonellen befallenen Anteil der insgesamt 4000 t US-amerikanischen Exportgeflügels zum Anlaß, einen totalen Importstopp dieses Produktes zu fordern. Daraufhin verringerte sich in den ersten beiden Monaten des Jahres 1963 der Anteil US-amerikanischer Hähnchen am bundesdeutschen Import von 37% im Vorjahr auf 7,5%. Eine weitere Exportbehinderung für die USA stellt die am 30. Juli 1962 in Kraft getretene EWG-Marktordnung dar. Danach müssen Exporteure, die der EWG nicht angehören, für jedes Kilo Hühnerfleisch an den EWG-Grenzen durchschnittlich 1,20 DM Ausgleichsabgabe zahlen.

Diese Zollschranken bewirken, daß die Geflügeleinfuhr von Januar bis Juni aus den USA nur noch 10 700 t gegenüber 31 100 t im gleichen Zeitraum des Vorjahres beträgt. Weniger als 4% der staatlich subventionierten Geflügelproduktion und wiederum nur 4% der landwirtschaftlichen EWG-Importe entfallen auf das exportierte US-amerikanische Geflügel.

Trotz dieses vergleichsweise schwachen Faktors in den Wirtschaftsbeziehungen droht die US-Regierung nun mit Einfuhrzöllen auf EWG-Produkte, u.a. auf Wein, Branntwein, Käse, Kartoffelstärke, Fotopapier, Stahlband, Rasierapparate, Blumenzwiebeln, Scheren, Lastkraftwagen und Busse. Wie die US-amerikanische Botschaft mitteilt, könne sich die Liste noch vergrößern. Die Warengruppen, die dann endgültig in die Gegenmaßnahmen einbezogen werden, sollen einen Einfuhrwert von 46 Millionen US-Dollar (184 Millionen DM) haben.

Stereophonie unter dem Berliner Funkturm

30. August. *Bundespostminister Richard Stücklen (CSU) eröffnet in Berlin (West) die 23. Große Deutsche Funkausstellung auf dem Messegelände. Die Fachausstellung steht ganz im Zeichen des 40jährigen Rundfunkjubiläums. Schon am ersten Tag kommen 45 000 Besucher, die in den 15 Messehallen unter dem Funkturm die Produkte von 153 Herstellerfirmen begutachten können. Ihr Interesse gilt vor allem der technischen Neuheit Stereophonie, den tragbaren Fernseh- und Rundfunkapparaten sowie den immer kleiner werdenden Tonband- und Diktiergeräten (Blick auf den Eingang).*

Eröffnungsgottesdienst des Lutherischen Weltbundes in Helsinki

Lutheraner beraten über Weltprobleme

9. August. Auf der am 21. Juli begonnenen vierten Vollversammlung des Lutherischen Weltbundes in Helsinki wird der US-Amerikaner Frederik A. Schiotz zum neuen Präsidenten gewählt.

Das Treffen der Vertreter von 50 Millionen Lutheranern aus aller Welt steht unter der Losung »Christus heute«, ein Thema, das auch zu kontroversen Diskussionen über die Haltung der lutherischen Kirche zur Politik führt. So wird u.a. gefordert, die Kirche möge sich den harten und bedrohlichen Problemen der Weltpolitik stellen und heraustreten aus der Harmlosigkeit allgemeiner theologischer Kommentare.

Brustkorbpumpe als Ersatz für das Herz

28. August. Der Chirurg Michael De Bakey berichtet vor der Jahresversammlung der Amerikanischen Herzgesellschaft in Los Angeles vom gelungenen Einsatz eines künstlichen Herzens.

Der Patient von DeBakey war im Juli in dessen Klinik in Houston (Texas) mit schwerem Herzklappenfehler eingeliefert worden. Der Chirurg pflanzte dem Kranken eine mit Druckluft angetriebene Pumpe zur Unterstützung des Herzens ein. Blutdruck und Pulsschlag normalisierten sich noch, bevor der Patient nach drei Tagen am Versagen anderer Organe starb.

Wirtschaft 1963:

Anhaltendes Wirtschaftswachstum, aber Appell zur Mäßigung

Im Jahre 1963 hält das Wirtschaftswachstum weiterhin an. Die Prognosen im Bericht des Bundeswirtschaftsministeriums vom Februar werden durch die gesamtwirtschaftliche Entwicklung bestätigt. Die reale Zunahme des Bruttosozialprodukts liegt bei etwa 3%. Das gegenüber dem Vorjahr etwas verlangsamte Expansionstempo liegt zum großen Teil denn auch an dem geringeren Wachstum der Beschäftigtenzahlen in der Bundesrepublik. Während ihre Zuwachsrate 1950 und 1960 etwa 25% betrug, wird ab 1963 nur noch mit einer Steigerung von etwa 3% bis 5% bis in die 70er Jahre gerechnet.

Durch Verkürzung der Arbeitszeit und Urlaubsverlängerungen vermindert sich die durchschnittliche Arbeitszeit aller Beschäftigten um 1,5% und somit das Arbeitsvolumen um 1%.

Bei der Zunahme des nominalen Bruttosozialproduktes gegenüber dem Vorjahr um 21 Milliarden DM auf 357 Milliarden DM ist der private Verbrauch mit 57% am stärksten beteiligt. Die weitere Steigerung der Konsumausgaben in den privaten Haushalten wird bestimmt von der Lohn- und Gehaltsentwick-

lung. In diesem Jahr laufen die Kündigungsfristen der Lohn- und Gehaltstarifverträge für knapp zwei Drittel aller Arbeitnehmer ab. Die neuen Verträge setzen z.T. beträchtliche Lohn- und Gehaltserhöhungen fest. So werden zum ersten Quartal 1963 für die Bauwirtschaft 4,8% Lohnsteigerung, für die acht Millionen Beschäftigten der chemischen Industrie beispielsweise sogar 8,5% vereinbart.

Als eine der wichtigsten wirtschaftspolitischen Aufgaben für das Jahr 1963 nennt der Bericht des Bundeswirtschaftsministeriums die Rückführung der Ansprüche an das Sozialprodukt auf ein Maß, »welches Preisstabilität erwarten läßt«. Hierzu sei eine Koordinierung der Ausgaben auf dem Gebiet der öffentlichen Investitionen dringend erforderlich. In der Konsequenz bedeutet dies, daß die Haushaltsausgaben z. B. für die öffentlichen Bauinvestitionen eingeschränkt oder gestreckt werden müssen.

Die konjunkturpolitischen Ziele von Wirtschaftsminister Ludwig Erhard finden deshalb auch in seinen »Maßhalte«-Appellen ihren Ausdruck. Die von ihm geforderte Mäßigung der öffentlichen Ansprü-

che ist ein wichtiger Beitrag bei der Durchsetzung der wirtschaftspolitischen Ziele der Bundesregierung. Diese sind »ein hoher Beschäftigungsgrad und eine ausgeglichene außenwirtschaftliche Situation bei angemessenem Wirtschaftswachstum«. Die Realisierung dieses Programms setzt nach der Auffassung Erhards die Beachtung folgender Richtlinien voraus:

▷ Orientierung der Gesamtausgaben der öffentlichen Hand an der zu erwartenden Steigerung des realen Sozialprodukts
▷ Mäßigung vor allem bei den Verteidigungs- und Bauausgaben (Bund und Länder verplanen für 1963 den gleichen Betrag für Wohnungsausbau wie im Vorjahr, 5,5 Millionen DM)
▷ Stärkere Zurückhaltung bei der Schaffung zusätzlicher Kaufkraft durch höhere staatliche Übertragungseinkommen (Renten, Pensionen, sowie Unterstützungen)
▷ Pause bei der auf dem Arbeitsmarkt der Bundesrepublik schon sehr weit fortgeschrittenen Arbeitszeitverkürzung

Trotz der insgesamt guten Wirtschaftslage in der Bundesrepublik

sind zwei bedeutende Produktionszweige in eine Krise geraten: Der Schiffsbau und die Stahlindustrie. Gab es 1958 noch 113 023 Beschäftigte an den Werften von Nord- und Ostsee, so sank aufgrund der Auftragslage die Beschäftigtenzahl im März 1963 auf 85 773. Bis 1960 hatten deutsche Werften einen Anteil von 15% an der jährlichen Weltproduktion. 1961 sank der Anteil schon auf 12,8%, 1963 liegt er unter 10%. Eine noch bedrohlichere Entwicklung besteht in der zunehmenden Verringerung des deutschen Anteils der auf dem Weltmarkt erteilten Schiffsneubau-Aufträge. 1962 beliefen diese sich noch auf 2,25 Millionen Bruttoregistertonnen (BRT), 1963 sind es schon eine Million BRT weniger. Japan gelingt es hier, den ersten Platz einzunehmen. Die Bundesrepublik folgt beim Schiffsneubau nach Schweden und Großbritannien auf Platz vier. Angesichts des großen Verfalls an Frachtraten versuchen viele der bundesdeutschen Werften neben verstärkter Reparaturtätigkeit auf andere Fertigungen wie Kessel- und Behälterbau auszuweichen.

Mit dem Problem der Überkapazität bei immer langsamerem wirtschaftlichem Wachstum ist auch die Stahlindustrie konfrontiert. Im Jahre 1960 betrug die Kapazität der bundesdeutschen Stahlwerke 36 Millionen t Rohstahl. 1963 liegt sie bei etwa 41 Millionen t. Im gleichen Umfang des Kapazitätszuwachses muß die Produktion gedrosselt werden: Von 34,1 Millionen t im Jahre 1960 auf 31,5 Millionen t im Jahre 1963. Diese rückläufige Entwicklung führt für die Stahlarbeiter zu wochenlanger Kurzarbeit, oftmals ohne Lohnausgleich, zu Zwangsurlaub oder gar Entlassungen. Die tarifliche Wochenarbeitszeit wird für die »Stahlkocher« von 42,5 auf 40 h und teilweise sogar auf 24 h verkürzt. Gründe für das Stahl-Dilemma an Saar und Ruhr sind neben dem weltweit gesunkenen Bedarf an Rohstahl auch die niedrigen Stahl-Einfuhrzölle der Bundesrepublik, die von der Bundesregierung verfügte Verwendung der teuren Ruhrkohle und die unterschiedlichen Umsatzsteuersysteme in Frankreich und der Bundesrepublik.

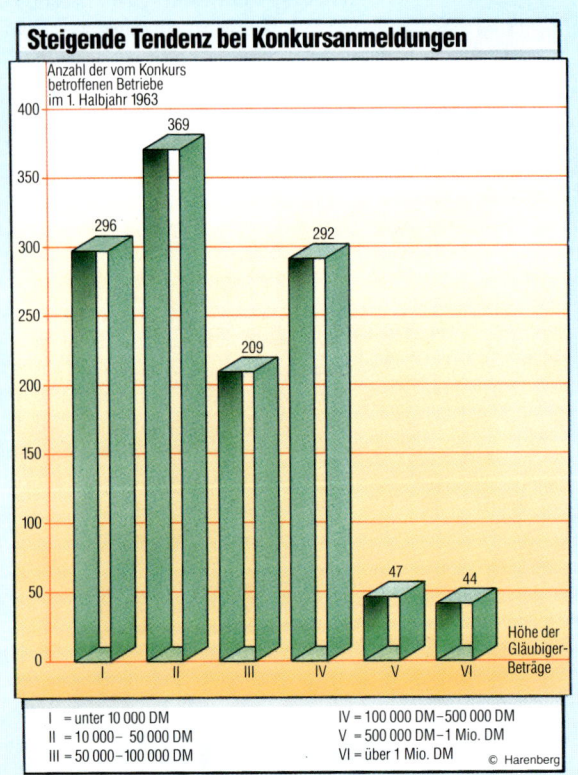

Steigende Tendenz bei Konkursanmeldungen

Anzahl der vom Konkurs betroffenen Betriebe im 1. Halbjahr 1963

I = unter 10 000 DM
II = 10 000 – 50 000 DM
III = 50 000–100 000 DM
IV = 100 000 DM–500 000 DM
V = 500 000 DM–1 Mio. DM
VI = über 1 Mio. DM

Höhe der Gläubiger-Beträge

© Harenberg

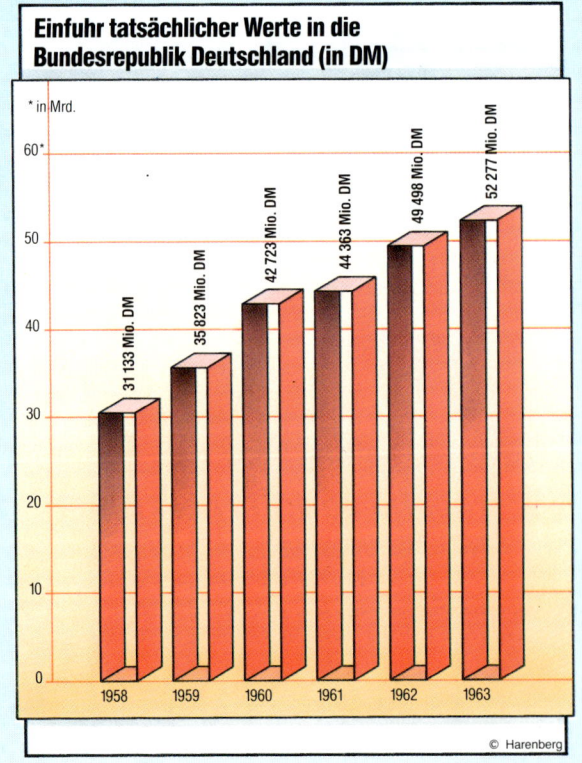

Einfuhr tatsächlicher Werte in die Bundesrepublik Deutschland (in DM)

* in Mrd.

31 133 Mio. DM · 35 823 Mio. DM · 42 723 Mio. DM · 44 363 Mio. DM · 49 498 Mio. DM · 52 277 Mio. DM

1958 · 1959 · 1960 · 1961 · 1962 · 1963

© Harenberg

Stinnes-Konzern: Vergleichsantrag

Die Firma Hugo Stinnes beantragt am 14. Oktober in Mülheim an der Ruhr die Eröffnung des gerichtlichen Vergleichsverfahrens über das Vermögen der Firma und das der persönlich haftenden Gesellschafter Cläre und Hugo Stinnes und der O. H. Stinnes Verwaltungsgesellschaft mbH sowie der Tochtergesellschaften Hugo Stinnes Brennstoff-, Eisen- und Schiffahrts-Gesellschaft, Stinnes Schneidbetriebe KG und Stinnes Schrotthandel KG. Die beiden Hauptgesellschaften sind mit Forderungen von etwa 75 Millionen DM belastet.

Die Hugo Stinnes oHG wurde 1893 gegründet. Der Gründer der Unternehmensgruppe, Hugo Stinnes, schaffte es binnen weniger Jahre, Hunderte von Betrieben seinem Wirtschaftsimperium anzugliedern. Von seinen Gegnern als Kriegs- und Inflationsgewinnler verachtet, von Freunden als Finanzgenie bewundert, schuf Stinnes mit der Siemens-Rhein-Elbe-Schuckert-Union das im damaligen Deutschen Reich größte Wirtschaftsgebilde. Doch schon 1925/26, zwei Jahre nach dem Tode des Gründers, mußten die Erben US-amerikanische Kredite aufnehmen und dafür die Hälfte der Firmenanteile einer in den USA gegründeten Holdinggesellschaft abtreten.

1957 wurden die Aktien der US-amerikanischen Stinnes-Gesellschaft von einem Konsortium Deutscher Banken, das treuhänderisch für die Bundesregierung handelte, ersteigert. Diese Banken gehören nun zu den Gläubigern der Firmen. Als die zur Firmengruppe gehörende Bank ihre Einlagen kündigt, folgt die Liquiditätskrise.

Dem Münchener Industriefinanzier Rolf Münnemann gelingt es, mit einem Sanierungsbetrag von 75 Millionen DM die Firmen bei »plus-minus Null« aufzufangen und den Konkurs zu verhindern. Zum finanziellen Ruin des ehemals so potenten Unternehmens stellt er fest, »daß Unternehmen dieser Größenordnung nicht mehr nach der Art alter Konzerndiktatoren geführt werden können. Erst verlieren sie die Übersicht, dann die Liquidität und schließlich stopfen sie nur noch Löcher, bis die Pleite perfekt ist.«

Sinteranlage im Werk Westfalenhütte, das zu den leistungsfähigen Herstellern von Flachstahlerzeugnissen gehört

Mißverständnisse beim »Maßhalten«

In wirtschaftspolitischen Debatten, Kommentaren und Meldungen taucht immer wieder der Begriff »Maßhalten« auf, mit dem Bundeswirtschaftsminister Ludwig Erhard seine konjunkturpolitischen Ziele überschreibt.

Eine Meinungsumfrage des Institutes für Demoskopie in Allensbach ergibt, daß 83% der befragten Bundesbürger schon etwas von »Maßhalte-Appellen« gehört haben. 58% verstanden »Maßhalten« jedoch nicht als die von Erhard empfohlene Mäßigung öffentlicher Ansprüche, sondern des privaten Konsumenten, nämlich den Verzicht auf einen Kauf von teuren Waren. 56% verstehen es als Hinweis an Unternehmer, sich mit kleineren Gewinnen zu begnügen.

Blick in den Steuerstand der Hauptstaffel des Warmbreitbandwalzwerkes des Werkes Westfalenhütte Dortmund der Hoesch-Hüttenwerke

100 Jahre Farbenfabrik Bayer

1. August. Als zweite der Gründer- und Nachfolgegesellschaften der Interessengemeinschaft (I.G.) Farben feiern die Farbenfabriken Bayer A.G. in Leverkusen ihr 100jähriges Bestehen (→11. 1./S. 18).
Mit einem Aktienkapital von 835 Millionen DM ist Bayer, einer der

bedeutendsten Chemieproduzenten der Welt, nach dem Rheinisch-Westfälischen Elektrizitätswerk (RWE) die größte Aktiengesellschaft der Bundesrepublik. Ihre Dividendenausschüttung von 150,8 Millionen DM für 1962 übertrifft sogar die aller anderen Firmen. Beteiligt sind an dem Kapital etwa 200 000 Aktionäre, von denen 20 000 zur Belegschaft gehören. In den vier deutschen Produktionsbetrieben – Leverkusen, Dormagen, Elberfeld und Uerdingen – werden 61 400 Menschen beschäftigt, im Gesamtunternehmen einschließlich der Produktions- und Vertriebsgesellschaften in 150 Ländern 78 000 Menschen.
Zur feierlichen Veranstaltung am Jubiläumstag kommen Gratulanten aus der ganzen Welt, Politiker, Techniker und Naturwissenschaftler. Der bekannte Münchener Physiker Walther Gerlach hält den Festvortrag. In seiner Rede hebt er, wie auch schon Friedrich Sieburg in der Festschrift, die enge Verflechtung von Forschungen und gesellschaftlichen Entwicklungen hervor.

Festveranstaltung zum 100jährigen Bestehen der Farbenfabriken Bayer

Blick auf das Betriebsgelände der Farbenfabriken Bayer AG in Leverkusen; es ist eine der vier Produktionsstätten des Unternehmens in der Bundesrepublik

Von der Farbküche daheim zum Weltunternehmen der Chemie

Als in Großbritannien 1856 die Herstellung von Farbe aus Kohle gelang, interessierte man sich bald auch in Deutschland dafür.
Der Farbenkaufmann Friedrich Bayer aus Barmen und Friedrich

Weskott begannen mit der Produktion der Anilinfarbe Fuchsin und gründeten am 1. August 1863 die Firma Friedrich Bayer et comp. Die Erweiterung der Farbstoffproduktion zog sehr schnell die Vergrößerung der Firma nach sich. Wegen der Übersättigung des Farbenmarktes geriet allerdings auch das nach dem Tode Friedrich Bayers 1881 in eine Aktiengesellschaft umgewandelte Unternehmen 1885 in eine Krise. Man suchte nach

Neuem und setzte auf intensive Forschung. Chemiker wurden eingestellt, u.a. Carl Duisberg. Er entwickelte 1888 das erste Bayer-Medikament, ein Fiebermittel. 1891 zog der Betrieb in das spätere Hauptwerk nach Leverkusen. Neben der Produktion wurde die chemische Forschung ein Schwerpunkt in der Bayer A.G. Die Firma Bayer war Pionier bei der Bekämpfung von Tropenkrankheiten, begann bereits vor dem Ersten Welt-

krieg mit der Entwicklung und Produktion von Pflanzenschutzmitteln und erhielt das erste Patent für synthetischen Kautschuk.
Schon vor der Jahrhundertwende brachte die Firma das wohl populärste Medikament, Aspirin, heraus, und in den 30er Jahren entdeckten Bayer-Forscher die antibakterielle Wirkung von Sulfonamiden. Große Entdeckungen gelangen der Firma auch auf dem Gebiet der Kunststoffe.

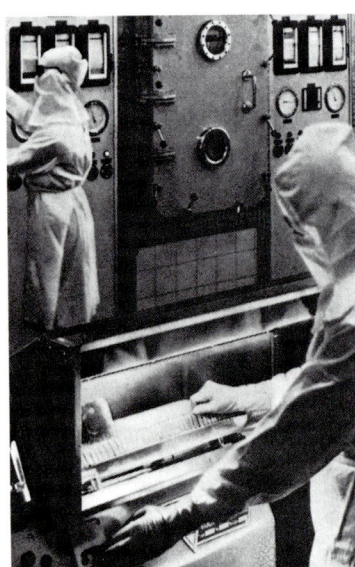

Lagerung von steril abgefüllten Ampullen im Gefriertrockenschrank

Volontäre aus aller Welt kommen nach Leverkusen, um sich zu informieren; im Bild Fachleute aus Indien

Felder werden mit Pflanzenschutzmitteln besprüht; mit deren Entwicklung hatte Bayer schon vor 1914 begonnen

Rekrut tot nach dem »Gewöhnungsmarsch«

9. August. Im Krankenhaus der württembergischen Stadt Nagold stirbt der 19jährige Soldat Gerd Trimborn an den Folgen der harten Ausbildung. Der Wehrpflichtige Trimborn war am 1. Juli eingezogen worden und in Nagold bei der Ausbildungskompanie 6/9 der 25. Fallschirmjägerbrigade stationiert.

Anfang August, es herrschten Temperaturen von über 30°C, fand ein »Gewöhnungsmarsch« in drei Zügen statt. Trimborn, der im ersten Zug marschierte, brach unterwegs zusammen und wurde ins Krankenhaus gebracht. Bis zu seinem Tode erlangte er sein Bewußtsein nicht mehr. In einer anderen Marschgruppe wurden weitere drei Soldaten infolge der Hitze bewußtlos. Erste Hilfe leistete der Hausmeister eines benachbarten Sanatoriums.

Die Anzeige von Zivilisten, die diese Vorfälle beobachteten, ist Anlaß für eine Untersuchung der Ausbildungsmethoden bei der ersten Luftlandedivision der Bundeswehr.

Nach dreimonatiger Ermittlung erhebt die Tübinger Staatsanwaltschaft Anklage gegen sechs Unteroffiziere und fünf Gefreite der Kompanie. Fast der ganze Ausbilderstamm wird der Mißhandlung Untergebener, der entwürdigenden Behandlung und des Mißbrauchs der Befehlsgewalt beschuldigt. Die Bundeswehr zieht ihrerseits die Konsequenz: In November wird die Fallschirmjäger - Ausbildungskompanie 6/9 in Nagold aufgelöst.

△ *Bundesverteidigungsminister Kai Uwe von Hassel (2.v.l.) als Beobachter bei einer Übung in der Kaserne von Nagold; im Anschluß an eine Inspektionsreise, die den Minister in mehrere Bundeswehreinrichtungen führt, spricht sich Kai Uwe von Hassel generell für eine harte Ausbildung der Rekruten aus – nur so könnten sie im Ernstfall ihre Aufgaben erfüllen*

◁ *Gespräch zwischen Oberleutnant Schallwig (l.), Chef der Fallschirmjägerkompanie 6/9 in Nagold, und dem Wehrbeauftragten der Bundeswehr, Admiral a.D. Heye, in Calw; dort beginnen im Dezember die Prozesse gegen elf Ausbilder der nun aufgelösten Kompanie wegen ungesetzlicher und auch unwürdiger Behandlung der untergebenen Soldaten*

Elf Millionen DM für Forschungszwecke

12. August. In einer Pressekonferenz gibt die Fritz-Thyssen-Stiftung Köln einen Bericht über ihre Aktivitäten im Jahr 1962, dem zweiten Jahr ihres Bestehens.

Daraus geht hervor, daß sie insgesamt 11,1 Millionen DM für die Förderung der Wissenschaften ausgegeben hat. Das Geld stammt aus dem Nießbrauch von Thyssen-Aktien. Etwa ein Drittel kam hiervon dem wissenschaftlichen Nachwuchs zugute, zumeist in Form von Habilitanden- und Doktoranden-Stipendien. Der größe Teil fand bei Forschungsaufgaben aus dem natur- und geisteswissenschaftlichen Bereich Verwendung; so beim Kauf und Ausbau eines Gebäudes für das Kunsthistorische Institut in Florenz.

Das neuerrichtete deutsche Kunsthistorische Institut in der italienischen Stadt Florenz, der Ankauf und der Ausbau des Gebäudes wurden durch Mittel der Fritz-Thyssen-Stiftung ermöglicht, die im Jahr 1962 in Köln gegründet worden ist

Zuwenig Nachwuchs bei den Juristen

8. August. Der Justizminister von Nordrhein-Westfalen, Artur Sträter (CDU), beklagt vor der Presse den Nachwuchsmangel bei Richtern und Staatsanwälten. So sei die Zahl der Jurastudenten im Sommersemester 1958 von 21403 auf 18510 im Wintersemester 1962/63 gesunken. Der Anteil an der Zahl der Studienanfänger sogar von 14,3% auf 6,3%. Den Grund für die mangelnde Attraktivität dieses Berufsfeldes sieht Sträter neben der langen Ausbildungszeit in der Geschichte. Durch die Haltung von Juristen während der Zeit des Nationalsozialismus habe das Vertrauen in den Berufsstand gelitten.

Weinbauern beraten über den Rebensaft

24. August. Für neun Tage kommen in Mainz Weinbauern aus dem In- und Ausland zum 45. Deutschen Weinbauernkongreß zusammen. Er steht unter dem Motto »Deutscher Wein in Europa«.

Wichtige Punkte bei den Beratungen sind die Forderung nach einem neuen deutschen Weingesetz und die Einführung einer gemeinsamen Weinmarktordnung in der Europäischen Wirtschaftsgemeinschaft (EWG). Letztere scheiterte bisher an der Uneinigkeit über gemeinsame Qualitätsansprüche für alle in der EWG produzierten Weine.

Tierärzte treffen sich in Hannover

14. August. In Hannover beginnt der bis 21. August dauernde 17. Welttierärztekongreß, zu dem 3000 Delegierte aus 50 Nationen angereist sind. Er ist zugleich der Jubiläumskongreß der Welt-Tierärzte-Gesellschaft, die im Jahr 1863 in Hamburg von 99 Tierärzten gegründet worden war.

Hilfe zu leisten – darin sehen die Veterinärmediziner nach wie vor den Sinn ihrer Tätigkeit. Sie wehren sich dagegen, »Erfüllungsgehilfen der Wirtschaft« zu werden, denn das »Nutztier ist keine Produktionsmaschine«, und im Schwein sei z.B. nicht nur die Vorstufe zum Kotelett oder Schinken zu sehen, sondern ein lebendiges Tier.

Britische Posträuber erbeuten 30 Millionen

8. August. In den frühen Morgenstunden überfallen 15 mit Eisenstangen bewaffnete Männer den planmäßigen Postzug von Glasgow nach London. Dabei erbeuten sie 2,63 Millionen Pfund, etwa 30 Millionen DM.

Protokoll eines Kapitalverbrechens
3.05 Uhr: Der Postzug von Glasgow nach London wird durch falsches Rot-Signal zum Stoppen gebracht.
3.06 Uhr: Maskierte Männer überwältigen die Lokführer, besteigen den Zug, brechen Waggon 2 auf.
3.10 Uhr: Nachdem die vier Postbeamten von Waggon Nr. 2 gefesselt sind, koppeln die Gangster den restlichen Zug ab und zwingen den Lokführer, 500 m weiter zu fahren.
3.14 Uhr: Die Lokomotive hält auf einer Brücke. Die Posträuber werfen 120 volle Geldsäcke aus Waggon Nr. 2 auf die darunterliegende Straße, wo drei Lastwagen warten.
3.20 Uhr: Die drei mit der Beute beladenen Transporter fahren fort.

Der Überfall ist bis ins kleinste Detail geplant und läuft ohne jede Panne ab: 65 km nordwestlich von London, in der Nähe von Cheddington, verdecken die Gangster ein grünes Signal und setzen eine rote Lampe als Haltesignal in Betrieb. Gleichzeitig schneiden sie alle Telefonleitungen an der Bahnlinie durch. Als der Zug zum Stehen

Blick auf den Bahnhof von Cheddington, etwa 65 km nordwestlich von London; nicht weit von hier starteten die Posträuber den Coup des Jahrhunderts

kommt, ist alles nur noch eine Sache von einer Viertelstunde. Die Überwältigung der Lokführer sowie der vier Postbeamten in dem verplombten zweiten Waggon mit den Wertsachen, das Abhängen des restlichen Zuges und das Ausladen der Postsäcke an der Brücke gehen so lautlos vor sich, daß die Angestellten im hinteren Teil des Zuges erst nach 20 Minuten den Überfall bemerken. Dabei wird lediglich der Hilfslok-

führer David Whitby leicht verletzt. Noch am Morgen beginnt Scotland Yard mit der Fahndung, aber vergebens. Banken, Polizei und Versicherungen setzen deshalb hohe Belohnungen aus, insgesamt 260 000 Pfund (2,9 Millionen DM). Zufälle führen nach sieben Tagen zu ersten Verhaftungen und dem Auffinden von 270 000 Pfund (drei Millionen DM) der Beute bis zum 21. August (→ 11. 12./S. 203).

Die Eisenbahnbrücke, von der die Beute in 120 Geldsäcken in die bereitstehenden drei Lastwagen umgeladen wurde

Die Leatherside Farm in Oakley, Buckinghamshire, wo sich die Posträuber für eine kurze Zeit versteckt hielten

Sehnsucht nach dem großen Geld

Während Scotland Yard fieberhaft nach den Posträubern vom 8. August sucht, Hunderten von oft mehr als dürftigen Spuren und Hinweisen nachgeht und die Aktienkurse der bestohlenen Banken empfindlich fallen, wächst in der Bevölkerung insgeheim die Sympathie für die Akteure des »Coup des Jahrhunderts«. Mehr oder weniger offen äußern sich auch Journalisten anerkennend über die clevere Tat, denn viele ihrer Leser scheinen Verständnis für die »Sehnsucht nach dem großen Geld« zu haben.

Das Delikt des Bankraubes ist z. B. in der Bundesrepublik wesentlich geringer in seiner Bedeutung als in den USA und nimmt sich lt. kriminalistischer Untersuchungen ausgesprochen »provinziell und ärmlich aus«. Im Jahr 1963 gibt es in der gesamten Bundesrepublik 93 Banküberfälle, bei denen selten mehr als 10 000 DM erbeutet werden können.

In Großbritannien nun hat man die »Vormachtstellung« der USA auf dem Gebiet des Geldraubes beendet. Aufgrund dessen scheint sich sogar Stolz auf der Insel breit zu machen: Briten können sich des größten Geldraubes aller Zeiten rühmen. Seit 1950 hielten die US-Amerikaner den Rekord. Damals raubte eine aus zwölf Berufsgangstern rekrutierte Bande in Boston den fensterlosen Bunker der Brink's Express Company, einer Geldtransportfirma, aus. Die Beute betrug umgerechnet elf Millionen DM, davon fünf Millionen in bar. Auch der Überfall in Boston war mit äußerster Sorgfalt geplant und mehrmals geprobt worden, ehe er mit äußerster Präzision ausgeführt wurde. Nur der Bandenchef wußte später, wo die Beute versteckt war. Er bestimmte, daß sie erst nach sechs Jahren verteilt werden sollte. Aber wenige Tage vor Ablauf der Verjährungsfrist gestand das Bandenmitglied Josef O'Keefe die Tat. – Er hatte sich um seinen Anteil an der Beute geprellt gefühlt.

Rekorde von begeisterten Fliegerinnen aus Europa und den Vereinigten Staaten von Amerika

1. August. *Als erste Frau überfliegt die 30jährige Norwegerin Ingrid Pedersen am Steuerknüppel eines einmotorigen Flugzeugs vom Typ »Cessna« (Abb.: Archivfoto) den Nordpol. Mit ihrem Mann Einar als Navigator startete sie in Fairbanks in Alaska. Nach einer kurzen Zwischenlandung auf Grönland landet sie 30 Stunden später bei dem norwegischen Ort Bodö. Einar Pedersen, der als Chefnavigator der skandinavischen Luftfahrtgesellschaft SAS die Strecke schon mehr als 150mal mit Verkehrsmaschinen überflogen hatte, machte während des Fluges Film- und Fotoaufnahmen des Polarkreises aus geringer Höhe. Noch im gleichen Monat, am 25. August, berichten die Zeitungen von einer*

zweiten Luftpremiere. Die Niederländerin Nina Boesmann überfliegt ebenfalls eisige Regionen, und zwar Gletscher in den Alpen. Als erste Frau überquert sie in einem Freiballon das Hochgebirge. Mit ihrem 1000-m³-Ballon, der eine Höhe von 8000 m erreicht, benötigt sie von Mürren (Schweiz) bis Pontoglis, einem kleinen Ort auf der italienischen Seite der Alpen gelegen, sechs Stunden. Eine dritte Fliegerin machte schon im Frühsommer auf sich aufmerksam. Am 2. Mai flog die 56jährige US-amerikanische Pilotin Jacqueline Codran mit einem Starfighter »F 104« eine Durchschnittsgeschwindigkeit von 1926,3 km/h über der Mojave-Wüste und ist damit »schnellste Frau der Welt«.

Hitze und Trockenheit belasten Europäer

8. August. Ein Temperatursturz von etwa 10°C in Mitteleuropa bringt endlich den ersehnten Regen und Abkühlung.

Seit Wochen herrschten in ganz Deutschland tropische Temperaturen, die zwar allen Urlaubern herrliche Sonnentage bescherten, der Landwirtschaft und einigen Industriezweigen aber schwer zu schaffen machten. Überall in der Bundesrepublik fürchten die Bauern um ihre Ernteerträge, da die Felder zu wenig Wasser bekamen. Das noch im Juni so üppig gewachsene Gemüse verdorrte, die Tiere fanden auf den ausgetrockneten Wiesen kein Futter mehr. In mehreren Gebieten,

besonders im oberfränkischen Raum, war der Grundwasserstand so sehr gesunken, führten die Flüsse so wenig Wasser, daß auch das Trinkwasser knapp wurde. In einigen Orten mußte daher die Bevölkerung aus Tanks mit dem nötigen Naß versorgt werden. In Berlin, wo mehrere Tage hintereinander die Temperaturen über 30°C betrugen, waren besonders viele medizinische Noteinsätze zu verzeichnen, da vor allem ältere und kreislaufgefährdete Menschen die Hitze nicht vertrugen. Positiv machte sich das »Superwetter« für den Handel bemerkbar. Bei dem diesjährigen Sommerschlußverkauf berichteten die Geschäftsleute von Umsatzsteigerungen im Vergleich zum Vorjahr von teilweise bis zu 7%. Schon nach der ersten Woche des Sonderverkaufs waren die Lager von hochsommerlicher Kleidung fast völlig geräumt. Die meisten Kunden rechnen mit weiteren Hitzeperioden.
Eine andere Branche mußte aus diesem Grunde Geschäftseinbußen hinnehmen: Der Abschluß von Reisewetterversicherungen ging im Vergleich zum Vorjahr um 30% zurück. An eine Aufgabe dieser Sparte ist dennoch nicht gedacht.

Wassermangel herrscht in vielen Teilen der Bundesrepublik; Tankwagen versorgen die betroffenen Orte mit dem notwendigen Naß, wie hier in Leuscheid

Fußballspieler in Caracas entführt

24. August. Mitglieder der venezolanischen Befreiungsfront (FALN) entführen in Caracas den spanischen Fußballstar Alfredo di Stefano. Der Stürmer von Real Madrid hält sich mit seiner Mannschaft zu Gastspielen in dem südamerikanischen Land auf.

Nach drei Tagen meldet sich der 37jährige di Stefano in der spanischen Botschaft und berichtet von seiner Entführung. Nach seinen Angaben wurde er von den Kidnappern gut behandelt, außerdem seien an seine Freilassung keinerlei Bedingungen geknüpft worden.

Mit der Entführung will die castrofreundliche FALN unter der Leitung des Kommunisten Maximo Canales die Weltöffentlichkeit auf ihren Widerstand gegen die Regierung des Präsidenten Romulo Betancourt aufmerksam machen.

Di Stefano ist nicht der erste Sportler, der aus politischen Gründen entführt wurde. Im Februar 1958 bemächtigten sich kubanische Rebellen in Havanna des Rennfahrers Juan Fangio, um gegen den damaligen Diktator Fulgencio Batista y Zaldivar zu demonstrieren. Er wurde später von Fidel Castro gestürzt.

»Tom Jones« auf dem Festival

24. August. Mit der Aufführung des britischen Films »Tom Jones« von Regisseur Tony Richardson werden in Venedig die diesjährigen Filmfestspiele eröffnet.

Die intelligente und witzige, mit

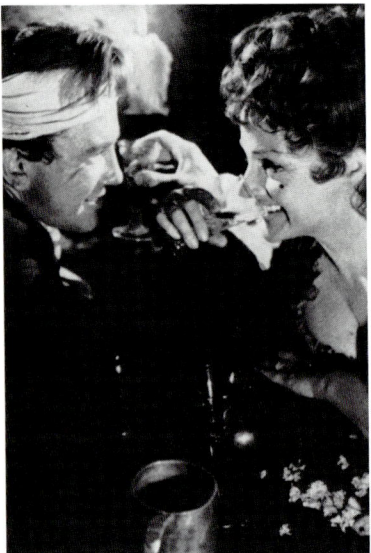

Albert Finney und Joyce Redman in einer Szene des Films »Tom Jones«

parodistischen Elementen durchsetzte Bearbeitung des gleichnamigen Romans von Henry Fielding hat großen Erfolg beim Publikum.

Allerdings ist dieser unterhaltsame Streifen nicht typisch für das bis 7. September stattfindende Treffen der Cineasten am Lido. Ein großer Teil der über 100 in Venedigs Festspielkinos gezeigten Filme stammt von jüngeren Regisseuren. Überraschend ist das gemeinsame Thema der noch weitgehend unbekannten Filmemacher. Für sie gibt es keine Gegenwart, die nicht auf dem Hintergrund der Besatzung, des Krieges, der Gewalt, der Tortur und des Terrors von gestern steht und begriffen werden muß.

Das erste große Ereignis in Venedig ist die Aufführung des Films »Muriel« von dem Franzosen Alain Resnais. Seine Protagonistin Delphine Seyrig erhält den Preis als beste weibliche Darstellerin. Den Goldenen Löwen spricht die Jury dem italienischen Regisseur Francesco Rosi für »Le Mani sulla Città« (»Die Hände über der Stadt«) zu.

Treffen der Jugend an der Côte d'Azur

1. August. In Bonn berichtet die Gesellschaft für praktisches Auslandswissen von einem deutsch-französischen Jugend-Festival in Cap d'Ail bei der Stadt Nizza.

Das Treffen, dessen Ehrenpräsident der französische Künstler Jean Cocteau ist, findet in den Monaten Juli und August statt und vereinigt so mehrere hundert Jugendliche aus beiden Ländern, meist Oberschüler und Studenten.

Jean Cocteau

Das Ferienlager entstand schon vor einigen Jahren. Jean Cocteau entwarf eigens dafür ein Freilichttheater, in dem Musik- und Theateraufführungen stattfinden, vorwiegend von jungen Künstlern dargeboten. Außerdem werden Sprachkurse veranstaltet.

Erklärtes Ziel der Initiatoren ist es, die ausländischen Gäste mit der französischen Kultur näher bekanntzumachen.

Kritiker der Kunst tagen in Tel Aviv

15. August. Der neue Präsident der Association Internationale de Critiques d'Art (ACIA), Carlo Argan, eröffnet in Tel Aviv den Kongreß der Kunstkritiker. Themen der diesjährigen Zusammenkunft sind »Der jüdische Gedanke als Faktor der Universalität in der Kunst« und die »Kunst im technologischen Zeitalter«.

Die Mitglieder der Gesellschaft, in der Mehrzahl Museumsangestellte und Kunstprofessoren, kommen aus 49 Nationen.

Carlo Argan

In den verschiedenen Ländern kümmern sie sich um kunstgeschichtliche Forschungen, aber auch um Probleme der Gegenwartskunst.

Die jährlichen Kongresse des Kunstkritikerverbandes, der auch mit der UNESCO, der Kulturorganisation der Vereinten Nationen, zusammenarbeitet, finden jeweils in einem anderen Land statt.

Ulla Best als eine Zeugin in der Sendung »Das Fernsehgericht tagt«, einer improvisierten Gerichtsverhandlung mit mehreren Fernseh-Gerichtstagen

Schlagersänger Peter Kraus in seiner eigenen Fernsehshow

Der jüngste Sohn der Cartwrights (Mike Landon) in »Bonanza«

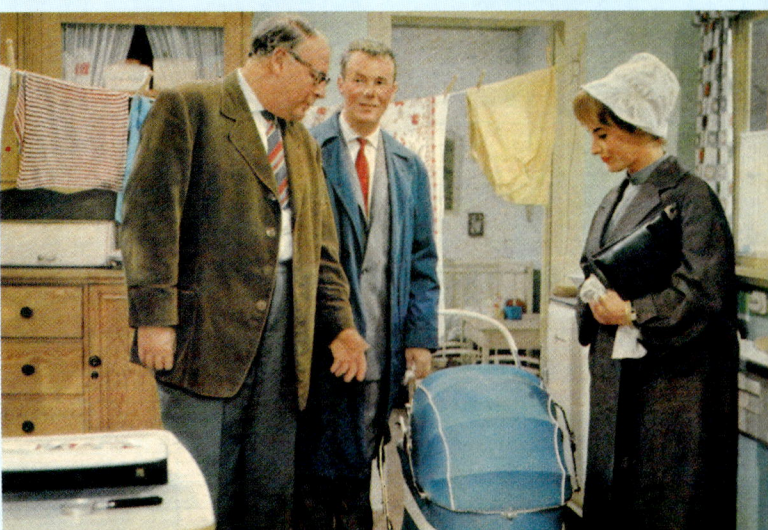

Heinz Erhardt (l.), hier in einer Szene des Films »Ein ruhiges Stündchen« mit Peter Lehmbrock und Lisett Meister, zählt zu den besten deutschen Komikern

Fernsehen 1963:

TV in fast jedem zweiten Haushalt

Die magische Anziehungskraft des Fernsehens in den bundesdeutschen Wohnstuben hält unvermindert an. Der Fernsehapparat wird immer mehr zum unverzichtbaren Freizeitpartner.

Verfügten im Jahr 1962 noch 35% aller Haushalte in der Bundesrepublik über ein TV-Gerät, sind es im Herbst 1963 bereits 41%. Neun Millionen Teilnehmer können nun allabendlich das Programm der ARD und seit dem → 1. April (S. 70) auch des Zweiten Deutschen Fernsehens (ZDF) mitverfolgen. Besonders beliebt beim großen Teil des Publikums sind Unterhaltungs- und Quizsendungen wie »Musik aus Studio B« mit Chris Howland, »Was bin ich« mit Robert Lembke sowie Unterhaltungsshows. Spannung in die eigenen vier Wände bringen aus dem US-amerikanischen TV übernommene Western- und Abenteuerserien (»Am Fuß der blauen Berge«) oder deutsche Produktionen – z. B. »Tim Frazer« von Francis Durbridge oder »Stahlnetz« von Jürgen Roland.

Das immer mehr Beliebtheit gewinnende »Filzlatschenkino« verändert die Lebensgewohnheiten. Paul Mahlberg, Leiter des Hauses »Industrieform« in Essen, stellt in einer Untersuchung fest, welche Auswirkungen die Fernsehgewohnheiten auf einige Industriezweige haben: Neben dem zunehmenden Verkauf von Fernsehsesseln, -brillen und -lampen registrierte er einen erhöhten Absatz von Hausschuhen. Gäste werden neuerdings nicht mehr zu geselligem Beisammensein, sondern zum gemeinsamen Fernsehabend eingeladen. Ihnen reicht man dann auch spezielle »Fernseh-Häppchen« oder einen »Knabbercocktail«, von der Lebensmittelwerbung eigens für diesen Zweck produziert und angepriesen.

Die bundesdeutschen Fernsehgerätehersteller hoffen, daß sie 1963 – wie im Vorjahr – einen Produktionswert von rund zwei Milliarden DM erreichen. Ihr Optimismus wird lediglich von einigen Skeptikern gebremst, die in den auf dem deutschen Markt auftauchenden japanischen Produkten eine zunehmende Konkurrenz sehen.

»Vorsicht Kamera« nennt Chris Howland seine Sendung, in der er ahnungslose Bürger per Kamera beobachtet

Sonnabend nachmittag empfängt Billy Mo (r.) seine Fernsehzuschauer im »Cafe Mo« (hier mit Günther Jerschke)

Die Japaner sind nach den Vereinigten Staaten die zweitstärkste Fernsehnation der Welt, gemessen an den gesendeten Programmen, der Stundenzahl der Sendungen, den angemeldeten Empfangsgeräten und den hergestellten Geräten.

In dem 95 Millionen Einwohner zählenden Inselstaat existieren 13 Millionen TV-Geräte, wovon vier Millionen allein im vergangenen Jahr von den Japanern gekauft wurden. 20 große Firmen teilen sich in die Fabrikation der etwa 100 Typen von Fernsehapparaten. Den stärksten Anteil haben die 45-cm-Empfänger, die umgerechnet ca. 600 DM kosten. Den großen Aufschwung verspricht sich Japans Industrie von kleinen tragbaren Geräten, die dort schon genauso verbreitet sind wie in der Bundesrepublik Deutschland die Rundfunktransistorempfänger.

In dem fernöstlichen Staat ist der Empfang auf insgesamt zwölf Kanälen möglich, außerdem können die Einwohner des Kaiserreiches als einzige neben den US-Amerikanern farbige TV-Programme empfangen. Die Sendezeit beginnt morgens um 6.00 Uhr und endet um Mitternacht.

Zum Vergleich: In den USA sind insgesamt 55 Millionen Empfangsgeräte registriert, in Großbritannien 12,5 Millionen. Den Sättigungsgrad an Fernsehapparaten berechnet man in Tokio optimistisch nach den US-amerikanischen Maßstäben; dann werden es 25 Millionen sein. Diese Zahlen scheinen durchaus realistisch. Schon im Jahr 1964 gibt es durch die in Tokio stattfindenden Olympischen Sommerspiele einen bedeutenden Kaufanreiz. Bis ins letzte Dorf der Nordinsel Hokkaido wird man zwischen dem 10. und 24. Oktober – auch in Farbe – jeden Läuferstart und jedes Hockeymatch verfolgen können. Normalerweise spielt der Sport allerdings keine so große Rolle im TV-Programm der Japaner. Mit 5,7% rangiert er bei dem staatlichen Fernsehsender (NHK) z. B. weit hinter der Kultur (37,9%).

»Tim Frazer« lautete der Titel des neuen TV-Krimis in mehreren Teilen von Francis Durbridge, in dem es um Spionage geht (l. Max Eckard als Frazer)

Premiere der neugeschaffenen Bundesliga

24. August. 282 000 Zuschauer erleben in acht Stadien den ersten Spieltag der neugeschaffenen Fußball-Bundesliga.

Das neue Spielsystem wird in journalistischen Kommentaren als »Ende der Steinzeit« und »Durchbruch zum Fortschritt« gefeiert. Die Bundesliga unterscheidet sich von dem alten System der fünf Oberligen vor allem durch zwei Merkmale:
▷ Früher wurden in zwei Ausscheidungsgruppen die Finalgegner ermittelt, welche dann um den

Titel des Deutschen Meisters spielten. Jetzt ist Deutscher Meister, wer von den 16 Vereinen der Bundesliga nach einer neunmonatigen Punktrunde an der Tabellenspitze steht
▷ Während die Spieler der 74 auf die Oberligen verteilten Vereine aufgrund der Statuten maximal 400 DM verdienen durften, können die Spieler der Bundesligavereine monatlich 1200 DM und in Ausnahmefällen auch darüber verdienen.

Die Zusammensetzung der Bundesliga ergibt sich folgendermaßen: Der Bundesliga-Ausschuß des Deutschen Fußballbundes (DFB) wählt die 16 qualifiziertesten Vereine aus. Am Ende der Saison steigen die beiden Tabellen-Letzten in die Regionalligen ab. Die Meister der fünf Regionalligen, der Berliner Meister, zwei der Tabellenzweiten und eine durch Ausscheidungsspiel ermittelte Regionalliga-Mannschaft bestimmen in der Aufstiegsrunde zwei Bundesliga-Neulinge.

Die 16 Klubs der neuen Bundesliga

Folgende Mannschaften starten in der Bundesliga:

Hertha BSC Berlin
SV Werder Bremen
Eintracht Braunschweig
Hamburger Sport-Verein
1. FC Köln
Meidericher Spiel-Verein
SC Preußen Münster
FC Schalke 04
Borussia Dortmund
1. FC Kaiserslautern
1. FC Saarbrücken
TSV 1860 München
1. FC Nürnberg
Eintracht Frankfurt
Karlsruher Sport-Club
VfB Stuttgart

Endspiele um die Deutsche Fußballmeisterschaft 1903–1963

[Umfangreiche Tabelle: Endspiele um die Deutsche Fußballmeisterschaft 1903–1963. Zeilen = Deutsche Meister/Vizemeister, Spalten = Jahre 1903 bis 1963. Die Zeichen sind nur in der Waagrechten zu lesen.]

Zeilen (Deutscher Meister / Finalsieger, Rangfolge nach Anzahl der Titel):
1. FC Nürnberg · FC Schalke 04 · VfB Leipzig · SpVgg Fürth · Hamburger SV · Borussia Dortmund · Viktoria 89 Berlin · Hertha BSC Berlin · Hannover 96 · Dresdner SC · VfB Stuttgart · 1. FC Kaiserslautern · Union 92 Berlin · Freiburger FC · Phönix Karlsruhe · Karlsruher FV · Holstein Kiel · Bayern München · Fortuna Düsseldorf · Rapid Wien · VfR Mannheim · Rot-Weiß Essen · Eintracht Frankfurt · 1. FC Köln

Fußnoten
[1] Keine Endspiele fanden statt: 1904 (für das Finale, das ausgefallen ist, hatten sich VfB Leipzig und Britannia Berlin qualifiziert) sowie 1915–1919 und 1945–1947.
[2] Nach zwei unentschieden ausgegangenen Spielen erklärte der DFB den Hamburger SV zum Meister, der aber auf den Titel verzichtete.
[3] Rangfolge nach Anzahl der Titel und nach dem Jahr des ersten Titelgewinns.

Hinweis
Die Zeichen (s. l.) sind nur in der Waagrechten zu lesen. Sie geben also Auskunft darüber, in welchen Jahren der deutschen Fußballmeister (= Endspielsieger) welche(n) Runde/Platz der Endrunde erreicht haben, aber nicht, gegen welchen Gegner sie vor Erreichen des Endspiels ausgeschieden sind.

Zeichenerklärung
n. V. – Spielergebnis nach Verlängerung.
V – Endrunde erreicht, aber in den Vorspielen ausgeschieden. 1951–63 wurde die Endrunde in zwei Vorrundengruppen ausgespielt, deren Sieger das Endspiel erreichten.
H – Ausgeschieden im Halbfinale (= Vorschlußrunde, bis einschl. 1924 auch „Zwischenrunde"). 1934–42 wurde die Vorrunde in Gruppen ausgespielt, deren Sieger das Halbfinale erreichten.
Z – Ausgeschieden in der Zwischenrunde (nach dem K.-o.-System).
Q – Ausgeschieden in der Qualifikationsrunde (vor Vorrunde).
2. – Vizemeister, im Endspiel unterlegen.
3./4. – 1936–44 spielten die unterlegenen Halbfinalisten offiziell den 3. Rang aus.

© Harenberg

Konflikt um Berlin als Wettkampfstadt

15. August. In einem Brief an den Vorsitzenden des Nationalen Olympischen Komitees (NOK) der DDR, Heinz Schöbel, betont der Vorsitzende des NOK für Deutschland, Willi Daume, daß sein Komitee auf Berlin (West) als Austragungsort von Ausscheidungskämpfen für eine gesamtdeutsche Olympiamannschaft nicht verzichten wird.

In Vereinbarungen des Internationalen Olympischen Komitees (IOC) waren sowohl der Ostteil als auch der Westteil der Stadt als Orte solcher Leistungsvergleiche von beiden Komitees akzeptiert worden.

Seit den Ausscheidungskämpfen der Ruderer am 9. August für die Europameisterschaften in Berlin (Ost), wo den Sportlern aus dem Westen viel Sympathie von den Zuschauern zuteil wurde, fordern die Funktionäre aus der DDR verstärkt eine Änderung der Vereinbarungen. Entsprechend dem politischen Konzept des Ostblocks, der Berlin (West) nicht als Teil der Bundesrepublik, sondern als eine selbständige politische Einheit sehen möchte, sprechen die DDR-Funktionäre dem NOK in der Bundesrepublik die Zuständigkeit für Berlin (West) ab.

Ruder-Erfolge in Kopenhagen

18. August. Die deutschen Ruderer gewinnen bei den Europameisterschaften auf dem Bagvaerdsee in der Nähe der dänischen Hauptstadt Kopenhagen vier von sieben möglichen Titeln.

Die Mitglieder der gesamtdeutschen Mannschaft sind alle in der Bundesrepublik zu Hause, da sie bei den Ausscheidungskämpfen am 9. August in Berlin (Ost) gegen ihre Gegner aus der DDR siegreich waren.

Wolfgang Neuß, Klaus Günter Jordan, Franz Steinhäuser (v. r.)

Entgegen mancher Voraussagen von Skeptikern im Deutschen Ruderverband, die vor Kopenhagen von einer Krise sprachen, ist die Schlußbilanz der Wettkämpfe auf dem Bagvaerdsee überaus erfolgreich: Bis auf den Doppelzweier von der Renngemeinschaft Mainz-Saarbrücken, der mit knappem Rückstand Platz Vier erreicht, erringen alle deutschen Ruderer Medaillen – vier goldene, eine silberne und eine bronzene.

Fast schon abonniert auf den Meistertitel scheint der deutsche Vierer zu sein. Seit 1957 gab es bei den großen internationalen Titelkämpfen nur deutsche Siege in dieser Bootsgattung. Diese Tradition setzt in Kopenhagen der Berliner RC fort. Im Zweier mit Steuermann siegen Wolfgang Neuß und Klaus Günter-Jordan mit Steuermann Franz Steinhäuser (Nassovia Höchst), und der erst seit kurzem zusammengestellte Vierer ohne Steuermann der Renngemeinschaft Lübecker RG/Ratzeburger RC holt den dritten Europa-Titel. Das Rennen der Achter entscheidet der favorisierte Ratzeburger RC für sich.

Vorn Rudi Altig, z. Z. erfolgreichster deutscher Radsportler und überlegener Gewinner der Etappe Paris-Reims

Erfolg für Kölner Radsportler Altig

4. August. Der Kölner Rudi Altig wird Sieger der international bedeutenden Radfernfahrt Paris–Reims–Luxemburg.

Den Erfolg verdankt er seiner großartigen Leistung in der 240 km langen ersten Etappe von Paris nach Reims. Zusammen mit dem Belgier Armand Desmet benötigt er dafür 5:49:01 h. Tour de France-Sieger Jacques Anquetil liegt 8:35 min zurück (→ 14. 7./S. 119). Auf der zweiten Teilstrecke nach Luxemburg bleibt Altig zwar im Hauptfeld, doch reicht sein Vorsprung für den Gesamtsieg.

Europazonenfinale des Davispokals

5. August. In Wimbledon endet das Europazonenfinale des Davispokals zwischen Großbritannien und Schweden mit einem 3:2-Erfolg der britischen Mannschaft. Das bedeutet für sie seit 30 Jahren einen ersten Sieg in diesem Turnier.

Eine Verzögerung im zeitlichen Ablauf gab es am ersten Tag. Bei glühender Hitze bekämpften sich Mike Sangster und Jan Erik Lundquist dreieinhalb Stunden lang. Im fünften Satz gewann jeder Spieler bis zum 16. Spiel seinen Aufschlag, dann verlor der Schwede. Ein ähnliches Marathonduell lieferten sich anschließend Bobby Wilson und Ulf Schmidt. Es endete mit einem Sieg für den Briten Wilson.

»Spirit of America« erreicht eine Geschwindigkeit von 653 km/h

5. August. Mit dem Auto »Spirit of America«, das einem Flugzeug ähnelt, erringt der US-Amerikaner Craig Breedlove den neuen absoluten Geschwindigkeitsrekord für Automobile. Auf der geraden und extrem glatten Fläche eines ausgetrockneten Salzsees bei Bonneville (Utah) erreicht er eine Spitzengeschwindigkeit von 653,709 km/h. Damit übertrifft er den im Jahr 1947 von dem Briten John Cobb aufgestellten Weltrekord um immerhin 23,709 km/h. »Spirit of America« wurde für Geschwindigkeiten von über 800 km/h entworfen. Das Auto ist etwa elf Meter lang und wird mit einer Düsenmaschine angetrieben, ähnlich der, die für den United Air Force B-45 Bomber gebaut wurde. Die Reifen sind etwa 1,30 m hoch und 20 cm breit. Das Bild zeigt Breedlove vor dem Auto der Superlative.

September 1963

Mo	Di	Mi	Do	Fr	Sa	So
						1
2	3	4	5	6	7	8
9	10	11	12	13	14	15
16	17	18	19	20	21	22
23	24	25	26	27	28	29
30						

1. September, Sonntag

In einer Rundfunkansprache lehnt der Regierende Bürgermeister von Berlin (West), Willy Brandt (SPD), ein von der Sowjetunion vorgeschlagenes separates Kulturabkommen zwischen Berlin (West) und der UdSSR ab.

Zwischen Kiel und dem dänischen Hafen Naskov auf der Insel Lolland wird eine neue Fährverbindung eingerichtet.

2. September, Montag

Das britische Außenministerium bestätigt eine Entscheidung des Innenministeriums, die für die Schauspieler des »Berliner Ensemble« aus Berlin (Ost) ein Einreiseverbot zu den Edinburgher Festspielen beinhaltet.

Der Literaturprofessor Hans Mayer aus Leipzig erklärt auf einer Pressekonferenz des Rowohlt-Verlages in Reinbek bei Hamburg, daß er nicht mehr in die DDR zurückkehren werde. →S. 151

Der Weltrat der Kirchen bezeichnet in einer Erklärung die Apartheidspolitik Südafrikas als Verrat an Christus. →S. 147

In Pakistan tritt ein neues Pressezensurgesetz in Kraft. →S. 147

Die ungarischen Gesundheitsbehörden erklären Budapest, die Hauptstadt des Landes, zum Infektionsgebiet. 800 Gäste eines der größten Hotels in der Stadt stehen unter Pocken-Quarantäne.

3. September, Dienstag

In Den Haag gibt ein Sprecher der niederländischen Regierung den Beschluß der Niederlande bekannt, sich aus finanziellen Gründen nicht an einer Atomstreitmacht des Nordatlantikpaktes (NATO) zu beteiligen.

Der nordrhein-westfälische Kultusminister Paul Mikat (CDU) teilt den Beschluß der Landesregierung mit, die Prüfungen bei Übertritt auf das Gymnasium durch eine Probezeit zu ersetzen.

Ein sowjetischer Frachter fährt im Bosporus wegen starken Nebels auf Land. →S. 147

Die französische Regierung greift in einen Fußballstreit zwischen Berufsspielern und ihrem Dachverband ein. →S. 154

4. September, Mittwoch

In Moskau empfängt der sowjetische Ministerpräsident Nikita S. Chruschtschow den Vizepräsidenten des deutschen Bundestages, Thomas Dehler (FDP), zu einer Unterredung über die Berlin-Frage.

In Bonn erzielt die Bundesregierung in einer Kabinettssitzung einen Kompromiß im »Hähnchenkrieg« mit den USA, in dem die Abschöpfungspreise für US-amerikanisches Gefriergeflügel um elf Pfennig je Kilo gesenkt werden sollen (→6. 8./S. 127).

Die schweizerische Luftfahrt erlebt ihre bisher schwerste Katastrophe. Auf dem Flug von Zürich nach Genf stürzt eine zweimotorige »Caravelle« der Swissair mit 80 Menschen an Bord ab. Alle Insassen kommen ums Leben. →S. 147

5. September, Donnerstag

Bundesinnenminister Hermann Höcherl (CSU), ordnet eine Untersuchung des Bundesamtes für Verfassungsschutz wegen kursierender Gerüchte über eine Telefonabhörung mit Hilfe der alliierten Sicherheitsdienste an. →S. 142

Im Senat von Berlin (West) scheitert erwartungsgemäß ein von der CDU am 3. September eingebrachtes Mißtrauensvotum gegen Bürgermeister Heinrich Albertz (SPD). →S. 143

Nach einem Sprengstoffanschlag auf das Haus eines farbigen Rechtsanwalts brechen in Birmingham (Alabama) erneut schwere Rassenunruhen aus. →S. 146

6. September, Freitag

Der US-amerikanische Kongreß verweigert die vom Präsidenten John F. Kennedy vorgeschlagene Gewährung von 1,5 Millionen US-Dollar (6 Milliarden DM) Wirtschaftshilfe an Indien. →S. 146

China beschuldigt die sowjetische Regierung in Moskau, mehrere zehntausend chinesische Staatsbürger mit »Gewalt oder Verlockungen« zum Verlassen der Volksrepublik China und zur Ansiedlung in der UdSSR veranlaßt zu haben. →S. 145

In der griechischen Hauptstadt Athen versammeln sich rund 15 000 Bürger, die den Rücktritt der Regierung von Panajotis Pipinellis und die Einführung des reinen Verhältniswahlrechts fordern.

Der Regierende Bürgermeister von Berlin (West), Willy Brandt (SPD), eröffnet in Duisburg die »Berliner Brücke«. Mit einer Länge von 1824 m überquert sie den Rhein-Herne-Kanal und die Ruhr.

7. September, Sonnabend

In Lüchow-Dannenberg wird der mit seinen 332 m höchste Funkmast der Bundesrepublik gerichtet. Sein Bau war für die Erweiterung des telefonischen Selbstwählverkehrs zwischen Berlin (West) und dem Bundesgebiet erforderlich.

In Mexiko-Stadt beginnt der bis 14. September dauernde 13. Internationale Philosophenkongreß. →S. 151

8. September, Sonntag

Der Würzburger Arzt Elmar Herterich stellt die Auslagerung von 17 000 Akten der ehemaligen Geheimen Staatspolizei (GESTAPO) aus den Würzburger Archiven fest. →S. 144

Der österreichische Außenminister Bruno Kreisky verurteilt auf einem Wiener Treffen der Auslands-Österreicher die Behandlung von Häftlingen in Südtiroler Gefängnissen (→29. 8./S. 126).

Unter Anteilnahme von 3000 Trauernden wird in Metz der am 4. September verstorbene ehemalige französische Ministerpräsident Robert Schuman beigesetzt (→4. 9./S. 145).

In Algerien stimmen sieben Millionen Bürger der neuen Verfassung zu, wonach das Land zu einem Ein-Parteien-Staat umgewandelt wird. →S. 145

Der 27jährige Brite Jim Clark gewinnt die Automobilweltmeisterschaft 1963 mit dem Großen Preis von Monza auf seinem Lotus-Wagen →S. 154

9. September, Montag

Im US-Kongreß in Washington kommt es zu Auseinandersetzungen um den Moskauer Atomteststoppvertrag. Einflußreiche Senatoren kündigen ihre Ablehnung an (→5. 8./S. 124).

In Hamburg beginnt der eine Woche während Internationale Physikerkongreß mit etwa 2000 Wissenschaftlern und Technikern aus aller Welt. →S. 150

In Mannheim findet die deutsche Erstaufführung des Kinofilms »Die Eingeschlossenen« des italienischen Regisseurs Vittorio De Sica statt. Als Vorlage diente De Sica das gleichnamige Stück des Franzosen Jean-Paul Sartre.

10. September, Dienstag

Die französische Regierung ordnet für eine Reihe von Lebensmitteln und Industriegütern einen Preisstopp an. Finanzminister Valery Giscard-d'Estaing fordert die in Paris tagenden Finanzminister der übrigen Staaten der Europäischen Wirtschaftsgemeinschaft (EWG) zu gleichen Maßnahmen auf.

Lebensmitteltechnische Untersuchungen in Freiburg im Breisgau ergaben, daß das weltberühmte Schwarzwälder Kirschwasser durch Zusatz von Zucker und Maische verfälscht worden ist.

11. September, Mittwoch

In einem sechs Punkte umfassenden Bericht vor dem Bundestag in Bonn erklärt Bundesinnenminister Hermann Höcherl (CSU), daß das Bundesamt für Verfassungsschutz entgegen der Darstellung der Wochenzeitung »Die Zeit« das Post- und Fernmeldegeheimnis nicht verletzt habe (→5. 9./S. 142).

Die Sowjetunion erklärt gegenüber den Vereinigten Staaten, daß sie weitere militärische Angriffe von Exilkubanern auf Kuba keinesfalls tatenlos hinnehmen.

12. September, Donnerstag

Das Münchener Polizeipräsidium reagiert auf die öffentliche Kritik am polizeilichen Vorgehen bei den Schwabinger Krawallen 1962 mit einem Katalog »goldener Regeln« für Polizeibeamte. →S. 144

In Ankara unterzeichnen die sechs Außenminister der Mitgliedsstaaten der Europäischen Wirtschaftsgemeinschaft (EWG) einen Assoziierungsvertrag mit der Türkei.

Bundeswirtschaftsminister Ludwig Erhard (CDU) eröffnet in Frankfurt am Main die 41. Internationale Automobilausstellung. Sie wird bis 22. September dauern (→S. 152).

13. September, Freitag

Gegen den Plan, die mittlerweile 2,8 Millionen in der Bundesrepublik lebenden DDR-Flüchtlinge per Briefwahl an den Volkskammerwahlen der DDR teilnehmen zu lassen, wendet sich der Bundesminister für gesamtdeutsche Fragen, Rainer Barzel (CDU).

Die US-amerikanische Atomenergiekommission unternimmt in der Wüste von Nevada erneut zwei unterirdische Atombombenversuche.

14. September, Sonnabend

In einer Konferenz, zu der Bundeskanzler Konrad Adenauer (CDU) führende Regierungsmitglieder aus Bonn in seinen italienischen Ferienort Cadenabbia gebeten hat, fordert der Kanzler zu einer kompromißlosen Linie gegenüber Washington in Fragen der Ost-West-Entspannungspolitik auf.

Starke Wolkenbrüche verursachen in ganz Nordspanien schwere Überschwemmungen.

15. September, Sonntag

Bundesverteidigungsminister Kai Uwe von Hassel (CDU) beginnt mit der Werbung von Freiwilligen für den Aufbau einer Territorialreserve.

Mit einer Parade in Dresden enden die sechstägigen Herbstmanöver der Warschauer-Pakt-Staaten in der DDR. 40 000 deutsche, polnische, tschechoslowakische und sowjetische Soldaten hatten daran teilgenommen.

In Birmingham (USA) verüben weiße Terroristen einen Bombenanschlag auf eine Kirche, wobei sechs farbige Kinder getötet werden. Daraufhin fordert der schwarze Bürgerrechtler Martin Luther King von US-Präsident John F. Kennedy eine Gesetzgebung zur Verhinderung des »Rassenchaos« (→5. 9./S. 146).

Die Stadt Düsseldorf feiert ihr 675jähriges Stadtjubiläum.

In der schwedischen Hauptstadt Stockholm gehen die vor acht Tagen begonnenen Weltmeisterschaften im Gewichtheben zu Ende. Der Sowjetrusse Juri Wlassow erringt seinen fünften Titel im Schwergewicht. →S. 155

16. September, Montag

Der scheidende Bundeskanzler Konrad Adenauer trifft zu einem zweitägigen Besuch in Rom ein (→27. 9./S. 143).

Aus Anlaß der im September stattfindenden Automobilausstellung in Frankfurt am Main bildet die Münchener Illustrierte »Quick« auf der Messe gezeigte Modelle in ihrer Ausgabe vom 15. September ab

Q
QUICK

Nr. **37** · JAHRGANG 16 · MÜNCHEN, 15. SEPTEMBER 1963 · **60 PF.** Schweden: skr 1,25 inkl. oms · 1 H 5730 C

Der neue Kirst: 08/15 HEUTE

GLAS 1300 GT

OPEL Rekord Coupé

GLAS 1500

DKW F12 Roadster

BMW 1800

FORD 12M Coupé

OPEL Kadett Coupé

DKW F102

MERCEDES 600

NSU Prinz 1000

VW 1500 S

PORSCHE 901

Grosser Bericht zur Automobil-Ausstellung in Frankfurt:
QUICK fuhr die neuen Modelle

Gegen die offene Opposition Indonesiens und unter dem militärischen Schutzversprechen von Großbritannien wird die südostasiatische Föderation Malaysia proklamiert. →S. 145

Die Sowjetunion schließt mit Kanada den umfangreichsten Weizenlieferungsvertrag der kanadischen Geschichte ab. Die vereinbarten Lieferungen machen zwei Drittel der Getreideausfuhr des Erntejahres 1962/63 aus (→26. 9./S. 146).

17. September, Dienstag

In Rom empfängt Papst Paul VI. den demnächst ausscheidenden Kanzler der Bundesrepublik Deutschland, Konrad Adenauer (CDU), zu einer Privataudienz und überreicht ihm den Christusorden (→27. 9./S. 143).

In der Kieler Howaldtswerft beginnen die Werftarbeiter mit der Kiellegung für den Bau des ersten deutschen atomar betriebenen Frachters. Er wird eine Tragfähigkeit von 16 000 t bei einer Länge von 171,8 m und einer Breite von 23,4 m besitzen. →S. 144

Aufgrund der hochsommerlichen Temperaturen werden in Hamburg die schon am 7. September geschlossenen Freibäder wieder geöffnet. Auch in anderen Städten bleiben die Freibäder über das offizielle Saisonende hinaus offen.

18. September, Mittwoch

In Jakarta stürmen indonesische Demonstranten die britische Botschaft und brennen sie nieder. Sie protestieren damit gegen die neugeschaffene Föderation Malaysia (→16. 9./S. 145).

Eine dänische Bürgerinitiative überreicht dem Justizministerium in Kopenhagen eine von 14 000 Dänen unterschriebene Protesterklärung gegen die geplante Produktion eines Christine-Keeler-Films in Dänemark.

19. September, Donnerstag

Zwischen Vertretern der Bundesregierung sowie den US-amerikanischen, britischen und französischen Botschaften beginnen Verhandlungen über die Ablösung der alliierten Rechte bei der Post- und Telefonkontrolle durch ein deutsches Gesetz (→5. 9./S. 142).

In seiner Rede vor der Vollversammlung der Vereinten Nationen (UN) in New York verlangt der sowjetische Außenminister Andrei A. Gromyko u. a. den Abschluß eines Friedensvertrages mit beiden deutschen Staaten.

In Köln wird mit dem Bau einer Untergrundbahn begonnen. Die Kosten der zunächst 6,1 km langen Strecken sind mit 150 Millionen DM veranschlagt.

20. September, Freitag

Das Bundesschatzministerium gibt die Bereitstellung von 30 Millionen DM für den Wiederaufbau des Berliner Reichstagsgebäudes bekannt.

In seiner Rede vor der 18. UN-Vollversammlung in New York fordert der US-

amerikanische Präsident John F. Kennedy neue Schritte zur Entspannung und bezeichnet den Moskauer Teststoppvertrag als eine »Pause im Kalten Krieg« (→5. 8./S. 124).

In Klagenfurt endet der zweitägige Bundesparteitag der Österreichischen Volkspartei (ÖVP). Die Delegierten wählen den früheren Bundesminister für Finanzen, Josef Klaus, zu ihrem neuen Bundesparteiobmann.

21. September, Sonnabend

Bundeskanzler Konrad Adenauer (CDU) trifft zu einem zweitägigen Abschiedsbesuch in Paris ein. Der französische Staatspräsident Charles de Gaulle durchbricht aus diesem Anlaß das Protokoll und holt seinen Gast persönlich vom Militärflugplatz Villa-Coublay ab (→27. 9./S. 143).

In Prag wird der tschechoslowakische Ministerpräsident Viliam Siroký wegen »ernster Mängel seiner Amtsführung« von dem bisherigen Vorsitzenden des Slowakischen Nationalrates, Jozef Lenárt, ersetzt. →S. 145

Die norwegische Regierung unter dem konservativen Ministerpräsidenten John Lyng wird vom Parlament gestürzt. Somit ist Norwegen zum zweiten Mal innerhalb von vier Wochen ohne eine Regierung (→23. 8./S. 127).

Der Bundesernährungsminister Werner Schwarz (CDU) eröffnet in Köln die seit 44 Jahren jährlich stattfindende Nahrungs- und Genußmittelausstellung »Anuga«. Sie wird bis 29. September dauern (→S. 148).

Auf dem Messegelände unter dem Funkturm von Berlin (West) wird die 68. deutsche Seifenmesse (bis 29. September) mit über 200 Ausstellern einschlägiger Branchen eröffnet. →S. 149

22. September, Sonntag

In Fylingdales in Großbritannien geht die dritte Frühwarnanlage für Raketenangriffe in Betrieb. Auf eine Entfernung von 4500 km können Objekte von der Größe einer normalen Haustür ausgemacht werden.

Tausende von Gläubigen nehmen im oberpfälzischen Konnersreuth an der Weihe des Klosters »Theresianum« teil, das auf Wunsch der vor einem Jahr verstorbenen stigmatisierten Therese Neumann errichtet wurde.

Im Olympiaqualifikationsspiel in Hannover gewinnt die bundesdeutsche Amateurauswahl 2:1 gegen die Fußball-Nationalmannschaft der DDR. →S. 154

23. September, Montag

Unbekannte Terroristen verüben im Salzkammergut sechs Bombenanschläge. Bei der Entschärfung einer Sprengstoffladungen werden ein Polizeibeamter getötet und zwei weitere verletzt.

In der schwedischen Hauptstadt Stockholm wird der Film »Das Schweigen« des Regisseurs Ingmar Bergman uraufgeführt. →S. 151

24. September, Dienstag

In einer einstündigen Unterredung mit US-Präsident John F. Kennedy im Weißen Haus in Washington appelliert Bundesaußenminister Gerhard Schröder (CDU) an Kennedy, bei der Fortsetzung der Entspannungsgespräche mit der UdSSR die Deutschland- und Berlin-Frage stets zu berücksichtigen.

Nach längerer Debatte billigt der US-amerikanische Senat in Washington das Moskauer Abkommen über die partielle Einstellung der Atomwaffenversuche (→5. 8./S. 124).

Mehrere tausend Schweizer protestieren gegen die Schweizer Erstaufführung des Schauspiels »Der Stellvertreter« des Schriftstellers Rolf Hochhuth im Baseler Stadttheater (→20. 2./S. 40).

25. September, Mittwoch

Vor dem Bundestag in Bonn fordert der CDU-Abgeordnete Gerhard Stoltenberg strafrechtliche Schritte gegen den Leiter der Sendung »Panorama« beim ARD-Fernsehen, Rüdiger Proske. »Panorama« hatte einen Bericht über angebliche Abhöreinrichtungen im Bundeshaus gesendet. →S. 142

Der französische Staatspräsident Charles de Gaulle betont während einer Rede in der südfranzösischen Stadt Orange, daß Frankreich seine eigenen Atomwaffenversuche fortsetzen werde. Gleichzeitig wendet er sich gegen eine atomare Monopolstellung der USA und der UdSSR.

Durch einen Militärputsch werden der Präsident der Dominikanischen Republik, Juan Bosch, und sein Kabinett in Santo Domingo gestürzt. Die neue Junta bezeichnet sich selbst als rechtsgerichtet.

26. September, Donnerstag

Der Ältestenrat des Bundestages stellt fest, daß es zu keiner Zeit im Bonner Bundeshaus eine Abhöranlage gegeben hat. Daraufhin bedauert der Norddeutsche Rundfunk in Hamburg die Ausstrahlung seiner umstrittenen »Panorama«-Sendung (→5. 9./S. 142; 25. 9./S. 142).

Die Sowjetunion verhandelt mit US-amerikanischen Firmen über umfangreiche Weizenlieferungen. →S. 146

Die Spitzenverbände der deutschen Industrie leiten der Ständigen Kultusministerkonferenz eine Stellungnahme zu, in der die allgemeine Einführung des neunten Schuljahres gefordert wird.

27. September, Freitag

Bei der Eröffnung des Deutschen Bauerntages in Hamburg durch Bundeskanzler Konrad Adenauer (CDU) kommt es zu Protesten gegen die Agrarpolitik der Bundesregierung. Der Unmut der Bauern richtet sich vor allem gegen die Agrarimporte. →S. 144

Bundeskanzler Konrad Adenauer trifft zu einem Abschiedsbesuch in Berlin (West) ein. →S. 143

Die Vereinigten Staaten von Amerika und Spanien verlängern ihr Abkommen

über US-amerikanische Luft- und Flottenstützpunkte auf spanischem Boden um weitere fünf Jahre.

Der seit dem 23. September in Wien tagende Kongreß des österreichischen Gewerkschaftsbundes wählt Anton Benya zum neuen Präsidenten.

28. September, Sonnabend

Von dem Raketenversuchsgelände in Vandenberg (USA) wird erstmals ein mit Atomstrom arbeitender Satellit gestartet.

Beim Schwimmländerkampf zwischen den Niederlanden und der Bundesrepublik in Dortmund schwimmt die deutsche Lagenstaffel Europarekord. →S. 154

29. September, Sonntag

Aus der Wahl für die Bremer Bürgerschaft geht die SPD gestärkt hervor. Mit 54,6% der Stimmen behält sie die absolute Mehrheit. Die CDU kann mit 28,9% ihren Stimmenanteil gegenüber den letzten Wahlen nahezu verdoppeln, die FDP erhält 8,4%. →S. 143

Mit einer Rede, worin er sich zur strukturellen Erneuerung der katholischen Kirche bekennt, eröffnet Papst Paul VI. im Petersdom in Rom die zweite Sitzungsperiode des 2. Vatikanischen Konzils.

Der 91jährige britische Philosoph und Mathematiker Bertrand Russell gibt in London die Gründung einer nach ihm benannten Friedensstiftung bekannt.

In Bremen geht der Leichtathletik-Länderkampf zwischen der Bundesrepublik und Finnland mit einem deutschen Sieg (131:81 Punkte) zu Ende. →S. 154

30. September, Montag

In Bonn tritt der Staatssekretär im Bundeskanzleramt, Hans Globke (CDU), im Alter von 65 Jahren in den Ruhestand (→3. 4./S. 63).

Gestorben:

4. Scy-Chazelles: Robert Schuman (*29. 6. 1886, Luxemburg), französischer Politiker. →S. 145

11. Wien: Leopold Schönbauer (*13. 11. 1888, Thaya/Niederösterreich), österreichischer Chirurg.

17. Tübingen: Eduard Spranger (*27. 6. 1882, Groß Lichtenfelde/Berlin), deutscher Kulturphilosoph und Pädagoge.

19. London: David Low (*7. 4. 1891, Dunedin/Neuseeland), bekannter britischer Karikaturist.

Das Wetter im Monat September

Station	Mittlere Lufttemperatur (°C)	Niederschlag (mm)	Sonnenscheindauer (Std.)
Aachen	– (14,5)	101*(68)	112 (160)
Berlin	14,4 (13,8)	44*(46)	167 (194)
Bremen	– (14,0)	78*(60)	127 (164)
München	– (13,4)	87*(84)	130 (176)
Wien	16,4 (15,0)	49 (56)	174 (–)
Zürich	14,3 (13,5)	98 (101)	130 (166)

( ) Langjähriger Mittelwert für diesen Monat
* Durchschnittswert September–Oktober
– Wert nicht ermittelt

Künstlerisches Porträt von Lena Horne von dem US-amerikanischen Fotografen Henry Wolf auf dem Titelblatt des Kunstmagazins »Show«; Lena Horne setzt sich in der September-Nummer mit dem Problem der Rassenunruhen auseinander

SHOW

THE
MAGAZINE
OF
THE
ARTS

75 CENTS
SEPTEMBER 1963

BREAKING
THE WHITE
BARRIER:
LENA HORNE
SPEAKS
ON THE ARTIST
AND THE
NEGRO REVOLT

Verfassungsschutzamt überwacht Telefone

5. September. Eine unverzügliche und strenge Untersuchung im Bundesamt für Verfassungsschutz in Köln ordnet Bundesinnenminister Hermann Höcherl (CSU) an. Es sollen die von der Wochenzeitung »Die Zeit« erhobenen Vorwürfe gegen das Verfassungsschutzamt überprüft werden.

In einem Bericht der neuesten Ausgabe unterstellt die »Zeit«-Redaktion dem Verfassungsschutz, daß er sich der alliierten Sicherheitsdienste bediene, um Telefongespräche in der Bundesrepublik abzuhören und Briefe zu visitieren. Seit Jahren würden Telefongespräche auch prominenter Bundesbürger abgehört, selbst wenn sie nicht spionageverdächtig seien.

Der Verfassungsschutz selbst hat weder das Recht noch die Möglichkeit, selbst Telefonate abzuhören oder die Post zu überwachen. Sollte jedoch die deutsche oder alliierte Sicherheit gefährdet sein, ist er zur Zusammenarbeit mit den alliierten Sicherheitsdienststellen verpflichtet. Das betrifft auch das Sammeln und den Austausch von Nachrichten.

In seinem Bericht vor dem Bundeskabinett und den Fraktionen am 11. September bestreitet Höcherl, daß

Innenminister Höcherl ordnet Untersuchungen im Abhörskandal an

Rüdiger Proske, verantwortlich für den Beitrag in »Panorama«

von deutscher Seite spezielle Überwachungswünsche an die Alliierten herangetragen worden seien. Diese unterrichteten die deutschen Stellen grundsätzlich von sich aus über besondere Vorkommnisse.

Die Rechtfertigung des Innenministers löst bei den Bundestagsfraktionen und in der Öffentlichkeit Unzufriedenheit aus. Man fordert sowohl eine strengere Untersuchung der

konkret genannten Fälle als auch eine gesetzliche Regelung, um die bisherige im Widerspruch zur Verfassung stehende Abhörpraxis verhindern zu können.

Noch im gleichen Monat, am 23. September, löst das Fernsehmagazin »Panorama« einen weiteren Abhörskandal aus. »Panorama« berichtet von einer Abhöranlage im Bundestag (→25. 9./S. 142).

(→5. 9./S. 142)

Postgeheimnis im Gesetz verankert

Der Vorwurf des Verfassungsbruchs wegen der Abhörpraxis des Kölner Verfassungsschutzes (→5. 9./S. 142) gibt Anlaß für die Überprüfung der gesetzlichen Regelungen.

Bisher schien das in der Verfassung festgeschriebene Postgeheimnis ausreichend zu sein, denn im Artikel 10 des Grundgesetzes heißt es: »Das Briefgeheimnis sowie das Post- und Fernmeldegeheimnis sind unverletzlich. Beschränkungen dürfen nur auf Grund eines Gesetzes angeordnet werden.«

Der Verfassungsschutz rechtfertigt die Telefonüberwachung nun mit der Verpflichtung gegenüber den Alliierten. Bundesjustizminister Ewald Bucher (FDP) plädiert deshalb für eine Ablösung des Alliiertenrechts durch ein Ausführungsgesetz zum Grundgesetzartikel. Darin sollte wie im § 12 des Fernmeldeanlagengesetzes festgeschrieben werden, daß ausschließlich Gerichte in Ausnahmefällen zu Telefon- und Briefüberwachungen ermächtigt seien.

Empörte Reaktion der CDU auf eine »Panorama«-Sendung

25. September. Im Bundestag in Bonn kommt es zu heftigen Debatten aufgrund der Behauptung des Fernsehmagazins »Panorama« am 23. September, im Gebäude des Bundestages hätte es bis 1962 eine Anlage zum Abhören von Telefongesprächen gegeben.

Der Fraktionsgeschäftsführer der CDU/CSU im Bundestag, Will Rasner, verlangt Aufklärung darüber, wer »für die verunglimpfende Sendung von ›Panorama‹ bewußt gelogen hat«, entweder seien es die Intendanz des Norddeutschen Rundfunks (NDR), Bonner Journalisten oder der parlamentarische Geschäftsführer der SPD-Fraktion, Friedrich Schäfer, gewesen. Der Ältestenrat des Bundestages müsse in Zukunft für seine Arbeit wissen, »ob in seinen Reihen ein Abgeordneter sitzt, der mit erweislichen Unwahrheiten eine ohnehin verantwortungslose Rundfunk-Redaktion zum Schaden des Ansehens unseres Parlaments beliefert hat«. Rasner

führt dann weiter aus: »Daß ›Panorama‹ und sein verantwortlicher Leiter, Rüdiger Proske, in oft liederlichem Umgang mit der Wahrheit das Ziel verfolgen, die öffentliche Meinung zu vergiften und ein politisches Klima für vorzeitige Wahlpropaganda zugunsten der SPD zu schaffen, ist nachgerade bekannt.« Der als Informant angeführte SPD-Abgeordnete Friedrich Schäfer erklärt zur Sache, daß ihm gegenüber im Frühjahr 1962 der Verdacht geäußert worden sei, daß Telefone im Bundeshaus abgehört würden. »Ich habe mich daraufhin sofort an den zuständigen hohen Beamten der Bundeshausverwaltung gewandt und um Aufklärung gebeten ... Dabei habe ich von diesem Beamten die Darstellung erhalten, die ›Panorama‹ veröffentlicht hat.« Später hätte man Schäfer mitgeteilt, daß entsprechende Anlagen aufgrund seiner Intervention außer Betrieb gesetzt worden seien. Diese Tatsache hätte der SPD-Abgeordnete

Schäfer an Journalisten weitergegeben und »niemals gegenüber niemanden auch nur den Verdacht geäußert, daß Telefongespräche unzulässig abgehört worden sind«.

Bundestagspräsident Eugen Ger-

CDU-Abgeordneter Will Rasner wirft den Journalisten bewußte Lüge vor

stenmaier (CDU) gibt demgegenüber bekannt, auf eine dienstliche Anfrage hin habe der vom SPD-Abgeordneten Schäfer genannte Beamte des Bundestages ausdrücklich versichert, »er habe gegenüber Dr. Schäfer niemals gesagt, daß im Bundeshaus abgehört werde«. Auf Friedrich Schäfers Hinweis habe er überprüft, ob abgehört werde, und lediglich einen Knopf zur Störungsbeseitigung wie in jedem normalen Postamt festgestellt.

Das Fernsehteam sei bei der Aufnahme in der Fernsprechzelle des Bundeshauses ausdrücklich darauf aufmerksam gemacht worden, daß der technische Überwachungsknopf keine Abhörvorrichtung sei.

Heinrich von Brentano, der CDU/CSU-Fraktionsvorsitzende, fordert anschließend die SPD auf, die Konsequenzen aus der Rolle des Abgeordneten Schäfer zu ziehen. Andernfalls habe er nicht die Absicht, mit Herrn Schäfer noch einen Gruß zu wechseln.

Erfolg für Heinrich Albertz

5. September. Der Senat von Berlin (West) lehnt mit 87 gegen 34 Stimmen den von der CDU eingebrachten Mißtrauensantrag gegen Bürgermeister Heinrich Albertz (SPD) ab. Anlaß für den parlamentarischen Schritt der CDU waren Äußerungen des Bürgermeisters über die Beziehungen zur Regierung der DDR. Albertz hatte in einer am 13. August vom Hessischen Rundfunk gesendeten Rede zu diesem Problem Stellung genommen. Darin plädierte er für eine realistischere Politik der Bundesregierung, um so die Lebensfähigkeit von Berlin (West) zu erhalten. U.a. führt er aus, er sähe mit Sorge, mit wieviel Zaghaftigkeit auch nur der kleinste Schritt begleitet wird, mit dem mehr Hoffnung auf Frieden mit mehr Raum für die Freiheit verbunden sein soll. Hier komme eine provinzielle Ängstlichkeit zum Vorschein. »Anstatt mit einer Handbewegung über die An-

sprüche hinwegzugehen, die die Gefängniswärter in Ostberlin für ihre Staatlichkeit stellen, spielen die Verantwortlichen in Bonn die Frage der ›Anerkennung‹ des Zonenregimes hoch und sind dabei, genau das zu erreichen, was sie verhindern wollten: Die Aufwertung Ulbrichts im internationalen Gespräch . . .«
Diese Äußerung wertet die CDU als Bereitschaft zur De-facto-Anerkennung der DDR. Ihr Abgeordneter Konrad Lorenz stellt deshalb am 3. September im Berliner Abgeordnetenhaus den Mißtrauensantrag gegen Albertz. Am selben Tag trägt der Regierende Bürgermeister Willy Brandt (SPD) neun Leitsätze zur Berlin-Politik der SPD/FDP-Koalitionsregierung vor, woraus klar hervorgeht, daß von einer Anerkennung der DDR nicht die Rede sein kann. Dem Konzept stimmt auch die CDU-Fraktion des Berliner Senats am 5. September zu.

Heinrich Albertz, Bürgermeister und Senator für Polizei, Sicherheit und Ordnung in Berlin (West); seine Forderung nach Kontakten mit der DDR-Regierung stößt bei der CDU-Fraktion im Berliner Senat auf Kritik

CDU verbessert die Position in Bremen

29. September. Aus den Wahlen zur Bremer Bürgerschaft geht die SPD vor der CDU wieder als stärkste Partei hervor. Bei einer Wahlbeteiligung von 76,7% beklagt sie zwar einen geringen Stimmenrückgang gegenüber den 54,9% bei der Bürgerschaftswahl von 1959, erhält jedoch noch immer 54,6%.
Überraschend ist der in diesem Umfang nicht erwartete Anstieg der Stimmen für die CDU. Sie erhält 28,9% der abgegebenen Wählerstimmen, während sie 1959 nur auf 14,8% gekommen war. Offensichtlich haben die Christdemokraten einen großen Teil der Wähler von der Deutschen Partei abgezogen, die 1959 noch 14,5% erhalten hatte, nun aber nur noch 5,2% auf sich vereinigen kann.
Die SPD als Regierungspartei wird die Koalition mit der FDP fortsetzen, die 8,4% (1959: 7,2%) erhält.

Bundeskanzler Adenauer unternimmt Abschiedsbesuche

27. September. Bundeskanzler Konrad Adenauer trifft zu seinem Abschiedsbesuch in Berlin (West) ein. Auf dem Programm stehen eine Kundgebung in der Kongreßhalle und ein repräsentatives Abschiedsessen mit dem Berliner Senat als Gastgeber.
Der im Oktober aus seinem Amt scheidende Kanzler (→15. 10./S. 160) hat sich in den vergangenen Tagen schon von der internationalen politischen Bühne verabschie-

det. Am 18. September war Adenauer in Rom vom italienischen Ministerpräsidenten Giovanni Leone und anschließend von Staatspräsident Antonio Segni empfangen worden. Der Meinungsaustausch mit Segni hatte internationale Probleme zum Thema. Beide Politiker bestätigen im Anschluß an ihre Gespräche die freundschaftlichen Beziehungen zwischen der Bundesrepublik und Italien.
Tags zuvor hatte Papst Paul VI.

den deutschen Bundeskanzler in Privataudienz empfangen und ihm den Christusorden des Vatikan verliehen. Den Orden, der normalerweise nur an Staatsoberhäupter verliehen wird, erhielt bisher nur ein Deutscher, nämlich Otto von Bismarck.
Bevor Adenauer Rom verließ, besichtigte er noch einen auf seinen Namen getauften Boccia-Platz.
Dem Italienbesuch folgte mit kurzem Zwischenaufenthalt in Bonn

der Abschiedsbesuch bei seinem politischen Freund, dem französischen Staatspräsidenten Charles de Gaulle. Als Zeichen persönlicher Verbundenheit holte de Gaulle in Umgehung des öffentlichen Protokolls seinen Gast direkt auf dem Flughafen, an der Gangway, ab. Im besten Einvernehmen und im Vertrauen auf die Erfüllung des deutsch-französischen Vertrages (→22. 1./S. 14) verabschiedeten sich die beiden Staatsmänner.

Nach der Ordensverleihung im Vatikan: Papst Paul VI. (r.) und Adenauer (l.)

Der italienische Staatspräsident Antonio Segni (l.) und Kanzler Adenauer

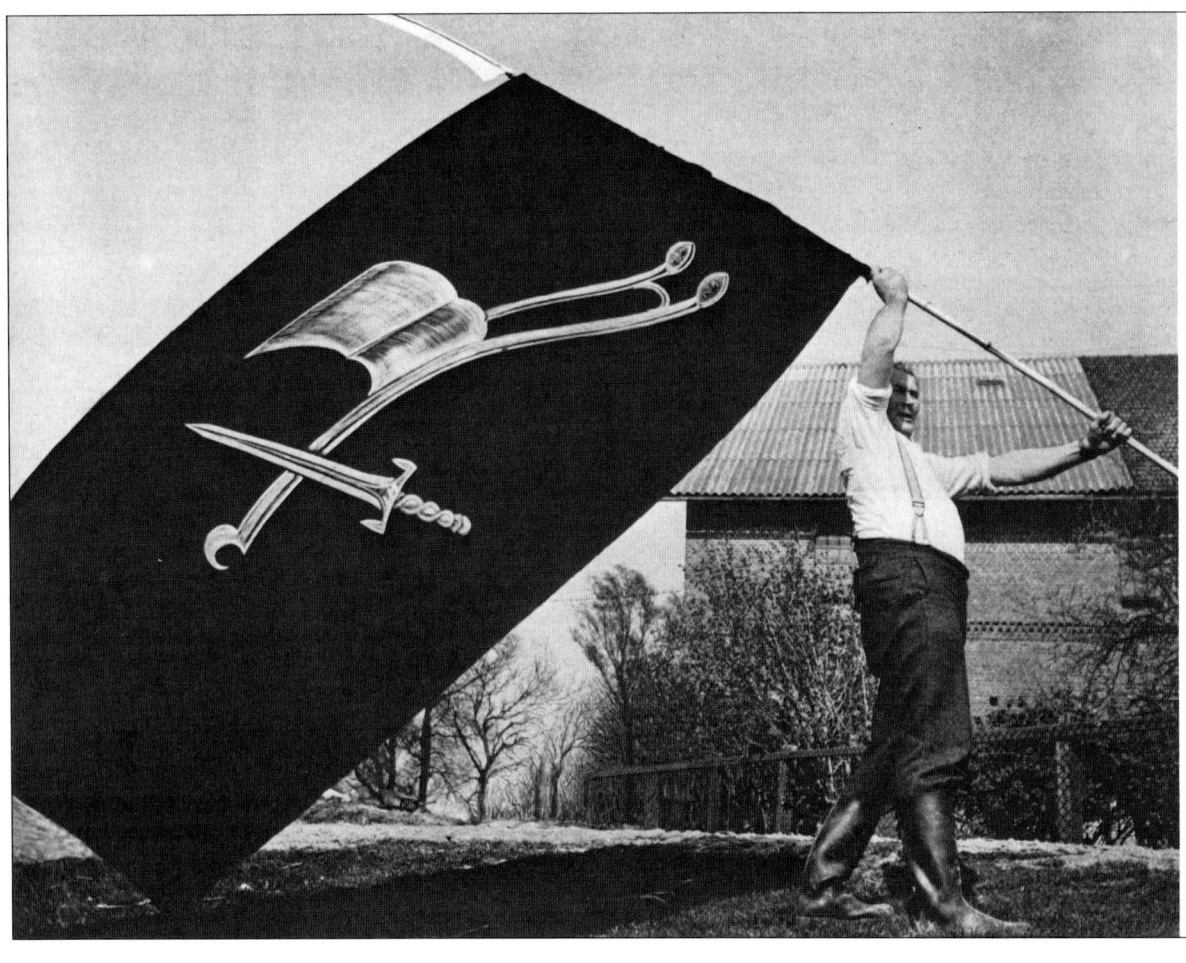

Mißtrauen gegen Agrarpolitik Bonns

27. September. *In Hamburg versammeln sich Vertreter der Landwirtschaft aus der gesamten Bundesrepublik zum bis 29. September stattfindenden Bauerntag.*

Während der Eröffnungsrede von Bundeskanzler Konrad Adenauer (CDU) kommt es zu Protestkundgebungen gegen die Agrarpolitik der Bundesregierung unter Ernährungsminister Werner Schwarz (CDU). Die Bauern erwarten von Bonn eine Veränderung der Preis- und Handelspolitik zugunsten der Landwirtschaft und fordern eine Agrarpolitik, die den Willen zur Erhaltung der heimischen Landwirtschaft erkennen läßt. Außerdem sollen die Einkommen im Agrarbereich verbessert werden. In seinem Rechenschaftsbericht plädiert der Präsident des Deutschen Bauernverbandes, Edmund Rehwinkel, für die Aufrechterhaltung der Getreidepreise sowie für Maßnahmen zur Kostensenkung in der Landwirtschaft (Foto: Bauer Christian Holländer mit Traditionsfahne).

17 000 Gestapoakten nun in »Sicherheit«

8. September. In einem Brief an den Bundestagsabgeordneten Hermann Schmitt-Vockenhausen (SPD) in Bad Soden warnt der Würzburger Arzt Elmar Herterich vor einer Rehabilitierung ehemaliger Mitglieder der nationalsozialistischen Geheimen Staatspolizei (GESTAPO).

Herterich teilt Schmitt-Vockenhausen mit, daß nach seinen Informationen die bisher in Würzburg aufbewahrten 17 000 Gestapoakten aus dem »Gau Mainfranken« in »Sicherheit« gebracht und »zwecks Sicherheitsverfilmung« nach München abtransportiert worden seien. Es sei nicht feststellbar, wo sich die Akten zur Zeit befänden und ob sie überhaupt noch existierten.

Den Grund für den Aktenversand sieht Herterich in seinen Ermittlungen. Durch Einsicht in die Akten hatte er Informationen bekommen, die beweisen, daß mehrere hohe Beamte in Justiz und Verwaltung auf kommunaler bzw. Bundesebene Angehörige der GESTAPO waren. Diese Tatsachen wurden in der Presse veröffentlicht.

»Goldene Regel« für Polizisten

12. September. Als Reaktion auf die Schwabinger Krawalle vom Juni 1962 gibt das Münchener Polizeipräsidium einen Verhaltenskatalog für seine Beamten heraus. In den »Goldenen Regeln« werden die Polizisten u. a. aufgefordert, Menschen, die für ihr Recht eintreten, zu respektieren und ihnen nicht zu drohen.

Infolge des gewalttätigen Vorgehens der Münchener Ordnungshüter im Juni 1962 waren 131 Strafanzeigen gegen Polizisten eingegangen. Die Ordnungshüter hatten bei den durch auf Straßen tanzende und laute Musik spielende Jugendliche ausgelösten Krawallen harmlose Passanten zusammengeschlagen.

Aufnahme von den Straßenkrawallen im Sommer 1962 auf den Straßen des Münchener Stadtteils Schwabing; der Polizeieinsatz stieß auf heftige Kritik

Howaldtswerft baut einen Atomfrachter

17. September. Ohne jedes Zeremoniell geht die Belegschaft der Kieler Howaldtswerke an die Kiellegung für den Bau des ersten deutschen Atomfrachters.

Damit wird von der Kieler Howaldtswerft, der größten Werft des Kontinents, das erste in Europa in Auftrag gegebene, mit Kernenergie betriebene Handelsschiff gebaut. Auftraggeber für den Massengutfrachter mit 16 000 t Tragfähigkeit, einer Länge von 171,8 m und einer Breite von 23,4 m ist die Gesellschaft für Kernenergieverwertung in Schiffbau und Schiffahrt mbH. Bei einer vorgesehenen Maschinenleistung von 10 000 WPS (Wellenpferdestärken) soll der Frachter voll beladen eine Geschwindigkeit von etwa 16 Knoten (rund 30 km/h) erreichen.

Voraussichtlich am 15. November wird die Gesellschaft über den Reaktortyp für das Atomversuchsschiff entscheiden, das dann wahrscheinlich 1967 zu seiner Jungfernfahrt starten kann. Ein Jahr später soll es zum Einsatz kommen.

Grenzstreit zwischen China und der UdSSR

6. September. Im Konflikt mit der Sowjetunion wirft Peking der Regierung in Moskau vor, chinesische Staatsbürger zum Verlassen des Landes zu zwingen.

Die sowjetischen Medien, die ausführlich über den Konflikt berichten, geben die Zahl der von dem chinesischen Gebiet Sinkiang über die Landesgrenze nach Kasachstan gekommenen Menschen mit 50 000 an. In einem Leitartikel der Pekinger »Volkszeitung« beschuldigt China dagegen die Sowjetunion der Verschleppung und behauptet, die UdSSR inszeniere die Konflikte an der Grenze. Gleichzeitig veröffentlicht die Zeitung Landkarten mit weit über den bisherigen Stand des Grenzverlaufs vorgeschobenen chinesischen Demarkationslinien. Damit erhebt Peking erstmals offiziell Ansprüche auf UdSSR-Territorium. Die Wurzeln des Konflikts reichen bis in das vorige Jahrhundert zurück. Damals wurden die nun von der chinesischen Führung als »ungerecht« angeprangerten Verträge über Gebietsabtretungen geschlossen:

▷ Verlegung der russisch-chinesischen Grenze vom Jablonoi- und Stanoi-Gebirge an den Amur im Vertrag von Aigun 1858
▷ Abtretung der chinesischen Gebiete am Ussuri-Fluß im Vertrag von Peking 1860
▷ Annexion des unteren Ili-Tals in Sinkiang durch den Vertrag von Petersburg 1881

Die Volksrepublik China fordert die Revision dieser Verträge und nimmt Zwangsumsiedlungen der in den Grenzgebieten lebenden nationalen Minderheiten vor.

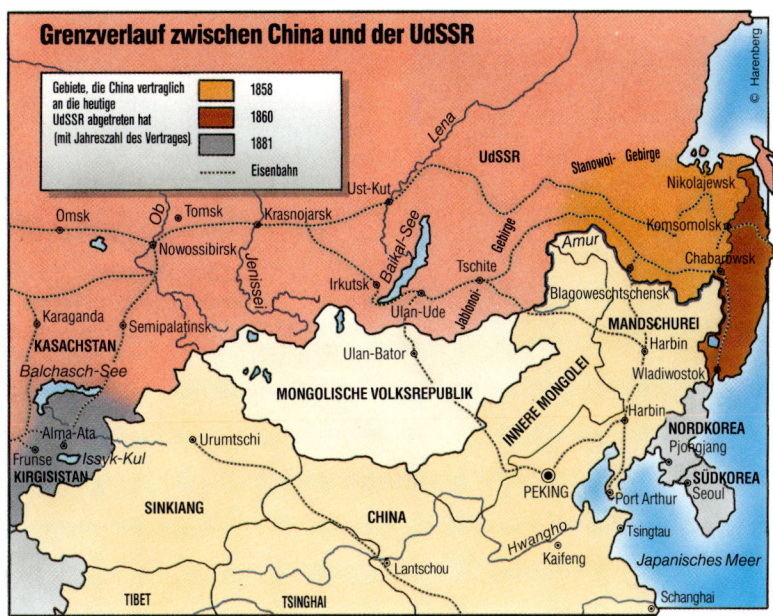

Grenzverlauf zwischen China und der UdSSR

Gebiete, die China vertraglich an die heutige UdSSR abgetreten hat (mit Jahreszahl des Vertrages)
1858
1860
1881
Eisenbahn

Britischer Schutz für Konföderation

16. September. Tunku Abdul Rahman propagiert als künftiger Präsident die Konföderation Malaysia. Ihr gehören Malaya, Singapur, Sarawak und Sabah (bisher Britisch-Nordborneo) an.

In den vier Gliedstaaten leben auf einer Fläche von 328 000 km² etwa zehn Millionen Menschen, von denen 45% Chinesen sind, Bundeshauptstadt ist Kuala Lumpur.

Ziel der von Großbritannien geförderten und auch militärisch gesicherten Konföderation – Singapur bleibt britische Basis – ist die Stabilisierung der politischen Lage zwischen dem kommunistischen China und dem neutralistischen Indonesien in Südostasien. Das gilt auch für die Innenpolitik Malaysias: Durch die Angliederung der Territorien in Nordborneo soll das Übergewicht der Malaien erhalten und der durch die Chinesen starke kommunistische Einfluß neutralisiert werden.

Indonesien, das ebenfalls Ansprüche auf Borneo geltend macht, protestiert gegen die Gründung der neuen Föderation.

Algerien für neue Verfassung

8. September. Bei einem Volksentscheid in Algerien spricht sich eine überwältigende Mehrheit für die Annahme der Verfassung aus. 97,84% der an der Abstimmung teilnehmenden Algerier geben ihr Ja für die »Demokratische Republik des algerischen Volkes«.

Die neue Verfassung sieht ein Präsidialregime mit weitgehenden Vollmachten für den Präsidenten vor. In seinem Amt als Staatsoberhaupt wird Ahmed Ben Bella eine Woche später, am 15. September, von 5 548 704 der 5 570 001 Wahlbeteiligten bestätigt. Ben Bella ist gleichzeitig Vorsitzender der Nationalen Befreiungsfront (FNL), der einzigen noch zugelassenen Partei. Sein Ziel ist der Aufbau des Sozialismus nach kubanischem Vorbild.

Die in der Verfassung bestätigte zentralistische Regierungsführung durch Ben Bella stößt sowohl auf Widerspruch der bürgerlichen Opposition als auch auf Protest ehemaliger Genossen aus der Zeit des Befreiungskampfes gegen die französische Fremdherrschaft. Seit der Loslösung Algeriens von Frankreich im Juli 1962 kam es wiederholt zu Auseinandersetzungen innerhalb der FNL. Belkassem Krim, ein erbitterter Gegner der Alleinherrschaft Ben Bellas, ruft in der Kabylei zum Boykott der Wahlen auf. Nach ihrem für Ben Bella erfolgreichen Ausgang legt er sein Abgeordnetenmandat nieder (→ 11. 4./S. 66).

Ahmed Ben Bella, Vorsitzender der FNL und Staatspräsident Algeriens

Kommunisten Prags stürzen Stalinisten

21. September. Die Teilnehmer der Plenarsitzung des Zentralkomitees der kommunistischen tschechoslowakischen Partei beschließen eine Regierungsumbildung.

Den seit 1953 amtierenden und umstrittenen Ministerpräsidenten Viliam Široký löst der bisherige Vorsitzende des Nationalrates, Jozef Lenárt, ab. Für die Absetzung Sikorýs werden Mängel in der Arbeit, ungenügende Geltendmachung der Parteilinie bei der Führung der Regierung, Fehler bei seiner politischen Tätigkeit in der Vergangenheit sowie der unbefriedigende Gesundheitszustand angegeben. Neben Sikorý werden noch sechs Minister aus ihren Ämtern entlassen und die übrigen Ministerien umbesetzt.

Mit diesen Maßnahmen gibt der Führer der kommunistischen Partei, Antonín Novotný, dem wachsenden Druck jüngerer Funktionäre nach. Sie fordern seit langem eine solche Veränderung, da die bisherige Regierung wesentlich schuld hat an der Verhinderung des Entstalinisierungsprozesses.

Frankreich trauert um Robert Schuman

4. September. Zwei Jahre nachdem er sich aus dem politischen Leben zurückgezogen hat, stirbt auf seinem Ruhesitz bei Metz im Alter von 77 Jahren der ehemalige französische Ministerpräsident und Außenminister Robert Schuman.

Während seiner Amtszeit als Außenminister vom Juli 1948 bis Januar 1953 hatte er nicht nur in entscheidendem Maße an der Ausarbeitung und Unterzeichnung des Atlantikpaktes mitgewirkt, sondern war auch Initiator des nach ihm benannten Planes für die Zusammenfassung der europäischen Großindustrie. Dieser führte zur Gründung der Montanunion als erste europäische Gemeinschaft.

Schuman, dessen Name Symbolwert für den europäischen Einheitsgedanken hat, nahm schon früh Kontakte zu Bundeskanzler Konrad Adenauer (CDU) auf. So leitete er die deutsch-französische Versöhnung und Zusammenarbeit ein, die mit dem Abschluß des Vertrages am → 22. Januar 1963 (S. 14) ihren konkreten Ausdruck gefunden hat.

Die UdSSR bemüht sich um Getreideimporte

26. September. Vertreter sechs US-amerikanischer Weizenfirmen verhandeln in Ottawa mit einer sowjetischen Delegation über den Verkauf von Weizen an die Sowjetunion für einen Gesamtpreis von 200 Millionen US-Dollar (800 Millionen DM). Zuvor hatten die Vertreter aus Moskau bereits einen Vertrag über den Ankauf von kanadischen Weizenüberschüssen im Wert von 500 Millionen US-Dollar (zwei Milliarden DM) abgeschlossen.

Mit diesen Weizenimporten, so hofft die Regierung in Moskau, könne das Defizit in der Getreideproduktion ausgeglichen werden. Im Vergleich zum Vorjahr beträgt es etwa zehn Millionen Tonnen.

Bevor jedoch der Weizenkauf vertragsreif ist, müssen die Senatsausschüsse in den USA die Vereinbarkeit des Geschäfts mit dem 1961 verabschiedeten Landwirtschaftsgesetz überprüfen. In ihm bleibt die Ausfuhr von durch den Bund subventionierten Überschußprodukten auf »freundliche Nationen« beschränkt.

In Washington befürwortet man die Verkäufe. Der US-amerikanische Präsident John F. Kennedy erklärt: »Nach Rücksprache mit dem Nationalen Sicherheitsrat und den zuständigen Führern des Kongresses bin ich zu dem Schluß gekommen, daß Weizenverkäufe in die UdSSR durch private Händler ... nicht verboten werden sollten.«

Vor allem ökonomische Gründe sprechen für den Verkauf, denn in den Getreidesilos der USA lagert mit 32,4 Millionen t Weizen eine größere Menge, als die gesamte Ernte des Jahres 1963 einbringen wird.

Große Mengen von Getreide, die in den Vereinigten Staaten lagern – wie hier in Texas –, sind der Grund für die Befürwortung von Exporten in die UdSSR

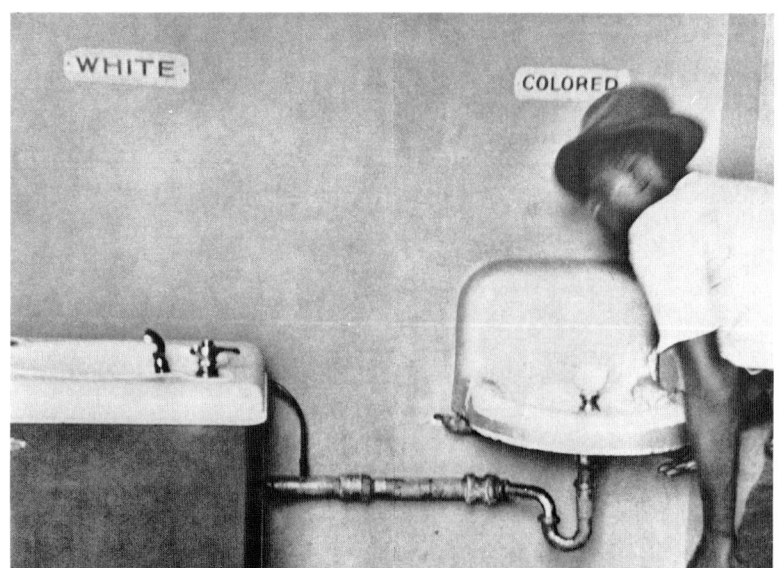

Indiens Ministerpräsident Nehru in einem indischen Lokomotiv-Werk

Kongreß verweigert Kredit für Indien

6. September. Der US-amerikanische Kongreß stellt die Entscheidung über die finanzielle Hilfe für den Bau eines indischen Stahlwerkes bis 1964 zurück. US-Präsident John F. Kennedy sieht darin einen Protest gegen seine Politik der Rassengleichheit in den Südstaaten der USA (→ 5. 9./S. 146).

Die Errichtung des in Boharo, etwa 350 km nordöstlich von Kalkutta geplanten Werkes, war in mehreren Etappen vorgesehen.

Der Kredit für die ersten Aufbaustufen sollte einen Umfang von 512 Millionen US-Dollar (2,5 Milliarden DM) haben. Mit Gesamtaufwendungen von insgesamt 1,5 Milliarden US-Dollar (sechs Milliarden DM) sollte das Stahlwerk bis zum Jahre 1980 auf eine Jahreskapazität von vier Millionen t Stahl ausgebaut werden, wofür etwa 900 Millionen US-Dollar (3,6 Milliarden DM) aus ausländischer Wirtschaftshilfe aufgebracht werden müßten.

Unmittelbar nach Bekanntwerden des Kongreßbeschlusses zieht der indische Ministerpräsident Jawaharlal Nehru das Kreditansuchen bei der US-Regierung zurück.

Schon im Vormonat kürzte das Repräsentantenhaus das Autorisierungsgesetz für Auslandshilfe für das Haushaltsjahr 1963/64 um eine Milliarde US-Dollar (vier Milliarden DM) gegen den Willen seines Präsidenten. Kennedy bezeichnet die Entscheidung als in »gefährlicher Weise parteipolitisch motiviert.«

Rassenunruhen in Alabama halten weiter an

5. September. In der US-amerikanischen Stadt Birmingham (Alabama) brechen erneut schwere Rassenunruhen aus, nachdem das Haus des farbigen Rechtsanwaltes Arthur Shores durch einen Sprengstoffanschlag weißer Rassenfanatiker schwer beschädigt wird.

Dieser Anschlag ist der vierte dieser Art seit dem Mai 1963 in Birmingham (→ 13. 5./S. 78). Nach seinem Bekanntwerden sammeln sich über 1000 Farbige nahe der Wohnung des bekannten Bürgerrechtlers. Bei den darauffolgenden Zusammenstößen mit der Polizei stirbt ein Schwarzer durch einen Genickschuß.

Anlaß für das Attentat ist die Tatsache, daß am Vormittag des gleichen Tages in drei Schulen der Stadt pro forma die Rassenintegration durchgeführt wurde. Schon drei Stunden später reichten weiße Elternpaare bei einem Gericht in Birmingham eine vom Gouverneur des Staates Alabama, George Wallace, unterstützte Klage ein, in der sie die Beibehaltung der Rassentrennung mit Nachdruck fordern.

Infolge der Unruhen läßt Wallace die drei Schulen schließen. Wenige Tage später, am 10. September, setzt der US-amerikanische Präsident John F. Kennedy der Rassentrennung an öffentlichen Schulen ein Ende. Durch Exekutivorder unterstellt er die 14 000 Mann der Nationalgarde Alabamas dem Bund. Die Truppen, die noch am Morgen des 10. September auf Anweisung ihres Gouverneurs die Aufnahme von 20 farbigen Schülern an öffentlichen Schulen verhinderten, müssen aufgrund ihres neuen Befehlshabers abziehen und den ersten Farbigen den Weg zu der bisher nur für Weiße bestimmten Schule freigeben.

»Colored« – nur für Farbige – und »white« – nur für Weiße – steht über diesen Waschbecken irgendwo in den USA; ein Dokument alltäglicher Rassentrennung

40 Waisen als Folge einer Flugkatastrophe

4. September. Über dem Schweizer Kanton Aargau explodiert eine »Caravelle«-Düsenmaschine der schweizerischen Luftverkehrsgesellschaft Swissair und stürzt ab. Alle 74 Passagiere und die sechs Besatzungsmitglieder kommen bei der Katastrophe ums Leben.

Die Maschine startete vom Flughafen Zürich-Kloten um 7.12 Uhr. Nach einer Zwischenlandung in Genf sollte sie nach Rom weiterfliegen. Schon fünf Minuten nach dem Start fängt die Züricher Bodenstation einen SOS-Ruf des »Caravelle«-Piloten Eugen Bohli auf. Dann bricht die Funkverbindung ab, und die Maschine verschwindet von den Radarschirmen. Zu diesem Zeitpunkt explodiert das Flugzeug und stürzt brennend ab. Bei seinem Aufprall reißt das Wrack einen fünf Meter tiefen Krater in die Erde.

Am schwersten betroffen von dem Unglück ist die kleine Gemeinde Humlikon im Kanton Zürich. 43 der 217 Einwohner des Dorfes sind unter den toten Passagieren. Die meisten von ihnen waren Bauern. Sie

In dem schweizerischen Ort Humlikon werden die 43 Opfer der Züricher Flugzeugkatastrophe aus dem 217 Einwohner zählenden Dorf zum Friedhof gefahren

hatten vor, einen saatwirtschaftlichen Musterbetrieb in Genf zu besichtigen, und wollten am Abend wieder zurück in Zürich sein. Das Unglück macht 40 Kinder aus Humlikon zu Vollwaisen, acht Kinder

verloren mit dem Flugzeugabsturz Vater oder Mutter.

Seit 1960 ist dies der dritte Absturz einer »Caravelle«. Damals fanden bei Ankara 42 und 1961 bei Rabat 76 Insassen den Tod.

Sowjetischer Getreidefrachter rammt zwei Häuser am Bosporus

3. September. *In den frühen Morgenstunden fährt ein sowjetischer Frachter bei schlechten Sichtverhältnissen mit dem Bug seines Schiffes am Bosporus auf Land.*

Das Schiff, vom Schwarzen Meer kommend, wollte durch den Bosporus zum Mittelmeer. Im dichten Nebel verfehlt Kapitän Alexander I. Ingsberg jedoch seinen Kurs. Ehe er reagieren kann, wird die »Archangelsk« von einem schrecklichen Stoß erschüttert. Der 5660-t-Frachter ist kurz vor Istanbul ›auf Land gelaufen‹. 16 m weit ins Land

schiebt sich die Spitze des Schiffes und zerdrückt dabei zwei Wohnhäuser unter sich. Drei Menschen finden dabei den Tod, 13 weitere werden schwer verletzt.

Im Anschluß an die Katastrophe weigert sich Kapitän Ingsberg zunächst, an Land zu gehen, bis ihn Angehörige der sowjetischen Botschaft nach zwei Tagen von Bord holen. Die türkischen Behörden nehmen ihn dann in Haft, da er mit seinem Schiff offensichtlich zu schnell gefahren war. Die Luftaufnahme zeigt deutlich den Frachter auf Land.

Apartheidpolitik Verrat an Christus

2. September. Das Zentralkomitee des Weltrates der Kirchen verabschiedet in Rochester eine Erklärung, in der es all diejenigen als Verräter an der christlichen Sache bezeichnet, die Rassendiskriminierung praktizieren.

Der Weltrat, der insgesamt 1,2 Millionen Gläubige aus 216 Kirchen in 80 Ländern vertritt, führt in seinem Memorandum u. a. aus:

»Jede Form der Abgrenzung von Menschen aufgrund der Rassen, der Farbe oder des ethnischen Ursprungs steht im Gegensatz zur Heiligen Schrift und ist unvereinbar mit der christlichen Lehre vom Menschen und mit der Natur der Kirche Christi. Sobald ein Christ das durch seine Handlungen oder Nichthandlungen leugnet, verrät er Christus und dessen Gefolgschaft. Der schwere Rassenkonflikt in Südafrika schreit nach einer Lösung. Die dortige Regierung hat in den letzten Jahren eine Gesetzgebung verwirklicht, die Fundamente … Freiheit und Sicherheit vernichtet.«

In Pakistan wird Zensur verschärft

2. September. Das Presseamt der Regierung in Pakistan gibt das Inkrafttreten eines neuen Pressezensurgesetzes bekannt.

In Pakistan herrschte auch bisher keine Pressefreiheit. Die Publikationen unterlagen unter der Regierung des Präsidenten Mohammed Ayub Khan einer ständigen Kontrolle. Die neuen Bestimmungen bedeuten jedoch eine noch stärkere Einschränkung der Meinungsfreiheit, da nun gerichtlich gegen Verstöße vorgegangen werden kann. U. a. wird in dem neuen Gesetz festgelegt, daß Berichte über Debatten im Parlament und Gerichtsverhandlungen nur mit Genehmigungen der entsprechenden Stellen veröffentlicht werden dürfen. Alle Verordnungen, Erklärungen und Kommuniqués der Regierung oder halbamtlicher Stellen müssen entweder im vollen Wortlaut oder dürfen überhaupt nicht an die Öffentlichkeit gelangen. Falls eine Schlagzeile der folgenden Meldung nicht entspricht, kann das Erscheinen der Zeitung entweder suspendiert oder für immer verboten werden.

Essen und Trinken 1963:

Bei Nahrungs- und Genußmitteln ist die Vielfältigkeit gefragt

Der schon in den letzten Jahren sichtbare Trend bei den Eß- und Trinkgewohnheiten der Bundesbürger setzt sich 1963 unvermindert fort: Nicht Quantität, sondern vor allem die Qualität der Nahrungsmittel gilt als wichtig.

Einen Spiegel des Konsumverhaltens im Lebensmittelbereich bietet die Allgemeine Nahrungs- und Genußmittel-Ausstellung »Anuga« im September in Köln. Der große Renner dieser Messe bei Feinkost- und Fleischwaren sind ausgefallene Spezialitäten aus dem In- und Ausland. Auch bei dem Käseangebot steht die Vielfalt der offerierten Produkte im Vordergrund. Die Suppenindustrie wartet mit Trockenkonzentraten in verfeinerter Qualität und mit einem breiten Spektrum an Suppen in Dosen auf. Im Angebot der Brotsorten fällt die große Bandbreite der durch spezielle Gewürzbeigaben und andere Zutaten erreichten Geschmacksnuancierung auf.

Trotz des im Vergleich mit Schweden oder den USA geringen Konsums von Tiefkühlkost ist hier eine steigende Tendenz gegenüber den letzten drei Jahren zu verzeichnen. 1963 kauft bereits jede dritte Hausfrau gelegentlich tiefgekühlte Nahrungsmittel. Bei der Erweiterung des Marktes für gefrostete Fertiggerichte spielt vor allem das Gaststät-

ten- und Hotelgewerbe eine entscheidende Rolle. Personalmangel und die Notwendigkeit, jederzeit warmes Essen anbieten zu können, führen zum Rückgriff auf die vorbereitete Kost. Nach Ermittlungen des Deutschen Tiefkühlinstituts werden 1963 abzüglich des Gefriergeflügels etwa 85 000 t Tiefkühlkost verbraucht, wobei der größte Teil auf Obst und Gemüse entfällt. Die Zahl der verkauften Tiefkühltruhen (50–100 l Fassungsvermögen) liegt bei rund 80 000 Stück im Jahr.

Den Tiefkühlmarkt teilen sich im wesentlichen die Großproduzenten: Die Unilever-Gruppe, die Großeinkaufsgesellschaft Deutscher Konsumgenossenschaften und der Nestlé-Konzern. 1963 forciert letzterer vor allem seine Tiefkühlkost Marke »Findus« (Abkürzung für »Fruchtindustrie«).

Mit dem Namen »Nestle« verbindet allerdings der Verbraucher in erster Linie den immer häufiger gekauften Instant-Kaffee. 1963 startet der Konzern eine neue Werbekam-

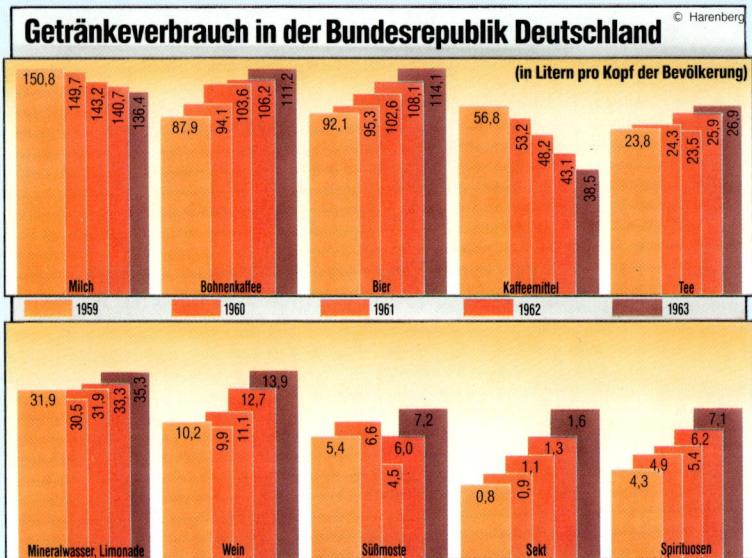

Getränkeverbrauch in der Bundesrepublik Deutschland					© Harenberg

(in Litern pro Kopf der Bevölkerung)

Milch: 150,8 / 149,7 / 143,2 / 140,7 / 136,4
Bohnenkaffee: 87,9 / 94,1 / 103,6 / 106,2 / 111,2
Bier: 92,1 / 95,3 / 102,6 / 108,1 / 114,1
Kaffeemittel: 56,8 / 53,2 / 48,2 / 43,1 / 38,5
Tee: 23,8 / 24,3 / 23,5 / 25,9 / 26,9

1959 | 1960 | 1961 | 1962 | 1963

Mineralwasser, Limonade: 31,9 / 30,5 / 31,9 / 33,3 / 35,3
Wein: 10,2 / 9,9 / 11,1 / 12,7 / 13,9
Süßmoste: 5,4 / 4,5 / 6,0 / 6,6 / 7,2
Sekt: 0,8 / 0,9 / 1,1 / 1,3 / 1,6
Spirituosen: 4,3 / 4,9 / 5,4 / 6,2 / 7,1

Ansteigender Getränkeverbrauch 1963, ausgenommen bei Milch und Kaffee

pagne für dieses Produkt und besprüht das leicht lösliche Kaffeepulver zusätzlich mit Aromastoffen, um einen noch höheren Absatz bei geschmacks- und geruchsverwöhnten Konsumenten zu erzielen. U. a. wird mit neuer Verpackung geworben: »Riechen Sie das röstfrische Aroma . . . ›Nescafe‹ im formschönen Glas. Man sieht, was man kauft.« Die Glasumhüllung war notwendig geworden, da die ätherischen Öle, an welche das neue Aromaspray gebunden ist, sich schlecht mit dem bisher verwendeten Dosenblech vertragen würden.

Eine starke Veränderung des Verbraucherverhaltens tritt auf dem Getränkemarkt ein. Auch hier zählt die Vielfältigkeit des Angebots. Spezialitäten sind nicht mehr in so starkem Maße auf bestimmte Regionen begrenzt, wie dies in früheren Jahren der Fall war. Das Informationsinstitut für Wirtschaftsforschung sieht die Ursache neuer Trinkgewohnheiten u. a. im immer stärker werdenden Trend zum Reisen.

In Bars und Gaststätten werden mehr ausländische Spezialitäten getrunken, im »klassischen« Bierland Bayern verzehrt man neuerdings auch norddeutsche Produkte wie Kornschnaps, und in den ausgesprochenen Weingebieten steigt der Bierkonsum.

Diese Veränderungen führen allerdings nicht zur Verdrängung der traditionellen Getränke, vielmehr kommt es zu einer erheblichen Steigerung des Konsums. Allein bei den alkoholfreien Getränken wird eine Umsatzsteigerung von 18% gegenüber dem Vorjahr verzeichnet.

Besonders Obstsäfte und Erfrischungsgetränke wie »Sinalco« und »Bluna« können sich hohe Marktanteile sichern. Vor allem der Orangensaft »hohes C«, der auch gemixt mit Gin oder Rum als Cocktail getrunken wird, erfreut sich großer Beliebtheit. Weit über 15 Millionen Flaschen werden in diesem Jahr allein in der Bundesrepublik abgesetzt. Ein weiterer Renner ist das Kakao-Mixgetränk »Nesquick« des schweizerischen Konzerns Nestle, welches sich aufgrund seines Lecithinanteils sofort homogen verteilt und nicht klumpt, sobald es in Wasser oder Milch eingerührt wird.

Schnappschüsse vom spanischen Stand auf der »Anuga« in Köln, wo besonders Oliven und Südwein gefragt waren

Neue Aromastoffe im neuen Glas – Illustriertenanzeige wirbt für »Nescafé«

Werbung für Tiefkühlkost; der Verbrauch in der Bundesrepublik ist steigend

Seifenmesse am Funkturm

21. September. Nach traditioneller zweijähriger Pause öffnet die deutsche Seifenmesse auf dem Messegelände unter dem Funkturm von Berlin (West) ihre Pforten.

Die bis 24. September dauernde »Schau der Düfte« bietet auch in diesem Jahr wieder viele Überraschungen in dem mannigfaltigen Angebot: Vom Wegwerf-Bettlaken aus Papier bis zu einem neuartigen Haarspray, welches auch als Feuerlöscher benutzt werden kann. Der »Markt der kleinen Eitelkeiten« wartet 1963 wieder mit einem lückenlosen Spektrum an Seifen, Kosmetika und Parfümerien auf.

Auffällig ist der Trend zu mehr Luxus, bemerkenswert der Aufwand der Verpackungen. Da gibt es kunstvoll bemalte Porzellandosen, elegante Flakons in Schatullen auf rotem Samtgrund, Eau de Cologne in einer Schachtel mit Flechtdeckel oder in einem Geschenkkarton mit Spieldose. Wohlklingende Namen für Parfüms wie »Toscana« oder »Maria-Farina« sollen zusätzlich das Interesse der Verbraucher auf sich ziehen. Bei den Lippenstiften – eine Firma bietet gleich 30 verschiedene modische Farbtöne an – wird ebenfalls mit einem Hauch von Exotik geworben. In einem Pavillon mit besonders luxuriösen Artikeln stellt die deutsche Schlagersängerin Heidi Brühl ihre Popularität in den Dienst des guten Duftes.

Vergrößert hat sich das Angebot der immer beliebter werdenden Zierkerzen. Die Skala reicht von der »Moonlight«-Kerze für festliche Stunden bis zur »Fußballkerze«.

Eine weitere Neuigkeit, mehr für den praktischen Bereich, sind z. B. elektrische Zahnbürsten oder eine Maschine, die nach einem zehnminütigem Waschgang die nasse Wäsche wringt, trocknet, dann kalt oder heiß mangelt und schließlich mit Plätteisen-Heißdruck bügelt.

In ihrem Mitteilungsblatt informieren die Veranstalter der Messe auch über Entwicklungen in den einzelnen Produktionszweigen, woraus u. a. folgendes hervorgeht: Im vergangenen Jahr wurden in der Bundesrepublik Seifen von 62 Unternehmen mit mehr als zehn Beschäftigten hergestellt, 1958 waren es noch 70. Die Zahl der Hersteller von Waschmitteln ging von 13 auf vier zurück; ausgeschieden sind hier ausschließlich kleinere Betriebe, die infolge der arbeitsintensiven Fertigungsweise besonders stark unter dem Druck der Lohn- und Gehaltskosten standen.

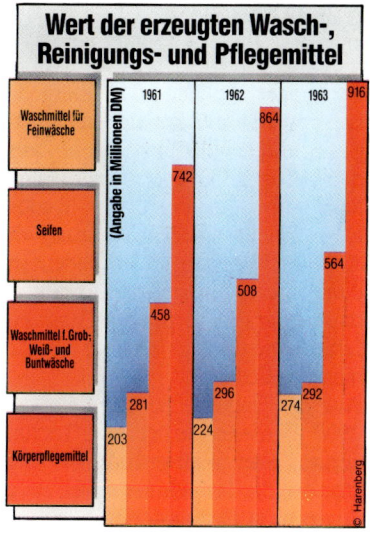

Wert der erzeugten Wasch-, Reinigungs- und Pflegemittel

	1961	1962	1963
Waschmittel für Feinwäsche	742	864	916
Seifen	458	508	564
Waschmittel f. Grob-, Weiß- und Buntwäsche	281	296	292
Körperpflegemittel	203	224	274

(Angabe in Millionen DM)

© Harenberg

FEMME
(Frau)
Pfirsich, Bergamotte,
Jasmin. Weich. C. T. 27 DM

ARPÈGE
LANVIN
PARIS

ARPÈGE
(Wie Harfenklang)
Etwas fruchtig, voll,
frisch, warm. C. T. 36,50 DM

Aufwendige und dekorative Flakons sollen das Kaufinteresse steigern

Physiker der Welt konferieren in Hamburg

9. September. Mit der Verleihung der höchsten Auszeichnung des Verbandes der physikalischen Gesellschaften, der Max-Planck-Medaille 1963, an Rudolf Ernst Peierls, beginnt in Hamburg der eine Woche dauernde Physikerkongreß.

In einer Laudatio würdigt Nobelpreisträger Werner Heisenberg die Leistungen von Peierls, seines einstigen Schülers in Leipzig. Der in Dresden gebürtige und jetzt in Birmingham lebende Professor Rudolf Ernst Peierls erhält die Ehrung »in Anbetracht seiner vielen bedeutenden Untersuchungen zur Quantentheorie der Festkörper, zur Quantenfeldtheorie und zur Theorie der Elementarteilchen«.

Auf der Tagung, zu der mehr als 2000 Wissenschaftler und Techniker aus aller Welt gekommen sind, erhalten die Teilnehmer durch Referate und in Diskussionen Kenntnis vom jüngsten Stand ihrer Naturwissenschaft. Sie bekommen einen Ein-

Nobelpreisträger Werner Heisenberg

Physiker Rudolf Ernst Peierls

blick in das stete Wechselspiel zwischen der physikalischen Grundlagenforschung und ihrer technischen Anwendung, das in den letzten Jahren zu einer wesentlichen Triebfeder für die Entwicklung der Physik geworden ist.

Auf die Notwendigkeit größerer staatlicher Förderung in der Forschung weist der Vorsitzende des Verbandes Deutscher Physikalischer Gesellschaften, Konrad Rut-

hardt, hin, denn die Zeit »stiller Studierstuben« sei vorbei. Vielmehr seien große Forschungszentren für die Bundesrepublik notwendig. Ruthardt wehrt sich in seinem Referat auch gegen die Behauptung, die Physiker bereiteten den Untergang der Welt auf geniale Art vor. Die Physiker, so Ruthardt, kennen ihre Aufgaben und Grenzen und forschen in großer Verantwortung für die gesamte Menschheit.

Namhafte Wissenschaftler, wie z. B. auch der Präsident der Deutschen Forschungsgemeinschaft, Gerhard Hess, sowie der Physiker Werner Heisenberg befürchten, daß die deutsche Forschung mit der internationalen Entwicklung nicht Schritt halten kann. Sie fordern größere finanzielle Unterstützung von der Bundesregierung. Bisher stellte sie aus öffentlichen Mitteln jährlich 3,3 Milliarden DM zur Verfügung, das sind knapp 1% vom Bruttosozialprodukt. Hingegen geben die USA für diesen Zweck 64 Milliarden DM (2,89%) und Großbritannien 7,1 Milliarden DM (2,7%) aus. Auch die private Förderung ist in der Bundesrepublik geringer. So wurden 1960 hier pro Kopf eine DM (USA 15 DM) gespendet.

Frage an Hans Lenz: Geht die Wissenschaft vor die Hunde?

Die in München erscheinende Illustrierte »Quick« veröffentlicht in ihrer Nummer 25 ein Interview mit dem Minister für wissenschaftliche Forschung, Hans Lenz. Folgender Text ist dem Beitrag entnommen. Er steht unter der Überschrift: »Geht unsere Wissenschaft vor die Hunde?«:

»Quick: Um die deutsche Forschung steht es schlecht. Zahlen beweisen es: Im Jahr 1962 gab die Industrie der Bundesrepublik 640 Millionen DM für den Kauf und die Auswertung von Patenten und Lizenzen ausländischer Forscher und Konstrukteure aus. Im selben Jahr bezahlte die ausländische Industrie nur 190 Millionen DM für den gleichen Zweck an unsere Konstrukteure und Forscher. Früher exportierte Deutschland technisches Wissen und wissenschaftliche Erkenntnisse. Heute sind wir zum Importland für diese wichtigen geistigen ›Waren‹ geworden.

Die Bundesrepublik gibt wenig für die Forschung aus. Wie kann das anders werden?

Lenz: Es bleibt nur der Weg der Umverteilung des vorhandenen Geldes. Der Staat allein wird die deutsche Forschung nicht auf die Höhe bringen können. Auch die Privatwirtschaft muß mehr zur Forschung beitragen. In den USA werden viele Universitäten mit

Spenden unterhalten. Unsere Stiftung ist veraltet. Eine Großzügigkeit wie in Amerika gibt es bei uns nicht.

Quick: Genau betrachtet ist der Forschungsminister ein Minister mit wenig wirklicher Macht. Da ist das dringende Problem der Hochschulreform.

Sie fahren nach Amerika. In der gleichen Richtung sind in der jüngsten Vergangenheit viele Hunderte, ja sogar Tausende von deutschen Wissenschaftlern gereist. Und dieser ›Ausverkauf‹ der Köpfe geht leider immer noch weiter. Quick hat festgestellt, daß es gar nicht in erster Linie die dicken Dollar-Gehälter sind, die unsere Forscher dorthin nach drüben ziehen.

Lenz: Das deckt sich mit meinen Feststellungen. Die Jungen wollen sich nicht mehr von ihren Professoren bevormunden lassen. Das ist ein Generationen-Problem. In Amerika gibt man ihnen mehr Freiheit. Dort können sie unabhängiger arbeiten. Dort gibt es Team-Work und nicht das übliche Verhältnis Vorgesetzter–Untergebener.

Hans Lenz, Minister für wissenschaftliche Forschung

Quick: Soll man also unsere Hochschulen und die Forschungsinstitute an den Universitäten nach dem amerikanischen Vorbild organisieren?

Lenz: Das will ich mir erst ansehen. Was mich an den US-Universitäten vor allem sympathisch berührt, das ist die großzügige Talentförderung an den Fakultäten.

Quick: Eine Hilfe für die Forschung, die sich ohne grundlegende Reformen verhältnismäßig schnell in die Tat umsetzen ließe, wäre die Entlastung der Forschung von Verwaltungsaufgaben.

Lenz: Die Loslösung des Forschers von der Verwaltung ist bisher nicht geglückt. Aber man wird versuchen müssen, den Professoren wissenschaftliche Verwaltungsspezialisten an die Seite zu stellen, die ihnen die meiste Verwaltungsarbeit abnehmen, so daß der Forscher nur noch Anweisungen im großen Sinne zu geben braucht.

Quick: Aber um Geld dreht es sich natürlich auch.

Lenz: Es muß die Möglichkeit geschaffen werden, für Forscher Bezüge auszusetzen, die ihrem Wert auf dem Weltmarkt entsprechen.«

Viel Lärm um Ingmar Bergmans »Schweigen«

23. September. In Stockholm gelangt »Tystnaden« (»Das Schweigen«), der neueste Film des schwedischen Regisseurs Ingmar Bergman, zur Uraufführung.

Die Aufnahme beim Publikum ist geteilt. Bei den einen ruft die ungekürzte Fassung des Streifens wegen allzu deutlicher sexueller Darstellung moralische Entrüstung hervor, die anderen sehen in »Das Schweigen« einen Meilenstein in der Entwicklung der Filmkunst.

Bergman erzählt in dem Film von zwei Schwestern, die mit dem Sohn der einen in ein fremdes, unidentifiziertes Land reisen. Im Hotel stirbt die eine Schwester, während sich die andere sexuellen Abenteuern hingibt. Der Junge irrt in dieser Zeit durch die Korridore des Hotels.

Die Fremdheit des Ortes und der Sprache nutzt Bergman als Mittel, um die totale Einsamkeit des Menschen, seine Unfähigkeit zur Kommunikation auf allen Ebenen, einschließlich der Sexualität, augenfällig zu machen. Nicht die Handlung, sondern einprägsame, erdrückende Bilder der Fremde machen die künstlerische Wirkung des Bergman-Films aus.

Seinen schnellen Ruhm verdankt der schwedische Streifen aber wohl

Regisseur Ingmar Bergman während der Dreharbeiten zu seinem Film »Das Schweigen«; nebem ihm Ingrid Thulin, eine der beiden Hauptdarstellerinnen

mehr der Wirkung auf Moralapostel unter Kritikern und Publikum, die sich über Amoralität und Pornographie erregen. In »Die Zeit« bemängelt Dieter E. Zimmer diese »sekundanerhafte Fixierung der Diskussion auf drei Stellen manifestierter fleischlicher Qual – als bestehe der Film aus wenig mehr, als erschüttere er einen allgemeinen Glauben an den Klapperstorch«.

Obwohl »Das Schweigen« in der Bundesrepublik erst im Januar 1964 in die Kinos kommt, wird hier schon jetzt der Ruf nach dem Zensor laut. Die schwedische Zensurbehörde verteidigt die Aufführung der ungekürzten Fassung mit der Erklärung: »Es ist nicht unsere Aufgabe, Kunstwerke zu verstümmeln, und aus diesem Grunde zensieren wir also Ingmar Bergmans Film nicht ... Ein Filmschöpfer ist ein Künstler, wir haben kein Recht, ihn zu zensieren.«

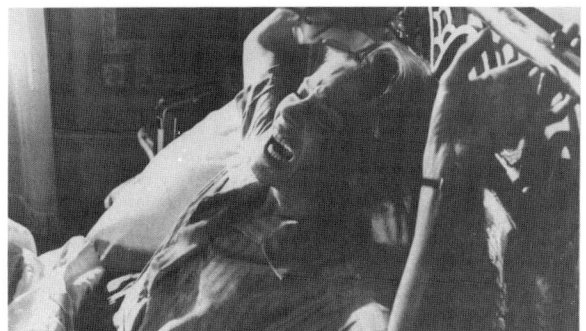

Ingrid Thulin als Ester, die, während ihre Schwester Anna sich Abenteuern hingibt, in einem Hotelzimmer stirbt

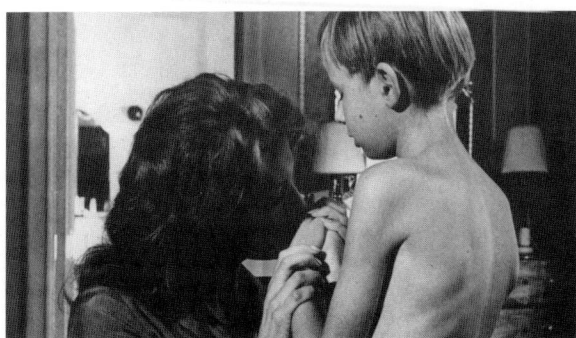

Gunnel Lindblom in der Rolle der Anna; hier in einer Szene mit Esters Sohn, gespielt von Jörgen Lindström

Die Schauspielerin Ingrid Thulin als Ester in einer Szene des umstrittenen schwedischen Films »Das Schweigen«

Philosophenkongreß zum Thema »Mensch«

7. September. In einer feierlichen Eröffnungssitzung begrüßt der Staatspräsident von Mexiko, Adolfo Lopez Mateos, die Teilnehmer des Internationalen Philosophenkongresses, der alle fünf Jahre stattfindet. 1958 war Venedig Tagungsort, nun versammeln sich in Mexiko-Stadt 800 Interessierte aus 40 Ländern zu dem 13. Treffen. Bis zum 14. September werden sie nun über »das Problem des Menschen« und die »Kritik der Gegenwart« diskutieren.

Lopez Mateos

Unter den Delegierten rechnet man mit einer scharfen Auseinandersetzung zwischen den Philosophen der westlichen Welt und den in der kommunistischen Weltanschauung geschulten Denkern des Ostblocks. Viele Geisteswissenschaftler des Westens vertreten die Auffassung, daß der internationale Kommunismus und seine Theorien versagt haben und auseinanderbrechen, während ein sichtbarer »Nationalkommunismus« die Welt beunruhige.

Literaturprofessor verläßt die DDR

2. September. Auf einer Pressekonferenz des Rowohlt-Verlages bei Hamburg gibt der Leipziger Literaturhistoriker Hans Mayer bekannt, daß er nicht mehr in die DDR zurückkehren werde.

Der 56jährige Professor, Direktor des Instituts für deutsche Literaturgeschichte an der Leipziger Universität, begründet seinen Schritt: »Die Ereignisse des letzten Semesters haben mir bewiesen, daß nahezu alle Voraussetzungen weggefallen sind, die mich vor 15 Jahren veranlaßt hatten, von Frankfurt am Main aus dem Ruf an die Leipziger Universität zu folgen. Man hat durch die Universitäts- und Parteileitung Leipzig gegen mich und mein Buch ›Ansichten zur Literatur der Zeit‹ eine böswillige ... Kampagne entfacht ..., die ausschließlich darauf abzielte, meine pädagogische und wissenschaftliche Einwirkung auf die Studenten unmöglich zu machen ...«

Auto 1963:
Schneller und mehr Komfort

Mehr PS, höhere Geschwindigkeit, anspruchsvollere Technik und mehr Komfort – so läßt sich der Trend neuer Produkte der Automobilindustrie des Jahres 1963 beschreiben.

Erstaunlich ist der bundesdeutsche Anteil an Neuheiten bei Personenkraftwagen. Neben den Standardmodellen bringt nahezu jeder Automobilhersteller Sonderausführungen, vor allem Coupés, auf den Markt. Sie etablieren sich immer stärker als »Zweitwagen für den gehobenen Verbraucher«.

Zahl der Fahrzeuge in der BRD
Von den 10,5 Millionen motorisierten Fahrzeugen, die am 1. Juli im Bundesgebiet registriert werden, stellen die Personenkraftwagen mit 6,85 Millionen den Löwenanteil. Auf acht Bundesbürger kommt nunmehr ein Personenkraftwagen. Es folgen 1,47 Millionen Mopeds, 1,18 Millionen Motorroller und Krafträder – der Rest sind Nutzfahrzeuge sowie Omnibusse.

Im Mittelpunkt des Interesses an technischen Neuerungen steht auf der Internationalen Automobilausstellung (IAA) in Frankfurt am Main der Wankelmotor. Im Gegensatz zum Hubkolbenmotor führt dieser Kreiskolbenmotor gleichzeitig drei der üblichen vier Takte des echten Viertaktmotors aus und arbeitet infolge der Taktverteilung wie ein richtiger Viertakter. Unter der Typenbezeichnung »NSU/Wankel/Spider« soll er im Frühjahr 1964 in Serienproduktion gehen und in den »Sportprinz« des Nekkarsulmer Herstellers eingebaut werden. Die Maschine mit 550 cm^3 Kammergröße verleiht dem Wagen bei 50 PS eine Spitzengeschwindigkeit von 150 km/h.

Obwohl sich der Fortschritt bei den Nutzfahrzeugen im allgemeinen nicht so rasch und sichtbar vollzieht, sind auch hier die Neuerungen beachtlich. Die neue Sattelzugmaschine von Magirus Deutz, der Henschel-Lastwagen Typ HS 16 TL und der Mercedes-Benz-Schwerlastwagen sind mit neuen Fahrerkabinen ausgestattet, die sehr geräu-

mig sind und nach allen Seiten ein optimales Blickfeld bieten. Außerdem haben sie einen bequemeren Einstieg, bessere Lüftung und Heizung als die vorherigen Modelle. Bremsen und Lenkung werden in immer größerem Umfang mit hydraulischen Systemen versehen.

Gänzlich verschwunden sind auf der IAA – mit Ausnahme des Goggomobils 250 – die auf früherer Ausstellungen üblichen Kleinstwagen. Vergrößert hat sich hingegen das Angebot an exklusiven Sportwagen mit mehr als 200 km/h Spitzengeschwindigkeit für einen Preis von 50 000 DM und darüber. Auf diesem Sektor sind die ausländischen Hersteller wie Jaguar, Aston Martin, Alfa-Romeo, Ferrari und Maserati allerdings immer noch marktbeherrschend.

Doch auch die Deutschen können mit einem Superwagen aufwarten, dem Mercedes 600. Das Luxusauto ist mit 2,5 t Gewicht doppelt so schwer wie der neue Opel »Kapitän«, und der Radstand der Pullman-Version des Mercedes mißt mit 3,9 m so viel wie die ganze Länge der Renault-Dauphine. Serienmäßig ist der 600er u. a. mit automati-

Was die neuen Autos kosten (DM)

Auto Union DKW F 11	5 100
BMW 1000	9 985
Mercedes 600 Limousine	49 000
Ford 12 M, 1,5 l	5 600
NSU Prinz 1000	5 490
NSU Spider (Wankel)	8 500
Opel Kadett Coupé	5 775
Opel Rekord L	8 075
Porsche Typ 901	23 900
VW 1500	5 990

Die Käufer der neuen Pkw sind vor allem Arbeitnehmer. Etwa vier von fünf der zwischen Juli 1962 und Juli 1963 gekauften Neuwagen wurden laut statistischen Angaben von einem Arbeiter, einem Angestellten oder einem Beamten erworben.

schem Getriebe, Servolenkung, verstellbarem Lenkrad, Luftfederung, gemäß den Straßenverhältnissen verstellbaren Stoßdämpfern, elektronisch geregelter Heizungs- und Belüftungsanlage sowie Zentralverriegelung ausgestattet.

Der 600er, die neue Luxuslimousine von Mercedes, ist z. Z. der größte, komfortabelste und teuerste in der Bundesrepublik gebaute Personenwagen

Der viertürige Opel Rekord entspricht in den wesentlichen Punkten der Ausstattung dem zweitürigen und ist mit Drei- oder Vierganggetriebe lieferbar

Die Opel-Werke in Rüsselsheim zeigen auf der Automobilausstellung in Frankfurt am Main auch eine neue Coupé-Ausführung des Kadett-Modells

△ Zum ersten Mal wird der Mercedes Sportwagen 230 SL auf der Frankfurter Automobilmesse der Öffentlichkeit präsentiert. Mit dem Zug zum größeren und leistungsfähigeren Personenwagen, der auf der Ausstellung deutlich sichtbar wird, hat sich auch das Interesse für die exklusiven, sportlichen Wagentypen stark vergrößert. Wagen dieser Art, die durchweg schneller als 200 km/h fahren, werden, wie die Automobilhändler betonen, von einem »vernünftigen« Käuferkreis bevorzugt, bei dem »Playboys keineswegs dominieren«.

◁ Besonderes Interesse bringen die Besucher der Automobilmesse einer technischen Neuerung entgegen, dem Wankelmotor. Dieser Kreiskolbenmotor soll gegenüber dem üblichen Hubkolbenmotor günstiger sein. Unter der Typenbezeichnung »NSU-Wankel-Spider« stellt die Industrie erstmals ein Serienauto mit Kreiskolbenmotor vor. Äußerlich gleicht der NSU-Spider dem Sportprinz, den NSU seit mehreren Jahren herstellt. Der 50-PS-Heckmotor verleiht dem Wagen aus Neckarsulm eine Spitzengeschwindigkeit von 150 km/h.

Sieg der DFB-Amateure gegen die DDR-Elf

22. September. Im Niedersachsenstadion von Hannover treffen die Amateurmannschaft des Deutschen Fußballbundes (DFB) und die DDR-Nationalmannschaft im Qualifikationsspiel für die Olympischen Spiele 1964 in Tokio aufeinander. Vor 20000 Zuschauern gewinnen die Kicker der Bundesrepublik 2:1. Das Spiel ist gekennzeichnet durch zwei sehr verschiedene Halbzeiten. In den ersten 45 Minuten scheint aufgrund der schwachen bundesdeutschen Abwehr alles auf einen überzeugenden DDR-Sieg hinauszulaufen. Nach der Pause jedoch stekken die plötzlich in jeder Hinsicht mithaltenden DFB-Amateure die Grenzen der DDR-Mannschaft eindeutig ab. Der 1:1-Ausgleich in der 54. Minute spornt an und stärkt das Selbstvertrauen. Energische Angriffe der Bundesdeutschen führen schließlich zum verdienten Sieg. Trotz dieses Erfolgs ist die DFB-Elf allerdings in der Qualifikation gescheitert. Die DDR-Spieler hatten eine Woche zuvor in Karl-Marx-Stadt gegen die bundesdeutsche

Fräsdorf schießt auf das westdeutsche Tor, Martinschleddes (l.), Fräsdorf (M.) hat zuvor Zott (r.) in diesem ersten Olympia-Ausscheidungsspiel abgedrängt

Auswahl 3:0 gewonnen. Dieses Ergebnis reicht ihnen, um bei 2:2 Punkten durch das bessere Torverhältnis von 4:2 Punkten die deutsche Olympiamannschaft zu stellen. Allerdings müssen sie, um nach Tokio zu kommen, erst noch die Mannschaften der Niederlande sowie der Sowjetunion schlagen. Die Amateurmannschaft des DFB nimmt vom 10. bis 18. Oktober 1963 an einem vorolympischen Turnier in Tokio teil, wo sie gegen Südvietnam und Japan spielt.

In seinem Lotus 25 gewinnt Jim Clark die Weltmeisterschaft 1963

8. September. *Der 27 Jahre alte schottische Farmer Jim Clark gewinnt den Großen Preis von Italien in Monza, den siebten Lauf der insgesamt zehn auszutragenden Wettbewerbe der Fahrer-Weltmeisterschaft.*
Es ist der fünfte Grand-Prix-Sieg für Clark in dieser Saison, womit er die Weltmeisterschaft 1963 für sich entscheidet. Sein größter Rivale, der Engländer John Surtees, mußte mit seinem Ferrari in der siebzehnten Runde, in der er an der Spitze der Konkurrenz lag, aufgeben.

Die triumphale Saison verdankt Jim Clark neben seinem fahrerischen Können vor allem dem Konstrukteur seines Rennwagens »Lotus 25«, Colin Chapman. Der Brite, Chef der Lotus-Werke, entwarf für Clark den niedrigsten, luftwiderstandsärmsten und leichtesten Rennwagen, der innerhalb der gültigen Formel je gebaut wurde. Zum ersten Mal in der Geschichte der Grand-Prix-Rennen sitzt im »Lotus« der Fahrer nicht mehr, sondern liegt hinter dem Lenkrad. Das Foto zeigt Clark in Monza.

Streit um Fußball bei den Franzosen

3. September. Gleich zu Beginn der neuen Fußballsaison beauftragt die französische Regierung das Kommissariat für Sport, in einer Auseinandersetzung zwischen der Nationalliga, dem Dachverband der Profiklubs, und der Spielergewerkschaft zu vermitteln.
Streitobjekt ist Artikel acht des Berufsspielerstatuts, worin festgelegt ist, daß die Spieler bis zum 35. Lebensjahr an ihren ersten Verein vertraglich gebunden sind. Die Spannungen zwischen beiden Parteien verschärfen sich, als Nationalspieler Raymond Kopa in einer veröffentlichten Artikelserie den schweren Vorwurf erhebt, die französischen Berufsspieler würden vom Verband wie Sklaven behandelt.

Überzeugender Sieg über Skandinavier

29. September. Nach zwei Tagen endet der Leichtathletikländerkampf zwischen Finnland und der Bundesrepublik in Bremen mit einem überzeugenden Punktsieg von 131:81 für die deutsche Mannschaft.
Von 20 Konkurrenzen gewinnen die Gäste aus Skandinavien nur vier Wettbewerbe. Diesen bescheidenen Erfolgen stehen wahre Siegesserien der Deutschen gegenüber. Die wohl erfreulichste Überraschung bietet dabei der Solinger Stabhochspringer Klaus Lehnertz. Er übertrifft mit seinem Sprung über 4,70 m Europarekordler Pentti Nikula.

Rekordleistung im Dortmunder Südbad

28. September. Bei dem Schwimmländerkampf zwischen den Niederlanden und der Bundesrepublik in Dortmund erreichen die Herren der deutschen 4 × 100-m-Lagenstaffel mit 4:07,6 min Europarekord.
Tags darauf, am zweiten und letzten Tag des Wettkampfs, den die Bundesrepublik mit 126:119 Punkten gewinnt, kann Holm Mrazek noch einen Erfolg verbuchen. Der Dortmunder, der mit seinen 1:09,1 min über 100 m Brust in der Staffel die Grundlage für den Europarekord schuf, schwimmt die 200 m Brust nun in 2:34,5 min, das ist gesamtdeutscher Rekord.

Der sowjetische Weltrekordler Juri Wlassow im Wettkampf; der 27jährige Ingenieur aus Moskau ist z. Z. der erfolgreichste Gewichtheber in der Welt

Wlassow – Weltmeister im Gewichtheben

15. September. Am letzten Wettkampftag der vor einer Woche begonnenen Weltmeisterschaften im Gewichtheben in Stockholm holt sich Juri Wlassow aus der Sowjetunion den Titel im Schwergewicht. Wlassow verbessert seinen eigenen Weltrekord im aus Drücken, Reißen und Stoßen bestehenden Dreikampf aus dem vergangenen Jahr von 550,0 kg auf 557,5 kg.

Damit setzt er seine 1959 begonnene Erfolgsserie fort und ist zum vierten Mal hintereinander Weltmeister.

Der »vollendete Athlet«, wie ihn der schwedische Sportjournalist Torsten Tegner bezeichnet, gewann außerdem bei den Olympischen Spielen in Rom 1960 die Goldmedaille.

Der 27 Jahre alte Moskauer gilt als der Prototyp des modernen Gewichthebers. Seine Körpermaße – Gewicht: 130 kg, Halsweite: 48 cm, Brustumfang: 125 cm, Wadenumfang: 44 cm – wirken bescheiden im Vergleich zu denen des US-Amerikaners Paul Anderson, der 1955 als erster die Zehn-Zentner-Marke bewältigte. »Der Kran von Tennessee« wog als Weltmeister 167,5 kg, hatte Kragenweite 62, einen Brustumfang von 147 cm und einen Wadenumfang von 55 cm. Übermäßige Körperfülle schien damals Voraussetzung für das Gewichtheben zu sein. Erst Wlassow bewies, daß mit dem exzellenten Beherrschen raffinierter Hebetricks und systematisch antrainierter athletischer Kraft – der Luftwaffeningenieur drückt, reißt und stößt täglich zwölf Tonnen innerhalb zwei Stunden – noch bessere Leistungen erzielt werden.

Die Weltrekordentwicklung im Gewichtheben in drei Disziplinen (in kg)

Die Weltmeisterschaften der Gewichtheber werden in allen neun Gewichtsklassen als Dreikampf entschieden. Die Werte der einzelnen Disziplinen – Drücken, Reißen, Stoßen – werden zum Gesamtergebnis addiert.

1919: Josef Straßberger (GER) 340,0
1920: Karl Mörke (GER) 380,0
1931: Saled Nosseir (Ägypten) 400,0
1938: Josef Manger (GER) 437,5
1941: Steve Stanko (USA) 454
1951: John Davis (USA) 482,5
1954: Norbert Schemansky (USA) 487,5
1955: Paul Anderson (USA) 512,5
1963: Juri Wlassow (URS) 557,5

Die Weltbestleistungen z. Z.:

▷ **Drücken:** 192,5 kg. Hier wird die Hantel zunächst bis in Schulterhöhe gehoben, dann in Ruhestellung gebracht und schließlich ohne Veränderung der Stellung der Beine und des unteren Körpers ohne Verzug über die Kopfhöhe hinaus gedrückt

▷ **Reißen:** 167,5 kg. Hierbei wird die Hantel in einem Zug über die Kopfhöhe hinaus gebracht, gestattet sind Ausfall oder Hocke

▷ **Stoßen:** 212,5 kg. Die Hantel muß in einem Zug bis zur Schulterhöhe gehoben und dann unter Ausnutzung eines Beinschwungs zur Hochstrecke gebracht werden.

Wer ist Stärkster im ganzen Land?

Die Frage, wer wohl der Stärkste ist in der Welt, hat die Menschen seit jeher beschäftigt. Die Gewichtheber von einst stemmten keine Hanteln, sondern Steine, Stämme oder andere Lasten. Im 18. Jh. traten die ersten Kraftmenschen als Berufssportler auf. Als sportliche Kraftübung gewann das Gewichtheben dann um 1890 an Popularität. Seit 1893 werden Deutsche und bald darauf auch Europa- und Weltmeisterschaften ausgetragen, deren Entwicklung jedoch durch die starren Hanteln und Gewichte gehemmt wurde. Erst 1910, nach der Erfindung der Scheibenhanteln, erhielt der sportliche Wettstreit um den Titel des stärksten Manns neue Impulse. 1919 gab es einen ersten Dreikampf.

Zu den erfolgreichsten deutschen Hebern gehört der Münchener Josef Straßberger, der als Kraftnahrung auf bayerisches Starkbier schwor.

Oktober 1963

Mo	Di	Mi	Do	Fr	Sa	So
	1	2	3	4	5	6
7	8	9	10	11	12	13
14	15	16	17	18	19	20
21	22	23	24	25	26	27
28	29	30	31			

1. Oktober, Dienstag

Das westafrikanische Nigeria wird Republik innerhalb des Commonwealth. Ihr erster Präsident ist der bisherige Generalgouverneur Nigerias, Benjamin Nnamdi Azikiwe. →S. 165

Im gesamten Bundesgebiet werden die Milchpreise erhöht. Statt wie bisher 45 Pfennig kostet nun ein Liter lose Milch 50 Pfennig. Tütenmilch kostet 63 Pfennig.

Die »Naturwissenschaftliche Rundschau« veröffentlicht einen Bericht über eine Russin, die mit den Fingern sehen kann. →S. 169

2. Oktober, Mittwoch

Das Bundeskabinett in Bonn beschließt zur Entlastung des Kartoffelmarktes, der Landwirtschaft eine zusätzliche Subvention in Höhe von insgesamt 32,5 Millionen DM zu gewähren.

Die Deutsche Bundesbahn stellt den 5000. Streckenkilometer auf elektrischen Betrieb um. Der Jubiläumskilometer liegt genau im Hauptbahnhof der Stadt Recklinghausen.

Die französische Regierung protestiert bei dem algerischen Präsidenten Ahmed Ben Bella gegen die Verstaatlichung von französischem Grundbesitz in Algerien.

In der tschechoslowakischen Hauptstadt Prag werden die seit 1949 inhaftierte Joseph Kardinal Beran, Primas der Tschechoslowakei, und vier weitere Bischöfe aus dem Zuchthaus entlassen.

Wohnungsbauminister Paul Lücke (CDU) erstattet Anzeige gegen einen schleswig-holsteinischen Hausbesitzer. Er hatte die Miete einer 32 m² großen Wohnung von 44,60 DM gleich auf 184,70 DM erhöht.

3. Oktober, Donnerstag

Bundesaußenminister Gerhard Schröder (CDU) informiert den Auswärtigen Ausschuß des Bundestages in Bonn über das Ergebnis seiner USA-Reise. Dabei treten unterschiedliche Auffassungen zur Entspannungspolitik auch innerhalb der CDU-Fraktion deutlich zutage.

Bundesinnenminister Hermann Höcherl (CSU) stellt Strafantrag gegen die Wochenzeitung »Die Zeit«, die sich von ihrem Artikel über die Telefon-Überwachung im Bundestag nicht distanzieren will (→5. 9./S. 142).

In einem Artikel wendet sich die parteitheoretische Zeitschrift der SED, »Einheit«, gegen den Begriff der »Wiedervereinigung« und fordert statt dessen die Formulierung »Vereinigung der beiden deutschen Staaten«.

4. Oktober, Freitag

Der algerische Staatschef Ahmed Ben Bella lädt den französischen Staatspräsidenten Charles de Gaulle zu einem offiziellen Besuch ein und versichert der Regierung in Paris, die in Algerien von französischen Gesellschaften aufgebaute Industrie unangetastet zu lassen.

Die kubanische Regierung unter Fidel Castro ordnet in Havanna die Verstaatlichung des privaten Grundbesitzes von mehr als 77,2 ha an.

Nach dem Staatsstreich der Armee gegen den Präsidenten von Honduras, José Ramón Villeda Morales, verhängt die Militärjunta unter Oberst Osvaldo Lopez Avellano das Kriegsrecht über das gesamte Land. →S. 165

5. Oktober, Sonnabend

Auf einer Veranstaltung in München, mit der die CSU von dem aus dem Amt ausscheidenden Bundeskanzler Konrad Adenauer (CDU) Abschied nimmt, äußert sich der Kanzler skeptisch über Ost-West-Entspannungsbemühungen und spricht sich gegen ökonomische Hilfeleistungen des Westens an die UdSSR aus (→15. 10./S. 160).

In Venezuelas Hauptstadt Caracas kommt es nach der Verhaftung von Hunderten von Kommunisten zu bürgerkriegsähnlichen Ausschreitungen zwischen Kommunisten und Armee. →S. 165

6. Oktober, Sonntag

Die Kommission für die Vorbereitung der Volkskammerwahlen in der DDR am →20. Oktober (S. 164) veröffentlicht in der Zeitung »Neues Deutschland« eine Mitteilung, nach der allen in der Bundesrepublik lebenden »Bürgern der DDR« bei einem Besuch in der DDR eine Teilnahme an den Wahlen ermöglicht wird.

An der Technischen Hochschule in Stuttgart findet die Erprobung des ersten deutschen Luftkissenfahrzeuges statt. Es besitzt jedoch noch keinen funktionierenden Steuerungsmechanismus.

7. Oktober, Montag

Vor dem Schwurgericht in Lüneburg muß sich der ehemalige Kreisleiter der NSDAP, Oskar Winkler, wegen Mordes an einem der Fahnenflucht verdächtigen Wehrmachtssoldaten verantworten.

In Washington unterzeichnet der US-amerikanische Präsident John F. Kennedy den Moskauer Vertrag über die partielle Einstellung der Kernwaffenversuche vom →5. August (S. 124).

8. Oktober, Dienstag

Der Ministerpräsident von Baden-Württemberg, Kurt-Georg Kiesinger (CDU), der sich seit zwei Tagen zu einer Vortragsreise in den USA aufhält, trifft mit dem US-amerikanischen Präsidenten John F. Kennedy im Weißen Haus in Washington zusammen.

In Frankfurt am Main eröffnet der Vorsteher des Börsenvereins des Deutschen Buchhandels, Friedrich Wittig, die 15.

4. Oktober, Freitag (Fortsetzung Spalte 3)

Frankfurter Buchmesse (bis 21. 10.), auf der über 2000 Aussteller aus dem In- und Ausland vertreten sind.

9. Oktober, Mittwoch

In der letzten Kabinettssitzung unter dem Vorsitz von Bundeskanzler Konrad Adenauer (CDU) in Bonn wird beschlossen, den Ständigen Rat des Nordatlantikpaktes (NATO) in Paris um eine grundsätzliche Stellungnahme zu dem Problem des Osthandels zu bitten.

Durch einen Erdrutsch in Oberitalien überfluten ungeheure Wassermassen die 265 m hohe Staumauer des Vaiont-Sees und stürzen ins Piave-Tal. In der Flutwelle kommen etwa 4000 Menschen ums Leben. →S. 168

Ein seit dem 3. Oktober in Haiti und Kuba tobender Taifun fordert insgesamt 6500 Menschenleben. →S. 168

10. Oktober, Donnerstag

Drei US-amerikanische Truppen-Konvois werden auf ihrem Transport von Berlin (West) in die Bundesrepublik am DDR-Autobahnkontrollpunkt von sowjetischen Soldaten etwa fünf Stunden lang aufgehalten. Die US-amerikanischen Mannschaften weigern sich, zwecks der von den Sowjets geforderten Zählung abzusitzen. →S. 164

11. Oktober, Freitag

Bundeskanzler Konrad Adenauer (CDU) überreicht in Bonn dem Bundespräsidenten Heinrich Lübke (CDU) seine Rücktrittserklärung (→15. 10./S. 160).

Das Schwurgericht in Stuttgart verurteilt einen früheren Stabsgefreiten der DDR-Grenzpolizei wegen versuchten Totschlags zu 15 Monaten Gefängnis. Er hatte im Juni 1962 an der DDR-Grenze im Harz auf einen flüchtenden DDR-Bürger geschossen.

12. Oktober, Sonnabend

Der Bundesminister für wirtschaftliche Zusammenarbeit, Walter Scheel (FDP), eröffnet in Berlin (West) die 14. Deutsche Industrieausstellung. Unter dem Motto »Partner des Fortschritts« ist sie dieses Mal den Ländern in Süd- und Ostasien gewidmet. →S. 166

In New York feiern über 100 000 Menschen mit der Kolumbus-Parade den traditionellen Gedenktag für den Entdecker Amerikas. Etwa eine Million Zuschauer säumen die Straßen. →S. 168

Bei der internationalen Sportwoche in Tokio schwimmt der Bundesdeutsche Gerhard Hetz einen 400-m-Lagen-Weltrekord in 4:50,2 min. →S. 173

13. Oktober, Sonntag

Mit einer Großkundgebung in der Kölner Messehalle verabschiedet sich die CDU von Bundeskanzler Konrad Adenauer (CDU) mit überaus begeisterten Ovationen (→15. 10./S. 160).

In einer Feierstunde in der Paulskirche in Frankfurt am Main erhält der Physiker und Philosoph Carl Friedrich Freiherr von Weizsäcker den Friedenspreis des Deutschen Buchhandels verliehen. →S. 173

14. Oktober, Montag

Die Europäische Wirtschaftsgemeinschaft (EWG) schließt mit dem Iran ein Handelsabkommen ab. Es ist das erste kommerzielle Abkommen der EWG mit einem Drittstaat.

Die im Rowohlt Verlag erscheinende deutschsprachige Ausgabe des Romans von Henry Miller, »Wendekreis des Krebses«, wird in Hof aufgrund einer Verfügung des Amtsgerichtes beschlagnahmt (→S. 171).

In Baden-Baden beginnt die bis zum 20. Oktober dauernde 60. Session des Internationalen Olympischen Komitees (IOC). Zum wiederholten Male wird hier der Antrag der DDR auf Vollmitgliedschaft abgelehnt. →S. 173

In Paris geben Hunderttausende der am 11. Oktober gestorbenen französischen Chansonsängerin Edith Piaf das letzte Geleit. Auf dem Friedhof Père Lachaise kommt es zu Zusammenstößen mit der Polizei. →S. 172

15. Oktober, Dienstag

Auf einer Sondersitzung in Bonn verabschiedet der deutsche Bundestag Bundeskanzler Konrad Adenauer (CDU) mit einer Laudatio von Bundespräsident Eugen Gerstenmaier (CDU). →S. 160

Mit der Räumung des Truppenstützpunktes Biserta verlassen die letzten französischen Truppen Tunesien. →S. 165

Mit einem großen Eröffnungszeremoniell und einer Rede des Regierenden Bürgermeisters Willy Brandt (SPD) wird die Berliner Philharmonie eröffnet. Das erste Konzert in dem von Hans Scharoun entworfenen Gebäude, die 9. Sinfonie von Ludwig van Beethoven, dirigiert Herbert von Karajan. →S. 170

16. Oktober, Mittwoch

Erwartungsgemäß wählt der deutsche Bundestag auf Vorschlag des Bundespräsidenten Heinrich Lübke mit 279 von 484 abgegebenen Stimmen Ludwig Erhard (CDU) zum neuen Kanzler der Bundesrepublik Deutschland. →S. 161

Der politische Ausschuß der Vollversammlung der Vereinten Nationen (UN) nimmt einstimmig eine von 17 Staaten der Genfer Abrüstungskonferenz eingebrachte Resolution an, welche ein Verbot der Stationierung von Atomwaffen im Weltraum vorsieht.

Die Vertreter Ägyptens (VAR) und Belgiens vereinbaren die Wiederaufnahme diplomatischer Beziehungen.

17. Oktober, Donnerstag

In Bonn vereidigt Bundespräsident Heinrich Lübke (CDU) Ludwig Erhard (CDU) als neuen Bundeskanzler sowie Erich Mende (FDP) als Vizekanzler, Kurt Schmücker (CDU) als Wirtschaftsminister und Hans Krüger (CDU) als Vertriebenenminister (→16. 10./S. 161).

Im Oktober tritt Bundeskanzler Konrad Adenauer zurück; sein Porträt und ein Beitrag zu seinem Hobby, das Rosenzüchten, erscheinen aus diesem Anlaß auf dem Titelblatt der »Epoca« im Oktober

B 4078 I

EPOCA

WO STEHT DEUTSCHLAND IN ZEHN JAHREN?

Bericht von Sefton Delmer

ROSENSTUNDE VON RHÖNDORF

Dr. Adenauer schreibt für Epoca:
Meine Blumen und ich

Die neue deutsche Zeitschrift

Süddeutscher Verlag GmbH, München; Arnoldo Mondadori Editore S.p.A., Mailand; Nr. 8 | Jahrg. 1, Oktober 1963; DM 2; Österreich S 15; Schweiz sfrs 2,30; Italien L. 300

PHILOSOPHEN DES WEISSEN BALLS

Peter Senzer über Golf

PAUL VI. UND DAS KONZIL

Die katholische Kirche im Jahre 2000

TINTORETTOS MODERNE MALEREI

Der Kunstbericht in Farbe

Vertreter des Auswärtigen Amtes in Bonn unterzeichnen in Bukarest ein Protokoll, welches den Austausch von Handelsvertretungen zwischen der Bundesrepublik und Rumänien regelt.

Der jugoslawische Staats- und Parteichef Josip Broz Tito wird im Weißen Haus in Washington von US-Präsident John F. Kennedy zu einem Gespräch über die beiderseitigen Beziehungen empfangen. →S. 164

Auf dem Raketenversuchsgelände von Cape Canaveral werden mit einer »Atlas-Agena«-Rakete zwei US-amerikanische Satelliten in die Erdumlaufbahn geschossen. Sie sollen Kernexplosionen im Weltraum registrieren.

18. Oktober, Freitag

In Großbritannien tritt Premierminister Harold Macmillan zurück. Sein Nachfolger wird der bisherige Außenminister Alexander Frederick Douglas-Home, der seinen Adelstitel ablegt, um ins Unterhaus gewählt werden zu können. →S. 164

Der außenpolitische Ausschuß der Vereinigten Staaten von Amerika beschließt die Einstellung der Auslandshilfe an alle Staaten, deren Regierungen gewaltsam gestürzt worden sind. Ausgenommen bleiben solche, deren Unterstützung im Interesse der USA liegt.

19. Oktober, Sonnabend

An der syrisch-libanesischen Grenze kommt es zu schweren Grenzzwischenfällen. Syrische Soldaten überschreiten die Demarkationslinie und dringen in libanesisches Gebiet ein.

Dem umfassenden Milchboykott in der Bundesrepublik als Protest gegen die Preiserhöhung vom 1. Oktober schließen sich 37 Hamburger Betriebe der Metallindustrie mit 31 000 Beschäftigten an.

Der 34jährige Lyriker und Essayist Hans Magnus Enzensberger erhält als bisher jüngster Preisträger den mit 10 000 DM dotierten Georg-Büchner-Preis in Darmstadt. →S. 172

Im Münchener Haus der Kunst wird zur Erinnerung an den am 31. August verstorbenen französischen Maler Georges Braque eine umfangreiche Ausstellung seiner Werke eröffnet. Bis zum 15. Dezember werden hier 300 Gemälde, Grafiken und Plastiken des französischen Künstlers zu sehen sein.

20. Oktober, Sonntag

In der DDR finden die Wahlen zur Volkskammer statt. Die Einheitsliste, die sowohl die Blockparteien als auch die wichtigsten Massenorganisationen umfaßt, erhält 95,5% der Stimmen. →S. 164

In Düsseldorf schließt die vor neun Tagen eröffnete, alle vier Jahre stattfindende Internationale Fachmesse »Kunststoffe 1963«, ihre Pforten. →S. 166

In Berlin gehen die diesjährigen Festwochen mit der deutschen Erstaufführung des Schauspiels »Wer hat Angst vor Virginia Woolf« von Edward Albee zu Ende.

In Köln beginnen die Pferderennen um den Preis von Europa. Mit einer Gesamtdotierung in Höhe von 250 000 DM sind sie die teuersten jemals auf deutschem Boden gelaufenen Rennen.

21. Oktober, Montag

Das Industrievermögen von Hugo Stinnes junior, das vor wenigen Wochen von dem Bankhaus Ehinger in Basel und der Investitions- und Handelsbank AG in Frankfurt am Main übernommen worden war, wird an die Union Treuhand GmbH Frankfurt, eine Tochtergesellschaft der gewerkschaftseigenen Bank für Gemeinwirtschaft, weitergeleitet.

Mit 57 gegen 21 Stimmen bei zwölf Enthaltungen lehnt die Vollversammlung der Vereinten Nationen (UN) in New York die Aufnahme der Volksrepublik China in die UNO ab.

Das vielbesungene Hotel »Im weißen Rößl« am Wolfgangsee in Österreich wird wegen mangelnder Rentabilität abgerissen. →S. 169

22. Oktober, Dienstag

Das US-State Department veröffentlicht in Washington eine Erklärung, in welcher das Ersuchen Kubas um Aufhebung der Wirtschaftsblockade zurückgewiesen wird. Kubas Bitte stand im Zusammenhang mit der schwierigen wirtschaftlichen Lage nach der Sturmkatastrophe Anfang des Monats.

In Nordindien weiht der indische Ministerpräsident Jawaharlal Nehru den Bhakra-Staudamm ein. →S. 166

Ein ungewöhnlich starker Sturm über der Ostsee bringt den gesamten Schiffsverkehr auf der Vogelfluglinie zwischen der Bundesrepublik und den dänischen Inseln zum Erliegen.

23. Oktober, Mittwoch

Ein 24stündiger Streik der französischen Eisenbahner für höhere Löhne lähmt das gesamte Wirtschaftsleben Frankreichs. Lediglich im internationalen Zugverkehr wird noch ein geringer Notdienst aufrechterhalten.

Im Londoner Wembley-Stadion spielt anläßlich des 100jährigen Bestehens des englischen Fußballbunds die englische Nationalmannschaft gegen eine Weltauswahl. Die Londoner Gastgeber gewinnen 2:1. →S. 173

24. Oktober, Donnerstag

In New York beantragen 27 afrikanische und asiatische Staaten die Einberufung des Weltsicherheitsrates der Vereinten Nationen (UN) zu einer Sondersitzung. Der Rat soll Maßnahmen erörtern, die Südafrika zur Aufgabe der Rassentrennungspolitik durch internationale Solidarität zwingen könnten.

In der Ilseder Hütte in Lengede ereignet sich ein schweres Grubenunglück. 500 000 m² Wasser eines Klärteichs stürzen in die bis zu 100 m tiefe Grube. Mit den Bergungsarbeiten wird begonnen (→7. 11./S. 187).

25. Oktober, Freitag

In der niederländischen Hauptstadt Den Haag treffen die Außenminister der Länder der Europäischen Wirtschaftsgemeinschaft (EWG) und Großbritanniens im Rahmen der Westeuropäischen Union (WEU) zusammen. Es sind die ersten gemeinsamen Gespräche nach dem Scheitern der britischen Beitrittsverhandlungen im Januar (→29. 1./S. 16).

Das Kriegsgericht des nordkaukasischen Militärbezirks in Krasnodar (UdSSR) verurteilt acht sowjetische Bürger zum Tode. Sie hatten während des Zweiten Weltkrieges freiwillig beim »Sonderkommando SS 10A« der deutschen Wehrmacht gedient.

Papst Paul VI. verfügt für die mehreren tausend im Vatikan beschäftigten Priester und Laien eine künftige 20%ige Gehaltserhöhung.

26. Oktober, Sonnabend

Erstmalig druckt eine sowjetische Zeitschrift, die »Sa Rubeshom«, den Wortlaut einer bundesdeutschen Regierungserklärung ab. Auf drei Seiten ist der außenpolitische Teil der Rede von Bundeskanzler Ludwig Erhard (CDU) zu lesen.

In Datteln (Nordrhein-Westfalen) werden in Anwesenheit von Bundesverteidigungsminister Kai Uwe von Hassel (CDU) sechs Flugabwehr-Raketen-Bataillone mit insgesamt 9000 Mann dem Oberbefehl des Nordatlantikpaktes (NATO) unterstellt.

Bei Cape Canaveral wird aus 15 m Tiefe die neue »Polaris-A3«-Rakete zum ersten Mal von einem U-Boot unter Wasser abgefeuert. Sie legt eine Entfernung von 3701 km bis zum südatlantischen Zielgebiet zurück.

Das Rote Kreuz besteht seit 100 Jahren. Es wurde 1863 von dem Schweizer Bankier Henri Dunant initiiert. →S. 165

27. Oktober, Sonntag

Die wahlberechtigte männliche Bevölkerung wählt in der Schweiz den Nationalrat. Die Sozialdemokraten bilden nun mit 53 Sitzen die stärkste Fraktion, gefolgt von den Freisinnigen mit 50 und der Konservativ-Christlich-Sozialen Partei mit 48 Sitzen. →S. 164

Nach 16 Tagen endet in Berlin (West) die diesjährige Deutsche Industrieausstellung. Im Vergleich zum Vorjahr verringerte sich die Besucherzahl um mehr als 120 000 (→12. 10./S. 166).

28. Oktober, Montag

Seine erste Reise als Bundeskanzler unternimmt Ludwig Erhard (CDU) nach Berlin, wo er u. a. auf einer Sondersitzung des Senats von Berlin (West) die Notwendigkeit eines engen Kontaktes zum Berliner Abgeordnetenhaus betont.

Die zwölf in der Arbeitsgemeinschaft der Rundfunkanstalten (ARD) zusammengeschlossenen Rundfunkanstalten gedenken in einer gemeinsamen Sendung des 40jährigen Rundfunkjubiläums. Auch die Deutsche Grammophon Gesell-

schaft feiert Jubiläum. Sie besteht seit 65 Jahren. →S. 169

29. Oktober, Dienstag

Der Gesetzesausschuß des US-amerikanischen Repräsentantenhauses in Washington nimmt mit 19 gegen 15 Stimmen den von der Regierung vorgeschlagenen Kompromiß über die Bürgerrechte der farbigen Bevölkerung an.

In London treffen auf dem Luftwege Goldbarren im Werte von 43 Millionen DM aus der Sowjetunion ein. Der Erlös vom vorgesehenen Verkauf in der britischen Hauptstadt soll für die sowjetischen Weizenkäufe in den USA und Kanada verwandt werden (→26. 9./S. 146).

30. Oktober, Mittwoch

Das Bundeskabinett in Bonn beschließt unter dem Vorsitz von Bundeskanzler Ludwig Erhard (CDU), den Gesamtumfang des Bundeshaushaltes 1964 auf 60,2 Milliarden DM zu begrenzen. Das bedeutet gegenüber dem Vorjahr eine Steigerung von lediglich 3,4 Milliarden DM.

Beim Absturz eines Düsenjägers der Bundeswehr vom Typ F 86 auf zwei Bauernhäuser im Landkreis Neuburg/Donau werden vier Menschen getötet. Der Pilot kann sich retten.

31. Oktober, Donnerstag

Das Bundesinnenministerium legt dem deutschen Bundestag in Bonn einen Gesetzentwurf über die Einschränkung des Post- und Fernmeldegeheimnisses vor. Anlaß dafür war die Abhöraffäre im Bundestag (→5. 9./S. 142).

Bei der Premiere der Eisrevue »Holiday on Ice« in der US-amerikanischen Stadt Indianapolis kommt es zu einer Gasexplosion, bei der 68 Zuschauer den Tod finden. →S. 169

Gestorben:

7. Manila: Gustaf Gründgens (*22. 12. 1899, Düsseldorf) deutscher Schauspieler und Regisseur. →S. 172

11. Milly-la-Forêt bei Paris: Jean Cocteau (*5. 7. 1889, Maisons-Laffite bei Paris), französischer Schriftsteller, Filmregisseur und Grafiker. →S. 172

11. Paris: Edith Piaf (eigentl. Edith Giovanna Gassion, *19. 12. 1915, Paris), berühmte französische Chansonsängerin (→14. 10./S. 172).

24. Los Angeles: Karl Bühler (*27. 5. 1879, Meckesheim/Baden), deutscher Psychologe.

Das Wetter im Monat Oktober

Station	Mittlere Lufttemperatur (°C)	Niederschlag (mm)	Sonnenscheindauer (Std.)
Aachen	— (10,0)	101*(64)	130(123)
Berlin	8,7 (8,8)	44*(58)	106(123)
Bremen	— (9,4)	78*(47)	112(104)
München	— (7,9)	87*(62)	125(130)
Wien	10,0 (9,6)	24*(57)	144(—)
Zürich	8,9 (8,4)	71 (80)	119(108)
( ) Langjähriger Mittelwert für diesen Monat			
* Durchschnitt September/Oktober			
– Wert nicht ermittelt			

Oktobertitel von »kon-
kret«, der in Hamburg
erscheinenden Zeitschrift
für Kultur und Politik,
zum jüngsten Abhör-
skandal in Bonn mit einem
Foto des Innenministers
Hermann Höcherl

Stehend hört Konrad Adenauer (l.) der Rede Eugen Gerstenmaiers (r.) zu, einer Laudatio auf den scheidenden Kanzler und seine politische Vergangenheit

Bundeskanzler Adenauer verabschiedet sich im Parlament

15. Oktober. In einer feierlichen Sitzung nimmt der deutsche Bundestag in Bonn Abschied von seinem Kanzler Konrad Adenauer (CDU). Vier Tage zuvor überreichte Adenauer seine Rücktrittserklärung dem Bundespräsidenten Heinrich Lübke (CDU), der sie nun bestätigt.

Im Parlament haben sich alle Fraktionen versammelt, um dem »Alten«, wie der 87jährige respektvoll genannt wird, für seine lange politische Tätigkeit zu danken. 14 Jahre lenkte er die Geschicke der Bundesrepublik, deren erster Kanzler er 1949 geworden war. Stellvertretend

für alle Abgeordneten würdigt Bundestagspräsident Eugen Gerstenmaier (CDU) in einer Laudatio die Leistungen Adenauers. Er sagt u.a.: »Unter Ihrem Präsidium haben die Väter des Grundgesetzes eine sehr praktische Konsequenz aus den Erfahrungen der Weimarer Zeit gezo-

gen ... vielleicht wäre ein Kanzlerwechsel denkbar gewesen, wenn es auch ein anderes als ein konstruktives Mißtrauensvotum ... gäbe.
Am 15. September 1949 haben Sie ... den Platz des Bundeskanzlers der Bundesrepublik [eingenommen]. Heute verlassen Sie ihn wieder – mit einer geschichtlichen Leistung, ungebeugt und in Ehren.«
Von allen Parteien gibt es Beifall für Konrad Adenauer, die Querelen um seinen Rücktritt, auf den er sich nur widerwillig einließ, und die gerade in letzter Zeit immer lauter werdende Kritik an seinem autoritären Führungsstil scheinen vergessen oder zumindest verziehen.
Adenauer hatte das erste Mal bereits 1959 von seinem Rücktritt gesprochen, schob diesen Entschluß aber immer wieder hinaus. Erst aufgrund der massiven Forderung des Koalitionspartners FDP nach den Wahlen von 1961 sagte er zu, nach der Hälfte der Legislaturperiode zu gehen. Dieses Versprechen löst er nun ein, obwohl er mit seinem Nachfolger Ludwig Erhard nicht einverstanden ist (→ 23. 4./S. 63).

Politiker urteilen über Konrad Adenauer

Über den scheidenden Bundeskanzler Konrad Adenauer äußern sich politische Persönlichkeiten des Auslands:

Harold Macmillan, britischer Premierminister: »Die Wiederauferstehung Deutschlands aus Schutt und Asche, die Wiederherstellung der deutschen Demokratie und der gewaltige Aufstieg der deutschen Wirtschaft sind durch die Initiative des Kanzlers zustande gekommen und waren weitgehend seinen Eigenschaften der Entschlossenheit, des Mutes und des Idealismus zu danken.
Kanzler Adenauer war ... ein großer Staatsmann und Partner bei

der Einigung Europas und der Atlantischen Gemeinschaft, an die beide er so inbrünstig glaubte.«
Dwight D. Eisenhower, ehemaliger Präsident der USA (1953–1961): »Ich habe den Kanzler seit langem bewundert, respektiert und gemocht und unermeßlichen Nutzen aus seinen scharfsichtigen Analysen internationaler Probleme gezogen wie aus seinem weisen Rat zu nützlichen politischen Aktionen.«
Paul-Henri Spaak, belgischer Außenminister: »Indes ist schon heute die Behauptung möglich,

daß er eine der wenigen beherrschenden Persönlichkeiten des Westens in der Nachkriegszeit war. Unter allen Staatsmännern, die ich gekannt habe, gehört er zu den wenigen, die eine Vision besitzen, die fähig sind, das Unmittelbare der Zukunft, den materiellen Vorteil der Verwirklichung einer Idee zu opfern.«
Lauris Norstad: Oberbefehlshaber des Nordatlantikpaktes (NATO) in Europa (1956–1962): »Im Drama der Zeitgeschichte wirkte er als einer der Regisseure wie als Hauptdarsteller mit.«

Vor einem ausgewechselten Schreibtisch hat nun der neue Kanzler Ludwig Erhard in dem Zimmer Platz genommen, wo bisher Konrad Adenauer regiert hatte

Erhard tritt das neue Amt an

16. Oktober. Die Abgeordneten des deutschen Bundestages wählen den bisherigen Wirtschaftsminister Ludwig Erhard (CDU) mit 279 Ja-Stimmen gegen 180 Nein-Stimmen bei 24 Enthaltungen zum Nachfolger von Bundeskanzler Konrad Adenauer. Tags darauf stellt er die neuen Mitglieder seines Kabinetts vor – Erich Mende (FDP), Vizekanzler; Kurt Schmücker (CDU), Wirtschaftsminister, und Hans Krüger (CDU), Vertriebenenminister. Am 18. Oktober informiert Erhard das Parlament in einer Regierungserklärung über die Richtlinien seiner Politik. Ziel sei u. a., den Kalten Krieg zu beenden helfen, denn »die ganze Welt ist im Begriff, aus der Nachkriegszeit herauszutreten ... In dieser Zeit ist auch die deutsche Politik zum Handeln aufgerufen und hat ebenso überzeugend für die Einigkeit und Stärke des westlichen Bündnisses zu wirken, wie auch für den Frieden und die Lösung unserer nationalen Frage einzutreten.« Weiterhin messe er der Verbundenheit mit den USA besonders hohen Wert bei.
Im innenpolitischen Teil seiner Rede warnt er vor ungezügeltem Widerstreit der Interessen. Es gäbe keine Leistungen des Staates, die sich nicht auf Verzicht des Volkes gründeten. Er werde die Politik der sozialen Marktwirtschaft außerdem konsequent weiterführen.

Biographie des neuen Kanzlers

Ludwig Erhard, Bundeswirtschaftsminister seit der Gründung der Bundesrepublik im Jahre 1949, wurde 1897 in Fürth geboren. Er studierte Nationalökonomie, Betriebswirtschaft und Soziologie, promovierte 1925 und arbeitete an deutschen Wirtschaftsinstituten. Nach 1945 war er Wirtschaftsberater der US-Militärregierung, 1945/46 Wirtschaftsminister in Bayern und bereitete 1947 als Leiter der Sonderstelle »Geld und Kredit« unter alliierter Oberaufsicht die Währungsreform vor. Am 20. Juni 1948 proklamierte er als Direktor der Verwaltung für Wirtschaft die soziale Marktwirtschaft. 1949 wurde er Mitglied der CDU und des Bundestages.

Heinrich Lübke (l.) überreicht in seiner Eigenschaft als Bundespräsident Ludwig Erhard die Ernennungsurkunde für sein nun beginnendes Kanzleramt

»Man soll nur sprechen, wenn es nötig ist«

15. Oktober. In seiner Abschiedsrede vor dem deutschen Bundestag in Bonn zieht der scheidende Bundeskanzler Konrad Adenauer (CDU) eine Bilanz seiner Politik seit der Gründung der Bundesrepublik Deutschland 1949 (Auszüge):

»Wenn ich am heutigen Tag zu Ihnen spreche, dann bin ich auch von Dank erfüllt für das deutsche Volk. Sicher, wenn wir zurückdenken an das Jahr 1949, wenn wir von diesen Trümmerfeldern hören ... dann wollen wir den Blick auch noch hinausgehen lassen über die Grenzen unseres Landes und wollen daran denken, wie der deutsche Name damals in der Welt gewertet wurde. Wenn es heute anders geworden ist, wenn wir vieles – nicht alles – wiederaufgebaut haben und wenn der deutsche Name im Ausland wieder seinen Klang hat, dann wäre das nicht möglich gewesen ohne das deutsche Volk selbst ...

Lassen Sie mich einige Worte sagen über unser Verhältnis zum Ausland ... Wir haben die Wiedervereinigung noch nicht erreicht, obgleich ich glaube, daß wir am Horizont Möglichkeiten einer Wiedervereinigung kommen sehen, wenn wir achtsam und vorsichtig und geduldig sind, bis der Tag gekommen ist ...

Vergessen wir doch nicht, was Herr Präsident Gerstenmaier soeben gesagt hat: Eine Lösung der deutschen Frage ist nicht möglich allein zwischen uns und dem Gegner, der uns bedrückt. Eine Lösung dieser Frage ist nur möglich mit Hilfe unserer Freunde, und danken wir Gott, daß wir Freunde in der Welt wiedergefunden haben ...

Meine Damen und Herren, es sind für mich bewegte Tage, und ich möchte danken. Ich möchte Ihnen danken, Herr Präsident, für Ihre Worte; ich möchte denjenigen Mitgliedern dieses Hauses, die mit mir gearbeitet haben, dafür danken, daß sie die ganzen 14 Jahre hindurch mit mir gearbeitet haben, und ich möchte auch der Opposition dafür danken, daß sie da war und die Pflicht einer parlamentarischen Opposition erfüllt hat.

Diese Opposition in parlamentarisch regierten Staaten ist notwendig für das Parlament und für das Volk und für dessen Regierung. Wir brauchen alle eine Kontrolle, ob wir auf dem richtigen Wege sind und es ist wirklich nicht so – das darf ich in diesem Augenblick sagen –, als ob ich alles und jeden Satz, der von der linken Seite des Hauses gekommen ist, ohne weiteres beiseite geschoben hätte. Keineswegs! Erstens ist das Dasein der Opposition prophylaktisch, und dieses prophylaktische Wirken der Opposition wird leider in der Öffentlichkeit zu wenig veranschlagt. Aber es ist da, und das Vorhandensein einer Opposition äußert sich deswegen nicht nur in Zeitungsartikeln oder etwa in Reden hier im Parlament, sondern jeder Regierungschef, der ein Volk führen will, muß achten sowohl darauf, daß er eine Mehrheit hat, wie auch darauf, daß er eine Opposition hat ...

Es wird so viel vom konstruktiven Mißtrauen gesprochen. Dieses konstruktive Mißtrauen ist eine der wertvollsten Errungenschaften unseres Grundgesetzes. Nicht jedem von uns ist bekannt, daß das Wort von den Richtlinien der Politik, und wer sie bestimmt, wörtlich abgeschrieben ist aus der Weimarer Verfassung. Aber nicht abgeschrieben ist aus der Weimarer Verfassung das Wort über das Mißtrauen und das konstruktive Mißtrauen.

Die Stetigkeit in der Politik ist die Voraussetzung für das Ansehen eines Volkes. Daher ist ein gut Teil des Erfolges auch darauf zurückzuführen, daß die Opposition milder geworden ist. Auch das ist ein Erfolg des Parlaments, und daß die Parlamentsmehrheit sich auch daran gewöhnt hat, zuzuhören, wenn die Opposition spricht. Denn nur vom Sprechen und vom Zuhören kann etwas Gutes werden, nicht vom Sprechen allein, das Zuhören gehört dazu.

Nun, ich werde ja wieder in Ihre Reihen zurückkehren – da ist mein Platz, und ich werde zuhören. Ich hoffe, wenig zu sprechen – ja, meine Herren, wenn Sie mich auffordern, dann werde ich sprechen – hoffentlich gut sprechen. Man soll nicht zu viel sprechen. Wer immer spricht, dessen Wort wird wenig geachtet. Man soll nur dann sprechen, wenn es absolut notwendig ist und wenn man glaubt, man müßte es tun. Aber ich werde zurückkehren auf diesen Platz und bin dann frei von manchen Fesseln, die ich bis jetzt hatte. Denn der Platz da oben fesselt auch, der gestattet einem nicht immer, freien Schrittes zu gehen und frei zu sprechen ...

Nun, meine verehrten Damen und Herren, möchte ich Ihnen allen nochmals danken ... Ihnen allen ausnahmslos, dem einen mehr, dem anderen natürlich weniger ...«

Worte des Kanzlers aus 20 Jahren

»Mein Gott, was soll aus Deutschland werden, wenn ich nicht mehr da bin.« (1954)

»Deutschland ist eines der am wenigsten christlichen Länder Europas, und in Berlin fühle ich mich wie in einer heidnischen Stadt.«
(7. Juni 1947)

»Wenn die Österreicher von uns Reparationen verlangen sollten, dann werde ich Ihnen die Gebeine Adolf Hitlers schicken.« (Juni 1955)

»Nichts war mir mein Leben lang so unsympathisch wie ein preußischer General.« (1956)

»Der Strauß ist ein vorwärtsdrängender, dynamischer Mann. Es kann sein, daß es jetzt auf dem Schlachtfeld viele Tote und Verwundete gibt, und vielleicht bin ich eines Tages ich unter den Leichen.«
(Oktober 1956)

»Wir glauben, daß mit dem Sieg der Sozialdemokratischen Partei der Untergang Deutschlands verknüpft ist.« (9. Mai 1957)

»Diese Briten, die sollten endlich lernen, daß sie den Kontinent nicht mehr führen können. Deutschland und Frankreich sind die Führer des Kontinents.« (April 1959)

»Ich bin der festen Überzeugung – ich will mal sehr vorsichtig sein –, der Prozentsatz derjenigen Menschen in der Welt, die geistig nicht mehr so ganz dabei sind, hat zugenommen.« (Juni 1959)

»Natürlich achte ich das Recht. Aber auch mit dem Recht darf man nicht so pingelig sein.«
(19. Januar 1960)

»Sprechen Sie nicht immer von meinem Alter. Ich weiß selber, wie alt ich bin.« (Juni 1959)

»Es ist meine Pflicht, gegen Herrn Erhard zu sprechen, eine Pflicht, die mich hart ankommt. Aber ich tue es für die Partei, für die ich den letzten Tropfen meines Blutes hergeben würde.« (April 1963)

Adenauer (r.) als damaliger Kölner Oberbürgermeister mit Hindenburg

Konrad Adenauer (l.) verkündet am 23. Mai 1949 das neue Grundgesetz

Adenauers Vereidigung im Jahr 1949

Adenauer 1956: General Heusinger (vorn, l.) und Verteidigungsminister Blank (vorn, r.) beim Abschreiten des Ehrenzuges in der Kaserne von Andernach

1955 fliegt Adenauer (M.) zu Verhandlungen nach Moskau; das Foto zeigt ihn mit den sowjetischen Parteiführern Bulganin (l.) und Chruschtschow (r.)

Adenauer und Frankreichs Staatspräsident de Gaulle (r.) 1962 in Paris

Daten eines Politikerlebens

5. 1. 1876: Konrad Adenauer wird in Köln geboren.

1906: Eintritt in die Zentrumspartei in seiner Heimatstadt.

1908: Ernennung zum Beigeordneten der Stadt Köln.

1917–1933: Adenauer ist Oberbürgermeister von Köln.

1933–1945: Die Nationalsozialisten entheben Adenauer aller Ämter und inhaftieren ihn als Gegner ihres Regimes vorübergehend in den Jahren 1934 und 1944.

1945: Nach dem Ende des Zweiten Weltkrieges ist Adenauer wieder Oberbürgermeister von Köln, jedoch muß er das Amt im Oktober wegen Differenzen mit den britischen Besatzungsbehörden wieder abgeben.
Er widmet sich intensiv dem Aufbau der neuen Christlich-Demokratischen Partei.

1946: Adenauer wird Vorsitzender der CDU in der britischen Zone, ab 1950 Bundesvorsitzender.

1948/49: Adenauer ist Präsident des Parlamentarischen Rates.

23. 5. 1949: Das Grundgesetz der Bundesrepublik tritt in Kraft.

15. 9. 1949: Konrad Adenauer wird zum ersten Kanzler der Bundesrepublik gewählt. Als sein Grundprinzip gilt, daß bis zum Erreichen der deutschen Einheit die Bundesrepublik Deutschland die »alleinige legitimierte staatliche Organisation des deutschen Volks« ist.
Da im Oktober 1949 die DDR gegründet wird, ist der künftige Konflikt zwischen den beiden Staaten programmiert. Adenauer realisiert vehement eine Politik der Stärke gegenüber der »sowjetisch besetzten Zone« (SBZ).

22. 11. 1949: Adenauer unterzeichnet ohne Rücksprache mit dem Parlament das »Petersberger Abkommen«, worin er u. a. einer internationalen Kontrolle der Kohle- und Stahlproduktion an der Ruhr zustimmt. Der SPD-Bundestagsabgeordnete Kurt Schumacher bezeichnet ihn daraufhin als den »Kanzler der Alliierten«.
Adenauer prägt entscheidend insbesondere die Außenpolitik der Bundesrepublik in den Anfangsjahren. Im Sinn »vertrauensbildender Maßnahmen« gegenüber den Gegnern von einst forciert er erfolgreich die Einbindung der Bundesrepublik Deutschland in das westliche Lager.

8. 7. 1950: Die Bundesrepublik wird Mitglied des Europarates.

10. 10. 1950: Bundesinnenminister Gustav Heinemann (CDU) tritt aus Protest gegen eine Wiederbewaffnung in Deutschland zurück.

26. 10. 1950: Die Dienststelle Blank, aus der später das Bundesverteidigungsministerium erwächst, wird eingerichtet.

18. 4. 1951: Adenauer unterzeichnet in Paris den Schuman-Plan. Damit ist die Bundesrepublik Mitglied der ersten westeuropäischen wirtschaftlichen Gemeinschaft (Kohle und Stahl).

10. 3. 1952: In der »Stalin-Note« schlägt die UdSSR die Wiederherstellung eines einheitlichen deutschen Staates auf der Basis der Neutralität vor, Adenauer lehnt zugunsten des Westkurses ab.

26. 5. 1952: Unterzeichnung des Deutschlandvertrages, der das Besatzungsstatut in der Bundesrepublik ablöst.

1. 4. 1953: Erster Besuch des Bundeskanzlers in den USA.

5. 5. 1955: Die Bundesrepublik wird souverän.

9. 5. 1955: Die Bundesrepublik tritt dem Nordatlantikpakt (NATO) bei.

8. 9. 1955: Adenauer reist nach Moskau, die Aufnahme diplomatischer Beziehungen zur UdSSR wird vereinbart.

9. 12. 1955: Die Hallstein-Doktrin tritt in Kraft, nach der die Bundesrepublik nur mit den Ländern diplomatische Beziehungen aufnimmt, die solche nicht zur DDR haben.

6. 3. 1956: Die Bundeswehr wird gegründet.

21. 6. 1956: Die allgemeine Wehrpflicht tritt in Kraft.

25. 3. 1957: Gründung der Europäischen Wirtschaftsgemeinschaft (Belgien, Bundesrepublik, Frankreich, Italien, Luxemburg, Niederlande) in Rom.

2. 7. 1962: Staatsbesuch des Bundeskanzlers in Frankreich.

19. 11. 1962: Kabinettskrise infolge der »Spiegel«-Affäre.

22. 1. 1963: Das deutsch-französische Freundschaftsabkommen wird unterzeichnet.

29. 1. 1963: Das Beitrittsgesuch Großbritanniens zur Europäischen Wirtschaftsgemeinschaft (EWG) wird abgelehnt.

UdSSR – USA: Kraftprobe auf der Autobahn

10. Oktober. Am Grenzkontrollpunkt Babelsberg bei Berlin blockieren sowjetische Truppen mit Schützenpanzerwagen einen US-amerikanischen Militärtransport, der sich auf dem Weg von der Bundesrepublik nach Berlin (West) befindet. Zum Konflikt war es gekommen, als die US-Amerikaner sich weigerten, von ihren Fahrzeugen abzusteigen und sich von den sowjetischen Kontrollposten zählen zu lassen. Der

Aufnahme vom Kontrollpunkt Babelsberg; im Bild vorn der von sowjetischen Schützenpanzerwagen blockierte US-Konvoi, r. o. abwartende US-Fahrzeuge

Transport, bestehend aus 18 Fahrzeugen mit 61 Soldaten, war schon tags zuvor, bei Beginn der Fahrt über die DDR-Autobahn, in Marienborn 15 Stunden aus dem gleichen Grund aufgehalten worden.

Nach Bekanntwerden der Auseinandersetzung überreicht US-Außenminister Dean Rusk dem sowjetischen Botschafter Anatoli F. Dobrynin in Washington eine Protestnote der US-Regierung. US-Präsident John F. Kennedy zeigt sich erstaunt und empört über den Zwischenfall, da er dadurch die nach der Unterzeichnung des Moskauer Atomteststoppabkommens herrschende Entspannungsphase zwischen Ost und West gefährdet sieht (→ 5. 8./S. 124). Er droht der Sowjetunion mit der Zurücknahme des Weizengeschäftes (→ 26. 9./S. 146).

Erst nach 33 Stunden wird dem US-amerikanischen Militärkonvoi in Babelsberg die Weiterfahrt nach Berlin (West) gestattet. Die Sowjets ziehen die quer über die Fahrbahn gestellten Panzerwagen ab.

Lord Home beim Verlassen seines Hauses am Morgen des 18. Oktober

Lord Home ersetzt Premier Macmillan

18. Oktober. Elisabeth II., Königin von Großbritannien, ernennt den bisherigen Außenminister Alexander Frederick Douglas-Home im Buckingham-Palast zum neuen britischen Premierminister.

Lord Home löst damit den bisherigen Premier, Harold Macmillan, ab. Macmillan hatte am 9. Oktober auf der Jahreskonferenz der Konservativen Partei in Blackpool verkünden lassen, daß er dieses Amt aus gesundheitlichen Gründen nicht mehr ausüben kann. Den Grund für diese Entscheidung sehen

H. Macmillan

breite politische Kreise außerdem in der kritischen Finanzlage Großbritanniens und in den innenpolitischen Auseinandersetzungen um den Profumo-Skandal (→ 4. 6./S. 101; 6. 12./S. 203). Nach der Zeremonie fährt die Königin zu Harold Macmillan ins Krankenhaus, und dankt für seine Tätigkeit.

Um seine Nachfolge antreten zu können, legt Lord Home seinen Adelstitel ab. Der 14. Earl of Home wird sich als Alexander Frederick Douglas-Home um einen Sitz im Unterhaus bewerben. Die Regelung, daß auch Lords einen Platz in diesem Parlament einnehmen dürfen, wurde erst im Juli 1963 getroffen.

Geringes Interesse an Schweizer Wahl

27. Oktober. In der Schweiz finden Nationalrats- und Ständeratswahlen statt. Die Ergebnisse unterscheiden sich nicht wesentlich von denen des Jahres 1959.

Nach einer Nachwahl im Kanton Aargau am 17. November setzen sich Nationalrat (die Volkskammer der Bundesversammlung) und Ständerat (die Länderkammer) aus den folgenden Abgeordnetenzahlen zusammen:

Fraktion	Nationalrat	Ständerat
Konserv.-christlichsoz. Partei	48(+1)	18
Radikal-demokrat. Partei	51	13(−1)
Sozialdemokrat. Partei	53(+2)	3(+1)
Bauern, Gewerbe- u. Bürgerpartei	22(−1)	4
Landesring	10	–
Liberale	6(+1)	3
Dem. u. evangelische Partei	6	3
Ohne Zugehörigkeit	4(+1)	

Die Wahlen selbst haben für die schweizerische Bevölkerung eine nicht so große Bedeutung wie z. B. die Wahlen in der Bundesrepublik, da innerhalb der Räte ein Allparteiensystem herrscht. Über dort gefaßte strittige Beschlüsse wird außerdem durch Volksabstimmungen entschieden.

99% der DDR-Bürger gehen zur Wahlurne

20. Oktober. Bei den in der DDR stattfindenden Volkskammerwahlen stimmen erwartungsgemäß 99,95% der Bürger für die Liste der Nationalen Front, worin alle existierenden Parteien vereinigt sind. Die Wahlbeteiligung betrug 99,5%. Erstmals wurden in der Bundesrepublik lebende »Bürger der DDR« zur Volkskammerwahl aufgefordert. Nach offiziellen Berichten sollen 28 119 Besucher in der DDR davon Gebrauch gemacht haben.

Walter Ulbricht (3. v. r.) bei der ersten Sitzung der neuen Volkskammer

Tito verstärkt die Kontakte zu Amerika

17. Oktober. In Washington empfängt US-Präsident John F. Kennedy den jugoslawischen Staatspräsidenten und Parteichef Josip Broz Tito zu einer Unterredung. Beide Politiker kommen überein, daß sie die wirtschaftlichen und kulturellen Beziehungen vertiefen wollen.

Washington ist für Tito die sechste Station seiner Amerika-Reise. Bereits am 17. September war Tito in Brasilien eingetroffen, um mit Staatspräsident João Belchior Marques Goulart über wirtschaftliche Kontakte zu konferieren. Anschließend besuchte er Chile, Bolivien, Peru und Mexiko. Ergebnis der Gespräche in den Hauptstädten dieser Länder sind vor allem gegenseitige Vereinbarungen über den Ausbau des Handels zwischen dem europäischen Balkanstaat und den südamerikanischen Ländern.

Zum Abschluß seines Amerika-Besuchs hält Tito am 22. Oktober vor der Vollversammlung der Vereinten Nationen (UN) in New York eine Rede. Darin fordert er u. a. die Führer der drei Atommächte auf, sich zu dem Prinzip der friedlichen Koexistenz zu bekennen.

Terror nach Verbot der KP in Caracas

5. Oktober. Bei Schießereien zwischen kommunistischen Gruppen und Militär sterben in der venezolanischen Hauptstadt Caracas 13 Menschen.

Ursache der bürgerkriegsähnlichen Zustände in Venezuela ist die seit Anfang des Monats andauernde Verhaftungswelle. Sie ist eine Folge des Verbots der Kommunistischen Partei Venezuelas und all ihrer Organisationen. Am 1. Oktober hatte der Oberste Gerichtshof die Billigung des am 10. Mai 1962 ergangenen Verbots der KP ausgesprochen. Das harte Vorgehen gegen die Linken begründet Präsident Romulo Betancourt mit dem gefährlichen Einfluß der Entwicklung auf der Insel Kuba auf Venezuela.

Die Nationale Befreiungsarmee (FLN) reagiert darauf mit Sprengstoffanschlägen. Allein 49 Polizisten fanden dabei in Caracas den Tod, und die Pipeline der Creole Petroleum Corporation wurde schon sechsmal gesprengt.

Junta erkämpft die Macht in Honduras

4. Oktober. In der Hauptstadt des lateinamerikanischen Staates Honduras, Tegucigalpa, kommt es zu einem Staatsstreich der Armee.

Die Militärjunta stürzt die Regierung unter José Ramón Villeda Morales und setzt Oberst Osvaldo López Avellano als vorläufiges Staatsoberhaupt ein. Die Putschisten erklären, die neue, aus acht Zivilisten und zwei Militärs bestehende Regierung werde so lange im Amt bleiben, bis die Ursachen, die zum Sturz von Villeda Morales geführt haben, beseitigt worden seien, mindestens aber ein Jahr lang. Dem abgesetzten, liberal eingestellten Präsidenten werfen sie zu große Duldsamkeit gegenüber den Kommunisten vor.

Villeda Morales erhält in Costa Rica politisches Asyl. Er erklärt, die Armee in Honduras sei von reaktionären Elementen mißbraucht worden. Diese wollten verhindern, daß wieder ein liberaler Präsident sein Nachfolger würde. Er beklagt sich auch darüber, daß US-Präsident John F. Kennedy seine Bitte um Entsendung von Truppen zur Abwendung des Staatsstreiches kurzerhand abgeschlagen habe.

Nigeria wird eine Republik

1. Oktober. Der westafrikanische Staat Nigeria wird Republik im Rahmen des Commonwealth. Erster Präsident ist Benjamin Nnamdi Azikiwe. Die gleichzeitig in Kraft tretende Verfassung gibt dem Präsidenten gegenüber dem Ministerpräsidenten größere Macht als in einer parlamentarischen Demokratie, aber geringere als in einer Präsidialverfassung.

Seit der Unabhängigkeit Nigerias am 1. Oktober 1960 war Azikiwe Generalgouverneur der konstitutionellen Monarchie unter der britischen Krone. Nigeria galt schon zu dieser Zeit als ein Staat Afrikas, der an Bevölkerungszahl und potentieller Wirtschaftskraft den europäischen Maßstäben entspricht. Die bundesstaatliche Verfassung (drei Regionen mit eigenen Regierungen und Parlamenten, das Bundesterritorium der Hauptstadt Lagos und die Bundesregierung) sieht man als eine geglückte Übertragung des parlamentarisch-demokratischen Systems auf afrikanische Verhältnisse.

Allerdings zeigen sich schon 1963 erste Risse im bundesstaatlichen Aufbau, da die Parteien der drei Regionen, die sich praktisch mit den herrschenden Stämmen gleichsetzen lassen, eigene Ziele anstreben.

Azikiwe, bisher Generalgouverneur, nun neuer Präsident von Nigeria

Militärstützpunkt Biserta geräumt

15. Oktober. Die letzten Abteilungen der französischen Streitkräfte verlassen die tunesische Marinebasis Biserta.

Der Militärstützpunkt wurde 1891 errichtet, zehn Jahre nach der Einrichtung des französischen Protektorats über Tunesien. 1958, zwei Jahre nach der Unabhängigkeit Tunesiens, vereinbarten der französische Staatspräsident Charles de Gaulle und der tunesische Regierungschef Habib Burgiba die Aufnahme von Gesprächen über die Zukunft des Stützpunktes. 1960 forderte Burgiba ultimativ die Räumung, jedoch machte er dies nach Teilkonzessionen de Gaulles rückgängig. 1961 versuchte Burgiba, Frankreich durch eine Blockade der Zufahrtstraßen nach Biserta zu einem schnellen Abzug seiner Soldaten zu zwingen. Es kam zu bewaffneten Auseinandersetzungen. De Gaulle erklärte sich daraufhin zum Abzug bereit, ließ aber den genauen Zeitpunkt noch offen.

100 Jahre lang Internationales Rotes Kreuz

26. Oktober. Die Geburtsstunde des internationalen Roten Kreuzes jährt sich zum 100. Mal.

Am 26. Oktober 1863 trafen in Genf Vertreter aus 16 europäischen Staaten zu einer internationalen Konferenz zusammen. Eingeladen hatte sie der schweizerische Bankier Henri Dunant. Sein Ziel war die Gründung einer freiwilligen Hilfsorganisation, die Verwundete auf den Schlachtfeldern der Kriege medizinisch versorgt, sowie ein Abkommen über den Schutz der Sanitäter und Ärzte. 1864 wurde die Genfer Konvention beschlossen.

Der Gedanke an eine Hilfsorganisation war Dunant gekommen, als er im Juni des Jahres 1859 zufällig Zeuge der Schlacht von Solferino wurde, in der die frankosardische Armee und die Österreicher gegeneinander kämpften. »Der grausige Anblick des enormen Schlachtfeldes«, erklärte Dunant, »erweckte in mir den glühenden Wunsch zu erreichen, daß die Unverletzlichkeit der Kriegsopfer ohne Ansehen von Rang oder Nationalität in Zukunft anerkannt würde.« Der Konvention von 1864 folgten noch weitere, über deren Wert der Vizepräsident des Bundestages Carlo Schmid (SPD) anläßlich der Jahreshauptversammlung des Deutschen Roten Kreuzes am 24. Mai in Münster sagte, sie hätten zwar nicht den Krieg abgeschafft, aber den Staaten in der Raserei der

Dunant, Gründer des Roten Kreuzes

Schlacht Beschränkungen auferlegen können.

In der Welt gibt es über 90 Gesellschaften des Roten Kreuzes, des Roten Halbmondes und des Roten Löwen mit der roten Sonne. Insgesamt gehören ihnen 168 Millionen Menschen an, die inzwischen nicht hauptsächlich nur bei kriegerischen Auseinandersetzungen Hilfe leisten, sondern auch bei Naturkatastrophen und anderen Unglücksfällen.

Das Deutsche Rote Kreuz (DRK) zählt 1,6 Millionen Mitglieder. Durch die Folgen des Zweiten Weltkrieges hat das deutsche Volk allerdings seit 1945 mehr Wohltaten empfangen, als es selbst geben konnte. Immerhin stellte das DRK aber in den letzten zehn Jahren allein für Katastrophen im Ausland mehr als 17 Millionen DM zur Verfügung. Mit den Folgen des Krieges beschäftigt sich das DRK noch immer, z. B. stellt der Suchdienst Nachforschungen nach Verschollenen an. Außerdem bemüht man sich um Zusammenführung getrennter Familien.

Ein Staudamm im Himalaja

22. Oktober. Der indische Ministerpräsident Jawaharlal Nehru weiht 350 km nördlich von Neu-Delhi den Bhakra-Staudamm ein.

Schon im Jahre 1949 begannen indische Spezialisten mit den Projektierungsarbeiten für das mächtige Bauwerk am Rande des Himalaja-Gebirges. In dem unwegsamen Gebiet waren die Arbeiter und Techniker oft mit Problemen konfrontiert, die besondere Ansprüche an Erfindungsgabe und Ausdauer stellten. Nun, nach der Beendigung der Bauarbeiten, soll der 226 m hohe Damm der höchste in der Welt sein.

Die gestauten Wassermassen des Sutlej-Flusses in dem nordindischen Unionsstaat Pandschab werden in den trockenen Gebieten des Pandschab und in den Wüstenbezirken von Radschastan zur Bewässerung beitragen. Neben dem Damm entstanden drei Kraftwerke, die über eine halbe Million kW Strom erzeugen können.

Die Mauer des neuen, für die Bewässerung der trockenen Pandschab-Gebiete genutzten Bhakra-Staudamms, etwa 350 km nördlich von Neu-Delhi gelegen

Schnitt durch das Modell einer Parkgarage mit vier Ober- und zehn Untergeschossen, die für ein Düsseldorfer Kaufhaus in Betrieb genommen wurde

Industriemesse mit exotischem Flair

12. Oktober. In Berlin (West) beginnt unter dem Motto »Partner des Fortschritts« die Deutsche Industrieausstellung Berlin 1963.

Diesjährige Schwerpunkte sind Süd- und Ostasien. In Sonderschauen können sich die Besucher bis 27. Oktober mit den Lebensgewohnheiten und dem kulturellen Leben des asiatischen Kontinents bekanntmachen, und auch das Angebot steht ganz im Zeichen des fernöstlichen Zaubers. Kunstgewerbliche Artikel, Schmuck, Kleinode aus Lack und Schnitzereien vermitteln einen Überblick über die asiatische Kultur. Doch bietet die Industrieausstellung auch einheimische Attraktionen: Z.B. die Neukonstruktion einer Badewanne, die sich samt Pumpe in einer Truhe befindet, hervorragend geeignet für die noch zahlreich existierenden Wohnungen ohne Bad.

Kunststoffprodukte auf dem Vormarsch

20. Oktober. Die alle vier Jahre stattfindende internationale Messe »Kunststoffe 1963« in Düsseldorf schließt nach neuntägiger Dauer wieder ihre Pforten.

Auf der Ausstellung – weltweit die größte ihrer Art – offerierten 737 Hersteller ihre Produkte. Sie verdeutlichen, daß Kunststoffe zu immer härteren Konkurrenten der herkömmlichen Roh- und Werkstoffe werden. So ersetzen z.B. glasfaserverstärkte Polyesterharze Metalle im Apparatebau, wo besonders säurebeständiges Material gefragt ist. Immer stärker greift auch die Verpackungsindustrie auf Kunststoffe zurück, da sie vielseitiger einsetzbar und z.T. haltbarer als Papier, Pappe oder Glas sind (→10. 5./S. 82). Schließlich erleben die Chemieprodukte, vor allem Schaumstoff, auch in der Textilbranche einen Boom.

Mitten in Stuttgart entstand dieser Parkhausbau mit 560 Einstellplätzen

Straßen und Verkehr 1963:

Große Verkehrsprobleme auf den Autobahnen und in der Stadt

Die immer größere Verkehrsdichte wirft Fragen nach Veränderungen in der Verkehrspolitik auf, die kurzfristig kaum lösbar scheinen. So erweist sich die Situation auf den bundesdeutschen Autobahnen vor allem im Sommer 1963 als ein verkehrstechnisches Problem ersten Ranges. Autoschlangen von bis zu 33 km Länge machen die Autobahnen zwischenzeitlich zu einem Schleichpfad. Baustellen, an denen durch den harten Winter notwendig gewordene Reparaturen ausgeführt werden, bringen allerorts die Autofahrer zum Verzweifeln. Es scheint, als seien die bestehenden Autobahnen der zunehmenden Motorisierung nicht mehr gewachsen.

Mangelnde Koordinierung zwischen Bund – bei dem die Planung – und Ländern – bei denen die Ausführung der Auftragsarbeiten liegt – sowie die Streichung des Etats für das Bundesverkehrsministerium im Zuge der konjunkturdämpfenden Sparmaßnahmen werden in der Presse als Gründe für die Autobahnmisere genannt. Verkehrsexperten sehen zudem in dem Mischverkehr von Kleinstwagen, die mit 40 km/h schon die Autobahn befahren dürfen, und schnellen Fahrzeugen ein Handicap für den fließenden Verkehr. Der nordrheinwestfälische Innenminister Willy Weyer (FDP) fordert deshalb die Festlegung einer Mindestgeschwindigkeit von 60 km/h.

Schlimmer noch als auf den Autobahnen erscheint das Chaos in den Städten vor allem in den Zeiten des Berufsverkehrs. Um dem abzuhelfen, werden – häufig auf Kosten des gewachsenen Stadtbildes – Straßen verbreitert, Kreisel- und Kleeblattanlagen oder mehrere Überführungen über Kreuzungen eingerichtet. Als eines der größten Probleme erweist sich außerdem die Parkplatznot, der man mit Parkhochhäusern beikommen will. Aber auch private Geschäftsleute stellen in immer stärkerem Maße ihren Kunden eigene Parkplätze zur Verfügung.

In einer Gedenkschrift weist der Deutsche Städtetag auch auf die immer größere Belastung der Stadtbewohner durch die zunehmende Konzentration der gesundheitsschädigenden Auspuffgase der Autos in der Luft hin.

Langfristig scheint es nur eine verkehrstechnische Alternative zu geben: Eine Reihe von Städten, so Frankfurt am Main, Bremen und Köln, beginnt mit der Erschließung der zweiten Verkehrsebene für Massenverkehrsmittel. Neben U-Bahnen rücken auch Vorort- und Schnellbahnen als Entlastung des Straßennetzes in den Vordergrund. Um schnellere Beförderung als Konkurrenz zum Autoverkehr bemüht sich auch die Bundesbahn, die ihren 5000. Streckenkilometer im Oktober auf elektrischen Betrieb umstellt. Außerdem testet sie in Versuchen Züge mit einer Höchstgeschwindigkeit von 200 km/h, die im Personenverkehr eine attraktive Alternative zum Auto sein sollen.

Sämtliche Kilometer der in Klassen eingeteilten Straßen der Bundesrepublik (in km)	Bundesautobahnen	Bundesstraßen	Landstraßen 1. Ordnung	Kreisstraßen
Schleswig-Holstein	65	1.799	3.601	2.602
Hamburg	27	162	–	–
Niedersachsen	563	4.814	8.874	10.415
Bremen	33	74	55	47
Nordrhein-Westfalen	546	5.093	12.671	8.572
Hessen	417	3.175	6.507	5.447
Rheinland-Pfalz	155	3.074	6.993	7.371
Baden-Württemberg	481	4.112	12.878	8.255
Bayern	741	6.665	13.890	9.664
Saarland	33	524	694	686
Berlin (West)	16	95	–	–
Bundesgebiet	3.077	29.586	66.163	53.058

Legende: Land | Bundesautobahnen | Bundesstraßen | Landstraßen 1. Ordnung | Kreisstraßen

© Harenberg

Baustelle am Bahnhof in Frankfurt am Main, wo Fußgängertunnel entstehen

Alternative für überfüllte Städte: Einkaufszentren an der Peripherie (Detroit)

Konfetti-Regen zu Ehren von Kolumbus

12. Oktober. Über 100 000 Menschen feiern in New York in der traditionellen Kolumbus-Parade den Entdecker Amerikas.

Etwa eine Million Zuschauer säumen die Straßen, aus den Fenstern der Hochhäuser regnet es Konfetti. Es ist die größte Parade zu Ehren von Christoph Kolumbus, seit 1890 diese Gedenkveranstaltung von einem Komitee ins Leben gerufen wurde. Damals beschloß man, regelmäßig eine solche Parade durchzuführen, da sich die Entdeckung der Neuen Welt zwei Jahre später zum 400. Mal jähren sollte.

Am 12. Oktober 1492 hatte der Seefahrer Christoph Kolumbus vor der Bahama-Insel Guanehani mit seinem Schiff »Santa Maria« geankert. Hinter ihm lagen 70 Tage Fahrt auf dem Atlantik, die für die Besatzungen seiner drei Schiffe, 97 Schiffsoffiziere und Mannschaften, zu einer Strapaze geworden waren. Kaum einer von ihnen glaubte noch daran, daß es einen Seeweg Richtung Westen nach Indien gäbe. Ihn zu entdecken, hatte sich Kolumbus am 3. August im Auftrag der spanischen

Blick auf den Festzug der Kolumbus-Parade in der Fifth Avenue von New York zu Ehren des Entdeckers von Amerika

Krone vom Hafen Palos auf den Weg gemacht. Daß Guanehani, wo er nun an Land ging, nicht zu Indien, sondern zu einem noch unbekannten Kontinent gehört, ahnte er nicht. Die Vermutung, daß es sich um eine »Mundus Novus« (»Neue Welt«)

handeln könne, äußerte erst einige Jahre später der italienische Seefahrer Amerigo Vespucci in einem Flugblatt. Daraus entstand der »historische Irrtum«, der Kolumbus schließlich um den Ruhm brachte, dem von ihm entdeckten Erdteil auch seinen

Namen zu geben. 1507 bezog sich nämlich der Deutsche Georg Watzmüller in seinem Buch »Cosmographia Introductio« auf das Flugblatt Vespuccis und gab an, daß ein »vierter [Erd-]Teil von Americus Vesputius entdeckt wurde«.

Katastrophe im italienischen Piave-Tal

9. Oktober. *Infolge eines Bergrutschs am norditalienischen Monte Toc wird eine ungeheure Flutwelle aus dem Vaiont-Stausee herausgedrückt, durch die etwa 4000 Menschen den Tod finden und unzählige obdachlos werden. Wie eine gigantische Wasserfaust schlägt die fast 100 m hohe Flutwelle auf das nur 60 m breite Tal am Fuß des Stausees und ergießt sich von dort in einer gewaltigen Druckwelle weiter in das angrenzende Tal des Piave-Flusses. Die Katastrophe überrascht die Menschen in den umliegenden Dörfern im Schlaf. Allein in Longarone sind etwa 3000 Bewohner unter kilometerweiten Fels- und Schlammassen begraben. Das Foto zeigt die zerstörte Ortschaft.*

Taifun wütet sechs Tage über der Karibik

9. Oktober. *Eine Katastrophe unvorstellbaren Ausmaßes verursacht der seit dem 3. Oktober über Kuba und Tahiti wütende Hurrikan »Flora«. 6500 Menschen werden sein Opfer. Besonders betroffen ist Haiti, wo zwei Fünftel der Inselrepublik in Trümmern liegen und 5000 Menschen ums Leben kommen. 100 000 Einwohner verlieren ihr Obdach. Alle Kaffee-, Reis- und Bananenpflanzungen werden vernichtet. Die USA entsenden daraufhin Marineeinheiten zur Unterstützung. Kuba, das noch immer von Stürmen und sintflutartigen Regenfällen heimgesucht wird, bittet indes die Ostblockländer um Hilfe. Die zerstörte Kirche läßt die enorme Sturmkraft erahnen.*

Seit 65 Jahren Grammophon Gesellschaft

28. Oktober. Zeitgleich mit dem 40jährigen Rundfunkjubiläum kann die Deutsche Grammophon Gesellschaft Hamburg auf eine 65jährige Geschichte zurückblicken.

Die Historie des Unternehmens ist weitgehend die der Schallplatte überhaupt. Emil Berliner, der Mitte der 80er Jahre des 19. Jahrhunderts von Hannover nach Amerika ausgewandert war, hatte für sein »Grammophone« als erster anstelle einer Walze eine runde Scheibe verwendet. Mit Hilfe seines Bruders, der eine Telefonfirma betrieb, entstand im Herbst 1898 in Hannover die erste Fabrik der Welt, die ausschließlich der Fertigung von Schallplatten diente, die Deutsche Grammophon Gesellschaft. Schneller als erwartet wuchs das Unternehmen aus den bescheidenen Anfängen heraus. Mit der Umwandlung in eine Aktiengesellschaft wurden 1900 die Voraussetzungen für den nun einsetzenden steilen Aufstieg geschaffen.

1929 kam es zu einer Blütezeit der Schallplatte, die Deutsche Grammophon AG erreichte damals eine Jahresproduktion von zehn Millionen Schallplatten bei einem deutschen

Emil Berliner gründete 1898 die Deutsche Grammophon Gesellschaft

Blick auf Doppelpressen (Tandem) zur Herstellung von Langspielplatten

Gesamtausstoß von 30 Millionen. Fünf Besitzwechsel waren insgesamt vorausgegangen, bis 1962 die Siemens & Halske AG und die niederländische N.V. Gloeillampenfabrieken vereinbarten, ihre Schallplatteninteressen wirtschaftlich zusammenzufassen. Die Deutsche Grammophon GmbH, die unter den Schallplattenfirmen weltweit an sechster Stelle steht, besitzt zwei Fabriken in Hannover und Langenhagen. Die Tageskapazität liegt bei etwa 200 000 Platten (Single- und Langspielplatten zusammen): Das Verhältnis von Single- zu Langspielplatte liegt bei 75:25. Der Marktanteil wird mit einem Drittel angegeben. Daraus läßt sich für die Deutsche Grammophon GmbH für 1962 ein Plattenabsatz von etwa 22 Millionen errechnen.

Russin sieht mit den Fingerspitzen

1. Oktober. Die »Naturwissenschaftliche Rundschau« berichtet im Oktoberheft von einer Russin, die mit den Fingern sehen kann. Die Zeitung bezieht sich dabei auf eine Veröffentlichung der sowjetischen Akademie der Wissenschaften. Am dortigen Biophysikalischen Institut kamen drei Wissenschaftler nach einer gründlichen und umfassenden Untersuchung zu der Feststellung, daß die junge Russin Rosa Kuleschowa mit einer vollständig undurchsichtigen Binde vor den Augen ihr unbekannte gedruckte Texte lesen konnte, indem sie Mittel- und Ringfinger der rechten Hand über die Zeilen gleiten ließ. Dämpfte man das Licht, so daß die Schrift auch für die Augen nicht mehr lesbar war, so konnte sie ebenfalls nicht weiter»lesen«. Die Möglichkeit des Abtastens der Druckschrift war ausgeschlossen. Bunte Farbstifte erkannte sie ebenso fehlerfrei.

Das Lesen mit der Hand hat Rosa Kuleschowa jahrelang geübt. Nun wollen die Wissenschaftler herausfinden, ob auch anderen Personen dies gelingen kann.

Explosion bei »Holiday on Ice« in den USA

31. Oktober. *Bei der Premiere der Eisrevue »Holiday on Ice« (Szenenfoto) in Indianapolis (USA) finden durch eine Gasexplosion in einem Verkaufsstand, der sich unter der Tribüne befand, 68 Zuschauer den Tod.*
Drei Minuten vor Schluß kommt es zu einer ungeheuren Detonation, und die riesige Halle, das »Coliseum«, verwandelt sich in ein Chaos. In einer Breite von etwa 20 m werden 128 Logenplätze der mit 4100 Zuschauern besetzten Halle emporgerissen und mit zentnerschweren Betonbrocken auf die 240 Sitzreihen davor geschleudert. Eine gewaltige, 30 m hohe Stichflamme schießt zur Kuppel der Halle empor, die jedoch schnell gelöscht werden kann.

Im »Weißen Rößl« verstummen die Melodien

21. Oktober. *Das durch Operettenschlager berühmt gewordene Gasthaus »Weißes Rößl« wird aus Rentabilitäts- und Altersgründen abgerissen. Das Foto zeigt das populäre Wahrzeichen am traditionsreichen Gebäude.*
In St. Wolfgang, am österreichischen Wolfgangsee gelegen, war es Handlungsort des nach ihm benannten Singspiels von Ralph Benatzky. Benatzky schrieb es 1930 frei nach einem um die Jahrhundertwende entstandenen Lustspiel, das schon einmal als Vorlage für einen Stummfilm gedient hatte. Ein Tonfilm mit Benatzkys Musik wurde 1935 uraufgeführt. Im Jahr 1953 kam dann ein Farbfilm von Regisseur Willy Forst in die Kinos.

Das neue Gebäude der Philharmonie am Rande des Tiergartens in Berlin (West), entworfen von Hans Scharoun

Die Berliner Philharmonie wird eingeweiht

15. Oktober. In Berlin (West) findet mit einem Festakt die Eröffnung der neuen Philharmonie statt.

Zu Beginn der offiziellen Eröffnungsfeierlichkeiten ertönt die Fanfarenhymne, die Boris Blacher eigens für das Richtfest im Dezember 1961 komponiert hatte. Danach folgt die 9. Sinfonie von Ludwig van Beethoven, dirigiert von Herbert von Karajan. In seiner Rede erinnert der Regierende Bürgermeister, Willy Brandt (SPD), an die lange Geschichte des Neubaus, die bis zum »Gründungsaufruf« für die Gesellschaft der Freunde der Philharmonie in dem Jahr 1949 zurückreicht. Nach den Eröffnungsansprachen übergibt der Architekt des mit einem Kostenaufwand von etwa 17 Millionen DM fertiggestellten Musentempels, Hans Scharoun, dem Intendanten der Philharmonie, Wolfgang Stresemann, den Schlüssel zu dem Haus mit 2200 Zuschauerplätzen. Das experimentell-phantasievolle, aber klare architektonische Gefüge der neuen Philharmonie bestimmt auch das Gebäudeinnere. Die künstlerischen Ausstattungselemente, wie z. B. Erich Reuters Mosaikfußboden, Alexander Camaros Buntglasfenster oder auch Bernhard Heiligers Aluminium-Plastik, werden dominiert vom terrassenförmig gegliederten Innenraum.

Die Resonanz in der Presse ist überschwenglich. Sie schreibt von »begehbarer Plastik« oder auch von einem Bau »wie eine Landschaft«. Diesen Vergleich hat Scharoun selbst gestiftet: »Der Saal ist wie ein Tal gedacht, auf dessen Sohle sich das Orchester befindet, umringt von aufsteigenden Weinbergen. Die Decke entgegnet dieser ›Landschaft‹ wie eine ›Himmelschaft‹.«

Henry Miller, schon 1931 schrieb er den »Wendekreis des Krebses«

DDR-Autorin Christa Wolf, sie veröffentlicht »Der geteilte Himmel«

Von Brigitte Reimann aus der DDR erscheint jetzt »Die Geschwister«

Blick auf das Orchester, das auch architektonisch das Zentrum des Konzertsaales bildet; zur Eröffnung dirigiert hier der künstlerische Leiter der Berliner Philharmoniker, Herbert von Karajan, Beethovens 9. Sinfonie

Literatur 1963:

Sozialkritisches Engagement

Der Glanzpunkt der diesjährigen literarischen Neuerscheinungen ist zweifellos der 684seitige Roman »Hundejahre« des Autors Günter Grass. In fast vierjähriger Arbeit stellte der 35jährige Erzähler, Dramatiker, Lyriker, Bildhauer und Grafiker seinen zweiten Roman fertig. Er erzählt die Geschichte der Freundschaft zwischen dem Juden Eduard Amsel und Walter Matern, die von 1925 bis in die 50er Jahre reicht. In die Handlung sind u. a. Figuren aus der bundesrepublikanischen Gegenwart wie der Philosoph Martin Heidegger, die Verleger Gerd Bucerius und Axel Springer, der Geschäftsmann Josef Neckermann sowie die Industriellen Hermann Josef Abs und Robert Pferdmenges eingewoben.

Einen »Hagelschauer von Einfällen und Provokationen, eine Anthologie von glänzend erzählten Kurzgeschichten, poetischen Kadenzen und satirischen Bravourstückchen, Künstlerroman, Ammenmärchen, Heimatfibel und historisches Fresko zugleich« nennt Hans Magnus Enzensberger in einer Kritik den Roman von Grass.

Andere, ebenfalls viel beachtete Neuerscheinungen des Jahres sind »Liebhaber des Halbschattens« von Alfred Andersch und der neue Roman von Heinrich Böll »Ansichten eines Clowns«. Bölls Roman, der in der »Süddeutschen Zeitung« schon vorabgedruckt wurde, besticht durch seine schonungslose Kritik an der Verfilzung aller ökonomischen, kulturellen und kirchlichen Machtgruppen der Adenauer-Ära. So resümiert Klaus Schröder in seiner Böll-Monographie: »Was Böll in den ›Ansichten eines Clowns‹ ausspricht, ist eine umfassende Gereiztheit gegen alle bundesrepublikanischen ... gesellschaftlichen Institutionen. Neu an diesem Roman ist die Konfessionslosigkeit des Protagonisten ... Mit ihm behauptet erstmals ein Nichtkatholik in einem Böll-Roman die Bastion moralischer und religiöser Integrität.«

Anderschs »Liebhaber des Halbschattens« zieht vor allem die Aufmerksamkeit der Literaturkritik auf sich, weil er die gegenseitige Durchdringung der verschiedensten literarischen Formen anstrebt. Gerade dies erschwert seine Einordnung in eine der herkömmlichen Gattungen. Ständige Verzahnung von Faktischem und Fiktivem ist das hervorstechende Merkmal des Stils von Alfred Andersch.

Ein skandalträchtiges Buch, das in diesem Jahr auf dem deutschen Buchmarkt erscheint, ist der von dem US-amerikanischen Autor Henry Miller 1931 geschriebene und nun bei Rowohlt verlegte Roman »Wendekreis des Krebses« (»Tropic of cancer«).

Schon 1954 hatte der gleiche Verlag den Miller-Roman in 1800 Exemplaren verlegt und für 40 DM – nur an volljährige Subskribenten – verkauft. 13 000 Exemplare beträgt nun die Auflage des »Wendekreises«, den die Bischöfliche Arbeitsstelle für Fragen der Volkssittlichkeit als »Unterleibsliteratur« eines »Pornographen« anprangert. Millers autobiographischer Roman, den er als »das erste Buch, das zählt« bezeichnet, beschreibt das Leben eines Amerikaners in Paris, der den Alltag als anarchisches Kunstwerk lebt. Der ausufernde Lebenshunger, die ethisch-moralische Bindungslosigkeit, das antibürgerliche Verständnis einer »absoluten Freiheit« als »unheilbare Gesundheit«, vor allem aber die provokative Sprache einer hemmungslos-sexuellen Obsession hatten das Buch lange Zeit in die »Giftschränke« der Zensur verbannt.

Die Aufmerksamkeit der Kritik erregen auch zwei Neuerscheinungen aus der DDR: Christa Wolfs »Der geteilte Himmel« und Brigitte Reimanns »Die Geschwister«. Vor allem Christa Wolfs Buch fällt zum einen durch die Geschmeidigkeit der Sprache, die Differenziertheit der Charaktere, zum anderen durch die Offenheit der Kritik am bürokratischen Apparat der Parteiinstanzen in der DDR auf. Erzählt werden die Problematik einer Liebesbeziehung und deren Ende durch die Flucht des Protagonisten in den Westen. Die Stilmittel, deren sich die Erzählerin bedient, wie Zeitsprung, Blendentechnik und innerer Monolog, gelten als bisher in der DDR wenig benutzte Gestaltungsweisen, zudem zeigt die Sujetwahl neue thematische Akzente.

Schriftsteller Günter Grass, seit 1963 auch Mitglied der Akademie der Künste Berlin (West), beendet im März seinen 684-Seiten-Roman »Hundejahre«

Trotz einer Unzahl von Neuerscheinungen und einem vergrößerten Buchangebot auf der Frankfurter Buchmesse ist die Zahl der Lesenden rückläufig. Eine im »Börsenblatt des Deutschen Buchhandels« veröffentlichte Umfrage des Demoskopischen Instituts in Allensbach faßt diesen Trend in Zahlen. Während 1953 noch 43% der erwachsenen Bevölkerung angaben, innerhalb der letzten 14 Tage ein Buch gelesen zu haben, waren es 1962 nur noch 39%. Diese Entwicklung hängt augenscheinlich mit dem Fernsehen als dem stärksten Konkurrenten des Buches zusammen. Eine im Mai 1963 durchgeführte Umfrage ergibt, daß 63% der Fernsehteilnehmer, die beide Programme empfangen können, früher mehr gelesen hätten, während nur 23% Radio- und Schallplattenhören als alternative Freizeitbeschäftigung zum jetzigen Fernsehen angegeben haben.

Trotzdem befürchtet der Buchhandel keine »Krise des Buches«. Viele der 4000 Einzelbuchhandlungen des Bundesgebietes versuchen, das Geschäft durch gut zusammengestelltes Sortiment und fachkundige Beratung in Gang zu halten. Die Vergrößerung des Taschenbuchangebots soll zudem einen weniger finanzkräftigen Kundenkreis erschließen helfen. Statistischen Erhebungen zufolge sind 47% der Taschenbuchkäufer Studenten, Schüler und Lehrlinge. Über 3000 Taschenbuch-Titel, von denen die meisten nicht teurer als 3 Mark sind, befinden sich derzeit auf dem deutschen Buchmarkt. Monatlich kommen etwa 100 Titel dazu.

Ein großer Konkurrent für den Einzelbuchhandel sind die Buchgemeinschaften. Vier Millionen Mitglieder zählen die Gemeinschaften, Leseringe und Buchklubs. Immer stärker auf dem Vormarsch ist auch der sogenannte Versandbuchhandel mit Prospekten, Inseraten oder auch Vertretern an der Haustür.

Hunderttausende von Franzosen geben Edith Piaf das letzte Geleit

14. Oktober. *Auf dem Pariser Friedhof Père Lachaise kommt es während der Beisetzung der französischen Chansonsängerin Edith Piaf zu tumultartigen Zusammenstößen ihrer Bewunderer mit der Polizei. Tausende von Menschen durchbrechen die Absperrungen und stürmen über die Gräber zu der Gruft, wo die Piaf ihre letzte Ruhe finden soll. Das Foto zeigt unzählige Trauergäste. Edith Piaf, der »Spatz von Paris«, wie sie liebevoll von ihren Verehrern genannt wird, starb am 11. Oktober in Paris.*

Der Tochter eines Jahrmarktsakrobaten und einer italienischen Chansonsängerin, geboren 1915 in einem Armenviertel der Stadt, gelang 1937 der künstlerische Durchbruch. Mit ihren Chansons zog sie seitdem das Publikum der ganzen Welt in ihren Bann. Fast unscheinbar, mit zierlicher Gestalt und immer blassem Gesicht, stand sie auf der Bühne und sang mit ihrer kraftvollen, pathetischen Stimme von Hoffnungen und Enttäuschungen, von Liebe und Leid, die für sie untrennbar zusammengehörten.

Frankreich trauert um Jean Cocteau

11. Oktober. In Milly-la-Forêt stirbt der französische Künstler Jean Cocteau. Seit 17 Jahren wohnte der 1889 geborene Schriftsteller, Dichter, Filmregisseur und Grafiker in diesem Ort am Rande des Waldes von Fontainebleau. Hier wird er auch begraben, in einem Garten, der die Kapelle Saint Blaise - des - Simples umgibt. Für seine Anhänger ist Cocteau ein künstle-

Jean Cocteau

risches Genie, denn er hat sich in seinem Leben mit den verschiedensten literarischen und künstlerischen Strömungen auseinandergesetzt und dank seiner vielseitigen Begabungen auch Hervorragendes darin geleistet. Vor allem dem Surrealismus gab er durch seine avantgardistischen Experimente neue Impulse. Er überraschte mit Theaterstücken, Gedichten, Romanen, Gemälden, als Komponist, Schauspieler, Choreograph, Grafiker und Kinopoet. 1955 wurde er in die Académie Française aufgenommen.

Eine 40jährige Theater-Epoche geht zu Ende

7. Oktober. Im Alter von 63 Jahren stirbt in Manila der Schauspieler, Regisseur und Intendant Gustaf Gründgens.

Mit Gründgens' Tod gehen vier Jahrzehnte Theaterfaszination zu Ende. Schon als 17jähriger fand Gründgens seinen Weg zum Theater. Damals, er war noch Gymnasiast in Düsseldorf, meldete er sich freiwillig an die Westfront. 1918, er war erst 18 Jahre, leitete er das Fronttheater Thale. Aus dem Krieg heimgekehrt, besuchte er die Düsseldorfer Theaterakademie. 1922 führte ihn sein Weg an die Kammerspiele nach Hamburg, bevor er 1928 von Max Reinhardt nach Berlin verpflichtet wurde. Hier begann seine eigentliche Karriere. Nachdem Reinhardt und Fritz Kortner das nationalsozialistische Deutschland verlassen mußten, wurde Gründgens die führende Gestalt des deutschen Theaters. Schon seit 1932 Regisseur am Staatlichen Schauspielhaus in Ber-

lin, bestimmte er auch als Schauspieler den Erfolg der Aufführungen von Johann Wolfgang von Goethes »Faust I« und »Faust II« in den Jahren 1932 und 1934 wesentlich mit.

Gustaf Gründgens in der Rolle des Mephisto in Goethes Drama »Faust«

In der Rolle des Mephisto erlangte Gründgens Weltberühmtheit.

1937 avancierte er mit dem damaligen Ministerpräsidenten Hermann Göring als Gönner zum Generalintendanten des Preußischen Staatstheaters in Berlin.

Nach dem Ende der Diktatur Adolf Hitlers begann Gründgens 1947 als Generalintendant des Düsseldorfer Schauspielhauses und ging nach einem Intermezzo 1950 in Berlin im Jahre 1955 nach Hamburg.

Mit der Inszenierung von William Shakespeares »Hamlet« nahm Gründgens zu Beginn des Jahres 1963 als Intendant Abschied von der deutschen Bühne und übergab sein Amt an Oscar Fritz Schuh.

Gründgens selbst kommentierte seine eigene Karriere in einer Rückschau einmal mit folgenden Worten: »Wahrscheinlich bin ich ein Glückskind gewesen, aber ich versichere, daß ich kräftig habe zahlen müssen für das Glückskind.«

Enzensberger erhält den Büchner-Preis

19. Oktober. Der 34jährige Lyriker und Essayist Hans Magnus Enzensberger erhält den Georg-Büchner-Preis der Stadt Darmstadt.

Der Literaturpreis, der jedes Jahr verliehen wird, ist mit 10 000 DM dotiert. Enzensberger, der jüngste aller bisherigen Preisträger, erhält ihn zum Abschluß der Herbsttagung der Deutschen Akademie für Sprache und Dichtung. Die Verleihungsurkunde würdigt u. a. die mit »bedeutender Kunst und Kraft vorgetragene Gesellschaftskritik« Enzensbergers. Der Präsident der Akademie, Hanns W. Eppelsheimer, betont in seiner Laudatio den notwendigen Beitrag der Dichter im fortschreitenden demokratischen Prozeß der Gesellschaft. Enzensberger sei im weiten Sinn ein »politischer Dichter«, der jedoch in keiner Partei sei und seinen individuellen Weg bei der Suche nach politischem und ästhetischem Fortschritt gehe.

Über die Bedingungen eines Weltfriedens

13. Oktober. In der Paulskirche in Frankfurt am Main findet die diesjährige Verleihung des Friedenspreises des Deutschen Buchhandels an den Physiker und Philosophen Carl Friedrich Freiherr von Weizsäcker statt. Folgende Ausschnitte sind der in der Paulskirche gehaltenen Rede Weizsäckers entnommen:

»Bei der ersten Nachricht habe ich einen Augenblick gezaudert, ob ich diesen Preis annehmen dürfte ... Ist der Friede so weit gesichert, daß man für ihn einen Preis verleihen kann? Aber man soll diesen Preis wohl nicht als Anerkennung einer vollzogenen Leistung verstehen, sondern als Unterstützung einer fortdauernden Anstrengung ... Der Wissenschaft ist in den letzten beiden Jahrzehnten der Friede in einer vorher nicht geahnten Weise zu ihrem besonderen, unausweichlichen Problem geworden ...

Ich spreche also von den Bedingungen des Weltfriedens ...

Es gibt so etwas wie eine politische Generalstabsarbeit, die eine ›Strategie der Friedenssicherung‹ entwirft. Diese Arbeit muß sich aufs Detail einlassen. Es ist eine der Stärken der heutigen amerikanischen Politik, daß sie sich auf solche Arbeit stützen kann. Wir werden dieser Politik weder gute Bundesgenossen noch, wenn das einmal nötig sein sollte, gute Kritiker sein, wenn wir nicht ebenso planen lernen ...

Ich beginne mit drei Thesen: 1. Der Weltfriede ist notwendig ... man darf fast sagen: er ist unvermeidlich. Er ist Lebensbedingung des technischen Zeitalters. Soweit unsere menschliche Voraussicht reicht, werden wir sagen müssen: Wir werden in einem Zustand leben, der den Namen Weltfriede verdient, oder wir werden nicht leben. 2. Der Weltfriede ist nicht das goldene Zeitalter. Nicht die Elimination der Konflikte, sondern die Elimination einer bestimmten Art ihres Austrags ist der unvermeidliche Friede der technischen Welt. Dieser Weltfriede könnte sehr wohl eine der düsteren Epochen der Menschheitsgeschichte werden. Der Weg zu ihm könnte ein letzter Weltkrieg oder blutiger Umsturz, seine Gestalt könnte die einer unentrinnbaren Diktatur sein. Gleichwohl ist er notwendig. 3. Der Weltfriede fordert von uns eine außerordentliche moralische Anstrengung ... Er ist unsere Le-

bensbedingung, aber er kommt nicht von selbst, und er kommt nicht von selbst in einer guten Gestalt ... Die technische Welt stabilisiert sich nicht von selbst, sie stabilisiert sich, soweit Menschen sie zu stabilisieren lernen ...

Hierzu noch eine klarstellende Bemerkung. Wie manche andere habe ich in den letzten Jahren öffentlich gesagt, ein mit planmäßigem Einsatz der verfügbaren Waffen heute geführter Weltkrieg würde vermutlich die Menschheit nicht völlig ausrotten. Ich habe das

gesagt, weil mir wichtig schien, daß wir in allen Erwägungen das Maß behalten. Ich bin dann gelegentlich so zitiert worden, als dürfte hieraus abgeleitet werden, ein Krieg sei unter Umständen immerhin noch zu verantworten. Ich kann mir keinen törichteren und schrecklicheren Mißbrauch meiner Äußerung denken ...

Der Weltfriede fordert von uns eine außerordentliche moralische Anstrengung, denn wir müssen überhaupt eine Ethik des Lebens in der technischen Welt entwickeln. Was bedeutet Ethik der technischen Welt?

Ihre Grundlage ist nicht neu. Die alte Ethik der Nächstenliebe reicht aus, wenn wir sie auf die Realitäten der neuen technischen Welt anwenden ...

Es gibt eine eigentümliche Faszina-

tion der Technik, eine Verzauberung der Gemüter, die uns dazu bringt, zu meinen, es sei ein fortschrittliches und ein technisches Verhalten, daß man alles, was technisch möglich ist, auch ausführt. Mir scheint das nicht fortschrittlich, sondern kindisch ...

Wir müssen also ein Bewußtsein für den richtigen technischen Gebrauch der Technik gewinnen, wenn wir in der technischen Welt menschenwürdig überleben wollen. Das verlangt eine moralische Anstrengung, die sich in einer posi-

tiven Moral, einer gefestigten Sitte niederschlagen muß. Wir sollen so handeln, daß wir das Menschsein in jedem Menschen nicht nur als Mittel, sondern als Zweck verstehen. Als leitende Regel muß gelten: Kein Mensch ist ein Gerät, und Geräte dürfen nur zum Nutzen, nicht zum Schaden der Menschen gebraucht werden ...

Am klarsten sollte das Bewußtsein von der Notwendigkeit, den Frieden zu sichern, bei den Menschen entwickelt sein, die den technischen Waffen am nächsten stehen: den Wissenschaftlern, deren Forschen sie ermöglicht; den Soldaten, die sie anwenden müßten, und den Politikern, die noch die ehesten Mittel haben, ihre Anwendung zu vermeiden. Aber jeder dieser Stände bleibt noch hinter seiner Aufgabe zurück.«

Friedrich Wittig (l.) vom Börsenverein überreicht Weizsäcker die Urkunde

Deutscher erreicht in Tokio Weltrekord

12. Oktober. Am zweiten Tag der Internationalen Sportwoche in Tokio schwimmt Gerhard Hetz aus der Bundesrepublik die 400 m Lagen in 4:50,2 min, das bedeutet Weltrekord. Hans-Joachim Klein gelingt ein zweiter großer Erfolg für die deutsche Mannschaft. 24 Stunden nach seinem Triumph über 100 m Kraul in deutscher Rekordzeit von 54,9 sec erreicht er mit einem langen Sprint über 200 m Kraul 2:00,2 min und damit Europarekord. Klein überbietet die bisherige Bestmarke von Hetz gleich um 1,5 sec.

Englands Fußballer besiegen Welt-Elf

23. Oktober. Vor 100 000 Zuschauern gewinnt im Londoner Wembley-Stadion die englische Mannschaft gegen eine Auswahl des Fußballweltverbandes FIFA 2:1.

In dem Spiel, das dem ausverkauften Stadion Rekordeinnahmen von etwa einer Million DM bei Spitzen-Eintrittspreisen von 35 DM in die Kassen brachte, enttäuscht die Weltauswahl. Und das nicht nur, weil der vom chilenischen Trainer Fernando Riera betreuten Mannschaft die Bindung fehlt, sondern mehr noch aufgrund spielerischer Schwächen.

Die englische Elf ist anläßlich des 100jährigen Bestehens des englischen Fußballbundes angetreten.

Lübke eröffnet die 60. Session des IOC

14. Oktober. In Baden-Baden eröffnet Bundespräsident Heinrich Lübke (CDU) die 60. Session des Internationalen Olympischen Komitees (IOC), die bis zum 20. Oktober dauern wird.

Programmpunkte sind u. a. die Wahl neuer Mitglieder in das Exekutivkomitee und die Bestimmung des Austragungsortes für die Olympischen Sommerspiele 1968. Die Delegierten entscheiden sich für Mexiko-Stadt. Der im letzten Sitzungsabschnitt eingebrachte Vorschlag der UdSSR auf Streichung aller provisorischen Mitgliedschaften wird abgelehnt. Damit bleibt das Nationale Olympische Komitee (NOK) der DDR auch weiterhin nur ein vorläufiges Mitglied des IOC.

November 1963

Mo	Di	Mi	Do	Fr	Sa	So
				1	2	3
4	5	6	7	8	9	10
11	12	13	14	15	16	17
18	19	20	21	22	23	24
25	26	27	28	29	30	

1. November, Freitag

Die polnische Regierung gibt bekannt, daß Studenten der höheren Priesterseminare einen zweijährigen Militärdienst ableisten müssen. →S. 186

Die Sowjetunion startet das unbemannte Raumschiff »Poliot 1«. Es verfügt über eine neuartige Fernsteuerung, mit deren Hilfe es mit einer anderen Kapsel im Weltraum zusammentreffen kann.

In Arecibo, im Bergland der Insel Puerto Rico, nehmen die USA das größte Radioteleskop der Welt in Betrieb. →S. 188

2. November, Sonnabend

In Südvietnam stürzt eine Militärjunta die Regierung von Ngô Đinh Diêm. In den seit dem 1. November andauernden Kämpfen um den Regierungspalast in Saigon sterben Präsident Diem und sein Bruder Ngô Đinh Nhu. →S. 186

Trotz des Waffenstillstandsabkommens zwischen Algerien und Marokko brechen heftige Gefechte um die marokkanische Oasenstadt Figuig aus, als algerische Artillerie das Feuer eröffnet. →S. 186

Das Bezirksgericht in Potsdam (DDR) verurteilt die Turnerin Renate Schneider, DDR-Meisterin im Pferdsprung, wegen Zusammenarbeit mit dem Bundesnachrichtendienst zu sechs Jahren Zuchthaus.

3. November, Sonntag

Aufgrund von Klopfzeichen werden in der Erzgrube von Lengede elf weitere noch lebende Bergleute entdeckt. Sie waren am 24. Oktober verschüttet worden (→7. 11./S. 187).

Die griechischen Parlamentswahlen bringen der regierenden Nationalradikalen Union des früheren Ministerpräsidenten Konstandinos Karamanlis eine schwere Niederlage. Ihr Stimmenanteil sinkt von 50,8% auf 39%. Sieger wird die bisherige Opposition, die Zentrumsunion mit 42,1% der insgesamt abgegebenen Stimmen (→31. 12./S. 200).

In den spanischen Städten und Dörfern finden seit 1939 erstmals Gemeinderatswahlen statt. →S. 186

In der Wiener Staatsoper kommt es zu einem Skandal, als fünf Minuten nach dem vorgesehenen Beginn die Aufführung der Oper »La Bohème« von Giacomo Puccini abgesagt wird. Direktor Eugen Hilpert muß dem empörten Publikum mitteilen, daß die Bühnenarbeiter in den Streik getreten sind.

Im Fußball-Länderspiel Bundesrepublik Deutschland gegen Schweden in Stockholm siegen die Gastgeber vor nur 9000 Zuschauern 2:1.

4. November, Montag

Bundesverteidigungsminister Kai Uwe von Hassel (CDU) reagiert mit einem Hausverbot für Vertreter der US-amerikanischen Firma Lockheed auf die Nennung falscher Zahlen der Firma im Zusammenhang mit der Neuanschaffung von mehreren Transportflugzeugen für die Bundeswehr.

Auf der DDR-Autobahn kommt es erneut zu einem Konflikt zwischen Truppen der USA und kontrollierenden Sowjets. Am Grenzkontrollpunkt Marienborn halten sowjetische Offiziere einen US-Militär-Konvoi fest (→10. 10./S. 164).

In Saigon bildet ein aus drei Armeegenerälen bestehendes Triumvirat eine Militärregierung. Sie soll jedoch nur während des Übergangs bis zur Errichtung einer demokratischen Ordnung im Amt bleiben (→2. 11./S. 186).

Durch einen erneuten Sprengstoffanschlag Südtiroler Extremisten auf Hochspannungsmasten sind weite Teile des Pustertals längere Zeit von der Stromversorgung abgeschnitten.

Die österreichische Regierung nimmt Gespräche mit der Kommission der Europäischen Wirtschaftsgemeinschaft (EWG) auf, um die Bedingungen für eine Assoziierung mit der EWG zu erkunden.

Aus dem österreichischen Toplitzsee bergen Taucher eine Kiste mit gefälschten Pfundnoten aus der Zeit des Nationalsozialismus. →S. 188

5. November, Dienstag

Zur Unterstützung des schon seit zwei Tagen auf der DDR-Autobahn festgehaltenen US-Militärkonvoi schicken die Alliierten Großbritannien und Frankreich ebenfalls Truppen auf den Weg von Berlin (West) in Richtung Marienborn an der Grenze der Bundesrepublik.

Das Verwaltungsgericht in München entscheidet, daß der Bayerische Rundfunk keinen Gebührenanteil an das hochverschuldete Zweite Deutsche Fernsehen in Mainz zu zahlen hat und hebt damit eine Anordnung des bayerischen Kultusministeriums auf (→10. 5./S. 83).

Der Vizepräsident der Europäischen Wirtschaftskommission, Sicco Mansholt, gibt auf einer Pressekonferenz in Brüssel den Plan der Europäischen Wirtschaftsgemeinschaft (EWG) bekannt, einheitliche Getreidepreise einzuführen. Deren Höhe liegt noch nicht fest.

Im Prozeß gegen die »Freese-Bande«, die 250 begangener schwerer Straftaten beschuldigt wird, verurteilt das Koblenzer Schwurgericht den 24jährigen Hauptangeklagten zu einer lebenslänglichen Zuchthausstrafe.

6. November, Mittwoch

Als erstes europäisches Staatsoberhaupt trifft Bundespräsident Heinrich Lübke (CDU) mit seiner Frau Wilhelmine zu einem zehntägigen Staatsbesuch in Japan ein. Kaiser Hirohito und Kaiserin Nagaho empfangen ihre deutschen Gäste auf dem Flughafen von Tokio.

7. November, Donnerstag

In Lengede gelingt am frühen Morgen den Rettungsmannschaften der Durchbruch zu den noch elf überlebenden Bergleuten. Seit dem 24. Oktober waren sie in der Erzgrube »Mathilde« verschüttet. →S. 187

In Bonn konstituiert sich der parlamentarische Ausschuß zur Aufklärung der Telefonüberwachungsaffäre in Anwesenheit von Bundestagspräsident Eugen Gerstenmaier (CDU; →5. 9./S. 142).

In Protestnoten an die sowjetische Regierung in Moskau fordern die alliierten Westmächte, die Behinderung des alliierten Verkehrs auf DDR-Autobahnen »ein für allemal zu beenden«.

8. November, Freitag

Der algerische Staatspräsident Ahmed Ben Bella teilt dem SPD-Bundesabgeordneten Hans-Jürgen Wischnewski mit, daß Algerien die DDR auch in Zukunft »in keiner Weise« anerkennen wird. Wischnewski hält sich anläßlich des algerischen Nationalfeiertages in dem nordafrikanischen Land auf.

Die Vereinigten Staaten von Amerika, Großbritannien, Australien, Japan sowie die Bundesrepublik Deutschland erkennen die neue Regierung in Südvietnam an (→2. 11./S. 186).

9. November, Sonnabend

In zahlreichen Orten der Bundesrepublik gedenkt man der sog. Reichskristallnacht, mit der vor 25 Jahren die Vernichtung des jüdischen Volkes durch die Nationalsozialisten in Deutschland einen ersten Höhepunkt erreichte.

Das US-amerikanische Handelsministerium in Washington teilt mit, daß Ungarn von den USA 100 000 t Weizen zu einem Preis von 7,5 Millionen US-Dollar (23,4 Millionen DM) geliefert bekommt.

Bei einer schweren Grubenexplosion in der südjapanischen Stadt Fukuoka auf der Insel Kiuschu kommen 171 Bergleute ums Leben.

10. November, Sonntag

In der belgischen Stadt Antwerpen demonstrieren 100 000 Flamen für die Autonomie der flämisch und französisch sprechenden Landesteile in einer belgischen Föderation (→8. 7./S. 112).

Der höchste Vulkan Europas, der 3280 m hohe Ätna auf Sizilien, bricht aus. Der Lavastrom fließt 1,5 km an den Berghängen hinunter, Gestein und Asche werden 400 m hoch in die Luft geschleudert.

Am dritten Tag der Blockade des US-Militärkonvois durch sowjetisches Militär können die US-amerikanischen Truppen ihren Weg vom Grenzübergang Marienborn nach Berlin (West) nun ungehindert fortsetzen.

US-amerikanische Wissenschaftler und Techniker stellen eine vollautomatische Setzmaschine mit Silbentrennung der Öffentlichkeit vor. →S. 188

11. November, Montag

In Berlin (West) übergibt Bundesschatzminister Werner Dollinger (CSU) an Bundestagspräsident Eugen Gerstenmaier (CDU) den Schlüssel für den wiederhergestellten Südflügel des Reichstagsgebäudes.

In Anwesenheit seines Vorsitzenden Walter Ulbricht ratifiziert in Berlin (Ost) der Staatsrat der DDR das Moskauer Abkommen über den begrenzten Teststopp für Kernwaffen vom →5. August (S. 124).

In Rom beauftragt Staatspräsident Antonio Segni den Generalsekretär der Christdemokratischen Partei, Aldo Moro, mit der Bildung einer neuen Regierung für Italien (→5. 12./S. 200).

12. November, Dienstag

Auf dem kleinen Parteitag der CDU in der Bonner Beethovenhalle spricht sich Bundeskanzler Ludwig Erhard gegen langfristige Kredite an die UdSSR aus.

In Brüssel beginnt die Debatte der Mitgliedstaaten der Europäischen Wirtschaftsgemeinschaft (EWG) über die künftige Agrarpolitik des Gemeinsamen Marktes.

13. November, Mittwoch

Das Bundeskabinett in Bonn beschließt die Gewährung einer Bundesfinanzhilfe von 1,793 Milliarden DM an Berlin (West) für das Haushaltsjahr 1964.

Der Dritte Strafsenat des Bundesgerichtshofes in Karlsruhe verwirft die Beschwerde des »Spiegel«-Verlages aus Hamburg, nach welcher der Durchsuchungsbefehl des Ermittlungsrichters im Bundesgerichtshof vom Oktober 1962 als rechtswidrig erklärt werden sollte (→7. 2./S. 30).

In der Kernwaffenfabrik der US-amerikanischen Atomenergiekommission in Medina (Texas) explodieren 27 t chemischen Sprengstoffs. Drei Beschäftigte erleiden schwere Verletzungen.

Der 70jährige US-amerikanische Schriftsteller William Willis erreicht auf einem Floß nach 130tägiger stürmischer Seereise Westsamoa. Willis war am 5. Juli von Peru aufgebrochen.

14. November, Donnerstag

Der Bundestag in Bonn verabschiedet eine Gesetzesvorlage, nach der mit Wirkung vom 1. Januar 1964 die Altersrenten um 8,2% und die Unfallrenten um 8,6% erhöht werden.

Das US-amerikanische Verteidigungsministerium gibt in Washington die Absicht bekannt, die Zahl der in Europa stationierten Transportflugzeuge insgesamt um 40% zu verringern.

15. November, Freitag

Alle Fraktionen des deutschen Bundestages in Bonn stimmen dem Antrag der CDU/CSU zu, von einer unabhängigen Kommission die Situation von Presse, Fernsehen und Rundfunk eingehend untersuchen zu lassen.

Einen Tag nach dem Attentat auf den US-Präsidenten John F. Kennedy bringen Tageszeitungen in aller Welt die erschütternde Nachricht; das Faksimile zeigt die erste Seite der Hamburger Zeitung »Die Welt« vom 23. November

DIE GEISTIGE WELT (6 Seiten Beilage) / DAS FORUM DER WELT

Verlag DIE WELT, 43 Essen, Sachsenstraße 36, Telefon 2 14 21, Fernschr. 085 73 41, 2 Hamburg 36, Kaiser-Wilhelm-Straße 1, Telefon 34 10 10, Fernschr. 021 11 49, 1 Berlin 61, Kochstraße 43—54, Telefon 61 00 51, Fernschreiber 0186799.

DIE WELT

UNABHÄNGIGE TAGESZEITUNG FÜR DEUTSCHLAND

Abonnement durch Träger oder Post monatlich DM 6,60, einschließlich Zustellgebühr; für Postabholer DM 6,06; Preis für das Auslandsabonnement DM 11,— einschließlich Porto. Gültige Anzeigenpreisliste: Nr. 32 vom 15. 1. 1963.

Samstag, 23. November 1963 | 1 H 7109 A | Ausgabe D* | Nr. 273 - Preis 50 Pf

Eine schwere Stunde in der amerikanischen Geschichte

Präsident Kennedy in Texas ermordet

Johnson sofort als Nachfolger vereidigt

Nachrichtendienst der WELT

Dallas (Texas), 22. November

Präsident Kennedy ist tot. Er erlag am Freitagnachmittag um 20 Uhr MEZ in Dallas (Texas) einem Anschlag. Das Attentat wurde während einer Fahrt der Wagenkolonne des Präsidenten durch die Innenstadt von Dallas verübt.

Von den Schüssen aus einer automatischen Waffe wurde auch der Gouverneur von Texas, John Conally, getroffen und schwer verwundet. Frau Jacqueline Kennedy und Frau Conally fuhren in der Wagenkolonne mit. Sie blieben nach ersten Berichten offenbar unverletzt.

Die Attentäter blieben zunächst unbekannt. Nach Mitteilung der Sicherheitsbeamten wurden mindestens drei Schüsse auf den Präsidenten abgefeuert. Der Präsident sank blutüberströmt in den Fond des Wagens zurück. Seine Frau versuchte ihn aufzurichten. Sie rief: „Nein, nein."

In rasender Geschwindigkeit fuhr der Fahrer des Wagens in das nächstgelegene Hospital. Der Leibarzt Kennedys war sofort zur Stelle. Der Präsident erhielt unverzüglich eine Bluttransfusion. Ein katholischer Priester wurde herbeigerufen. Alle ärztlichen Bemühungen blieben erfolglos. Um 13 Uhr Ortszeit erlag John F. Kennedy seinen schweren Verletzungen.

Auch Vizepräsident Johnson gehörte zu der Begleitung des Präsidenten. Ihm ging es nach Auskunft seiner Frau gut. Auf die Frage, ob Johnson ebenfalls verwundet sei, schüttelte Frau Johnson den Kopf.

Die Polizei von Dallas gab bekannt, daß sie einen bisher nicht namentlich genannten Mann im Alter von dreißig Jahren verhaftet habe. Der Mann habe bei seiner Festnahme eine Waffe bei sich gehabt.

Später gab der Pressesekretär des Präsidenten Kilduff. bekannt, daß Vizepräsident Johnson nicht getroffen worden sei

Die Untat

ejc. — „Nur das kann die Wahrheit sein: daß ein Mann sie als richtig erkennt, für sie lebt, sich bis zum Letzten für sie einsetzt, ja, für sie stirbt." Dieser Ausspruch seines Lieblingsdichters Robert Frost war der Schluß einer programmatischen Rede, die Präsident Kennedy vor wenigen Tagen in Miami gehalten hatte. Jetzt, da John F. Kennedy den Kugeln eines Attentäters zum Opfer gefallen ist, liest man diese Worte mit unsagbarer Erschütterung, mit tiefster Betretenheit.

Die ganze Welt trauert um den jüngsten Mann, der je zum Präsidenten der Vereinigten Staaten gewählt wurde. Die ganze Welt ist sich einig in dem Abscheu über diese barbarische Tat. Die ganze Welt — Freunde und Gegner, zu Hause und überall auf der Erde.

Auch in Deutschland trauert man tief um den jungen Präsidenten, dem erst im vergangenen Sommer die Herzen der Menschen in der Bundesrepublik und besonders in Berlin zugeflogen sind.

Das Mitgefühl gilt in diesem Augenblick besonders seiner Frau und den Kindern; das Mitgefühl gilt aber ebenso dem ganzen amerikanischen Volke, das einen großen Führer verloren hat.

Die Gedanken fliegen in diesem Augenblick auch zu Lyndon Johnson, dem neuen Präsidenten. Er übernimmt eine riesige Bürde und schweres Erbe.

„An uns, den Lebenden", so hatte vor hundert Jahren der später ebenfalls einem Attentat erlegene Präsident Lincoln gesagt, „ist es, uns den verbliebenen Aufgaben zu weihen." Dieses „uns" meint heute nicht nur das amerikanische Volk, sondern alle Menschen, die für die Ideale eintreten, um derentwillen Kennedy das höchste Opfer gebracht hat.

Die innen- und außenpolitischen Folgen dieser grausigen Tat, dieses Attentats von Dunkelmännern auf den prominentesten Vertreter der westlichen Welt, lassen sich im Augenblick noch gar nicht ermessen.

Lyndon B. Johnson

DW. — Lyndon Baines Johnson wird nun in das Weiße Haus in Washington als Präsident der Vereinigten Staaten einziehen. In dem Staate, in dem Präsident Kennedy ermordet wurde, wurde er 1908 als Sohn eines Farmers geboren. Nach wenigen Jahren als Volksschullehrer in Houston verschrieb er sich der Politik und ging nach Washington.

Präsident Roosevelt entdeckte 1935 den begabten jungen Politiker und betraute ihn mit bundesstaatlichen Erziehungsaufgaben in Texas. Johnson galt fortan als Mitglied jener Gruppe, die man Roosevelts „Junge Garde" nannte.

Als Angehöriger der Demokratischen Partei wurde Johnson 1937 ins Repräsentantenhaus gewählt, dem er bis 1949 angehörte. In jenem Jahr gelang ihm der Sprung in den Senat, wo er 1953 Fraktionsvorsitzender der demokratischen Mehrheit wurde. In dieser Eigenschaft war er dank seines Vermittlungstalents einer der mächtigen Männer bei der Gestaltung der amerikanischen Politik.

In dieser Schlüsselstellung hatte er 1957 und 1960 wesentlichen Anteil an Reformen der Rassegesetzgebung. Im Jahre 1960 unterlag er John F. Kennedy bei der Nominierung des demokratischen Präsidentschaftskandidaten. Als Partner Kennedys wurde er nach dem Wahlsieg Vizepräsident.

Johnson ist verheiratet mit Frau Claudia, geb. Taylor und hat zwei Töchter mit Namen Lynda und Lucy.

Der deutschen Öffentlichkeit, voran den Berlinern, wurde Johnson vornehmlich bekannt, als er wenige Tage nach Errichtung der Mauer im Auftrag Kennedys nach Berlin kam.

Präsident Kennedy im offenen Wagen kurz vor dem Attentat — Faxfoto: DIE WELT / UPI

Direkt in den Kopf getroffen

Als 36. Präsident der Vereinigten Staaten ist am Freitagabend der bisherige Vizepräsident Lyndon B. Johnson in Dallas vereidigt worden.

Es heißt, das Vizepräsident Johnson sein Leben nur dem Umstand zu verdanken habe, daß die Wagenkolonne kurz vor den Schüssen ins Stocken geriet. Der Wagen Johnsons mußte etwas zurückbleiben, so daß die Attentäter kein gutes Ziel mehr hatten.

Der Wagen, in dem Kennedy fuhr, als er erschossen wurde, war ein großer offener Wagen, so daß der Attentäter ein ausgezeichnetes Ziel hatte.

Es hat den Anschein, als ob der Attentäter seinen ersten Schuß auf Kennedy abfeuerte und ihn direkt in den Kopf traf. Es besteht die Möglichkeit, daß er sofort tot war, aber dies wurde zunächst nicht bestätigt.

Für sämtliche Polizeieinheiten in Texas wurde Großalarm gegeben. Alle Ausfallstraßen wurden sofort gesperrt. Bei Redaktionsschluß dieser Ausgabe war nicht mit Sicherheit bekannt, wer die Attentäter sind. Angeblich ist der Anschlag von einem Ehepaar verübt worden, das von einem Hausdach aus auf den Präsidenten schoß.

Um 20.38 Uhr MEZ kam die erste Blitznachricht über die Agenturen und Fernsehstationen: Präsident Kennedy starb um ein Uhr nachmittags Ortszeit. (20 Uhr deutscher Zeit).

Die Nachricht von dem Mordanschlag auf den Präsidenten verbreitete sich mit Windeseile um den Erdball. Die amerikanischen und internationalen Fernsehstationen unterbrachen sofort ihre Programme und sendeten fortlaufend Nachrichten über das Attentat.

Kennedy hat nach dem Schuß kaum 35 Minuten gelebt. Die Polizei sucht nach einem jungen Mann von etwa 30 Jahren. Es besteht die Möglichkeit, daß der Attentäter in dem Durcheinander entkam.

Kennedy ist der vierte amerikanische Präsident, der ermordet wurde. Abraham Lincoln erlag an den Folgen eines Attentats vom 14. April 1865; James Abraham Garfield erlag den Folgen eines Attentats vom 2. Juli 1881; William McKinley erlag den Folgen eines Attentats vom 6. September 1901.

Panik stand auf allen Gesichtern

Gouverneur Conally soll im Rücken verletzt worden sein. Über seinen Zustand ist nichts bekannt.

Die Stadt Dallas in Texas ist bekannt für ihre Feindschaft gegen die Regierung Kennedy. Es haben sich dort vor allem viele Rechtsgerichtete konzentriert. Erst vor wenigen Wochen war der amerikanische UNO-Delegierte Stevenson das Ziel von Beleidigungen und Angriffen aus einer großen Menschenmenge.

In den USA herrscht tiefe Bestürzung. In den Städten sammelten sich die Menschen in Gruppen vor den Rundfunk- und Fernsehgeschäften. Es bildeten sich Trauben von Passanten, die die letzten Nachrichten verfolgen. Die Panik stand auf allen Gesichtern. Es kam in den Städten zu einem Verkehrschaos. Die Autos stauten sich, und die Fahrer riefen einander die furchtbare Nachricht zu.

Zunächst hat es geheißen, der Präsident sei schwer verletzt worden. Als die Todesnachricht dann etwa 15 Minuten später bekannt wurde, verbreitete sich tiefe Trauer und größte Bestürzung in der Bevölkerung.

John Conally,
der Gouverneur von Texas
Faxfoto: DIE WELT / UPI

Bestürzung in der ganzen Welt

Das Flugzeug, mit dem Außenminister Rusk und andere Kabinettsmitglieder von Honolulu nach Tokio fliegen sollte, kehrte über dem Pazifik nach den USA um, nachdem die Nachricht vom Attentat auf Präsident Kennedy eingegangen war.

Bundeskanzler Erhard war auf der Rückreise von Paris nach Bonn, als ihn die Nachricht vom Tode Präsident Kennedys erreichte. Sofort nach Bekanntwerden des Attentats unterrichtete die Nachrichtenzentrale im Bonner Bundespresseamt die Männer im Nachrichtenwagen, der Teil des Sonderzuges ist, mit dem Erhard reist. Erhard wollte in der kommenden Woche nach Washington reisen, um nach der Übernahme des Kanzleramtes mit Kennedy zusammenzutreffen.

Unmittelbar nach Bekanntwerden der Todesnachricht hat Bundesinnenminister Höcherl am Freitagabend angeordnet, daß sämtliche Bundesbehörden von sofort an halbmast flaggen. Auch die Gebäude der Bundeswehr werden die Flaggen am Sonnabend auf halbmast setzen.

Vizekanzler Mende erklärte in Bonn: „Die Nachricht vom Tode Kennedys erfüllt das deutsche Volk mit tiefer Erschütterung. Alle jene, die das Glück hatten, Präsident Kennedy persönlich zu erleben, nicht zuletzt die Berliner, sind in dieser Stunde von tiefer Trauer erfüllt."

Als Mitglied der Bundesregierung brachte Bundeswohnungsbauminister Lücke, der anläßlich des Landesparteitages der CDU in Hamburg weilt, am Freitagabend seine „tiefste Erschütterung" zum Ausdruck. Deutschland habe mit Präsident Kennedy einen seiner besten Freunde verloren. Ganz Deutschland wisse, wie sehr ihm zu danken sei, sagte der Minister.

Der geschäftsführende Vorsitzende der CDU (Dufhues) sandte an Frau Kennedy folgendes Beileidstelegramm: „Zu dem tragischen Tod Ihres Gatten spricht Ihnen die Christlich-Demokratische Union Deutschlands ihr tiefempfundenes Beileid aus. Mit Präsident Kennedy ist eine große Hoffnung der freien Welt dahingegangen. Der herbe Verlust, der Sie und Ihre Familie betroffen hat, wird von uns mit größtem Schmerz empfunden."

Pompidou: Mein Gott, mein Gott!

Bei der Nachricht von der Ermordung des amerikanischen Präsidenten Kennedy brach der französische Ministerpräsident Pompidou in die Worte aus: „Mein Gott, mein Gott, das ist furchtbar!" Pompidou erlitt darauf einen Schwächeanfall. Alle französischen Rundfunksender unterbrachen nach Bekanntgabe des Todes von Präsident Kennedy sofort ihr Programm und spielten ernste Musik.

Mit sichtbarer innerer Bewegung verlas der Sprecher des Moskauer Fernsehens um 22.40 Uhr Ortszeit die Nachricht vom Attentat auf Präsident Kennedy. Ein Kommentar wurde nicht gegeben. Es heißt lediglich: „Der Anschlag auf den amerikanischen Präsidenten ging von rechtsradikalen Kreisen aus."

Mit größter Betroffenheit reagierte auch die Moskauer Bevölkerung auf die Nachricht vom Tode Kennedys. Das sowjetische Rundfunkprogramm wurde sofort geändert. An Stelle der vorgesehenen Unterhaltungssendung wurde ernste Musik eingeblendet. Das Fernsehen brachte zunächst im Anschluß an die Abendschau eine Unterhaltungssendung mit russischen Liedern, unterbrach das Programm jedoch nach wenigen Minuten und verabschiedete sich nach einer Wiederholung der Meldungen aus Dallas von seinen Hörern.

Auch die Rundfunkstationen des Ostblocks unterbrachen beim Eintreffen der Todesnachricht ihre Programme. Beileidstelegramme trafen aus aller Welt bei Frau Kennedy ein.

Alle FBI-Beamten fahnden nach dem Täter

Das Geschäftsleben in New York kam zum Stillstand. An der Wall Street traten scharfe Kursrücktritte ein. Die Börse wurde geschlossen.

Die Nachricht vom Tode des Präsidenten wirkte sich katastrophal auf die amerikanischen Telefonnetze aus. Millionen von Menschen griffen zum Hörer, um Genaueres über das Attentat zu erfahren. Unzählige Journalisten gaben ihren Redakteuren in aller Welt die neuesten Nachrichten durch. Sämtliche Telefonnetze waren überlastet.

Nach den letzten Meldungen hat Kennedy das Sakrament der Letzten Ölung der Katholischen Kirche empfangen. Sämtliche Korridore, die zur Notaufnahme des Krankenhauses führten, wurden von Beamten der Geheimpolizei abgeschirmt. Der Chef des amerikanischen Bundeskriminalamtes, Hoover, hat alle Beamten angewiesen, nach dem Attentäter zu fahnden.

Im Augenblick eines Triumphes

Eine viertel Million Menschen wollten Kennedy zujubeln

Kabelbericht unseres Korrespondenten

Bo. Washington, 22. November

Die amerikanische Nation hat eine der schlimmsten Stunden ihrer Geschichte durchlebt. Nach den ersten Nachrichten, die widersprechend über den Zustand Kennedys waren, breitete sich eine entsetzliche Ungewißheit aus, die jedoch noch Hoffnung zuließ, daß sein Leben gerettet werden könnte, bis etwa eine Stunde nach den Schüssen die ganze bittere Tragik des Mordes unausweichlich vor der Nation stand.

Kennedy traf sein tödliches Schicksal in einem Augenblick, in dem er einen Triumph als Politiker feierte, in dem eine viertel Million Menschen sich anschickte, ihn in Dallas in viel begeisterter Stimmung zu begrüßen, als anfänglich erwartet worden war.

In Texas war die rechtsradikale Opposition gegen den Präsidenten stark. Rassenfanatiker haben in der letzten Zeit zu Gewaltmaßnahmen gegriffen. Und die Vermutung liegt nahe, daß der Mord die Tat eines fanatischen Gegners der negerfreundlichen Rassenpolitik Kennedys war. Dies muß aber mit Vorbehalt gesagt werden, da bisher keinerlei feste Anhaltspunkte vorliegen.

Der Senat in Washington unterbrach seine Plenarsitzung und vertagte sich auf unbestimmte Zeit.

Die in Hyannis Port lebenden Eltern des Präsidenten wurden von Nachbarn von dem Anschlag verständigt. Der Vater des Präsidenten, der unter den Folgen eines Schlaganfalls leidende ehemalige US-Botschafter in Großbritannien, Joseph Kennedy, schlief gerade, als ihm die Nachricht überbracht wurde. Mrs. Kennedy traf Vorbereitungen zur sofortigen Abreise nach Dallas.

John Fitzgerald Kennedy war einer der jüngsten amerikanischen Präsidenten. Der am 29. Mai 1917 in Brookline (Massachusetts) als Sohn eines Diplomaten geborene Präsident war am 8. November 1960 erst 43 Jahre alt, als er das höchste amerikanische Staatsamt errang. Er war der zweite Sohn einer kinderreichen Familie irischer Abstammung. Nach dem Studium der Staatswissenschaften an der Universität Harvard machte er den zweiten Weltkrieg von 1941 bis 1945 bei der amerikanischen Marine als Kommandant eines Schnellbootes mit. Er kämpfte zumeist im Pazifik und wurde mehrfach verwundet und hoch ausgezeichnet.

Als Politiker begann er 1946 seine Karriere, als er bei der Wahl für das amerikanische Repräsentantenhaus in einem der ärmsten Destrikte von Boston eine große Mehrheit erhielt. Nur sechs Jahre später saß er auch im Senat.

Ein Gewehr mit Zielfernrohr gefunden

In der Nähe des Schauplatzes des Mordanschlages wurde ein italienisches Gewehr mit Zielfernrohr gefunden. Die Waffe lag auf der Treppe zum vierten Stockwerk eines Hauses. In ihrem Magazin war noch eine Patrone. Drei Patronenhülsen lagen daneben.

Kennedy war durch einen Schuß in die rechte Schläfe getroffen. Gouverneur Conally hatte mehrere Einschüsse im Rücken erhalten. Sofort wurden namhafte Chirurgen und Blutkonserven herbeigerufen. Alle Bemühungen waren jedoch vergeblich. Pater Huber von der Heiligen Dreifaltigkeits-Kirche erteilte dem Präsidenten wenige Minuten vor 20 Uhr MEZ die Sterbesakramente. Nach Auskunft eines weiteren Geistlichen, der ebenfalls in die Klinik gerufen worden war, war Kennedy zu diesem Zeitpunkt noch bei Bewußtsein. Kurz darauf erlag er jedoch seiner schweren Verwundung.

Die letzte Rede vor dem Anschlag

Der Präsident setzt sich scharf mit seinen Kritikern auseinander

Dallas (Texas), 22. November (AP)

Schonungslos war Präsident Kennedy wenige Stunden vor dem Attentat mit den Kritikern seiner Politik ins Gericht gegangen. Offenbar auf den jüngsten Vorschlag seines möglichen Gegenkandidaten bei den Präsidentschaftswahlen 1964, Senator Goldwater, anspielend, man solle die amerikanischen Truppenkommandeure ermächtigen, Kernwaffen nach eigenem Ermessen einzusetzen, erklärte Kennedy vor dem Bürgerrat in Dallas, falls in der amerikanischen Außenpolitik Unwissenheit und falsche Informationen das Gesetz des Handelns diktiert würden wäre es um die Sicherheit der Vereinigten Staaten schlecht bestellt.

Nachdrücklich hob der Präsident hervor, daß sich die führenden Männer der Vereinigten Staaten „in einer Welt voll von Ärgernissen und Enttäuschungen" nur von Erfahrung und Vernunft leiten lassen dürften. Es müsse verhindert werden, daß jene die Oberhand gewännen, die „Rhetorik mit Realität und das Gefällige mit dem Möglichen verwechseln und für jedes Weltproblem rasche und einfache Patentlösungen bereit haben."

Jenen Kritikern, die zwar stets Opposition übten, aber keine Alternative aufzeigen könnten, sagte Kennedy: „Es lassen sich in unserem Lande ständig Stimmen vernehmen, die opponieren, ohne eine Alternative aufzuzeigen, die stets nörgeln, ohne das Positive zu sehen und die überall Finsteres wittern und Einfluß suchen, ohne Verantwortung tragen zu wollen." Offenbar seien solche Leute der Meinung, daß Worte ohne Waffen genügten, daß Beschimpfungen zum Siege führten, und daß der Frieden ein Zeichen der Schwäche sei.

Kennedy schloß mit der Feststellung, eine Nation sei noch nicht zum Untergang verurteilt, wenn sie Defizite aufzuweisen habe. Es sei völliger Unsinn, zu glauben, daß Lautstärke mit Stärke identisch sei.

Den Leitartikel von Hans Zehrer haben wir aus dieser Ausgabe der WELT herausnehmen müssen, damit wir unseren Lesern einen möglichst umfassenden Bericht über den tragischen Tod Präsident Kennedys geben können.

Der US-amerikanische Senat verabschiedet das von Präsident John F. Kennedy vorgelegte Auslandshilfegesetz mit einer Kürzung von mehr als 827 Millionen US-Dollar, das sind umgerechnet 3,308 Milliarden DM (→ 6. 9./S. 146).

Durch den Ausbruch eines Vulkans auf dem Meeresboden südlich von Island bildet sich eine neue Insel von 200 m Länge und 10 m Höhe.

16. November, Sonnabend

Vier Angehörige der DDR-Volksarmee, drei Unteroffiziere und ein Unterfeldwebel fliehen bei Eschwege aus der DDR in die Bundesrepublik. In voller Uniform durchschwimmen sie die eiskalte Werra.

Der in Stockholm wohnende deutsche Maler und Schriftsteller Peter Weiss erlebt in Berlin (West) die Uraufführung seiner ersten Theaterarbeit, »Nacht mit Gästen« und die Eröffnung einer Ausstellung mit seinen Collagen.

17. November, Sonntag

Aus Anlaß des Volkstrauertages findet in Anwesenheit von Bundeskanzler Ludwig Erhard (CDU) im Plenarsaal des Bundeshauses in Bonn eine offizielle Trauerstunde des Volksbundes Deutscher Kriegsgräberfürsorge statt.

Der bundesdeutschen Firma Hochtief AG in Essen wird die Leitung der Rettung der beiden durch den Staudammbau bei Assuan in Ägypten bedrohten Felsentempel von Abu Simbel am westlichen Nilufer übertragen. → S. 188

Die Europabrücke, ein 815 m langes Teilstück der Tiroler Autobahn, eröffnet der österreichische Handelsminister Fritz Bock. → S. 189

18. November, Montag

Hasan II., König von Marokko, eröffnet feierlich das erste Parlament des Königreiches. Es wurde am 17. Mai gewählt, nachdem die Verfassung am 2. Dezember 1962 durch eine Volksabstimmung gebilligt worden war.

Ein über der Nordsee tobender Orkan bringt den gesamten Schiffsverkehr im Ärmelkanal zum Erliegen.

19. November, Dienstag

Die Bundesregierung beschließt, den Weizenpreis durch Subventionen aus dem Etat des Ernährungsministeriums im laufenden Jahr mit insgesamt 15 Millionen DM zu stützen.

Eine offiziell als Volkskongreß bezeichnete Versammlung von 2000 Vertretern der kambodschanischen Bevölkerung stimmt in Phnom Penh für die sofortige Ablehnung aller US-amerikanischen Wirtschafts- und Militärhilfe.

20. November, Buß- und Bettag

Mit der Rückkehr der 2. US-Panzerdivision in die USA findet das US-amerikanische Manöver »Big Lift« seinen Abschluß. Es hatte am 24. Oktober mit umfangreichen Truppen- und Materialtrans-

porten vorrangig auf dem Luftweg aus den USA nach Europa begonnen.

Die Wiener Polizeibehörden teilen mit, daß der im Dienst suspendierte Wiener Kriminalinspektor Karl Silberbauer gestanden hat, als Mitglied des deutschen Sicherheitsdienstes 1944 in Amsterdam das jüdische Mädchen Anne Frank verhaftet zu haben.

Bei Straßenkämpfen zwischen kommunistischen Gruppierungen und der Polizei in der venezolanischen Hauptstadt Caracas kommen 22 Menschen ums Leben (→ 5. 10./S. 165).

21. November, Donnerstag

Bundeskanzler Ludwig Erhard (CDU) trifft zu einem zweitägigen offiziellen Besuch in Paris ein, wo er mit dem französischen Staatspräsidenten Charles de Gaulle und anderen Regierungsmitgliedern u. a. Fragen der gemeinsamen Agrarpolitik erörtern wird.

In einer Entfernung von 25 km zur sowjetische Grenze schießen sowjetische Düsenjäger nahe der persischen Grenzstadt Darreh Gaz ein iranisches Passagierflugzeug ab.

20 Jahre nach der Zerstörung wird das Bayerische Nationaltheater München in Anwesenheit des Ministerpräsidenten Alfons Goppel (CSU) feierlich wiedereröffnet. → S. 191

22. November, Freitag

Der Präsident der Vereinigten Staaten von Amerika, John F. Kennedy, wird durch ein Attentat ermordet. Bei einer Fahrt im offenen Wagen durch Dallas in Texas werden die tödlichen Schüsse auf den Präsidenten abgegeben. → S. 178

Als Nachfolger des ermordeten 35. US-Präsidenten John F. Kennedy wird eine Stunde und 38 min nach dem Attentat Vizepräsident Lyndon B. Johnson vereidigt. → S. 180

Das Attentat auf US-Präsident John F. Kennedy löst auf den Aktienmärkten der New Yorker Effektenbörse eine extreme Unruhe aus. → S. 188

Das im Münchener Prinzregentstadion stattfindende Eishockey-Länderspiel zwischen der Bundesrepublik Deutschland und der Schweiz wird nach der Meldung von der Ermordung John F. Kennedys beim Stand von 6:0 abgebrochen.

Auf der alten Autorennbahn von Miramas bei Marseille stellt der französische Fahrer Michel Garamond mit einem Ford »12m« einen Weltrekord auf. Für die Distanz von 300 000 km benötigt er bei einer Durchschnittsgeschwindigkeit von 106,49 km/h 117 Tage.

23. November, Sonnabend

Wegen des Todes von US-Präsident John F. Kennedy wehen die Flaggen auf allen öffentlichen Gebäuden der Bundesrepublik auf Halbmast. In Berlin (West) wird der Rudolf-Wilde-Platz vor dem Rathaus Schöneberg in John-F.-Kennedy-Platz umbenannt.

Nach einem zehnstündigen Verhör teilt der Polizeichef von Dallas mit, daß gegen den 24jährigen kurz nach dem Attentat auf US-Präsident John F. Kennedy verhafteten Lee Harvey Oswald Anklage wegen Mordes erhoben werden wird (→ 24. 11./S. 181).

Das 2. Vatikanische Konzil in Rom billigt mit 2158 gegen 19 Stimmen das gesamte Schema über die Liturgie, das u. a. den Gebrauch der modernen Sprachen bei der Messe und das Spenden von Sakramenten gestattet (→ 4. 12./S. 202).

24. November, Sonntag

Mit einem Kriegsopferkongreß in Wiesbaden beginnt der Verband der Kriegsgeschädigten seine angekündigte Protestwelle gegen die Verschleppungstaktik in der Frage der Kriegsopferversorgung durch die Regierung (→ 10. 12./S. 199).

Bei der Überführung in das Stadtgefängnis von Dallas erschießt der Nachtklubbesitzer Jack Ruby den 24jährigen Lee Harvey Oswald. Oswald war dringend verdächtig, die tödlichen Schüsse auf den US-Präsidenten John F. Kennedy abgegeben zu haben. → S. 181

25. November, Montag

Der 35. Präsident der Vereinigten Staaten von Amerika, John Fitzgerald Kennedy, wird auf dem Heldenfriedhof Arlington in der Hauptstadt Washington feierlich beigesetzt. → S. 182

Der neue US-amerikanische Präsident, Lyndon B. Johnson, versichert dem sowjetischen Ministerpräsidenten Nikita S. Chruschtschow in einem Telegramm, daß er die Außenpolitik seines Vorgängers konsequent fortsetzen werde.

26. November, Dienstag

In Neu-Delhi unterzeichnet der Bundesminister für wirtschaftliche Zusammenarbeit, Walter Scheel (FDP), ein Abkommen über eine Wirtschaftshilfe für Indien in Höhe von 398 Millionen DM.

Bundeskanzler Ludwig Erhard (CDU), Außenminister Gerhard Schröder (CDU) und Bundespräsident Heinrich Lübke (CDU), die anläßlich der Trauerfeierlichkeiten für John F. Kennedy in Washington weilen, treffen am Nachmittag zu politischen Gesprächen mit US-Präsident Lyndon B. Johnson zusammen.

27. November, Mittwoch

In seiner ersten Ansprache vor dem US-amerikanischen Kongreß unterstreicht der neue Präsident der USA, Lyndon B. Johnson, die Kontinuität der US-amerikanischen Politik auch für die Zukunft »von Südvietnam bis West-Berlin«.

In der Kongreßhalle von Berlin (West) beginnt die Jahrestagung des Kuratoriums Unteilbares Deutschland, an der 1400 Delegierte aus der Bundesrepublik teilnehmen. Die Tagung steht unter dem Motto »Wiedervereinigung Deutschlands in der öffentlichen Meinung«.

Vom Raketenversuchsgelände Cape Canaveral in Kalifornien wird eine »Inter-

planetarische Beobachtungsplattform« (IPM) gestartet. Sie soll in einer Entfernung von 280 000 km die Erde umkreisen und dabei Daten über Gasausbrüche auf der Sonne liefern. → S. 188

28. November, Donnerstag

In Anwesenheit von Bundesschatzminister Werner Dollinger (CSU) und dem Regierenden Bürgermeister der Stadt, Willy Brandt (SPD), findet in Berlin (West) die Grundsteinlegung für das Europa-Center statt. Das repräsentative Geschäfts-, Kultur- und Vergnügungszentrum soll etwa 70 Millionen DM kosten.

Bewaffnete Angehörige einer venezolanischen Untergrundorganisation zwingen die Besatzung eines venezolanischen Verkehrsflugzeuges zu einer Kursänderung auf die Antilleninsel Trinidad.

29. November, Freitag

Die Regierungschefs der Länder beschließen in Bonn, bei Stimmenthaltung von Bayern, für das hoch verschuldete Zweite Deutsche Fernsehen die Bürgschaft für einen Kredit in Höhe von 130 Millionen DM zu übernehmen (→ 10. 5./S. 83).

Zum Gedenken an den ermordeten US-Präsidenten John F. Kennedy wird das Raketenversuchsgelände in Kalifornien (USA) in Cape Kennedy umbenannt.

Karl Mildenberger besiegt in der ausverkauften Festhalle in Frankfurt am Main den US-amerikanischen Weltranglistenboxer im Schwergewicht, Billy Daniels, durch K. o. in der dritten Runde. → S. 192

30. November, Sonnabend

Der sowjetische Botschafter in den USA, Anatoli F. Dobrynin, übergibt im Statedepartment in Washington die sowjetischen Konsularunterlagen über den vermutlichen Mörder von John F. Kennedy, Lee Harvey Oswald (→ S. 181).

Der Absturz eines kanadischen Düsenflugzeuges vom Typ »DC-8«, 30 km nördlich der Stadt Montreal, fordert 118 Menschenleben.

Der Song »She loves you« von den »Beatles« ist zum dritten Mal in der britischen Hitliste Nummer eins. → S. 192

Gestorben:

22. Dallas: John Fitzgerald Kennedy (* 29. 5. 1917, Brookline/Massachusetts), US-Präsident seit 1961. → S. 178

22. Los Angeles-Hollywood: Aldous Huxley (* 26. 7. 1894, Godalming/Surrey), britischer Schriftsteller.

Das Wetter im Monat November

Station	Mittlere Lufttemperatur (°C)	Niederschlag (mm)	Sonnenscheindauer (Std.)
Aachen	— (6,0)	— (67)	— (62)
Berlin	7,9 (3,9)	— (46)	— (50)
Bremen	— (5,3)	— (60)	— (50)
München	— (3,0)	— (53)	— (54)
Wien	7,8 (4,5)	30 (53)	75 (—)
Zürich	7,4 (3,3)	111 (72)	90 (51)

( ) Langjähriger Mittelwert für diesen Monat — Wert nicht ermittelt

Auf dem Titel des Novemberheftes bildet die »scala« Briefmarken ab, die von Postverwaltungen in mehr als 100 Ländern zum Thema »Freiheit vom Hunger« herausgegeben wurden; zu dieser Aktion hatten Organisationen der Vereinten Nationen aufgerufen

scala
international
Deutsche Ausgabe

Freiheit
vom Hunger Seite 2–4

Nr. 11 — November 1963 — D 7999 E — DM 1,—
© by Frankfurter Societäts-Druckerei GmbH, Frankfurt am Main, 1961

Amerikas Präsident John F. Kennedy in Dallas erschossen

22. November. In der texanischen Stadt Dallas wird John F. Kennedy, der 35. Präsident der Vereinigten Staaten von Amerika, von drei Gewehrkugeln eines Attentäters tödlich getroffen.

Der 46jährige Demokrat John F. Kennedy, seit 1961 als erster katholischer und bisher jüngster Präsident der USA im Amt, ist damit das Opfer des vierten Präsidentenmordes in den Vereinigten Staaten.

Kennedy hatte tags zuvor gemeinsam mit seiner Frau Jacqueline und begleitet von Vizepräsident Lyndon B. Johnson eine Reise durch den US-Bundesstaat Texas angetreten, um dort für die 1964 bevorstehenden Wahlen seine Publizität zu erhöhen. Die rechtsgerichteten texanischen Demokraten verhielten sich gegenüber der Politik Kennedys eher ablehnend, und so versprach sich der Präsident durch seinen persönlichen Besuch und den seiner Frau einen Zuwachs an Sympathie. Der Jubel von Tausenden begeisterten Menschen in San Antonio und Houston bestätigte die Strategie Kennedys. Gegen Dallas als Reiseziel hatte es Widerstand gegeben. Dallas ist die Großstadt mit der höchsten Zahl an Morden und Verbrechen wie Totschlag in allen US-Staaten. Der liberale Senator des Nachbarstaates Arkansas, William Fulbright, warnte Kennedy: »Dallas ist ein gefährlicher Ort. Ich würde nicht dorthin fahren. Fahren Sie nicht!«

Aber auch in Dallas feiert die Menge das Präsidentenpaar, das sich in einem offenen Lincoln »GG 30« präsentiert. Der Präsidentenwagen mit kugelsicheren Wänden und Fensterscheiben, der extra aus Washington angeflogen worden war, sollte Sicherheit bieten. Wegen des herrlichen Sonnenscheins wurde allerdings das kugelsichere Dach vom Wagen entfernt.

Der Konvoi, bestehend aus der Motorrad-Vorhut, dem von zwei Motorrädern flankierten Präsidentenwagen, dem offenen Secret-Service-Wagen, gefolgt von dem Auto mit Vizepräsident Johnson und dem Journalistenbus, sollte über eine Strecke von etwa 16 km durch die Stadt zum Messegelände fahren, wo ein Galadinner vorgesehen ist. Die Route war drei Tage zuvor in den Lokalzeitungen veröffentlicht worden. Sie führte zunächst durch eine Wohnsiedlung und dann durch die Innenstadt von Dallas.

Der Mord ereignet sich, als der Wagen das Zentrum verläßt und durch die Elm Street fährt. An der Ecke passiert er ein unansehnliches Gebäude, in dem sich ein Schulbuchlager befindet. Von dort, aus einem Fenster des 5. Stocks, werden die tödlichen Schüsse aus einem Gewehrlauf auf Kennedy abgegeben. Nach dem ersten Schuß fällt der Präsident zur Seite, Jacqueline Kennedy sieht Blut aus dem Kopf ihres Mannes quillen. Sie ruft, was Minuten später in die Welt hallt: »Oh no.«

Es folgen noch zwei Schüsse, durch die auch der mit im Wagen sitzende Gouverneur John B. Connally schwer verletzt wird.

Geheimdienstmann Clinton Hill springt vom hinteren Wagen zu dem Lincoln. Mit Hilfe Jacqueline Kennedys steigt er ein und beordert das Fahrzeug sofort ins nächste Krankenhaus. Die Ärzte unternehmen noch Rettungsversuche, doch es ist zu spät. Der US-amerikanische Präsident John F. Kennedy ist tot.

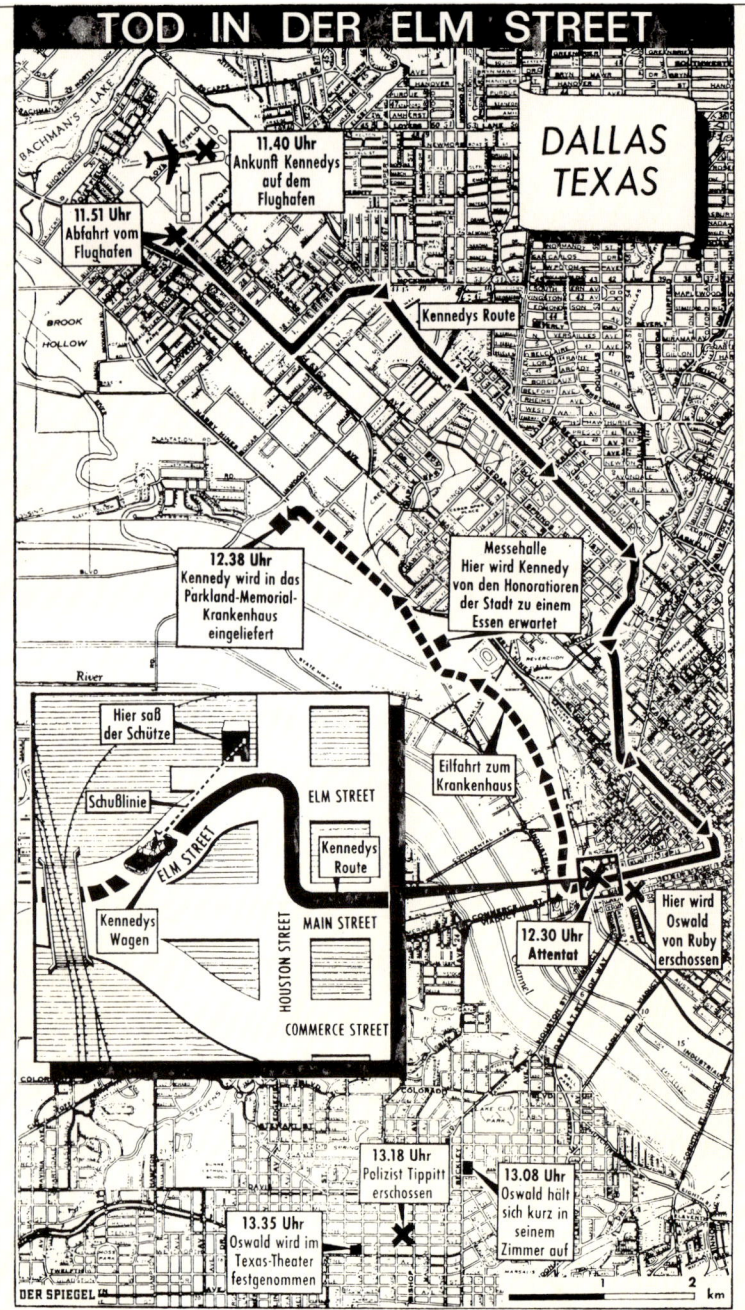

Plan von Dallas im US-Bundesstaat Texas; eingezeichnet sind die Route, die der Wagen Kennedys durch die Stadt nahm, sowie die wichtigsten Ereignisse

Die letzte Stunde des Präsidenten

Einzelheiten über die Vorgänge des Mordes an US-Präsident John F. Kennedy am 22. November 1963 erfährt die Öffentlichkeit erst nach der polizeilichen Auswertung eines Schmalfilms, den der Kaufmann Abraham Zepruder aus Dallas zufällig gedreht hat, als das Präsidentenauto die Elm Street passierte.

11.40 Uhr: Auf dem Dallas-Flughafen Love Field landen John F. und Jacqueline Kennedy mit der Präsidentenmaschine »Air Force One«. Nach der Begrüßung rüstet sich der Wagenpark zur Abfahrt in die Stadt. Im Präsidentenwagen nehmen die Kennedys und das Ehepaar Connally Platz.

Etwa 12.00 Uhr: Der Konvoi rollt an. Kennedy wird in den Straßen von Dallas derart gefeiert, daß er das Tempo drosseln läßt.

12.28 Uhr: Kennedys Wagen biegt in die Elm Street ein, passiert zur Rechten das erste Haus, in dem ein Schulbuchlager untergebracht ist. Dort hebt jemand die Mordwaffe. Ihr Lauf weist schräg nach unten.

12.30 Uhr: Der erste Schuß fällt. Kennedys zum Gruß erhobene Hand zuckt zum Kinn. Das Geschoß hat den nach rechts geneigten Kopf von rechts nach links durchschlagen. Der Präsident verliert sofort das Bewußtsein. Der zweite Schuß trifft Connally. Der dritte Schuß bohrt sich durch Hals und rechte Lunge des Präsidenten. Ein Geheimdienstmann springt mit Hilfe Jacqueline Kennedys in das Präsidentenauto, der Wagen rast davon. – Das alles dauert 20 sec.

12.38 Uhr: Ankunft im Parkland Memorial Hospital, Kennedy wird auf die Station Trauma I. gebracht.

12.42 Uhr: Malcolm Perry unternimmt einen Luftröhrenschnitt zur künstlichen Beatmung und versucht anschließend eine Herzmassage.

13.00 Uhr: John F. Kennedy wird für tot erklärt.

Sekunden des Schreckens, gebannt auf einem Amateurfilm: Die unverletzte Jacqueline Kennedy im himbeerfarbenen Kostüm klettert über den Rücksitz des Wagens

Als der erste Schuß fällt, springt Geheimdienstmann Clinton Hill vom Trittbrett des folgenden Wagens und läuft mit Riesensätzen zum Heck des für einen Moment abbremsenden Lincoln. Er greift den linken Haltegriff. Jacqueline streckt sich ihm, nachdem sie über den Rücksitz geklettert war, . . .

. . . entgegen, will ihn heraufziehen. Sie droht mit dem Oberkörper auf den Kofferraumdeckel zu fallen, wendet sich in diesem Moment mit dem Gesicht wieder ihrem schwerverletzten Mann, Präsident Kennedy, zu. Dessen Kopf rutscht auf den Rücksitz. Noch ehe Hill im Fond des Wagens ist, . . .

. . . beschleunigt Chauffeur Bill Greer den Wagen, durchbricht die Konvoi-Ordnung und rast los. Per Radiotelefon erhält die Polizeieskorte die Order: »Sofort ins nächste Krankenhaus«. Das alles dauerte 20 Sekunden. Acht Minuten später stoppt der Lincoln vor dem 5,2 km entfernten Hospital.

Johnson leistet Eid als neuer US-Präsident

22. November. An Bord der Präsidentenmaschine »Air Force One« leistet der 55jährige Vizepräsident Lyndon B. Johnson vor der Bundesrichterin Sarah T. Hughes den Amtseid als 36. Präsident der Vereinigten Staaten von Amerika.

Die Zeremonie der Vereidigung findet um 14.38 Uhr Ortszeit in Dallas, 98 Minuten nach dem Tod von John F. Kennedy, vor dem Rückflug nach Washington statt.

Neben Johnson steht die Witwe des ermordeten Präsidenten, Jacqueline Kennedy. Sie trägt noch immer das himbeerfarbene Kostüm, befleckt mit dem Blut ihres Mannes, der neben ihr im Auto von tödlichen Schüssen getroffen zusammenbrach. Im Hintergrund steht der Bronzesarg des Toten.

Als am Abend die Maschine in Washington landet, sagt Johnson der Presse: »Das ist ein trauriger Augenblick für alle Menschen. Ich will mein Bestes tun, das ist alles, was ich tun kann.«

Nach den Bestimmungen der US-amerikanischen Verfassung tritt nach dem Tod des Präsidenten der Vizepräsident an die Spitze des Staates. Johnson behält dieses wichtige Amt, bis der nächste US-amerikanische Staatschef nach den Wahlen am 3. November 1964 vereidigt wird. Sein bisheriges Amt als Vizepräsident bleibt während dieser Zeit vakant. Johnsons Amt als Vorsitzender des Senats wird vorläufig von seinem Stellvertreter in dieser Funktion eingenommen.

Knapp zwei Stunden nach dem Attentat an John F. Kennedy wird an Bord des Flugzeugs »Air Force One« Lyndon B. Johnson zum 36. US-Präsidenten vereidigt; während er auf die Verfassung der Vereinigten Staaten schwört, steht Jacqueline Kennedy, die Witwe des ermordeten Präsidenten, neben ihm

Der Mann aus Texas im Weißen Haus

Lyndon Baines Johnson, der neue Präsident der Vereinigten Staaten von Amerika, wurde am 27. August 1908 bei Stonewall im US-Bundesstaat Texas geboren. Der Sohn eines Farmers ist im Gegensatz zu seinem Vorgänger John F. Kennedy ein typisch amerikanischer »Selfmademan«. Er arbeitete als Straßenarbeiter, Lehrer und ging 1931 als Sekretär eines demokratischen Abgeordneten nach Washington und studierte nebenbei Jura. Johnson, der 1952 zum Fraktionsführer der Demokraten gewählt wurde, zählt heute zum rechten Flügel der Partei und gilt als geschickter Taktiker in der Innenpolitik.

Lyndon B. Johnson, der gebürtige Texaner, präsentiert sich in seinem Washingtoner Haus der Kamera, v. l. die Töchter Lucy und Linda sowie Frau Lady Bird

Lee Harvey Oswald (M.) mit seinen Bewachern im Polizeigebäude von Dallas, von rechts nähert sich Jack Ruby mit gezücktem Revolver unbeachtet

Erst als der Gastwirt Jack Ruby den Schuß abgibt, der Oswald in den Bauch trifft, reagieren die Bewacher des mutmaßlichen Mörders von John F. Kennedy

Mutmaßlicher Mörder Kennedys im Polizeigebäude getötet

24. November. Im Polizeipräsidium von Dallas wird der wegen des Mordes an US-Präsident John F. Kennedy angeklagte Lee Harvey Oswald von dem Nachtklubbesitzer Jack Leon Rubinstein, genannt Jack Ruby, erschossen.

Oswald soll aus einem italienischen 6,5 mm Marcano-Gewehr aus dem fünften Stock des Schulbuchlagers in der Elm Street die tödlichen Schüsse auf den Präsidenten abgegeben haben (→ 22. 11./S. 178). Die ihm aufgrund von Indizien zur Last gelegte Tat bestreitet Lee Harvey Oswald jedoch.

Am Vormittag soll er aus dem Polizeigefängnis im Rathaus von Dallas in das ausbruchsichere Distriktgefängnis überführt werden. Um möglichen Angriffen vorzubeugen, steht zum Transport ein gepanzerter Lastwagen in der Kellergarage bereit. Sie ist scharf bewacht, nur Journalisten (u. a. mit Fernsehkameras) dürfen sie nach intensiver Kontrolle betreten. Ruby kann sich ihnen anschließen, da er bei der Polizei von Dallas »gut bekannt« ist, sozusagen zum Inventar gehört«.

Um 11.20 Uhr betritt Oswald, mit Handschellen gefesselt und flankiert von zwei Kriminalbeamten, den Raum. Die Gruppe wendet sich dem gepanzerten Wagen zu. In die-

sem Moment drängt sich Ruby durch die Reporter. »Du Hurensohn«, ruft er und feuert aus 25 cm Entfernung mit einer Pistole Oswald in den Bauch. Vor den Augen von Millionen Fernsehzuschauern bricht er zusammen. Eineinhalb Stunden später stirbt Oswald im

Parkland Memorial Hospital, wo etwa 48 Stunden zuvor Kennedys Tod festgestellt worden war.

Die Hintergründe und Zusammenhänge des Attentats auf den US-amerikanischen Präsidenten werden nun, nachdem Oswald ermordet worden ist, im dunkeln bleiben.

Ruby, der als Motiv seiner Tat angibt, er wollte Jacqueline Kennedy ersparen, an einem Prozeß gegen den Mörder ihres Mannes in Dallas teilnehmen zu müssen, wird sofort überwältigt und unter Mordanklage gestellt. Er wird später zum Tode verurteilt.

Oswald – Einzelgänger zwischen zwei Welten

Ob der des Attentats auf den US-Präsidenten John F. Kennedy angeklagte Lee Harvey Oswald tatsächlich ein Einzeltäter war, darüber wird viel spekuliert. Auch später tauchen immer wieder Vermutungen auf, die ihn nur als das Werkzeug einer Verschwörung sehen. Ihnen fehlt es jedoch an Beweiskraft, und Oswald selbst wurde zu schnell zum Schweigen gebracht, als daß er darüber hätte Auskunft geben können.

Am 18. Oktober 1939 wurde Oswald in New Orleans geboren. Seine Mutter, eine Krankenschwester, mußte ihre drei Söhne allein großziehen.

Schon während seiner Schulzeit war Lee Harvey als Gelegenheitsarbeiter tätig. Seine Lehrer schil-

dern ihn als Einzelgänger, dem der Wille zur Einordnung fehlte. Auch reagierte er häufig unkontrolliert und war streitsüchtig.

Lee Harvey Oswald nach der Festnahme durch die Polizei in Dallas

Mit 17 Jahren meldete er sich freiwillig zum Marinekorps, dort war er ein guter Schütze. 1958 wurde er entlassen und ging ein Jahr darauf in die Sowjetunion. Er lebte dort als ausländischer Bürger, weil ihm Moskau die sowjetische Staatsbürgerschaft verweigerte.

1962 kehrte Oswald mit seiner russischen Frau und einer Tochter in die Vereinigten Staaten zurück. Er protestierte gegen seine unehrenhafte Entlassung aus der Marine und wollte in das kommunistische Kuba, das ihm aber die Einreise nicht erlaubte. Im Herbst 1963 bekam er eine Anstellung in Dallas, im Schulbuchlager in der Elm Street. Von dort aus wurde der US-amerikanische Präsident Kennedy erschossen.

Politiker der Welt trauern um Kennedy

25. November. Der am → 22. November (S. 178) ermordete US-amerikanische Präsident John Fitzgerald Kennedy wird auf dem Heldenfriedhof Arlington bei Washington zu Grabe getragen.

Die Trauerfeierlichkeiten hatten tags zuvor begonnen, als der Sarg mit den sterblichen Überresten des Präsidenten vom Weißen Haus zum Kapitol gebracht wurde. Langsamen Schritts bewegte sich der Trauerzug unter gedämpftem Trommelklang über den gleichen Weg zum Kapitol, den der Präsident am 20. Januar 1961 zu seiner Amtsübernahme vor den Stufen des Parlaments gefahren war. Der Sarg wurde von seinen Trägern unter dem Sternenbanner die Treppe zum zentralen Kuppelsaal hinaufgetragen. Nachdem die Witwe Kennedys an der Seite des Katafalks niedergekniet war, begann der Vorbeizug der Viertelmillion Menschen, die dem Präsidenten dort die letzte Ehre erwiesen.

Auf dem Weg zum Friedhof Arlington folgen dem Sarg neben der Familie Kennedys und den US-amerikanischen Politikern Vertreter aus über 100 Staaten. Unter ihnen Bundespräsident Heinrich Lübke (CDU), Bundeskanzler Ludwig Erhard (CDU), der Regierende Bürgermeister von Berlin (West), Willy Brandt (SPD), sowie der französische Staatspräsident Charles de Gaulle; aus Großbritannien Prinz Philip und Premierminister Alexander Frederick Douglas-Home, Kaiser Haile Selassie aus Äthiopien, Bundeskanzler Alfons Gorbach aus Österreich und Bundesrat Friedrich Traugott aus der Schweiz. Außerdem nehmen der stellvertretende sowjetische Ministerpräsident Anastas I. Mikojan und der Generalsekretär der Vereinten Nationen (UN), Sithu U Thant, an der Beisetzung teil.

Nach der Beerdigung empfängt Jacqueline Kennedy die nach Washington gekommenen ausländischen Staatschefs, Ministerpräsidenten und Vertreter zur persönlichen Beileidsbezeugung im Ostsaal des Weißen Hauses. Anschließend trifft auch der neue US-Präsident, Lyndon B. Johnson, mit ihnen zusammen. Dabei werden die ersten politischen Gespräche mit Kennedys Nachfolger geführt, wobei Johnson versichert, daß er die Politik seines Vorgängers fortsetzen werde.

Überführung der sterblichen Überreste John F. Kennedys am 24. November von der Wohnung im Weißen Haus zum Kapitol

Jacqueline Kennedy, die Witwe des Präsidenten, mit ihren Kindern Caroline und John auf dem Wege zur St. Matthews-Kathedrale, wo die Totenmesse für John F. Kennedy zelebriert wird; Justizminister Robert Francis Kennedy folgt ihnen

Bundespräsident Heinrich Lübke (l. vor der Fahne) und Charles de Gaulle (r.) erweisen Kennedy die letzte Ehre

Jacqueline Kennedy kniet mit ihrer Tochter Caroline vor dem mit dem Sternenbanner bedeckten Sarg ihres Mannes

Blick auf den Trauerzug, der sich in feierlicher Prozession vom Weißen Haus zum Kapitol bewegt; im US-amerikanischen Kongreßgebäude wird die sterbliche Hülle John F. Kennedys aufgebahrt

Von Trauer gekennzeichnet ist das Gesicht der Witwe Jacqueline Kennedy auf dem Heldenfriedhof von Arlington

John F. Kennedy mit seiner Frau Jacqueline und Tochter Caroline, die 1957 geboren wurde; 1960 kam dann der Sohn John zur Welt, der, um Verwechslungen zu vermeiden, von der Familie nur John-John gerufen wird

Am 20. Januar 1961 wurde John F. Kennedy als 35. Präsident der Vereinigten Staaten in sein Amt eingeführt; das Foto zeigt ihn während der Zeremonie vor dem Kapitol in Washington, neben ihm sein Vorgänger Dwight D. Eisenhower

John F. Kennedy kommt aus einer von irischen Einwanderern abstammenden Familie; sein Vater ist der Bostoner Politiker, Bankier und Millionär Joseph P. Kennedy; die Familie der Kennedys: Stehend v. l., Roberts Frau Ethel, Stephen Smith, seine Frau Jean, geb. Kennedy, John F., Robert, Patricia Lawford, geb. Kennedy, Sargent Shriver, Joan – die Frau Edwards, Peter Lawford; sitzend v. l. Eunice Shriver, geb. Kennedy, Mutter Rose, Vater Joseph P., Jacqueline und Edward

John F. Kennedy während einer Pressekonferenz im Weißen Haus; Kennedys Politik war gekennzeichnet von dem Ziel, den Prinzipien US-amerikanischer Demokratie wieder mehr Geltung zu verschaffen; großes Gewicht hatte deshalb die Innenpolitik; Kennedy setzte sich intensiv für die Gleichberechtigung farbiger Bürger in den Vereinigten Staaten ein und bekämpfte mit Hilfe sozialer Programme die Armut inmitten der US-amerikanischen Wohlstandsgesellschaft

Im Mai 1961 traf US-Präsident John F. Kennedy (r.) zu einem Staatsbesuch in Paris ein, hier mit Charles de Gaulle beim Abschreiten der Ehrenkompanie

Während der Europareise Kennedys 1961 kam es in Wien zu einer Zusammenkunft mit dem sowjetischen Ministerpräsidenten Nikita S. Chruschtschow (r.)

Einen triumphalen Empfang bereitete die Bevölkerung von Berlin (West) John F. Kennedy, als er am 26. Juni im Rahmen seines Deutschlandaufenthaltes für sieben Stunden an die Spree kam; bei seiner Fahrt durch die Stadt säumten Hunderttausende die Straßen und jubelten ihm zu; das Foto zeigt Kennedy im offenen Wagen (l.), neben ihm der Regierende Bürgermeister, Willy Brandt, und Bundeskanzler Konrad Adenauer, im Hintergrund die Sicherheitsbeamten

Kennedys Politik gab der Welt Hoffnung

Als der 43jährige John F. Kennedy im Januar 1961 sein Amt als 35. Präsident der Vereinigten Staaten von Amerika antrat, setzte er es sich zum Ziel, den Grundvorstellungen der amerikanischen Demokratie zu neuer Wirkung zu verhelfen. Die Jugend der USA und auch der übrigen Welt spürte das Charisma des neuen Präsidenten. Er verkörperte die Hoffnung auf Fortschritt, Freiheit und Frieden sowie Gleichberechtigung der Schwarzen in den USA.

Abschied vom »kalten Krieg«
Kennedy bemühte sich in der Außenpolitik um eine Beendigung des kalten Krieges zwischen Ost und West, wobei die Einflußbereiche jeweils gegenseitig respektiert werden sollten. Wurden die Interessensphären der USA berührt, reagierte er jedoch unnachgiebig – so während der Kuba-Krise 1962 und auch in der Berlin-Frage. Der größte Erfolg seiner Entspannungspolitik war der Abschluß des Moskauer Atomteststoppabkommens vom → 5. August 1963 (S. 124).

Kraftprobe Bürgerrechtsfrage
Die Aufhebung der Rassendiskriminierung in allen US-Bundesstaaten stößt auf heftigen Widerstand in den Südstaaten. Kennedy setzte sie teilweise mit Hilfe der Militärs durch. Das löste jedoch heftige Kritik im Kongreß aus, die zu einer generellen Ablehnung der Politik Kennedys bei einem großen Teil der Abgeordneten führte. Sie reagierten mit einem »Nein« bei von der Kennedy-Regierung eingebrachten Gesetzen, z.B. schränkten sie das Auslandshilfegesetz ein.

»Aufbruch zur neuen Grenze«
In seiner Botschaft zur Lage der Nation am 30. Januar 1961 gab Kennedy die innenpolitischen Aufgaben der »New Frontier« bekannt. Er stellte das soziale Problem der Armut inmitten der Wohlstandsgesellschaft ins Zentrum. Maßnahmen zur Lösung waren u.a. die Erlassung des Gesetzes zur Erhöhung des Mindeststundenlohns sowie Landwirtschafts- und Wohnungsbaugesetze im Jahre 1961.

»Allianz für den Fortschritt«
Auch Kennedy sah in seiner Lateinamerikapolitik die »Abwehr des Kommunismus« als Hauptziel. Einen Erfolg versprach er sich durch die Unterstützung notwendiger wirtschaftlicher und sozialer Reformen. Deshalb schlossen die USA mit den lateinamerikanischen Regierungen die »Allianz für den Fortschritt«.

Biographie von John F. Kennedy
Am 29. Mai 1917 wurde John Fitzgerald Kennedy in Brookline (Massachusetts) geboren. Er war das zweite von neun Kindern des von irischen Einwanderern abstammenden Millionärs Joseph P. Kennedy. Einer seiner Brüder ist Justizminister Robert F. Kennedy. Nach dem Studium der Geschichte und Volkswirtschaft an der Harvard University und an der London School of Economics arbeitete John F. zunächst als Journalist. Für sein 1956 erschienenes Buch »Profiles of Courage« (»Zivilcourage«) erhielt er 1957 den Pulitzer-Preis, die höchste US-amerikanische Auszeichnung für Journalisten.
Als Marineoffizier während des Zweiten Weltkrieges erhielt er eine Auszeichnung für außergewöhnliche Tapferkeit.
1947 zog er als demokratischer Abgeordneter des ärmsten Distrikts Bostons in den Kongreß ein. 1953, er war gerade Senator geworden, heiratete er die Tochter eines aus Frankreich abstammenden Bankiers und Millionärs, Jacqueline Lee Bouvier.
In den Jahren 1957 und 1960 wurden die Kennedy-Kinder Caroline und John geboren.

Probleme mit der Zahlungsbilanz
Nach langen Auseinandersetzungen mit dem Kongreß konnte Kennedy 1962 das Außenhandelsgesetz (Trade Expansion Act) durchsetzen. Es ermächtigt den Präsidenten, gewisse Einfuhrzölle zu senken. So sollten Zahlungsbilanzprobleme beseitigt und die Industrie, die das Gesetz widerwillig akzeptierte, zur Kostensenkung bewegt werden. Kennedy hoffte, die USA würden auf diese Weise konkurrenzfähig, insbesondere gegenüber der Europäischen Wirtschaftsgemeinschaft (EWG).

Tausende Südvietnamesen begleiten ein Opfer der Rebellion (im gepanzerten Leichenwagen) durch die Straßen von Saigon

Militär stürzt Präsident Diêm in Südvietnam

2. November. Südvietnamesische Streitkräfte stürzen in Saigon die Regierung unter Ngô Đinh Diêm.
Der Aufstand der Soldaten geht von der Marineinfanterie aus. Die siebente Division dringt nach 13.00 Uhr in die Hauptstadt ein und hält schon am Abend, nach heftigen Kämpfen, das Polizeipräsidium, die Rundfunkstation, das Telegrafenamt und andere strategisch wichtige Gebäude in Saigon besetzt. Einheiten des Heeres schließen sich den Aufständischen an.
Am nächsten Morgen beginnt der Generalangriff auf den Präsidentenpalast. Als die Marineinfanteristen nach erbitterten Gefechten in das Zimmer von Diêm eindringen, ist dieser mit seinem Bruder, politischen Berater und Polizeichef, Ngô Đinh Nhu, entkommen. Beide werden vormittags in der katholischen Franziskus-Xaver-Kirche während einer Messe festgenommen und in das Verteidigungsministerium gebracht. Dort sind alle am Putsch beteiligten Generäle versammelt und erwarten von Diêm eine Rücktrittserklärung. Als dieser sie verweigert, werden Diêm und Nhu erschossen.
Führer des von den USA mit Sympathie bedachten Putsches ist General Duong Văn Minh, wegen seiner Körperstatur auch »der große Minh« genannt. Er plante den Aufstand, nachdem Gerüchte über Verhand-

Am zweiten Tag des Aufstandes stürmen Marine-Infanteristen der südvietnamesischen Armee den Palast des Präsidenten Ngô Đinh Diêm in der Hauptstadt

lungen der südvietnamesischen Regierung mit dem kommunistischen Regime in Nordvietnam unter Ho Chi Minh kursierten. Diêm strebte offensichtlich die Neutralität seines Staates an, da ihm die US-Regierung die Unterstützung seiner Innenpolitik versagte. In Washington fürchtete man, daß durch das Vorgehen der katholischen Saigoner Regierung gegen die Buddhisten (→ 21. 8./S. 126) die Kommunisten in Südvietnam immer stärker würden. Um diesen Einfluß zurückzudrängen, befinden sich etwa 12 000 US-ameri-

kanische Hilfstruppen im südvietnamesischen Dschungel.
Drei Tage nach Beendigung des Putsches setzt das Komitee der Revolutionsgeneräle unter Minh eine neue Regierung ein. Ministerpräsident, Wirtschafts- und Finanzminister wird der 55jährige Buddhist und frühere Vizepräsident Nguyên Ngoc Tho. Als seine Ziele formuliert er u.a.: Abschaffung der Diktatur, Glaubensfreiheit und Kampf gegen den Kommunismus.
Am 8. November erkennen die USA das neue Regime in Saigon an.

Erste Wahlen in Spaniens Kommunen

3. November. In Spanien finden das erste Mal nach der Beendigung des Bürgerkrieges im Jahre 1939 im gesamten Land wieder Gemeindewahlen statt. Erstmals wurde zuvor in den Städten und Dörfern Wahlkampf betrieben, trotz einer Warnung der Regierung in Madrid vor einer Politisierung. Demzufolge warben die einzelnen Kandidaten dann auch zumeist mit ihren persönlichen Qualitäten.
Je ein Drittel der Bürgerschaftsvertretungen stellen unorganisierte Bürger, meist aus angesehenen Familien, Syndikatsorganisationen und die Verbände der freien Berufe.

Erneuter Konflikt Algerien–Marokko

2. November. An der algerisch-marokkanischen Grenze kommt es zu heftigen militärischen Auseinandersetzungen bei der Stadt Figuig. Zugleich beginnen Vertreter aus Äthiopien und Mali mit der Festlegung einer entmilitarisierten Zone am Grenzverlauf der beiden nordafrikanischen Länder. Damit, so hofft man, werden die Grenzstreitigkeiten in Zukunft beendet sein.
Der äthiopische Kaiser Haile Selassie hatte mit den Regierungschefs von Algerien, Ahmed Ben Bella, und Marokko, Hasan II., Vermittlungsverhandlungen geführt. In Bamako, der Hauptstadt Malis, einigten sie sich dann am 30. Oktober auf einen Waffenstillstand.

Theologiestudenten Polens beim Militär

1. November. Im Gegensatz zur bisherigen Praxis werden in Polen Studenten der oberen Priesterseminare zum Militärdienst eingezogen.
Während Studenten höherer Semester der allgemeinen Hochschulen ihren Militärdienst durch vierwöchige Übungen zeitlich mit den Terminen des Studiums in Übereinstimmung bringen können, sollen die Priesterkandidaten die zweijährige Wehrzeit hintereinander ableisten. Katholische Kreise befürchten, daß nicht alle Kandidaten nach den zwei Jahren Armee und der damit verbundenen Schulung in die Seminare zurückkehren werden.

Das Unglück von Lengede hält die gesamte Nation in Atem

7. November. Mit der Rettung der letzten elf überlebenden Bergleute aus der Erzgrube »Mathilde« der Ilseder Hütte in Lengede geht eine der größten Rettungsaktionen in der Geschichte des Bergbaus zu Ende. Am 24. Oktober ereignete sich die Grubenkatastrophe, die 29 Bergleute das Leben kostete. In den Abendstunden stürzten 500 000 m³ Wasser und Schlamm aus einem Teich in der Nähe der Grube in die Schachtanlage. 129 Bergleute waren zum Zeitpunkt des Unglücks unter Tage. Innerhalb weniger Minuten war die über 100 m tief liegende Sohle der Grube überflutet.

Das »Wunder von Lengede«

24. Oktober: In der Grube »Mathilde« der Ilseder Hütte ereignet sich die Katastrophe.

25. Oktober, 19.00 Uhr: Aus 40 m Tiefe werden sieben überlebende Kumpels geborgen.

29. Oktober, 12.40 Uhr: Drei Kumpels, die 148 Stunden in einer 79 m tief gelegenen Lufttasche ausharrten, werden nach oben geholt.

3. November: Nach Beendigung der Rettungsarbeiten ertönen plötzlich Klopfzeichen. Um 6.45 Uhr kommt die Verbindung mit elf seit zehn Tagen lebendig begrabenen Bergleuten zustande.

7. November, 6.08 Uhr: In 56 m Tiefe erreicht die Bergungsbohrung die Eingeschlossenen. Um 14.19 Uhr ist der letzte der elf Kumpel gerettet.

Bis zum Morgen des nächsten Tages meldeten sich 79 der 129 Kumpels bei der Grubenleitung.
Zu den noch eingeschlossenen Kumpels kam durch ein Bohrloch am 25. Oktober um 10.35 Uhr ein erster Kontakt zustande. Schließlich trieben die Rettungsmannschaften am Nachmittag ein neues Bohrloch mit einem Durchmesser von 50 cm zu den sieben Kumpels vor, durch welches sie schließlich mit einer »Dahlbuschbombe« ans Tageslicht gelangten.
Die Suche nach Überlebenden ging weiter. Am Morgen des 26. Oktober wurde die sechste Bohrung angesetzt. Trigonometrische Berechnungen hatten ergeben, daß sich in 79 m Tiefe, 15 m unter dem Wasserspiegel, eine Luftblase gebildet hat. Dort hielten sich noch drei Bergleute auf.

Nach drei Tagen können die drei in 79 m Tiefe eingeschlossenen Bergleute aus der Grube »Mathilde« geborgen werden

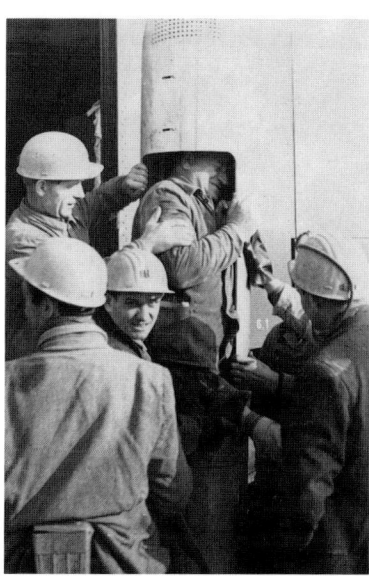

Mit der Dahlbuschbombe können Verschüttete auch durch schmale Bohrungen nach oben befördert werden

Durch ein schmales Rohr spricht diese Frau wieder erste Worte mit ihrem seit zehn Tagen verschütteten Mann

In gemeinsamer Arbeit gelang es Spezialisten, in den Hohlraum vorzustoßen und die Bergleute in Druckkammern zu bergen.
Am 3. November, als man die Hoffnung auf weitere Überlebende schon aufgegeben hat, drangen schwache Klopfzeichen durch Rohre, die in etwa 60 m Tiefe niedergebracht wurden. Die Rettungsmannschaften wurden in rasender Eile abermals an den Katastrophenort geholt. Elf Bergleute waren nach zehn Tagen noch am Leben.
In Lengede beginnt eine unvergleichliche Rettungsaktion, welche die ganze Nation in Atem hält. Millionen von Bundesbürgern erleben in einer Fernsehdirektübertragung die Bergung der Totgeglaubten mit, die nach 336 Stunden Dunkelheit wieder das Tageslicht erblicken.

Dahlbuschbombe als letzte Rettung

Bei den Rettungsarbeiten in Lengede kommt ein Bergungsgerät, die sogenannte Dahlbuschbombe, zum Einsatz. Damit gelangen 14 Bergleute durch einen nur 50 cm breiten Schacht ans Tageslicht.
Im Mai 1955 kam das Bergungsgerät erstmals zum Einsatz. Auf der Grube »Dahlbusch« in Gelsenkirchen-Rotthausen wurden seinerzeit bei einem Schachtbruch in 855 m Tiefe drei Bergleute verschüttet. Zwar gelang damals eine Versorgung mit Lebensmitteln über eine dünne Leitung, doch eine Rettung der Verschütteten schien aussichtslos, da hierzu eine breite, bisher noch nicht niedergebrachte Bohrung notwendig gewesen wäre. In dieser Situation ersann der 34jährige Diplom-Ingenieur Eberhard Au die Lösung: Eine 2,5 m lange zigarrenförmige Kapsel mit einer 4 mm starken Stahlblechwandung wurde zu einem Rettungstorpedo zusammengeschweißt und mit Halteösen versehen. Da der Durchmesser der Kapsel nur 40 cm beträgt, kann ein Mensch nur mit den Armen nach oben darin stehen, aber so auch durch schmale Bohrungen geholt werden.

Panische Reaktion in der Wall Street

22. November. Die Ermordung des US-amerikanischen Präsidenten John F. Kennedy (→ 22. 11./S. 178) löst an der New Yorker Börse extreme Erschütterung aus.

In der Wall Street werden Verkäufe in solch hohem Umfang getätigt, daß der Börsenvorstand die Schließung der Börse bis 25. November verfügt. Nachdem sich die Wirtschaftslage in den USA seit Jahresbeginn sehr günstig entwickelt hatte und die Gewinne der Gesellschaften einen neuen Höchststand verzeichneten, löst der stattfindende Präsidentenwechsel offensichtlich Unsicherheit aus. Wirtschaftsexperten rechnen jedoch nicht mit einer längeren Krise in der Wall Street, da weite Kreise der US-amerikanischen Wirtschaft auf eine konservative Politik des neuen US-Präsidenten Lyndon B. Johnson hoffen.

Neuer Satellit für Sonnenbeobachtung

27. November. Vom US-amerikanischen Raketenversuchsgelände Cape Canaveral wird eine Interplanetarische Beobachtungsplattform (IPM) in den Weltraum gestartet.

Der Satellit, gestartet mit einer »Delta«-Rakete, wiegt 62,6 kg und soll 280 000 km – fast drei Viertel der Entfernung zum Mond – in den Weltraum hinaus kreisen und dann wieder auf 201 km Abstand zur Erde zurückkehren. Wegen der übermäßig elliptischen Bahn wird der Raumkörper für einen Erdumlauf sechseinhalb Tage benötigen.

IPM soll Informationen über Sonnenprotuberanzen (Gasausbrüche auf der Sonne) sammeln, mit deren Hilfe Wissenschaftler die beste Methode für deren Voraussage herausfinden wollen. Die Protuberanzen könnten für künftige Weltraumfahrer gefährlich sein.

Das Riesenteleskop auf den Antillen

1. November. Auf der Antillen-Insel Puerto Rico, in Arecibo, nehmen US-amerikanische Wissenschaftler die größte Beobachtungsstation der Welt für Ionosphärenforschung und Radioastronomie in Betrieb.

Das Kernstück der von Mitarbeitern der New Yorker Cornell-Universität entworfenen Anlage ist ein in einer Talmulde ruhender schüsselförmiger Reflektor von 304 m Durchmesser und 47 m Tiefe mit einer Fokussierungsanlage, die 150 m hoch über dem Boden beweglich aufgehängt ist. Dank dieses Zusatzgeräts erfaßt der Antennenspiegel, obgleich starr, einen Himmelsausschnitt von 40°.

Die Aufgaben des Observatoriums umfassen Forschungen im Bereich der Ionosphäre, Radarmessungen an Planeten und Sonne sowie die Registrierung schwächster Radiosignale aus dem Kosmos.

Silbentrennung und Satz automatisch

6. November. Nach 18monatiger Forschungs- und Entwicklungsarbeit stellen Wissenschaftler und Techniker der US-amerikanischen Firmen IBM und Oklahoma Publishing Company eine vollautomatische Setzmaschine vor.

Sie arbeiteten ein Steuerungsprogramm aus, womit ein Elektronenrechner alle zur Herstellung von englischem Zeitungs- oder Buchsatz erforderlichen Angaben für diese Maschine formulieren kann. Mit dem auf einen Lochstreifen übertragenen Manuskript wird der Elektronenrechner IBM 1620 »gefüttert«, der dann auch die Silbentrennung bewältigt. Maximal kann er in einer Stunde 12 000 Zeilen exakt für den Satz vorbereiten. Sie werden wiederum in einen Lochstreifen für die vollautomatische Setzmaschine gestanzt.

Ende einer Legende um einen NS-Schatz

4. November. Taucher fördern aus dem Toplitzsee in Österreich eine Kiste gefälschter britischer 100-Pfund-Noten zutage.

Die Geschichte der Bergungsaktion reicht zurück bis zum Jahr 1945. Damals versenkten Angehörige der nationalsozialistischen Organisation SS Tausende gefälschter Pfundnoten und Dokumente, die unter dem Decknamen »Unternehmen Bernhard« im Konzentrationslager Oranienburg bei Berlin hergestellt worden waren. Seitdem kursierte das Gerücht, daß sich ein Teil der Kunst- und Goldschätze, welche als Beute der nationalsozialistischen Diktatur in die umliegenden Bergwerksstollen gebracht worden waren, sich auf dem 100 m tiefen Grund des Toplitzsees befänden.

Die Suche nach dem Schatz forderte bereits mehrere Menschenleben. Zuletzt das des 19jährigen Sporttauchers Manfred Egner, der am 6. Oktober nach dem Schatz im Wasser suchte und dabei ertrank.

Sein Tod ist nun für die österreichische Regierung in Wien Anlaß, der Legende nachzugehen.

Tieftaucher, die unter dem Schutz von 200 Polizisten den Grund des Sees absuchen, finden jedoch nur die Leiche Egners und die gefälschten Banknoten.

Abu Simbel – der nubische Felsentempel von Ramses II. wird zersägt

17. November. *Die Leitung der Arbeiten zur Rettung des ägyptischen Felsentempels Abu Simbel erhält die Firma Hochtief AG in Essen. Den in Unternubien am westlichen Nilufer gelegenen Tempel ließ Pharao Ramses II. (1290–1223 v. Chr.) errichten. Der einstige Haupttempel des mächtigen Pharao in der steil abstürzenden Felswand mit den Kolossalstatuen und phantastischen Details gehört zu den großen kulturellen Schätzen der Menschheit. Durch den Bau des 140 Milliarden m³ fassenden neuen Stausees südlich von Assuan werden viele nubische Schätze für immer in den Fluten versinken. Einige von ihnen will man retten, darunter auch Abu Simbel (Fotos oben und rechts). Zu seiner Rettung waren der Organisation der Vereinten Nationen UNESCO mehrere Projekte vorgelegt worden, von denen man sich für das folgende entschied: Die Tempelanlagen werden aus dem Fels herausgesägt, hydraulisch gehoben und etwa 60 m höher wieder neu aufgebaut.*

Die neue Europabrücke (das Foto zeigt sie im Rohbau) gehört zu den phantastischsten Bauwerken der Welt und schließt ein Teilstück der Tiroler Autobahn

Die Europabrücke, ein Bau der Superlative, wird eröffnet

17. November. Der österreichische Handelsminister Fritz Bock eröffnet in Anwesenheit des österreichischen Bundeskanzlers Alfons Gorbach und zahlreicher Ehrengäste die Europabrücke.

Innerhalb eines acht Kilometer langen Abschnitts zwischen Innsbruck und Schönberg gehört sie zu dem ersten fertiggestellten Teilstück der Tiroler Autobahn. Die Brücke wird in der Fachwelt einhellig als eines der gigantischen Bauwerke Österreichs und als eine der kühnsten Straßenbrücken der Welt gerühmt.

Aus der Ferne wirkt die sich harmonisch in die hochalpine Landschaft einfügende Brücke nahezu filigran. Um so erstaunlicher sind die gewaltigen Dimensionen und technischen Maße dieses Baus der Superlative. Mit einer Gesamtlänge von 815 m überspannt die Europabrücke das an dieser Stelle 700 m breite Silltal.

Die Brückenfahrbahn liegt an der tiefsten Stelle der Talsohle 190 m über dem Erdboden, so daß sich zwischen den beiden 140 m und 150 m hohen Hauptpfeilern ohne weiteres der Wiener Stephansdom unterbringen ließe. Zum Schutz gegen den Seitenwind sind vollwandige Brückengeländer mit 1,5 m breiten Gehwegen angebracht worden. 784,5 m beträgt die Gesamtstützweite, wovon 120 m auf die Vorlandbrücke, 7,5 m auf das turmartige Übergangsbauwerk und 657 m auf die Hauptbrücke entfallen.

Für Fernlastzüge und Schwertransporter wurde eigens eine Kriechspur eingerichtet, da die Fahrbahn von Innsbruck in Richtung Brenner eine Steigung von etwa 4,5% besitzt. Dies führte zu einer Brückenbreite von 22,2 m (von Geländer zu Geländer). Der höchste Pfeiler ist mit einer Gesamthöhe von 181 m über der Fundamentsohle der bislang höchste Brückenpfeiler der Welt in Betonbauweise.

Bei den Bauarbeiten während der Freimontage ereigneten sich zwei schwere Arbeitsunfälle, wobei vier Arbeiter ums Leben kamen.

160 Millionen Schilling (etwa 27 Millionen DM) betrugen die Baukosten. Um die Autobahn bis zum Brenner fertigzustellen, sind weitere 1,5 Milliarden Schilling (rund 250 Millionen DM) erforderlich. Geplant ist außerdem die Fertigstellung des Autobahnverbindungsstückes von der Stadt Innsbruck zur bundesdeutschen Grenze bei Kufstein bis 1968.

Spitzenleistungen der Ingenieure und der Technik – 19 der längsten Brücken der Welt (geordnet nach Gesamtlänge)

Brücke über den Pontchartrain-See (USA), err. 1956, Länge 38 600 m
Chesapeake Bay Brücke (USA), err. 1963, Länge 19 000 m
Mullet-Kay-Kanal-Brücke, Florida (USA), err. 1957, Länge 6100 m
Brücke über die East Bay, San Francisco (USA), err. 1936, Länge 3600 m
Storstrombrücke über die Ostsee (Dänem.), err. 1937, Länge 3200 m
Brücke San Francisco – Oakland (USA), err. 1936, Länge 2800 m
Brücke über den Firth of Forth (Schottl.), err. 1889, Länge 2466 m
Hood Kanal-Brücke, Seattle (USA), err. 1961, Länge 2290 m
Mackinac-Brücke (USA), err. 1937, Länge 2185 m
Golden Gate-Brücke, San Francisco (USA), err. 1937, Länge 2150 m
Panama-Brücke (Panama), err. 1962, Länge 1900 m
Rhein-Brücke bei Düsseldorf (Bundesrep.), err. 1957, Länge 1808 m
Kill van Kull-Brücke, New York (USA), err. 1930, Länge 1762 m
Wuhan-Brücke des Jangtsekiang (China), err. 1957, Länge 1570 m
Allnö-Sund-Brücke (Schweden), err. 1963, Länge 1152 m
Hafen-Brücke, Sydney (Australien), err. 1930, Länge 1150 m
Carquinez-Brücke in Kalifornien (USA), err. 1958, Länge 1022 m
Fehmarnsundbrücke über die Ostsee (Bundesrepublik), err. 1963, Länge 964 m
Rhein-Brücke, Krefeld (Bundesrepublik), err. 1935, Länge 857 m

Architektur 1963:
Fertighäuser und kühne Experimente

Die Architektur spiegelt deutlich den Zustand der modernen Massengesellschaft. Inmitten einer Uniformierung im ästhetischen Ausdruck finden sich immer wieder Ausnahmen, die ein neues formales Selbstverständnis und ästhetische Alternativen entwickeln wollen. So entstehen neben einer immer stärker um sich greifenden uniformen Bauweise – vor allem bei Wohnhäusern – auch kühne architektonische Experimente, welche, so scheint es, eine neue Epoche der Baukunst ankündigen.

Es sind vor allem die, in den Vereinigten Staaten das Erscheinungsbild ganzer Stadtteile prägenden, nun auch in der Bundesrepublik anzutreffenden Fertighäuser, bei denen sich das Prinzip der Einförmigkeit durchsetzt. Das »Haus von der Stange« benötigt keinen Architekten mehr, allenfalls findige Ingenieure. Ein Haus gleicht dem anderen – nur das äußere Dekor, entweder Ziegel- oder Holzmaserung auf eine Metallfolie farbig gedruckt, ermöglicht noch Unterscheidungen. Obwohl die Errichtung der Fertighäuser in den USA z. B. schon in einem Tag erfolgen kann, liegt ihr Preis nicht wesentlich unter den traditionell gemauerten Häusern. Dennoch setzen sie sich – vor allem in den USA – immer stärker durch. Die größte Hausfabrik der Staaten, die National Homes, produziert jährlich 55 000 Stück. Auch in der Bundesrepublik ist eine Mustersiedlung, in Quickborn bei Hamburg, aus Stahlfertighäusern errichtet worden.

Zwar nicht in Fertigbauweise, doch ebenfalls in trostloser Einförmigkeit bietet sich das Modell des in Berlin (West) in diesem Jahr begonnenen Märkischen Viertels dar. 17 000 Wohnungen sollen hier im Jahr 1974 bezugsfertig sein.

Was architektonische Phantasie beim Bau von Wohnhäusern allerdings vermag, zeigen die »Mondtürme« von Chikago, wie sie von ihren Bewohnern genannt werden. Die 179 m hohen, runden Wohntürme beherbergen 896 Familien. Im Kern jedes der beiden an Maiskolben erinnernden Gebäude befindet sich eine Betonröhre von

Nach Entwürfen des Architekten Bertrand Goldberg entstanden mitten in Chikago diese kreisrunden Wohntürme

Fertigbau in Moskau: Ganze Zimmer werden aufeinandergestapelt

Vor den Toren Hamburgs wurde eine Mustersiedlung mit Fertighäusern errichtet, die von Interessenten ab dem 1. August 1963 besichtigt werden kann

10,5 m Durchmesser. Hierin haben fünf Lifts, das Treppenhaus, sämtliche Versorgungsleitungen und der Müllschacht Platz. Um diesen Kern reihen sich segmentartig die länglichen, zum Ende hin verbreiterten Wohnungen, abgeschlossen mit einem halbrunden Balkon. Der Architekt der Avantgarde-Bauten, Bertrand Goldberg, bevorzugt

grundsätzlich die Rundbauweise als Alternative zu den kastenförmigen Wohnsilos. Zum einen lassen sie die ideale und zugleich rationellste Aufteilung bei 15%iger Baukostenersparnis zu, zum anderen gewähren sie den Bewohnern, so bei den »Mondtürmen«, einen Blickwinkel von 210 Grad. Eine solche Aussicht gewährt kein anderer

Gebäudetyp für alle Wohnungen. Gerade der freie Blick vermag einen Ausgleich für die räumliche Enge der Stadt zu schaffen. Billig sind diese außergewöhnlichen Wohnungen jedoch nicht. Zwischen umgerechnet 620 DM bis 920 DM betragen die Mietkosten. Trotzdem sind alle Wohnungen vor Fertigstellung vermietet.

Heinz Rosens inszenierte im neuen Münchener Nationaltheater »Trionfo di Afrodite« von Carl Orff, wofür Helmut Jürgens die Bühnenbilder entwarf

Im neuen Haus wird die Staatsoper zu Beginn noch eine zweite Oper von Carl Orff zur Aufführung bringen, »Ödipus Tyrann« mit Gerhard Stolze

Bayern hat wieder sein Nationaltheater

21. November. Fast genau 20 Jahre nach seiner Zerstörung wird das bayerische Nationaltheater wiedereröffnet. 2000 geladene Gäste erleben eine Pracht, die früheren Glanz zu übertreffen scheint. In ihrem klassizistischen Stil wirken Treppenhaus und Foyer erneut durch die Farbenvielfalt; den in seiner alten Gestalt wiederaufgebauten frühklassizistischen Zuschauerraum krönt ein Lüster von 7 m Länge und einem Durchmesser von 6 m.
Die Begeisterung des Publikums anläßlich der Eröffnung durch den bayerischen Ministerpräsidenten Alfons Goppel (CSU) läßt die Summe von 62 Millionen DM Baukosten in der bayerischen Landeshauptstadt in den Hintergrund treten.

Festliche Eröffnung des Bayerischen Nationaltheaters, unter den Gästen befinden sich Herbert von Karajan (mit Orden) und seine Frau (mit weißer Kappe)

Die Geschichte des bayerischen Nationaltheaters begann im Jahre 1811. Durch Kabinettsorder verfügte der damalige König von Bayern, Max I. Joseph, den Bau und beauftragte Carl von Fischer mit der Realisierung.
Im Oktober 1818 fand nach siebenjähriger Bauzeit die Eröffnung der Staatsoper statt.
Fünf Jahre danach wurde das Gebäude durch einen Brand fast völlig zerstört. Die Landeshauptstadt bewilligte damals einen »Bierpfennig«, um durch diese Abgabe den Wiederaufbau des Musentempels zu erleichtern. Die Münchener nahmen dieses Opfer bereitwillig auf sich, und schon nach drei Jahren konnte die Oper ein zweites Mal eingeweiht werden. Von 1826 bis zum Oktober 1943 stand die Oper am Max-Joseph-Platz in unveränderter Gestalt. Bomben verwandelten sie in einer Nacht in eine Ruine.
Unter Verwendung der alten Pläne begann man unter der Leitung der Architekten Gerhard Graubner und Karl Fischer 1958 mit dem Wiederaufbau. Vor allem der Verein Freunde des Nationaltheaters e.V. bemühte sich darum. Durch eine regelmäßig veranstaltete Tombola konnte er 5,5 Millionen DM für die Errichtung des Gebäudes spenden.

Vor Vorstellungsbeginn betrachten Karl Böhm (M.) und Herbert von Karajan (r.) mit Frau Böhm das neue Haus

Verbeugung von Dirigent Joseph Keilberth, Claire Watson, Intendant Rudolph Hartmann und Jess Thomas (v. l.)

»She loves you« macht Furore

30. November. Die »Beatles«, vier Musiker aus Liverpool, landen mit ihrem Song »She loves you« zum dritten Mal auf Platz eins der britischen Hitparade.

Sofort nach Erscheinen der Single in Großbritannien, am 23. August 1963, wurde »She loves you« der beliebteste Hit in Großbritannien. Dieser nur äußerst seltene Erfolg gelang auf Anhieb einer Band, deren Name den meisten Briten ein halbes Jahr zuvor unbekannt war.

Die Anfänge der Liverpooler Gruppe reichen bis in das Jahr 1955 zurück, als John Lennon die »Quarrymen« gründete. 1956 stieß Paul McCartney zu dieser Band, zwei Jahre später George Harrison. Nach einigen Umbesetzungen wurde 1962 Ringo Starr in die Gruppe aufgenommen – die »Beatles«, die man wegen des Haarschnitts auch »Pilzköpfe« nannte, hatten ihre endgültige Besetzung.

1963 wird der Refrain »she loves you yeah, yeah, yeah« des wohl erfolgreichsten Titels der »Beatles« zum weltweiten Erkennungsmerkmal der Gruppe.

»She loves you« bringt den »Beatles« die erste Goldene Schallplatte ein. Innerhalb eines Monats wird der Hit weit über eine Million mal verkauft.

Nach diesem Erfolg treten die Beatles in Großbritanniens beliebtester Unterhaltungsshow »Sunday Night At The Palladium« auf, bei der diesmal etwa 30 Millionen Briten zuschauen und damit eine neue Rekordmarke in der Sehbeteiligung setzen.

Zuschauerreaktionen während eines »Beatles«-Konzerts

Mildenberger siegt durch K.o.

29. November. Der deutsche Schwergewichtsboxer Karl Mildenberger besiegt in der Festhalle von Frankfurt am Main den US-Amerikaner Billy Daniels durch K.o. schon in der dritten Runde.

Die 9400 Zuschauer in der ausverkauften Festhalle erleben einen schlagkräftigen und technisch ausgereiften Mildenberger, der in keinem seiner bisherigen 41 Kämpfe eine solche Konzentration und Reaktionsschnelligkeit gezeigt hatte. Sein Gegner versucht während des Kampfes immer wieder vergebens,

K. Mildenberger

sich auf Mildenbergers Rechtsauslage einzustellen. Von linken Körperhaken zermürbt, geht Daniels schließlich in der dritten Runde zu Boden und wird ausgezählt. Damit ist der Deutsche Sieger.

Karl Mildenberger gehört als Linkshänder zu den wenigen Boxern, die in der sogenannten Rechtsauslage, d.h. mit vorgeschobener rechter Körperhälfte, kämpfen. Durch diese Ausgangsstellung ist der in normaler Stellung boxende Gegner ständig zur taktischen Umstellung gezwungen. Gefürchtet sind die Rechtsausleger vor allem, weil sie mit ihrer Linken in der Regel auf Leberschläge spezialisiert sind. Mildenberger sagt über diesen Boxstil: »Mir war das schon beinahe peinlich – jedesmal, wenn ich einem auf die Leber tippte, fiel er um.«

Szene mit Alain Delon und Claudia Cardinale aus »Der Leopard«, einer Verfilmung des gleichnamigen Romans von Lampedusa durch Luchino Visconti

Vom italienischen Regisseur Pietro Germi kommt der Film »Verführung auf sizilianisch« in die Kinos, ein Drama um Ehrbegriffe

Curd Jürgens mit Adeline Wagner in einer Szene der Neuverfilmung von Bertolt Brechts »Dreigroschenoper« durch den deutschen Regisseur Wolfgang Staudte; neben Curd Jürgens als Mackie Messer sind auch Gert Fröbe, Hildegard Knef, Hilde Hildebrand und Walter Giller in dem Farbfilm zu sehen

Den Abgeordneten steht das Wasser bis zum Hals – Szene aus »Moral 63«, neuester Film des Regisseurs Rolf Thiele, der darin die bundesdeutschen Affären der vergangenen Jahre aufs Korn nimmt; in der Hauptrolle Nadja Tiller, die auch schon im Thiele-Film »Das Mädchen Rosemarie« spielte

»Die Einsamkeit des Langstreckenläufers«, ein Film des britischen Theater- und Filmregisseurs Tony Richardson von 1962, kommt in die deutschen Kinos

Der US-amerikanische Spielfilm »Das Mädchen Irma La Douce« läuft in den deutschen Kinos an; Regisseur Billy Wilder erzählt darin von der Liebe eines Mannes zu dem Freudenmädchen Irma; das Foto zeigt Shirley McLaine als Irma und den als Lord verkleideten Freund Nestor (Jack Lemmon)

Marlon Brando und Sandra Church in dem in Südostasien spielenden US-amerikanischen Film »Der häßliche Amerikaner«, Regie George Englund

Film 1963:
Das bundesdeutsche Kino in der Krise

Die Situation der bundesdeutschen Filmbühnen läßt sich, zumindest unter wirtschaftlichen Gesichtspunkten, mit der knappen Formel »Kino in der Krise« beschreiben. 1958 setzte ein deutlicher Rückgang der Kinobesucher ein, der infolge der steigenden Fernsehkonkurrenz in diesem Jahr seinen vorläufigen Höhepunkt erreicht. Die Zahl der Theaterschließungen übersteigt bei weitem die der Neueröffnungen. Die Zahl der Filmbesucher sank seit dem Jahr 1955 mit 323 Millionen fast um die Hälfte. Infolge dieser Entwicklung geht auch der Umfang der Filmproduktion in der Bundesrepublik zurück. Während z. B. 1955 noch 118 Spielfilme in der Bundesrepublik hergestellt wurden, sind es in diesem Jahr noch ganze 65. Das Schwinden der ökonomischen Basis für den Film führt zu einer Reihe von Filmförderungsvorschlägen. So legt z. B. der CDU-Bundestagsabgeordnete Hans Martin einen Plan vor, demzufolge an den Kinokassen erhobene Sonderabgaben durch eine Anstalt öffentlichen Rechts unter bundesdeutschen Filmproduzenten verteilt werden sollen, und zwar entsprechend den Einspielergebnissen der von ihnen produzierten Filme. Routinierte Regisseure wie Rolf Thiele (»Venusberg«) und der durch

Vogelschwärme greifen Menschen an – Schreckensszene aus dem Film »Die Vögel« von Regisseur Alfred Hitchcock

Tippi Hedren und Rod Taylor in dem 1963 von Regisseur Alfred Hitchcock beendeten Film »Die Vögel«

das »Spukschloß im Spessart« bekanntgewordene Kurt Hoffmann (»Schloß Gripsholm«) dokumentieren mit konventionellen Literaturverfilmungen die künstlerische Bedeutungslosigkeit der bundesdeutschen Filmproduktionen dieses Jahres. Ausnahmen sind z. B. Wolfgang Staudte mit seiner allerdings nicht unumstrittenen Verfilmung der »Dreigroschenoper« von Bertolt Brecht oder auch Alexander Kluges Film »Lehrer im Wandel«.

Ein Blick auf die Palette der Filmangebote auf den Filmfestspielen in Cannes oder Venedig zeigt, daß das Jahr 1963 dennoch Interessantes zu bieten hat. Sowohl der Eröffnungsfilm des französischen Regisseurs Alain Resnais in Venedig, »Muriel«, mit der Musik von Hans Werner

Henze als auch der Preisträger »Le Mani sulla Città« (»Die Hände über der Stadt«) des italienischen Regisseurs Francesco Rosi sind Beispiele für gutes Kino.

Gerade der junge italienische Film beschreitet mit seinem »cinéma vérité« einen interessanten Weg. Hierin werden die Stilmittel der traditionellen filmischen Erzählweise verlassen zugunsten einer eher dokumentarisch-journalistischen Gestaltungsart. Z. B. zeigt Cesare Zavattini in seinem im Stil des »cinéma vérité« gedrehten Film »I Misteri di Roma« ein gewaltiges Panorama gesellschaftlicher, moralischer und geistiger Verhältnisse in der italienischen Metropole.

Ein Film, der auch in den bundesdeutschen Kinos zu einem Erfolgs-

streifen wird, ist »Der Leopard« des italienischen Regisseurs Luchino Visconti.

Visconti verfilmte den gleichnamigen Roman von Guiseppe Tomasi di Lampedusa fast buchstabengetreu mit Burt Lancaster, Claudia Cardinale und Alain Delon.

Auf den Filmfestspielen in Cannes begeistert der in traditioneller Hollywoodmanier fotografierte, aber psychologisch glänzend fundierte Film des US-amerikanischen Regisseurs Robert Aldrich »What ever happened to Baby Jane« (»Was geschah mit Baby Jane?«).

Auf den »Westdeutschen Kurzfilmtagen« in Oberhausen sind dieses Jahr im Sonderprogramm Arbeiten polnischer und tschechoslowakischer Filmhochschulen zu sehen.

Dezember 1963

Mo	Di	Mi	Do	Fr	Sa	So
						1
2	3	4	5	6	7	8
9	10	11	12	13	14	15
16	17	18	19	20	21	22
23	24	25	26	27	28	29
30	31					

1. Dezember, Sonntag

In einer bürgerkriegsähnlichen Situation finden in dem südamerikanischen Venezuela Wahlen statt. Die meisten Stimmen für das Amt des Staatspräsidenten erhält der Kandidat der Demokratischen Aktion, Raoul Leoni. →S. 201

Die Wahlen in Australien und Neuseeland enden mit einem Sieg der konservativen Regierungspartei über die oppositionelle Labour-Partei.

Bei einer Zwischenlandung in Dakar wird einer der letzten prominenten Führer der rechtsradikalen französischen Untergrundorganisation (OAS), der desertierte Fallschirmjägerhauptmann Jean-Marie Curutchet, verhaftet und an Frankreich ausgeliefert.

Auf dem Höhepunkt des französischen Universitätsstreiks kommt es in Paris zu Massenkundgebungen mit mehr als 10 000 Studenten. Sie fordern mehr Demokratie, größere gesellschaftliche Freiheiten und eine Bildungsreform.

Im New Yorker Hafen läuft ein deutscher Frachter ein, der die Nachbildung des Flaggschiffes von Christoph Kolumbus, die »Santa Maria«, zur geplanten Weltausstellung bringt. →S. 202

2. Dezember, Montag

Unter dem Vorsitz des Bundestagsvizepräsidenten Carlo Schmid (SPD) nimmt die Versammlung der Westeuropäischen Union (WEU) in Paris ihre viertägigen Beratungen über die aktuellen politischen und militärischen Probleme Westeuropas auf.

Elisabeth II., Königin von Großbritannien, übergibt die zweite Teilstrecke eines alle Länder des Commonwealth umspannenden Telefon- und Fernsehnetzes ihrer Bestimmung. Die neue Strecke verbindet Australien und Neuseeland.

Ein Erdbeben der Stärke fünf auf der nach oben offenen Richterskala erschüttert 15 Sekunden lang die Stadt Wien.

3. Dezember, Dienstag

Das 2. Vatikanische Konzil begeht in Anwesenheit von Papst Paul VI. im Petersdom von Rom die 400-Jahr-Feier des Trienter Konzils. Während der Feierlichkeiten kommen zum ersten Mal Laienauditoren bei einem Gottesdienst im Petersdom zu Wort.

Der englische Fußballverband hebt ein 100 Jahre altes Verbot auf, weshalb es nun wieder gestattet ist, Schulkinder nach dem 13. Lebensjahr für den Nachwuchs von Berufsmannschaften unter Vertrag zu nehmen.

4. Dezember, Mittwoch

Der deutsche Bundestag gedenkt in seiner ersten Sitzung nach der Ermordung des US-Präsidenten John F. Kennedy am 22. November mit einer Rede des Bundespräsidenten Eugen Gerstenmaier des Todes von Kennedy (→22. 11./S. 178).

Auf der öffentlichen Generalkongregation nimmt das 2. Vatikanische Konzil die Konstitution über die heilige Liturgie sowie das Dekret über Kommunikationsmittel an und vertagt sich auf den 14. September 1964. →S. 202

5. Dezember, Donnerstag

Der Haushaltsausschuß des deutschen Bundestages bewilligt für den Bau des Kanzlerbungalows in Bonn weitere 200 000 DM. →S. 202

Der US-amerikanische Verteidigungsminister Robert McNamara und sein deutscher Amtskollege Kai Uwe von Hassel (CDU) beenden in Washington einen zwei Tage während en Meinungsaustausch. Sie teilen u. a. mit, daß die bundesdeutschen Waffenkäufe 1963 ein Volumen von 2,4 Milliarden DM erreichen.

Mit der Zollerhöhung für Lastkraftwagen, Spirituosen, Dextrin und Kartoffelstärke verwirklichen die USA ihre angekündigten Gegenmaßnahmen im »Hähnchenkrieg« mit den Staaten der Europäischen Wirtschaftsgemeinschaft (EWG) (→6. 8./S. 127).

In Rom wird die neugebildete italienische Regierung unter dem Christdemokraten Aldo Moro von Staatspräsident Antonio Segni im Quirinal vereidigt. →S. 200

6. Dezember, Freitag

Alle drei im Bundestag vertretenen Fraktionen weisen im Plenum auf die Notwendigkeit einer Reform des Urheberrechts hin und überweisen vier entsprechende Gesetzentwürfe an die zuständigen Ausschüsse.

Vor dem Londoner Kriminalgericht Old Bailey wird das Fotomodell Christine Keeler wegen Meineids und vorsätzlich falscher Aussagen vor Gericht zu neun Monaten Gefängnis verurteilt. Christine Keeler war in den sog. Profumo-Skandal verwickelt. →S. 203

7. Dezember, Sonnabend

Die Vereinigten Staaten von Amerika räumen gemäß dem Abkommen zwischen dem früheren US-Präsidenten Dwight D. Eisenhower und dem verstorbenen marokkanischen König Muhammad V. aus dem Jahr 1959 ihre letzten Stützpunkte in Marokko.

Das Bezirksgericht der japanischen Hauptstadt Tokio stellt in einem Urteil fest, daß sich die USA mit ihrem Abwurf der Atombomben auf Hiroshima und Nagasaki während des Zweiten Weltkrieges der Völkerrechtsverletzung schuldig gemacht hätten.

8. Dezember, Sonntag

San José, die Hauptstadt Costa Ricas, liegt unter einer 8 cm dicken Schicht vulkanischer Asche. Ein 35 km entfernt liegender Vulkan schleudert seit vergangenem Montag täglich eine Menge von 55 t Vulkanasche in die Luft.

Im Ausscheidungsspiel für die Teilnahme an den Olympischen Winterspielen in Innsbruck 1964 gewinnt das Eishockey-Team der Bundesrepublik in der Werner-Seelenbinder-Halle von Berlin (Ost) gegen die Mannschaft der DDR 4:3.

9. Dezember, Montag

Über 150 führende Unternehmer gründen gemeinsam mit Politikern der CDU in der Bonner Beethovenhalle den Wirtschaftsrat der CDU e. V.

Vor dem Mailänder Schwurgericht beginnt der Prozeß gegen 98 Südtiroler, fünf Österreicher und einen Bundesdeutschen wegen der Bombenanschläge in der »Feuernacht« vom 12. Juni 1961.

Am Londoner Hyde-Park wird ein Lebensmittelzentrum für deutsche Spezialitäten eröffnet. →S. 202

10. Dezember, Dienstag

Das US-amerikanische Handelsministerium in Washington genehmigt den Verkauf von US-amerikanischem Weizen im Werte von 3,2 Millionen US-Dollar (12,8 Millionen DM) an die DDR.

Das bisher unter britischem Protektorat stehende Sultanat Sansibar wird unabhängig. Der neue Staat besteht aus den Inseln Sansibar und Pemba und zählt 310 000 Einwohner. →S. 201

In der Bundeshauptstadt Bonn demonstrieren 30 000 Mitglieder von Kriegsopferverbänden mit einem Schweigemarsch für eine rasche und umfassende Versorgung der Kriegsopfer. →S. 199

In Stockholm und Oslo werden die diesjährigen Nobelpreise sowie der Friedenspreis überreicht. →S. 204

Die durch einen Vulkanausbruch seit einigen Wochen entstehende Insel vor der Südküste Islands nimmt eine hufeisenförmige Gestalt an und ist mittlerweile bereits 90 m hoch.

11. Dezember, Mittwoch

In Paris geben amtliche Regierungsstellen die Einigung mit der Volksrepublik China über die Wiederaufnahme diplomatischer Beziehungen bekannt. Staatspräsident Charles de Gaulle will die Anerkennung der Regierung in Peking jedoch erst nach einer Konsultation mit der US-Regierung vornehmen.

Nach einer wilden Verfolgungsjagd über die Dächer Londons verhaftet die britische Polizei den unter dem Namen »Wiesel« bekannten Rennfahrer und Silberschmied Roy John James. Er ist der Hauptverdächtige im Postraub vom 8. August dieses Jahres. →S. 203

Der vor drei Tagen entführte 19jährige Sohn des US-amerikanischen Stars Frank Sinatra wird gegen eine Lösegeldsumme in Höhe von umgerechnet 960 000 DM freigelassen. →S. 203

12. Dezember, Donnerstag

Im Alter von 79 Jahren stirbt in seinem Stuttgarter Haus der erste Präsident der Bundesrepublik Deutschland, Theodor Heuss (FDP). →S. 198

Der Chef des eidgenössischen Justiz- und Polizeidepartements, Bundesrat Ludwig von Moos, wird von beiden Kammern des Schweizer Parlaments für das Jahr 1964 zum Bundespräsidenten gewählt.

Im Unabhängigkeitsstadion bei der Hauptstadt Kenias, Nairobi, erhält Ministerpräsident Jomo Kenyatta aus den Händen von Prinz Philip im Namen Elisabeth II., Königin von Großbritannien, die verfassungsmäßigen Vollmachten für Kenia. →S. 201

Die Schwägerin des Anfang November in Saigon ermordeten südvietnamesischen Präsidenten Ngô Đinh Diêm erhält in Frankreich politisches Asyl.

13. Dezember, Freitag

Bundesverteidigungsminister Kai Uwe von Hassel (CDU) kündigt in Bonn die Besetzung eines US-amerikanischen Zerstörers mit einer gemischten Mannschaft aus 320 US-amerikanischen und 68 bundesdeutschen Soldaten an.

Der deutsche Bundestag beschließt in dritter Lesung das sechste Rentenanpassungsgesetz, wonach ab 1. Januar 1964 Sozialrenten um 8,2% und die Unfallrenten um 9% erhöht werden.

Die alljährlich stattfindende »große diplomatische Woche« in Paris, deren Höhepunkt die Atlantikratstagung ist, beginnt mit einer Sitzung des Straßburger Europarates.

Die Schutzgemeinschaft Deutscher Wald in Frankfurt am Main schätzt den diesjährigen Bedarf an Weihnachtsbäumen in der Bundesrepublik auf 15 Millionen.

14. Dezember, Sonnabend

Wenige Stunden nach seiner Einlieferung in ein Bonner Krankenhaus wegen akuter Kreislaufstörungen stirbt der SPD-Vorsitzende und Oppositionsführer im deutschen Bundestag, Erich Ollenhauer, an einer Lungenembolie. →S. 198

Der Ministerpräsident der Volksrepublik China, Chou En-lai, trifft zu Beginn einer für zwei Monate geplanten Reise durch verschiedene afrikanische Staaten in der ägyptischen Hauptstadt Kairo ein.

In Frankfurt am Main wird das neue Theater mit einer Aufführung von Johann Wolfgang von Goethes »Faust I« eingeweiht. →S. 204

Starker Schneefall und plötzlicher Frosteinbruch führen in den bayerischen Voralpen zu einem Verkehrschaos.

15. Dezember, Sonntag

In Frankfurt am Main gewinnen Klaus Bugdahl und Sigi Renz in der ausverkauften Frankfurter Festhalle das Sechstagerennen mit einer Runde Vorsprung vor den Rennfahrern aus den Niederlanden und der Schweiz.

Ausgabe der »Frankfurter Allgemeinen Zeitung« vom 21. Dezember, die in ihrem Aufmacher von ersten Besuchen der Westberliner in Berlin (Ost) seit August 1961 berichtet; weiteres wichtiges Thema ist der Beginn des Auschwitz-Prozesses in Frankfurt am Main

Frankfurter Allgemeine

ZEITUNG FÜR DEUTSCHLAND

S-Ausgabe / Samstag, 21. Dezember 1963 | Herausgegeben von Hans Baumgarten, Jürgen Eick, Karl Korn, Benno Reifenberg, Jürgen Tern, Erich Welter | Preis 50 Pfennig / Nr. 296 / D 2955 A

Tausende von West-Berlinern bei ihren Verwandten im Ostsektor

Schon über sechzigtausend Passierscheine ausgegeben / In den nächsten Tagen Arbeit in zwei Schichten

Berichte unserer Berliner Redaktion

Ste. BERLIN, 20. Dezember. Während am Freitag schon um 5.30 Uhr, anderthalb Stunden vor der festgesetzten Zeit, die ersten West-Berliner an den fünf Sektorenübergängen nach Ost-Berlin passieren konnten, hat der Senat neue Verhandlungen mit der östlichen Seite begonnen, um die kritische Lage zu überwinden, die sich an den Passierscheinstellen ergeben hat. Bis Freitag mittag waren insgesamt 60 700 Passierscheine für etwa 170 000 West-Berliner ausgegeben worden. Über 2000 Personen hatten die Sektorengrenze bereits überquert. In den einzelnen Passierscheinen können auch Ehegatten und Kinder mit aufgeführt sein. Einzelne West-Berliner haben für acht aufeinanderfolgende Tage Passierscheine erhalten. Der Ost-Berliner Verhandlungsführer, Staatssekretär Wendt, versicherte dem Senatsrat Korber am Freitagmorgen, daß 150 Postangestellte von 13 Uhr an die Arbeit verstärkt fortsetzen würden, daß die Dringlichkeit des Problems erkannt und eine Arbeit in zwei Schichten für die nächsten Tage erwogen werde. Als weitere Erleichterungen teilte Wendt mit, daß auch Zonenflüchtlinge, die von 1957 an, jedoch vor dem 13. August 1961, geflohen sind, Passierscheine beantragen könnten, wenn sie „nicht gegen andere Gesetze" der Zone verstoßen hätten. 500 Personen, die Passierscheine für den 20. Dezember erhalten hatten, sie aber nicht benutzen konnten, erhalten die Möglichkeit, die Papiere am 21. oder 22. zu benutzen. Senatspressechef Bahr erklärte am Freitagmittag, der gute Wille der anderen Seite sei anzuerkennen. Man hoffe, die schwierige Lage, die sich dadurch ergeben hatte, daß am Donnerstag 26 000 wartende Menschen unverrichteterdinge nach Hause gehen mußten, schließlich zu überwinden.

Lange Menschenschlangen standen auch in den frühen Morgenstunden des Freitags schon wieder vor den Turnhallen. In Neukölln waren es um sechs Uhr früh, sieben Stunden vor der Wiedereröffnung der Passierscheinstelle, bereits 1200. Um 8.30 Uhr zählte die Polizei an allen Stellen insgesamt 13 000. Viele waren über Nacht nicht einmal nach Hause gegangen, tranken Schnaps, um den Folgen des Frostwetters zu entgehen, und tanzten zur Musik von Kofferradios, um sich zu erwärmen. Um 11 Uhr, zwei Stunden vor der Eröffnung, waren es 23 500 Wartende, obwohl die Polizei sie gebeten hatte, nach Hause zu gehen, weil nur jene Personen Chancen auf die Abfertigung hätten, die Kontrollabschnitte vom Vortage und Wartenummern besäßen. In Charlottenburg mußten bis zwölf Uhr Tausende nach stundenlangem Warten ohne Ergebnis wieder nach Hause gehen.

Schon am Donnerstagabend war es unter den Wartenden zu erregten Szenen gekommen. Aufsichtsbeamte der Post sagten, sie seien mit den Nerven fertig. Zahlreiche zusammengebrochene und weinende alte Leute mußten betreut werden. Rotkreuzhelfer leisteten über tausendmal Erste Hilfe. Bei kleinen Schlägereien gab es etwa 20 Verletzte; acht Menschen mußten, teils mit Nervenschocks, in Krankenhäuser eingeliefert werden. Das Rote Kreuz, das schon am Donnerstag fast 1000 Liter Tee ausschenkte, setzte diese Hilfe auch am Freitag fort. (Fortsetzung Seite 4, Spalte 1 und 2.)

Nach Texas

J. T. Bundeskanzler Erhard wird gleich nach den Weihnachtstagen nachholen, um was ihn der Mörder von Dallas gebracht hat. Er wird seine Außenpolitik mit der des amerikanischen Präsidenten abstimmen und sich um den Gleichklang von beider Bestrebungen bemühen. Inzwischen hat allerdings der Mord in Dallas die politische Szene verändert. An die Stelle des hinweggerafften Kennedy ist Lyndon Johnson getreten, der Erhard die Ehre erweist, sich mit ihm als erstem unter den Regierungschefs der verbündeten Länder auszusprechen — und dies auf seiner texanischen Familienfarm. Die Umstände sprechen dafür, daß man Erhards Besuch als eine deutliche Bekundung unverändert enger amerikanisch-deutscher Zusammenarbeit werten kann. Das ist gut. Deutsch-amerikanische Freundschaft ist eine der allerwesentlichsten Voraussetzungen der Bonner Außenpolitik und ihrer Wirkungskraft.

Präsident Johnson, der inzwischen die Zügel der amerikanischen Regierung fest in die Hand nahm, hat bereits die ersten Erfahrungen im Umgang mit den verbündeten Regierungen und deren Chefs hinter sich. Die unveränderten Meinungsverschiedenheiten innerhalb der Allianz verweisen offensichtlich auch ihn auf das Vertrauensverhältnis zu Bonn. Mit Erhard als Partner kann das nicht schwierig sein — zumal da Johnson, zwar gewillt, die Kontakte nach Moskau weiter zu halten und zu nutzen, doch entschlossen genug ist, um sich nicht überfahren zu lassen oder etwas zu verschenken.

Im übrigen rechnet Johnson nun damit, daß er es mit de Gaulle nicht leichter haben wird als Kennedy. Der Anzeichen dafür gibt es genug. Indessen wird und kann sich Erhard gegen Paris nicht ausspielen lassen. Das verstieße gegen ein Lebensinteresse der Bundesrepublik. Wenn man übertriebe, könnte man sagen, Erhard erlernt die Kunst, im Spagat zu reiten. Man hat früher manchmal befürchten müssen, der Zugang zur Außenpolitik werde ihm schwerfallen. Bisher zeigt sich, daß er sich in die außenpolitischen Fragen relativ rasch einzuarbeiten verstanden hat. Das hat manchen überrascht. Er steuert auch auf diesem schwierigen Feld den Kurs. Und sonst ist fast Erstaunen darüber zu verzeichnen, wie zielbewußt er auftritt. Mancher meint gar, er habe sich den autoritativen Stil seines Vorgängers angeeignet. Die Anerkennung, die in solchen Beobachtungen enthalten ist, wird ihm auch als internationalem Verhandlungspartner nützen.

Vier Arbeitsgespräche zwischen Johnson und Erhard

Das Programm für den Besuch in Texas / „Positive Erwartungen" in Bonn

Bericht unserer Bonner Redaktion

R. BONN, 20. Dezember. Bundeskanzler Erhard, der am Freitag in Weihnachtsurlaub an den Tegernsee fuhr, wird am 27. Dezember vom Flugplatz Wahn aus zu Präsident Johnson fliegen. Nach einem Nonstopflug bis Houston in Texas wird der Bundeskanzler, den Außenminister Schröder und die Staatssekretäre Westrick, Carstens und von Hase begleiten, nach dem Militärflugplatz Bergstroem bei Austin weiterfliegen und in Austin am 28. Dezember von Präsident Johnson empfangen werden. Es wird ein offizieller Empfang mit den protokollarischen militärischen Ehren sein. Der Präsident und der Kanzler fliegen dann auf die Farm des Präsidenten und werden in den zwei Tagen, die Erhard auf der Farm zu Gast ist, vier Unterredungen miteinander führen. Ein gemeinsamer Kirchgang Johnsons und Erhards, ein großes texanisches Mittagessen und eine Pressekonferenz des Bundeskanzlers sind weitere Punkte auf dem zweitägigen Besuchsprogramm. Am Montag, dem 30. Dezember, wird der Bundeskanzler wieder in Bonn eintreffen.

Der Regierungssprecher erklärte am Freitag vor der Presse, die Bundesregierung messe dieser Begegnung eine ganz besondere Bedeutung bei. Dieses erste ausführliche Gespräch zwischen dem neuen amerikanischen Präsidenten und dem neuen Bundeskanzler werde in einer sehr persönlichen Atmosphäre und zu einem sehr interessanten Zeitpunkt geführt. Der Sprecher sprach von positiven Erwartungen, die man an diese Unterredungen knüpfe.

Die Bemerkung des Sprechers vom interessanten Zeitpunkt bezog sich auf die Verhandlungen in Brüssel, deren Ausgang sich auch auf die bevorstehenden amerikanisch-europäischen Verhandlungen über den Abbau der Zölle, die sogenannte Kennedy-Runde, auswirken wird, die zu den Themen der Gespräche auf der Farm gehören werden. Sicherlich wird auch der Stand der Verhandlungen über die multilaterale Atommacht erörtert werden. Die Verteidigungskonzeption der Nato im allgemeinen und die Deutschland- und Berlin-Frage sowie das West-Ost-Verhältnis sind die immerwährenden Themen solcher Gespräche auf höchster Ebene.

Tschou En-lai nach Algier

Eigener Bericht

Vck. BEIRUT, 20. Dezember. Der chinesische Ministerpräsident Tschou En-lai ist am Freitagvormittag zu einem abschließenden vertraulichen Gespräch mit dem Präsidenten der Vereinigten Arabischen Republik, Nasser, zusammengetroffen. An diesem Samstag verläßt Tschou Kairo, um nach Algier, der zweiten Station seiner Afrikareise, zu fliegen. Hauptinhalt der letzten Besprechung mit Nasser dürfte die Frage einer möglichen neuen Konferenz der afrikanischen und asiatischen Staaten gewesen sein. China strebt ein solches Treffen nach dem Muster der Bandung-Konferenz von 1955 an, während Nasser bisher ebenso wie der indische Ministerpräsident Nehru eher an eine Konferenz der nichtgebundenen Staaten wie im September 1961 in Belgrad dachte. Insgesamt hat sich die chinesische Delegation für die Ägypter als ein ebenso zäher wie schwieriger Verhandlungspartner erwiesen. In öffentlichen Reden hat Tschou die ägyptische Rolle im Kampf gegen den westlichen Kolonialismus gelobt, sich aber zur Sozialpolitik und der inneren Lage Ägyptens auf nichtssagende Äußerungen beschränkt. Während seines Aufenthaltes in Kairo hat Tschou auch eine Einladung zu einem Besuch in Jemen angenommen.

Der Auschwitz-Prozeß vor dem Schwurgericht in Frankfurt eröffnet

22 ehemalige Bewacher des Konzentrationslagers Auschwitz angeklagt / Zu Beginn Streit über Verfahrensfragen

Bericht unseres Redaktionsmitgliedes

D. C. FRANKFURT, 20. Dezember. Vor dem im Frankfurter „Römer" tagenden Schwurgericht ist am Freitag der Prozeß gegen 22 ehemalige SS-Angehörige und Bewacher des Konzentrationslagers Auschwitz unter großem Andrang von Zuhörern und Journalisten eröffnet worden. In dem wohl berüchtigsten Vernichtungslager des Nazi-Regimes wurden nach Schätzungen des ersten Lagerkommandanten Höß während des Krieges zweieinhalb Millionen Menschen, überwiegend Juden, Polen, russische und polnische Kriegsgefangene sowie Zigeuner, insgesamt Opfer aus 23 Ländern, getötet. Den 22 Angeklagten, von denen sich neun — einige seit mehreren Jahren — in Untersuchungshaft befinden, wirft die Staatsanwaltschaft Mord oder Beihilfe zum Mord „in einer Vielzahl von Fällen" vor.

Gleich zu Beginn in dem bis auf den letzten Platz besetzten Sitzungssaal der Frankfurter Stadtverordnetenversammlung im „Römer" kam es zu einigen Verfahrensrügen und Anträgen von mehreren der achtzehn Verteidiger sowie zu einer Kontroverse mit dem SED-Anwalt Professor Kaul aus Ost-Berlin, der als Nebenkläger für „neun jüdische Bürger der Deutschen Demokratischen Republik" zugelassen werden wollte. Auf den Einwand des Rechtsanwalts Dr. Laternser, Kaul sei als Mitglied der SED nicht unabhängig, sondern vielmehr seiner Partei gegenüber weisungsgebunden, erwiderte dieser pathetisch, „als Angehöriger der SED, als Deutscher, als Bürger der Deutschen Demokratischen Republik, als Angehöriger einer jüdischen Familie, die Mitglieder in Auschwitz verloren hat, und als KZ-Häftling" fühle er sich unabhängig genug, um die Nebenkläger zu vertreten. Als der SED-Anwalt schließlich auf die „so heiß von allen Seiten begehrte Normalisierung in Berlin" hinwies und damit auf die Ausgabe der Passierscheine zu sprechen kam, schnitt der Schwurgerichtsvorsitzende, Landgerichtsdirektor Hofmeyer, bestimmt und souverän solchem Ausflug in die Politik den Weg ab. Das Gericht lehnte sodann Kaul als Vertreter der Nebenkläger vorerst ab, da aus dem von ihm vorgelegten Antrag nicht klar zu erkennen sei, daß seine Mandanten mit den ehemaligen Häftlingen des Konzentrationslagers verwandt seien. Nach dem Hinweis des Vorsitzenden, Kaul solle sich fortan als normaler Prozeßbeobachter verhalten, zog dieser seine Robe ostentativ aus und verließ den Saal.

Mit Zustimumng der Staatsanwaltschaft wurde das Verfahren gegen den ehemaligen Lagerarzt Dr. Franz Lucas zunächst abgetrennt. Lucas ist an einer Virusgrippe erkrankt; das Verfahren gegen ihn soll am nächsten Prozeßtermin, am 30. Dezember, aufgenommen werden. Der Antrag eines anderen Verteidigers, das Verfahren gegen seinen Mandanten, den Diplom-Ingenieur Dylewski, ebenfalls abzutrennen, da dieser nach einem amtsärztlichen Gutachten an „Kreislauflabilität" leide und deshalb einem sechs bis acht Monate dauernden Prozeß nicht gewachsen sei, wurde am Nachmittag vom Gericht abgelehnt. Die Staatsanwaltschaft sowie Rechtsanwalt Ormond, der Vertreter von 14 als Nebenkläger zugelassenen ehemaligen Häftlingen ist, hatten sich sofort gegen den Antrag gewandt. Ormond erklärte unter Hinweis auf die Dylewski zur Last gelegten Taten — wie die Auswahl zur Vergasung bestimmter Personen oder Erschießungen im Lager —, die Rücksichtnahme auf die Angeklagten in diesem Prozeß habe ihre Grenzen. Keinesfalls dürfe man dem Angeklagten die Gelegenheit geben, den Zeitpunkt der Hauptverhandlung gegen ihn selbst zu bestimmen. (Fortsetzung Seite 4, Spalten 3, 4 und 5.)

China in der Weltpolitik

Von Nikolas Benckiser

Die diplomatische Offensive, die der Außenminister Rotchinas, Tschou En-lai, mit seiner Reise nach Afrika unternimmt, erregt ein begreifliches Aufsehen in der politischen Welt. Aber erregender als diese spezielle afrikanische Unternehmung ist die Tatsache überhaupt, daß man in dieser Zeit China nun zum erstenmal, seitdem der Erdball eine überschaubare Einheit bildet, bei einer handfesten außenpolitischen Aktion im Weltmaßstab antrifft. Gewiß, auch das Reich der Mitte hat schon lange nicht mehr allen weltpolitischen Verstrickungen fernbleiben können. Aber gerade in einem Zeitpunkt, in dem es ungewöhnlich stark von der übrigen Welt isoliert lebt, stößt es vor mit eigener Initiative und ganz offensichtlich mit einem wohldurchdachten Aktionsplan, der sich in die großen Züge der Weltpolitik einschalten will. Alte Fäden von der Bandung-Konferenz, bei der man zum erstenmal Rotchina auf solche Weise aktiv sah, werden wiederaufgenommen. Der Streit mit Rußland, der den wirtschaftlichen Aufbau Chinas gehemmt hat, ist weit davon entfernt, auch seine außenpolitische Aktivität zu lähmen. Im Gegenteil: Das große China erscheint gerade durch ihn in den Augen der einen als ein begehrenswerter Partner, während für die anderen erst durch die Auseinandersetzung mit der Sowjetunion die Ideologie, die keineswegs zu den geringsten Karten im Spiel Chinas gehört, neue Strahlungskraft gewinnt. Das macht sich Peking zunutze.

Es ist ein Zeugnis für das Selbstbewußtsein — und Selbstbewußtsein ist hier ein schwacher Ausdruck — des roten Chinas, wenn sein Außenminister mit notgedrungen relativ leeren Händen seine Reise in die „Entwicklungsländer" antritt, die sich in dieser Zeit als Startfläche für den Ehrgeiz neuer Großmachtansprüche anbieten. Immerhin kann China auch auf diesem Gebiet das eine oder andere bieten, und zwar, weil auch auf diesem Gebiet sich geltend macht, was überhaupt zu den wichtigsten Grundlagen der verspätet bezogenen außenpolitischen Position dieses Landes gehört: nämlich einfach seine Größe. Der Staat braucht, ganz überschlägig gesprochen, von jedem seiner Einwohner nur ein Drittel von dem zu kassieren, was von Moskau oder Washington kassiert werden muß, um dieselbe für außenpolitische Wirksamkeit — sei es Rüstung, Entwicklungshilfe oder was sonst — einsetzbare Summe zur Verfügung zu haben. Dieser Umstand kann schon zu einem beträchtlichen Stück die Armut der Bewohner ausgleichen. Und darin liegen noch große stille Reserven, die um so eher realisierbar erscheinen, als man die Unerbittlichkeit, um nicht zu sagen Unmenschlichkeit, kennt, mit der das Regime in Peking mit seinen sechs- bis siebenhundert Millionen Menschen umspringt. Das ist den Politikern, die sich in der gegenwärtigen außenpolitischen Offensive Pekings angesprochen sehen, auch gegenwärtig.

Doch darüber hinaus ist die besondere Trumpfkarte gegenüber den Entwicklungsländern und ehemaligen Kolonialgebieten, bei denen Pekings Außenpolitik ansetzt, die Vorbildlichkeit, die China für sich in Anspruch nehmen kann: daß es sich der fremden Beherrschung und Bevormundung — auch derjenigen Rußlands — erfolgreich widersetzt habe, daß es eine revolutionäre Taktik entwickelt habe, deren Nachahmung — in Algerien — schon einmal einer antikolonialistischen Erhebung außerhalb Chinas zum Erfolg verholfen habe; daß es als Bauernland dabei sei, sich selbst am Schopfe aus dem Sumpf der Misere zu ziehen. Marxistische Heilsverkündigung, Bauernerhebung, nationalistische Bewegung, Antikolonialismus erscheinen hier auf einleuchtendere Art verknüpft, als sie in Rußland je verknüpft waren. Und wenn es sich gerade anbietet, wird auch das Rassenargument in der allgemeinsten Version: Farbige gegen weiße Kolonialisten, Neokolonialisten und Imperialisten, mit in den Topf geworfen.

Das rote China muß, wenn es nun das Feld der Außenpolitik in der Welt zu betreten entschlossen ist, sich dabei freilich deren Methoden anpassen. Es muß seine Thesen entsprechend den jeweiligen taktischen Bedürfnissen modifizieren; und es sieht sich mit den für dieses Feld kennzeichnenden Schwierigkeiten konfrontiert. Daß das den Chinesen bewußt ist, erfährt man auch aus ihrer Presse. Dort werden zum Beispiel nun ganz unbefangen Volksfrontmethoden anempfohlen. Die Vorkämpfer der Revolution sollen die patriotischen Elemente der nationalen Bourgeoisie an sich heranziehen und mit ihnen eine möglichst breite Front bilden. Nach den Unzuträglichkeiten, die sich Peking bereitete, als es bei seiner Frontstellung gegen Moskau den atomaren Krieg für unausweichlich zu halten schien, hat es mit subtilen Erklärungen den Standpunkt zwischen Krieg und Frieden modifiziert. Das Gradlinig-Absolute muß dem Nuancierten Platz machen.

Tschou En-lai ist in Kairo auch den Widersprüchen begegnet, in die auch eine Großmacht sich rasch verstrickt, wenn sie die Beziehungen nach verschiedenen Seiten hin entwickeln will; und er wird wohl im Verlauf seiner afrikanischen Reise noch weitere Erfahrungen dieser Art sammeln können. Zwischen Kairo und Algier, Algier und Rabat, zwischen Magadischu und Nairobi zum Beispiel ist nicht immer alles so einfach, wenn man auch mit den Nationalismen kalkuliert. So kann auch der Flirt, den manche Beobachter in den Beziehungen zwischen Peking und Paris herankommen sehen, leicht durch die afrikanischen Pläne Chinas in Mitleidenschaft gezogen werden.

Die neue Aktivität Rotchinas führt dazu, daß auch westliche Länder über das Verhältnis zu Peking nachdenken. Bisher hat Frankreich die stärkste Neigung gezeigt, Konsequenzen aus dem Eintritt Rotchinas in die Weltpolitik zu ziehen. Der elastische radikalsozialistische Politiker und frühere Ministerpräsident Edgar Faure hat China besucht, und man hat dort die dicksten roten Teppiche für ihn ausgerollt. Er soll als Anwalt der diplomatischen Anerkennung zurückgekommen sein, die in Frankreich von vielen befürwortet wird. Ihr stehen vorerst allerdings Hindernisse entgegen, die auch de Gaulle zu hoch sein dürften, mag er auch bereits in sein politisches Weltbild China als vierte große Machtgruppe (neben den USA, der UdSSR und Europa) eingeordnet haben und seine Politik an diesem Leitbild, das den Dualismus Washington—Moskau überwinden soll, orientieren. Wie dem auch sei, die unmittelbare Teilnahme Chinas an dem weltpolitischen Spiel gehört zu den neuen Tatsachen.

Weitere Besserung bei Brentano

MÜNCHEN, 20. Dezember (AP). Der Zustand des Vorsitzenden der CDU/CSU-Bundestagsfraktion, Dr. Heinrich von Brentano, hat sich weiter gebessert, wie aus einem am Freitagvormittag von der Chirurgischen Universitätsklinik in München herausgegebenen Bulletin hervorgeht. Brentano fühle sich schon wieder so wohl, daß er Lust habe, Zeitungen und Bücher zu lesen.

Mehr Zeit für Musterung

Eigener Bericht

O.D. BONN, 20. Dezember. Auf die Musterung von Wehrpflichtigen soll künftig mehr Zeit verwendet werden. Das Verteidigungsministerium hat am Freitag angeordnet, daß die Zahl der täglichen Musterungen von 35 auf 25 herabgesetzt wird. Die dadurch gewonnene Zeit soll der ärztlichen Untersuchung wie auch dem Anhören des Wehrpflichtigen vor dem Musterungsausschuß zugute kommen. In Zweifelsfällen sollen die fachärztlichen Untersuchungen vermehrt werden. Das Ministerium wies auf die Notwendigkeit hin, der modern ausgerüsteten Bundeswehr geeignete Wehrpflichtige zuzuführen. Deshalb sei eine Verbesserung der Untersuchungsmethoden erforderlich. Strengere Maßstäbe als bisher müßten bei der Entscheidung über Zurückstellungsanträge und UK-Vorschläge angelegt werden.

Brandt wahrscheinlich Vorsitzender

Eigener Bericht

R. BONN, 20. Dezember. Auf dem außerordentlichen Parteitag der Sozialdemokraten am 15. und 16. Februar wird nach allgemeiner Annahme Willy Brandt zum neuen Vorsitzenden der Partei gewählt werden. Willy Brandt ist bisher einer der beiden stellvertretenden Vorsitzenden — der andere ist Wehner — und seit Ollenhauers Erkrankung der amtierende Vorsitzende. Man nimmt an, daß als neuer stellvertretender Vorsitzender dem Parteitag Fritz Erler vorgeschlagen werden soll. Der Parteivorstand wird Mitte Januar den Wahlvorschlag an den Parteitag beschließen. Die Wahl des Vorsitzenden und seiner beiden Stellvertreter ist der einzige Punkt der Tagesordnung. Alles andere bleibt dem ordentlichen Parteitag im November in Karlsruhe vorbehalten. Die sozialdemokratische Bundestagsfraktion wird ebenfalls einen neuen Vorsitzenden wählen müssen, da Ollenhauer Partei- und Fraktionsvorsitzender zugleich war. Augenblicklich ist Erler amtierender Fraktionsvorsitzender und gilt deswegen als Favorit bei der Vorsitzendenwahl. Doch ist nicht ausgeschlossen, daß noch andere Kandidaten aufgestellt werden.

Umfang der heutigen Ausgabe:
50 Seiten und 6 Seiten in Tiefdruck

Mailänder Prozeß bis Januar vertagt

Eigener Bericht

Vo. MAILAND, 20. Dezember. Der Prozeß gegen die Südtiroler vor dem Mailänder Schwurgericht ist am Donnerstag nach siebentägiger Dauer bis zum 13. Januar vertagt worden. Den sechs Angeklagten, Roner, Alessandri, Scherer, Huber, Dissertori, Galmetzer, die am letzten Tag vernommen wurden, kam nur zweitrangige Bedeutung zu. Sie sind alle bei Eppan im Oberetsch, südlich von Bozen, in der näheren Heimat des Hauptangeklagten Josef Kerschbaumer zu Hause. Ihnen wird durchweg verbotener Sprengstoffbesitz zur Last gelegt. Der Landarbeiter Alessandri wies darauf hin, daß er sich darauf beschränkt habe, eine Grube für den Sprengstoff zu graben, ohne ihren Zweck zu kennen. Er habe angenommen, daß sein Bauer geschmuggelten Schnaps darin verstecken wolle. Der 23 Jahre alte Roner, einer der jüngsten Angeklagten, hat einen Hochspannungsmast gesprengt, Kerschbaumer habe ihm die dazu erforderlichen technischen Anweisungen erteilt.

Botschafter Mueller-Graaf gestorben

F.A.Z. BONN, 20. Dezember. Dr. Carl Hermann Mueller-Graaf, der deutsche Botschafter bei der Organisation für wirtschaftliche Zusammenarbeit und Entwicklung (OECD) in Paris, ist am Freitag in Bern im Alter von sechzig Jahren gestorben.

Mueller-Graaf, geboren am 8. Mai 1903 im oberschlesischen Schwientochlowitz, studierte Jura und Volkswirtschaft, legte die juristischen Staatsexamen ab und promovierte zum Doktor jur. Er war als Beamter im Reichswirtschaftsministerium und im Auswärtigen Amt tätig, zeitweilig auch in der Energiewirtschaft. 1949 wurde Mueller-Graaf Unterabteilungsleiter im Bundeswirtschaftsministerium, wo er zuletzt Ministerialdirigent war. Der auswärtige Dienst übernahm ihn Ende 1953 mit dem Rang eines Gesandten. Er erhielt die Leitung der deutschen Handelsdelegation in Wien. Die Eröffnung normaler diplomatischer Beziehungen zwischen Wien und Bonn war wegen des Einspruchs der Sowjetunion lange Zeit nicht möglich. Im Mai 1955 wurde Mueller-Graaf aus Wien abberufen, nachdem es wegen des deutschen Eigentums in Österreich zu einer Verstimmung in Bonn gekommen war. Nach drei Monaten kehrte Mueller-Graaf nach Wien zurück und wurde am 20. Dezember 1955 erster Botschafter der Bundesrepublik in Wien. Im April 1961 wurde er abgelöst und übernahm die Vertretung der Bundesrepublik bei der OECD in Paris. Der lebhafte und aufgeschlossene Diplomat hat sich um das Ansehen der Bundesrepublik im Ausland verdient gemacht und wurde auch außerhalb des auswärtigen Dienstes sehr geschätzt.

Anhaltender Frost

F.A.Z. FRANKFURT, 20. Dezember. Frost mit Temperaturen bis unter minus zehn Grad sagen die Meteorologen im Bundesgebiet auch für das Wochenende voraus. Schneefall ist kaum zu erwarten. (Siehe: „Deutschland und die Welt".)

16. Dezember, Montag

In Paris treffen für 40 Minuten der US-amerikanische Außenminister Dean Rusk und der französische Staatspräsident Charles de Gaulle zusammen. In dem Gespräch versichert de Gaulle, daß Frankreich keine Anerkennung der Volksrepublik China plane, es bemühe sich lediglich um bessere wirtschaftliche Beziehungen beider Länder.

Die 18. Session der UN-Vollversammlung nimmt Sansibar als 112. und Kenia als 113. Mitglied auf.

17. Dezember, Dienstag

Nach sechs Tage und Nächte währenden Verhandlungen wird im Amtssitz des Berliner Verkehrssenators in Berlin (West) eine Einigung über die Ausgabe von Passierscheinen für Besuche von Westberlinern in Berlin (Ost) in der Zeit vom 19. Dezember 1963 bis 5. Januar 1964 erzielt (→ 20. 12./S. 199).

US-Präsident Lyndon B. Johnson erleidet im Repräsentantenhaus in Washington eine schwere Niederlage. Mit 249 gegen 135 Stimmen setzt das Haus die Summe für die Auslandshilfe im kommenden Jahr mit einer weit unter der von Johnson geforderten Summe fest.

In Seoul, der Hauptstadt Südkoreas, tritt der neue Präsident Park Chung Hee sein Amt an. Er löst mit der neuen Regierung die seit Mai 1961 herrschende Militärjunta ab, deren Chef er ebenfalls war.

18. Dezember, Mittwoch

Der Appellationsgerichtshof der USA in Washington verwirft eine frühere Verurteilung der Kommunistischen Partei wegen Nichtvollzug einer Registrierungspflicht zur Kontrolle subversiver Betätigung in den USA.

In Melbourne stellt der Australier Ron Clarke im Langlauf mit 28:15,6 min über 10 000 m und 27:17,6 min über sechs Meilen zwei Weltrekorde auf.

19. Dezember, Donnerstag

Auf Anordnung von Bundesinnenminister Hermann Höcherl (CSU) wird der ehemalige SS-Hauptsturmführer Erich Wenger aus dem Bundesamt für Verfassungsschutz in das Bundesverwaltungsamt nach Köln versetzt.

Das größte Deichbauvorhaben der Bundesrepublik des Jahres 1963 wird vorfristig beendet. Nach einer Bauzeit von vier Monaten kann die letzte Lücke des drei km langen Schutzdeiches am Rüstersieler Watt bei Wilhelmshaven geschlossen werden. → S. 202

Bei einem Brand in einer Gemäldegalerie in Detroit fallen 35 Gemälde des spanischen Malers Pablo Picasso den Flammen zum Opfer. Der Schaden beträgt umgerechnet etwa zwei Millionen DM.

20. Dezember, Freitag

In Frankfurt am Main beginnt der Prozeß gegen 22 Angehörige der Wachmannschaften im ehemaligen Konzentrationslager Auschwitz. → S. 199

In Berlin (West) tritt das Passierscheinabkommen in Kraft. Tausende Westberliner können erstmals seit dem Mauerbau 1961 ihre Verwandten im Ostteil der Stadt besuchen. → S. 199

Der neue südvietnamesische Ministerpräsident Nguyên Ngoc Tho hebt das Moralgesetz landesweit auf. → S. 201

21. Dezember, Sonnabend

Die USA starten von Cape Kennedy den neuen 120 kg schweren Wettersatelliten »Tiros VIII«. Er ist mit einer neuartigen Kamera ausgerüstet, die in der Lage ist, Momentaufnahmen von Wolkenformationen zu machen.

Anläßlich des 70. Geburtstages von Regisseur Erwin Piscator am 17. Dezember findet im Theater in Frankfurt am Main eine von der Akademie der Darstellenden Künste organisierte Feier statt.

22. Dezember, Sonntag

Durch Entzünden der Flamme einer kruzifixförmigen Kerze in Washington beendet US-Präsident Lyndon B. Johnson die Staatstrauer in den Vereinigten Staaten von Amerika für den am → 22. November (S. 178) in Dallas ermordeten US-Präsidenten John F. Kennedy.

Der 20 314 BRT große Passagierdampfer »Lakonia« treibt mit Schlagseite brennend auf dem Atlantik. Die 1032 Passagiere und Besatzungsmitglieder müssen das Schiff verlassen. 876 von ihnen konnten bisher von anderen Schiffen gerettet werden. → S. 203

Mit Hilfe mehrerer Eisbrecher bemühen sich die Schiffahrtsbehörden der DDR um die Freihaltung des Mittellandkanals und der Magdeburger Binnenhäfen, wo das Eis schon 6 cm dick ist.

23. Dezember, Montag

Nach insgesamt 120 Stunden Dauerberatungen gelingt es dem Ministerrat der Europäischen Wirtschaftsgemeinschaft (EWG) in Brüssel, eine Einigung in entscheidenden Fragen der Agrar- und Außenhandelspolitik zu erzielen.

Die Flughafen in Berlin (West) und Frankfurt am Main müssen zeitweise wegen zu dichten Nebels gesperrt werden, so daß es zu erheblichen Behinderungen im sehr belasteten Vorweihnachtsverkehr kommt. → S. 207

24. Dezember, Dienstag

Im Verlauf der seit Tagen anhaltenden blutigen Auseinandersetzungen zwischen griechischen und türkischen Zyprioten wird der Palast von Erzbischof Makarios III. in Nikosia beschossen (→ 29. 12./S. 200).

In Berlin (West) bestellen sich 1700 Familien bei der studentischen Arbeitsvermittlung einen Weihnachtsmann für die abendliche Bescherung. → S. 207

25. Dezember, 1. Weihnachtstag

An der Berliner Mauer wird der 18 Jahre alte Elektrikerlehrling Paul Schultz bei

seinem Fluchtversuch nach Berlin (West) von DDR-Grenzern erschossen. → S. 198

In seiner Weihnachtsansprache unterstreicht Bundeskanzler Ludwig Erhard die Zusammengehörigkeit des deutschen Volkes. → S. 207

Papst Paul VI. appelliert in der traditionellen Weihnachtsmesse an die Menschheit, auf Waffengewalt künftig zu verzichten. → S. 206

Pünktlich zum Weihnachtsfest zeigt sich der Dom zu Speyer wieder in alter Größe, nachdem die Renovierungsarbeiten abgeschlossen wurden. → S. 202

26. Dezember, 2. Weihnachtstag

Die Tschechoslowakei und Ungarn haben für ihre Staatsbürger im gegenseitigen Reiseverkehr den Paß- und Visumzwang abgeschafft. Ab 1. Januar 1964 benötigen sie für den Grenzübertritt lediglich ein für alle erhältliches Einlegeblatt in den Personalausweis.

Nach dem sehr kalten Heiligabend setzt in ganz Deutschland Tauwetter ein. Binnen kurzem steigen die Temperaturen um 15° C, so daß viele Straßen wegen Glatteis kaum passierbar sind. → S. 207

27. Dezember, Freitag

Der Vertreter der US-amerikanischen Regierung in Berlin (West) protestiert bei dem sowjetischen Botschafter Pjotr A. Abrassimow in der DDR wegen der Erschießung des Jugendlichen Paul Schultz an der Berliner Mauer am → 25. Dezember (S. 198).

Vom Köln-Bonner Flughafen Wahn startet Bundeskanzler Ludwig Erhard (CDU) zu einem dreitägigen Besuch des US-Präsidenten Lyndon B. Johnson. → S. 199

28. Dezember, Sonnabend

Der Sicherheitsrat der Vereinten Nationen (UN) tritt in New York zu einer Sondersitzung über den griechisch-türkischen Konflikt auf der Insel Zypern zusammen (→ 29. 12./S. 200).

Der polnische Parteichef Władysław Gomułka macht in seiner Rede anläßlich der Einweihung des Erdölkombinates in Plock die Normalisierung der Beziehungen zur Bundesrepublik von der Zustimmung Bonns zu einer atomwaffenfreien Zone in Mitteleuropa abhängig.

29. Dezember, Sonntag

Die griechische Regierung in Athen versetzt ihre Flotte in Alarmbereitschaft wegen der militärischen Auseinandersetzungen auf der Insel Zypern. → S. 200

Bei den in Garmisch-Partenkirchen stattfindenden Ausscheidungskämpfen zwischen der DDR und der Bundesrepublik für die Olympischen Winterspiele 1964 in Innsbruck kann in den Nordischen Disziplinen die DDR acht von den zehn besten Rängen besetzen.

Das Wrack des griechischen Fahrgastschiffes »Lakonia«, auf dem in der Nacht

zum 23. Dezember ein Feuer ausgebrochen war, sinkt auf der Schleppfahrt nach Gibraltar (→ 22. 12./S. 203).

30. Dezember, Montag

Die Bundesregierung in Bonn fordert in einer offiziellen Note an Frankreich die Auslieferung des Anfang des Jahres in München entführten Antoine Argoud. Den ehemaligen Führer der rechtsextremistischen Organisation OAS verurteilt das Gericht in Paris am gleichen Tag zu einer lebenslangen Haftstrafe. → S. 200

Die türkischen und griechischen Kontrahenten vereinbaren auf Zypern, die Truppen beider Volksgruppen von der Waffenstillstandslinie in Nikosia abzuziehen sowie eine neutrale Zone mit britischen Soldaten zu schaffen (→ 29. 12./S. 200).

Zum Mann des Jahres 1963 wählt die US-amerikanische Zeitschrift »Time« den US-amerikanischen Bürgerrechtskämpfer Martin Luther King. → S. 201

31. Dezember, Dienstag

In seiner Neujahrsansprache an das deutsche Volk ruft Bundespräsident Heinrich Lübke zur Wachsamkeit auf und betont den defensiven Charakter der Bundeswehr (→ 25. 12./S. 207).

König Paul von Griechenland vereidigt in Athen ein Sachwalterkabinett, das die Neuwahlen am 16. Februar 1964 vorbereiten wird. → S. 200

Gestorben:

5. München: Karl Amadeus Hartmann (*2. 8. 1905, München), deutscher Komponist, Leiter der »Musica viva«.

12. Stuttgart: Theodor Heuss (*31. 1. 1884, Brackenheim), erster Präsident der Bundesrepublik Deutschland. → S. 198

14. Bonn: Erich Ollenhauer (*27. 3. 1901, Magdeburg), deutscher SPD-Politiker, Parteivorsitzender. → S. 198

18. Hamburg: Winfried Zillig (*1. 4. 1905, Würzburg), deutscher Komponist und Dirigent.

25. Paris: Tristan Tzara (*16. 4. 1896, Moineşti), rumänisch-französischer Schriftsteller.

28. Frankfurt am Main: Paul Hindemith (*16. 11. 1895, Hanau am Main), deutscher Komponist.

Geboren:

11. Saarbrücken: Claudia Kohde-Kilsch, deutsche Tennisspielerin.

Das Wetter im Monat Dezember

Station	Mittlere Lufttemperatur (°C)	Niederschlag (mm)	Sonnenscheindauer (Std.)
Aachen	— (3,1)	— (62)	— (49)
Berlin	−2,7 (0,7)	— (41)	— (36)
Bremen	— (2,2)	— (54)	— (33)
München	— (−0,7)	— (44)	— (41)
Wien	−4,3 (0,9)	13 (51)	49 (—)
Zürich	−3,0 (0,2)	2 (73)	50 (37)

( ) Langjähriger Mittelwert für diesen Monat
— Wert nicht ermittelt

PARIS MATCH

N° 767 / 21 DÉCEMBRE 1963 / 1,20 F

LE ROMAN DE JACKIE KENNEDY

CETTE SEMAINE LE MARIAGE

Noël en couleurs Notre Dame de Paris a 800 ans

Les vitraux de la rose ouest montrent les douze signes du zodiaque. Ici celui de la Vierge. Ce sont les plus anciens de Notre-Dame. Ils datent du treizième siècle.

Alt-Bundespräsident Theodor Heuss stirbt

12. Dezember. In seinem Stuttgarter Heim stirbt im Alter von 79 Jahren der erste Präsident der Bundesrepublik Deutschland, der Liberaldemokrat Theodor Heuss.

Am Tag zuvor hatte Heuss das Bewußtsein verloren und bis zu seinem Tode nicht mehr wiedererlangt. Als Todesursache geben die Ärzte Kreislaufschwäche und einen völligen Kräfteverfall an.

Nach dem Ende seiner zweiten Amtszeit im Jahr 1959 zog sich Theodor Heuss in seinen Privatsitz auf dem Stuttgarter Killesberg zurück.

Bundeskanzler Ludwig Erhard (CDU) drückt mit seinen Worten wohl das Gefühl der meisten Bundesbürger aus, als er sagt, mit Theodor Heuss sei »ein großer Deutscher, in dem sich Geist, Humanität und politische Verantwortung zu einem Ganzen vereinigen«, gestorben.

Der Name Theodor Heuss ist untrennbar mit der Entstehungsgeschichte der Bundesrepublik verknüpft. Schon bevor er im Jahr 1949 in das höchste Staatsamt gewählt wurde, prägte er, aus den Erfahrungen der Zeit des Nationalsozialismus seine Liberalität konsequent verfechtend, das Grundgesetz in entscheidender Weise mit.

Zu seinem Amt als Staatsoberhaupt sagte er: »Mir scheint, daß dieses Amt keine Ellbogen vertragen kann, ... sondern daß es als ausgleichende Kraft vorhanden sein muß.«

△ *Nach dem Trauergottesdienst und einem Staatstrauerakt im Stuttgarter Landtag wird der verstorbene erste Bundespräsident, Theodor Heuss, auf dem Stuttgarter Waldfriedhof beigesetzt; Bundespräsident Heinrich Lübke sowie Vertreter der Regierung sind zu den Feierlichkeiten gekommen; das Bild zeigt den feierlichen Trauerzug in Stuttgarts Straßen auf dem Weg zum Friedhof*

◁ *Nach dem Zweiten Weltkrieg setzte sich Theodor Heuss für eine demokratische Erneuerung Deutschlands ein; 1949 wurde der engagierte Politiker zum ersten Präsidenten der Bundesrepublik gewählt; das Foto zeigt ihn bei der Vereidigung*

Etappen im Leben des Theodor Heuss

Theodor Heuss wurde am 31. Januar 1884 in der schwäbischen Stadt Brackenheim geboren. Nach dem Studium der Nationalökonomie, Staatswissenschaft und Kunstgeschichte in Berlin und München promovierte er 1905. Anschließend, bis 1912, war er zunächst für den literarischen, ab 1907 für den politischen Teil der sozialliberalen Zeitschrift »Die Hilfe« als Redakteur tätig. 1922 wurde Heuss Geschäftsführer des 1907 gegründeten und 1933 von den Nationalsozialisten verbotenen Deutschen Werkbundes. Zu diesem Zeitpunkt vertrat Heuss auch die linksliberale Deutsche Demokratische Partei als Bezirksverordneter in Berlin-Schöneberg, von 1924 bis 1928 und von 1930 bis 1933 als Abgeordneter des deutschen Reichstages. Nach dem über ihn 1936 von den Nationalsozialisten verhängten Publikationsverbot schrieb er unter dem Pseudonym Thomas Brackheim. 1948 wurde er Vorsitzender der neugegründeten FDP und in den parlamentarischen Rat delegiert, wo er als Fraktionsvorsitzender der FDP maßgeblich an der Abfassung des Grundgesetzes mitwirkte.

Staatsbegräbnis für den SPD-Vorsitzenden

14. Dezember. In der Bonner Universitätsklinik stirbt der 62jährige SPD-Vorsitzende Erich Ollenhauer an einer Lungenembolie.

Ollenhauer, der am 27. März 1901 in Magdeburg geboren wurde, trat bereits als 15jähriger in die Sozialistische Arbeiterjugend ein, deren Vorsitz er im Jahr 1928 übernahm. 1933 wurde er Mitglied des Parteivorstands der SPD.

1946 kehrte Ollenhauer nach Deutschland zurück und übernahm unter Kurt Schumacher den stellvertretenden Parteivorsitz der SPD in den Westzonen. Nach dem Tod Schumachers 1952 wurde Ollenhauer dessen Nachfolger als Parteiführer. Mit der Annahme des Godesberger Programms 1959 leitete Ollenhauer die Umwandlung der SPD in eine Volkspartei ein.

Am Sarg des verstorbenen SPD-Vorsitzenden Erich Ollenhauer halten (v. l.) Herbert Wehner, Alfred Nau, Carlo Schmid und Fritz Erler die Totenwache

Tödliche Schüsse an Berliner Mauer

25. Dezember. Bei seinem Versuch, über die Grenze von Berlin (Ost) nach Berlin (West) zu flüchten, wird der 18jährige Paul Schultz von DDR-Grenzposten erschossen.

Der Jugendliche, ein Elektrikerlehrling aus der Bezirksstadt Neubrandenburg, wollte gemeinsam mit einem gleichaltrigen Freund zwischen dem Ostberliner Bezirk Mitte und dem Westberliner Bezirk Kreuzberg in den Westteil der Stadt gelangen. Beim Überklettern der Mauer wird Schultz von mehreren Schüssen getroffen, so daß er verletzt auf Kreuzberger Gebiet fällt. Wenig später verstirbt er im Krankenhaus.

Der Tod von Schultz am ersten Weihnachtsfeiertag empört Bevölkerung und Regierung in der Bundesrepublik gleichermaßen.

20 000 Heimkehrer demonstrieren in Bonn

10. Dezember. Etwa 30 000 ehemalige Kriegsheimkehrer fordern in einem Protestmarsch durch die Bundeshauptstadt und mit einer Abschlußkundgebung auf dem Bonner Marktplatz eine bessere Entschädigung für ehemalige Kriegsgefangene des Zweiten Weltkriegs.

Auf den mitgeführten Spruchbändern steht u. a. »Dank des Vaterlandes, Phrasen nichts als Phrasen«, oder, adressiert an den Bundeskanzler Ludwig Erhard (CDU), »Ludwig, denke an die nächsten Wahlen« und »Renten statt Kanonen«.

Die Kriegsopferrenten sind schon seit längerem Gegenstand innenpolitischer Auseinandersetzungen. Seit 1960 blieben sie unverändert, außerdem ist bis in das Jahr 1963 nicht einmal der volle Entschädigungsanspruch der Versehrten gesetzlich anerkannt. Besonders empört sind die Heimkehrer über den Beschluß der Bundesregierung, im kommenden Etat nur 37 Millionen DM als Ent-

Für eine gerechte Entschädigung für ihre oft jahrelange Gefangenschaft sowie die Erhöhung der Renten demonstrieren diese ehemaligen Kriegsgefangenen

schädigung bereitzustellen. Sie fordern eine einmalige Schlußentschädigung in Höhe von 800 Millionen DM in kürzester Zeit.

Den schon seit längerem geplanten Schweigemarsch bezeichnet Bundeskanzler Erhard auf einer Pressekonferenz als »schlechten Stil«.

Die Hoffnung auf Passierscheine erfüllt sich

20. Dezember. Am frühesten Morgen passieren erstmals nach dem 22. August 1961 wieder Berliner aus dem Westteil der Stadt die Sektorengrenze nach Berlin (Ost). Bis mittags sind bereits für 170 000 Westberliner Passierscheine zu einem Besuch ihrer Verwandten in Berlin (Ost) ausgestellt – am Schluß der Aktion, am 5. Januar 1964, werden es insgesamt eine Million sein.

Nach zähen Verhandlungen zwischen den Behörden aus Ost und West kam es am 17. Dezember zur Einigung über ein Passierscheinabkommen, durch das sich nach dem Mauerbau 1961 nun endlich die Sektorenübergänge für die Bewohner von Berlin (West) wieder öffnen. In der gemeinsamen Erklärung der Bundesregierung und des Senats von Berlin (West) heißt es dazu:

»Die Vereinbarung über die Regelung dient – worüber alle für den Status von Berlin verantwortlichen Stellen übereinstimmen – ausschließlich dem Gebot der Menschlichkeit.« Mit diesem Statement stellen die westlichen Vertreter klar, daß die Gespräche mit der DDR nicht deren Anerkennung bedeute. Außerdem sei Berlin (West) ein Teil der Bundesrepublik.

Stundenlang stehen diese Westberliner vor den Passierscheinstellen, damit sie nach zwei Jahren ihre Ostberliner Verwandten wieder besuchen können; bis zum 5. Januar 1964 werden insgesamt eine Million Passierscheine ausgestellt

Frühere Angehörige der SS vor Gericht

20. Dezember. Das Schwurgericht von Frankfurt am Main eröffnet den Prozeß gegen 22 ehemalige Angehörige der Nationalsozialistischen Organisation SS und Bewacher des Konzentrationslagers Auschwitz.

Die Staatsanwaltschaft wirft den Angeklagten Mord oder Beihilfe zum Mord in einer Vielzahl von Fällen vor. Die Angeklagten behaupten, bis auf den am schwersten beschuldigten früheren SS-Oberscharführer und Angehörigen der Lagergestapo, Wilhelm Boger, der NSDAP und auch der SS nur gezwungenermaßen beigetreten zu sein.

In Auschwitz, dem wohl berüchtigtsten Konzentrationslager des faschistischen Deutschland, wurden während des Zweiten Weltkrieges über zweieinhalb Millionen Menschen ermordet. Es waren in der Mehrzahl Juden, Polen und russische Kriegsgefangene, die hier den NS-Verbrechern zum Opfer fielen.

Erhard-Besuch bei Johnson in Texas

27. Dezember. Bundeskanzler Ludwig Erhard (CDU) trifft zu Gesprächen mit dem US-amerikanischen Präsidenten Lyndon B. Johnson auf dessen Farm in Texas ein.

Auf der »L. B. J.-Ranch« bei Stonewall konferieren die beiden Regierungschefs, unterstützt von ihren Außenministern Dean Rusk und Gerhard Schröder (CDU), an zwei Tagen über aktuelle Probleme.

Am ersten Tag widmen sich die Gesprächspartner vor allem einem Meinungsaustausch zum Stand der Ost-West-Beziehungen. Erhard erklärt u. a., daß eine Verlängerung des Passierscheinabkommens für die Bewohner von Berlin (West) nur als Fortsetzung einer humanitären Maßnahme möglich sei, nicht aber als Verhandlung mit der DDR oder als deren Anerkennung verstanden werden dürfe.

Am folgenden Tage stehen vor allem die Ergebnisse der Brüsseler Konferenz der Europäischen Wirtschaftsgemeinschaft (EWG) auf dem Programm. Die Vertreter der EWG-Staaten hatten sich dort am 23. Dezember über eine gemeinsame Position zur sog. Kennedy-Runde über Zoll-Fragen zwischen der EWG und den USA geeinigt.

Kampfhandlungen auf der Insel Zypern

29. Dezember. Die griechische Regierung setzt ihre Flotte in erhöhte Alarmbereitschaft, nachdem es zu blutigen Auseinandersetzungen zwischen griechischen und türkischen Zyprioten in der Inselhauptstadt Nikosia gekommen ist.

Anlaß für die bürgerkriegsähnlichen Kämpfe ist die Annullierung der für zyprische Türken verfassungsmäßig garantierten Sonderrechte in Regierung und Verwaltung durch Staatspräsident Erzbischof Makarios III. Er gesteht den Türken nur kulturelle und religiöse Autonomie zu.

Das Zypern-Problem reicht bis ins 19. Jahrhundert zurück, als griechische Zyprer den Anschluß an Griechenland forderten. Diese gegen die türkische Herrschaft gerichteten Bestrebungen führten 1931 zu einem erfolglosen Aufstand und nach dem Zweiten Weltkrieg zu weiteren Terroraktionen. An die Spitze dieser Enosis (Anschluß)-Bewegung stellte sich 1950 das Oberhaupt der zypriotisch-orthodoxen Kirche, der Erzbischof Makarios III.

Die griechisch-nationalistische Wi-

Wegen zwischen türkischen und griechischen Truppen ausgebrochener Kämpfe auf der Insel Zypern werden türkische Familien aus Nikosia evakuiert

derstandsorganisation Ethniki Organosis Kiprion Agoniston (EOKA) führte seit 1955 einen Guerillakampf gegen die türkischen Zyprer. Als 1959 die Unabhängigkeit Zyperns von Großbritannien beschlossen wurde, einigte man sich auf die Anwesenheit türkischer und griechischer Truppen auf der Insel.

Während die zum Staatspräsident Zyperns gewählte Erzbischof 1960 die Unabhängigkeit der Insel proklamierte, fordert die EOKA weiterhin den Anschluß an Griechenland.

Lebenslang Kerker für Antoine Argoud

30. Dezember. Der Sondergerichtshof für Staatssicherheit in Paris verurteilt den ehemaligen Führer der rechtsextremen französischen Terrororganisation OAS, Antoine Argoud, zu lebenslänglicher Haft.

Die Anklage wirft ihm Mittäterschaft bei einem bewaffneten Aufstand sowie eine Verschwörung gegen die Staatssicherheit vor. Das Strafmaß für dieses Vergehen ermöglicht dem Gericht die Verhängung der Todesstrafe.

Oberst Argoud

Seit dem Beginn der Verhandlung am 20. Dezember äußert sich Argoud, dessen Verteidigung sechs Rechtsanwälte übernommen haben, mit keinem Wort zu den gegen ihn erhobenen Vorwürfen. Mit demonstrativ gelangweilter Miene verfolgt er den Prozeßablauf (→ 26. 2./S.33).

Papandreu erklärt Rücktritt

31. Dezember. König Paul von Griechenland vereidigt ein durch den Rücktritt des Ministerpräsidenten Jeorjios Papandreu notwendig gewordenes Sachwalterkabinett, dessen Aufgabe es ist, Neuwahlen für den 16. Februar 1964 vorzubereiten. Dieser provisorischen Regierungs-

bildung ging eine fast achtwöchige Regierungskrise voraus.

Bei den Parlamentswahlen vom 3. November erlitt die nationalradikale Partei (ERE) des früheren, am → 11. Juni (S. 97) zurückgetretenen griechischen Ministerpräsidenten, Konstandinos Karamanlis, eine Niederlage. Am 6. November beauftragte König Paul den Führer des Vereinigten Zentrums, Papandreu, mit der Bildung der 30. Nachkriegsregierung, die er zwei Tage später vereidigte. Am 9. Dezember gab Karamanlis bekannt, daß er sich aus der Politik zurückziehen und das Land verlassen werde.

In dieser Situation traten zahlreiche Mitglieder der ERE in Papandreus Vereinigtes Zentrum über, wodurch sich die Widersprüche in dieser Partei - in ihr befinden sich ebenfalls linksorientierte Kräfte - erheblich vergrößerten. Am 24. Dezember reichte Papandreu seinen Rücktritt ein, da er sich außerstande sah, in dieser instabilen Lage eine konsequente Regierungspolitik zu betreiben. Von Neuwahlen verspricht sich Papandreu eine Wiederherstellung seiner gefährdeten Autorität.

Der griechische Ministerpräsident Jeorjios Papandreu tritt zurück

Regierungsbildung in Italien

5. Dezember. Nach fast dreiwöchigen Verhandlungen der Koalitionsparteien vereidigt der italienische Staatspräsident Antonio Segni den neuen Ministerpräsidenten Aldo Moro, der bereits am Vortag sein Kabinett vorstellte.

Schon am 11. November beauf-

In Rom stellt der neue Ministerpräsident Aldo Moro sein Kabinett vor

tragte Segni den Generalsekretär der Christdemokraten mit der Bildung einer neuen Regierung. Die Verhandlungen unter den vier Koalitionspartnern gestalteten sich zum Teil äußerst schwierig. So drohte der Versuch einer neuen Kabinettsbildung zu scheitern, als die Sozialisten auf der Übertragung des Haushaltsministeriums an den jungen Antonio Giolitti bestanden. Der Sozialdemokrat Giuseppe Saragat, neuer Außenminister, reagierte hierauf mit den Worten: »Wenn Giolitti ins Haushaltsministerium geht, dann kann ich auch meinen Portier in das Außenministerium schicken.« Schließlich einigten sich die Christdemokraten (16 Kabinettsmitglieder), Sozialisten (sechs Mitglieder), Sozialdemokraten (drei Mitglieder) und Republikaner (ein Mitglied) auf eine gemeinsame personale und sachliche Grundlage für die neue Legislaturperiode.

In seinem Programm streicht das neue Kabinett erstmals seit Kriegsende in einer italienischen Regierungserklärung die bis dahin üblichen antikommunistischen Passagen des Textes.

Kronkolonie Kenia wird unabhängiges Land

12. Dezember. Kenia, die ehemalige britische Besitzung in Ostafrika, erhält als 34. Staat des schwarzen Kontinents seine Unabhängigkeit.

In den Morgenstunden überreicht Prinz Philip, Herzog von Edinburgh, dem ersten Ministerpräsidenten, Jomo Kenyatta, die Unabhängigkeitsdokumente. Bei der nächtlichen Feier in dem in Unabhängigkeitsarena umbenannten Stadion der Hauptstadt Nairobi wird die britische Flagge eingeholt und die schwarz-rot-grün-weiße Flagge des neuen Staates gehißt.

68 Jahre lang war Kenia Protektorat und Kolonie Großbritanniens. An der Unabhängigkeitsfeier nehmen etwa 50 000 Menschen, unter ihnen mehr als 2000 Gäste aus dem Ausland, teil. In den Straßen ertönt aus dem Jubel der Menschenmenge immer wieder der Ruf »Harambi« (Zusammenarbeit) als Bejahung des Appells von Kenyatta zur Gemeinsamkeit aller Rassen in Kenia.

Mit Kenia wird erstmals ein afrikanisches Land auf friedlichem Wege selbständig, in dem vier Rassen nebeneinander existieren. Von den 8,6 Millionen Menschen, die in Kenia leben, sind rund 8,3 Millionen Afrikaner, 176 000 Inder und Pakistani, 34 000 Araber und 56 000 Europäer. Der bedeutsamste Garant für das Gedeihen des friedlichen Zusammenlebens ist die ausgleichende, auf Integration angelegte Politik Jomo Kenyattas.

Trotz der Verständigungsbereitschaft der verschiedenen Volksgruppen existieren allerdings noch Spannungen. Erst wenige Tage zuvor kam es zu Überfällen von Somalis auf kenianische Polizeistationen.

Feierliche Zeremonie im Stadion von Nairobi zur Unabhängigkeit Kenias; am Rednerpult Prinz Philip, rechts neben im Ministerpräsident Jomo Kenyatta

Einsatz der Armee während der Wahlen

1. Dezember. In Venezuela wählen drei Millionen Wahlberechtigte den Präsidenten, den Kongreß, die Parlamente der 20 Bundesstaaten sowie die Gemeindeparlamente.

Die Mehrzahl der Stimmen erhalten zumeist Kandidaten der gemäßigten, sozial-liberal orientierten Partei; zum Präsidenten wird Raoul Leoni gewählt. Bei der in einer bürgerkriegsähnlichen Atmosphäre stattfindenden Abstimmung bietet die antikommunistische Regierung des südamerikanischen Landes die gesamten Truppen auf, um den angekündigten Aktionen der Streitkräfte für nationale Befreiung (FALN) zu begegnen.

Raoul Leoni

Die kommunistisch ausgerichtete FALN drohte, die Wahlen gewaltsam zu verhindern (→ 5. 10./S. 165).

Sultanat Sansibar erhält Souveränität

10. Dezember. Als Vertreter der britischen Königin proklamiert Prinz Philip, Herzog von Edinburgh, die Unabhängigkeit der ehemaligen Kolonie Sansibar.

Das Sultanat, bestehend aus den Inseln Sansibar und Pemba, ist mit einer Gesamtfläche von 2640 km² der kleinste Staat im Commonwealth. Die Bevölkerung von etwa 320 000 Einwohnern setzt sich aus 250 000 Afrikanern, 50 000 Arabern und 20 000 Indern zusammen. Die seit jeher bestehenden ethnischen Gegensätze zwischen diesen drei Gruppen belasten den neuen Staat. Als bedeutende politische Kraft gilt die oppositionelle Afro-Shirazi-Partei. Sie hat ihre Anhänger unter den zumeist unterprivilegierten Afrikanern, die sich als die Ureinwohner der beiden Inseln betrachten.

Die arabischen Einwohner, deren Nationale Partei die Regierung bildet, verfügen über einen gehobenen Bildungsstand und besitzen seit Jahrhunderten die Vorherrschaft. Schon im Januar 1964 kommt es zu blutigen Auseinandersetzungen zwischen den beiden Gruppen.

Saigon gegen Moralgesetz

20. Dezember. Der südvietnamesische Ministerpräsident Nguyên Ngoc Tho hebt das Moralgesetz landesweit auf. Das Gesetz verbot die Prostitution, den Verkauf von Alkohol an Personen unter 18 Jahren, den Gebrauch von Verhütungsmitteln, Schwangerschaftsunterbrechung sowie öffentliche Schönheitswettbewerbe, Tanzveranstaltungen, das Berufsboxen und Hahnenkämpfe. Initiatorin dieses Moralgesetzes war die inzwischen ins Pariser Exil emigrierte Frau des Präsidentenbruders Ngô Đinh Nhu. Nhu und Präsident Ngô Đinh Diêm wurden während des Militärputsches am → 2. November (S. 186) ermordet. Vor allem die Unterdrückung des buddhistischen Glaubens war Ursache für deren Sturz.

Die 39jährige Madame Nhu, First Lady des Landes und Katholikin, war bestrebt, das eigentlich buddhistische Südvietnam in einen katholischen Staat zu verwandeln. 1958 begann sie deshalb, in das Regierungsgeschehen einzugreifen. Sie setzte die neuen Moralgesetze durch, Gesetze, die sich gegen das asiatische Lebensgefühl wandten und die traditionelle Gesellschaftsordnung umzustürzen schienen. »Gleichsam über Nacht wurde dem tropischleichtlebigen Südvietnam ein wesensfremder, alle asiatische Tradition verletzender Moralismus oktroyiert« bemerkte die Schweizer »Weltwoche« dazu.

Madame Nhu (l.) mit ihrer Tochter Le Thuy in den Vereinigten Staaten

King aus Atlanta

30. Dezember. *Vom US-amerikanischen Nachrichtenmagazin »Time« wird der US-amerikanische Bürgerrechtskämpfer Martin Luther King zum Mann des Jahres gewählt. Der 1929 in Atlanta geborene King, Baptistenprediger in Montgomery (Alabama), setzt sich in den USA für einen friedlichen Weg zur Rassenintegration ein (Abb.).*

Die katholische Liturgie wird reformiert

4. Dezember. In Rom verkündet Papst Paul VI. in einer öffentlichen Schlußsitzung der zweiten Konzilsperiode die Konstitution über die heilige Liturgie und das Dekret über die aktuellen Kommunikationsmittel (Presse, Funk, Film, Fernsehen und Literatur).

In der vorangegangenen Abstimmung wurde die Konstitution der Liturgie mit 2147 placet-Stimmen gegen vier non-placet-Stimmen angenommen. Das Dekret über die Kommunikationsmittel erhielt 1960 placet-Stimmen und 164 non-placet-Stimmen. Durch seine Verwandlung in eine Konstitution hat die neue Liturgie Gesetzeskraft.

Seit genau 400 Jahren, seit dem 4. Dezember 1563, an dem die liturgischen Beschlüsse des Konzils von Trient verabschiedet wurden, ist die Form des Gottesdienstes in der römisch-katholischen Kirche nahezu unverändert geblieben. Bei den Diskussionen um die neue Konstitution ging es im wesentlichen um die innere Erneuerung der katholischen Kirche, wenn auch von äußeren Re-

Papst Paul VI. im Petersdom, wo in einer öffentlichen Schlußsitzung die Ergebnisse der zweiten Konzilsperiode in feierlicher Form verkündet werden

formen, wie z. B. der Verwendung der Muttersprache in der heiligen Messe, die Rede war. Im Zentrum der neuen liturgischen Konstitution steht das Verständnis der Liturgie als Feier der Gemeinde. Sie ist, so wird festgestellt, öffentlicher Kult und ihr Gemeinschaftscharakter verlangt den dialogischen Vollzug.

Da hierin für die Glaubensgemeinde die Gegenwart Christi erfahrbar und sein Wort lebendig wird, soll im Gottesdienst mehr, passender und abwechslungsreicher aus der Heiligen Schrift gelesen werden. Die Schriftlesung bedarf der Homilie, also der Predigt, weshalb sie in den Ritus miteinzubeziehen ist.

Dom zu Speyer ist restauriert

25. Dezember. *Termingerecht zum Weihnachtsfest können die Restaurierungsarbeiten am Speyerer Dom beendet werden. Auf Empfehlung der Denkmalspfleger des Landes Rheinland-Pfalz wurde der Fußboden der im Jahre 1030 von Kaiser Konrad II. begonnenen dreischiffigen Basilika mit Querhaus (um 1106 vollendet) bis zu 70 cm tiefer auf sein ursprüngliches Niveau gelegt und eine elektrische Heizung eingebaut. Der Fußboden war nach dem großen Brand von 1689 erhöht worden. Man hatte damals den Ruinenschutt des Langhauses vermutlich nicht abgetragen, sondern nur eingeebnet.*

Deichbau vor Frist beendet

19. Dezember. *Nicht weit von der am Jadebusen gelegenen Stadt Wilhelmshaven kann die letzte Lücke eines Schutzdeiches vorzeitig geschlossen werden. Damit ist das größte Deichbauvorhaben der Bundesrepublik des Jahres 1963 beendet, der drei Kilometer lange Schutz am Rüstersieler Watt ist fertiggestellt (Die Abb. zeigt die Bauarbeiten). Bei dem Bau des Deiches verwertete man die Erfahrungen der großen Flutkatastrophe vom Februar des vergangenen Jahres an der Nordseeküste. Damals drückte das Wasser durch einen orkanartigen Nordweststurm die Schutzanlagen entzwei.*

Die »Santa Maria« im New Yorker Hafen

1. Dezember. Mit einer Nachbildung vom Flaggschiff des Amerika-Entdeckers Christoph Kolumbus, der »Santa Maria«, als Fracht läuft die Bremer »Neidenfels« im New Yorker Hafen ein.

Die 100 t schwere »Santa Maria« hatte das 6500 BRT große deutsche Schiff Mitte November in Barcelona gleichsam »huckepack« an Bord genommen. Katalanische Bootsbauer hatten über ein halbes Jahr an der Nachbildung des Flaggschiffs gearbeitet. In der US-amerikanischen Metropole soll es bis zum Ende der New Yorker Weltausstellung im Jahr 1964, zu besichtigen sein.

100 m² Wohnraum im Kanzlerbungalow

5. Dezember. Der Haushaltsausschuß des Bundestages in Bonn bewilligt gegen die Stimmen der SPD 200 000 DM für den Beginn der Bauarbeiten an der Dienstwohnung für den Kanzler. Die Gesamtkosten für das Gebäude, eingeschlossen die Repräsentationsräume, werden auf etwa 1,85 Millionen DM geschätzt. Auf den SPD-Vorwurf des »Nichtmaßhaltens« erwidert Bundeskanzler Ludwig Erhard (CDU), die vorgesehenen 100 m² privater Wohnraum für ihn und seine Frau hielten sich durchaus in den Grenzen des sozialen Wohnungsbaus. Er fühle sich keineswegs maßlos.

Eisbeinessen neben Londons Hyde-Park

9. Dezember. In der britischen Hauptstadt London wird das erste deutsche Lebensmittelzentrum im Ausland eröffnet.

Das German Food Centre, bestehend aus Verkaufsräumen, Imbißstube und Kellerrestaurant, befindet sich im Bezirk Knightsbridge am Hyde-Park im Westen Londons. Eingerichtet hat es die Arbeitsgemeinschaft Agrarexport Bad Godesberg, in der 130 Firmen vertreten sind. Sie versprechen sich von dem neuen Food Centre einen erhöhten Export nach Großbritannien. Z. Zt. führt die Bundesrepublik jährlich Lebensmittel im Werte von 60 Millionen DM nach Großbritannien aus, vor allem Weine und Fleischwaren.

Hohes Lösegeld für den jungen Sinatra

11. Dezember. Gegen die Zahlung eines Lösegelds in Höhe von 240 000 US-Dollar (etwa 960 000 DM) wird der am 8. Dezember entführte Sohn des US-amerikanischen Schlagersängers Frank Sinatra in Hollywood wieder freigelassen.

Der 19jährige wird von einem Streifenpolizisten in der Roscomare-Straße aufgegriffen. Der Sinatra-Sohn wurde 54 Stunden zuvor unter Androhung von Waffengewalt aus einem Motel in Lake Tahoe (Nevada) entführt, anschließend nahmen die Kidnapper Verbindung mit Frank Sinatra auf. Er erklärte sich zur Zahlung des verlangten Lösegeldes bereit. Ein FBI-Beamter hinterlegte das in Fünf- bis Hundertdollarnoten bereitgehaltene Geld am angewiesenen Ort.

Drei Tage später können die Entführer gefaßt werden, die gesamte Lösegeldsumme wird sichergestellt.

Nach Bekanntwerden der Festnahme bedankte sich Frank Sinatra offiziell für die »meisterhafte Arbeit« der Bundeskriminalpolizei.

Posträuber in London gejagt

11. Dezember. In einem Londoner Vorort kann Scotland Yard nach einer wilden Verfolgungsjagd über die Dächer einen der mutmaßlich am Postraub vom → 8. August (S. 132) Beteiligten, den Briten Roy John James, festnehmen.

Der unter dem Spitznamen »Wiesel« bekannte 28 Jahre alte Silberschmied und Amateurrennfahrer ist der 21. Verdächtige, den die britischen Kriminalbeamten seit dem Überfall auf den Postzug verhaftet haben. Gegen ihn wird formell Anklage wegen Raubes und Verschwörung erhoben.

Bei der Aufklärung des Verbrechens tappt Scotland Yard noch in vielen Einzelheiten im dunkeln. Die Hoffnung, daß sich durch die enorm hoch ausgesetzte Belohnung Mitglieder der Bande stellen, erfüllte sich nicht. Bisher führten meist Zufälle zu Erkenntnissen, z. B. fand die Polizei auf der Farm, wo die Posträuber sich versteckt hielten, Fingerabdrücke von vier der 15 am Überfall Beteiligten. Nach und nach kommt es zwar zu Verhaftungen, doch müssen einige Männer wieder freigelassen werden; zwei Festgenommene können wieder fliehen. Zwei der 15 Gangster werden nie gefaßt.

Von den erbeuteten 2,63 Millionen Pfund (etwa 30 Millionen DM) wurden bisher 300 000 Pfund (3,6 Millionen DM) sichergestellt.

Roy John James, ein mutmaßlicher Posträuber, wird festgenommen

Christine Keeler auf dem Wege zur Gerichtsverhandlung in London

Christine Keeler muß ins Gefängnis

6. Dezember. Das 21 Jahre alte britische Fotomodell Christine Keeler wird vom Londoner Kriminalgericht Old Bailey zu neun Monaten Gefängnis verurteilt. Die Anklage lautet auf Irreführung des Gerichts sowie Meineid.

Durch eine falsche Aussage der Keeler war der farbige Jazz-Sänger Aloysius (»Lucky«) Gordon im Frühjahr zu drei Jahren Zuchthaus verurteilt worden. Zwischen beiden hatte es eine tätliche Auseinandersetzung gegeben. Gordon ist der Freund eines ehemaligen Geliebten der Keeler, John Edgecombe, der am 15. März aus Eifersucht auf Christine Keeler geschossen hatte. Beim Prozeß gegen ihn im April war die als Zeugin geladene Keeler nicht erschienen. Dieses Verschwinden löste seinerzeit den sogenannten Profumo-Skandal aus. Es war bekannt geworden, daß Christine Keeler auch die Geliebte des damaligen Heeresministers John Dennis Profumo gewesen war. Die öffentliche Diskussion über diese Beziehung führte schließlich am → 4. Juni (S. 101) zum Rücktritt Profumos.

Das Fotomodell Christine Keeler, die Tochter eines Arbeiters, der in einem ausrangierten Eisenbahnwaggon an der Themse lebt, war bisher nur als Gewinnerin aus dem Skandal hervorgegangen. Für Interviews und Artikel erhielt sie etwa eine halbe Million DM. So konnte sie sich inzwischen einen eigenen Rolls-Royce zulegen.

Passagierdampfer schwimmt brennend auf Atlantischem Ozean

22. Dezember. *Auf dem griechischen Passagierschiff »Lakonia«, das sich etwa 200 Seemeilen (370,4 km) nordöstlich von der Insel Madeira befindet, bricht gegen 23.00 Uhr ein Feuer aus. Da sich die Flammen mit einer rasenden Geschwindigkeit verbreiten, müssen die 1032 Passagiere und Besatzungsmitglieder noch in der Nacht von Bord gehen. Gegen 2.00 Uhr morgens gibt Kapitän Mateos Zarbis den Befehl zum Verlassen des Schiffes.*

Bei den Rettungsmaßnahmen kommt es dann nach Aussage vieler geretteter Passagiere zu einer Panik beim Schiffspersonal. »Es wurde kein Feueralarm gegeben und draußen an den Rettungsbooten herrschte Chaos. Die Besatzung war völlig kopflos. Die Boote waren weder mit Lebensmitteln, Signalgeräten oder Fackeln bestückt. Auch die Pumpen arbeiteten nicht.« Einige Rettungsboote können nicht ins Wasser gelassen werden, so daß etliche Menschen auf der brennenden »Lakonia« bleiben müssen. Unter ihnen sind auch die meisten Todesopfer zu beklagen. 96 Passagiere und 33 Besatzungsmitglieder werden tot geborgen oder gelten als vermißt. Zumeist sind es Briten. Das Wrack der »Lakonia« sinkt am 29. Dezember auf der Schleppfahrt (auf dem Foto: Die brennende »Lakonia«).

120 Meter Glas fürs Frankfurter Theater

14. Dezember. *In Frankfurt am Main wird das neue Theater der städtischen Bühnen mit »Faust I« von Johann Wolfgang von Goethe eröffnet.*
Seit der Konzipierung des Hauses sind sieben Jahre vergangen, nun können drei Theater unter einem Dach ihr Publikum empfangen. Insgesamt verfügen sie über 2500 Plätze, die jedem Zuschauer optimale Sicht gewähren. Die Einweihung des relativ flachen Gebäudes mit der 120 m langen Glasfront (Abb.) erwarten die Frankfurter mit Spannung, da die Presse schon im voraus Kritik an der architektonischen Gestaltung übte. Das Haus erscheint zu ›technisch‹, mehr an einen Bahnhof als an einen Musentempel erinnernd.

Nobelpreis 1963 überreicht

10. Dezember. In einer zeremoniellen Veranstaltung in Stockholm überreicht der schwedische König Gustav VI. Adolf neun Wissenschaftlern die Nobelpreise 1963.
Den Preis für Physik erhält zur Hälfte der US-amerikanische Professor Eugen Wigner. In die zweite Hälfte teilen sich zu gleichen Teilen die jetzt in den USA wirkende deutsche Professorin Maria Groeppert-Mayer und der Heidelberger Professor Hans D. Jensen.
Den Chemiepreis teilen sich Professor Karl Zielger, Leiter des Max-Planck-Institutes für Kohleforschung in Mülheim/Ruhr und der italienische Professor Giulio Natta.
Den Nobelpreis 1963 für Physiologie und Medizin nehmen zu gleichen Teilen die beiden britischen Professoren Alan Lloyd Hodgkin und Andrew Fielding Huxley sowie der australische Gelehrte Sir John Carew Ecles entgegen.
Den Literaturpreis bekommt der griechische Exdiplomat und Lyriker Jeorjios Seferis.
Zur selben Zeit wird in der norwegischen Hauptstadt Oslo der im vorigen Jahr nicht vergebene Friedensnobelpreis 1962 an den US-amerikanischen Kernforscher Linus Pauling überreicht. Den Preis für 1963 erhalten das Komitee des Internationalen Roten Kreuzes und die Internationale Liga der Rotkreuzgesellschaften (→ 26. 10./S. 165).

Der griechische Schriftsteller und ehemalige Diplomat Jeorjios Seferis erhält den Literaturnobelpreis 1963

Politische Dramen geben dem

Das bedeutendste und zugleich umstrittenste Ereignis des Theaterjahres 1963 ist das neue Drama »Der Stellvertreter« von Rolf Hochhuth. In der Bundesrepublik fehlte es den Bühnenverantwortlichen nach der Uraufführung am → 20. Februar (S. 40) in Berlin (West) zwar an Mut für weitere Inszenierungen, dennoch ist durch dieses politisch so brisante Stück das Theater allgemein wieder in den Mittelpunkt des kulturellen Interesses gerückt.
Der Berliner Theaterkritiker Friedrich Luft, nach den Höhepunkten der Saison befragt, schreibt: ». . . das Stück erschien – ein Sturm brach los. Eine Mauer des achtungsvollen Desinteresses, sonst unsere fleißigen Bildungstheater umgebend, brach ein. Theater war plötzlich wieder heiß, provozierend gefährlich, schockhaltig, teilte Zeit und Erregung mit, erfuhr Protest, Vorbehalt und eifernde Bejahung . . . Desgleichen gab es in Deutschland seit – gelinde gerechnet – 30 Jahren nicht. Und kein Buch hat's vermocht, keine Musik, keine Wissenschaftserkundung, kein darstellendes Kunstwerk – das Theater hat's geschafft, eine Bühne mit fünf Dutzend Aufführungen. Fazit: Das Theater ist wohl doch noch viel vitaler und zeitgemäßer, als der Anschein uns meist glauben machen möchte.«

Eine Tendenz hin zum politischen Theater zeigt sich auch in den vielbeachteten Stücken »Überlebensgroß Herr Krott« von Martin Walser und »Nacht mit Gästen« von Peter Weiss. Das Walser-Stück, eine Parabel des Kapitalismus, erlebt im November am Stuttgarter Theater seine Uraufführung. Im gleichen Monat zeigt Peter Weiss sein Bühnen-Debüt in der »Werkstatt« des Schiller-Theaters in Berlin (West). Der 47jährige Weiss über seine Theaterarbeit: »Wüste Schlägereien und Schimpfereien« könnten auf der Bühne »ebensoviel über die heutige Zeit aussagen wie differenzierte Analysen. Als Ausdrucksmittel taugt fast alles, wenn der Stückeschreiber damit seine Ansichten manifestieren kann: vom schizophrenen Welttheater bis zum Bänkellied«. Für das sozialkritische Stück »Nacht mit Gästen« wählte Weiss die Form eines Bänkelliedes im Rahmen eines Kasperltheaters. Weiss arbeitet außerdem an seinem Stück »Die Verfolgung und Ermordung des Jean Paul Marat«, das der Intendant der Freien Volksbühne Berlin, Erwin Piscator, im kommenden Jahr herausbringen wird.
Bei den Stücken von Weiss und Walser sowie auch bei Einaktern der polnischen Autoren Slawomir Mrozek und Tadeusz Rózewicz zeigen sich die Veränderungen beim

Zum Publikumserfolg der Spielzeit 1962/63 wird Fritz Kortners Inszenierung des Shakespeare-Stückes »Was ihr wollt« am Berliner Schiller-Theater

Theaterbetrieb in der Bundesrepublik Deutschland Impulse

politischen Theater. Es ist an keine bestimmte Form gebunden, sondern greift nach anderen bestehenden Formenmustern, z. B. jener des absurden Theaters.

Von dem neben dem Iren Samuel Beckett wohl erfolgreichsten Autoren des absurden Theaters, Eugène Ionesco, bringen Hamburg und Düsseldorf im Herbst »Der König stirbt« heraus. Das Stück des in Paris lebenden Rumänen hatte bereits 1962 in der französischen Hauptstadt Premiere. Ionesco läßt darin den auch schon in früheren Dramen aufgetretenen Behringer (Bérenger), der inzwischen König geworden ist, sterben, da er dem gegenwärtigen Niedergang nichts mehr entgegenzusetzen hat. Das Publikum reagiert nach den Aufführungen enttäuscht. Allgemein ist man der Meinung, daß sich der Protagonist des absurden Theaters damit vom Absurden entfernt hat. Erfolgreicher ist dagegen das von den US-amerikanischen Bühnen übernommene Drama »Wer hat Angst vor Virginia Woolf?« von Edward Albee. Albees erster Dreiakter brachte dem 35jährigen viel Ruhm ein; als deutsche Erstaufführung spielt es das Schloßparktheater in Berlin (West) unter der Regie von Boleslaw Barlog.
In der drei Stunden währenden »Psychoanalyse des amerikanischen Lebensstils, in drei Stunden

Hans Mahnke und Mila Kopp sowie Edith Heerdegen (M.) in der Uraufführung von Walsers »Überlebensgroß Herr Krott«, Regie Peter Palitzsch

ätzender Tragikomödie wird dem Publikum noch einmal das amerikanische Erbe des europäischen Naturalismus vorgeführt«. Edward Albees Stück übernehmen auch Intendant Oscar Fritz Schuh in Hamburg und August Everding in München für ihr Repertoire.
Auf den Spielplänen der Theater kündigt sich schon ein wichtiges Ereignis des kommenden Jahres an. 1964 jährt sich der Geburtstag des englischen Dramatikers William Shakespeare (1564–1616) zum 400. Mal. Nicht nur, daß mehr Shake-

speare-Stücke als üblich gezeigt werden, die Regisseure setzen sich auch intensiv mit neuen Darstellungsmöglichkeiten der mehrere Jahrhunderte alten Werke auseinander. Die berühmteste Inszenierung der Saison 1962/1963 ist wohl die von Peter Brook bei der Royal Shakespeare Company in London. Er bringt »König Lear« auf die Bühne. In der Bundesrepublik ist es die Inszenierung von »Was ihr wollt« durch Fritz Kortner im Berliner Schiller-Theater, die Furore macht. Die Zeitschrift »Theater

heute« erklärt sie zur »Aufführung des Jahres«. Theaterkritiker Günther Rühle hebt Kortners Versuch hervor, dem Realismus in der Schauspielkunst eine neue Gestalt zu geben. Kortner hätte in seinen Schauspielern den Sinn für die Körpersprache wiedererweckt, »für die redende Gebärde und die zeichnende Tonführung, die den Zustand des dargestellten Menschen transparent macht. Nicht die Verse, nicht die Fabel, nicht die komödiantischen Effekte der Shakespeareschen Maskerade sind Gegenstand seiner Inszenierung, sondern die Figuren, die in sie verwoben sind . . . Er verändert das . . . Verhältnis von Darsteller und Wort so, daß Shakespeares Wort nicht mehr den Darsteller, sondern der Darsteller Shakespeares Wort erklärt.«
Im Mai inszeniert Fritz Kortner an den Münchener Kammerspielen »Richard III.« Hier allerdings folgt das Publikum seinen neuen Darstellungstechniken nicht so willig, während der Premiere kommt es zu Buh-Rufen, Gelächter und Pfiffen. Mit einem Shakespeare-Stück nimmt auch der große Theatermann Gustaf Gründgens Abschied von der Bühne. In Hamburg inszeniert er im Frühjahr »Hamlet« und gibt zum Ende der Spielzeit die Intendanz ab. Wenige Monate darauf, am → 7. Oktober (S. 172), stirbt Gustaf Gründgens in Manila.

R. Schult, M. Becker und E. Schellow (v. l.) in »Wer hat Angst vor Virginia Woolf?« von Edward Albee

Szene aus der umstrittenen Kortner-Inszenierung von Shakespeares »Richard III.« in München

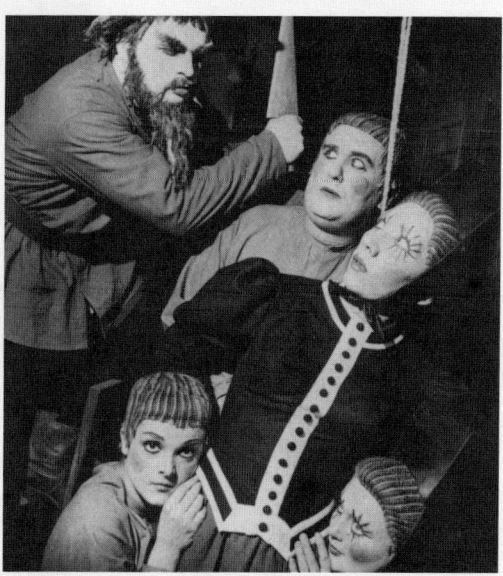

»Nacht mit Gästen« von Peter Weiss in der Werkstatt des Berliner Schiller-Theaters (Uraufführung)

Mit Tannenbaum, Kugeln und Lametta in Richtung Süden

25. Dezember. In seiner traditionellen Weihnachtsmesse in der Sixtinischen Kapelle von Rom appelliert Papst Paul VI. an die Regierungen, die Menschheit vor dem Rückgriff auf Waffengewalt zu bewahren.
Überall auf der Welt begehen die Christen Weihnachten 1963 in der Hoffnung auf Frieden. Tausende pilgern in das Heilige Land, um die Stätten der Geburt Christi in Jerusalem zu besuchen.
Viele der Touristen dort verbinden ihre Pilgerfahrt mit einer Vergnügungsreise auf einem Luxusschiff. Kreuzfahrten auf dem Mittelmeer und in noch südlichere Gefilde, z. B. zu den Inseln Madeira und Teneriffa, finden gerade zur Weihnachtszeit vermehrt Anhänger. Infolge des steigenden Wohlstandes sind es nicht wie früher meist Alleinstehende, die der Sentimentalität des Festes zu Hause entfliehen, sondern auch Familien mit Kindern und Großeltern. Letztere allerdings wollen auch unter Palmen nicht auf die gewohnte Festlichkeit verzichten, und so nehmen sie oft ihren Tannen-

Weihnachten wird auch in exotischen Ländern gefeiert; dieser überlebensgroße Weihnachtsmann grüßt Touristen und Einheimische in Rio de Janeiro

Christbäume stehen auch in Monte Carlo, der Hauptstadt von Monaco

baum samt Lametta und bunten Kugeln mit auf die Reise.
Viele Betriebe in der Bundesrepublik haben wegen der günstig gelegenen Feiertage geschlossen, und so nutzen mehr Arbeitnehmer als sonst die Weihnachtszeit für einen Urlaub in Skigebiete oder für Flugreisen.
Die Daheimgebliebenen scheinen die Alternative zum Urlaub in exotischen Landschaften in kulinarischen Genüssen zu finden. Obwohl sich die Preise für Feinkostspezialitäten erhöht haben, kann der Handel von sehr zufriedenstellenden Umsätzen berichten. Gefragt waren vor dem Fest Austern, Gänseleber und Kaviar, obwohl 125 g des Fischrogens immerhin zwischen 40 und 70 Mark kosten. Von den preiswerteren Karpfen, die traditionell zur festlichen Tafel in Ostpreußen, Berlin und Schlesien gehören, muß der Handel mehr als 1962 importieren. Auch die Sektindustrie kann nicht klagen, verkauft sie doch 12 bis 15% mehr als 1960.

Piroschka-Stiefel unterm Christbaum

Ein leichtes Plus im Vergleich zum Vorjahr – so lautet die Einschätzung des Weihnachtsgeschäftes durch den Handel. In der Tendenz steigend war vor allem der Verkauf von Fernsehgeräten und Küchenmaschinen. Ein Drittel des Jahresumsatzes dieser Produkte fiel in die Vorweihnachtszeit, 60% der Toaster und 50% der Elektrorasierer wurden während der Wochen vor dem Fest verkauft.
Bei den Spielwaren, die wie immer zu den häufigsten Geschenkartikeln gehören, sind es vor allem Steckspiele, Plüschtiere und natürlich Eisenbahnen, die viele Abnehmer finden. Absoluter Schlager bei Teenagern sind die modischen Piroschka-Stiefel, gefüttert oder ungefüttert. Pelzmäntel und Kopfbedeckungen aus Fell sind ebenfalls begehrt. In der Gold- und Silberbranche fällt vor allem der Wunsch der Kunden nach individueller Gestaltung der Schmuckstücke auf. Dabei sind es in der Hauptsache Ringe und Broschen, nach denen die Kunden verlangen.

Praktische Haushaltsgeräte gehören an Weihnachten 1963 zu den beliebtesten Geschenken auf den Gabentischen

Wer mehr Geld ausgeben will, schenkt einen exotischen Pelz, für Kinder dagegen sind Erzgebirgskrippen beliebt

Temperaturanstieg zu den Festtagen

26. Dezember. Mit dem Vordringen milder Luft vom Südwesten über ganz Deutschland geht die seit dem 5. Dezember andauernde Kältewelle zu Ende. In der Nacht setzt Tauwetter ein, so daß die Straßen von einer gefährlichen Glatteisschicht bedeckt sind. Bundesweit kommt es jedoch zu relativ wenigen Unfällen, da die Autofahrer während der Weihnachtstage meist zu Hause bleiben. Mit dem jähen Ende der »weißen Weihnacht« können auch die Wintersportler in den Mittelgebirgen und den bayerischen Alpen ihre Skier wieder einpacken. Durch starken Föhn betragen die Temperaturen dort fünf Grad über null.

Nebel behindert den Weihnachtsverkehr

23. Dezember. Nebel behindert den Flugverkehr in der Bundesrepublik. Auf den Flughäfen in Frankfurt am Main und Berlin (West) besteht fast den ganzen Tag über Start- und Landeverbot. Viele Fluggäste steigen deshalb auf Bus oder Bahn um – kein besonderes Vergnügen, denn die Wagen der Bundes- und Reichsbahn sind ohnehin überfüllt durch den starken Feiertagsverkehr. Besonders in den Zügen Richtung Süden drängeln sich die Fahrgäste, da etwa 230 000 Gastarbeiter die Feiertage in ihrer Heimat verbringen.

Weihnachtsmann für sieben Mark

24. Dezember. Bei der TUSMA (Telefoniere und Studenten machen alles) in Berlin (West) läuft die Aktion Weihnachtsmann an. Mütter und Väter konnten hier in den letzten Tagen einen Weihnachtsmann für die Bescherung ihrer Kinder in den eigenen vier Wänden bestellen.
1700 solcher Aufträge sind bei der TUSMA eingegangen, die zu erfüllen sich am Heiligabend 160 akademische Weihnachtsmänner auf den Weg machen. Eine Bescherung dauert etwa eine halbe Stunde. Sollte etwas schiefgehen, ist sofort die Zentrale zu benachrichtigen, weshalb auch jeder Weihnachtsmann Telefongroschen dabei haben muß. Sie sind in der Pauschale von 7 DM pro Familienbesuch bereits enthalten.

Weihnachtlicher Schmuck am Kurfürstendamm in der geteilten Stadt Berlin — *Kaiser-Wilhelm-Gedächtniskirche*

Hoffnung auf Fortsetzung der Entspannung

25. Dezember. In seiner Weihnachtsansprache erinnert Bundeskanzler Ludwig Erhard (CDU) daran, daß das ganze deutsche Volk eine Familie sei, die »durch die Kraft des Herzens zusammengehalten ist, auch dort, wo sie räumlich getrennt leben muß«.
Weiter weist er darauf hin, daß gegenwärtig die Möglichkeiten des Friedens und der Vernichtung in der Welt gefährlich nahe beieinander lägen, deshalb sei jeder aufgerufen, den Frieden zu erhalten. Auch Bundespräsident Heinrich Lübke (CDU) nimmt diesen Gedanken in seiner Rede zum Jahreswechsel auf. Er erinnert an bedeutende, im zu Ende gehenden Jahr 1963 verstorbene Persönlichkeiten, die Wichtiges für das Erreichen dieses Zieles geleistet haben: US-Präsident John F. Kennedy, Papst Johannes XXIII., Lübkes Vorgänger Theodor Heuss (FDP) und auch der SPD-Vorsitzende Erich Ollenhauer.
Mit besonderem Nachdruck spricht Lübke vom Schutz der Familie, der »Hüterin der Gesinnung und Gesittung in Staat und Gesellschaft«, auch müßten die Deutschen zurückfinden zu dem inneren Anstand, der sich der Vergiftung von Moral und Sitte durch gewisse Publikationen, Filme und

Bundeskanzler Ludwig Erhard erinnert an die deutsche Einheit

sogenannte Vergnügungsstätten energisch widersetze.
In Washington zieht US-Präsident Lyndon B. Johnson eine positive außenpolitische Bilanz. Es herrsche Ruhe an den Hauptfronten des Kalten Krieges – mit Ausnahme des Konflikts in Südvietnam. Im übrigen hoffe seine Regierung auf eine Fortsetzung der Entspannungsbemühungen.
Der französische Staatspräsident Charles de Gaulle bekräftigt sein Programm, Frankreich wolle Weltpolitik machen und werde verstärkt an der Entwicklung der Wasserstoffbombe arbeiten.

Weihnachtliche, friedliche Stimmung zeigt dieses Foto aus Bayrischzell

Neue Postwertzeichen 1963 in der Bundesrepublik Deutschland

Europamarken

Sonderausgabe »Misereor« zum Kampf gegen den Hunger

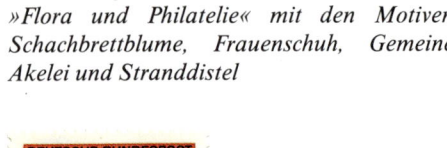

Sonderausgabe zum 11. Deutschen Evangelischen Kirchentag

Sonderausgaben zur Briefmarkenausstellung »Flora und Philatelie« mit den Motiven Schachbrettblume, Frauenschuh, Gemeine Akelei und Stranddistel

Sonderausgabe zur Einweihung der Vogelflug-linie (Bundesrepublik–Kopenhagen)

Wohltätigkeitsausgaben zugunsten der freien Wohl-fahrtspflege mit Szenen aus dem Märchen »Der Wolf und die sieben Geißlein«

100 Jahre Internatio-nales Rotes Kreuz

Sonderausgabe zum 100. Jahrestag der 1. In-ternationalen Postkonferenz in Paris

Sonderausgabe Hilfe von CRALOG und CARE

Sonderausgabe 400 Jah-re Heidelberger Kate-chismus

Sonderausgabe für die Gedenkstätte Regina Martyrum

Wohltätigkeitsausgaben zugunsten der Jugend mit den Motiven Gimpel, Eisvogel, Wiedehopf und Pirol

208

Anhang

Regierungen Bundesrepublik Deutschland, DDR, Österreich, Schweiz 1963

Neben den Staatsoberhäuptern der Bundesrepublik Deutschland, der DDR, Österreichs und der Schweiz sind in der Zusammenstellung die einzelnen Kabinette des Jahres 1963 in chronologischer Reihenfolge enthalten. Hinter den Namen der wichtigsten Regierungsmitglieder steht in Klammern der Zeitraum ihrer Tätigkeit.

Bundesrepublik Deutschland

Staatsform:
Republik
Bundespräsident:
Heinrich Lübke (1959–1969)

5. Kabinett Adenauer, Koalition von CDU/CSU und FDP (1962–15. 10. 1963):
Bundeskanzler:
Konrad Adenauer (CDU; 1949–15. 10. 1963)
Vizekanzler und Wirtschaft:
Ludwig Erhard (CDU; Wirtschaftsminister 1949–15. 10. 1963, dann Bundeskanzler 16. 10. 1963–1966)
Auswärtiges:
Gerhard Schröder (CDU; 1961–1966)
Inneres:
Hermann Höcherl (CSU; 1961–1965)
Finanzen:
Rolf Dahlgrün (FDP; 1962–1966)
Verteidigung:
Franz Josef Strauß (CSU; 1956–8. 1. 1963); Kai Uwe von Hassel (9. 1. 1963–1966)
Wissenschaft und Forschung:
Hans Lenz (FDP; 1962–1965)
Ernährung und Landwirtschaft:
Werner Schwarz (CDU; 1959–1965)
Arbeit:
Theodor Blank (CDU; 1957–1965)
Justiz:
Ewald Bucher (FDP; 1962–1965)
Verkehr:
Hans-Christoph Seebohm (CDU; 1949–1966)
Post:
Richard Stücklen (CSU; 1957–1966)
Wohnungsbau:
Paul Lücke (CDU; 1957–1965)
Vertriebene:
Wolfgang Mischnick (FDP; 1961/62, 1962–15. 10. 1963)
Gesamtdeutsche Fragen:
Rainer Barzel (CDU; 1962–15. 10. 1963)
Angelegenheiten des Bundesrats und der Länder:
Alois Niederalt (CSU; 1962–1966)
Jugend- und Familienfragen:
Bruno Heck (CDU; 1962–1968)
Schatz:
Werner Dollinger (CSU; 1962–1966)
Wirtschaftliche Zusammenarbeit:
Walter Scheel (FDP; 1961/62, 1962–1966)
Gesundheit:
Elisabeth Schwarzhaupt (CDU; 1961–1966)
Sonderminister:
Heinrich Krone (CDU; 1961–1965)
Bundespressechef:
Karl-Günther von Hase (1962–1966)

1. Kabinett Erhard, Koalition von CDU/CSU und FDP (15./17. 10. 1963–1965):
Bundeskanzler:
Ludwig Erhard (CDU; 16. 10. 1963–1966)
Vizekanzler:
Erich Mende (FDP; 17. 10. 1963–1966)
Auswärtiges:
Gerhard Schröder (CDU; 1961–1966)
Inneres:
Hermann Höcherl (CSU; 1961–1965)
Finanzen:
Rolf Dahlgrün (FDP; 1962–1966)
Schatz:
Werner Dollinger (CSU; 1962–1966)
Verteidigung:
Kai Uwe von Hassel (CDU; 9. 1. 1963–1966)
Wissenschaftliche Forschung:
Hans Lenz (FDP; 1962–1965)
Wirtschaft:
Kurt Schmücker (CDU; 17. 10. 1963–1965)
Arbeit und Sozialordnung:
Theodor Blank (CDU; 1957–1965)
Justiz:
Ewald Bucher (FDP; 1962–1965)
Post und Fernmeldewesen:
Richard Stücklen (CSU; 1957–1966)
Verkehr:
Hans-Christoph Seebohm (CDU; 1949–1966)
Ernährung, Landwirtschaft und Forsten:
Werner Schwarz (CDU; 1959–1965)
Gesundheit:
Elisabeth Schwarzhaupt (CDU; 1961–1966)
Wirtschaftliche Zusammenarbeit:
Walter Scheel (FDP; 1961/62, 1962–1966)
Gesamtdeutsche Fragen:
Erich Mende (FDP; 17. 10. 1963–1966)
Vertriebene, Flüchtlinge und Kriegsgeschädigte:
Hans Krüger (CDU; 17. 10. 1963–1964)
Wohnungswesen, Städtebau und Raumwesen:
Paul Lücke (CDU; 1957–1965)

Angelegenheiten des Bundesrats und der Länder:
Alois Niederalt (CSU; 1962–1966)
Familie und Jugend:
Bruno Heck (CDU; 1962–1968)
Sonderminister:
Heinrich Krone (CDU; 1961–1965)
Bundespressechef:
Karl-Günther von Hase (1962–1966)

Die Ministerpräsidenten der deutschen Bundesländer
Baden-Württemberg:
Kurt Georg Kiesinger (CDU; 1958–1966)
Bayern:
Alfons Goppel (CSU; 1962–1978)
Bremen:
Wilhelm Kaisen (SPD; Erster Bürgermeister 1945–1965)
Hamburg:
Paul Nevermann (SPD; Erster Bürgermeister 1961–1965)
Hessen:
Georg August Zinn (SPD; 1950–1969)
Niedersachsen:
Georg Diederichs (SPD; 1961–1970)
Nordrhein-Westfalen:
Franz Meyers (CDU; 1958–1966)
Rheinland-Pfalz:
Peter Altmeier (CDU; 1947–1969)
Saarland:
Franz Josef Röder (CDU; 1959–1979)
Schleswig-Holstein:
Kai Uwe von Hassel (CDU; 1954–7. 1. 1963), Helmut Lemke (CDU; 14. 1. 1963–1971)
Berlin (West):
Willy Brandt (SPD; Regierender Bürgermeister 1957–1966)

Deutsche Demokratische Republik

Staatsform:
Republik
Staatsratsvorsitzender:
Walter Ulbricht (SED; 1960–1973)
Ministerpräsident:
Otto Grotewohl (SED; 1949–1964)
1. Sekretär der SED:
Walter Ulbricht (SED; 1954–1971)

Österreich

Staatsform:
Republik
Bundespräsident:
Adolf Schärf (SPÖ; 1957–1965)

1. Kabinett Gorbach, Koalition von ÖVP und SPÖ (1961/62, geschäftsführend bis 27. 3. 1963):
Bundeskanzler:
Alfons Gorbach (ÖVP; 1961–1964)
Vizekanzler:
Bruno Pittermann (SPÖ; 1957–1965)
Äußeres:
Bruno Kreisky (SPÖ; 1959–1965)
Inneres:
Josef Afritsch (SPÖ; 1959–27. 3. 1963)

Unterricht:
Heinrich Drimmel (ÖVP; 1954–1964)
Justiz:
Hans Christian Broda (SPÖ; 1961 bis 1965)
Verteidigung:
Karl Schleinzer (ÖVP; 1961–1964)
Finanzen:
Josef Klaus (ÖVP; 1961–27. 3. 1963)
Handel:
Fritz Bock (ÖVP; 1956–1968)
Sozialwesen:
Anton Proksch (SPÖ; 1956–1965)
Verkehr:
Karl Waldbrunner (SPÖ; 1949–27. 3. 1963)
Verstaatlichte Betriebe:
Bruno Pittermann (SPÖ; 1959–27. 3. 1963)
Land- und Forstwirtschaft:
Eduard Hartmann (ÖVP; 1959–1964)

2. Kabinett Gorbach, Koalition von ÖVP und SPÖ (27. 3. 1963–1964):
Bundeskanzler:
Alfons Gorbach (ÖVP; 1961–1964)
Vizekanzler:
Bruno Pittermann (SPÖ; 1957–1965)
Äußeres:
Bruno Kreisky (SPÖ; 1959–1965)
Inneres:
Franz Olah (SPÖ; 27. 3. 1963–1964)
Unterricht:
Heinrich Drimmel (ÖVP; 1954–1964)
Justiz:
Hans Christian Broda (SPÖ; 1961–1965)
Verteidigung:
Karl Schleinzer (ÖVP; 1961–1964)
Finanzen:
Franz Korinek (ÖVP; 27. 3. 1963–1964)
Handel:
Fritz Bock (ÖVP; 1956–1968)
Sozialwesen:
Anton Proksch (SPÖ; 1956–1965)
Verkehr:
Otto Probst (SPÖ; 27. 3. 1963–1966)
Land- und Forstwirtschaft:
Eduard Hartmann (ÖVP; 1959–1964)

Schweiz

Staatsform:
Republik
Bundespräsident:
Willy Spühler (SVP; 1963, 1968)

Äußeres:
Friedrich Wahlen (BGB; 1961–1965)
Inneres:
Hans Peter Tschudi (SVP; 1960–1973)
Justiz und Polizei:
Ludwig von Moos (katholisch-konservativ; 1960–1971)
Finanzen und Zölle:
Roger Bonvin (katholisch-konservativ; 1962–1967)
Militär:
Paul Chaudet (freisinnig; 1955–1966)
Volkswirtschaft:
Hans Schaffner (freisinnig; 1961–1969)
Post und Eisenbahn:
Willy Spühler (SVP; 1960–1966)

Bundesrepublik Deutschland, Österreich und die Schweiz 1963 in Zahlen

Die Statistiken für die drei deutschsprachigen Länder umfassen eine Auswahl von grundlegenden Daten. Es wurden vor allem Daten aufgenommen, die innerhalb der einzelnen Länder vergleichbar sind. Maßgebend für alle Angaben waren die amtlichen Statistiken. Die Zahlen beziehen sich auf die jeweiligen Staatsgrenzen von 1963. Nicht in allen gesellschaftlichen Bereichen finden jährliche Erhebungen statt, so daß mitunter die Daten aus früheren Jahren aufgenommen werden mußten. Das Erhebungsdatum ist jeweils angegeben (unter der Rubrik »Stand«). Die aktuellen Zahlen des Jahres 1963 werden – wo möglich – durch einen Vergleich zum Vorjahr relativiert. Wichtige Zusatzinformationen zum Verständnis einzelner Daten sind in den Fußnoten enthalten.

Bundesrepublik Deutschland

Erhebungsgegenstand	Wert	Vergleich Vorjahr (%)	Stand
Fläche (km²)	248 458,67[2]	± 0,0	30. 6. 1963
Bevölkerung			
Wohnbevölkerung	57 588 000	+ 1,1	1963
männlich	27 226 000	+ 1,4	1963
weiblich	30 362 000	+ 0,9	1963
Einwohner je km²	231	+ 0,9	1963
Ausländer	686 160	–	6. 6. 61[1]
Privathaushalte	20 273 000	+ 0,5	April 1963
Einpersonenhaushalte	4 592 000	+ 1,8	April 1963
Mehrpersonenhaushalte	15 681 000	+ 0,1	April 1963
Lebendgeborene	1 054 000	+ 3,4	1963
Gestorbene	673 000	+ 4,3	1963
Eheschließungen	508 000	+ 4,3	1963
Ehescheidungen	51 000	+ 2,0	1963
Familienstand der Bevölkerung			
Ledige insgesamt	23 804 000	+ 3,5	31. 12. 63
männlich	12 227 000	+ 4,1	31. 12. 63
weiblich	11 577 000	+ 2,9	31. 12. 63
Verheiratete	28 432 000	– 0,3	31. 12. 63
Verwitwete und Geschiedene	5 628 000	– 1,5	31. 12. 63
männlich	968 000	– 3,0	31. 12. 63
weiblich	4 660 000	– 1,2	31. 12. 63
Religionszugehörigkeit			
Christen insgesamt	53 987 586	–	6. 6. 61[1]
katholisch	24 786 103	–	6. 6. 61[1]
evangelisch	28 725 615	–	6. 6. 61[1]
sonstige	475 868	–	6. 6. 61[1]
Juden	22 681	–	6. 6. 61[1]
andere, ohne Konfession	2 164 569	–	6. 6. 61[1]
Altersgruppen			
unter 5 Jahren	4 785 200	–	1963[3]
5 bis unter 10 Jahren	4 095 800	–	1963[3]
10 bis unter 15 Jahren	3 898 800	–	1963[3]
15 bis unter 20 Jahren	3 523 000	–	1963[3]
20 bis unter 30 Jahren	9 151 700	–	1963[3]
30 bis unter 40 Jahren	7 637 500	–	1963[3]
40 bis unter 50 Jahren	6 522 300	–	1963[3]
50 bis unter 60 Jahren	7 962 300	–	1963[3]
60 bis unter 70 Jahren	5 991 100	–	1963[3]
70 bis unter 80 Jahren	3 107 200	–	1963[3]
80 bis unter 90 Jahren	874 400	–	1963[3]
90 und darüber	47 900	–	1963[3]
Die zehn größten Städte			
Berlin	2 186 193	+ 0,3	31. 12. 63
Hamburg	1 854 637	+ 0,6	31. 12. 63
München	1 166 160	+ 3,6	31. 12. 63

Erhebungsgegenstand	Wert	Vergleich Vorjahr (%)	Stand
Köln	835 832	+ 1,2	31. 12. 63
Essen	730 970	+ 0,1	31. 12. 63
Düsseldorf	704 776	– 0,1	31. 12. 63
Frankfurt am Main	691 257	– 0,1	31. 12. 63
Dortmund	651 138	+ 0,5	31. 12. 63
Stuttgart	635 208	– 0,7	31. 12. 63
Bremen	580 956	–	31. 12. 63
Erwerbstätigkeit			
Erwerbstätige	26 993 000	+ 0,9	April 63
männlich	17 171 000	+ 1,4	April 63
weiblich	9 822 000	– 0,1	April 63
nach Wirtschaftsbereichen			
Land- und Forstwirtschaft, Tierhaltung und Fischerei	3 174 000	– 2,1	April 63
Produzierendes Gewerbe	13 053 000	+ 1,0	April 63
Handel und Verkehr	4 689 000	+ 1,5	April 63
Sonstige	6 077 000	+ 1,7	April 63
Ausländische Arbeitnehmer	811 213	+ 23,8	Juni 63
Arbeitslose	185 646	+ 20,1	1963
Arbeitslosenquote (in %)	0,8	–	1963
Betriebe			
Landwirtschaftliche Betriebe	241 868	–	6. 6. 61[1]
Bergbau und verarbeitendes Gewerbe	562 314	–	6. 6. 61[1]
Baugewerbe	164 081	–	6. 6. 61[1]
Handel	835 007	–	6. 6. 61[1]
Gastgewerbe	192 465	–	6. 6. 61[1]
Verkehr, Nachrichtenübermittlung	134 586	–	6. 6. 61[1]
Außenhandel			
Einfuhr (Mio. DM)	52 277	+ 5,6	1963
Ausfuhr (Mio. DM)	58 310	+ 10,1	1963
Ausfuhrüberschuß (Mio. DM)	6 033	+ 73,5	1963
Verkehr			
Eisenbahnnetz (km)	35 638	–	1962[1]
Beförderte Personen (in 1000)	1 009 000	– 3,1	1963
Beförderte Güter (in 1000 t)	340 000	+ 3,3	1963
Straßennetz (km)	151 884[4]	+ 5,5	31. 12. 63
davon Autobahn (km)	3 077	+ 4,8	31. 12. 63
Bestand an Kraftfahrzeugen	10 486 000	+ 7,9	31. 12. 63
davon Pkw	6 848 000	+ 15,3	31. 12. 63
davon Lkw	791 000	+ 4,2	31. 12. 63
Zulassung fabrikneuer Kfz	1 487 000	+ 3,3	31. 12. 63
Binnenschiffe zum Gütertransport (Tragfähigkeit in t)	5 024 000	+ 1,0	31. 12. 63
Beförderte Güter (in 1000 t)	168 000	– 1,8	31. 12. 63
Handelsschiffe/Seeschiffahrt (BRT)	5 340 000	+ 2,5	31. 12. 63
Beförderte Güter (in 1000 t)	89 000	+ 4,7	31. 12. 63
Luftverkehr			
Beförderte Personen	7 268 000	+ 16,7	31. 12. 63
Beförderte Güter (t)	100 000	+ 8,7	31. 12. 63
Bildung			
Schüler an			
Volksschulen	5 469 285	+ 0,4	1963
Realschulen	467 273	+ 14,7	1963
Gymnasien	858 691	+ 1,4	1963
Studenten	255 673	+ 5,4	1963
Rundfunk und Fernsehen			
Hörfunkteilnehmer	17 099 000	+ 2,4	1963
Fernsehteilnehmer	8 539 000	+ 18,4	1963

[1] Letzte verfügbare Angabe
[2] Flächenänderung aufgrund von Neuvermessungen
[3] Jahresdurchschnitt
[4] Klassifizierte Straßen

Erhebungsgegenstand	Wert	Vergleich Vorjahr (%)	Stand
Gesundheitswesen			
Ärzte	83 025	+ 1,3	1963
Zahnärzte	32 364	+ 0,9	1963
Krankenhäuser	3 644	− 0,2	1963
Sozialleistungen			
Mitglieder der gesetzlichen Krankenversicherung	28 069 808	+ 0,7	1963
Rentenversicherung d. Arbeiter	5 654 389	+ 1,7	1963
Rentenversicherung d. Angestellten	2 026 546	+ 2,1	1963
Knappschaftl. Rentenversicherung	713 066	+ 0,8	1963
Empfänger von Arbeitslosengeld und -hilfe	142 211	+16,6	1963
Sozialhilfe	1 491 000	–	1963
Finanzen und Steuern			
Gesamtausgaben des Staates (in Mio. DM)	123 191	+ 7,0	1963
Gesamteinnahmen des Staates (in Mio. DM)	91 563	+ 5,8	1963
Schuldenlast des Staates (in Mio. DM)	67 734	+ 9,2	31. 12. 63
Löhne und Gehälter			
Wochenarbeitszeit in der Industrie (Stunden)	44,7	− 0,4	1963
Bruttostundenverdienst			
männlicher Arbeiter (DM)	3,79	+ 7,4	1963
weiblicher Arbeiter (DM)	2,58	+ 7,9	1963
Bruttowochenverdienst			
männlicher Arbeiter (DM)	172	+ 6,8	1963
weiblicher Arbeiter (DM)	108	+ 6,9	1963
Index der tariflichen Stundenlöhne in der gewerblichen Wirtschaft (1962 = 100)	106,7	+ 6,7	1963
Preise			
Index der Einzelhandelspreise (1962 = 100)	101,5	+ 1,5	1963
Einzelhandelspreise ausgewählter Lebensmittel in DM			
Butter, 1 kg	7,35	+ 2,1	1963
Weizenmehl, 1 kg	1,18	− 0,8	1963
Schweinefleisch, 1 kg	7,46	+ 6,3	1963
Rindfleisch, 1 kg	7,80	+ 2,3	1963
Eier, 1 Stück	0,25	+25,0	1963
Kartoffeln, 5 kg	1,32	−24,1	1963
Vollmilch, 1 l	0,45	+ 2,3	1963
Zucker, 1 kg	1,23	± 0,0	1963
Index der Lebenshaltungskosten für 4-Personen-Haushalt von Angestellten und Beamten mit höherem Einkommen (1980 = 100)	51,2	+ 2,4	1963
4-Personen-Arbeitnehmer-Haushalt mit mittlerem Einkommen (1980 = 100)	52,1	+ 3,2	1963
2-Personen-Haushalt von Renten- und Sozialhilfeempfängern (1980 = 100)	50,4	+ 3,5	1963
Bruttosozialprodukt (in Mrd. DM)	376,8	+ 6,2	1963

	Bremen	Berlin	Kassel	Aachen	Stuttg.	München
Klimatische Verhältnisse						
Eistage (Temp. unter 0 °C) November–Februar	56	63	59	44	40	65
Niederschlagsmengen (mm)						
März–April	73	81	78	93	106	110
Mai	38	35	46	81	41	116
Juni	59	35	93	106	110	114
Juli	71	39	26	50	76	123

	Bremen	Berlin	Kassel	Aachen	Stuttg.	München
Niederschlagsmengen (mm)						
August	154	76	123	76	76	131
September–Oktober	78	44	106	101	66	87
Sonnenscheindauer (Std.)						
März	81	134	107	124	126	128
April	143	150	155	135	119	126
Mai	175	220	180	153	154	165
Juni	220	240	194	187	185	212
Juli	199	272	221	237	271	275
August	124	172	152	115	190	179
September	127	167	130	112	141	130
Oktober	112	106	91	130	125	125

Österreich

Erhebungsgegenstand	Wert	Vergleich Vorjahr (%)	Stand
Fläche (km²)	83 849	± 0,0	1963
Bevölkerung			
Wohnbevölkerung	7 172 100	+ 0,6	1963
männlich	3 347 400	+ 0,7	1963
weiblich	3 824 700	+ 0,5	1963
Einwohner je km²	85,5	+ 0,6	1963
Ausländer	102 159	–	1961[1]
Privathaushalte	2 305 800	–	1961[1]
Einpersonenhaushalte	435 500	–	1961[1]
Mehrpersonenhaushalte	1 852 300	–	1961[1]
Lebendgeborene	134 809	+ 1,1	1963
Gestorbene	91 579	+ 0,8	1963
Eheschließungen	58 415	+ 2,2	1963
Ehescheidungen	8 150	+ 2,3	1963
Familienstand der Bevölkerung			
Ledige insgesamt	3 056 032	–	1961[1]
männlich	1 533 598	–	1961[1]
weiblich	1 522 434	–	1961[1]
Verheiratete	3 209 945	–	1961[1]
Verwitwete und Geschiedene	807 827	–	1961[1]
davon männlich	160 035	–	1961[1]
davon weiblich	647 792	–	1961[1]
Religionszugehörigkeit			
Christen insgesamt	6 766 904	–	1961[1]
katholisch	6 295 075	–	1961[1]
alt-katholisch	29 652	–	1961[1]
evangelisch	438 663	–	1961[1]
sonstige	3 514	–	1961[1]
Juden	9 049	–	1961[1]
andere, ohne Konfession	297 854	–	1961[1]
Altersgruppen			
unter 5 Jahren	619 697	–	1963[2]
5 bis unter 10 Jahren	558 631	–	1963[2]
10 bis unter 15 Jahren	477 446	–	1963[2]
15 bis unter 20 Jahren	499 068	–	1963[2]
20 bis unter 30 Jahren	987 302	–	1963[2]
30 bis unter 40 Jahren	916 480	–	1963[2]
40 bis unter 50 Jahren	792 373	–	1963[2]
50 bis unter 60 Jahren	979 929	–	1963[2]
60 bis unter 70 Jahren	798 006	–	1963[2]
70 bis unter 80 Jahren	430 529	–	1963[2]
80 und darüber	134 913	–	1963[2]
unbekannt	826	–	1963[2]

[1] Letzte verfügbare Angabe
[2] Fortschreibung der Volkszählungsergebnisse von 1961

Erhebungsgegenstand	Wert	Vergleich Vorjahr (%)	Stand
Die zehn größten Städte			
Wien	1 627 566	–	1961[1]
Graz	237 080	–	1961[1]
Linz	195 978	–	1961[1]
Salzburg	108 114	–	1961[1]
Innsbruck	100 695	–	1961[1]
Klagenfurt	69 218	–	1961[1]
Wels	41 060	–	1961[1]
Sankt Pölten	40 112	–	1961[1]
Steyr	38 306	–	1961[1]
Leoben	36 257	–	1961[1]
Erwerbstätigkeit			
Erwerbstätige	2 419 592	+ 0,4	1963
männlich	1 523 485	+ 0,2	1963
weiblich	896 107	+ 0,7	1963
nach Wirtschaftsbereichen			
Land- und Forstwirtschaft	112 286	–	1963
Produzierendes Gewerbe	956 605	–	1963
Handel, Verkehr und Gaststätten	481 815	–	1963
Sonstige	868 886	–	1963
Vorgemerkte Arbeitsuchende	102 020	–	1962[1]
Unterstützte Arbeitslose	64 788	–	1962[1]
Betriebe			
Landwirtschaftliche Betriebe	396 530	–	1960[1]
Bergbau	141	–	1961[1]
Industrie und Gewerbe	11 712	–	1961[1]
Außenhandel			
Einfuhr in Mio. öS (Mio. DM)	43 557 (6501)	+ 8,0	1963
Ausfuhr in Mio. öS (Mio. DM)	34 475 (5146)	+ 4,9	1963
Einfuhrüberschuß in Mio. öS (Mio. DM)	9 082 (1356)	– 21,1	1963
Verkehr			
Eisenbahnnetz (km)	6 955	–	1962[1]
Beförderte Personen (in 1000)	179 949	+ 1,3	1963
Beförderte Güter (in 1000 t)	45 863	+ 4,4	1963
Straßennetz (km)	31 319	–	1962[1]
Bestand an Kraftfahrzeugen	1 088 476	–	1962[1]
davon Pkw	556 757	–	1962[1]
davon Lkw	83 076	–	1962[1]
Zulassung fabrikneuer Kfz	120 383	+ 3,4	1963
Luftverkehr			
Beförderte Personen	518 432	–	1961[1]
Beförderte Güter (in 1000 t)	6 142	–	1961[1]
Bildung			
Schüler an			
Volksschulen	571 293	+ 2,5	1963
Hauptschulen	186 903	– 1,5	1963
mittleren und höheren Lehranstalten	140 757	+ 1,2	1963
Studenten	50 206	+ 3,9	1963
Rundfunk und Fernsehen			
Hörfunkteilnehmer	2 109 646	+ 1,5	1963
Fernsehteilnehmer	464 581	+ 23,3	1963
Gesundheitswesen			
Ärzte	10 063	–	1. 1. 63
Zahnärzte	1 486	–	1. 1. 63
Krankenhäuser	292	– 0,7	1963

Erhebungsgegenstand	Wert	Vergleich Vorjahr (%)	Stand
Sozialleistungen			
Mitglieder der gesetzlichen Krankenversicherung	3 774 100	+ 7,4	1963
Rentenversicherung d. Arbeiter	1 474 300	–	1962[1]
Rentenversicherung d. Angestellten	627 700	–	1962[1]
Knappschaftl. Rentenversicherung	32 900	–	1962[1]
Empfänger von Arbeitslosengeld und -hilfe	54 977	+ 8,4	1963
Sozialhilfe	45 465	– 3,7	1963
Finanzen und Steuern			
Gesamtausgaben des Staates in Mio. öS (Mio. DM)	59 075 (8817)	+ 9,2	1963
Gesamteinnahmen des Staates in Mio. öS (Mio. DM)	54 938 (8200)	+ 4,7	1963
Schuldenlast des Staates in öS (Mio. DM)	25 062 (3741)	+ 8,9	1963
Preise			
Einzelhandelspreise ausgewählter Lebensmittel in öS (DM)			
Butter, 1 kg	37,00 (5,55)	+ 4,5	Sept. 63
Weizenmehl, 1 kg	5,00 (0,75)	+ 11,1	Sept. 63
Schweinefleisch, 1 kg	33,40 (4,99)	+ 4,8	Sept. 63
Rindfleisch, 1 kg	30,70 (4,58)	+ 5,5	Sept. 63
Eier, 1 Stück	1,21 (0,19)	+ 15,2	Sept. 63
Kartoffeln, 1 kg	1,49 (0,22)	– 33,5	Sept. 63
Vollmilch, 1 l	2,80 (0,42)	+ 16,7	Sept. 63
Zucker, 1 kg	6,78 (1,02)	+ 12,1	Sept. 63
4-Personen-Arbeitnehmer-Haushalt mit mittlerem Einkommen (1958 = 100)	113,7	+ 3,4	März 63
Bruttonationalprodukt in Mrd. öS (Mrd. DM)	270,78 (40,41)	+ 40,5	1963

	Wien	Innsbruck	Salzburg	Klagenfurt	Graz	Feldkirch
Klimatische Verhältnisse						
Mittl. Lufttemperatur (°C)						
Januar	–6,0	–6,7	–7,5	–8,1	–5,8	–6,5
Februar	–4,5	–4,8	–7,6	–5,8	–4,2	–4,8
März	3,1	2,7	2,1	1,5	2,8	3,1
April	11,2	10,6	9,7	9,9	10,8	10,1
Mai	14,8	13,1	12,2	12,6	13,9	12,2
Juni	18,7	17,4	16,6	17,7	18,2	15,7
Juli	21,4	19,2	18,6	19,6	19,8	18,9
August	19,6	17,4	16,5	18,1	18,4	16,3
September	16,4	15,3	14,8	15,1	16,1	14,5
Oktober	10,0	8,4	8,5	7,8	9,4	9,0
November	7,8	7,0	7,5	6,0	7,5	8,3
Dezember	–4,3	–3,9	–5,0	–5,2	–5,3	–3,3
Niederschlagsmengen (mm)						
Januar	40	36	41	45	56	50
Februar	22	3	13	51	55	40
März	47	42	70	66	63	106
April	28	40	64	45	92	74
Mai	70	72	169	152	83	143
Juni	53	78	154	67	187	182
Juli	11	104	113	62	67	82
August	85	176	218	150	174	219
September	49	66	64	92	38	88
Oktober	24	15	62	24	11	89
November	30	66	81	141	75	78
Dezember	13	17	31	54	45	17
Sonnenscheindauer (Std.)						
Januar	61	58	50	80	53	60
Februar	79	115	96	110	76	96
März	123	131	136	167	142	140
April	187	158	126	193	180	123

[1] Letzte verfügbare Angabe

	Wien	Inns-bruck	Salzburg	Klagen-furt	Graz	Feld-kirch
Klimatische Verhältnisse						
Sonnenscheindauer (Std.)						
Mai	250	170	178	217	226	159
Juni	246	190	216	270	244	177
Juli	300	244	278	296	259	247
August	231	201	198	256	222·	174
September	174	168	145	160	178	160
Oktober	144	178	131	120	130	167
November	75	98	84	75	88	109
Dezember	49	93	69	28	48	74

Schweiz

Erhebungsgegenstand	Wert	Vergleich Vorjahr (%)	Stand
Fläche (km^2)	41 294,4	± 0,0	1963
Bevölkerung			
Wohnbevölkerung	5 770 000	+ 1,9	1963[2]
männlich	2 663 432	–	1960[1]
weiblich	2 765 629	–	1960[1]
Einwohner je km^2	139,7	+ 2,0	1963[2]
Ausländer	548 739	–	1960[1]
Privathaushalte	1 594 010	–	1960[1]
Einpersonenhaushalte	224 446	–	1960[1]
Mehrpersonenhaushalte	1 369 564	–	1960[1]
Lebendgeborene	109 993	+ 5,4	1963
Gestorbene	56 989	+ 3,4	1963
Eheschließungen	43 946	– 0,9	1963
Ehescheidungen	4 711	– 0,3	1963
Familienstand der Bevölkerung			
Ledige insgesamt	2 607 168	–	1960[1]
männlich	1 332 715	–	1960[1]
weiblich	1 274 453	–	1960[1]
Verheiratete	2 431 763	–	1960[1]
Verwitwete und Geschiedene	390 130	–	1960[1]
männlich	97 753	–	1960[1]
weiblich	292 377	–	1960[1]
Religionszugehörigkeit			
Christen insgesamt	5 354 490	–	1960[1]
römisch-katholisch	2 463 214	–	1960[1]
christ-katholisch	29 754	–	1960[1]
evangelisch	2 861 522	–	1960[1]
Juden	19 984	–	1960[1]
andere, ohne Konfession	54 587	–	1960[1]
Altersgruppen			
unter 5 Jahren	439 392	–	1960[1]
5 bis unter 10 Jahren	410 771	–	1960[1]
10 bis unter 15 Jahren	424 853	–	1960[1]
15 bis unter 20 Jahren	427 051	–	1960[1]
20 bis unter 30 Jahren	812 321	–	1960[1]
30 bis unter 40 Jahren	761 743	–	1960[1]
40 bis unter 50 Jahren	668 894	–	1960[1]
50 bis unter 60 Jahren	664 231	–	1960[1]
60 bis unter 70 Jahren	473 975	–	1960[1]
70 bis unter 80 Jahren	261 674	–	1960[1]
80 und darüber	84 156	–	1960[1]

[1] Letzte verfügbare Angabe
[2] Schätzung
[4] Mit Teilerwerbstätigen

Erhebungsgegenstand	Wert	Vergleich Vorjahr (%)	Stand
Die zehn größten Städte			
Zürich	443 900	± 0,0	1963
Basel	213 700	+ 1,4	1963
Genf	177 600	+ 1,7	1963
Bern	170 000	+ 0,7	1963
Lausanne	134 000	+ 1,1	1963
Winterthur	87 000	+ 0,8	1963
St. Gallen	78 800	+ 0,6	1963
Luzern	73 300	+ 1,2	1963
Biel	65 700	+ 2,7	1963
La Chaux-de-Fonds	41 700	+ 1,2	1963
Erwerbstätigkeit			
Erwerbstätige	2 520 578	–	1960[1]
männlich	1 764 160	–	1960[1]
weiblich	756 418	–	1960[1]
nach Wirtschaftsbereichen			
Land- und Forstwirtschaft[4]	353 773	–	1960[1]
Industrie, Handwerk, Bau usw.	1 293 314	–	1960[1]
Dienstleistungen	1 015 112	–	1960[1]
Ausländische Arbeitnehmer	423 987	–	1960[1]
Arbeitslose	825	+ 37,7	1963
Außenhandel			
Einfuhr in Mio. sFr. (Mio. DM)	13 989,414 (15 108,567)	+ 7,7	1963
Ausfuhr in Mio. sFr. (Mio. DM)	10 441,734 (11 277,072)	+ 9,0	1963
Einfuhrüberschuß in Mio. sFr. (Mio. DM)	3 547,680 (3 831,494)	– 4,2	1963
Verkehr			
Eisenbahnnetz (km)	5 112,3	± 0,0	1963
Beförderte Personen (in 1000)	335 212	+ 1,5	1963
Beförderte Güter (in 1000 t)	46 365	+ 6,9	1963
Straßennetz (km)	55 464	–	1962[1]
Bestand an Kraftfahrzeugen	835 950	+ 11,9	1963
davon Pkw	700 238	+ 11,1	1963
davon Lkw	120 698	+ 15,4	1963
Zulassung fabrikneuer Kfz	148 143	+ 9,3	1963
Handelsschiffe/Seeschiffahrt (BRT)	169 223	– 3,5	1963
Luftverkehr			
Beförderte Personen	1 780 048	+ 8,0	1963
Beförderte Güter (in 1000 t)	31 915	+ 10,9	1963
Bildung			
Schüler an			
Primarschulen	577 055	–	1961/62[1]
Sekundarschulen, Bezirksschulen	118 150	–	1961/62[1]
Gymnasien, Kantonsschulen, Höhere Töchterschulen	24 837	–	1961/62[1]
Studenten	20 691	+ 2,4	1963/64
Rundfunk und Fernsehen			
Hörfunkteilnehmer	1 155 991	+ 2,6	1963
Fernsehteilnehmer	366 129	+ 33,7	1963
Gesundheitswesen			
Ärzte	5 887	+ 1,3	1963
Zahnärzte	2 274	+ 1,0	1963
Krankenhäuser	430	–	1960[1]
Sozialleistungen			
Mitglieder der gesetzlichen Krankenversicherung	5 022 000	+ 4,0	1963
Empfänger von Arbeitslosengeld und -hilfe	17 300	+ 11,5	1963

Erhebungsgegenstand	Wert	Vergleich Vorjahr (%)	Stand
Finanzen und Steuern			
Gesamtausgaben des Staates in Mio. sFr. (Mio. DM)	4082,9 (4410,1)	+ 10,8	1963
Gesamteinnahmen des Staates in Mio. sFr. (Mio. DM)	4209,3 (4546,0)	+ 2,3	1963
Schuldenlast des Staates in Mio. sFr. (Mio. DM)	6061,3 (6546,2)	− 0,9	1963
Löhne und Gehälter			
Bruttostundenverdienst männlicher Arbeiter in sFr. (DM)	4,56 (4,92)	+ 8,3	1963
weiblicher Arbeiter in sFr. (DM)	2,82 (3,05)	+ 8,0	1963
Index der Stundenlöhne in der gewerblichen Wirtschaft (1939 = 100)	353	+ 8,3	1963
Preise			
Index der Einzelhandelspreise (1939 = 100)	201,5	+ 3,4	1963
Einzelhandelspreise ausgewählter Lebensmittel in s.Fr. (DM)			
Butter, 1 kg	11,43 (12,34)	+ 0,1	1963
Weizenmehl, 1 kg	0,88 (0,95)	± 0,0	1963
Schweinefleisch, 1 kg	8,53 (9,21)	+ 3,9	1963
Rindfleisch, 1 kg	8,48 (9,16)	+ 7,9	1963
Eier, 1 Stück	0,29 (0,31)	± 0,0	1963
Kartoffeln, 1 kg	0,47 (0,51)	− 6,0	1963
Vollmilch, 1 l	0,63 (0,68)	+ 3,3	1963
Zucker, 1 kg	1,15 (1,24)	+ 40,2	1963
Bruttosozialprodukt in Mio. sFr. (DM)	50 370 (54 400)	+ 9,4	1963

	Zürich	Basel	Bern	Genf	Davos	Lugano
Klimatische Verhältnisse						
Mittl. Lufttemperatur (°C)						
Januar	−6,2	−5,9	−6,4	−4,2	−10,3	−0,1
Februar	−4,2	−4,1	−4,2	−2,7	−8,6	1,3

	Zürich	Basel	Bern	Genf	Davos	Lugano
März	3,2	4,8	2,9	4,0	− 2,3	6,4
April	9,2	10,6	9,6	9,8	3,1	11,4
Mai	11,7	12,8	12,2	12,6	5,9	15,2
Juni	15,7	16,7	15,8	15,9	10,0	17,9
Juli	18,7	19,6	19,1	19,5	12,9	22,1
August	15,9	16,8	16,3	16,3	10,9	19,7
September	14,3	15,6	14,9	14,5	8,8	17,2
Oktober	8,9	9,6	9,2	8,8	4,1	12,4
November	7,4	8,7	6,9	7,4	1,0	8,7
Dezember	− 3,0	− 2,1	− 2,0	− 1,0	− 6,5	− 2,5
Niederschlagsmengen (mm)						
Januar	33	39	79	50	33	64
Februar	51	44	66	64	12	22
März	133	48	111	126	63	92
April	98	63	40	72	56	206
Mai	87	41	60	49	68	152
Juni	118	134	145	151	120	444
Juli	97	52	93	31	120	178
August	133	142	134	189	207	297
September	98	38	59	34	61	362
Oktober	71	24	39	29	44	124
November	111	114	134	213	127	366
Dezember	2	6	0	5	17	45
Sonnenscheindauer (Std.)						
Januar	74	67	65	60	79	103
Februar	93	95	87	72	116	106
März	151	130	140	141	128	153
April	118	118	134	162	114	137
Mai	169	175	200	239	143	171
Juni	172	160	176	191	152	160
Juli	278	278	280	308	219	267
August	169	161	174	205	182	218
September	130	130	144	152	129	156
Oktober	119	113	138	162	169	172
November	90	78	85	72	80	69
Dezember	50	65	62	24	118	91

Staatsoberhäupter und Regierungen ausgewählter Länder 1963

Die Einträge zu den wichtigsten Ländern des Jahres 1963 informieren über die Staatsform (hinter dem Ländernamen), Titel und Namen des Staatsoberhaupts sowie in Klammern dessen Regierungszeit. Es folgen – soweit vorhanden – die Regierungschefs, bei wichtigeren Ländern auch die Außenminister des Jahres 1963; jeweils in Klammern stehen die Zeiträume der Amtsausübung. Eine Kurzdarstellung gibt – wo es sinnvoll erscheint – einen Einblick in die innen- und außenpolitische Situation des Landes. Über bewaffnete Konflikte und Unruhegebiete, auf die hier nicht näher eingegangen wird, informiert der Anhang Kriege und Krisenherde des Jahres 1963 gesondert.

Afghanistan
Königreich; *König:* Mohammed Sahir (1933–1973)
Ministerpräsident: Mohammed Daud Khan (1953–10. 3. 1963), Mohammed Jusuf (10. 3. 1963–1965)

Ägypten
Republik; *Präsident:* Gamal Abd el Nasser (1954–1970)
Außenminister: Mahmud Fausi (1952 bis 1964)

Albanien
Volksrepublik; *Präsident:* Haxhi Lleschi (1953–1977)
Ministerpräsident: Mehmed Schehu (1954–1981)

Algerien
Republik; *Ministerpräsident:* Mohammed Ahmed Ben Bella (1962–1975)
Zur Lage in Algerien nach der Unabhängigkeit und zum marokkanisch-algerischen Grenzkonflikt siehe den Anhang Kriege und Krisenherde.

Argentinien
Republik; *Präsident:* José María Guido (1962–12. 10. 1963), Arturo Illía (12. 10. 1963–1966)

Äthiopien
Kaiserreich; *Kaiser:* Haile Selassie (1930–1974)
Ministerpräsident: Tsehafe Tezaz Aklilu Habtewold (1961–1974)
Zum seit 1962 andauernden Unabhängigkeitskampf Eritreas gegen Äthiopien siehe den Anhang Kriege und Krisenherde.

Australien
Bundesstaat im British Commonwealth
Ministerpräsident: Robert Gordon Menzies (Labour Party; 1939/40, 1949 bis 1966)
Außenminister: Sir Garfield Barwick (1961–1964)
Britischer Generalgouverneur: William Philip Sidney 6. Baron de l'Isle and Dudley 1. Viscount de l'Isle of Penshurst (1961–1965)

Belgien
Königreich; *König:* Baudouin (seit 1951)
Ministerpräsident: Théo Lefèvre (christlich-sozial; 1961–1965)
Außenminister: Paul Henri Spaak (Sozialist; 1939–1949, 1954–1957, 1961–1966)

Benin
Siehe Dahomey

Bhutan
Königreich; *König:* Jigme Dorji Wangchuk (1952–1972)

Birma
Unionsrepublik unter Militärherrschaft
Präsident an der Spitze eines Revolutionsrats: General Ne Win (1962–1981)
Ministerpräsident: General Ne Win (1958–1960, 1962–1974)
Zu dem seit 1945 andauernden Bürgerkrieg in Birma siehe den Anhang Kriege und Krisenherde.

Bolivien
Republik; *Präsident:* Victor Paz Estenssoro (1952–1956, 1960–1964, 1985)

Brasilien
Bundesrepublik; *Präsident:* João Belchior Marques Goulart (1961–1964)

Bulgarien
Volksrepublik; *Präsident (Präsident des Präsidiums des Nationalrats):* Dimitar Ganew (1958–1964)
Ministerpräsident: Todor Schiwkow (1962–1971, danach Staatsratsvorsitzender = nominelles Staatsoberhaupt)
Außenminister: Iwan Baschew (1962 bis 1971)

Burundi
Königreich; *König:* Mwambutsa IV. (1962–1966)

Ceylon (ab 1972 Sri Lanka)
Parlamentarische Monarchie;
Ministerpräsidentin, Außenministerin und Verteidigungsministerin: Sirimawo Bandaranaike (1960–1965, erneut Ministerpräsidentin 1970–1977)
Generalgouverneur: Sir Oliver Goonetilleke (1954 bis 27. 2. 1962), William Gopallawa (ab 2. 3. 1962)
Ceylon ist als unabhängige parlamentarische Monarchie Gliedstaat des Commonwealth (Republik ab 1972). – Am 8. Februar 1963 stellen die USA ihre Wirtschaftshilfe für Ceylon ein.

Chile
Republik; *Präsident:* Jorge Alessandri Rodríguez (1958–1964)

China
Volksrepublik; *Vorsitzender des Nationalen Volkskongresses (Präsident):* Liu Shaoch'i (1959–1968)
Parteichef: Mao Tse-tung (1945–1976)

Regierungschef: Chou En-lai (1949–1976)
Zum indisch-chinesischen Grenzkonflikt siehe den Anhang Kriege und Krisenherde.

Costa Rica
Republik; *Präsident:* Francisco José Orlich Bolmarcich (1962–1966)

Dahomey (ab 1975 Benin)
Republik; *Staatspräsident und Ministerpräsident:* Hubert Maga (1960–28. 10. 1963), Christophe Soglo (28. 10. 1963–1964)

Dänemark
Königreich; *König:* Friedrich IX. (1947–1972)
Ministerpräsident: Jens Otto Krag (1962 bis 1968)
Außenminister: Per Haekerup (1962 bis 1966)

Dominikanische Republik
Republik; *Präsident:* Rafael Bonelly (1962–27. 2. 1963), Juan Bosch Gavino (27. 2.–25. 9. 1963)
Leiter einer Junta: Emilio de los Santos (26. 9.–22. 12. 1963)
Präsident: Donald Reid Cabral (22. 12. 1963–1965)

Ecuador
Republik; *Präsident:* Carlos Julio Arosemena Monroy (1961–11. 7. 1963)
Leiter einer Junta: General Ramón Castro Jijón (11. 7. 1963–1966)

Elfenbeinküste
Patriarchalische Diktatur;
Präsident: Félix Houphouet-Boigny (seit 1960)

El Salvador
Republik; *Präsident:* Oberst Julio Adalberto Rivera Carballo (1962–1967)

Finnland
Republik; *Präsident:* Urho Kaleva Kekkonen (1956–1981)
Ministerpräsident: Ahti Karjalainen (1962–30. 8. 1963, 17. 10.–17. 12. 1963, 1970/71), Reino Lehto (18. 12. 1963 bis 1964)
Außenminister: Veli Merikoski (1962–17. 12. 1963), Jaakko Hallamaa (18. 12. 1963–1964)

Formosa (Taiwan)
Republik; *Präsident:* Chiang Kai-shek (1950–1975)

Frankreich
Republik; *Präsident:* Charles de Gaulle (1944–1946, 1959–1969)
Ministerpräsident: Georges Pompidou (UNR, 1962–1968)
Außenminister: Maurice Couve de Murville (1958–1968)

Gabun
Republik; *Staatspräsident und Leiter des Kabinetts:* Léon M'ba (1960–1964, 1964–1967)

Ghana
Republik; *Staatspräsident und Leiter des Kabinetts:* Kwame Nkrumah (1960 bis 1966)

Griechenland
Konstitutionelle Monarchie;
König: Paul (1947–1964)

Ministerpräsident: Konstandinos Karamanlis (1955–1958, 1958–1961, 1961–11. 6. 1963, 1974–1980), Panajotis Pipinellis (19. 6.–26. 9. 1963), Stylianos Mavromichalis (28. 9.–7. 11. 1963), Jeorjios Papandreu (7. 11.–24. 12. 1963, 1964/65), Ioannis Paraskevopulos (30. 12. 1963–1964, 1966–1967)
Außenminister: Evangelos Averoff-Tositzas (1956–1961, 1961–11. 6. 1963), Panajotis Pipinellis (1950, 19. 6.–26. 9. 1963), Ekonomu Guras (28. 9.–7. 11. 1963), Sofoklis Weniselos (1950, 1950/51, 1951/52, 7. 11.–24. 12. 1963)

Großbritannien
Konstitutionelle Monarchie;
Königin: Elisabeth II. (seit 1952)
Premierminister: Harold Macmillan (konservativ; 1957–18. 10. 1963), Alexander Frederick Douglas-Home (konservativ; 19./20. 10. 1963–1964)
Außenminister: Alexander Frederick Douglas-Home (1960–18. 10. 1963), Richard Austin Butler (19./20. 10. 1963 bis 1964)

Guatemala
Republik; *Präsident:* General Miguel Ydígoras Fuentes (1958–31. 1. 1963)
Leiter einer Militärjunta: Enrique Peralta Azurdia (31. 1. 1963–1966)

Guinea
Republik; *Ministerpräsident:* Sékou Touré (1958–1984)
Staatspräsident: Sékou Touré (1961 bis 1984)

Haiti
Diktatur; *Präsident:* François Duvalier (1957–1971)

Honduras
Republik; *Präsident:* José Ramón Villeda Morales (1957–3. 10. 1963)
Leiter einer Militärjunta: Osvaldo López Arellano (4. 10. 1963–1965, Präsident 1965–1971 und 1972–1975)

Indien
Bundesrepublik; *Präsident:* Sarvepalli Radhakrishnan (1961/62–1967)
Ministerpräsident: Jawaharlal Nehru (1946/47–1964)
Zum indisch-chinesischen Grenzkonflikt siehe den Anhang Kriege und Krisenherde.

Indonesien
Republik (»gelenkte Demokratie«);
Präsident: Achmed Sukarno (1945/49 bis 1967)
Leiter des Kabinetts (Ministerpräsident): Achmed Sukarno (1959–1967)

Irak
Republik/Diktatur; *Leiter des Souveränitätsrats (Präsident):* Muhammad Nadschib ar-Rubai'i (1958–8. 2. 1963)
Ministerpräsident (Militärdiktator): Abd Al Karim Kasim (1958–8. 2. 1963)
Staatspräsident: Abd As Salam Muhammad Arif (8. 2. 1963–1966)
Ministerpräsident: Sajid Ahmad Hasan Al Bakr (8. 2.–11. 5. 1963, 13. 5.–18. 11. 1963), Tahir Jahja (21. 11. 1963–1964, 1964–1965)
Zu dem von 1961 bis 1970 dauernden Kurdenaufstand im Irak siehe den Anhang Kriege und Krisenherde.

Iran

Kaiserreich; *Schah:* Mohammad Resa Pahlawi (1941–1979)
Ministerpräsident: Asad Ollah Alam (1962–1964)

Irland

Republik; *Präsident:* Eamon de Valera (1959–1973)
Ministerpräsident: Sean Lemass (1959 bis 1966)
Außenminister: Frank Aiken (1951–1954, 1957–1969)

Island

Republik; *Präsident:* Asgeir Asgeirsson (1952–1968)
Ministerpräsident: Olafur Thors (1942, 1944–1946, 1949/50, 1953–1956, 1959–12. 11. 1963), Bjarni Benediktsson (14. 11. 1963–1970)

Israel

Republik; *Präsident:* Isaak Ben Zwi (1952–23. 4. 1963), Salman Schasar (21. 5. 1963–1973)
Ministerpräsident: David Ben Gurion (Mapai; 1948–1953, 1955–16. 6. 1963), Levi Eschkol (Mapai; 24. 6. 1963–1969)
Verteidigungsminister: David Ben Gurion (1955–16. 6. 1963)
Außenminister: Golda Meir (1956–1966)

Italien

Republik; *Präsident:* Antonio Segni (1962–1964)
Ministerpräsident: Amintore Fanfani (Democrazia Cristiana; 1954, 1958/59, 1960–16. 5. 1963), Giovanni Leone (Democrazia Cristiana; 21. 6.–5. 11. 1963), Aldo Moro (Democrazia Cristiana; 5. 12. 1963–1964, 1974–1976)
Außenminister: Attilio Piccioni (1962–5. 11. 1963), Giuseppe Saragat (5. 12. 1963–1964, danach Staatspräsident 1964–1971)

Jamaika

Parlamentarische Monarchie im British Commonwealth;
Premierminister: William Alexander Bustamente (1962–1967)
Jamaika ist eine unabhängige parlamentarische Monarchie im Commonwealth mit dem britischen Monarchen als Staatsoberhaupt.

Japan

Kaiserreich; *Kaiser (Tenno):* Hirohito (seit 1926)
Ministerpräsident: Hajato Ikeda (1960 bis 1964)
Außenminister: Masayoshi Ohira (1962 bis 1964)

Jemen (Arabische Republik Jemen)

Republik;
Präsident: Abdullah as-Sallal (1962 bis 1967)
Zum Bürgerkrieg im Jemen siehe den Anhang Kriege und Krisenherde.

Jordanien

Königreich; *König:* Husain (seit 1952)

Jugoslawien

Volksrepublik; *Präsident:* Josip Broz Tito (1953–1980)
Ministerpräsident: Josip Broz Tito (1943 bis 30. 6. 1963), Petar Stambolić (30. 6. 1963–1967)
Außenminister: Koča Popović (1953 bis 1965)

Kambodscha (Kampuchea)

Königreich; *Staatsoberhaupt (ohne Königstitel):* Norodom Sihanuk (1960–1970, zuvor König 1941–1955)
Ministerpräsident: Norodom Sihanuk (1952/53, 1955/56, 1956, 1956/57, 1958–1960, 1961–1963, 1967/68), Prinz Norodom Kantol (1963–1966)

Kamerun

Bundesrepublik; *Präsident:* Ahmadou Ahidjo (1960–1982)
Ministerpräsident: Charles Assalé (1960 bis 1965)

Kanada

Parlamentarische Monarchie im British Commonwealth;
Premierminister: John George Diefenbaker (konservativ; 1957–22. 4. 1963), Lester Pearson (liberal; 22. 4. 1963–1968)
Außenminister: Howard Green (1959–17. 4. 1963), Paul Martin (17. 4. 1963–1968)

Kenia

Unabhängige Monarchie ab 1. Juni 1963;
Premierminister: Jomo Kenyatta (1. 6. 1964–1978; ab 1964 auch Staatspräsident)
Kenia erhält am 1. Juni 1963 innere Selbstverwaltung, am 12. Dezember 1963 wird das Land unabhängige Monarchie im Commonwealth mit dem britischen Monarchen als Staatsoberhaupt.

Kirchenstaat

Siehe Vatikanstadt

Kolumbien

Republik; *Präsident:* Guillermo León Valencia (1962–1966)

Kongo (Brazzaville)

Republik; *Staats- und Ministerpräsident:* Abbé Fulbert Youlou (1960–15. 8. 1963), Alphonse Massemba-Débat (15. 8. 1963 bis 1968)

Kongo (Léopoldville; ab 1971 Zaïre)

Republik;
Präsident: Joseph Kasawubu (1960 bis 1965)
Ministerpräsident: Cyrille Adoula (1961 bis 1964)
Zum Konflikt um Katanga siehe den Anhang Kriege und Krisenherde.

Korea (Nord-Korea)

Volksrepublik; *Präsident:* Yong Kun Choi (1952–1972)
Ministerpräsident: Kim Il Sung (1948 bis 1972, Staatschef ab 1972)

Korea (Süd-Korea)

Militärdiktatur; *Leiter einer Militärjunta:* Park Chung Hee (1962–1963, ab 15. 10. 1963 gewählter Präsident bis 1979)

Kuba

Sozialistische Republik; *Präsident:* Osvaldo Dórticos Torrado (1959–1976)
Ministerpräsident: Fidel Castro (seit 1959, ab 1976 auch Staatspräsident)

Kuwait

Emirat; *Emir:* Abdallah as-Salim as-Sabah (1950–1965)

Laos

Königreich; *König:* Savang Vatthana (1959–1975)
Ministerpräsident (neutralistisch): Prinz Suvanna Phuma (1962–1975)
Zu dem von 1945 bis 1975 andauernden Bürgerkrieg in Laos siehe den Anhang Kriege und Krisenherde.

Libanon

Republik; *Präsident:* Fuad Schihab (1952, 1958–1964)
Ministerpräsident: Raschid Karami (1955 bis 1956, 1958–1960, 1961–1964)

Liberia

Republik; *Präsident und Ministerpräsident:* William Tubman (1943–1971)

Libyen

Königreich; *König:* Idris I. (1951–1969)
Ministerpräsident: Muhammad Uthman as-Said (1960–19. 3. 1963), Muhji ad-Din Al Fikeni (19. 3. 1963–1964)

Liechtenstein

Fürstentum; *Fürst:* Franz Joseph II. (seit 1938)

Luxemburg

Großherzogtum; *Großherzogin:* Charlotte (1919–1964)
Ministerpräsident: Christian Pierre Werner (1959–1974)
Außenminister: Eugène Schaus (1959 bis 1964)

Madagaskar

Republik; *Staatspräsident und Ministerpräsident:* Philibert Tsiranana (1960 bis 1972)

Malaiische Föderation

Monarchie; *König von Malaya:* Tuan Sajjid Putra ibn al-marhum Sajjid Hasan Dschamal Allah Radscha von Perlis (1960–16. 9. 1963, danach Staatsoberhaupt von Malaysia)
Ministerpräsident: Tunku Abdul Rahman (1957–1959, 1959–16. 9. 1963, danach Ministerpräsident von Malaysia)
Am 16. September 1963 geht das Land in Malaysia auf (siehe dort).

Malaysia

Monarchie (ab 16. 9. 1963); *Staatsoberhaupt (Wahlkönig):* Tuan Sajjid Putra ibn al-marhum Sajjid Hasan Dschamal Allah Radscha von Perlis (16. 9. 1963–1965, zuvor König von Malaya 1960–1963)
Ministerpräsident: Tunku Abdul Rahman (16. 9. 1963–1970, zuvor Ministerpräsident der Malaiischen Föderation 1957–1959 und 1959–16. 9. 1963)
Am 16. September 1963 wird auf Betreiben von Tunku Abdul Rahman die Federation of Malaysia proklamiert. Ihr gehört neben einem Teil des ehemaligen Britisch-Nordborneo (Sabah und Sarawak) mit überwältigender Zustimmung seiner Wählerschaft auch Singapur an.

Mali

Republik; *Präsident:* Modibo Keita (1960–1968)

Malta

Britische Kolonie mit innerer Selbstregierung;
Gouverneur: Maurice Henry Dorman (1962–1971)
Ministerpräsident: Borg Olivier (1950 bis 1954, 1954/55, 1962–1971)

Marokko

Königreich; *König und Leiter des Kabinetts:* Hasan II. (seit 1961)

Mauretanien

Republik; *Präsident:* Moktar Ould Daddah (1961–1978; seit 1960 auch Ministerpräsident)

Mexiko

Bundesrepublik; *Präsident:* Alfonso López Mateos (1958–1964)

Monaco

Fürstentum; *Fürst:* Rainier III. (seit 1949)

Mongolische Volksrepublik

Präsident: Stamtsarangin Sambuu (1954–1972)
Ministerpräsident: Jumschagiin Zedenbal (1952–1974, danach Präsident ab 1974)

Nepal

Königreich; *König:* Mahendra (1956 bis 1972)

Neuseeland

Parlamentarische Monarchie im British Commonwealth;
Premierminister: Keith Jacka Holyoake (konservativ: 1960–1972)
Britischer Generalgouverneur: Bernard Fergusson (1962–1967)
Neuseeland ist eine unabhängige parlamentarische Monarchie im Commonwealth mit dem britischen Monarchen als Staatsoberhaupt.

Nicaragua

Diktatur; *Diktator:* Luis Somoza Debayle (1956–30. 4. 1963), René Schick Gutiérrez (1. 5. 1963–1966)

Niederlande

Konstitutionelle Monarchie;
Königin: Juliana (1948–1980)
Ministerpräsident: Jan Eduard de Quay (katholisch; 1959–15. 5. 1963), Victor Gérard Marijnen (24. 7. 1963–1965)
Außenminister: Joseph Luns (1956–1971, dann NATO-Generalsekretär bis 1984)

Niger

Republik; *Staats- und Ministerpräsident:* Hamani Diori (1960–1974)

Nigeria

Parlamentarische Monarchie im British Commonwealth/Republik ab 1. Oktober 1963;
Präsident: Benjamin Nnamdi Azikiwe (1. 10. 1963–1966, zuvor britischer Generalgouverneur 1960–1. 10. 1963)
Premierminister: Sir Abubakar Tafawa Balewa (1960–1965, 1965/66)

Nordirland

Teil von Großbritannien; *Ministerpräsident:* Sir Basil Stanlake Brooke (1943–26. 3. 1963), Terence O'Neill (26. 3. 1963–1969)

Nordkorea

Siehe Korea (Nordkorea)

Norwegen

Konstitutionelle Monarchie; *König:* Olaf V. (seit 1957)
Ministerpräsident: Einar Gerhardsen (Sozialist; 1945–1951, 1955–23. 8. 1963, 25. 9. 1963–1965), Erling Wikborg (27. 8.–25. 9. 1963)

Obervolta (ab 1984 Burkina Faso)

Republik; *Staats- und Ministerpräsident:* Maurice Yaméogo (1960–1966)

Oman

Sultanat; *Sultan:* Said bin Taimur (1932–1970)

Pakistan

Republik; *Staats- und Ministerpräsident:* Mohammed Ayub Khan (1958–1969)

Panama

Republik; *Präsident:* Roberto Francisco Chiari (1949, 1960–1964)

Paraguay

Diktatur; *Präsident:* Alfredo Stroessner (seit 1954)

Persien

Siehe Iran

Peru

Republik/Diktatur; *Präsident (zuvor Leiter einer Militärjunta):* General Ricardo Pérez Godoy (1962–3. 3. 1963)
Leiter einer Militärjunta: Nicolás Lindley López (3. 3.–28. 7. 1963)
Präsident: Fernando Belaúnde Terry (28. 7. 1963–1968)

Philippinen

Republik; *Präsident:* Diosdado Macapagal (1961–1965)

Polen

Volksrepublik; *Staatsratsvorsitzender:* Aleksander Zawadski (1952–1964)
Parteichef: Władysław Gomulka (1943 bis 1948, 1956–1970)
Ministerpräsident: Józef Cyrankiewicz (1947–1952, 1954–1972)
Außenminister: Adam Rapacki (1956 bis 1968)

Portugal

Diktatur; *Präsident:* Américo Tomás (1958–1974)
Ministerpräsident: Antonio de Oliveira Salazar (1932–1968)
Außenminister: Alberto Franco Nogueira (1961–1969)

Rumänien

Volksrepublik; *Staatsratsvorsitzender (Staatsoberhaupt):* Georghe Georghiu-Dej (1961–1965)
Ministerpräsident: Ion Georghe Maurer (1961–1974)

Rwanda

Republik; *Präsident:* Grégoire Kayibanda (1962–1973)

Zum Stammeskrieg in Rwanda siehe den Anhang Kriege und Krisenherde.

Samoa

Häuptlingsaristokratie; *Staatsoberhäupter (gemeinsam):* Tupua Tamasese Mea'ole und Malietoa Tunamafili II. (1962–5. 4. 1963)
Staatsoberhaupt: Malietoa Tunamafili II. (seit 1962)
Ein Freundschaftsvertrag von 1962 mit Neuseeland bestimmt, daß Neuseeland die Außenvertretung und die Landesverteidigung von Samoa übernimmt.

Sansibar

Sultanat; *Sultan:* Sajjid Abd Allah Ibn Chalifa (1960–1. 7. 1963), Sajjid Dschamschid Ibn Abd Allah (1. 7. 1963–1964)
Ministerpräsident: Muhammad Schamte Hamadi (10. 12. 1963–1964)
Das Sultanat unter britischem Protektorat wird am 10. Dezember 1963 unabhängiges Sultanat, am 12. Januar 1964 wird die Republik proklamiert. Am 26. April 1964 schließt sich das Land mit Tanganjika zur Vereinigten Republik von Tanganjika und Sansibar zusammen (ab 29. Oktober 1964: Tansania).

Saudi-Arabien

Königreich; *König:* Saud Ibn Abd Al Asis (1953–1964)
Ministerpräsident: Seit 1960 führt der König den Vorsitz im Ministerium.

Schweden

Konstitutionelle Monarchie; *König:* Gustav VI. Adolf (1950–1973)
Ministerpräsident: Tage Erlander (Sozialist; 1946–1969)
Außenminister: Torsten Nilsson (1962 bis 1971)

Senegal

Republik; *Präsident:* Léopold Sédar Senghor (1960–1980, zugleich Ministerpräsident 1962–1970)

Siam

Siehe Thailand

Sierra Leone

Parlamentarische Monarchie im British Commonwealth; *Ministerpräsident:* Milton Margai (1961–1964)
Generalgouverneur: Henry Boston (1961 bis 1967)
Sierra Leone ist eine unabhängige parlamentarische Monarchie im Commonwealth mit dem britischen Monarchen als Staatsoberhaupt.

Singapur

Britische Kolonie mit innerer Selbstverwaltung;
Ministerpräsident: Lee Kuan Yew (Chinese; seit 1959)
Singapur schließt sich 1963 dem neuen Staat Malaysia (siehe dort) an, scheidet aber im August 1965 aus der Föderation wieder aus und wird als souveräner Staat Mitglied des Commonwealth.

Somalia

Republik; *Präsident:* Aden Abdullah Othman (1960–1967)

Ministerpräsident: Abd ar-Raschid Ali Shermake (1960–1964)

Sowjetunion

Siehe UdSSR

Spanien

Diktatur; *Nationaler Staatspräsident und Vorsitzender des Ministeriums:* Francisco Franco Bahamonde (1936–1975)
Außenminister: Fernando María Castiella y Maiz (1957–1969)

Sri Lanka

Siehe Ceylon

Südafrikanische Union

Republik; *Präsident:* Charles Robberts Swart (1961–1967)
Ministerpräsident: Frensch Verwoerd (1958–1966)
Außenminister: Eric Hendrik Louw (1954 bis 31. 12. 1963)

Sudan

Diktatur; *Staatsleiter und Leiter des Obersten Rates für die bewaffneten Streitkräfte:* Ibrahim Abbud (1958–1964)

Südkorea

Siehe Korea (Südkorea)

Süd-Rhodesien

Teil der Zentralafrikanischen Föderation

Syrien

Republik; *Präsident:* Nazim al-Qudsi (1961–8. 3. 1963)
Vorsitzender des Nationalen Revolutionsrats: Luai Al Atasi (24. 3.–27. 3. 1963), Amin Al Hafis (27. 3. 1963–1966, zugleich Leiter der Regierung 13. 11. 1963–1964)

Taiwan

Siehe Formosa

Tanganjika (ab 1964 Tansania)

Republik; *Präsident und Ministerpräsident:* Julius Nyerere (seit 1962)

Thailand

Konstitutionelle Monarchie; *König:* Rama IX. Bhumiopol (seit 1946)
Ministerpräsident: Feldmarschall Sarit Thanarat (1957, 1958–8. 12. 1963), General Thanom Kittikachorn (1958, 9. 12. 1963–1973)

Tibet

Teil der Volksrepublik China seit 1951;
14. Dalai-Lama: Tenzin Gjatso (1935 geboren und gefunden, 1939 inthronisiert, im Exil ab 1959)
7. Pantschen-Lama: Tschökji Gjaltsen (seit 1938)

Togo

Republik; *Präsident:* Sylvanus Olympio (1960–12. 1. 1963), Nicolas Grunitzky (16. 1. 1963–1967)

Trinidad und Tobago

Parlamentarische Monarchie im British Commonwealth;

Premierminister: Eric E. Williams (ab 31. 8. 1962)
Trinidad und Tobago ist eine unabhängige parlamentarische Monarchie im Commonwealth mit dem britischen Monarchen als Staatsoberhaupt (Republik ab 1976).

Tschad

Republik; *Präsident:* François Tombalbaye (1960–1975)

Tschechoslowakei

Volksrepublik; *Präsident:* Antonín Novotný (1957–1968)
Ministerpräsident: Viliam Široký (1953 bis 21. 9. 1963), Jozef Lenárt (21. 9. 1963 bis 1968)
Außenminister: Wenzel David (1953 bis 1968)

Tunesien

Republik; *Präsident:* Habib Burgiba (seit 1957 Präsident auf Lebenszeit)

Türkei

Republik; *Präsident:* Cemal Gürsel (1961–1966)
Ministerpräsident: Ismet Inönü (1923 bis 1924, 1925–1937, 1961–1965)
Außenminister: Feridun Cemal Erkin (1962–1965)

UdSSR

Union sozialistischer Sowjetrepubliken;
Parteichef: Nikita S. Chruschtschow (1953–1964)
Ministerpräsident: Nikita S. Chruschtschow (1958–1964)
Vorsitzender des Präsidiums des Obersten Sowjets (Staatsoberhaupt): Leonid I. Breschnew (1960–1964, 1977–1982)
Außenminister: Andrei A. Gromyko (1957–1985, danach Staatsoberhaupt)

Uganda

Parlamentarische Monarchie im British Commonwealth/Republik ab 10. Oktober 1963;
Präsident: Edward Frederick William Walugembe Mutebi Luwangula Mutesa II. (10. 10. 1963–1966)
Premierminister: Milton Obote (1962 bis 1966, danach Staatspräsident und Ministerpräsident bis 1971)

Ungarn

Volksrepublik; *Präsident:* István Dobi (1952–1967)
Ministerpräsident: János Kádár (1956 bis 1958, 1961–1965)
Außenminister: János Péter (seit 1961)

Uruguay

Republik; *Vorsitzender des Nationalrats:* Faustino Harrison (1962–1. 3. 1963), Daniel Fernández Crespo (1. 3. 1963–1964)

USA

Bundesrepublik; *35. Präsident:* John F. Kennedy (Demokrat; 1961–22. 11. 1963)
36. Präsident (1961–22. 11. 1963 Vizepräsident): Lyndon B. Johnson (Demokrat; 22. 1. 1963–1969)
Außenminister: Dean Rusk (1961–1969)

Vatikanstadt

Absolute Monarchie; *Papst:* Johannes

XXIII., ursprünglich Angelo Giuseppe Roncalli (1958–3. 6. 1963), Paul VI., ursprünglich Giovanni Battista Montini (21. 6. 1963–1978)
Staatssekretär: Amleto Cicognani (1961 bis 1969)

Venezuela

Republik; *Präsident:* Rómulo Betancourt (1945 bis 1948, 1959–1964)

Vietnam (Nord)

Republik; *Präsident:* Ho Chi Minh (1945/54–1969)

Vietnam (Süd)

Republik; *Präsident:* Ngo Dinh Diem (1955–1. 11. 1963)
Leiter einer Militärjunta: Duong Van Minh (2. 11. 1963–1964)

West-Samoa

Siehe Samoa

Zaïre

Siehe Kongo (Léopoldville)

Zentralafrikanische Föderation

Britische Kolonie; *Ministerpräsident:* Sir Roy Wellensky (1956–31. 12. 1963)

Zentralafrikanische Republik

Republik; *Staats- und Ministerpräsident:* David Dacko (1960–1966, 1979–1981)

Zypern

Republik; *Präsident (Grieche):* Erzbischof Makarios II. (1960–1977)
Zum Bürgerkrieg auf Zypern siehe den Anhang Kriege und Krisenherde.

Kriege und Krisenherde des Jahres 1963

Die herausragenden politischen und militärischen Krisensituationen des Jahres 1963 werden – alphabetisch nach Ländern geordnet – im Überblick dargestellt. Internationale Kriege und Krisenherde sind dem alphabetischen Länderverzeichnis vorangestellt.

Algerien nach dem Freiheitskrieg

Die Verfassunggebende Versammlung von Algerien billigt am 23. August 1963 die neue Verfassung: Präsidialsystem mit weitgehenden Vollmachten für die FLN (Front de Libération Nationale), die nach der Erlangung der Unabhängigkeit gegen den Widerstand zahlreicher früherer Mitkämpfer zu einer Einheits- und Kaderpartei mit sozialistischem und arabisch-nationalistischem Programm umgeformt wird. Am 8. September wird die Verfassung durch eine Volksabstimmung angenommen, am 15. September wird Mohammed Ahmed Ben Bella zum Staatspräsidenten gewählt. – Ein französischer Atomtest in der Sahara im März 1963 löst eine breite Volksbewegung für die Revision der Evian-Verträge aus. Frankreich hatte im Abkommen von Evian-les-Bains 1962 einen Waffenstillstand mit der algerischen Unabhängigkeitsbewegung FLN und der algerischen Exilregierung geschlossen und Algerien die volle Unabhängigkeit gewährt. Damit war ein Krieg zu Ende gegangen, der von der französischen Armee mit äußerster Härte geführt worden war. Algerienfranzosen und Mitglieder der französischen Algerienarmee OAS, die gegen die Entkolonisierung Algeriens kämpft, setzen ihre Terroranschläge auch nach dem Abkommen von Evian-les-Bains fort. Seit der Unabhängigkeitserklärung verlassen Tausende von Algerienfranzosen das Land. Die Märzdekrete des Jahres 1963 erklären die von den französischen Siedlern im Stich gelassenen Farmen und ihren von französischen Besitzern verlassenen Betriebe zu »biens vacants«; sie werden der Treuhandschaft der Regierung unterstellt und – bei einer Arbeitslosenquote von rund 70% – von den Arbeitern in Selbstverwaltung übernommen. Am 1. Oktober 1963 wird aller Grundbesitz der französischen Kolonisten verstaatlicht.

Angola kämpft für Souveränität

1961 begann mit dem Sturm von Kämpfern der MPLA (Movimento Popular de Libertaçao de Angola) auf das Gefängnis von Luanda der bewaffnete Unabhängigkeitskampf gegen die portugiesische Kolonialmacht, der bis 1974 andauert. Die zweite Befreiungsorganisation ist die Union der Völker Angolas, die 1962 in Nationale Befreiungsfront von Angola (FNLA, Frente Nacional de Libertaçao de Angola) umbenannt wurde.

Guerillakrieg in Birma

Die 1945 ausgebrochenen bürgerkriegsähnlichen Wirren in Birma halten auch 1963 an. Es kommt zu schweren Gefechten zwischen Guerilleros und Regierungstruppen. Die Regierung nimmt Verhandlungen mit allen aufständischen Organisationen auf, kann jedoch nur eine Übereinkunft mit den Karen erzielen (1964). General Ne Win hat 1962 nach einem unblutigen Staatsstreich die Regierung gestürzt und als Vorsitzender eines Revolutionsrats die Macht übernommen. Die Verfassung wurde außer Kraft gesetzt und die politische Deklaration »Der birmanische Weg zum Sozialismus« proklamiert. Von 1963 bis 1965 führt die Regierung eine Reihe von Maßnahmen durch, die den Übergang Birmas auf den nichtkapitalistischen Weg einleiten: Verstaatlichung des ausländischen und großer Teile des inländischen Kapitals, Verabschiedung von Agrargesetzen (März 1963), die die Lage der Bauern verbessern, Erlaß einer einheitlichen Progressivsteuer u. a.

Unabhängigkeitskampf Eritreas

1962 hat Kaiser Haile Selassie von Äthiopien die Föderation mit Eritrea aufgelöst und es als 14. Provinz Äthiopiens annektiert. Dadurch verlor dieser überwiegend von Moslems bewohnte Landesteil zahlreiche Autonomierechte. Die Eritrean Liberation Front (ELF) führt mit Unterstützung der Arabischen Liga und einiger kommunistischer Staaten den Kampf um die Unabhängigkeit in einem klassischen Partisanenkrieg. Die anfänglichen Erfolge der ELF provozieren die äthiopische Armee zu drakonischen Maßnahmen (Zerstörung ganzer Siedlungen).

Konflikt Indien–China

Nach internationaler Vermittlung zieht sich China bis zum 2. März 1963 aus den besetzten Gebieten im Nordosten Indiens zurück, doch bleibt die Grenzfrage auch nach dem Rückzug der Chinesen offen, es kommt verschiedentlich zu Zwischenfällen. – Chinesische Truppen waren 1962 über die McMahon-Linie nach Indien einmarschiert. China fordert eine Verlegung der Grenze auf 100 km weiter südlich. 1963 zieht sich China 20 km hinter die »Linie tatsächlicher Kontrolle« zurück. Dadurch wird im östlichen Bereich der McMahon-Linie der ursprüngliche Grenzverlauf annähernd wiederhergestellt. Indien baut seine Verwaltung in den von China geräumten Gebieten wieder auf, eine vertragliche Dauerregelung wird jedoch nicht getroffen. – Die Stellung des indischen Ministerpräsidenten Jawaharlal Nehru wird durch den Konflikt erschüttert, seine Bitte um westliche Waffenhilfe macht seine blockfreie Außenpolitik unglaubwürdig.

Kurdenaufstand im Irak

Der Guerillakrieg der Kurden gegen die irakische Zentralregierung geht mit unverminderter Härte weiter. Der Kurdenführer Mustafa Barsani hatte 1961 im Norden des Irak einen unabhängigen Kurdenstaat proklamiert. Die etwa zehn Mio. Kurden, die auf dem Gebiet des Irak, des Iran, der Türkei und der Sowjetunion leben, fordern seit langem einen eigenen Staat. Die kriegerischen Auseinandersetzungen dauern bis 1970 an.

Bürgerkrieg im Jemen

Nach einem Militärputsch unter General Abdallah As Sallal 1962 wurde der neu inthronisierte Imam und König des Jemen, Muhammad Al Badr, vertrieben. Bis 1968/70 kommt es zu einem Bürgerkrieg zwischen den von Saudi-Arabien unterstützten Royalisten und den von Ägypten bzw. der Sowjetunion unterstützten Republikanern.

Bürgerkrieg im Kongo (Zaïre)

In dem seit 1960 im Kongo (Léopoldville/Zaïre) andauernden Bürgerkrieg stehen sich als Konfliktparteien gegenüber die Kongo-Armee der Zentralregierung unter Joseph Mobutu und die separatistischen Truppen Moïse Tschombés, der 1960 die Unabhängigkeit der Provinz Katanga proklamiert hat. Ab Januar 1963 kommt es zu schweren Kämpfen zwischen UN-Truppen und Katanga-Gendarmen, im Frühjahr 1963 wird Katanga gezwungen, wieder in den Gesamtstaat einzutreten. Am 14. Juni geht Tschombé ins Exil nach Spanien.

Politische Konflikte in Laos

Die kommunistisch orientierte Pathet-Lao-Bewegung und die Royalisten haben 1961 eine Koalitionsregierung mit Suvanna Phuma gebildet, Laos blieb jedoch faktisch geteilt in eine von der Pathet-Lao-Bewegung kontrollierte nördliche Zone und in das von den Royalisten beherrschte Mekong-Tal; Suvanna Phuma hat seit Oktober 1962 ein Bündnis mit den USA geschlossen. Am 1. April 1963 bricht die Koalition auseinander, als die Pathet-Lao-Minister aus Protest gegen die Ermordung des den Kommunisten nahestehenden Außenministers Quinim Pholsena ihr Amt niederlegen. Der seit 1945 andauernde Bürgerkrieg geht weiter: Der Pathet Lao stößt weiter nach Süden vor, die US-amerikanische Luftwaffe unterstützt die Regierungstruppen mit Aufklärungs- und Versorgungsflügen und bombardiert vom Pathet Lao besetzte Gebiete; diese Bombardements sollen den durch laotisches Gebiet führenden Ho-Chi-Minh-Pfad zerstören, den Nachschub- und Versorgungsweg des vietnamesischen Vietcong. Der Bürgerkrieg in Laos dauert bis 1975 an.

Marokko-Algerien-Konflikt

Seit der Unabhängigkeit Algeriens im Juli 1962 kommt es zwischen Marokko und Algerien zu Grenzstreitigkeiten bei Tindouf. König Hasan II. von Marokko läßt in dem umstrittenen Gebiet am 13. Oktober 1963 Truppen einmarschieren mit der Begründung, dieses an Erzen und Phosphaten reiche Gebiet gehöre zu Groß-Marokko. Algerien schlägt die Angreifer zurück, die Auseinandersetzungen dauern jedoch fort.

Stammeskrieg in Rwanda

Am 20. Dezember 1963 beginnt eine Invasion von Zehntausenden Kriegern der Tutsi in Rwanda. Die Tutsi – die Tutsi-Monarchie wurde 1959 durch die Hutu-Revolution gestürzt, seit 1962 ist Rwanda eine Hutu-Republik – dringen von ihren Flüchtlingslagern in Burundi, Uganda und vom Kongo aus in Rwanda ein, werden jedoch von der Armee zurückgeschlagen. Bei den Kämpfen kommen bis Februar 1964 mehr als 20 000 Tutsi ums Leben, in Rwanda werden alle oppositionellen Gruppen verboten.

Staatsstreich in Südkorea

General Park Chung Hee, seit dem Militärputsch von 1961 Führer der Militärregierung in der Republik Korea, wird am 17. Dezember 1963 nach staatsstreichähnlichem Vorgehen Staatspräsident und proklamiert die Dritte Republik. Parks autoritäres Polizeiregime wird von den USA gestützt.

Militärputsch in Südvietnam

Ngo Dinh Diem, der seit 1955 diktatorisch regierende Staatspräsident von Südvietnam, wird am 2. November 1963 während eines Militärputschs in Saigon ermordet. Bis 1965 lösen sich daraufhin mehrere kurzlebige Militärregierungen in Südvietnam ab.

Griechen gegen Türken auf Zypern

Am 25. Dezember 1963 beginnen die EOKA-Kampforganisationen (EOKA = Ethniki Organosis Kiprion Agoniston = Nationale Vereinigung zypriotischer Kämpfer) unter ihrem radikalen Führer Nikos Sampson einen Aufstand gegen ihre türkischen Mitbürger, der zu brutalen Ausschreitungen und Pogromen gegen die türkische Minderheit führt. Es kommt zu bürgerkriegsähnlichen Zuständen, zeitweilig verläuft die Front sogar durch die Hauptstadt Nikosia. Britische Truppen versuchen die Kämpfe zu unterbinden; sie werden später von einer UN-Friedensstreitmacht ersetzt, die die vom UN-Sicherheitsrat verordnete Waffenruhe zu überwachen hat, was jedoch nur durch eine faktische Teilung der Insel und der Hauptstadt durch die sog. Green Line in türkische und griechische Bezirke gelingt. Da die Bürgerkriegsparteien ihre Waffen behalten, kommt es auch in den folgenden Jahren zu schweren Zwischenfällen. – Die Zürcher und Londoner Zypernverträge von 1959 erweisen sich vor allem durch das Interventionsrecht, das sich Großbritannien, Griechenland und die Türkei im Garantievertrag selbst eingeräumt hatten, durch die Stationierung britischer, griechischer und türkischer Truppenkontingente sowie durch die in der Verfassung verankerten Modalitäten zur Wahrung der Rechte der griechisch-zyprischen und der türkisch-zyprischen Bevölkerung als Hemmnisse bei der freien Entwicklung des seit 1960 unabhängigen Staats. Seit der Unabhängigkeit ist es immer wieder zu Unruhen zwischen den beiden Bevölkerungsgruppen gekommen, da die Griechen das verfassungsmäßige Mitspracherecht der Türken in der Regierung einschränken.

Ausgewählte Neuerscheinungen auf dem Buchmarkt 1963

Die Auswahl berücksichtigt nicht nur Neuerscheinungen von literarischem oder wissenschaftlichem Wert, sondern auch vielgelesene Bücher des Jahres 1963. Innerhalb der einzelnen Länder sind die erschienenen Werke alphabetisch nach Autoren geordnet.

Argentinien

Julio Cortázar
Rayuela – Himmel-und-Hölle
(La rayuela)
Roman
Der argentinische Romancier Julio Cortázar (* 1914) stellt in seinem vom französischen »nouveau roman« (Neuer Roman) beeinflußten Roman »Rayuela – Himmel-und-Hölle« die Welten von Ordnung, Überschaubarkeit und Verstand auf der einen und die von Magie und Wahn auf der anderen Seite dar. Das Werk ist in drei Teile mit den Überschriften »Von jener Seite«, »Von dieser Seite« und »Von anderer Seite« gegliedert. Zentrale Gestalt ist der Argentinier Horacio Oliveira, der in Paris mit der Uruguayerin La Maga (»Die Zauberin«) zusammenlebt, in der er ihre Ideale der Chthonisch-Elementare, das Urweibliche verehrt. In ihr sieht er seine Ideale verwirklicht: »Glauben ohne zu sehen . . . Leben ohne zu fragen«. Der Roman ist auch in formaler Hinsicht von Interesse: Er enthält 56 Kapitel, die kontinuierlich als »Geschichte« gelesen werden können, während die anderen Kapitel Reflexionen, Zeitungsnotizen, Experimentiertexte u.a. bieten. Wer nur die »Geschichte« lesen will, muß das Buch wie eine Rayuela, ein Hüpfspiel wie Himmel-und-Hölle, handhaben: Die Kapitel und Abschnitte müssen in der Reihenfolge gelesen werden, wie vom Autor angegeben, andere Kapitel sind »abstreichbar«. – Die deutsche Übersetzung erscheint 1981.

Bundesrepublik Deutschland und DDR

Heinrich Böll
Ansichten eines Clowns
Roman
Die Handlungszeit des beim Verlag Kiepenheuer & Witsch in Köln erschienenen Romans »Ansichten eines Clowns« von Heinrich Böll (1917–1985), Literaturnobelpreisträger 1972, umfaßt nicht mehr als drei Stunden: Mit einer Barschaft von nur einer Mark in der Tasche überdenkt der Clown Hans Schnier in seiner Bonner Wohnung sein Leben, seine Lage und die Ursachen, die ihn in diese Lage gebracht haben. Resultat ist die Generalabrechnung mit Familie, Gesellschaft, Kirche und Staat. Schnier – »Ich bin ein Clown, offizielle Berufsbezeichnung: Komiker, keiner Kirche steuerpflichtig, siebenundzwanzig Jahre« – ist der Sohn eines millionenschweren Großindustriellen, der seinen Reichtum mit Braunkohlenaktien gemacht hat. Aus Protest gegen die Atmosphäre aus Heuchelei und großbürgerlichen Konventionen in seinem Elternhaus hat Schnier sechs Jahre zuvor die Schule ohne Abitur verlassen und ist Clown geworden. Liebeserfüllung hat er bei Marie gefunden, der Tochter eines kleinen Kaufmanns, die ohne Trauschein mit ihm zusammengelebt und ihn auf seinen Reisen begleitet hat. Als sie ihn aus katholisch-moralischen Skrupeln plötzlich verließ, ist die pantomimische Kunst Schniers versiegt. Vergeblich hat er Trost und Vergessen im Alkohol gesucht, obwohl er weiß: Es gibt »nur eine dauerhafte Heilung: Marie«.

Paul Celan
Die Niemandsrose
Gedichte
Der unter dem Einfluß des Symbolismus und Surrealismus stehende deutschsprachige Lyriker Paul Celan (eigentl. Paul Anczel, 1920–1970) widmet seine beim Verlag S. Fischer in Frankfurt am Main erschienene Gedichtsammlung »Die Niemandsrose« dem 1938 dem Terror des Stalinismus zum Opfer gefallenen russischen Dichter Ossip E. Mandelschtam, von dem er eine Reihe von Gedichten ins Deutsche übersetzt hat (1959). Leerzeilen, Wort-, Satz- und Gedichtabbrüche, Zeilensprünge u.a. verweisen auf eine Lyrik, die auf Selbstauslöschung angelegt ist. Celan kontüriert »Leerformen«: »Es gab sich Dir in die Hand:/ ein Du, todlos,/ an dem alles Ich zu sich kam. Es fuhren/ wortfreie Stimmen rings, Leerformen, alles/ ging in sie ein . . .« Gott wird als »Niemand« angerufen: »Niemand knetet uns wieder aus Erde und Lehm,/ niemand bespricht unsern Staub,/ Niemand./ Gelobt seist du, Niemand.«

Günter Grass
Hundejahre
Roman
Mit dem beim Verlag Luchterhand in Neuwied erschienenen Roman »Hundejahre« liegt – nach »Die Blechtrommel« (1959) und »Katz und Maus« (1961) – die »Danziger Trilogie« des aus Danzig gebürtigen, in Berlin (West) lebenden Schriftstellers Günter Grass (* 1927) komplett vor. In dieser Trilogie beschwören Ich-Erzähler aus der Perspektive der 50er und 60er Jahre die Danziger Kleinbürgerwelt der Zeit vor, während und nach dem Zweiten Weltkrieg.
Der Roman »Katz und Maus« beschäftigte sich nur mit der Nazi- und Kriegszeit, »Hundejahre« und »Die Blechtrommel« behandeln dagegen die Vorkriegs- und die Kriegszeit sowie die Nachkriegszeit. Während in der »Blechtrommel« die zentrale Gestalt Oskar »einsam und unverstanden« resigniert, nimmt Mahlke, der Held von »Katz und Maus«, den Kampf mit der Umwelt auf. In »Hundejahre« fehlt diese vergleichbare Hauptperson. Erzählt wird aus wechselnden Perspektiven. Zentrale Gestalten sind der Halbjude Eduard Amsel und sein Blutsfreund Walter Matern (zuerst Kommunist, dann SA-Mitglied) sowie Amsels Freundin Jenny, eine Ballettänzerin. Die Funktion eines Leitmotivs hat der Hund Pluto, der Hitler geschenkt wird, bei Kriegsende aber – wie Matern – dem Führer untreu wird und als Begleiter Materns weiterlebt.

Max von der Grün
Irrlicht und Feuer
Roman
Der aus Bayreuth stammende Max von der Grün (* 1926), seit 1951 Bergmann im Ruhrgebiet, nach schwerem Unfall vom Hauer zum Grubenlokomotivführer umgeschult, ab 1964 freier Schriftsteller, Mitbegründer der literarischen Gruppe 61, erzählt in dem beim Paulus Verlag in Recklinghausen erschienenen Roman »Irrlicht und Feuer« Szenen aus dem Leben des Hauers Jürgen Fohrmann, der seine Arbeit verliert, als seine Zeche schließt. Er wird zunächst Hilfsarbeiter, erhält dann jedoch eine Stelle in einem automatisierten Betrieb der Elektroindustrie und glaubt, durch diese »saubere« Arbeit sozial aufgestiegen zu sein: »Jetzt bin ich endlich kein dreckiger Kohlen-, Eisen-, Straßenarbeiter mehr, nun kann ich nach Arbeitsschluß den weißen Mantel an den Nagel hängen und im sauberen Anzug nach Hause fahren. Auch eine Krawatte kann ich tragen. Mein Gott, welch ein Glück.« Doch er merkt bald, daß ihm auch diese Arbeit nicht die ersehnte Zufriedenheit bringt.

Stefan Heym
Die Papiere des Andreas Lenz
(The Lenz Papers)
Roman
Der englisch und deutsch schreibende DDR-Schriftsteller Stefan Heym (* 1913) legt mit dem spannend geschriebenen, von einem marxistischen Geschichtsbild getragenen historischen Roman »Die Papiere des Andreas Lenz« beim Verlag List in Leipzig das bis dahin künstlerisch bedeutendste Dokument über die Revolution von 1848/49 in Baden vor. Die englische Originalfassung des Romans wird 1964 beim Verlag Cassell und Co. in London veröffentlicht, 1965 kommt die westdeutsche Ausgabe beim Verlag List in München unter dem Titel »Lenz oder Die Freiheit« heraus. Heym folgt György Lukács' klassischer Definition von Literatur als »Lebendigmachen der Vergangenheit als Vorgeschichte der Gegenwart«, indem er Ereignisse und eine Zeit auswählt, die mit der Geschichte der deutschen Revolutionsbewegung aufs engste verknüpft und daher geeignet sind, historische Wurzeln modernen Fehlverhaltens freizulegen. In einer Fülle episodischer Szenen entwirft Heym ein farbenreiches, plastisches Bild der Zeit, in der das Bürgertum selbstbewußt seine Forderungen stellte.

Peter Huchel
Chausseen Chausseen
Roman
Der von 1962 bis 1971 mit Ausreise- und wiederholtem Besuchsverbot belegte, in Wilhelmshorst bei Potsdam wohnende deutsche Landschafts- und Naturlyriker Peter Huchel (1903–1981) bietet in der im Verlag S. Fischer in Frankfurt am Main erscheinenden Gedichtsammlung »Chausseen Chausseen« überwiegend Landschaftsbilder aus Nordostdeutschland, Griechenland, Italien, Frankreich und dem Balkan. Doch zeichnet Huchel keine Idyllen, alles erscheint überschattet von Trauer: »Ausgedörrt auf alles auf der Darre des Todes.« Die Chausseen sind »Kreuzwege der Flucht«, die Menschen sind »ein Geschlecht, eifrig bemüht, sich zu vernichten«. – Der 1951 mit dem Nationalpreis der DDR ausge-

zeichnete Dichter übersiedelt 1971 nach Rom und 1972 in die Bundesrepublik.

Siegfried Lenz
Stadtgespräch
Roman
In dem Roman »Stadtgespräch«, erschienen beim Verlag Hoffmann und Campe in Hamburg, erörtert der deutsche Schriftsteller Siegfried Lenz (* 1926) die Frage nach der Moralität gewaltsamen Widerstandes gegen ein diktatorisches Regime. Der junge Daniel ist Symbolfigur der Widerstandskämpfer einer kleinen Stadt in Skandinavien gegen eine Besatzerarmee. Die Besatzer verlangen, daß Daniel sich stellt, andernfalls sollen 40 Geiseln erschossen werden. Daniel will sich stellen, damit die Geiseln nicht ermordet werden, doch seine Mitkämpfer verhindern seinen Opfertod, die Geiseln werden getötet. Nach dem Ende des Besatzungsregimes beginnt das Stadtgespräch über Daniel: Er habe sich aus Angst oder Verantwortungslosigkeit nicht gestellt. Der Rechenschaftsbericht von Tobias, einem Mitkämpfer, macht den Gerüchten ein Ende.

Erwin Strittmatter
Ole Bienkopp
Roman
Der sozialistische Erzähler und Dramatiker Erwin Strittmatter (* 1912) plädiert mit dem Roman »Ole Bienkopp«, einer realistischen Darstellung von Problemen und Konflikten beim Aufbau der DDR, für einen undogmatischen Sozialismus. Die Titelgestalt, der ebenso eigenwillig wie unermüdlich für den Fortschritt arbeitende kommunistische Bauer Ole Bienkopp, der 1945 gegen den Widerstand der örtlichen Parteifunktionäre auf eigene Initiative die Bauerngenossenschaft »Blühendes Feld« gründet, eine Art Prototyp der späteren Landwirtschaftlichen Produktionsgenossenschaften (LPG), zählt zu den populärsten Figuren des sozialistisch-realistischen Dorfromans. – Das Werk löst in der DDR eine leidenschaftlich geführte Diskussion aus, an der sich nicht nur Kritiker und Literaturwissenschaftler beteiligen, sondern vor allem die Leser: Arbeiter aus Stadt und Land. Der Autor wird für »Ole Bienkopp« 1964 mit dem Nationalpreis der DDR ausgezeichnet, nach 1953 (für »Katzgraben«) und 1955 (für »Tinko«) nun zum dritten Mal.

Christa Wolf
Der geteilte Himmel
Roman
Der zwei Jahre nach dem Bau der Berliner Mauer – die Existenz zweier deutscher Staaten wird bereits im Titel angesprochen – im Mitteldeutschen Verlag in Halle an der Saale erschienene erste Roman der Erzählerin Christa Wolf (* 1929), »Der geteilte Himmel«, wird durch Vorabdruck in der Zeitschrift »Forum«, durch mehrere Auflagen und Übersetzungen sowie durch die umstrittene Verfilmung von Konrad Wolf (1965) zu einem der bekanntesten und erfolgreichsten Bücher der DDR-Literatur. Die Autorin wird 1963 mit dem Heinrich-Mann-Preis und 1964 mit dem Nationalpreis der DDR ausgezeichnet. Aktuelle politische und soziale Probleme der DDR werden dargestellt im Rahmen einer Liebesgeschichte zwischen der Pädagogikstudentin Rita Seidel und dem Doktor der Che-

mie Manfred Herrfurth, den Rita während eines Praktikums im Volkseigenen Betrieb »Waggonbau« kennenlernt. Manfred, der Schwierigkeiten hat, eine technische Neuerung bei den Planungsbehörden durchzusetzen, setzt sich nach Berlin (West) ab.

Frankreich

Jean-Marie Gustave Le Clézio
Das Protokoll
(Le procès-verbal)
Roman
Der französische Schriftsteller Jean-Marie Gustave Le Clézio (*1940) erregt mit seiner ersten Veröffentlichung, dem im Umkreis des »nouveau roman« (Neuer Roman) angesiedelten Roman »Das Protokoll«, international Aufmerksamkeit, das Buch wird mit dem Literaturpreis Prix Théophraste-Renaudot ausgezeichnet. Adam Pollo, der Held des von Le Clézio als »Spielroman« bezeichneten Werks, hat sich in ein leerstehendes Haus am Meer zurückgezogen, wo er in der Sonne liegt und nur zu der jungen Michèle Kontakt hat. Gelegentliche Streifzüge in die Stadt, die meist tragikomisch und phantastisch verlaufen, bestätigen ihn in der Haltung seiner »Antiexistenz«. Als er in eine psychiatrische Klinik eingewiesen wird, versucht er vergeblich, seine Lebensphilosophie so zu Protokoll zu geben, daß die anderen sie verstehen. Die anderen sind die »Millionen gleichgerichteter Willen«. – Die deutsche Übersetzung erscheint 1965.

Nathalie Sarraute
Die goldenen Früchte
(Les fruits d'or)
Roman
Nathalie Sarraute (*1902), Wegbereiterin des »nouveau roman« (Neuer Roman) und neben Alain Robbe-Grillet und Michel Butor seine bedeutendste Vertreterin, stellt in den Mittelpunkt ihres Romans »Die goldenen Früchte« das Erscheinen eines gleichnamigen Buchs und die Reaktion literarischer Kreise und der Kritik bei seinem Erscheinen. Damit präsentieren sich »Die goldenen Früchte« als Satire auf den Literaturbetrieb, der sich mit subtiler Grausamkeit gegen jeden nichtkonformistischen Außenseiter wendet, und zugleich als eine »Phänomenologie des literarischen Geschwätzes«. – Die deutsche Übersetzung erscheint 1964.

Jorge Semprun
Die große Reise
(Le grand voyage)
Roman
Jorge Semprun (*1923), französischer Schriftsteller spanischer Herkunft, schildert in dem autobiographisch gefärbten Roman »Die große Reise« die fünftägige Fahrt eines Gefangenentransports von Compiègne in das KZ Buchenwald. Semprun, der seit dem Spanischen Bürgerkrieg in Frankreich lebt, war während des Zweiten Weltkriegs in der Résistance aktiv und wurde 1943 selbst nach Buchenwald deportiert. »Die große Reise« ist eine nüchterne Beschreibung dieser Ereignisse, geschrieben aus der Distanz von fast 20 Jahren. Der Autor klagt nicht an, er beschreibt und stellt fest: »Es ist völlig überflüssig, die SS-Leute verstehen zu wollen. Sie auszurotten genügt.« – Die deutsche Übersetzung erscheint 1964.

Italien

Natalia Ginzburg
Mein Familien-Lexikon
(Lessico famigliare)
Roman
In dem erfolgreichen, autobiographisch inspirierten Roman »Mein Familien-Lexikon« bringt die aus einer bürgerlich-jüdischen Triester Familie stammende italienische Schriftstellerin Natalia Ginzburg, geborene Levi (*1916), Personen aus 40 Jahren italienischer Geschichte zur Darstellung. Ziel der Autorin ist es nicht, Zeitkritik (z. B. am Faschismus) zu üben oder eine Gesellschaftskritik zu liefern, sondern sie reiht lexikonartig Fakten, Verhaltensweisen, Momentaufnahmen aneinander. – 1965 liegt das Werk bereits in sechster Auflage vor. Die deutsche Übersetzung erscheint 1965.

Österreich

Thomas Bernhard
Frost
Roman
Im ersten Prosawerk des österreichischen Schriftstellers Thomas Bernhard (*1931), dem beim Insel-Verlag in Frankfurt am Main erschienenen Roman »Frost«, berichtet ein Medizinstudent in der Ich-Form von seiner sich über einen Zeitraum von 26 Tagen erstreckenden Beobachtung des früheren Malers Strauch, eines Künstlers, der sich in völliger Vereinsamung in ein abgelegenes Bergdorf zurückgezogen hat und mit niemandem mehr verkehrt. Auf langen Spaziergängen mit dem Studenten hält er der erstarrten Welt seine eigene Erstarrung entgegen in großen Monologen; ein wirkliches Gespräch mit dem Studenten kommt nicht zustande. Strauch nimmt nur noch die Schatten in seinem eigenen Kopf wahr, ist aber in seiner Blindheit der Realitätssicht der Normalen überlegen, da er sich in Übereinstimmung mit der geschichtlichen Tendenz befindet: der eines universalen Frosts, einer totalen Kälte.

Heimito von Doderer
Roman No 7
I. Teil: Die Wasserfälle von Slunj
Roman
»Die Wasserfälle von Slunj« ist der erste und einzig ausgeführte Teil einer geplanten Roman-Tetralogie des österreichischen Schriftstellers Heimito von Doderer (1896–1966). Doderer entwirft ein kritisches Gesellschaftsbild Wiens und der Donaumonarchie in der Zeit um 1900. Zentrale Figuren sind die aus Großbritannien stammenden Maschinenfabrikanten Clayton Vater und Sohn. Während der Vater ein erfolgreicher Geschäftsmann ist, geht der Sohn dem vom Schicksal vorherbestimmten Unglückssturz in die Wasserfälle von Slunj entgegen. – 1967 wird aus Doderers Nachlaß das Fragment »Roman No 7. II. Teil: Der Grenzwald« herausgegeben.

Schweiz

Jürg Federspiel
Massaker im Mond
Roman
Der schweizerische Erzähler und Hörspielautor Jürg Federspiel (*1931) reiht in seinem ersten Roman, »Massaker im Mond«, erschienen beim Verlag Piper in München, kaleidoskopartig Ausschnitte der Wirklichkeit einer Schweizer Stadt aneinander. Der als Chronist auftretende Ich-Erzähler berichtet über Anja, die »weder Heldin noch Opfer« zweier Ehen und menschlicher Beziehungen ist. Vor allem während einer Party in einer Villa am Schluß des Romans wird die Gefühlskälte der auftretenden Personen deutlich sichtbar.

UdSSR

Alexandr I. Solschenizyn
Ein Tag im Leben des Iwan Denissowitsch
(Odin den' Ivana Denisoviča)
Roman
Das Erstlingswerk des in der Tradition der großen russischen Erzähler stehenden Schriftstellers Alexandr I. Solschenizyn (*1918), der auf eigenen Erlebnissen in einem Straflager in Sibirien beruhende Kurzroman »Ein Tag im Leben des Iwan Denissowitsch«, erscheint mit ausdrücklicher Billigung des sowjetischen Partei- und Regierungschefs Nikita S. Chruschtschow in Buchform (Zeitschriftenabdruck bereits 1962) als Beitrag zur Bewältigung der stalinistischen Vergangenheit in der Sowjetunion. Erzählt wird das Schicksal eines politisch Verbannten in einem stalinistischen Arbeitslager. – Die deutsche Übersetzung erscheint 1963.

USA

Mary MacCarthy
Die Clique
(The Group)
Roman
Die US-amerikanische Schriftstellerin Mary MacCarthy (*1912) schildert in ihrem autobiographisch gefärbten Roman »Die Clique« satirisch die Berufs- und Eheschicksale von acht Absolventinnen des renommierten Vassar College in New York der 30er Jahre. Die Autorin bezeichnet den Roman als »Studie über die Techniken des Haushalts, des Laufstalls und des Betts« und urteilt über den großen Erfolg so: »Der Eindruck des Sensationellen, der dem Roman zuerst abgelesen wurde, entsteht nur dadurch, daß, etwa in den Schilderungen erotischer Akte, die Vorgänge beschrieben werden wie die Vorgänge im Innern eines Verbrennungsmotors.« – Die deutsche Übersetzung erscheint 1964.

Thomas Pynchon:
V.
(V.)
Roman
Der US-amerikanische Erzähler Thomas Pynchon (*1937) verarbeitet in seinem ersten Roman, »V.«, historische Ereignisse der neueren europäischen Geschichte und Kolonialzeit mit der Beschreibung des Milieus der East Coast in den 50er Jahren; »The Whole Sick Crew« (der ganze kaputte Haufen) ist Zentrum dieser Randkultur. Hauptpersonen des komplexen Geschehens sind der Gelegenheitsarbeiter Benny Profane und der intellektuelle Abenteurer Herbert Stencil, der auf der Suche nach der Titelgestalt des Romans ist, der geheimnisvollen Frau V. – Die deutsche Übersetzung dieses Romans erscheint 1968.

Susan Sontag
Der Wohltäter
(The Benefactor)
Roman
Die US-amerikanische linksintellektuelle Literatur- und Kulturkritikerin und Romanschriftstellerin Susan Sontag (*1933) bietet in ihrem ersten Roman, »Der Wohltäter«, wenig erzählerische, dafür um so ausgedehntere reflexive und introspektive Passagen. Der 61jährige Hippolyte erzählt rückblickend sein beschaulich-betuliches Leben in einer ungenannten (offensichtlich französischen) Metropole, wo er vom Geld seines Vaters lebt, gefangen in einer eigenwilligen Wirklichkeit, die von Träumen gelenkt wird, nach denen er sein Leben auszurichten versucht. – Die deutsche Übersetzung erscheint 1966.

Uraufführungen in Schauspiel, Oper, Operette und Ballett 1963

Die bedeutendsten Uraufführungen aus Schauspiel, Oper, Operette und Ballett sind alphabetisch nach Autoren/Komponisten geordnet.

Bundesrepublik Deutschland und DDR

Werner Egk
Die Verlobung in San Domingo
Oper in zwei Akten
Werner Egks (1901–1983) Oper »Die Verlobung in San Domingo« nach Heinrich von Kleists gleichnamiger Novelle (1811) wird am 27. November in der Bayerischen Staatsoper in München uraufgeführt. Egk, der 1959 selbst eine Reise an den Schauplatz der Handlung unternahm, hat die Oper zur Wiedereröffnung des Nationaltheaters komponiert, wo sie unter seiner Leitung ein großer Erfolg wird.
Die Oper beschreibt in ihrer Handlung eine leidenschaftliche Liebesbeziehung zwischen einer Mestizin und einem französischen Offizier vor dem Hintergrund der Todfeindschaft zwischen Schwarz und Weiß und dem Aufstand gegen die französische Kolonialherrschaft in San Domingo 1803. Egk bedient sich in dieser klassizistisch anmutenden Tragödie der Stilmittel der konventionellen Oper mit Arie, Duett und Ensemble, der Klangstil ist spätromantisch mit veristischen Elementen, ergänzt durch die ausgeprägte Anwendung des Schlagzeugs, durch welches das exotische Kolorit musikalisch dezent angedeutet wird.

Hans Werner Henze
König Hirsch
(Il re cervo)
Oper in drei Akten
Hans Werner Henzes (* 1926) in der Zeit der Märchen spielende Oper »Il re cervo«, nach grundlegender Überarbeitung und Kürzung am 10. März in Kassel uraufgeführt, wird in dieser Neufassung ein großer Erfolg. Die Urfassung hatte 1956 in Berlin einen Skandal verursacht, weil das Publikum nicht bereit war, dem schwer verständlichen Symbolismus, mit dem der Märchenstoff um König Hirsch überladen war, während der fünf Stunden dauernden Aufführung zu folgen. Entgegen seiner sonstigen Praxis hat Henze hier versucht, eine Art italienische Oper zu schreiben mit Arien, Duetten, abgeschlossenen Chor- und Ensembleszenen sowie viel belcantesker Melodie.

Wolfgang Hildesheimer
Nachtstück
Parabel über die Fremdheit des Menschen in der Welt
Den Einakter »Nachtstück«, der am 28. Februar in den Düsseldorfer Kammerspielen uraufgeführt wird, nennt der aus Hamburg stammende, seit 1957 in Poschiavo im Schweizer Kanton Graubünden lebende Erzähler, Dramatiker und Hörspielautor Wolfgang Hildesheimer (* 1916) eine »Parabel über die Fremdheit des Menschen in der Welt«. »Nachtstück« zeigt einen einsamen, schlaflosen, weltfremden Mann allein in einem schloßähnlichen Gebäude, das einem zwangsneurotisch abgedichteten System wie Franz Kafkas »Bau« gleicht. Ursache der Schlaflosigkeit dieses Mannes sind quälende Erinnerungen, die ihn nicht zur Ruhe kommen lassen: Horrorbilder einer Abscheu erregenden Welt, die die melancholische Selbstabschließung des Mannes als einzige Alternative verständlich machen. Nicht aus Narzißmus, sondern aus Ekel vor dem »Entsetzlichen« draußen, vor der absurden Welt, schließt sich der Mann ein, ohne jedoch draußen »auf Dauer aussperren zu können: Der »Einbrecher« ist immer schon da, und in Wirklichkeit ersehnt der Mann diesen Welt-»Einbruch«. Er ist eingeschlossen, fühlt sich aber zugleich ausgeschlossen: »Mich ruft niemand mehr an . . . Wer weiß überhaupt noch, daß ich existiere?«

Rolf Hochhuth
Der Stellvertreter
Ein christliches Trauerspiel in fünf Akten
Nach einiger Verzögerung wegen der politischen Brisanz und aufgrund einer vom Vatikan angestrengten Einstweiligen Verfügung wird am 20. März an der Freien Volksbühne in Berlin (West) das vom Autor als »christliches Trauerspiel« bezeichnete Drama »Der Stellvertreter« von Rolf Hochhuth (* 1931) unter der Regie von Erwin Piscator uraufgeführt, ein Stück über die Haltung von Papst Pius XII. zur »Endlösung der Judenfrage« im Dritten Reich.
Die Idee zu diesem Schauspiel kam dem früheren Sortimentsbuchhändler Hochhuth als Lektor nach der Lektüre von Werken über das NS-Regime und die Verbrechen an Juden. Dabei war er auf einen Brief des Hitler-Botschafters beim Vatikan, Ernst von Weizsäcker, gestoßen, der 1943 an das NS-Außenministerium geschrieben hatte: »Der Papst hat sich, obwohl dem Vernehmen nach von verschiedenen Seiten bestürmt, zu keiner demonstrativen Äußerung gegen den Abtransport der Juden aus Rom hinreißen lassen.« Dabei stellte er sich die Frage, wie sich »der prominenteste aller Christen überhaupt gegenüber dieser umfassendsten Menschenjagd, von der die

Weltgeschichte weiß«, verhalten habe. Das umfangreiche dokumentarische Material, das Hochhuth bei seinen Nachforschungen sichtete, bildet die Grundlage für sein Trauerspiel, in dem er hervorhebt, daß Pius XII. die Deportation und Ermordung der Juden niemals öffentlich verurteilt habe, und von der These ausgeht, daß ein Protest des Papstes oder die Aufkündigung des Konkordats zumindest das Ausmaß der Judenverfolgung hätte einschränken und Gefährdete hätte warnen können.
Der große Premierenerfolg und die internationale Resonanz rufen heftige Proteste des Klerus und von CDU-Abgeordneten hervor. Die katholische Kirche sieht in Hochhuths Darstellung eine Verunglimpfung des Papstes. Sie wehrt sich gegen die »Verleumdung« eines Papstes, der dem deutschen Volk nach dem Zweiten Weltkrieg »väterliches Wohlwollen« erwiesen habe.

Giselher Klebe
Figaro läßt sich scheiden
Oper in zwei Akten
Grundlage für Giselher Klebes (* 1925) Oper »Figaro läßt sich scheiden«, die am 28. Juni in Hamburg uraufgeführt wird, ist Ödön von Horváths Komödie »Figaro läßt sich scheiden« (uraufgeführt 1937), die ihrerseits eine Fortsetzung der beiden weltberühmten Figaro-Komödien »Der Barbier von Sevilla« (1775, Uraufführung der gleichnamigen Oper von Gioacchino Rossini 1816) und »Die Hochzeit des Figaro« (1784, Uraufführung der gleichnamigen Oper von Wolfgang Amadeus Mozart 1786) von Pierre-Augustin Caron de Beaumarchais ist. Horváth verbindet hier Revolutionsstück und Ehe-Melodram mit der Darstellung des ebenso zeitlosen wie – 1937 – aktuellen Emigrantenthemas. Die Musik Giselher Klebes, der die Regeln der Dodekaphonie (Zwölftonmusik) streng beachtet, ist nicht leicht zugänglich.

Martin Walser
Überlebensgroß Herr Krott
Requiem für einen Unsterblichen
In dem als »Requiem für einen Unsterblichen« bezeichneten Theaterstück »Überlebensgroß Herr Krott«, uraufgeführt am 30. November im Württembergischen Staatstheater in Stuttgart, bringt Martin Walser (* 1927) ein satirisches Abbild der kapitalistischen Wohlstandsgesellschaft in der Bundesrepublik Deutschland auf die Bühne und führt die Idee der »Sozialpartnerschaft« ad absurdum. Der Multimillionär Fritz Krott, Inkarnation des Kapitalismus schlechthin, hat sich selbst überlebt. Er ist seines Lebens müde, doch es findet sich niemand, der ihn beseitigt. An den Rollstuhl gefesselt, terrorisiert er seine eingeschüchterte Umgebung, eine gottähnliche Ordnungsmacht darstellend, die er so charakterisiert: »Genie ist Quark, fehlt seinem Blitz die Finanzie-

rung. Also finanziert Krott. Und im Handumdrehen gibt Gott nach, erlaubt Gott den Fortschritt. Also hat Krott seinem Gott die Welt nach und nach abgekauft. Jetzt gehört die Welt also Krott, hier herrscht jetzt sein Ton.«

Schweiz

Friedrich Dürrenmatt
Herkules und der Stall des Augias
Eine Komödie
In der im mythischen Griechenland spielenden Komödie »Herkules und der Stall des Augias« von Friedrich Dürrenmatt (* 1921), uraufgeführt am 20. März im Zürcher Schauspielhaus, argwöhnt mancher Schweizer eine bittere Satire auf sein Heimatland, obwohl sie ebensogut ganz allgemein als Zeitsatire auf die entfesselte Bürokratie gedeutet werden kann. Der Held Herkules muß die Ställe des Königs Augias – der eher einflußreichen Bauern gleicht, der in seinem Stall vom Melkschemel aus den Nationalen Rat führt – ausmisten und begibt sich widerwillig in das »verdreckte und verschissene« Paradies der Rinderzucht von Elis, ein Land, das unter Bergen von Mist begraben liegt. Doch bevor Herakles sein Werk beginnen und zwei Flüsse zusammenführen kann, die den Schmutz ins Meer spülen sollen, beginnt ein Behördengang, dem der Held nicht gewachsen ist: Wasseramt, Fremdenamt, Tiefbauamt, Arbeitsamt, Mistamt, Zwischenkommission für Säuberungsfragen usw. Eine eigene Kommission untersucht die Auswirkungen solcher Radikalentmistung auf Kultur und Volkswirtschaft. Unverrichteter Dinge zieht Herkules endlich wieder ab.

Tschechoslowakei

Václav Havel
Das Gartenfest
(Zahradní slavnost)
Drama in vier Akten
Das von Václav Havel (* 1936) als »Spiel« bezeichnete Drama »Das Gartenfest«, uraufgeführt am 26. September im Theater am Geländer in Prag, ist eine Satire auf die vom Staat geforderte Phraseologie, die sich verselbständigt, alles überwuchert und die Menschen zu Erfüllungsgehilfen abstempelt. Auf einem Gartenfest sind die Funktionäre des Amts für Eröffnung und des Amts für Auflösung vertreten, einer dem andern mißtrauend. Der junge Hugo fügt sich schnell in diese Gesellschaft ein und entwickelt sein Projekt eines Amts für Eröffnungs-Auflösungs-Eröffnung, das alle überschwenglich loben, weil es niemand so richtig durchschaut. – Die deutschsprachige Erstaufführung findet am 2. Oktober 1964 in der »Werkstatt« des Schiller-Theaters in Berlin (West) statt.

Filme 1963

Die neuen Filme des Jahres 1963 sind im Länderalphabet und hier wiederum alphabetisch nach Regisseuren aufgeführt. Bei ausländischen Filmen steht unter dem deutschen Titel der Originaltitel.

Bundesrepublik Deutschland und DDR

Thomas Engel
Meine Tochter und ich

Heinz Rühmann ist der Zahnarzt Dr. Stegmann in Thomas Engels Unterhaltungsfilm »Meine Tochter und ich«, uraufgeführt am 16. August, in der ein Witwer einen Privatdetektiv beauftragt, um den Bräutigam seiner Tochter (Gertraud Jesserer), ohne die er sich sein Leben nicht vorstellen kann, anzuschwärzen. Alles endet jedoch gut, der einsichtige Vater bittet den Bräutigam höchstpersönlich um die Hand seiner Tochter. »Das gebluffte Publikum verläßt berieselt, gerührt und lächelnd die liebliche Leinwand, auf der eben ein egoistischer Vater die Hochzeit seines Töchterchens zu verhindern versuchte«, schreibt die »Süddeutsche Zeitung« nach der Premiere. »Regisseur Thomas Engel, Sohn des berühmten Bühnenregisseurs Erich Engel, bemühte sich zwar, die schönen Schein so schön wie möglich zu wahren, aber die Geschichte bekam dennoch viel zu sehr sentimentale Breite.«

Helmut Käutner
Das Haus in Montevideo

Helmut Käutners »Das Haus in Montevideo«, uraufgeführt am 17. Oktober, ist nach 1951 (Regie und Hauptdarsteller: Curt Goetz) die zweite Verfilmung der bühnenwirksamen Boulevardkomödie »Das Haus in Montevideo oder Traugotts Versuchung. Eine Komödie im alten Stil über Moral, Versuchung und Belohnung«, diesmal mit Heinz Rühmann in der Rolle des sittenstrengen, aber mit zwölf Kindern gesegneten und daher in beschränkten Verhältnissen lebenden Traugott Hermann Nägler, »Lehrer für Germanistik und tote Sprachen am Stadtgymnasium eines beschaulichen Städtchens im schönen deutschen Vaterlande«. Nägler erhält eines Tages die Nachricht, daß seine leichtlebige Schwester, die als 17jährige wegen eines unehelichen Kindes aus dem Haus gejagt worden ist, in Südamerika als reiche Frau verstorben ist und seine Tochter Atlanta (Ilse Pagé) mit einer reichen Erbschaft bedacht hat. Nägler glaubt zunächst, aus moralischen Gründen keinen Pfennig dieser Erbschaft annehmen zu dürfen, reist aber doch mit der 16jährigen Atlanta nach Montevideo. Hier wird seinen moralischen Prinzipien ein herber Stoß versetzt, als er bei der Testamentseröffnung erfährt, daß seine verstorbene Schwester weitere 750 000 Dollar für dasjenige weibliche Familienmitglied aussetzt, das innerhalb des nächsten Jahres ein uneheliches Kind bekommen würde. Nägler beschließt, die Tugend seiner Tochter zu opfern, doch ihr treuherziger Verlobter (Michael Verhoeven) erweist sich als zu dumm, Näglers Anspielungen zu verstehen. In dieser Situation stellt sich heraus, daß Näglers eigene Hochzeit wegen eines Formfehlers ungültig ist. Nägler hat also zwölf uneheliche Kinder, seine Frau (Ruth Leuwerik) erhält das Geld.

Die Kritiker sparen nach der Premiere des Films nicht mit Lob. »Heinz Rühmann«, schreibt die »Frankfurter Allgemeine Zeitung«, »spielte den standfesten Moralverfechter, das Monument der Unbescholtenheit, den Pauker der Lateinzitate, und es ist natürlich rundum ein Spaß zu sehen, wie dieser Komiker des näselnden Sprechens, der knappen Bewegungen und der wieselnden Zerfahrenheit diese Paraderolle von Curt Goetz auf seinen unverwechselbaren Stil hin wandelt. Rühmanns Heiterkeit ist nicht die des bloßen Klamauks. Sie ist menschlich – auch wenn er einen im Grunde zuwideren Burschen zeigt, einen knöchernen Haustyrannen und strammen Grundsatzritter.«

Wolfgang Staudte
Die Dreigroschenoper

Am 8. Februar wird Wolfgang Staudtes Filmversion der »Dreigroschenoper« von Bertolt Brecht (Text) und Kurt Weill (Musik) uraufgeführt. Staudte hat zwar eine Starbesetzung vor die Kamera bekommen – Curd Jürgens als Mackie Messer, June Ritchie als Polly Peachum, Lino Ventura als Tiger-Brown, Hilde Hildebrand als Frau Peachum, Hildegard Knef als Jenny, Sammy Davis jr. als Straßensänger –, doch gerät der Film zum oberflächlichen Musical, die schauspielerische Leistung der Mehrzahl der Beteiligten bleibt hinter den Erwartungen zurück. Andererseits besticht der Film durch den gekonnten Einsatz der Farbe sowie durch die an die expressionistische Malerei der 20er Jahre erinnernde Ausstattung einschließlich der Kostüme.
In der 1928 uraufgeführten »Dreigroschenoper« von Brecht und Weill wurde zum ersten Mal in der zeitgenössischen Oper Kritik an den herrschenden gesellschaftlichen Zuständen geübt. Brecht bringt hier die negative Kehrseite einer Großstadt auf die Bühne, Huren, Bettler, Hinterhofexistenzen u. a., an deren Beispiel er bürgerlich-kapitalistische Vorstellungen entlarven will. In die Handlung sind – meist kommentierende – Songs eingebaut. Die Musik geht auf die Tradition der Bänkelsänger zurück, nimmt aber auch Elemente des Jazz und der Unterhaltungsmusik auf und verarbeitet Parodien auf Opern und Operetten. Die Lieder sind für im Gesang nicht speziell ausgebildete Schauspieler geschrieben. Es kommt Weill nicht auf schönen Gesang an, sondern auf eine dem Milieu des Stücks entsprechende Interpretation.
Die erste Verfilmung unter der Regie von G. W. Pabst kam 1931 in die Kinos.

Frankreich

Jean-Luc Godard
Die Verachtung
(Le mépris)

Brigitte Bardot, Michel Piccoli, Jack Palance, Fritz Lang und Giorgia Moll sind die Stars der französisch-italienischen Koproduktion »Die Verachtung« von Jean-Luc Godard, der den gleichnamigen Roman von Alberto Moravia im Milieu der internationalen Filmproduktion ansiedelt. Am Beispiel eines jungen Drehbuchautors, der seine Frau nicht vor den Nachstellungen eines Filmproduzenten schützt, wird die These exemplifiziert, Penelope habe ihren Mann Odysseus verachtet, weil er nach der Heimkehr die Freier nicht getötet habe.

Louis Malle
Das Irrlicht
(Le feu follet)

Louis Malle schildert in seinem düsteren Film »Das Irrlicht«, gedreht nach dem gleichnamigen Roman von Pierre Drieu la Rochelle, die letzten Tage im Leben eines Playboys und Alkoholikers (Maurice Ronet), der nach einer Entziehungskur vergeblich versucht, ein normales Leben zu führen, und Selbstmord begeht. Die Musik von Eric Satie unterstreicht die gespenstisch-tragische Stimmung dieses eindrucksvollen Films.

Alain Resnais
Muriel oder Die Zeit der Wiederkehr
(Muriel ou Le temps d'un retour)

Alain Resnais' Film »Muriel oder Die Zeit der Wiederkehr« lebt weniger von der Handlung als aus dem Atmosphärischen, der bruchstückhaften Schnitttechnik und opernhafter Musik von Hans Werner Henze (Gesang Rita Streich). »Nicht der Handlungsablauf zählt«, sagt der Regisseur, »entscheidend sind die Empfindungen und Reflexionen der Beteiligten.« Gezeigt wird das Spiel der Erinnerungen einer Antiquitätenhändlerin (Delphine Seyrig), ihres ehemaligen Geliebten (Jean-Pierre Kerien) und ihres Stiefsohns (Jean-Baptiste Thierrée).

Großbritannien

Alfred Hitchcock
Die Vögel
(The Birds)

Mit dem Film »Die Vögel« erreicht Alfred Hitchcocks Kunst der Verkehrung alltäglich und harmlos scheinender Dinge zu Elementen äußerster Bedrohung ihre spektakulärste Ausformung. Aus ungeklärten Gründen greifen Vogelschwärme ein Haus in dem idyllischen Küstenstädtchen Bodega Bay an und töten dabei sogar einen Menschen. Der Sturmangriff der Vögel auf das Haus wird zwar unter großen Strapazen abgewehrt, doch läßt Hitchcock offen, ob die überlebenden Bewohner des Hauses im Auto den Vögeln tatsächlich entkommen können. Hauptdarsteller sind Rod Taylor, Tippi Hedren, Jessica Tandy, Suzanne Pleshette und Veronica Cartwright.

Tony Richardson
Tom Jones – Zwischen Bett und Galgen
(Tom Jones)

Tony Richardsons »Tom Jones – Zwischen Bett und Galgen« mit Albert Finney in der Titelrolle ist eine verkürzende Verfilmung des gleichnamigen pikaresken Romans von Henry Fielding. Dieser Mantel- und Degenfilm, ein realistisches Sittengemälde des 18. Jahrhunderts, ist mit Produktionskosten in Höhe von 500 000 Pfund der bis dahin teuerste englische Film, doch werden die Investitionen dank des überwältigenden internationalen Erfolgs mehrfach wieder eingespielt.

Italien

Federico Fellini
8 ½
(Otto e mezzo)

Mit dem autobiographisch gefärbten Film »8 ½«, in dem sich Traum und Realität fast ununterscheidbar vermischen, erreicht Federico Fellini den Höhepunkt seiner Karriere. Der Titel bezieht sich auf die Zahl von Fellinis bisher gedrehten Filmen. Ein alternder Regisseur, der sich in einer Krise befindet und einen Film drehen soll, aber über den Anfang nicht hinauskommt, flüchtet sich in Kindheitserinnerungen. Hauptdarsteller sind Marcello Mastroianni, Anouk Aimée, Claudia Cardinale und Sandra Milo. Die Musik des 1963 bei den Moskauer Festspielen mit dem ersten Preis ausgezeichneten Films komponierte Nino Rota.

Ermanno Olmi
Die Verlobten
(I Fidanzati)

Ermanno Olmi inszeniert in dem realistischen Film »Die Verlobten« die alltägliche Geschichte eines alltäglichen Paars. Ein ungelernter Arbeiter (Carlo Cabrini) läßt sich vorübergehend nach Sizilien versetzen, um zum Facharbeiter ausgebildet zu werden. Durch diese Trennung wird die von Mißverständnissen und Krisen bedrohte Beziehung zu seiner Verlobten (Anna Canzi) wieder belebt.

Francesco Rosi
Hände über der Stadt
(Le mani sulla città)

In dem neorealistischen Film »Hände über der Stadt« beschreibt Francesco Rosi nicht nur die Leiden von Opfern gesellschaftlicher Mißstände, sondern verweist auf die Ursachen dieser Mißstände in einer korrupten Gesellschaft: »Alle Personen und Ereignisse in diesem Film sind frei erfunden. Aber die sozialen und wirtschaftlichen Bedingungen, die sie entstehen ließen, sind es nicht.« Ein Baulöwe (Rod Steiger), der nach einem Skandal – wegen Nichtbeachtung von Bauvorschriften stürzte ein Mietshaus ein, mehrere Menschen kamen ums Leben – von seinen Parteifreunden der Verzicht auf eine erneute Kandidatur als Abgeordneter im Stadtrat von Neapel nahegelegt wird, wechselt die Partei, zieht erneut ins Parlament ein und avanciert zum Senator für Bauwesen. Der Film zeigt, wie das alltägliche politische Intrigenspiel die Demokratie zur Farce verkommen läßt.

Luchino Visconti
Der Leopard
(Il Gattopardo)

Luchino Visconti schildert in dem Film »Der Leopard«, gedreht nach dem gleichnamigen Roman von Giuseppe Tomasi di Lampedusa, das Schicksal einer aristokratischen Familie in Sizilien zur Zeit des Freiheitskämpfers Giuseppe Garibaldi in den Jahren 1860 bis 1862. Der der literarischen Vorlage sehr genau folgende Film ist ein virtuoses Gemälde einer untergehenden Zeit und Gesellschaftsschicht. Hauptdarsteller dieser bei den Filmfestspielen in Cannes mit Begeisterung aufgenommenen italienisch-französischen Koproduktion sind Burt Lancaster, Claudia Cardinale, Alain Delon und Paolo Stoppa.

Schweden

Ingmar Bergman
Licht im Winter
(Nattvardsgästerna)
Das Schweigen
(Tystnaden)
Ingmar Bergmans Filme »Licht im Winter« und »Das Schweigen« sind – nach »Wie in einem Spiegel« (1961) – die beiden letzten Teile einer Trilogie, in der in Strindbergscher Manier die Einsamkeit und Verwundbarkeit des modernen Menschen gezeigt wird, der sich nach Liebe und Vertrauen sehnt. Im Mittelpunkt von »Licht im Winter« steht ein Pfarrer (Gunnar Björnstrand), der nach dem Tod seiner Frau den Glauben an Gott verloren hat; seine Suche nach der göttlichen Liebe läßt ihn den Kontakt mit seinen Mitmenschen vernachlässigen. Isolation in ihrer extremsten Form zeigt »Das Schweigen«: Eine sterbende Frau (Ingrid Thulin) und ihre von unerfüllten sexuellen Begierden geplagte Schwester (Gunnel Lindblom) reisen in ein Land, in dem die Menschen eine Sprache sprechen, die sie nicht verstehen. Es kommt zu heftigen Auseinandersetzungen.

USA

Stanley Kubrick
**Dr. Seltsam oder
Wie ich lernte, die Bombe zu lieben**
(Dr. Strangelove or How I Learned to Stop Worrying And Love the Bomb)
Stanley Kubrick inszenierte in der makabren Groteske »Dr. Seltsam oder Wie ich lernte, die Bombe zu lieben« seine Version vom Untergang der Menschheit in einer Zeit der atomaren Aufrüstung und des Ausgeliefertseins des Menschen an Computerprogramme, die, einmal in Gang gesetzt, nicht mehr gestoppt werden können. Der Kommandant eines US-Luftwaffenstützpunkts verliert die Kontrolle und entsendet Atombomber, die nur er selbst durch einen Geheimcode zurückrufen kann, gegen die Sowjetunion. Zwar warnt der Präsident der Vereinigten Staaten die Sowjets, doch als eine Atombombe auf sowjetischem Gebiet niedergeht, wird dadurch eine »Weltuntergangsmaschine« in Gang gebracht, die ebensowenig aufzuhalten ist wie die US-amerikanischen Bomber.

Jerry Lewis
Der verrückte Professor
(The Nutty Professor)
In »Der verrückte Professor« parodiert Jerry Lewis die Geschichte von Dr. Jekyll und Mr. Hyde: Ein unattraktiver, tölpischer, linkischer Professor (Regisseur Jerry Lewis in der Hauptrolle) stellt eine Wunderdroge her, mit der es ihm gelingt, sich in den attraktiven Dandy Buddy Love (Jerry Lewis) zu verwandeln. Doch läßt die Wirkung der Droge nach mehrmaliger Anwendung immer schneller nach, und während eines Schulfests verwandelt sich der schöne Buddy Love vor aller Augen in den häßlichen Professor.

Joseph Losey
Der Diener
(The Servant)
Harold Pinter schrieb nach Robin Maughams gleichnamigem Roman das Drehbuch zu dem Film »Der Diener«, mit dem Joseph Losey seinen Ruf als ernstzunehmenden Regisseur festigt, wenn auch manche Kritiker den Pessimismus des Films und seinen ornamentalen visuellen Stil beanstanden. Erzählt wird die Geschichte des träumerisch-labilen Tony (James Fox), dessen Diener (Dirk Bogarde) ihm bald unentbehrlich wird. Er duldet es auch, daß der Diener seine Schwester (Sarah Miles) mit ins Haus bringt und sie seine Geliebte wird. Am Schluß ist Tony der willenlose Sklave seines Dieners, dieser ist der Herr.

Sportereignisse und -rekorde des Jahres 1963

Die Aufstellung erfaßt Rekorde, Sieger und Meister in wichtigen Sportarten. Aufgenommen wurden nur solche Wettbewerbe, die in den vergangenen Jahren bereits regelmäßig ausgetragen worden sind oder ab 1963 kontinuierlich zu den Sportprogrammen gehörten. Sportarten in alphabetischer Reihenfolge.

Automobilsport

Grand-Prix-Rennen (Formel Eins)

Großer Preis von (Datum) Kurs/Strecke (Länge)	Sieger (Land)	Marke	Ø km/h
Europa (26.5.) Monte Carlo (314,5 km)	Graham Hill (GBR)	BRM	116,604
Belgien (9.6.) Spa-Francorchamps (451,2 km)	Jim Clark (GBR)	Lotus	183,174
Deutschland (4.8.) Nürburgring (342,2 km)	John Surtees (GBR)	Ferrari	154,222
England (20.7.) Silverstone (386,3 km)	Jim Clark (GBR)	Lotus	172,747
Frankreich (30.6.) Reims (440 km)	Jim Clark (GBR)	Lotus	201,669
Italien (8.9.) Monza (494,5 km)	Jim Clark (GBR)	Lotus	205,575
Monaco	ausgetragen als Großer Preis von Europa		
Niederlande (23.6.) Zandvoort (325,4 km)	Jim Clark (GBR)	Lotus	159,957
Mexiko (27.10.) Mexiko-City (325 km)	Jim Clark (GBR)	Lotus	150,152
Südafrika (28.12.) East London (333,1 km)	Jim Clark (GBR)	Lotus	153,021
USA (6.10.) Watkins Glen (407,2 km)	Graham Hill (GBR)	BRM	175,289

Formel-Eins-Weltmeister (10 WM-Läufe)

Name (Land)	Marke	Punkte*)	Siege
1. Jim Clark (GBR)	Lotus-Climax	54 (73)	7
2. Graham Hill (GBR)	BRM	29 (29)	2
3. Richie Ginther (USA)	BRM	29 (34)	0

*) Für das Gesamtklassement wurden nur die sechs besten Resultate gewertet; in Klammern die Punktzahl für alle Rennen.

Langstreckenrennen

Kurs/Dauer (Datum)	Sieger (Land)	Marke	Ø km/h
Indianapolis/500 ms (30.5.)	Parnelli Jones (USA)	Watson-Offenhauser	230,355
Le Mans/24 h (15./16.6.)	Lodovico Scarfiotti (ITA)/ Lorenzo Bandini (ITA)	Ferrari	190,071
Nürburgring/1000 km (19.5.)	John Surtees (GBR)/ Willi Mairesse (BEL)	Ferrari	133,136
Targa Florio/720 km (5.5.)	Joakim Bonnier (SWE)/ Abate	Porsche	103,908

Rallyes

Monte Carlo (20.–25.1.)	Erik Carlsson/Gunnar Palm (SWE)	Saab 96

Boxen/Schwergewicht

Ort/Datum	Weltmeister	Gegner	Ergebnis
Las Vegas/22.7.	Sonny Liston (USA)	Floyd Patterson (USA)	k.o. (1. R.)

Eiskunstlauf

Turnier	Ort	Datum
Weltmeisterschaften	Cortina d'Ampezzo	28.2.–3.3.
Europameisterschaften	Budapest	6.–9.2.
Deutsche Meisterschaften	Berlin	

Einzel	Herren	Damen
Weltmeister	Donald McPherson (CAN)	Sjoukje Dijkstra (HOL)
Europameister	Alain Calmat (FRA)	Sjoukje Dijkstra (HOL)
Deutsche Meister	Manfred Schnelldorfer (München)	Karin Gude (Düsseldorf)

Paarlauf	
Weltmeister	Marika Kilius/Hans-Jürgen Bäumler (GER)
Europameister	Marika Kilius/Hans-Jürgen Bäumler (GER)
Deutsche Meister	Marika Kilius/Hans-Jürgen Bäumler (Rießersee)

Eistanz	
Weltmeister	Eva Romanova/Pavel Roman (ČSR)
Europameister	Linda Shearman/Michael Philipps (GBR)
Deutsche Meister	Helga Burkhardt/Hannes Burkhardt (München)

Fußball

Länderspiele

Länderspiele	Ergebnis	Ort	Datum
Deutschland (+ 2, = 0, − 2)			
Deutschland – Brasilien	1:2	Hamburg	5. 5.
Deutschland – Türkei	3:0	Frankfurt	28. 9.
Schweden – Deutschland	2:1	Stockholm	3.11.
Marokko – Deutschland	1:4	Casablanca	29.12.
Österreich (+ 1, = 1, − 5)			
Österreich – Irland	0:0	Wien	1. 3.
Österreich – Tschechoslowakei	3:1	Wien	26. 4.
Schottland – Österreich	4:1*	Glasgow	9. 5.
Österreich – Italien	0:1	Wien	9. 6.
Irland – Österreich	3:2	Dublin	14.10.
Ungarn – Österreich	2:1	Budapest	28.10.
Italien – Österreich	1:0	Turin	15.12.
Schweiz (+ 0, = 2, − 3)			
Marokko – Schweiz	1:0	Casablanca	13. 1.
Schweiz – Holland	1:1	Bern	31. 3.
Schweiz – England	1:8	Basel	5. 6.
Schweiz – Norwegen	0:2	Zürich	3.11.
Frankreich – Schweiz	2:2	Paris	11.11.

* Abbruch (83. min.) durch Schiedsrichter Finney (England) nach einem Platzverweis für Hof (Österreich)

Landesmeister

Deutschland	Borussia Dortmund – 1. FC Köln 3:1 (29. 6., Stuttgart)
Österreich	Austria Wien
Schweiz	FC Zürich
Belgien	Standard Lüttich
Dänemark	Esbjerg
England	FC Everton
Finnland	Reipas Lahti
Frankreich	AS Monaco
Holland	PSV Eindhoven
Italien	Inter Mailand
Jugoslawien	Partizan Belgrad
Norwegen	Skeid
Schottland	Glasgow Rangers
Schweden	IF Norrköpping
Spanien	Real Madrid

Landespokal

Deutschland	Hamburger SV – Borussia Dortmund 3:0 (14. 8., Hannover)
Österreich	Austria Wien – Linzer ASK 1:0
Schweiz	FC Basel – Grashoppers Zürich 2:0
Belgien	nicht ausgetragen
Dänemark	BK Odense 13 – Köje BK 2:1
England	Manchester United – Leicester City 3:1
Frankreich	AS Monaco – Olympique Lyon 2:0
Holland	Willem II Tilburg – FC Den Haag 3:0
Italien	Atalanta Bergamo
Jugoslawien	Dinamo Zagreb
Schottland	Glasgow Rangers – Celtic Glasgow 1:1/3:0
Spanien	FC Barcelona – FC Saragossa 3:1

Europapokal der Landesmeister

Europapokal der Landesmeister	Ergebnis	Ort	Datum
AC Mailand – Benfica Lissabon	2:1	London	22.5.

AC Mailand: Ghezzi; David, Trebbi; Benitez, Maldini, Trappatoni; Pivatelli, Sani, Altafini, Rivera, Mora. – **Benfica Lissabon:** Costa Pereira; Cavem, Cruz; Humberto, Raul, Coluna; José Augusto, Santana, Torres, Eusebio, Simoes. **Schiedsrichter:** Holland (England). – **Tore:** 0:1 Eusebio (18.), 1:1 Altafini (59.), 2:1 Altafini (66.). – **Zuschauer:** 45 000

Europapokal der Pokalsieger

Europapokal der Pokalsieger	Ergebnis	Ort	Datum
Tottenham Hotspurs – Atletico Madrid	5:1	Rotterdam	15.5.

Tottenham Hotspurs: Brown; Baker, Henry; Blanchflower, Norman, Marchi; Cliff Jones, White, Smith, Greaves, Dyson. – **Atletico Madrid:** Madinabeytia; Rivalla, Rodriguez; Ramiro, Griffa, Glaria, Miguel Jones, Adelardo, Chuzo, Mendonca, Collar. **Schiedsrichter:** Van Leeuwen (Holland). – **Tore:** 1:0 Greaves (16.), 2:0 White (35.), 2:1 Collar (47., Elfmeter: Handspiel durch Henry), 3:1 Dyson (69.), 4:1 Greaves (80.), 5:1 Dyson (87). – **Zuschauer:** 52 000

UEFA-Cup

UEFA-Cup	Ergebnis	Ort	Datum
FC Valencia – Dinamo Zagreb	2:0/2:1		

FC Valencia: Zamora; Piquer, Chiaco; Paquito, Quincoces, Sastre; Manio, Sanchez-Lage, Waldo, Ribeles, Urtiada (2. Spiel: Nunez).

Gewichtheben

Weltrekord (Land)	Dreikampf	Drücken	Reißen	Stoßen
Juri Wlassow (URS)	557,0 kg	192,5 kg		212,5 kg
Leonid Tschabotdinski (URS)			167,5 kg	

Leichtathletik

Deutsche Meisterschaften (Augsburg, 9.–11. August)

Disziplin	Sieger (Ort)	Leistung
Männer		
100 m	Alfred Hebauf (Kornwestheim)	10,3
200 m	Alfred Hebauf (Kornwestheim)	20,7
400 m	Jürgen Kalfelder (Wuppertal)	46,0
800 m	Manfred Kinder (Wuppertal)	1:51,3
1500 m	Harald Norpoth (Telgte)	3:45,0
5000 m	Peter Kubicki (Berlin)	14:37,0
10000 m	Peter Kubicki (Berlin)	30:26,0
Marathon	Jürgen Wedekind (Dahlhausen)	2:28:05,0
Mannschaft	Eintracht Hagen	7:46:55,0
110 m Hürden	Klaus Willimczik (Mainz)	14,1
200 m Hürden	Klaus Gerbig (Frankfurt)	23,7
400 m Hürden	Helmut Janz (Gladbeck)	49,9
3000 m Hindernis	Ludwig Müller (Kassel)	8:57,6
4 × 100 m	ASV Köln	40,5
4 × 400 m	Wuppertaler SV	3:10,1
3 × 1000 m	PSV Berlin	7:17,6
Hochsprung	Herbert Hopf (Würzburg)	2,04
Stabhochsprung	Wolfgang Reinhardt (Leverkusen)	4,92
Weitsprung	Wolfgang Klein (Hamburg)	7,74
Dreisprung	Michael Sauer (Mainz)	15,66
Kugelstoß	Dietrich Urbach (München)	18,03
Diskuswurf	Jens Reimers (Oberhausen)	55,00
Hammerwurf	Hans Fahsl (Hamborn)	60,86
Speerwurf	Hermann Salomon (Mainz)	82,19
Fünfkampf[1]	Gerold Jericho (Tübingen)	3 413
Mannschaft	PSV Berlin	9 256
Zehnkampf[1]	Willi Holdorf (Leverkusen)	8 045
Mannschaft	SV Bayer 04 Leverkusen	21 253
20 km Gehen	Julius Müller (Frankfurt)	1:34:17,8
Mannschaft	Eintracht Frankfurt	4:48:24,8
50 km Gehen	Gert Jannsen (Berlin)	4:18:40,0
Mannschaft	Eintracht Frankfurt	13:48:19,0
Frauen		
100 m	Gudrun Lenze (Hamburg)	11,8
200 m	Jutta Heine (Köln)	23,8
400 m	Helga Henning (Hannover)	54,1
800 m	Antje Gleichfeld (Hamburg)	2:07,1
80 m Hürden	Erika Fisch (Hannover)	10,7
4 × 100 m	Hannover 96	46,1
Hochsprung	Marlene Schmitz-Portz (Köln)	1,64
Weitsprung	Helga Hoffmann (Saarbrücken)	6,32
Kugelstoß	Sigrun Kofink(-Grabert) (Tübingen)	14,71
Diskuswurf	Kriemhild Hausmann (Krefeld)	52,89
Speerwurf	Anneliese Gerhards (Lobberich)	53,45
Fünfkampf[1]	Helga Hoffmann (Saarbrücken)	4 643
Mannschaft	Hannover 96	12 526

[1] Hannover 7./8. 9. 1963

Weltrekorde (Stand: 31. 12. 1963)

Disziplin	Name (Land)	Leistung	Datum	Ort
Männer				
100 m	Armin Hary (GER))	10,0	21.06.1960	Zürich
200 m (Gerade)	David Sime (USA)	20,0	09.06.1956	Sanger
200 m (Kurve)	Henry Carr (USA)	20,3	23.03.1963	Tempe
400 m	Otis Davis (USA)	44,9	06.09.1960	Rom
	Carl Kaufmann (GER)	44,9	06.09.1960	Rom
800 m	Peter Snell (NSE)	1:44,3	03.02.1962	Christchurch
1500 m	Herb Elliott (AUS)	3:35,6	06.09.1960	Rom
Meile	Herb Elliott (AUS)	3:54,4	27.01.1962	Wanganui
5000 m	Wladimir Kuz (URS)	13:35,0	13.10.1957	Rom

Leichtathletik (Fortsetzung)

Disziplin	Name (Land)	Leistung	Datum	Ort
10 000 m	Ron Clarke (AUS)	28:15,6	18.12.1963	Melbourne
110 m Hürden	Martin Lauer (GER)	13,2	07.07.1959	Zürich
400 m Hürden	Glen Davis (USA)	49,2	06.08.1958	Budapest
3000 m Hindernis	Gaston Roelants (BEL)	8:29,6	07.09.1963	Löwen
4 × 100 m	USA	39,1	15.07.1961	Moskau
4 × 400 m	USA	3:02,2	08.09.1960	Rom
Hoch	Waleri Brumel (URS)	2,28	21.07.1963	Moskau
Stabhoch	John Pennel (USA)	5,20	24.08.1963	Coral Gables
Weit	Igor Ter-Ovanesyan (URS)	8,31	10.06.1962	Eriwan
Dreisprung	Jozef Schmidt (POL)	17,03	05.08.1960	Allenstein
Kugel	Dallas Long (USA)	20,08	18.05.1962	L. Angeles
Diskus	Al Oerter (USA)	62,62	27.04.1963	Walnut
Hammer	Harold Conolly (USA)	70,67	21.07.1962	Stanford
Speer	Carlo Lievore (ITA)	86,74	01.06.1961	Mailand
Zehnkampf	Yang Chuan-Kwang (TAI)	8089	27./28.04.63	Walnut
Frauen				
100 m	Wilma Rudolph (USA)	11,2	19.07.1961	Stuttgart
200 m	Wilma Rudolph (USA)	22,9	09.07.1960	Corpus Christi
400 m	Betty Cuthbert (AUS)	53,3	22.03.1963	Brisbane
800 m	Dixie Wills (AUS)	2:01,2	03.03.1962	Perth
1500 m	Marise Chamberlain (NSE)	4:19,0	08.12.1962	Perth
80 m Hürden	Gisela Birkemeyer (DDR)	10,5	24.07.1960	Leipzig
4 × 100 m	USA	44,3	15.07.1961	Moskau
Hoch	Jolanda Balas (RUM)	1,91	16.07.1961	Sofia
Weit	Tatjana Tschelkanowa (URS)	6,53	10.06.1962	Leipzig
Kugel	Tamara Press (URS)	18,55	10.06.1962	Leipzig
Diskus	Tamara Press (URS)	59,29	19.05.1963	Moskau
Speer	Elwira Osolina (URS)	59,78	03.07.1963	Moskau
Fünfkampf	Irina Press (URS)	5137	8./9.10.61	Tiflis

Deutsche Rekorde (Stand: 31.12.1963)

Disziplin	Name (Ort)	Leistung	Datum	Ort
Männer				
100 m	Armin Hary (Frankfurt)	10,0	21.06.1960	Zürich
200 m (Gerade)	Manfred Germar (Köln)	20,4	31.07.1957	Köln
200 m (Kurve)	Manfred Germar (Köln)	20,6	01.10.1958	Wuppertal
400 m	Carl Kaufmann (Karlsruhe)	44,9	06.09.1960	Rom
800 m	Paul Schmidt (Hörde)	1:46,2	20.09.1959	Köln
1000 m	Siegfried Valentin (O-Berlin)	2:16,7	19.07.1960	Potsdam
	Werner Lueg (Gevelsberg)	*2:20,8*	*03.07.1955*	*Berlin*
1500 m	Siegfried Valentin (O-Berlin)	3:38,7	27.08.1960	Potsdam
	Karl Eyerkaufer (Frankfurt)	*3:41,8*	*23.06.1962*	*Rom*
3000 m	Siegfried Hermann (Erfurt)	7:51,2	17.06.1963	Bromberg
	Herbert Schade (Solingen)	*8:13,2*	*06.08.1952*	*Berlin*
5000 m	Friedrich Janke (O-Berlin)	13:42,4	05.09.1959	Berlin
	Horst Floßbach (Solingen)	*13:52,4*	*08.07.1961*	*Solingen*
10 000 m	Hans Grodotzky (O-Berlin)	28:37,0	08.09.1960	Rom
	Herbert Schade (Solingen)	*29:24,8*	*14.09.1952*	*Düsseldorf*
110 m Hürden	Martin Lauer (Köln)	13,2	07.07.1959	Zürich
400 m Hürden	Helmut Janz (Gladbeck)	49,9	02.09.1960	Rom
3000 m Hindernis	Hermann Buhl (O-Berlin)	8:34,0	03.07.1960	Moskau
	Hans Hüneke (Wolfsburg)	*8:37,4*	*03.08.1958*	*Kassel*
4 × 100 m	Nationalstaffel DLV	39,5	07.09.1960	Rom
	Eintracht Frankfurt	40,3	29.07.1962	Frankfurt
4 × 400 m	Nationalstaffel DLV	3:02,7	08.09.1960	Rom
	Wuppertaler SV	3:06,3	18.07.1963	Hamburg
Hochsprung	Gerd Dührkop (Rostock)	2,13	04.08.1962	Potsdam
	Peter Riebensahm (Bremerhaven)	*2,10*	*17.09.1961*	*Bremerhaven*
Stabhoch	Wolfgang Reinhardt (Leverkusen)	4,92	10.08.1963	Augsburg
Weitsprung	Manfred Steinbach (Wolfsburg)	8,00	02.09.1960	Rom

Disziplin	Name (Ort)	Leistung	Datum	Ort
Dreisprung	Hans-Joachim Rückborn (O-Berlin)	16,35	21.09.1963	Jena
	Jörg Wischmeyer (Rheydt)	*15,73*	*26.08.1961*	*Helsinki*
Kugelstoßen	Rudolf Langer (Magdeburg)	18,62	18.09.1963	Magdeburg
	Dieter Urbach (München)	*18,28*	*11.10.1961*	*München*
Diskuswurf	Jens Reimers (Oberhausen)	59,03	16.06.1963	Augsburg
Hammerwurf	Martin Lotz (Leipzig)	65,63	30.06.1963	Potsdam
	Hans Fahsl (Hamborn)	*63,94*	*26.08.1961*	*Helsinki*
Speerwurf	Rolf Herings (Leverkusen)	82,48	22.09.1961	Köln
Zehnkampf	Willi Holdorf (Leverkusen)	8085	7./8.9.1963	Hannover
Frauen				
100 m	Jutta Heine (Hannover)	11,4	11.08.1962	Prag
200 m	Jutta Heine (Hannover)	23,5	01.09.1961	Hannover
400 m	Helga Henning (Hannover)	54,1	10.08.1963	Augsburg
800 m	Waltraud Kaufmann (Halle)	2:05,0	16.09.1962	Belgrad
	Veronika Kummerfeldt (Empelde)	*2:07,5*	*12.06.1960*	*Bremen*
1000 m	Lina Radke (Berlin)	3:06,8	25.08.1930	Brieg
80 m Hürden	Gisela Birkemeyer (O-Berlin)	10,5	24.07.1960	Leipzig
	Centa Gastl (München)	*10,6*	*29.07.1956*	*Frechen*
4 × 100 m	Nationalstaffel DLV	44,6	16.09.1962	Belgrad
	Hannover 96	45,7	26.08.1962	Hagen
Hochsprung	Ingrid Becker (Geseke)	1,71	17.06.1961	Hamm
Weitsprung	Hildrun Claus (O-Berlin)	6,42	23.06.1961	Berlin
	Gudrun Scheller (Braunschweig)	*6,22*	*21.06.1959*	*Berlin*
Kugelstoßen	Renate Garisch (Rostock)	17,47	22.07.1962	Potsdam
	Marianne Werner (Greven)	*15,84*	*26.07.1958*	*Duisburg*
Diskuswurf	Doris Müller (Leipzig)	56,39	24.06.1962	Leipzig
	Kriemhild Hausmann (Krefeld)	*55,70*	*16.08.1959*	*Meerbeck*
Speerwurf	Marion Gräfe (Leipzig)	58,45	31.08.1963	Jena
	Almut Brömmel (München)	*53,77*	*15.09.1957*	*Kiel*
Fünfkampf	Jutta Heine (Hannover)	4751	23./24.6.62	Hamm

* Der Deutsche Leichtathletik-Verband/DLV (Bereich: Bundesrepublik Deutschland einschl. Westberlin) und der Deutsche Verband für Leichtathletik/DVfL (Bereich: Deutsche Demokratische Republik) führten eine gemeinsame Rekordliste. Die DLV-Bestleistungen, die schlechter waren als der offizielle Deutsche Rekord, sind in der Tabelle in Kursivschrift gesetzt.

Pferdesport

Disziplin/Turnier	Sieger (Land)	Pferd (Gestüt)	Datum
Galopprennen			
Deutsches Derby	Lester Pigott (GBR)	Fanfar (Batthyany)	24. 6.
Prix de l'Arc de Triomphe			6.10.
Trabrennen			
Deutsches Derby	Walter Heitmann (GER)	Hadu (Heitmann)	8. 9.
Turniersport			
Springreiten			
Europameisterschaften in Rom			
Einzel	Graciano Mancinelli (ITA)	Rockette/The Rock	
Deutsche Meisterschaften in Berlin			
Einzel	Alwin Schockemöhle (Mühlen)	Freiherr	13. 9.
Deutsches Derby	Nelson Pessoa (BRA)	Gran Geste	
Dressur			
Deutsches Derby	Reiner Klimke (Münster)	Dux	

Radsport

Disziplin, Ort	Plazierung, Name (Land)	Zeit/Rückstand
Straßenweltmeisterschaft		
Profis (279 km) (Renaix)	1. René Beheyt (BEL)	
	2. Rik van Looy (BEL)	
	3. Jos van Haan (HOL)	

Disziplin, Ort	Plazierung, Name (Land)	Zeit/Rückstand
Amateure (197 km) (Renaix)	1. Roberto Vicentini (ITA)	
	2. Alain Bazire (FRA)	
	3. Wilfried Bölke (GER)	

Rundfahrten (Etappen)

Tour de France (21) Datum: 23.6.–14.7. Länge: 4137 km 130 Starter	1. Jacques Anquetil (FRA)	113:30:05
	2. Frederico Bahamontes (SPA)	3:35
	3. Perez-Frances (FRA)	10:14
Giro d'Italia (21) Länge: 4063 km	1. Frederico Balmamion (ITA)	
	2. Vittorio Adorni (ITA)	
	3. Giuseppe Zancanaro (ITA)	
Tour de Suisse (7) Länge: 1287 km	1. G. Fezzarchi (ITA)	
	2. R. Maurer (SUI)	
	3. A. Moresi (SUI)	

Schwimmen

Deutsche Meisterschaften (Gladbeck, 11./12. 8.)

Disziplin	Sieger (Ort)	Leistung
Männer		
Freistil 100 m	Uwe Jacobsen (Darmstadt)	56,4
Freistil 400 m	Gerhard Hetz (Hof)	4:25,9
Freistil 1500 m	Gerhard Hetz (Hof)	18:30,5
Freistil 4 × 100 m	DSW 12 Darmstadt	3:53,6
Freistil 4 × 200 m	DSW 12 Darmstadt	8:49,6
Brust 200 m	Willy Donners (Wuppertal)	2:40,7
Rücken 200 m	Ernst-Joachim Küppers (Nordhorn)	2:17,0
Delphin 200 m	Werner Freitag (Bremerhaven)	2:19,5
Lagen 400 m	Gerhard Hetz (Hof)	5:05,3
Lagen 4 × 100 m	DSW 12 Darmstadt	4:22,1
Kunstspringen	Horst Rosenfeldt (Regensburg)	
Turmspringen	Klaus Konzorr (Rheydt)	
Wasserball	Amateur SC Duisburg	
Frauen		
Freistil 100 m	Ursel Brunner (Heidelberg)	1:05,3
Freistil 400 m	Ursel Brunner (Heidelberg)	5:07,8
Freistil 4 × 100 m	Düsseldorf 1898	4:43,0
Brust 200 m	Wiltrud Urselmann (Krefeld)	2:52,1
Delphin 100 m	Heike Hustede (Osnabrück)	1:09,6
Rücken 100 m	Helga Schmidt (Saarbrücken)	1:14,9
Lagen 400 m	Ursel Brunner (Heidelberg)	5:49,1
Lagen 4 × 100 m	DSW 12 Darmstadt	5:14,5
Kunstspringen	Angelika Mellwig (Wolfsburg)	
Turmspringen	Ingeborg Bissel (Mannheim)	
Kunstschwimmen	Isolde Winkler (München)	
Duo	Isolde Winkler/Hilde Bader (München)	
Gruppe	DSV München	
Zwölfer-Reigen	DSV München	

Weltrekorde

Disziplin	Name (Land)	Leistung	Datum	Ort
Männer				
Freistil 100 m	Manoel dos Santos (BRA)	53,6	20.09.1961	Rio de Janeiro
Freistil 200 m	Don Schollander (USA)	1:58,4	24.08.1963	Osaka
Freistil 400 m	Murray Rose (AUS)	4:13,4	17.08.1962	Chicago
Freistil 800 m	Murray Rose (AUS)	8:51,5	26.08.1962	Los Altos
Freistil 1500 m	Roy Saari (USA)	17:05,5	17.08.1963	Tokio
Freistil 4 × 100 m	USA	3:36,1	18.08.1963	Tokio
Freistil 4 × 200 m	USA	8:03,7	19.08.1963	Tokio
Brust 100 m	Chet Jastremski (USA)	1:07,5	20.08.1961	Los Angeles
Brust 200 m	Chet Jastremski (USA)	2:29,6	19.08.1961	Los Angeles
Delphin 100 m	Luis Nicolao (ARG)	57,0	27.04.1962	Rio de Janeiro
Delphin 200 m	Carl Robie (USA)	2:08,2	18.08.1963	Tokio
Rücken 100 m	Tom Stock (USA)	1:00,9	12.08.1962	Cuyahoga Falls
Rücken 200 m	Tom Stock (USA)	2:10,9	10.08.1962	Cuyahoga Falls
Lagen 200 m	Ted Stickles (USA)	2:15,9	10.08.1962	Cuyahoga Falls
Lagen 400 m	Gerhard Hetz (GER)	4:50,2	12.10.1963	Tokio
Lagen 4 × 100 m	USA	4:00,1	24.08.1963	Osaka
Frauen				
Freistil 100 m	Dawn Fraser (AUS)	59,5	24.11.1962	Perth
Freistil 200 m	Dawn Fraser (AUS)	2:11,6	27.02.1960	Sydney
Freistil 400 m	Chris von Saltza (USA)	4:44,5	05.08.1960	Detroit
Freistil 800 m	Carolyn House (USA)	9:51,6	26.08.1962	Los Altos
Freistil 1500 m	Carolyn House (USA)	18:44,0	16.08.1962	Chicago
Freistil 4 × 100 m	USA	4:08,9	03.09.1960	Rom
Freistil 4 × 200 m	USA	9:54,9	21.07.1962	Stockton
Brust 100 m	Barbara Göbel (DDR)	1:18,2	01.07.1961	Rostock
Brust 200 m	Karin Bayer (DDR)	2:48,0	05.08.1961	Budapest
Delphin 100 m	Ada Kok (HOL)	1:06,1	01.09.1963	Soestduinen
Delphin 200 m	Susan Pitt (USA)	2:29,1	27.07.1963	Philadelphia
Rücken 100 m	Donna de Varona (USA)	1:08,9	28.07.1963	Los Angeles
Rücken 200 m	Satoko Tanaka (JAP)	2:28,2	04.08.1963	Tokio
Lagen 200 m	Donna de Varona (USA)	2:31,8	27.07.1963	High Point
Lagen 400 m	Sharon Finneran (USA)	5:21,9	28.07.1962	Osaka
Lagen 4 × 100 m	DDR	4:40,1	23.08.1962	Leipzig

Deutsche Rekorde

Disziplin	Name (Vereinsort)	Leistung	Datum	Ort
Männer				
Freistil 100 m	Hans-Joachim Klein (Darmstadt)	54,9	17.10.1963	Tokio
Freistil 200 m	Hans-Joachim Klein (Darmstadt)	2:00,2	13.10.1963	Tokio
Freistil 400 m	Gerhard Hetz (Hof)	4:22,5	16.08.1962	Chicago
Freistil 800 m	Gerhard Hetz (Hof)	9:08,0	19.05.1962	Dortmund
Freistil 1500 m	Gerhard Hetz (Hof)	17:31,7	05.08.1962	Würzburg
Freistil 4 × 100 m	DSW 1912 Darmstadt	3:52,4	04.08.1962	Würzburg
Freistil 4 × 200 m	DSW 1912 Darmstadt	8:49,6	09.08.1963	Gladbeck
Brust 100 m	Holm Mrazek (Dortmund)	1:12,0	21.09.1963	München
Brust 200 m	Holm Mrazek (Dortmund)	2:34,5	29.09.1963	Dortmund
Delphin 100 m	Werner Freitag (Bremerhaven)	59,9	30.07.1963	Bremerhaven
Delphin 200 m	Werner Freitag (Bremerhaven)	2:13,9	14.09.1963	Blackpool
Rücken 100 m	Ernst-Joachim Küppers (Nordhorn)	1:02,2	09.09.1962	Rotterdam
Rücken 200 m	Ernst-Joachim Küppers (Nordhorn)	2:15,0	22.07.1962	San Remo
Lagen 200 m	Gerhard Hetz (Hof)	2:18,0	18.05.1963	Dortmund
Lagen 400 m	Gerhard Hetz (Hof)	4:50,2	12.10.1963	Tokio
Lagen 4 × 100 m	DSW 1912 Darmstadt	4:22,1	11.08.1963	Gladbeck
Frauen				
Freistil 100 m	Ursel Brunner (Heidelberg)	1:04,4	14.07.1960	Leipzig
	Jutta Olbrisch (Bremen)	1:04,4	24.08.1963	Vichy
	Traudi Beierlein (Darmstadt)	1:04,4	14.09.1963	Blackpool
Freistil 200 m	Ursel Brunner (Heidelberg)	2:22,7	18.05.1963	Dortmund
Freistil 400 m	Ursel Brunner (Heidelberg)	5:00,0	28.09.1963	Dortmund
Freistil 800 m	Ursel Brunner (Heidelberg)	10:40,9	19.06.1963	Heidelberg
Freistil 1500 m	Ursel Brunner (Heidelberg)	20:08,1	19.06.1963	Heidelberg
Freistil 4 × 100 m	Krefeld 09	4:38,5	31.07.1960	Berlin
Brust 100 m	Wiltrud Urselmann (Krefeld)	1:19,1	12.03.1960	Zürich
Brust 200 m	Wiltrud Urselmann (Krefeld)	2:49,8	28.09.1963	Dortmund
Delphin 100 m	Heike Hustede (Osnabrück)	1:09,2	27.07.1963	San Remo
Delphin 200 m	Heike Hustede (Osnabrück)	2:41,8	24.10.1963	Tokio
Rücken 100 m	Helga Schmidt (Oldenburg)	1:12,7	17.07.1960	Osnabrück
Rücken 200 m	Helga Schmidt (Oldenburg)	2:42,5	30.07.1960	Berlin
	Ursel Brunner (Heidelberg)	2:42,5	29.04.1961	Dortmund
Lagen 200 m	Ursel Brunner (Heidelberg)	2:39,8	18.05.1963	Dortmund
Lagen 400 m	Ursel Brunner (Heidelberg)	5:47,7	29.09.1963	Dortmund
Lagen 4 × 100 m	TuS Harburg-Wilhelmsburg	5:10,1	30.04.1961	Dortmund

Sport 1963

Ski alpin

	Herren	Damen
Deutsche Meister		
Abfahrt	Wolfgang Bartels	Burgl Färbinger
		Barbi Henneberger
Slalom	Ludwig Leitner	Heidi Mittermaier
Riesenslalom	Ludwig Leitner	Barbi Henneberger
Kombination	Ludwig Leitner	Heidi Mittermaier
Österreichische Meister		
Abfahrt	Karl Schranz	Christl Haas
Slalom	Karl Schranz	Marianne Jahn
Riesenslalom	Pepi Stiegler	Traudl Hecher
Kombination	Gerhard Nenning	Traudl Hecher
Schweizer Meister		
Abfahrt	Joos Minsch	Theres Obrecht
Slalom	Adolf Mathis	Sylvia Zimmermann
Riesenlalom	Joos Minsch	Theres Obrecht
Kombination	Joos Minsch	Sylvia Zimmermann

Tennis

Meisterschaften	Ort	Datum
Wimbledon	London	25.6.– 7.7.
French Open	Paris	
US Open	Forest Hills/New York Chestnut Hill/Mass. (Doppel)	
Australian Open	Melbourne	
Internationale Deutsche	Hamburg	5.–13. 8.
Daviscup-Endspiel	Adelaide/AUS	
Federationscup	Queens Club/London	18.–21. 6.

Turnier	Sieger (Land) – Finalgegner (Land)	Ergebnis
Herren		
Wimbledon	Chuck McKinley (USA) – Fred Stolle (AUS)	9:7, 6:1, 6:4
French Open	Roy Emerson (AUS) – Pierre Darmon (FRA)	3:6, 6:1, 6:4, 6:4
US Open	Raphael Osuna (MEX)– F. Froehling	7:5, 6:4, 6:2
Australian Open	Roy Emerson (AUS) – Ken Fletcher (AUS)	6:3, 6:3, 6:1

Turnier	Sieger (Land) – Finalgegner (Land)	Ergebnis
Int. Deutsche	Martin Mulligan (AUS)	
Daviscup	USA – Australien	3:2
Damen		
Wimbledon	Margareth Smith (AUS) – Billy Jean (King-)Moffitt (USA)	6:3, 6:4
French Open	Lesley Turner (AUS) – Ann Shirley (Haydon-)Jones (GBR)	2:6, 6:3, 7:5
US Open	Maria-Esther Bueno (BRA) – Margareth Smith (AUS)	7:5, 6:4
Australian Open	Margareth Smith (AUS) – Jane Lehane (AUS)	6:2, 6:2
Int. Deutsche	Renee Schuurman (AUS)	
Federations-cup	USA – Australien	2:1
Herren-Doppel		
Wimbledon	Raphael Osuna (MEX)/ Adrian Palafox (MEX) – Jean Barclay (FRA)/ Pierre Darmon (FRA)	4:6, 6:2, 6:2, 6:2
French Open	Roy Emerson (AUS)/ Manuel Santana (SPA) – G. L. Forbes/ A. Segal	6:2, 6:4, 6:4
US Open	Chuck McKinley (USA)/ Dennis Ralston (USA) – Adrian Palafox/ Raphael Osuna	9:7, 4:6, 5:7, 6:3, 11:9
Australian Open	Bob Hewitt (AUS)/ Fred Stolle (AUS) – Ken Fletcher (AUS)/ John Newcombe (AUS)	6:2, 3:6, 6:3, 3:6, 6:3
Int. Deutsche	Bob Hewitt (AUS)/Fred Stolle (AUS)	
Damen-Doppel		
Wimbledon	Maria-Esther Bueno (BRA)/ Darlene Hard (USA) – R. A. Ebbern/ Margareth Smith (AUS)	8:6, 9:7
French Open	Renee Schuurman (SAF)/ Ann (Haydon-)Jones (GBR) – Margareth Smith (AUS)/ R. A. Ebbern	7:5, 6:4
US Open	Margareth Smith (AUS)/ R. A. Ebbern – Maria-Esther Bueno (BRA)/ Darlene Hard (USA)	4:6, 6:3, 6:2
Australian Open	Margareth Smith (AUS)/ R. A. Ebbern – Jane Lehane (AUS)/ Lesley Turner (AUS)	6:1, 6:3
Int. Deutsche	Hunt/van Zyl	
Mixed		
Wimbledon	Ken Fletcher (AUS)/ Margareth Smith (AUS) – Bob Hewitt (AUS)/ Darlene Hard (USA)	11:9, 6:4
French Open	Ken Fletcher (AUS)/ Margareth Smith (AUS) – Fred Stolle (AUS)/ Lesley Turner (AUS)	6:1, 6:2
US Open	Ken Fletcher (AUS)/ Margareth Smith (AUS) – E. Rubinoff/ Judy Tegart (AUS)	3:6, 8:6, 6:2
Australian Open	Ken Fletcher (AUS)/ Margareth Smith (AUS) – Fred Stolle (AUS)/ Lesley Turner (AUS)	7:5, 5:7, 6:4
Int. Deutsche	Fred Stolle (AUS)/Lesley Turner (AUS)	

Abkürzungen zu den Sportseiten

AFG	Afghanistan	CUB	Kuba	HON	Honduras	MLT	Malta	SLE	Sierra Leone
ALG	Algerien	DAN	Dänemark	IND	Indien	MON	Mongolische	SPA	Spanien
ARG	Argentinien	DDR	Deutsche	INS	Indonesien		Volksrepublik	SUD	Sudan
AUS	Australien		Demokratische	IRA	Iran	NEP	Nepal	SUI	Schweiz
AUT	Österreich		Republik	IRK	Irak	NGA	Nigeria	SUR	Surinam
BAR	Barbados	DOM	Dominikanische	IRL	Irland	NIC	Nicaragua	SWE	Schweden
BEL	Belgien		Republik	ISL	Island	NIG	Niger	SYR	Syrien
BOL	Bolivien	ECU	Ecuador	ISR	Israel	NKO	Nordkorea	TAI	Taiwan
BRA	Brasilien	EGY	Ägypten	ITA	Italien	NOR	Norwegen	TAS	Tansania
BUL	Bulgarien	ELF	Elfenbeinküste	JAM	Jamaika	NSE	Neuseeland	THA	Thailand
BUR	Birma	ETH	Äthiopien	JAP	Japan	PAK	Pakistan	TRI	Trinidad und
CAB	Kambodscha	FIN	Finnland	KEN	Kenia	PAN	Panama		Tobago
CAF	Zentralafrikanische	FRA	Frankreich	KOR	Korea	PAR	Paraguay	TUN	Tunesien
	Republik	GAB	Gabun	KUW	Kuwait	PER	Peru	TUR	Türkei
CAM	Kamerun	GBR	Großbritannien	LBY	Libyen	PHI	Philippinen	UGA	Uganda
CAN	Kanada	GER	Bundesrepublik	LIA	Liberia	POL	Polen	UNG	Ungarn
CEY	Ceylon (Sri Lanka)		Deutschland	LIB	Libanon	POR	Portugal	URS	UdSSR
CHA	Tschad	GHA	Ghana	LIE	Liechtenstein	RHO	Rhodesien	URU	Uruguay
CHI	Chile	GRE	Griechenland	LUX	Luxemburg	RUM	Rumänien	USA	Vereinigte Staaten
CHN	China	GUA	Guatemala	MAD	Madagaskar	SAF	Südafrika		von Amerika
COB	Kongo	GUI	Guinea	MAL	Malaysia	SAL	El Salvador	VAR	Vereinigte Arabi-
COK	Kongo-Léopoldville	GUY	Guyana	MAR	Marokko	SAM	Sambia		sche Republik
COL	Kolumbien	HAI	Haiti	MCO	Monaco	SAN	San Marino	VEN	Venezuela
COS	Costa Rica	HOK	Hongkong	MEX	Mexiko	SEN	Senegal	VIE	Vietnam
ČSR	Tschechoslowakei	HOL	Niederlande	MLI	Mali	SIN	Singapur	YUG	Jugoslawien

Nekrolog 1963

Bekannte Persönlichkeiten aus allen Bereichen des gesellschaftlichen Lebens, die im Jahr 1963 gestorben sind, werden – alphabetisch geordnet – in Kurzbiographien dargestellt.

Abd El Krim

marokkanischer Emir und Freiheitskämpfer (*1882, Agâdîr), stirbt am 6. Februar in Kairo.

In der spanischen Zone von Marokko kam es von 1921 bis 1926 zu einem Aufstand der Rifkabylen unter Abd El Krim gegen die spanische Kolonialmacht. Abd El Krim hatte 1921 die Spanier bei Anual vernichtend geschlagen, ließ sich Anfang 1922 zum Emir ausrufen und behauptete einen großen Teil des spanischen Teils von Marokko. Erst als der Aufstand auch auf die französische Zone übergriff und Abd El Krim im April 1925 einen überraschenden Vorstoß gegen Fes unternahm, verständigten sich Spanien und Frankreich über ein gemeinsames Vorgehen. 1926 ergab sich Abd El Krim und wurde auf die Insel Réunion verbannt. Nach seiner Freilassung 1947 lebte er im Exil in Kairo.

Luigi Bartolini

italienischer Schriftsteller (*8. 2. 1892, Cupramontana/Ancona), stirbt am 16. Mai in Rom.

Bartolini, der sich neben seiner Schriftstellerei auch als Maler und Kupferstecher betätigte, wurde bekannt durch seine kritischen und z. T. polemischen Essays über Literatur und Kunst seiner Zeit, die ihm allzu intellektualistisch erschienen. Als aktiver Gegner des Faschismus wurde er inhaftiert. Sein Hauptwerk ist der Roman »Fahrraddiebe« (1946), eine Schilderung der Verwahrlosung in Rom im Kriegsjahr 1944. In deutscher Übersetzung erschien auch die Erzählung »Frauen« (1957).

William Baziotes

US-amerikanischer Maler (*11. 6. 1912, Pittsburgh), stirbt am 6. Juni in Reading im Bundesstaat Pennsylvania.

Baziotes gilt als Vertreter eines abstrakten Surrealismus. In unwirklich und traumhaft erscheinende dämmrige Räume stellt er Formen, die an biomorphe Urbilder pflanzlicher oder organischer Art erinnern (»Black Night«, 1954).

Isaac Ben Zwi

israelischer Mapai-Politiker, Staatspräsident von Israel seit 1953 (*6. 12. 1884, Poltawa/Ukraine), stirbt am 23. April in Jerusalem. Sein Nachfolger wird am 21. Mai 1963 Salman Schasar.

Ben Zwi wanderte 1907 in Palästina ein, war 1921 mit David Ben Gurion Mitbegründer der jüdischen Gewerkschaft Histadrut und 1930 der Arbeiterpartei Mapai. Von 1931 bis 1948 amtierte er als Präsident des Nationalrats der Juden in Palästina. 1953 wurde er als Nachfolger des verstorbenen Chaim Weizmann zum zweiten Staatspräsidenten von Israel gewählt.

William Henry Baron Beveridge

britischer Nationalökonom und Politiker (*5. 3. 1879, Rangpur/Bangladesch), stirbt am 16. März in Oxford.

Unter Beveridges Leitung erarbeitete der interministerielle Ausschuß für Sozialversicherung 1942 den Beveridge-Plan: Schaffung eines Versicherungs- und Fürsorgesystems und eines nationalen Gesundheitssystems, Beseitigung der Arbeitslosigkeit durch Vollbeschäftigung. Dieser Plan war Grundlage für die Sozialreformen in Großbritannien nach dem Zweiten Weltkrieg.

Georges Braque

französischer Maler (*13. 5. 1882, Argenteuil), stirbt am 31. August in Paris.

1907 traf Braque Pablo Picasso, eine Begegnung, aus der eine bis 1914 dauernde Arbeitsgemeinschaft entstand. Die geometrischen Formen ihrer Bilder wurden 1909 erstmals als »kubische Bizarrerien« bezeichnet. Damit war der Name »Kubismus« für diesen neuen Stil gefunden. Im sog. analytischen Kubismus wurden die natürlichen Formen aufgelöst, im synthetischen Kubismus wurden reale oder gemalte Gegenstände mit abstrakten Kompositionen verschmolzen, was zu den ersten Collagen führte (z. B. »Die Obstschüssel«). Nach dem Ersten Weltkrieg nahm Braque Kontakt zu Juan Gris auf und entwickelte den Kubismus zu seinem persönlichen Stil.

Karl Bühler

deutscher Psychologe (*27. 5. 1879, Meckesheim/Baden), stirbt am 24. Oktober in Los Angeles.

Bühler, verheiratet mit der Psychologin Charlotte Bühler, ab 1938 im Exil in den USA, forschte und experimentierte auf den Gebieten Denk-, Willens-, Gestaltpsychologie, Kinder- und Tierpsychologie und Sprachtheorie und führte die von seinem Lehrer Oswald Külpe begründete Würzburger Schule fort, die Denkakte und Urteile analysiert und die nichtanschaulichen Denkbestandteile (Bewußtseinslagen, Bewußtheiten, Gedanken, determinierende Tendenzen) untersucht. Als die drei Dimensionen sinnvollen Verhaltens von Mensch und Tier bezeichnete er Instinkt, Dressur und Intellekt. Werke: »Abriß der geistigen Entwicklung des Kindes« (1918), »Ausdruckstheorie« (1933).

Felice Casorati

italienischer Maler (*4. 12. 1886, Novara), stirbt am 1. März in Turin.

Casorati war um 1907 mit Carlo Carrà, Luigi Russolo und Alberto Martini einer der Hauptvertreter der in Italien unter dem Einfluß des Wiener Jugendstils (Gustav Klimt) entstandenen Richtung des Symbolismus. Über den Kubismus wandte er sich 1920 nach dem Studium der Werke Paul Cézannes dem Neoklassizismus zu, wobei seine kühlen Farben und geometrischen Formen die dargestellten Menschen oft bewegungslos erscheinen lassen (Figuren, Akte).

Jean Cocteau

französischer Schriftsteller, Filmregisseur und Grafiker (*5. 7. 1889, Maisons-Laffite bei Paris), stirbt am 11. Oktober bei Milly-la-Forêt in der Nähe von Paris.

Cocteau, ab 1955 Mitglied der Académie française, betätigte sich in vielen Kunstgattungen mit großem Erfolg. Seine Fähigkeiten gaben allen avantgardistischen Strömungen der Kunst – vor allem dem Surrealismus – entscheidende Impulse, obwohl er auch den literarischen Traditionen verpflichtet blieb. Bekannt wurden seine Romane und Dramen »Das Potomak« (1919), »Der große Sprung« (1923), »Thomas, der Schwindler« (1923), »Orpheus« (1927), »Kinder der Nacht« (1929), »Die geliebte Stimme« (1930), »Die Höllenmaschine« (1934), »Nein, diese Eltern« (1938) und »Bacchus« (1951). Sein Film »Das Blut eines Dichters« (1932) begründete seinen Ruhm als Filmemacher, er schuf u. a. »La Belle et le bête« (1946) und »Orphée« (1950). Cocteau verfaßte außerdem Libretti für Igor Strawinski und Darius Milhaud.

Friedrich Dessauer

deutscher Biophysiker und Philosoph (*19. 7. 1881, Aschaffenburg), stirbt am 16. Februar in Frankfurt am Main.

Dessauer widmete sich vor allem der Röntgenkinematographie und machte 1909/10 erstmals Aufnahmen des schlagenden Herzens. Als Professor in Frankfurt am Main ab 1921 leistete er Pionierarbeit auf den Gebieten der Röntgenmedizin und der Strahlenbiophysik. Mit seinen Untersuchungen zur Dosisverteilung schuf er die Grundlagen für die Tiefentherapie. Seine Arbeiten über die Wirkung von Röntgenstrahlen, deren quantitative Größe seine sog. Treffertheorie zu bestimmen versuchte, begründeten die Quantenbiologie. Von 1924 bis 1930 war Dessauer als Zentrumsabgeordneter Mitglied des Reichstags. 1934 emigrierte er in die Türkei, 1937 nach Freiburg im Üechtland in die Schweiz, 1953 kehrte er nach Frankfurt zurück. Dessauer befaßte sich ferner mit dem Problem der Folgen naturwissenschaftlicher Erkenntnisse für Philosophie und Religion. Er veröffentlichte u. a. »Philosophie der Technik« (1926), »Der Fall Galilei und wir« (1943), »Religion im Lichte der heutigen Naturwissenschaften« (1951), »Naturwissenschaftliches Erkennen« (1958).

Slatan Dudow

deutscher Filmregisseur bulgarischer Herkunft (30. 1. 1903), Zaribrod = Dimitrovgrad), stirbt am 12. Juli in Berlin (Ost).

Dudows Hauptwerk ist der proletarische Film »Kuhle Wampe« (1933), an dessen Drehbuch auch Bertolt Brecht mitschrieb. Ferner: »Unser tägliches Brot« (1949).

Ferenc Fricsay

ungarisch-österreichischer Dirigent (*9. 8. 1914, Budapest), stirbt am 20. Februar in Basel.

Fricsay, Schüler u. a. von Zoltán Kodály, dirigierte in Szeged, Budapest und Wien, war von 1948 bis 1952 Generalmusikdirektor der Städtischen Oper Berlin und von 1956 bis 1958 der Bayerischen Staatsoper in München. Ab 1961 dirigierte er an der Deutschen Oper in Berlin, wo er von 1948 bis 1954 und erneut ab 1960 auch das RIAS-Sinfonieorchester leitete.

Robert Lee Frost

US-amerikanischer Lyriker und Dramatiker (*26. 3. 1874, San Francisco), stirbt am 29. Januar in Boston.

Frost, vierfacher Pulitzer-Preisträger, mußte nach dem frühen Tod seines Vaters den Lebensunterhalt selbst verdienen. Ab 1912 in Großbritannien, wurde er vom Imagismus angeregt und veröffentlichte seine ersten erfolgreichen Gedichtsammlungen (»A Boy's Will«, 1913). 1915 kehrte er in die USA zurück. Nach dem Vorbild der römischen Hirtendichtung verfaßte er strenge, sprachlich einfache, realistische Naturgedichte. Humor und Ironie bestimmen den Grundton seiner Lyrik und seiner Dramen, darunter »A Masque of Reason« (1954) und »A Masque of Mercy« (1947).

Hugh Todd Gaitskell

britischer Labour-Politiker (*9. 4. 1906, London), stirbt am 18. Januar in London.

Gaitskell war als Minister für Treib- und Brennstoffversorgung im Kabinett von Clement Richard Attlee von 1947 bis 1950 an der Verstaatlichung von Industriezweigen beteiligt, verhinderte jedoch als Minister für wirtschaftliche Angelegenheiten (1950/51) und Schatzkanzler (1950/51) die konsequente Weiterführung des eingeleiteten Sozialisierungsprogramms und kürzte sogar die Leistungen des staatlichen Gesundheitswesens. Von 1955 bis 1963 war er Parteivorsitzender.

Herbert Spencer Gasser

US-amerikanischer Physiologe, Physiologie-/Medizinnobelpreisträger 1944 (*5. 7. 1888, Platteville/Wisconsin), stirbt am 11. Mai in New York.

Gasser, von 1916 bis 1931 Professor für Pharmakologie an der Washington University in Saint Louis, 1931 Professor für Physiologie an der Cornell University in Ithaca (New York) und von 1935 bis 1953 des Rockefeller Institute (später Rockefeller University) in New York, erhielt 1944 – zusammen mit Joseph Erlanger – den Nobelpreis für Physiologie oder Medizin verliehen für seine grundlegenden Entdeckungen hinsichtlich der Funktionen mehrerer Nervenstränge.

Alexandr Michailowitsch Gerassimow

sowjetischer Maler (*12. 8. 1881, Koslow/Mitschurinsk), stirbt am 23. Juli in Moskau.

Gerassimow zählte unter Josef W. Stalin zu den führenden Vertretern des sozialistischen Realismus. Seine Bildnisse führender Repräsentanten des Sowjetstaats (Wladimir I. Lenin, Stalin, Maxim Gorki) trugen ihm später den Vorwurf ein, unter dem Einfluß des Personenkults zu Theatralik und übersteigertem Pathos geneigt zu haben. 1947 bis 1957 war er Präsident der Akademie der Künste der UdSSR.

Franz Karl Ginzkey

österreichischer Schriftsteller (*8. 9. 1871, Pola/Pula) stirbt am 11. April in Wien.

Ginzkey, in der altösterreichischen Tradition wurzelnder neuromantischer Lyriker und Erzähler, behandelte in seiner stimmungsreichen Lyrik (»Das heimliche Läuten«, 1906) und in Balladen (»Balladen aus dem alten Wien«, 1923) Themen seiner Heimat und verfaßte kulturhistorische Romane und Novellen aus Altösterreich sowie Künstlerbiographien. Romane und Erzählungen: »Jakobus und die Frauen« (1908), »Der von der Vogelweide« (1912), »Der Wiesenzaun« (1913), »Der Gaukler von Bologna« (1916), »Der Gott und die Schauspielerin« (1928).

Ernst Gläser (Glaeser)

deutscher Erzähler, Dramatiker und Essayist (*29. 7. 1902, Butzbach), stirbt am 8. Februar in Mainz.

Gläser begann als Linksradikaler und wurde als Pazifist berühmt. Als 1933 seine Schriften wegen »zersetzendem Pazifismus« verboten wurden, emigrierte er in die Schweiz, kehrte jedoch 1939 zurück und wurde Hauptschriftleiter einer Wehrmachtzeitung auf Sizilien. Nach dem Zweiten Weltkrieg rechtfertigte er seine Haltung im Zweiten Weltkrieg mit dem Schlagwort »innere Emigration«. – Der in 23 Sprachen übersetzte Antikriegsroman »Jahrgang 1902« (1928) begründete seinen Ruhm. In dem in Paris erschienenen Roman »Der letzte Zivilist« (1935) schilderte er kolportagehaft die Zustände in Deutschland vor der Machtübernahme von Adolf Hitler. Nach dem Weltkrieg trat er u. a. mit dem Wirtschaftswunderroman »Glanz und Elend der Deutschen« (1960) hervor, einer Mischung aus Wirtschaft, Politik und Sex. Er schrieb ferner den Roman »Frieden« (1930) und die Erzählung »Das Kirschenfest« (1953).

Ramón Gómez de la Serna

spanischer Schriftsteller (*5. 7. 1891, Madrid), stirbt am 12. Januar in Buenos Aires.

Gómez de la Serna, mit seinen mehr als 100 Romanen, Erzählungen, Essays und Biographien einer der fruchtbarsten und vielseitigsten Literaten der spanischen Literatur im 20. Jahrhundert, errang 1917 mit seinen »Greguerías«, einem Feuerwerk geistreicher Einfälle, seinen ersten großen Erfolg: Aphorismen, Wort- und Gedankenspiele, Gemeinplätze, Kalauer, Vergleiche, Metaphern, Paradoxien, Antithesen sind in diesem Buch vereint. Die Wortschöpfung »greguería« definierte er als »Humor + Metapher«. Hauptwerke sind auch der Roman »Der Rastro« (1915), Gedanken über den Tod unter dem Titel »Die toten Männer, die toten Frauen und andere Phantasmagorien« (1935). Weitere Romane: »Das Rosenschloß« (1923), »Der Stierkämpfer Caracho« (1926).

Adolf Grimme

deutscher Pädagoge und SPD-Politiker (*31. 12. 1889, Goslar), stirbt am 27. August in Degerndorf im Landkreis Bad Tölz.

Grimme, der von 1942 bis 1945 wegen seiner Beziehungen zur Roten Kapelle (antifaschistische Widerstandsbewegung) inhaftiert war, wurde bekannt als Schulreformer. Von 1930 bis 1932 war er preußischer Kultusminister und von 1946 bis 1948 Kultusminister von Hannover bzw. Niedersachsen. Von 1948 bis 1956 war er Generaldirektor des Nordwestdeutschen Rundfunks. – Mit dem 1961 vom Deutschen Volkshochschul-Verband gestifteten Adolf-Grimme-Preis werden jährlich ausgewählte Fernsehproduktionen ausgezeichnet.

Gustaf Gründgens

deutscher Schauspieler und Regisseur (*22. 12. 1899, Düsseldorf), stirbt am 7. Oktober in Manila auf den Philippinen nach der Einnahme einer zu hohen Dosis Schlafmittel.

Gründgens bestimmte, bevor er 1947 als Intendant nach Düsseldorf kam, 20 Jahre lang das Theaterleben in Berlin. 1955 wechselte er als Generalintendant des Deutschen Schauspielhauses nach Hamburg, wo seine Karriere begonnen hatte. Wie in Berlin und Düsseldorf bildete sich auch hier um Gründgens ein Ensemble, das zu den besten in Deutschland zählte. Höhepunkte waren die Inszenierungen von Goethes »Faust« I und II – mit Gründgens in der Rolle des Mephisto – und Bertolt Brechts »Die heilige Johanna der Schlachthöfe«. Seit 1960 verschlimmerte sich der Gesundheitszustand von Gründgens. Er litt an einer Störung des Kreislaufsystems und einer hochgradigen Sklerosierung sowie starken Schlafstörungen. 1963 beendete er seine Intendantentätigkeit und trat im September zusammen mit einem Freund eine Weltreise an. In Manila nahm er in der Nacht vom 6. auf den 7. Oktober eine zu hohe Dosis Schlafmittel. Sein Begleiter fand ihn am nächsten Morgen tot auf.

Gustav Gundlach

deutscher Sozialwissenschaftler, Jesuit (*3. 4. 1892, Geisenheim), stirbt am 23. Juni in Mönchengladbach.

Gundlach, einer der Berater der Päpste Pius XI. (†1939) und Pius XII. (†1958), war von 1934 bis 1962 Professor an der Gregoriana, der päpstlichen Universität in Rom, und leitete ab 1961 die Katholische Sozialwissenschaftliche Zentralstelle in Mönchengladbach. In der katholischen Sozialphilosophie vertrat er einen Solidarismus, der den politisch-sozialen Ausgleich auf der Basis des Solidaritätsprinzips sucht.

Karl Amadeus Hartmann

deutscher Komponist (*2. 8. 1905, München), stirbt am 5. Dezember in München.

Hartmann, der von 1945 bis 1963 die Münchner Reihe »Musica viva« leitete und ab 1959 die »Neue Zeitschrift für Musik« herausgab, wurde vor allem durch seine acht Sinfonien bekannt. Er komponierte ferner die Oper »Des Simplicius Simplicissimus Jugend« (1935, neu 1955), »Lamento« (1937) und den »Versuch eines Requiems« (1938).

Sella Hasse

deutsche Grafikerin und Malerin (*12. 1. 1878, Bitterfeld), stirbt am 27. April in Berlin (Ost).

Sella Hasse gestaltete in ihrem grafischen Werk unter dem Einfluß von Käthe Kollwitz die Welt der Arbeiter und sozialkritische Motive wie Krüppel, Kriegsgefangene, Leiden der Mütter, Einsamkeit. Bedeutende Zyklen sind »Hamburger Hafenarbeiter« (1908–1910, sechs Lithographien), »Rhythmus der Arbeit« (1912–1916, sieben Linolschnitte), »Telegrafenarbeiter und Kabelleger« (1912 bis 1948, neun Holzschnitte), »Kriegsblätter« (1914–1916, sechs Holzschnitte).

Oskar Helmer

österreichischer SPÖ-Politiker (*16. 11. 1887, Gattendorf/Burgenland), stirbt am 13. Februar in Wien.

Helmer war von 1923 bis 1934 und von 1945 bis 1959 Mitglied des SPÖ-Parteivorstands. Seine besondere Leistung als Bundesinnenminister von 1945 bis 1959 war die Heimführung der Kriegsgefangenen und die Lösung des Flüchtlingsproblems nach dem Ungarischen Volksaufstand (1956).

Theodor Heuss

deutscher liberaler Politiker und Publizist, erster Bundespräsident der Bundesrepublik Deutschland 1949 bis 1959 (*31. 1. 1884, Brackenheim), stirbt am 12. Dezember in Stuttgart.

Heuss schloß sich nach dem Studium der Staatswissenschaften, Volkswirtschaft und Kunstgeschichte dem liberalen Kreis um den Politiker Friedrich Naumann an, dessen Zeitschrift »Die Hilfe« er von 1905 bis 1912 leitete. 1903 trat er der Freisinnigen Vereinigung bei, die sich 1910 in Fortschrittliche Volkspartei umbenannte, und war als Mitglied der Deutschen Demokratischen Partei (DDP, ab 1930 Deutsche Staatspartei) von 1924 bis 1928 und von 1930 bis 1933 Mitglied des Reichstags. Von 1920 bis 1933 war er außerdem Dozent an der Hochschule für Politik in Berlin. 1932 erschien sein Buch »Hitlers Weg«, in dem er vor dem Nationalsozialismus warnte. Nach der Machtergreifung von Adolf Hitler 1933 schränkte er seine publizistische Tätigkeit ein und schrieb nach einem Publikationsverbot unter Pseudonym (Thomas Brackheim) für die »Frankfurter Zeitung«.

1948 wurde er Vorsitzender der FDP. Als erster Präsident der Bundesrepublik Deutschland trug er mit dazu bei, Gegensätze auszugleichen, die demokratisch-politische Tradition zu erneuern und das internationale Ansehen der Bundesrepublik wiederherzustellen.

Nazim Hikmet

türkischer Lyriker, Dramatiker und Romancier (*20. 1. 1902, Saloniki), stirbt am 3. Juni in Moskau.

Hikmet, aus einer aristokratischen Familie stammend, studierte in der Sowjetunion, trat 1924 der illegalen türkischen Kommunistischen Partei bei und wurde einer ihrer aktivsten Agitatoren. Insgesamt verbrachte er 15 Jahre in politischer Haft, wurde 1950 nach internationalen Protesten vorzeitig entlassen und lebte danach im Exil in verschiedenen Ostblockländern. Die Bücher des Erneuerers der türkischen Lyrik konnten in der Türkei nicht erscheinen. Der Versroman »In jenem Jahr 1941« z. B. erschien 1961 mit italienischem Titel in Mailand als türkische Erstausgabe. Schauplatz dieses autobiographisch gefärbten Werks ist das Polizeigefängnis von Bursa, in dem sich eine Gruppe von Häftlingen ihre Lebensgeschichten erzählt. Weitere Werke: »Epos von Scheich Bedreddin, dem Sohn des Richters von Simavne« (Dichtung in Versen und Prosa, 1936), »Legende von der Liebe« (Schauspiel, 1948), »Hat es Iwan Iwanowitsch überhaupt gegeben?« (Komödie, 1956).

Paul Hindemith

deutscher Komponist (*16. 11. 1895, Hanau am Main), stirbt am 28. Dezember in Frankfurt am Main.

Im Gegensatz zu anderen modernen Komponisten wahrte Hindemith die Tonalität, erweiterte jedoch in ihrem Rahmen durch eine auf experimentellem Weg gefundene Neuordnung der zwölf chromatischen Töne. 1921 gelang ihm der Durchbruch mit seinem »Dritten Streichquartett« auf den Donaueschinger Kammermusikfesten, deren Leiter er von 1921 bis 1926 war; von da an galt er als Vorkämpfer der modernen Musik. 1927 wurde er Kompositionslehrer an der Berliner Musikhochschule, zog sich 1938 in die Schweiz zurück und emigrierte 1940 in die USA, wo er in Boston und an der Yale University in New Haven unterrichtete. 1951 wurde er zugleich Lehrer an der Universität Zürich, 1953 ließ er sich endgültig in der Schweiz nieder und unternahm zahlreiche Reisen als Dirigent.

Hindemith komponierte in fast allen Gattungen. Seine bekanntesten Opern sind »Cardillac« (1926, Neufassung 1952), »Mathis der Maler« (1934/35) und »Die Harmonie der Welt« (1957). Er komponierte ferner Ballette, Orchesterwerke, Kammer- und Klaviermusik, Chorwerke und Lieder und war als Musiktheoretiker und Pädagoge tätig.

Aldous Huxley

britischer Schriftsteller, Kulturkritiker und Essayist (*26. 7. 1894, Godalming/Surrey), stirbt am 22. November in Los Angeles-Hollywood.

In seinen stilistisch brillanten, oft satirisch-pessimistischen Romanen, Erzählungen und Essays kritisierte Huxley die verlogene Moral der höheren Gesellschaft (»Parallelen der Liebe«, 1925) ebenso wie blinden Fortschrittsglauben und malte in düsteren Zukunftsvisionen ein bedrückendes Bild von einer automatisierten und seelenlosen oder gar nach einem Atomkrieg zerstörten Welt (»Schöne neue Welt«, 1932, »Geblendet in Gaza«, 1936, »Affe und Wesen«, 1948). Seit den

30er Jahren vom Buddhismus beeinflußt, waren seine Werke zunehmend von philosophischen Problemen und mystischen Betrachtungen geprägt (»Kontrapunkt des Lebens«, 1928). Weitere Romane und Erzählungen: »Crome-Gelb« (1921), »Narrenreigen« (1923), »Nach dem Feuerwerk« (1925), »Nach vielen Sommern« (1939), »Die graue Eminenz. Eine Studie über Religion und Politik« (1941), »Zeit muß enden« (1944), »Die Teufel von Loudun« (1952), »Das Genie und die Göttin« (1955).

Wsewolod Wjatscheslawowitsch Iwanow

sowjetischer Schriftsteller (* 24. 2. 1895, Lebjaschje/Semipalatinsk), stirbt am 15. August in Moskau.

Iwanow, Vertreter einer revolutionären Romantik, schilderte in seinen Romanen ungewöhnliche Ereignisse in Sibirien, Turkestan und der Mongolei während des Bürgerkriegs in Sowjetrußland nach der Oktoberrevolution: »Partisanen« (1919), »Panzerzug 14–69« (1921), »Blauer Sand« (1923), »Die Rückkehr des Buddha« (1923), »Abenteuer eines Fakirs« (1935), »Alexander Parchomenko« (1939). Teile seines Werkes blieben in der Stalin-Ära unpubliziert.

Johannes XXIII.

vorher Angelo Giuseppe Roncalli, Papst seit 1958 (* 25. 11. 1881, Sotto il Monte bei Bergamo), stirbt am 3. Juni in Rom an Magenkrebs. Sein Tod wird wie bisher bei kaum einem Papst weltweit auch von Nichtkatholiken und Nichtchristen betrauert. Zum Nachfolger wird am 21. Juni Giovanni Battista Montini als Paul VI. gewählt.

Johannes leitete in seinem kurzen Pontifikat zahlreiche politische und kirchenhistorische Umwälzungen ein und verschaffte sich damit weltweit Achtung und Anerkennung. Sein Programm läßt sich in dem Wort »aggiornamento« zusammenfassen, d. h. Eingehen auf die Probleme »des Tages«. Er stellte die seelsorgerische Aufgabe der Kirche in den Vordergrund und bemühte sich um Verständigung mit den anderen Kirchen und internationalisierte das Kardinalskollegium; seine Enzyklika »Ad Petri cathedram« (1959), die Errichtung des Sekretariats zur Förderung der Einheit der Christen und seine Missionsenzyklika von 1959 waren Marksteine in dieser Richtung. Auch arbeitete er an einer Verbesserung der Beziehungen zum Ostblock. In seiner Enzyklika »Mater et Magistra« (1961) ging er erstmals auf die Dritte Welt ein und wies darauf hin, daß die Politik nicht nur auf einen Ausgleich innerhalb einzelner Gemeinschaften, sondern auch zwischen reichen und armen Ländern hinwirken müsse. In seiner letzten Enzyklika »Pacem in terris« erkannte er ausdrücklich die Menschenrechtskonvention der Vereinten Nationen (UN) von 1948 an und begrüßte die Bemühungen um Entspannung und Koexistenz als Maßnahmen einer neuen Friedenspolitik. Trotz seiner Krankheit arbeitete er bis zuletzt am Zweiten Vatikanischen Konzil mit, das er 1962 einberufen hatte.

Franz Jung

deutscher Schriftsteller (* 26. 11. 1888, Neisse), stirbt am 21. Januar in Stuttgart.
Jung, der als Expressionist begann, wurde bekannt durch seine sozialkritische Prosa. 1961 legt der ab 1920 linksradikale Arbeiterschriftsteller seine Autobiographie vor, die unter dem Titel »Der Weg nach unten« ein abenteuerliches Leben widerspiegelt und als sein Hauptwerk gilt: Studium, Mitarbeit bei Franz Pfemferts Zeitschrift »Die Aktion« und Herwarth Waldens avantgardistischer Kunst-Kampfzeitschrift »Der Sturm«, Weltkriegssoldat, Desertation, Haft, Teilnahme an der Novemberrevolution 1918, Verbindung zur Dada-Bewegung, 1920 Eintritt in die KPD usw. Weitere Werke: »Das Trottelbuch« (Erzählung, 1912), »Die Opferung« (Roman, 1916), »Der Sprung aus der Welt« (Roman, 1918), »Der Fall Groß« (Novelle, 1921), »Proletarier« (Erzählung, 1921).

John F. Kennedy

35. US-Präsident seit 1961, Demokrat (* 29. 5. 1917, Brookline/Massachusetts), wird am 22. November während einer Städtereise durch die USA im texanischen Dallas Opfer eines Mordanschlags. 30 Minuten nach den tödlichen Schüssen erliegt der erst 46jährige Präsident im Parkland Memorial Hospital seinen schweren Verletzungen, ohne das Bewußtsein wiedererlangt zu haben. Bereits 99 Minuten nach Kennedys Tod wird auf dem Flughafen Vizepräsident Lyndon B. Johnson als 36. Präsident der Vereinigten Staaten vereidigt.
Kennedy, 35. US-Präsident und erster Katholik in diesem Amt, war kaum drei Jahre mächtigster Mann der westlichen Welt. 1960 errang er einen knappen Wahlsieg gegen den Republikaner Richard M. Nixon. Vielen galt Kennedy als neue Hoffnung im grauen Alltag der Politik. Sein Wort von den »Neuen Grenzen« vermittelte der US-amerikanischen Öffentlichkeit neue Ziele in der Sozial- und Wirtschaftspolitik. Sein »Kampf gegen die Armut« (Krankenfürsorge für Alte, Verbesserung des Erziehungswesens usw.) fand große Beachtung. In der Außenpolitik, die überschattet war von der Kubakrise und vom Vietnam-Konflikt, proklamierte er eine neue Politik der friedlichen Koexistenz mit der UdSSR.

David Low

britischer Karikaturist und Illustrator (* 7. 4. 1891, Dunedin/Neuseeland), stirbt am 19. September in London.
Low wurde in London der bedeutendste politische Karikaturist seiner Zeit. Berühmt wurde die von ihm geschaffene Figur des »Colonel Blimp«. Er war für zahlreiche Zeitungen tätig (»Star«, »Evening Standard«, »Daily Harald«, »Manchester Guardian«) und veröffentlichte mehrere Mappenwerke mit Zeichnungen.

René Morax

schweizerischer Dramatiker (* 11. 5. 1873, Morges), stirbt am 3. Januar in Morges.
Morax gründete 1908 mit seinem Bruder,

dem Maler Jean Morax, in Mézières im Kanton Waadt das westschweizerische Festspieltheater Théâtre du Jorat, in dem Autor, Musiker, Schauspieler und Zuschauer eng zusammenwirken. Zu seinen Dramen »König David« (1921) und »Judith« (1925) komponierte Arthur Honegger die Musik.

Josef Nadler

österreichischer Literarhistoriker (* 23. 5. 1884, Neudörfl bei Varnsdorf/Nordböhmen), stirbt am 14. Januar in Wien.
Nadlers Hauptwerk ist die vierbändige »Literaturgeschichte der deutschen Stämme und Landschaften« (1912 bis 1928). Er untersuchte das Verhältnis zwischen Literatur und den deutschen Stämmen und Landschaften.

Clifford Odets

US-amerikanischer Dramatiker (* 18. 7. 1906, Philadelphia), stirbt am 15. August in Los Angeles.
Odets war 1931 als Schauspieler Mitbegründer des Group Theatre in New York, das die meisten seiner Stücke aufführte. Odets schuf sozialkritische »proletarische Dramen« unter dem Einfluß des deutschen Expressionismus und Anton P. Tschechows, so »Wachet auf und singet!« (uraufgeführt 1935), »Warten auf Lefty« (1935), »Goldene Hände« (1937), »Das große Messer« (1949) und »Ein Mädchen vom Lande« (1950).

Erich Ollenhauer

deutscher SPD-Politiker, als Partei- und Oppositionsführer nach dem Tod von Kurt Schumacher 1952 Vertreter der Umwandlung der SPD in eine Volkspartei (* 27. 3. 1901, Magdeburg), stirbt am 14. Dezember in Bonn.
Ollenhauer schloß sich 1916 der Sozialistischen Arbeiterjugend an, deren Vorsitz er 1928 übernahm. 1933 wurde er Mitglied des SPD-Vorstands, emigrierte jedoch noch im selben Jahr nach Prag, 1938 nach Paris und 1940 nach London. Ab 1949 gehörte er dem Bundestag an. Als Oppositionsführer nach dem Tod Kurt Schumachers ab 1952 setzte er sich für die Umwandlung der SPD in eine Volkspartei ein, die durch die Annahme des Godesberger Programms 1959 im wesentlichen verwirklicht wurde. 1963 wurde er zum Präsidenten der Sozialistischen Internationale gewählt. Nachfolger im Amt des Parteivorsitzenden wird Willy Brandt.

Sylvanus Olympio

togoischer Politiker, erster Staatspräsident von Togo (* 6. 9. 1902, Lomé), wird am 13. Januar in Lomé während eines Militärputschs erschossen.
Togo war bis 1914/19 deutsche Kolonie und danach britisch-französisches Völkerbundsmandat bzw. französisches UN-Treuhandgebiet. 1956 erhielt Togo innere Autonomie im Rahmen der Französischen Union und wurde 1960 als Republik in die Unabhängigkeit entlassen, erster Präsident wurde Sylvanus Olympio, der während eines Militärputschs 1963 getötet wird.

Edith Piaf

französische Chansonsängerin (* 19. 12. 1915, Paris), stirbt am 11. Oktober in Paris.
Edith Piaf wurde als Edith Giovanna Gassion in einem Armenviertel von Paris geboren. Ab 1937 feierte sie unter dem Namen Edith Piaf, der »Spatz von Paris« – ihr erster Impresario gab der schmächtig wirkenden Sängerin den Namen »Piaf«, ein Wort der französischen Umgangssprache für »Spatz« –, triumphale Erfolge in Kabaretts und Revuetheatern mit ihren z. T. selbstverfaßten Chansons.
International bekannt wurde sie als Sängerin mit Liedern wie »La vie en rose« oder »Je ne regrette rien«.

Jean Piccard

schweizerisch-US-amerikanischer Physiker (* 28. 1. 1884, Lutry), stirbt am 28. Januar in Minneapolis.
Piccard, Zwillingsbruder des schweizerischen Physikers, Ballonfliegers und Tiefseetauchers Auguste Piccard, war Professor in Chicago, Lausanne, Cambridge (Massachusetts) und Minneapolis. 1934 erreichte er mit einem Ballon eine Höhe von knapp 17 500 m.

Harry Piel

deutscher Filmschauspieler, Regisseur und Produzent (* 12. 7. 1892, Düsseldorf), stirbt am 27. März in München.
Piel hatte als Regisseur von Actionfilmen von Anfang an so großen Erfolg, daß er bereits 1915 seine erste Produktionsgesellschaft gründen konnte. 1918/19 drehte er die überaus erfolgreiche fünfteilige Detektivfilmserie mit Heinrich Schroth als Joe Deebs. In den 20er und 30er Jahren wurde er als waghalsiger Held zahlreicher Sensationsfilme bekannt, die z. T. Raubtierdressuren enthielten, die Piel selbst vorgenommen hatte. Bekannte Filme sind die Stummfilme »Über den Wolken« (1920), »Der Mann ohne Nerven« (1924), »Achtung Harry! Augen auf!« (1926) und »Sein bester Freund« (1927/37), ferner die Tonfilme »Bobby geht los« (1931), »Artisten« (1935), »Der Dschungel ruft« (1936), »Menschen, Tiere, Sensationen« (1938) und »Der Tiger Akbar« (1950).

Sylvia Plath

US-amerikanische Schriftstellerin (* 27. 10. 1932, Boston), scheidet am 11. Februar in London durch Freitod aus dem Leben.
Sylvia Plath, verheiratet mit dem britischen Lyriker Ted Hughes, behandelte in ihrer bekenntnishaften Lyrik die Themen Liebe und Tod, den »kranken Zeitgeist«, der nur durch eine »kranke Psyche« erfaßt werden kann. In ihrem autobiographisch gefärbten Roman »Die Glasglocke« (1963) schildert sie die psychischen Krisen einer sensiblen Studentin, die sich nach mehreren Selbstmordversuchen fangen kann.
Zu Lebzeiten der Schriftstellerin sind ihre Werke so gut wie unbekannt. Nach ihrem Suizid erfährt die Dichterin, vor allem ab Mitte der 60er Jahre, eine fast kultische Verehrung.

Francis Poulenc

französischer Komponist und Pianist (* 7. 1. 1899, Paris), stirbt am 30. Januar in Paris.

Poulenc war Mitglied der Gruppe der Six (sechs), zu der sich 1918 die sechs Musiker Darius Milhaud, Arthur Honegger, Germaine Tailleferre, Georges Auric, Louis Durey und Poulenc zusammenschlossen und als Führer Eric Satie wählten. Wortführer der Gruppe war Jean Cocteau, der das Szenarium des Balletts »Les Mariés de la tour Eiffel« (1921) schrieb, eines Gemeinschaftswerks der Gruppe, die in der Musik für Einfachheit, Klarheit des Ausdrucks und Ausschaltung subjektiver Gefühlsmomente forderte. Nach dem Zerfall der Gruppe komponierte Poulenc in einem neoklassizistischen Stil Opern nach Texten moderner Autoren, Ballette und Chorwerke, Orchester-, Kammer- und Klaviermusik sowie Film- und Bühnenmusiken.

Rajendra Prasad

indischer Unabhängigkeitskämpfer, erster Staatspräsident Indiens von 1950 bis 1962 (* 3. 12. 1884, Zeeradai/Bihar), stirbt am 28. Februar im Sadaguat Ashram bei Patna.

Als Mitkämpfer von Mohandas Karamchand Mahatma Gandhi gegen die britische Kolonialherrschaft war Prasad mehrmals inhaftiert. Von 1946 bis 1950 war er Vorsitzender der Verfassunggebenden Versammlung, 1950 wurde er zum ersten Staatspräsidenten des 1947 von Großbritannien in die Unabhängigkeit entlassenen Indien gewählt.

Hans Rehberg

deutscher Dramatiker und Hörspielautor (* 25. 12. 1901, Posen), stirbt am 20. Juni in Duisburg.

Rehberg verarbeitete in seinen bühnenwirksamen Schauspielen historische und biographische Stoffe und war im Dritten Reich mit seinen Preußen-Dramen sehr erfolgreich: »Cecil Rhodes« (1930), »Der Große Kurfürst« (1934), »Friedrich I.« (1935), »Heinrich und Anna« (1942), »Karl V.« (1943), »Heinrich VII.« (1947), »Der Gattenmord« (1953), »Der Muttermord« (1953), »Rembrandt« (1956).

Alexander Rüstow

deutscher Nationalökonom und Soziologe (* 8. 4. 1885, Wiesbaden), stirbt am 30. Juni in Heidelberg.

Rüstow, der 1933 bis 1949 in Istanbul und danach in Heidelberg lehrte, war einer der Mitbegründer des Neoliberalismus, der zwar eine wettbewerbsorientierte Wirtschaftsordnung befürwortet, aber eine Rahmenordnung für diesen Wettbewerb fordert und für marktgerechte Eingriffe eintritt. Rüstows Hauptwerke sind »Das Versagen des Wirtschaftsliberalismus« (zweite Auflage 1950), »Ortsbestimmung der Gegenwart« (drei Bände, 1950–1957) und »Wirtschaft und Kultursystem« (1955).

Leopold Schönbauer

österreichischer Chirurg (* 13. 11. 1888, Thaya/Niederösterreich), stirbt am 11. September in Wien.

Schönbauers Hauptgebiete waren die allgemeine Neurochirurgie und die Chirurgie der Krebserkrankungen. Er verfaßte u. a. das zweibändige »Lehrbuch der Chirurgie« (1949/50).

Robert Schuman

französischer Politiker, als Außenminister von 1948 bis 1950 Initiator des Schuman-Plans zur Bildung der Europäischen Gemeinschaft für Kohle und Stahl, erster Präsident des Europäischen Parlaments von 1958 bis 1960 (* 29. 6. 1886, Luxemburg), stirbt am 4. September in Scy-Chazelles im Departement Moselle.

Schuman, einer lothringischen Familie entstammend, studierte in Berlin, Bonn und München Rechtswissenschaften, promovierte in Straßburg und ließ sich 1912 als Anwalt in Metz nieder, das seit dem Deutsch-Französischen Krieg 1870/71 zum Deutschen Reich gehörte. Nach dem Ersten Weltkrieg, in dem er auf deutscher Seite gekämpft hatte, zog er 1919 für seine inzwischen wieder französische gewordene Heimat Elsaß-Lothringen ins Pariser Abgeordnetenhaus ein. 1940 wurde er von den deutschen Besatzern verhaftet und ins Deutsche Reich deportiert, konnte jedoch 1942 fliehen und schloß sich der Résistance (Widerstandsbewegung gegen die deutsche Besetzung) an. Ab 1946 war er mehrmals Finanz- und Außenminister, 1947/48 und 1948 auch Ministerpräsident. Sein politisches Ziel war die Beseitigung der deutsch-französischen Feindschaft durch den Aufbau einer miteinander verflochtenen Wirtschaft beider Länder. Das Ergebnis war der sog. Schuman-Plan zur Bildung der Europäischen Gemeinschaft für Kohle und Stahl, der 1952 in Kraft trat (Montanunion). Von 1958 bis 1960 war Schuman der erste Präsident des Europäischen Parlaments in Straßburg.

Eduard Spranger

deutscher Kulturphilosoph und Pädagoge (* 27. 6. 1882, Groß-Lichterfelde/heute zu Berlin), stirbt am 17. September in Tübingen.

Spranger begründete die sog. Psychologie des sinnbezogenen Erlebens. Im Unterschied zur üblichen Erforschung des Verhältnisses zwischen seelischer und körperlicher Entwicklung des Menschen untersuchte er die Beziehung des Einzelnen zur Kulturwelt und verstand das Heranwachsen als zunehmende Teilhabe am geistigen Leben der Zeit. Seiner Meinung nach gibt es sechs Kulturbereiche, die sechs Menschentypen entsprechen: theoretisch, ökonomisch, ästhetisch, sozial, machtbesessen und religiös. Sein Hauptwerk ist die psychologische Untersuchung »Lebensformen«. Geisteswissenschaftliche Psychologie und Ethik der Persönlichkeit« (1921 bzw. 1914). Mehrfach aufgelegt wurden die Werke »Wilhelm von Humboldt und die Reform des Bildungswesens« (1910), »Die Magie der Seele« (1947), »Pestalozzis Denkformen« (1947), »Pädagogische Perspektiven« (1951), »Der Eigengeist der Volksschule« (1955) und »Der geborene Erzieher« (1958).

Lisa Tetzner

deutsche Jugendschriftstellerin (* 10. 11. 1894, Zittau), stirbt am 2. Juli in Lugano in der Schweiz.

Lisa Tetzner, verheiratet mit dem Schriftsteller Kurt Held, übernahm 1927 die Leitung der Kinderstube am Berliner Rundfunk. 1933 emigrierte sie mit ihrem Mann in die Schweiz. Die von Hermann Hesse als »die wohl beste Märchenerzählerin Deutschlands« bezeichnete Jugendbuchautorin stand z. T. thematisch der proletarischen Literaturbewegung nahe. Bekannt wurde das Kinderbuch »Hans Urian« (1929), in dem ein kleiner Junge die kapitalistische Welt durchstreift und schließlich in der Sowjetunion eine von Klassenwidersprüchen freie Gesellschaftsordnung vorfindet. In der Romanfolge »Erlebnisse und Abenteuer der Kinder aus Nr. 67. Odyssee einer Jugend« (1943–1949) setzte sie sich mit der NS-Diktatur auseinander.

Tristan Tzara

rumänisch-französischer Schriftsteller (* 16. 4. 1896, Moineşti), stirbt am 25. Dezember in Paris.

Tzara gründete 1916 mit Hugo Ball, Richard Huelsenbeck und Hans Arp in Zürich die Dada-Bewegung. Nach 1919 vermittelte er den Dadaismus den Pariser Surrealisten, vor allem an Louis Aragon, André Breton und Philippe Soupault, mit denen er 1920 kulturrevolutionäre Veranstaltungen organisierte, doch kam es bald zu z. T. handgreiflichen Auseinandersetzungen zwischen den Surrealisten, denen Tzara Verharren in einem Protestschematismus vorwarf, und den Anhängern Tzaras. Während des Spanischen Bürgerkriegs kämpfte Tzara auf seiten der Republikaner, im Zweiten Weltkrieg war er Mitglied der Résistance. In seinen Gedichten prangert Tzara die Gesetze der Logik, der Moral und der Gesellschaft an, hofft jedoch auf eine Veränderung des Lebens und eine Umgestaltung der Welt durch die Befreiung vom Positivismus (Gedichtsammlung »Der approximative Mensch«, 1931).

Bodo Uhse

deutscher Schriftsteller (* 12. 3. 1904, Rastatt), stirbt am 2. Juli in Berlin (Ost).

Uhse war in den 20er Jahren in der rechtsextremen und NS-Bewegung tätig (Teilnahme am Kapp-Putsch, Redakteur von Nazi-Blättern), brach 1930 mit der NSDAP und wurde Kommunist. 1933 emigrierte er nach Paris, nahm auf republikanischer Seite am Spanischen Bürgerkrieg teil, ging 1940 nach Mexiko und kehrte 1949 nach Berlin (Ost) zurück. 1954 erhielt er den Nationalpreis der DDR verliehen. In seinem autobiographischen Werk »Söldner und Soldat« (1935) rechnet er sachlich-nüchtern mit seiner Nazivergangenheit ab. Sein Hauptwerk ist der im Dritten Reich spielende zeitgeschichtliche Roman »Leutnant Bertram« (1943). Er schrieb ferner an Drehbüchern mit, verfaßte Reportagen und Essays. Weitere Werke: »Wir Söhne« (Roman, 1938), »Die Patrioten« (Roman, 1954), »Tagebuch aus China« (1956).

Jacques Villon

eigentlich Gaston Duchamp, französischer Maler und Grafiker (* 31. 7. 1875, Damville/Eure), stirbt am 9. Juni in Puteaux bei Paris.

Villon, Bruder des Malers Marcel Duchamp und des Bildhauers Raymond Duchamp-Villon, begann als humoristischer und sozialkritischer Zeitschriftenzeichner, ehe er sich um 1906 unter dem Einfluß von Edgar Degas und Henri de Toulouse-Lautrec mehr und mehr der Malerei zuwandte und führendes Mitglied der 1912 gegründeten Künstlergruppe Section d'Or wurde, die den Kubismus auf geometrisierender Grundlage überwinden wollte. Seine Gemälde bewegen sich zwischen abstrakter Raumkomposition, Lichtwirkung der Farben und einer expressiven Interpretation des Figürlichen (Landschaften, Figuren, Bildnisse).

Adolf Weber

deutscher Nationalökonom (* 29. 12. 1876, Mechernich), stirbt am 5. Januar in München.

Weber, ein Vertreter der klassischen Wirtschaftslehre, untersuchte vor allem Probleme des Geldverkehrs. Mehrere Auflagen erzielten die Abhandlung »Der Kampf zwischen Kapital und Arbeit« (1910) und sein Lehrbuch »Allgemeine Volkswirtschaftslehre« (1928).

William Carlos Williams

US-amerikanischer Schriftsteller (* 17. 9. 1883, Rutherford/New York), stirbt am 4. März in New York.

Williams, einer der führenden US-amerikanischen Lyriker der älteren Generation, trat auch als Essayist und Erzähler hervor. Lange Zeit versuchte er, seine Aufgabe als Arzt mit der Laufbahn eines Schriftstellers zu verbinden. In seinem Frühwerk war er von den Imagisten und Ezra Pound beeinflußt. Spätere Werke zeugen von seinem avantgardistischen Experimentiersinn, der sich auch in seiner erzählerischen und kritischen Prosa äußert. Zu seinen Hauptwerken zählen seine »Autobiographie« (1951) und das epische Gedicht »Paterson«, das von 1946 bis 1958 in fünf Büchern erschien.

Winfried Zillig

deutscher Komponist und Dirigent (* 1. 4. 1905, Würzburg), stirbt am 18. Dezember in Hamburg.

Zillig war von 1932 bis 1937 Kapellmeister in Düsseldorf. Die nächsten Stationen waren Essen und Posen, wo er von 1940 bis 1943 die Oper leitete. 1946/47 war er erster Kapellmeister in Düsseldorf und von 1947 bis 1951 Dirigent des Hessischen Rundfunks in Frankfurt am Main. Bis 1959 lebte er als freischaffender Musiker in Traunstein und übernahm dann die Musikabteilung des Norddeutschen Rundfunks in Hamburg. Zillig, beeinflußt durch die Zwölftonmusik seines Lehrers Schönberg, komponierte Orchester- und Kammermusik, Lieder und Filmmusik und wandte das dodekaphonische Prinzip auch auf seine Opern an (»Das Opfer«, 1937), ohne der Strenge Schönbergs konsequent zu folgen.

Personenregister

Sachregister

Das Sachregister enthält Suchwörter zu den in den einzelnen Artikeln behandelten Ereignissen sowie Hinweise auf die im Anhang erfaßten Daten und Entwicklungen. Kalendariumseinträge sind nicht in das Register aufgenommen. Während politische Ereignisse im Ausland unter den betreffenden Ländernamen zu finden sind (Beispiel: »Rassenkonflikt« unter »USA«), wird das politische Geschehen in der Bundesrepublik Deutschland unter den entsprechenden Schlagwörtern erfaßt. Begriffe zu herausragenden Ereignissen des Jahres sind ebenso direkt zu finden (Beispiel: »Atomteststoppvertrag« eben dort). Ereignisse und Begriffe, die einem großen Themenbereich (außer Politik) zuzuordnen sind, sind unter einem Oberbegriff aufgelistet (Beispiel: »Raumfahrt« unter »Wissenschaft und Technik«).

Quellen